Kognitive Psychologie

John R. Anderson

Kognitive Psychologie

2. Auflage

Übersetzt und herausgegeben
von Joachim Grabowski und Ralf Graf

Bettina Renner

Spektrum Akademischer Verlag   Heidelberg · Berlin · Oxford

Originaltitel: Cognitive Psychology and its Implications
Aus dem Amerikanischen übersetzt und herausgegeben von Joachim Grabowski und Ralf Graf

Amerikanische Originalausgabe bei W. H. Freeman and Company, New York
© 1995 (4th ed.) W. H. Freeman and Company

Die Deutsche Bibliothek – CIP-Einheitsaufnahme

Anderson, John R.:
Kognitive Psychologie : eine Einführung / John R. Anderson.
Übers. von Joachim Grabowski und Ralf Graf. – 2.
Aufl. – Heidelberg : Spektrum, Akad. Verl., 1996
  Einheitssacht.: Cognitive psychology and its implications <dt.>
  ISBN 3–86025–354–9 Pb.
  ISBN 3–8274–0085–6 brosch.

© 1996 Spektrum Akademischer Verlag GmbH   Heidelberg · Berlin · Oxford

Lektorat: Katharina Neuser-von Oettingen/Sabine Berger (Ass.)
Copy-editing: Christa Becker
Produktion: Susanne Tochtermann
Reihengestaltung: Zembsch' Werkstatt, München
Umschlaggestaltung: Kurt Bitsch, Birkenau
Satz: Stephan Meyer, Dresden
Druck und Verarbeitung: Franz Spiegel Buch GmbH, Ulm

Für Gordon Bower

Inhalt

3. Aufmerksamkeit und Leistung   73

4. Wahrnehmungsbasierte Wissensrepräsentation   103

8. Problemlösen 233

9. Die Entwicklung spezieller Kenntnisse und Fertigkeiten 269

Vorwort

Dies ist die vierte Auflage meines Buches. Es ist mehr als fünfzehn Jahre her, daß ich mich auf die Abfassung der ersten Ausgabe eingelassen hatte. Seit damals ist in der Kognitiven Psychologie einiges geschehen, und auch für mich und meine Sicht auf das Forschungsgebiet und auf dessen Vermittlung in der Lehre hat sich einiges verändert.

Als die erste Auflage verfaßt wurde, war das Gebiet der Kognitiven Psychologie gerade erwachsen geworden. In den fünziger Jahren brachen ein paar Wegbereiter, Pioniere im wahrsten Sinne des Wortes, mit der behavioristischen Tradition und schufen die Grundlagen für eine Kognitive Psychologie. In den sechziger Jahren leisteten die Psychologen harte Arbeit, um experimentelle Paradigmen und theoretische Modelle für das neue Fachgebiet zu etablieren. Als ich Anfang der siebziger Jahre zur Kognitiven Psychologie kam, konnte ich mir die Bemühungen der beiden vorangegangenen Jahrzehnte in vollem Umfang zunutze machen. In den siebziger Jahren blühte die Forschung geradezu auf, und zum Ende des Jahrzehnts wurde mir deutlich, daß das Fachgebiet eine zusammenhängende Struktur aufwies, die sich für die Vermittlung in einem Lehrbuch eignet. Die erste Ausgabe des vorliegenden Buches erschien im Jahre 1980.

Seit 1980 hat sich die Kognitive Psychologie grundlegend verändert. In nahezu allen Bereichen haben die empirischen Grundlagen an Breite und die theoretischen Interpretationen an Detailliertheit zugenommen. Die Auswahl, was in diesem Buch nun genau besprochen werden soll, wurde zunehmend schwieriger; doch bemühe ich mich weiterhin, den Studierenden ein umfassendes Bild zu vermitteln. Es ergaben sich neue Forschungsgebiete, vor allem die Untersuchungen zum Expertenwissen und -können und die Forschungen zu den neuronalen Grundlagen der Kognition. Einen Teil der Forschungen zum Expertentum bringt Kapitel 9, das für die zweite Auflage neu hinzugekommen war. Doch durchdringt der Einfluß dieser Betrachtungsperspektive auch alle nachfolgenden Kapitel. Darüber hinaus kam ich zu dem Schluß, daß die Forschungsarbeiten zu den neuronalen Grundlagen der Kognition nicht mehr im Rahmen eines einzelnen Kapitels vermittelt werden können. Kapitel 1 enthält jedoch die wesentlichsten einführenden Grundlagen über das Gehirn und seine Relationen zur Kognition; dazu gehört auch die Besprechung der äußerst einflußreichen konnektionistischen Sichtweise.

Bei der vorliegenden Buchausgabe gab es eine Reihe weiterer wichtiger Änderungen. Ich meine, daß ich nun endlich die Forschungen zur Aufmerksamkeit und Ausführungsleistung darstellen kann, und habe ein längst überfälliges Kapitel über dieses Thema geschrieben. Auch das Ende des Buches habe ich umorganisiert. In der letzten Auflage gab es ein Kapitel über kognitive Entwicklung und ein Kapitel über das Wesen der Intelligenz, in dem die menschliche Intelligenz und die künstliche Intelligenz gemeinsam erörtert wurden. Es erschien nicht mehr sinnvoll, die künstliche Intelligenz auf ein Kapitel zu beschränken, so wie es nicht mehr sinnvoll erschien, die Forschungen zu den neuronalen Grundlagen der Kognition auf ein Kapitel zu beschränken. Die künstliche Intelligenz wird deshalb immer dort beschrieben, wo sie zum Verständnis kognitiver Phänomene angemessen beiträgt. Weiterhin haben mich die Berichte vieler, die mein Buch in der Lehre einsetzen, empfindlich getroffen, die angaben, die beiden letzten Kapitel auszulassen, insbesondere die Behandlung der kognitiven Entwicklung anderen Lehrveranstaltungen zu überlassen. Dennoch glaube ich noch immer, daß die Kenntnis der Perspektive individueller Unterschiede für das wirkliche Verstehen der menschlichen Kognition grundlegend ist. Deshalb habe ich die wesentlichsten Aspekte dieser beiden Kapitel, zusammen mit anderen Materialien, in einem Schlußkapitel zusammengestellt, das sich auf die Frage konzentriert, wie sich die Kognition bei den Angehörigen unserer Spezies unterscheidet. Ich hoffe, daß die Dozenten dies für genauso wesentlich halten wie ich.

Auch habe ich mir ausgiebig Gedanken gemacht über die Ziele und Absichten eines Kurses in Kognitiver Psychologie und über die Rolle eines Lehrbuchs zur Unterstützung der Umsetzung dieser Absichten. Der ältere meiner Söhne wird in wenigen Jahren aufs College gehen, und es könnte die vorliegende Auflage sein, die er dann zu Gesicht bekommt. Ich habe mich gefragt, was er in meiner Sicht in einem Kurs in Kognitiver Psychologie lernen sollte, falls er einen belegt. Natürlich sind mit einem Kurs ganz unterschiedliche Zwecke verbunden, die davon abhängen, ob jemand Psychologie im Hauptfach studiert oder nicht. Doch bestehen für alle Studierenden zwei zentrale Ziele: Sie sollen einen Sinn für die menschliche Kognition bekommen und befähigt werden, vernünftig über eine Reihe von Behauptungen nachdenken zu können (beispielsweise darüber, wie sich die Mathematik auf sinnvolle Weise erlernen läßt, ein Bereich, in dem die Ansicht von Laien oft auf schlechter Information beruht). Ich glaube, daß meine Texte bei diesen Zielen immer gut abgeschnitten haben; die Ziele deutlich vor Augen zu haben, brachte mich jedoch dazu, bestimmte Abschnitte neu zu schreiben. Weiterhin führte ich ein Glossar für die Schlüsselbegriffe ein und versuchte sicherzustellen, daß diese Begriffe, sobald sie eingeführt werden, auch definiert werden. Schließlich habe ich die früheren Zusammenfassungen am Anfang eines Kapitels aufgegeben zugunsten von Zusammenfassungen am Ende des jeweiligen Abschnitts, die die Reflexionen, zu denen man beim Lesen gelangen möchte, auf natürliche Weise hervorrufen. Ich glaube zwar, daß der Lernstil zielführend ist, der durch die Zusammenfassungen am Kapitelanfang befördert werden sollte, doch stellt die neue Anordnung sicher, daß die Lernenden Punkt A überdenken und verstanden haben, bevor sie zum nächsten Punkt B übergehen.

Zahlreiche Personen haben zu dieser vierten Auflage ihre Kommentare beigesteuert und den Text dank ihrer Bemühungen deutlich verbessert. Marsha Lovett ging das Manuskript mit mir an der Carnegie Mellon University durch und half mir, meinen Blick für die Ziele eines zeitgemäßen Kurses in Kognitiver Psychologie zu schärfen. Darüber hinaus veranlaßte der Verlag W. H. Freemann & Co. kritische Besprechungen der nachfolgend genannten Personen; ich denke, daß jede einzelne einen Einfluß auf das Buch hatte:

Martha Farah, University of Pennsylvania
Earl Hunt, University of Washington
Laree Huntsman, San Jose State University

Phillip Johnson-Laird, Princeton University
Walter Kintsch, University of Colorado
Marsha Lovett, Carnegie Mellon University
Dominic Massaro, University of California at Santa Cruz
Brian MacWhinney, Carnegie Mellon University
Alan Paivio, University of Western Ontario
Nancy Pennington, University of Colorado
Roger Ratcliff, Northwestern University
Phillip L. Rice, Moorhead State University
Edward E. Smith, The University of Michigan
Robert Steinberg, Yale University

Auch möchte ich mich bei all denen bedanken, die die ersten drei Ausgaben meines Buches gelesen haben, da von ihren früheren Einflüssen einiges erhalten blieb: Jim Anderson, Irv Biederman, Liz Bjork, Lyle Bourne, John Bransford, Pat Carpenter, Bill Chase, Micki Chi, Bill Clancy, Chuck Clifton, Lynne Cooper, Gus Craik, Bob Crowder, Martha Farah, Ronald Finke, Susan Fiske, Michael Gazzaniga, Ellen Gagné, Rochel Gelman, Lynn Hasher, Geoff Hinton, Kathy Hirsh-Pasek, Buz Hunt, Lynn Hyah, Marcel Just, Stephen Keele, Walter Kintsch, Dave Klahr, Steve Kosslyn, Al Lesgold, Clayton Lewis, Beth Loftus, Maryellen MacDonald, Brian MacWhinney, Jay McClelland, Al Newell, Don Norman, Gary Olson, Allan Paivio, Jane Perlmutter, Peter Polson, Jim Pomerantz, Mike Posner, Roger Ratcliff, Lynne Reder, Steve Reed, Russ Revlin, Lance Rips, Roddy Roediger, Miriam Schustack, Terry Sejnowski, Bob Siegler, Ed Smith, Kathy Spoehr, Bob Sternberg, Charles Tatum, Dave Tieman, Tom Trabasso, Henry Wall und Maria Zaragoza.

Schließlich möchte ich meiner Sekretärin Helen Borek danken, die auch schon an der letzten Auflage mitgearbeitet hat. Sie wurde zu einer Veteranin des Entstehungsprozesses dieses Buches, deren gesammeltes Wissen für den Erfolg des Projektes von zentraler Bedeutung ist.

John R. Anderson

Vorwort zur deutschen Ausgabe

Die vorliegende zweite deutsche Auflage ist die Übersetzung der vierten Auflage des Lehrbuchs von John R. Anderson. Schon in der Kapiteleinteilung im Vergleich zu den früheren Auflagen zeigt sich, welche Veränderungen und Schwerpunktsetzungen das Fach in den vergangenen Jahren erfahren hat. Neben klassischen Forschungsgegenständen wie dem Gedächtnis und dem Problemlösen haben in neuerer Zeit vor allem die stärkere Betonung wahrnehmungsgestützter Prozesse, die intensivierte Berücksichtigung der Aufmerksamkeit und allgemein der Verteilung kognitiver Ressourcen, aber auch das Aufkommen konnektionistischer Modellbildungen und die technische Weiterentwicklung bildgebender Verfahren bei der Indikation physiologischer Prozesse die Lehrinhalte der Kognitiven Psychologie maßgeblich konturiert. Der von Anderson schon seit der Erstauflage dem Problemfeld der Kognitiven Psychologie zugerechnete Bereich der Sprache hat in der Psychologieausbildung an deutschen Universitäten mittlerweile dadurch stärkeres Gewicht bekommen, daß das entsprechende Teilgebiet in der Rahmenprüfungsordnung für den Diplom-Studiengang Psychologie nun die Bezeichnung „Denken und Sprache" trägt.

Wir haben uns bemüht, die Erfahrungen mit dem Einsatz der ersten deutschen Auflage in der Lehre dahingehend zu nutzen, daß wir einzelne Stellen, deren Verständnis sich als besonders schwierig erwiesen hatte, um zusätzliche Erläuterungen ergänzt haben. In diesem Zusammenhang danken wir Michaela Anselmann und Martin Kessner, die als aufmerksame studentische Testleser entscheidend dazu beitrugen, mögliche Schwierigkeiten aufzudecken.

Eine zweite Gruppe von Modifikationen gegenüber dem englischen Original betrifft die Wahl der Beispiele. Wo immer es möglich war, die Struktur vor allem der dargestellten experimentellen Variationen an deutschsprachigen Beispielen nachzuzeichnen, haben wir dies getan; andernfalls haben wir die englischen Materialien unverändert übernommen und Erläuterungen für die deutsche Leserschaft hinzugefügt.

In das Glossar haben wir eine Verweisstruktur eingeführt, die es ermöglicht, begriffliche Zusammenhänge innerhalb von Phänomenbereichen zu erfassen, und die einige der begrifflichen Verwandtschaften und Oppositionen aufzeigt, die die Diskussion in der Kognitiven Psychologie derzeit kennzeichnen. Damit die studentischen Leser, die während des Studiums häufig englischsprachige Literatur konsultieren müssen, auch die englischen Fachtermini kennenlernen und wiederfinden, sind diese Fachbegriffe ihren deutschen Entsprechungen im Glossar beigefügt.

Schließlich haben wir jedes Kapitel am Ende um deutschsprachige Literaturhinweise ergänzt. Redaktionelle Assistenz bei der entsprechenden Adaption des Literaturverzeichnisses verdanken wir Brigitte Krieg und Anja Liebrich; die Indexerstellung übernahm Petra Weiß.

Abschließend bleibt uns zu hoffen, daß wir den Studentinnen und Studenten der Psychologie und ihrer Nachbarfächer mit unserer Übersetzungs- und Editionsarbeit den Einstieg in dieses spannende und aktuelle Gebiet der Psychologie erleichtern konnten.

Mannheim, im Mai 1996   *Joachim Grabowski*
                                                                                                Ralf Graf

1. Die Wissenschaft von der Kognition

Die menschliche Gattung wird als *homo sapiens*, also als „der Mensch, der intelligent ist",
bezeichnet. Diese Bezeichnung bringt die allgemeine Auffassung zum Ausdruck, daß es
die Intelligenz ist, die uns von anderen Lebewesen unterscheidet. Das Ziel der Kognitiven
Psychologie besteht darin, das Wesen der menschlichen Intelligenz und ihre Funktionsweise zu erfassen. In den nachfolgenden Kapiteln dieses Buches wird erörtert, was Kognitionspsychologen über die verschiedenen Aspekte der menschlichen Intelligenz zutage
gefördert haben. Das vorliegende Kapitel zielt darauf ab, Antworten auf die folgenden
einleitenden Fragen zu finden:

- Warum beschäftigt man sich mit der Kognitiven Psychologie?
- Auf welche Weise und zu welcher Zeit ist die Kognitive Psychologie entstanden?
- Mit welchen wissenschaftlichen Methoden arbeitet die Kognitive Psychologie?

Beweggründe

Intellektuelle Neugier

Der erste Grund für die Beschäftigung mit Kognitiver Psychologie ist die Triebfeder
jeglicher wissenschaftlicher Untersuchung – das Streben nach Wissenszuwachs. In dieser
Hinsicht ist der Kognitionspsychologe nicht anders als der Bastler, der wissen will, wie
eine Uhr funktioniert. Der menschliche Geist ist ein besonders interessanter Mechanismus, der Anpassungsfähigkeit und Einsichtsvermögen in bemerkenswertem Ausmaß besitzt. Wir sind uns der außergewöhnlichen Seiten der menschlichen Kognition oft gar
nicht bewußt. Mit derselben Leichtigkeit, mit der wir die enorme Anhäufung technischer
Einrichtungen einfach übersehen, die es erlaubt, ein Nachrichtenereignis von jedem beliebigen Ort der Welt live über das Fernsehen zu übermitteln, vergessen wir oft auch, wie
ausgeklügelt unsere geistigen Prozesse sein müssen, damit wir das übertragene Ereignis
überhaupt aufnehmen und verstehen können. Man würde gern mehr über die Mechanismen wissen, die diese geistige Komplexität ermöglichen.

Die interne Arbeitsweise des menschlichen Verstandes ist weitaus komplexer als die
kompliziertesten Systeme der modernen Technologie. Im Bereich der **Künstlichen Intelligenz** (KI) haben sich Wissenschaftler an der Entwicklung von Programmen versucht, die
Computer in die Lage versetzen, intelligentes Verhalten zu zeigen. Obwohl dieses Forschungsgebiet nun schon seit mehr als 35 Jahren besteht und viele beachtliche Erfolge
aufzuweisen hat, können die KI-Forscher noch immer kein Programm erstellen, das der
menschlichen Intelligenz gleichkommt. Keines der existierenden Programme kann mit

derselben Leichtigkeit des Menschen Tatsachen erinnern, Probleme lösen, schlußfolgern, lernen und mit Sprache umgehen. Der Erfolg blieb nicht deshalb aus, weil Computer dem Gehirn des Menschen unterlegen wären, sondern weil wir nicht mit hinreichender Präzision wissen, wie die Intelligenz im Gehirn aufgebaut und organisiert ist.

Es scheint nicht so zu sein, daß die menschliche Intelligenz etwas Magisches umgibt oder irgendwelche Merkmale aufweist, die auf dem Computer nicht modelliert werden könnten. Man denke zum Beispiel an wissenschaftliche Entdeckungen. Diese werden oft als das Nonplusultra der menschlichen Intelligenz angesehen, da sie vom Wissenschaftler ein großes Intuitionsvermögen verlangen, wenn es gilt, eine verwirrende Menge vorliegender Daten zu klären. Gemeinhin nimmt man an, daß die Idee einer neuartigen wissenschaftlichen Theorie sowohl ein großes Ausmaß an Kreativität als auch spezielle deduktive Fähigkeiten erfordert. Herbert Simon, der für seine theoretischen Arbeiten zur Ökonomie im Jahre 1978 den Nobelpreis gewann, verbrachte die vergangenen 35 Jahre mit dem Studium der Kognitiven Psychologie und konzentrierte sich in jüngerer Zeit auf die intellektuellen Leistungen, die an der Ausübung einer Wissenschaft beteiligt sind. Zusammen mit seinen Mitarbeitern (Langley, Simon, Bradshaw & Zytkow, 1987) entwarf er Computerprogramme zur Simulation der Problemlösevorgänge, die bei wissenschaftlichen Meisterleistungen wie beispielsweise Keplers Entdeckung des Gesetzes der Planetenbewegung, Ohms Gesetz der elektrischen Schaltkreise und den Gesetzen chemischer Reaktionen beteiligt sind. Diese Programme gehören zu den eindrucksvollsten Leistungen der Künstlichen Intelligenz. Simon untersuchte auch die Prozesse, die an seinen eigenen, mittlerweile berühmt gewordenen wissenschaftlichen Entdeckungen beteiligt waren (Simon, 1989). In all diesen Fällen fand er, daß man die Prozesse wissenschaftlicher Entdeckungen an Hand der elementaren kognitiven Prozesse erklären kann, die in der Kognitiven Psychologie untersucht werden. Er erklärt, daß große Teile der beteiligten Geistesanstrengungen nichts anderes seien als die wohlbekannten Problemlöseprozesse (mit denen wir uns in den Kapiteln 8 und 9 befassen werden), und fügt hinzu:

> Zudem stellt sich heraus, daß die Einsichten und Eingebungen, die man für solche Arbeiten als notwendig erachtet, mit den bekannten Prozessen des Wiedererkennens übereinstimmen. Andere Ausdrücke, die bei der Erörterung kreativer Arbeit häufig verwendet werden – Ausdrücke wie „Urteilsvermögen", „Kreativität" oder sogar „Genie" –, erscheinen völlig verzichtbar oder, wie schon die Eingebung, mit Hilfe schlichter und wohlbekannter Konzepte definierbar zu sein. (S. 376)*

Simons Hauptargument lautet somit: Wenn wir uns das menschliche Genie genauer betrachten, finden wir, daß es elementare kognitive Prozesse umfaßt, die auf komplexe Weise zusammenwirken und so die brillanten Ergebnisse hervorbringen.** Der größte Teil dieses Buches wird der Beschreibung dessen gewidmet sein, was wir über diese grundlegenden Prozesse wissen.

---

* Hier und im folgenden stammen die deutschen Fassungen wörtlicher Zitate von den Übersetzern, sofern keine deutschsprachige Ausgabe des zitierten Werkes vorliegt. [Anmerkung der Übersetzer]

** Weisberg (1989) kommt in seinem Buch *Kreativität und Begabung* zu einem ähnlichen Schluß.

Große Intelligenzleistungen, wie beispielsweise wissenschaftliche Entdeckungen, beruhen auf elementaren kognitiven Prozessen.

Implikationen für andere Forschungsgebiete

Studenten und Wissenschaftler, die an anderen Gebieten der Psychologie oder der Sozialwissenschaften interessiert sind, verfolgen die Entwicklungen in der Kognitiven Psychologie aus anderen Gründen. Die Kognitive Psychologie will die grundlegenden Mechanismen des menschlichen Denkens begreifen, die wiederum für das Verständnis derjenigen Verhaltensweisen wichtig sind, mit denen sich andere sozialwissenschaftliche Gebiete befassen. Man muß die Funktionsweise des menschlichen Denkens verstanden haben, um beispielsweise erklären zu können, warum bestimmte Denkstörungen auftreten (Klinische Psychologie), wie sich Menschen gegenüber einzelnen oder in Gruppen verhalten (Sozialpsychologie), wie die Prozesse des Überredens und Überzeugens funktionieren (Politikwissenschaft), wie ökonomische Entscheidungen getroffen werden (Wirtschaftswissenschaften), warum bestimmte Arten der Gruppenorganisation effektiver und stabiler sind als andere (Soziologie) oder warum natürliche Sprachen bestimmte Charakteristika aufweisen (Linguistik). Die Kognitive Psychologie untersucht die Grundlagen, auf denen alle anderen Sozialwissenschaften aufbauen. Die Kognitive Psychologie ist für die anderen Sozialwissenschaften in derselben Weise grundlegend, wie es die Physik für die anderen Wissenschaften von der physikalischen Welt, beispielsweise für die Chemie, ist.

Gleichwohl trifft es sicherlich zu, daß sich große Teile der Sozialwissenschaften ohne eine Verankerung in der Kognitiven Psychologie entwickelt haben. Dafür sind zwei Tatsachen verantwortlich: Zum einen ist die Kognitive Psychologie noch nicht so weit fortgeschritten; zum anderen ist es in den anderen Gebieten der Sozialwissenschaften gelungen, übergeordnete, nicht auf kognitive Mechanismen bezogene Prinzipien zu entwickeln, um die jeweils interessierenden Phänomene zu erklären. So befassen sich beispielsweise Ökonomen mit rationaler Entscheidungsfindung, ohne wirklich zu berücksichtigen, wie Menschen Entscheidungen treffen (was in Kapitel 10 behandelt wird). Doch ist in diesen Nachbargebieten noch vieles nicht oder nur unzureichend erklärt. Wenn es gelänge, diese übergeordneten Prinzipien im Rahmen kognitiver Mechanismen zu erklären und kognitive Mechanismen direkt auf die komplexeren Phänomene anzuwenden, könnten wir die betreffenden Sachverhalte vielleicht besser in den Griff bekommen. Wenn wir beispielsweise mehr über die Entscheidungsfindung des Menschen wüßten, könnten wir die Abweichungen besser verstehen, die sich im Hinblick auf die von Wirtschaftswissenschaftlern formulierten Vorgaben für rationale Entscheidungen ergeben. Deshalb wird im vorliegenden Buch immer wieder auf die Implikationen der Kognitiven Psychologie für andere Bereiche der Sozialwissenschaften hingewiesen.

Die Kognitive Psychologie kann Grundlagen für viele andere Bereiche der Sozialwissenschaften bereitstellen.

Praktische Anwendungen

Ein wichtiger Beweggrund für die Beschäftigung mit Kognitiver Psychologie ist, wie bei jeder anderen Wissenschaft auch, das Streben nach Erkenntniszuwachs. Doch liegt ein zweites Hauptmotiv in den praktischen Anwendungsmöglichkeiten. Wenn wir hinreichend verstehen, wie Menschen ihr Wissen und ihre intellektuellen Fähigkeiten erwerben und auf welche Weise sie ihre geistigen Großtaten vollbringen, dann können wir die Schulung ihres Denkens und ihre intellektuellen Leistungen entsprechend verbessern.

Das Wissen über den menschlichen Denkapparat, das Kognitionspychologen bereitstellen, wird sowohl dem einzelnen als auch der Allgemeinheit zugute kommen. Viele unserer Probleme beruhen auf der nur begrenzten Fähigkeit, die uns gestellten kognitiven Anforderungen zu bewältigen. Durch die „Informationsexplosion" und die gegenwärtigen technologischen Umwälzungen werden diese Probleme noch verschärft. Zwar steht die Kognitive Psychologie gerade erst am Anfang ihrer Fortschritte, doch liegen bereits einige klare und eindeutige Erkenntnisse vor, die sich direkt auf den Alltag anwenden lassen. Diese betreffen die Anwendung der Kognitiven Psychologie auf das Rechtswesen (zum Beispiel Loftus, 1979, zur Zuverlässigkeit von Zeugenaussagen), auf die Konstruktion von Computersystemen (zum Beispiel Card, Moran & Newell, 1983, zur Benutzung von Textverarbeitungssystemen) und auf die Unterrichtsgestaltung (Gagné, Yekovich & Yekovich, 1993).

An vielen Stellen des Buches wird sich erweisen, daß die kognitionspsychologische Forschung auch Maßgaben für Arbeits- und Studientechniken impliziert. Wer den Text liest und seine Lektionen lernt, kann seine geistige Kapazität – zumindest in einem gewissen Ausmaß – erweitern. In unserem eigenen Forschungslabor haben wir die kognitionspsychologischen Erkenntnisse und die Techniken der Künstlichen Intelligenz zusammengebracht und „intelligente" elektronische Tutorensysteme entwickelt, die die Leistungen der Studierenden deutlich erhöht haben (Anderson, Corbett, Koedinger & Pelletier, im Druck); dies wird in Kapitel 9 erläutert.

Ein Grund für das Studium der Kognitiven Psychologie und für die Förderung ihrer Entwicklung als Forschungsgebiet besteht somit darin, den Menschen zu befähigen, bei seinen intellektuellen Vorhaben effektiver zu sein. Im folgenden Abschnitt wird die erste Rate dieser Behauptung eingelöst. Wir fassen darin einige Maßgaben der Kognitiven Psychologie für das effektive Studium eines Lehrbuchs – beispielsweise des vorliegenden – zusammen.

Die Befunde der Kognitiven Psychologie sind für die Verbesserung der eigenen intellektuellen Leistungen nicht unerheblich.

Wie arbeitet man mit dem vorliegenden Buch?

Ein Beitrag der Kognitiven Psychologie besteht darin, Methoden herausgearbeitet zu haben, mit denen ein Text wie beispielsweise der vorliegende durchgearbeitet und seine Inhalte behalten werden können. Die zugehörigen Forschungsarbeiten werden in Kapitel 7 (zum Gedächtnis) und in Kapitel 12 (zur Sprachverarbeitung) dargestellt. Doch sollte es dem Lernenden helfen, schon jetzt etwas über die Grundzüge dieser Techniken zu erfahren, damit diese beim vorliegenden Text schon zur Anwendung kommen können. Der entscheidende Grundgedanke ist, die wichtigsten Punkte eines jeden Textabschnitts zu erkennen und herauszufinden, wie der Text an Hand dieser zentralen Punkte aufgebaut ist. Ich habe versucht, meinen Teil dazu beizutragen, indem ich jedem Abschnitt einen zusammenfassenden Satz nachgestellt habe, der den jeweiligen Hauptpunkt hervorhebt. Ich empfehle die folgende Arbeitstechnik, um den Stoff am besten zu behalten. Bei dieser Empfehlung handelt es sich um eine Variante der PQ4R-Methode, die in Kapitel 7 erläutert wird:

1. Überfliegen Sie das Kapitel. Lesen Sie die einzelnen Überschriften und die zusammenfassenden Thesen, um einen allgemeinen Eindruck davon zu bekommen, wie das Kapitel aufgebaut ist und wieviel Stoff jedes Teilthema umfaßt. Versuchen Sie, die Zusammenfassungen zu begreifen, und fragen Sie sich, ob Sie das auch schon vorher gewußt oder zumindest angenommen haben.

Danach sollten Sie bei jedem Textabschnitt die folgenden Schritte durchlaufen:

2. Formulieren Sie eine Frage: Stellen Sie gleich zu Beginn eines Abschnitts eine Frage, die sich an der Überschrift orientiert und die Sie beim Lesen des Textes zu beantworten versuchen. Zum Beispiel könnten Sie sich beim Abschnitt über intellektuelle Neugier gefragt haben: „Worauf könnte man in der Kognitiven Psychologie neugierig sein?" Damit gewinnen Sie ein aktives Ziel, das beim Lesen des Abschnitts verfolgt werden kann.

3. Lesen Sie den Abschnitt, versuchen Sie, ihn zu verstehen und Ihre Frage zu beantworten. Versuchen Sie, das Gelesene mit Situationen aus Ihrem eigenen Leben in Verbindung zu bringen. Beim Abschnitt über intellektuelle Neugier könnten Sie vielleicht versuchen, sich an wissenschaftliche Entdeckungen zu erinnern, von denen Sie schon gelesen haben und für die wahrscheinlich Kreativität erforderlich war.

4. Wenn Sie am Abschnittsende angekommen sind, lesen Sie die Zusammenfassung und fragen Sie sich, ob das der zentrale Punkt ist, der sich auch für Sie ergeben hat, und warum er es ist. Dabei wird es vielleicht notwendig, zurückzublättern und einige Textteile nochmals zu lesen.

Am Ende jedes Kapitels sollten Sie das Ganze noch einmal kritisch überdenken:

5. Gehen Sie den Text in Gedanken noch einmal durch und inspizieren Sie die zentralen Punkte. Versuchen Sie, die unter Punkt 2 gestellten Fragen zu beantworten, und beantworten Sie auch alle Fragen, die Ihnen sonst in den Sinn kommen. Wenn man sich auf eine Prüfung vorbereitet, hilft es oft auch, sich zu überlegen, welche Art von Fragen man selbst über das Kapitel stellen würde.

In späteren Kapiteln werden wir darauf zurückkommen, daß eine solche Arbeitstechnik tatsächlich zu einem besseren Behalten des Stoffes führt.

Man kann das Gedächtnis für Textinhalte verbessern, indem man den Text in mehreren Durchgängen liest und sich dabei Fragen stellt.

Die Geschichte der Kognitiven Psychologie

Die Anfänge

Im abendländischen Kulturkreis läßt sich das Interesse an Fragen der menschlichen Erkenntnis bis zu den alten Griechen zurückverfolgen. Bei ihren Betrachtungen über Wesen und Ursprung des Wissens spekulierten Platon und Aristoteles über das Denken und das Gedächtnis. Aus diesen frühen, philosophisch geprägten Erörterungen entwickelte sich schließlich eine jahrhundertelange Debatte zwischen dem **Empirismus**, für den alles Wissen aus der Erfahrung stammt, und dem **Nativismus**, der annimmt, daß man schon als Kind mit beträchtlichem angeborenem Wissen auf die Welt kommt. Die Auseinandersetzung verschärfte sich im 17., 18. und 19. Jahrhundert; britische Philosophen wie Berkeley, Locke, Hume und Mill sprachen sich für die empiristische Position aus, während kontinentaleuropäische Philosophen wie Descartes und Kant den nativistischen Standpunkt vertraten. Es handelte sich zwar in ihrem Kern um eine philosophische Auseinandersetzung, die jedoch immer wieder auch bei psychologischen Spekulationen über die Prinzipien der menschlichen Erkenntnis landete.

Während sich die philosophische Auseinandersetzung lange hinzog, gab es in den Naturwissenschaften wie der Astronomie, der Physik, der Chemie und der Biologie entscheidende Entwicklungen. Doch unternahm man seltsamerweise nicht den Versuch, naturwissenschaftliche Methoden in analoger Weise auch zum Verständnis des menschlichen Denkens heranzuziehen; dies erfolgte erst Ende des 19. Jahrhunderts. Es waren keinesfalls technische oder begriffliche Hindernisse, die eine frühere Behandlung kognitionspsychologischer Fragen behinderten; viele Experimente der Kognitiven Psychologie hätten auch schon zu Zeiten der Griechen durchgeführt und verstanden werden können. Doch hatte die Kognitive Psychologie, wie viele andere Wissenschaftszweige auch, unter der egozentrischen, mystischen und teilweise verworrenen Einstellung gegenüber dem Menschen an sich und seiner Natur zu leiden. Vor dem 19. Jahrhundert schien es undenkbar, die Funktionsweise des menschlichen Verstandes einer wissenschaftlichen Analyse zu unterwerfen. Demzufolge gibt es die Kognitionspsychologie als Wissenschaft kaum länger als 100 Jahre, und ihr Entwicklungsstand liegt weit hinter dem vieler anderer Naturwissenschaften zurück. Ein Großteil dieser ersten 100 Jahre wurde für die Selbstbefreiung von den hinderlichen und irrigen Annahmen aufgewandt, die sich bei der Beschäftigung mit einem derart nach innen gerichteten Unternehmen – der wissenschaftlichen Untersuchung des menschlichen Denkens – ergeben können: Der menschliche Geist versucht, sich selbst zu erkennen.

Erst seit gut 100 Jahren hat man erkannt, daß das menschliche Denken Gegenstand naturwissenschaftlicher Untersuchung und nicht nur philosophischer Betrachtung sein kann.

Psychologie in Deutschland

Der Anfang der wissenschaftlichen Psychologie wird üblicherweise auf das Jahr 1879 datiert, in dem Wilhelm Wundt in Leipzig das erste psychologische Labor einrichtete. Obwohl es von Wundt weitreichende Stellungnahmen zu sehr vielen Inhaltsbereichen gibt, war seine Psychologie eine Kognitive Psychologie (im Unterschied zu anderen psychologischen Teilgebieten wie beispielsweise der Vergleichenden, Klinischen oder Sozialpsychologie). Wundt, seine Schüler und ein Großteil der damaligen Psychologen verwendeten als Untersuchungsmethode die **Introspektion**. Dabei berichteten in dieser Methode trainierte Beobachter unter sorgfältig kontrollierten Bedingungen über ihre Bewußtseinsinhalte. Dies erfolgte auf der Grundlage der Überzeugung, daß die Tätigkeit des menschlichen Geistes der Selbstbeobachtung zugänglich ist. Gestützt auf den Empirismus der britischen Philosophen, hielten es Wundt und andere Verfechter der Methodik für ausgemacht, daß es mit sehr intensiver Selbstbeobachtung gelänge, die elementaren Erfahrungen zu bestimmen, aus denen sich das Denken zusammensetzt. Für eine Theorie des menschlichen Denkens mußte der Psychologe somit lediglich eine Theorie entwickeln, die den Inhalten introspektiver Erfahrungsberichte gerecht wird.

Betrachten wird dazu ein Beispiel für ein Introspektionsexperiment. Mayer und Orth (1901) stellten ihren Probanden die Aufgabe, frei zu assoziieren, das heißt, alles zu sagen, was ihnen einfiel. Die Versuchsleiter gaben ein Wort als Reiz vor und bestimmten die Zeit, die die Teilnehmer benötigten, um ihre Einfälle zu diesem Wort hervorzubringen. Danach berichteten sie über all ihre Bewußtseinserfahrungen vom Moment der Reizdarbietung bis zum Hervorbringen ihrer Reaktion. Um sich diese Methode vorzustellen, kann man selbst versuchen, zunächst zu jedem der unten genannten Wörter eine Assoziation zu bilden und sich danach jeweils zu bemühen, die Inhalte seines Bewußtseins zwischen dem Lesen des Wortes und der Ausbildung der Assoziation introspektiv nachzuvollziehen:

Mantel   Buch   Punkt   Schale

Im Experiment von Mayer und Orth handelten viele der abgegebenen Berichte von eher unbeschreibbaren Bewußtseinserfahrungen. Was auch immer im Bewußtsein vor sich ging – es schien sich nicht um Empfindungen, Vorstellungsbilder oder andere Qualitäten zu handeln, die die Versuchsteilnehmer zu berichten gewohnt waren. Dieser Befund löste eine Diskussion um die Frage nicht-anschaulichen Denkens aus: Kann die Bewußtseinserfahrung wirklich ohne konkrete, anschauliche Inhalte auskommen? Wie wir in den Kapiteln 4 und 5 sehen werden, beschäftigt uns diese Frage auch heute noch.

Um die Jahrhundertwende versuchten deutsche Psychologen, die Tätigkeit des menschlichen Geistes mit Hilfe der Introspektion zu untersuchen.

Psychologie in den USA

Die von Wundt geprägte introspektive Psychologie war in den USA nicht besonders angesehen. Zwar betrieben auch die damaligen nordamerikanischen Psychologen etwas, das sie „Introspektion" nannten, doch handelte es sich dabei nicht um die von den Deutschen praktizierte gründliche und methodische Analyse von Geistesinhalten. Vielmehr fühlten sie sich – sozusagen vom Lehnstuhl aus – kraft ihrer Intuition zu entsprechenden Reflexionen berufen; ihre Selbstbeobachtung verlief eher zwanglos und frei flottierend, also weniger angestrengt und analytisch. Ein Glanzstück dieser Tradition ist William James' Buch *Principles of psychology* (1890); viele der darin formulierten Einlassungen sind heute noch relevant und überzeugend. Der Zeitgeist Amerikas war von den philosophischen Lehren des Pragmatismus und des Funktionalismus geprägt. Viele Psychologen arbeiteten damals im Bildungsbereich, und es wurde eine ‚handlungsorientierte‘ Psychologie gewünscht, die sich in der Praxis anwenden läßt. Das geistige Klima in den USA war nicht gerade für eine Psychologie empfänglich, die sich auf Fragen konzentrierte, ob Bewußtseinsinhalte nun anschaulich seien oder nicht.

Eine bedeutende Gestalt in den Anfängen der wissenschaftlichen Psychologie in Amerika war Edward Thorndike; er entwickelte eine Lerntheorie, die sich direkt auf den schulischen Kontext anwenden läßt. Thorndikes Interesse galt grundlegenden Fragen wie beispielsweise der Wirkung von Belohnung und Bestrafung auf den Lernerfolg. Bewußtseinserfahrungen waren ihm nur überflüssiger Ballast, den man größtenteils ignorieren kann. Seine Experimente führte er meistens mit Tieren statt mit Menschen durch, beispielsweise mit Katzen. Experimente mit Tieren brachten im Vergleich zu Menschen weniger ethische Einschränkungen mit sich, und vermutlich war Thorndike auch nicht unglücklich darüber, daß diese Versuchsteilnehmer der Introspektion nicht fähig waren.

Während die Introspektion um die Jahrhundertwende in den USA also keine Beachtung fand, geriet sie in Europa in eine Krise. Von Labor zu Labor wurden unterschiedliche Typen introspektiver Erfahrungen berichtet – passend zur jeweiligen ‚Haustheorie‘ des Labors, aus dem sie stammten. Es wurde deutlich, daß die Introspektion nicht das eine, eindeutige Fenster zur Tätigkeit des menschlichen Geistes bereitstellt. Viele wichtige Aspekte geistiger Prozesse waren der bewußten Erfahrung nicht zugänglich.

Diese beiden Faktoren, die ‚Irrelevanz‘ der Introspektionsmethode und ihre offensichtlichen Widersprüche, waren die Grundlage für die umfassende behavioristische Revolution in der nordamerikanischen Psychologie, die sich um das Jahr 1920 vollzog. John Watson und andere Behavioristen führten ihren heftigen Angriff nicht nur gegen die introspektive Methodik, sondern auch gegen jeglichen Versuch, eine Theorie geistiger Vorgänge zu entwickeln. Nach Ansicht des **Behaviorismus** sollte sich die Psychologie ausschließlich mit dem äußeren, beobachtbaren Verhalten des Menschen befassen und nicht mit der Analyse der geistigen Vorgänge des Menschen, die diesem Verhalten zugrunde liegen mögen:

> Der Behaviorismus behauptet, daß das Bewußtsein weder ein definierbarer noch ein nützlicher Begriff ist. Der Behaviorist, der immer auch als Experimentator ausgebildet ist, meint weiterhin, daß der Glaube an die Existenz eines Bewußtseins aus den alten Zeiten des Aberglaubens und der Magie herrührt. (Watson, 1979, S. 36)

> Der Behaviorist begann, das Problem der Psychologie neu zu formulieren und dabei alle mittelalterlichen Vorstellungen über Bord zu werfen. Er strich aus seinem wissenschaftlichen Vokabular alle subjektiven Termini wie Empfindung, Wahrnehmung, Vorstellung, Wunsch, Absicht und sogar Denken und Gefühl, soweit diese Begriffe subjektiv definiert waren. (Watson, 1979, S. 39)

Das behavioristische Programm und die Fragestellungen, die es aufwarf und nach sich zog, haben ernsthafte Forschungen im Bereich der Kognitiven Psychologie über einen Zeitraum von vierzig Jahren hinweg nahezu völlig ausgeschlossen. Der Mensch als zentraler Untersuchungsgegenstand im Labor wurde durch die Ratte ersetzt, und die Psychologie wandte sich der Frage zu, was sich aus der Untersuchung von Lern- und Motivationsprozessen bei Tieren erkennen läßt. Dabei fand man zwar einiges heraus, doch nur wenig davon war für die Kognitive Psychologie relevant. Der vielleicht wichtigste Beitrag des Behaviorismus, der bis heute überdauert hat, liegt in einer Reihe ausgeklügelter und strikter Verfahren und Prinzipien experimenteller Untersuchungen, die in allen Teilgebieten der Psychologie, einschließlich der Kognitiven Psychologie, zur Anwendung kommen.

Im nachhinein ist es schwer nachzuvollziehen, daß die Behavioristen einen derart anti-kognitiven Standpunkt einnehmen und so lange daran festhalten konnten. Nur weil sich die Introspektionsmethode als unzuverlässig erwiesen hatte, mußte dies ja nicht bedeuten, daß es unmöglich ist, an einer Theorie innerer Strukturen und Prozesse zu arbeiten. Es hätte lediglich anderer Methoden bedurft. In der Physik wurde eine Theorie der atomaren Struktur entwickelt, obwohl diese Struktur nicht direkt beobachtet, sondern lediglich erschlossen werden konnte. Die Behavioristen argumentierten jedoch, daß eine Theorie innerer Strukturen für das Verständnis menschlichen Verhaltens nicht notwendig sei, und in gewisser Hinsicht haben sie damit vielleicht sogar recht gehabt (siehe Anderson & Bower, 1973, S. 30–37). Allerdings erleichtert eine Theorie innerer Strukturen das Verstehen des Menschen und seines Verhaltens. Die Erfolge, die die Kognitive Psychologie bei der Analyse komplexer geistiger Prozesse seit Mitte der fünfziger Jahre erreicht hat, sprechen für die Nützlichkeit, geistige Strukturen und Prozesse zu unterstellen.

Im introspektionistischen wie im behavioristischen Forschungsprogramm sehen wir den menschlichen Geist, wie er sich abmüht, sich selbst zu verstehen. Die Introspektionisten glaubten naiv an die Aussagekraft der Selbstbeobachtung. Die Behavioristen fürchteten so sehr, subjektiven Täuschungen zum Opfer zu fallen, daß sie sich das Nachdenken über geistige Prozesse völlig versagten. Die heutigen Kognitionspsychologen scheinen ein wesentlich entspannteres Verhältnis zu ihrem Gegenstand zu haben. Ihre Einstellung zur menschlichen Kognition ist weitgehend unvoreingenommen, und sie gehen nicht anders vor, als sie es bei der Annäherung an jedes andere komplexe System auch täten.

Der Behaviorismus, der die nordamerikanische Psychologie in der ersten Hälfte des Jahrhunderts dominierte, lehnte die Verwendung mentaler Konstrukte bei der Verhaltenserklärung ab.

Die Wiederbelebung der Kognitiven Psychologie

Die Kognitive Psychologie, so wie wir sie heute kennen, entstand in den beiden Jahrzehnten zwischen 1950 und 1970. Vor allem drei Einflußgrößen sind für die neuere Entwicklung der Kognitiven Psychologie verantwortlich. Die erste besteht in den Forschungen zur Leistungsfähigkeit und Leistungsausführung des Menschen, die während des Zweiten Weltkriegs starken Auftrieb erhielten, als man dringend praktische Informationen benötigte, wie man Soldaten im Umgang mit technisch komplizierten Ausrüstungsgegenständen und mit Problemen wie Aufmerksamkeitsschwächen und -störungen trainieren sollte. Der Behaviorismus bot keine Hilfen für derart praxisbezogene Fragen. Während des Krieges bekamen die Arbeiten also einen sehr anwendungsbezogenen Einschlag, den die Psychologen nach dem Krieg in seinen Grundzügen auch in ihre akademischen Labors übernahmen. Am einflußreichsten war wohl die Arbeit des britischen Psychologen Donald Broadbent aus der Forschungsgruppe für Angewandte Psychologie in Cambridge, als es darum ging, die Ideen zur menschlichen Leistungsausübung mit neueren Ideen aus der sogenannten Informationstheorie zusammenzubringen, einem Forschungsfeld, das gerade erst in Entwicklung begriffen war. Bei der Informationstheorie handelt es sich um einen abstrakten Weg, die Informationsverarbeitung zu analysieren. Broadbent entwickelte seine Vorstellungen im direkten Bezug zur Wahrnehmung und zur Aufmerksamkeit. Mittlerweile durchziehen solche Analysen jedoch die gesamte Kognitive Psychologie. Die charakteristischen Merkmale des Informationsverarbeitungsansatzes werden im Verlauf dieses Kapitels noch erörtert. Es gibt in der Kognitiven Psychologie zwar noch andere Analysearten, doch ist die Sichtweise der Informationsverarbeitung die vorherrschende und steht in diesem Buch auch im Mittelpunkt.

Eng mit der Entwicklung des Informationsverarbeitungsansatzes waren Fortschritte in der Computerwissenschaft verbunden, insbesondere der **Künstlichen Intelligenz** (KI), deren Ziel es ist, Computer zu intelligentem Verhalten zu bringen. Allen Newell und Herbert Simon haben an der Carnegie Mellon Universität vierzig Jahre damit zugebracht, Kognitiven Psychologen die Bedeutung der Künstlichen Intelligenz klar zu machen (und umgekehrt den KI-Forschern die Wichtigkeit der Kognitiven Psychologie zu verdeutlichen). Der direkte Einfluß von computergestützten Theorien auf die Kognitive Psychologie war immer recht gering gewesen; ihr indirekter Einfluß jedoch war enorm. Eine Fülle von Begriffen und Konzepten wurde von der Computerwissenschaft übernommen und in psychologischen Theorien eingesetzt. Noch wichtiger war wahrscheinlich, daß man beobachten konnte, wie sich das intelligente Verhalten einer Maschine analysieren läßt, und daß man sich dadurch von den Hemmungen und fehlleitenden Konzeptionen bei der Analyse der eigenen, menschlichen Intelligenz weitgehend befreien konnte.

Drittens schließlich hatte die Linguistik Einfluß auf die Kognitive Psychologie. In den fünfziger Jahren entwickelte Noam Chomsky, ein Linguist am Massachusetts Institute of Technology (MIT), eine neuartige Form, die Struktur der Sprache zu analysieren. Seine Arbeiten zeigten, daß Sprache viel komplexer ist als ursprünglich angenommen und daß viele der vorherrschenden behavioristischen Ansätze nicht in der Lage waren, diese Komplexität zu erklären. Chomskys linguistische Analysen erwiesen sich als entscheidendes Argument, mit dem Kognitive Psychologen gegen die behavioristischen Ansätze vorgehen konnten. George Miller, der in den fünfziger und sechziger Jahren an der Harvard University war, hat entscheidend dazu beigetragen, Psychologen auf diese linguistischen Analysen aufmerksam zu machen und neue Wege für die Erforschung der Sprache zu weisen.

Die Kognitive Psychologie hat sich seit den fünfziger Jahren rasch weiterentwickelt. Eine wichtige Rolle spielte dabei Ulrich Neissers *Cognitive Psychology* aus dem Jahre 1967. Sein Buch gab dem Forschungsgebiet eine neue Legitimation. Es enthielt sechs Kapitel zur Wahrnehmung und zur Aufmerksamkeit und vier Kapitel über Sprache, Gedächtnis und Denken. Die Kapiteleinteilung im vorliegenden Buch zeigt, daß sich der Schwerpunkt mittlerweile auf die höheren geistigen Prozesse verlagert hat. Ein weiteres wichtiges Ereignis im Anschluß an die Arbeiten Neissers war die Gründung der Zeitschrift *Cognitive Psychology* im Jahre 1970. Diese Zeitschrift hat wesentlich dazu beigetragen, das Forschungsgebiet zu definieren.

In jüngerer Zeit entstand eine neue Teildisziplin, die *Kognitionswissenschaft*. Hier wird versucht, Forschungsansätze aus der Psychologie, der Philosophie, der Linguistik, den Neurowissenschaften und der Künstlichen Intelligenz zu integrieren. Die Anfänge der Kognitionswissenschaft kann man auf das Jahr 1976 datieren, seit dem die Zeitschrift *Cognitive Science* erscheint. Zwischen der Kognitiven Psychologie und der Kognitionswissenschaft gibt es Überschneidungen. Es erscheint wenig sinnvoll, die Unterschiede zwischen beiden genau fassen zu wollen, doch kommen in der Kognitionswissenschaft eher Methoden wie Computersimulationen kognitiver Prozesse und logische Analysen zur Anwendung, während sich die Kognitive Psychologie stark auf Experimentaltechniken stützt, die aus der behavioristischen Epoche stammen und der Untersuchung des menschlichen Verhaltens dienen. Das vorliegende Buch stützt sich auf alle diese Methoden, doch, wie sein Titel schon nahelegt, bezieht es sich überwiegend auf die experimentelle Methodologie der Kognitiven Psychologie.

Als Reaktion auf Entwicklungen in der Informationstheorie, der Künstlichen Intelligenz und der Linguistik spaltete sich die Kognitive Psychologie vom Behaviorismus ab.

Die Analyse der Informationsverarbeitung

Die verschiedenen, im voranstehenden Abschnitt beschriebenen Faktoren vereinigen sich in einem bestimmten Ansatz zur Untersuchung des menschlichen Denkens: dem **Informationsverarbeitungsansatz**, der für die Kognitive Psychologie bestimmend wurde. Dabei werden kognitive Prozesse in eine Reihe von Einzelschritten zerlegt, in denen eine abstrakte Größe, die Information, verarbeitet wird. Der wahrscheinlich beste Weg, den Informationsverarbeitungsansatz zu erklären, besteht in der Beschreibung seines wohl bekanntesten Beispiels.

1966 erläuterte Saul Sternberg ein Experimentalparadigma und lieferte dazu eine theoretische Beschreibung, was sich in zweierlei Hinsicht als einflußreich erweisen sollte. Erstens handelte es sich um einen wichtigen Versuch, das menschliche Gedächtnis besser zu verstehen. Zweitens spiegelte Sternbergs Ansatz den Prototyp dessen wider, was schließlich als der abstrakte Informationsverarbeitungsansatz in der Kognitiven Psychologie aufgefaßt wurde. Dieser zweite Gesichtspunkt wird im folgenden näher erörtert.

In dem mittlerweile so genannten **Sternberg-Paradigma** zeigt man Personen eine kleine Anzahl von Ziffern, die sie sich merken sollen, beispielsweise „3, 9, 6". Dann werden sie gefragt, ob sich eine bestimmte Testziffer unter der zu merkenden Menge befand, und diese Frage soll so schnell wie möglich beantwortet werden. Sternberg variierte die Menge der Ziffern, die zu behalten sind, von 1 bis 6 und betrachtete die Geschwindigkeit, mit der die Probanden ihr Urteil darüber abgeben konnten, ob eine Prüfziffer in dieser Menge enthalten ist oder nicht. Abbildung 1.1 zeigt die Befunde zur Antwortgeschwindigkeit als Funktion des Umfangs der zu behaltenden Zahlenmenge. Die Daten wurden danach getrennt, ob die Testziffer in der Zahlenreihe enthalten war („Treffer"; für obige Zahlenmenge beispielsweise die 9) oder nicht („Nieten"; für obige Zahlenmenge beispielsweise die 7). Versuchsteilnehmer können ihre Urteile ziemlich schnell abgeben, die Reaktionslatenzen liegen zwischen 400 und 600 Millisekunden. Sternberg fand eine annähernd lineare Beziehung zwischen dem Umfang der zu behaltenden Zahlenmenge und der Beurteilungszeit. Man sieht in Abbildung 1.1, daß sich die Reaktionszeit für jede weitere Ziffer um jeweils etwa 38 Millisekunden verlängert.

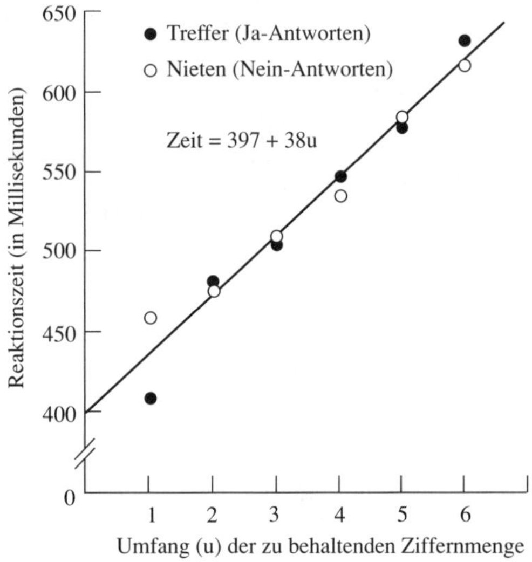

Abb. 1.1 Die zum Wiedererkennen einer Ziffer benötigte Zeit steigt mit der Anzahl der zu behaltenden Elemente. Die Gerade zeigt die lineare Funktion, die die Daten am besten abbildet (nach Sternberg, 1969).

● Treffer (Ja-Antworten)
○ Nieten (Nein-Antworten)

Zeit = 397 + 38u

Reaktionszeit (in Millisekunden)

Umfang (u) der zu behaltenden Ziffernmenge

Sternberg entwickelte einen sehr einflußreichen Erklärungsansatz dafür, wie die Probanden zu ihren Urteilen gelangten. Diese Erklärungsweise illustriert die prinzipielle Beschaffenheit einer abstrakten Informationsverarbeitungstheorie; sie ist in Abbildung 1.2 dargestellt. Sternberg nahm an, daß die Personen die in der Abbildung dargestellte Reihe von Informationsverarbeitungsschritten durchliefen, wenn sie beispielsweise die 9 als Testzahl sahen. Zuerst mußte der Reiz enkodiert werden. Dann sollte er mit jedem Element der zu behaltenden Zahlenmenge verglichen werden. Sternberg nahm an, daß jeder Vergleich 38 Millisekunden benötigt, und erklärte damit die Steigung der Geraden in Abbildung 1.1. Danach mußte die Person zu einer Antwort kommen und diese schließlich hervorbringen. Sternberg zeigte, daß sich jeder dieser Informationsverarbeitungsschritte durch verschiedene Variablen beeinträchtigen läßt. Wird beispielsweise die Qualität der Reizvorgabe verringert, dann benötigt man für die Reaktionen länger, doch beeinflußt dies nicht die Steigung der Geraden in Abbildung 1.1; die verringerte Reizqualität wirkt sich nämlich nur auf die Stufe der Reizwahrnehmung aus (siehe Abbildung 1.2). Ebenso wird

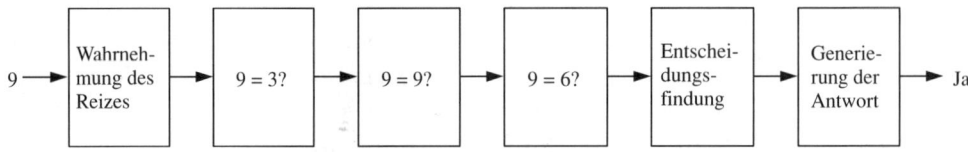

Abb. 1.2 Sternbergs Analyse der Abfolge von Informationsverarbeitungsschritten in seiner Experimentalaufgabe.

nur der Schritt der Entscheidungsfindung beeinträchtigt, nicht aber andere Informationsverarbeitungsschritte, wenn die Testzahl in der Vergleichsmenge enthalten ist oder nicht, so daß die Probanden entweder „ja" oder „nein" sagen müssen.

Man beachte, in welcher Weise Sternbergs Theorie einen abstrakten Informationsverarbeitungsansatz illustriert:

1. Die ablaufende Informationsverarbeitung wird ohne den Versuch dargelegt, sie im Gehirn zu lokalisieren oder an Hand von Prozessen im Gehirn zu konzeptualisieren.

2. Die Informationsverarbeitung wird überwiegend symbolisch konzeptualisiert. So wird dem System zugeschrieben, das Symbol „3" mit dem Symbol „9" zu vergleichen. Mögliche neuronale Repräsentationen dieser Symbole finden keine Beachtung.

3. Bei der Rechtfertigung seiner Theorie der Informationsverarbeitung berief sich Sternberg auf die Computermetapher. Er stellte sich vor, daß die Informationsverarbeitung so ähnlich abläuft wie das schnelle Durchkalkulieren bei Computern.

4. Die für die Generierung eines Urteils erforderliche Zeit erweist sich als kritische Variable. Dies rührt daher, daß angenommen wird, die Informationsverarbeitung erfolge in diskreten Schritten. Flußdiagramme in der Art von Abbildung 1.2 dienten als beliebtes Mittel zur Darstellung der Informationsverarbeitungsschritte. Die Flußdiagramme selbst sind wiederum aus der Computerwissenschaft übernommen.

Theorien dieser Art waren recht erfolgreich, um größere Mengen an Erkenntnissen über die menschliche Kognition zusammenzutragen. Wie wir in nachfolgenden Kapiteln sehen werden, lassen sie sich auch auf weit komplexere Aufgaben als das Sternberg-Paradigma anwenden.

Sternberg zerlegte den Prozeß des Wiedererkennens einer Gedächtnisstichprobe in eine Abfolge diskreter und abstrakter Informationsverarbeitungsschritte.

Kontroverse: Die Rolle der situativen Umgebung

Es wäre falsch anzunehmen, innerhalb der Kognitiven Psychologie hätte seit ihrer Loslösung vom Behaviorismus bestes Einvernehmen geherrscht. Obwohl ständiger Fortschritt zu verzeichnen war, gab es zu den einzelnen kognitiven Phänomenen widersprüchliche Theorien. Einige spezielle theoretische Probleme werden in den folgenden Kapiteln besprochen. Zunächst sollen jedoch zwei allgemeine Dimensionen der grundlegenden theoretischen Auseinandersetzung angeführt werden, die fast philosophische Ausmaße angenommen haben.

Die eine Dimension besteht in dem Streit darüber, in welchem Ausmaß man innere Strukturen betrachten muß, um das Denken erklären zu können. Die Position, die der Postulierung innerer Strukturen gegenübersteht, wird am stärksten mit dem **ökologischen Ansatz** des Psychologen James J. Gibson in Zusammenhang gebracht. Gibson betonte, man könne die Kognition als Reaktion auf relevante Strukturen in der Umgebung auffassen; man solle statt der Struktur des Geistes besser die Struktur der Umwelt untersuchen. Gibson selbst hatte sich hauptsächlich mit Fragen der Wahrnehmung beschäftigt, doch haben sich in neuerer Zeit andere Forscher auch im Zusammenhang mit höheren kognitiven Prozessen für seine Sichtweise stark gemacht, und zwar im Rahmen der sogenannten **situierten Kognition**. Diese Forscher heben besonders die Wichtigkeit der sozialen Umwelt für das Verstehen der menschlichen Kognition hervor. Sowohl Gibson als auch die Verfechter der situierten Kognition vertreten den Standpunkt, daß wir lediglich die jeweilige Umgebung untersuchen müßten und daß es nicht notwendig sei, geistige Mechanismen zu postulieren. Im Grunde ist dies die Ablehnung der Kernvoraussetzung des Informationsverarbeitungsansatzes und gleicht einer Rückwendung zum Behaviorismus.

Ein Beispiel für diese Argumentationslinie bietet Lucy Suchman (1987), die den Anhängern der situierten Kognition zuzurechnen ist; sie fragt, ob man beim Verhalten wirklich immer mentalen Plänen folgt. Zwar bestreitet sie nicht, daß Menschen planen, doch bezweifelt sie, daß ihr Handeln auch wirklich den Plänen entspricht. Vielmehr handle es sich beim Verhalten des Menschen um eine unmittelbare Reaktion auf die Situation. Als Beispiel führt sie eine Person an, die eine Kanufahrt beabsichtigt, in deren Verlauf einige Stromschnellen zu überwinden sind. Sie mag sich durchaus einen bestimmten Kurs vornehmen, doch wenn die Stromschnellen schließlich durchfahren werden, gibt sie ihren Plan auf und re-agiert nur noch. Greeno, Smith und Moore (1993) beziehen sich auf Gibsons Begriff des **Aufforderungscharakters**, um damit die Position der situierten Kognition zu erklären. Der Aufforderungscharakter bezieht sich auf das Vorliegen von Verhaltensmöglichkeiten, die man in der Umgebung unmittelbar erkennen kann. In Suchmans Beispiel wird etwa die Wahrnehmung eines Felsens in den Stromschnellen zu der Handlung „auffordern", ihm auszuweichen. Diese Handlung ist nicht Teil des Plans, sondern eine direkte Reaktion auf die Wahrnehmung des Felsens.

Obwohl Neisser eine derart extreme Sichtweise niemals übernehmen würde, war er in seinen späteren Forschungen doch stark von Gibson beeinflußt und interessierte sich für die Untersuchung der ‚echten' Kognition in der Alltagswelt. Er kritisierte die Psychologie darin, daß sie keine Alltagskognitionen untersucht. 1982 schrieb er: „Wenn X einen interessanten oder sozial relevanten Gedächtnisaspekt darstellt, dann haben sich Psychologen kaum jemals mit X befaßt." Es wurde zunehmend beachtet, in welcher Weise die Kognition dem Menschen hilft, sich an die Umgebung anzupassen. Auch David Marr, der einflußreiche Untersuchungen zum Sehen vorlegte (zum Beispiel Marr, 1982), sprach sich dafür aus, daß es hilfreich sein kann, die Anpassung der Kognition an die Strukturen der Umwelt zu verstehen, um die Mechanismen der Kognition selbst zu verstehen. Bezogen auf die Wahrnehmung, führt er das Problem an, daß der Mensch die Welt dreidimensional wahrnimmt. Um ein Problem handelt es sich deshalb, weil das Auge nur zweidimensionale Bilder empfängt. Phänomene wie die dreidimensionale Wahrnehmung können wir nur dadurch verstehen, daß wir nachvollziehen, wie die in der Welt tatsächlich existierenden dreidimensionalen Strukturen zweidimensionale Netzhautbilder verursachen. Ähnliche Argumente für andere Bereiche der Kognition finden sich bei Simon (1969), Shepard (1984) und bei mir selbst (Anderson, 1990). So gesehen, bedarf es nicht der Entscheidung, Erklärungen für die Kognition durch Verweis entweder auf die Struktur der äußeren

Welt oder auf die Struktur des inneren Geistes zu finden. Vielmehr ist es so, daß sich die beiden Perspektiven wechselseitig ergänzen, um zum Verständnis der menschlichen Kognition zu gelangen.

> Es gab eine Auseinandersetzung darüber, ob die Erklärung des menschlichen Verhaltens auf die Struktur des Geistes, auf die Struktur der Umgebung oder auf beide Bezug nehmen sollte.

Kontroverse: Die Rolle der Physiologie

Die zweite größere Auseinandersetzung ging darum, wie weit man die Kognition auf konkrete Funktionen des Gehirns beziehen oder wie weit man eher abstraktere begriffliche Zusammenhänge heranziehen sollte. Verglichen mit der zuvor genannten Dichotomie zwischen dem umgebungsbezogenen Ansatz und dem Informationsverarbeitungsansatz, handelt es sich hier eindeutig um eine Kontroverse darüber, wie man den Informationsverarbeitungsansatz weiterverfolgen sollte. Für viele Laien erscheint die Antwort eindeutig: Man sollte die Kognition an Hand von Gehirnfunktionen verstehen. Wenn man beispielsweise verstehen will, wie Menschen mathematisch denken, warum inspiziert man dann nicht einfach ihr Gehirn und findet heraus, was dort beim Lösen mathematischer Aufgaben abläuft? Wenn man diesen direkten physiologischen Ansatz verfolgen wollte, ergäben sich zwei grundlegende Probleme. Erstens bestehen gravierende technische Hindernisse, die man überwinden muß, um die physiologischen Grundlagen des Verhaltens auf diese Weise zu untersuchen. Zweitens ist die erforderliche Analyseebene schlichtweg zu detailliert, um brauchbar zu sein, selbst wenn man annimmt, daß sich die technischen Hindernisse angemessen überwinden ließen. Das Gehirn setzt sich aus etwa 100 Milliarden Nervenzellen zusammen. Davon sind wahrscheinlich Millionen an der Lösung einer mathematischen Aufgabe beteiligt. Angenommen, wir verfügten über eine Auflistung, die die Rolle jeder einzelnen Zelle bei der Lösung der Aufgabe angibt. Da diese Auflistung das Verhalten von Millionen einzelner Zellen beschreiben müßte, würde sie keine besonders befriedigende Erklärung dafür liefern, wie die Aufgabe gelöst wurde. Eine solche neuronale Erklärung ist zu komplex und zu detailliert, als daß sie anspruchsvolles menschliches Verhalten angemessen beschreiben könnte.

Bis vor kurzem wurde die Kognitive Psychologie fast völlig von einem Informationsverarbeitungsansatz dominiert, unter dem angenommen wird, daß eine befriedigende Erklärungsebene stark von den neuronalen Details abstrahieren müsse. Eine besonders einflußreiche Analogie zum Verständnis des menschlichen Geistes war der Computer. Der Computer besteht, ebenso wie das Gehirn, aus Millionen von Komponenten. Bei jeder beliebigen Aufgabe, mit der sich der Computer befaßt – beispielsweise bei der Lösung eines mathematischen Problems, etwa der Integralbildung –, erscheint es hoffnungslos, das Gesamtverhalten der Maschine dadurch verstehen zu wollen, daß man das Verhalten jeder einzelnen physikalischen Komponente untersucht. Doch gibt es höhere Programmiersprachen, die das Verhalten des Computers spezifizieren. Der Computer besitzt einen Interpreter, der jeden Befehl der höheren Sprache in eine große Anzahl von Befehlen auf niedrigerem Abstraktionsniveau umwandelt; diese geben an, was die physikalischen

Komponenten des Computers tun sollen. Die höheren Programmiersprachen können sehr abstrakt gehalten sein, so daß keine Notwendigkeit besteht, die vielen physikalischen Details des Computers zu berücksichtigen. So kann man das Verhalten des Computers oft ganz gut erfassen, indem man sich mit dem in der höheren Programmiersprache kodierten Computerprogramm beschäftigt. Entsprechend wurde die These vertreten, eine kognitive Theorie solle einem Computerprogramm gleichen. Das heißt, sie sollte das kognitive Verhalten präzise spezifizieren, dies aber in einer hinreichend abstrakten Weise, damit sie für das Verständnis des jeweiligen Phänomens eine konzeptuell handhabbare Rahmenstruktur bereitstellt.

Betrachten wir zum Beispiel die höhere Programmiersprache LISP, die im Rahmen der Künstlichen Intelligenz eingesetzt wird; darin gibt es – als Beispiel für einen abstrakten Ausdruck – die Funktion *GET* für den assoziativen Abruf. Mit dieser Funktion kann man Konzepte abrufen, die mit anderen Konzepten verbunden sind. Will man zum Beispiel herausfinden, wer Adams Frau war, kann man die Funktion *GET* mit den Ausdrücken *Adam* und *Frau* aufrufen. (Solche Ausdrücke nennt man auch die Argumente einer Funktion.) Die Funktion gibt dann *Eva* zurück. (Dies wird als der Wert der Funktion bezeichnet.) Dazu muß man nicht die einzelnen Funktionsschritte der Maschine spezifizieren, die der Ausführung der Funktion zugrunde liegen. Die Funktion *GET* identifiziert den Teil des Computerspeichers, der Informationen über den Ausdruck *Adam* enthält, sucht den entsprechenden Teil für Adams Frau und gibt dann die Antwort *Eva* aus. Diese *GET*-Funktion entspricht der Art von Konzept, die sich in einer kognitiven Theorie als nützlich erweist. In großen Teilen hat sich die Kognitive Psychologie mit der Suche nach der angemessenen Menge höherer Konzepte befaßt, mit denen sich die menschliche Intelligenz beschreiben läßt.

Viele kognitionspsychologische Theorien wurden durch Analogie zu Computern und Computerprogrammen entwickelt. Besonders einflußreich, aber auch umstritten, war die Übernahme von Vorstellungen aus der Künstlichen Intelligenz. Programme im Rahmen der Künstlichen Intelligenz lösen ‚geistige‘ Probleme üblicherweise so, daß sie zum einen abstrakte Konzepte – beispielsweise *Ehefrau* – verwenden und zum anderen Regeln, mit denen man logisch über diese Konzepte nachdenken kann – beispielsweise *Wenn X die Ehefrau von Y ist und X ist die Mutter von Z, dann ist Y wahrscheinlich der Vater von Z.* Solche Erklärungsansätze der Kognition nennt man Theorien der **Symbolmanipulation**, weil sie das Denken an Hand abstrakter Symbole beschreiben und sich nicht mit dem Problem der neuronalen Realisierung dieser Symbole befassen. Dahinter steht die Auffassung, daß das Gehirn – auf einer bestimmten Ebene – mit Symbolen in etwa derselben Weise umgeht, wie ein Computer Symbole verarbeitet.

Theorien, die auf Analogien zu Computern aufbauen, wurde immer großes Mißtrauen entgegengebracht, weil es sich beim Gehirn ganz offensichtlich um einen physikalischen Gegenstand handelt, der sich sehr von einem Standardcomputer unterscheidet. In jüngster Zeit äußerte sich dieses Mißtrauen innerhalb der Kognitiven Psychologie darin, daß sich eine bedeutende Gegenstimme erhob, die mindestens soviel Aufmerksamkeit auf sich zieht wie der symbolistische Ansatz. Diese Position wird als **Konnektionismus** bezeichnet; der Konnektionismus vertritt die Annahme, daß man die Kognition an Hand des Zusammenspiels untereinander verbundener, nervenartiger Elemente beschreiben sollte.

Ein wichtiger Moment des Eindringens des Konnektionismus in die Kognitive Psychologie war die Veröffentlichung zweier von James McClelland und David Rumelhart herausgegebener Bände (McClelland & Rumelhart, 1986; Rumelhart & McClelland, 1986b), die mehrere einflußreiche, von Konnektionisten verfaßte Artikel enthielten. Die Herausgeber vertraten die Auffassung, daß neuronale Interaktionen durch die bis zu jenem Zeitpunkt dominierende symbolische Charakterisierung der Kognition lediglich annäherungsweise gekennzeichnet seien. Die menschliche Kognition könne nur durch den Bezug auf detaillierte neuronale Modelle präziser verstanden werden. Am Ende des vorliegenden Kapitels werden wir ein Beispiel für ein konnektionistisches Modell angeben.

Mittlerweile kamen die an der Erforschung der Kognition Beteiligten zunehmend zu der Erkenntnis, daß man die Lage besser nicht als einen Wettbewerb zwischen konnektionistischen und symbolischen Erklärungsansätzen betrachten sollte. Vielmehr sind beide Arten des Problemzugangs als sich wechselseitig ergänzend aufzufassen, so wie sich auch informationsverarbeitende und umgebungszentrierte Ansätze ergänzen. Die eher abstrakt gehaltenen Theorien müssen berücksichtigen, wie sich ihre abstrakten Konzepte neuronal implementieren lassen könnten, und konnektionistische Theorien müssen diejenigen Fähigkeiten zur Informationsverarbeitung berücksichtigen, die in den abstrakteren Theorien herausgearbeitet wurden.

Darüber hinaus wurden in den vergangenen Jahren Fortschritte bei den Verfahren der neuronalen Bildgebung erzielt, mit deren Hilfe sich die neuronalen Korrelate verschiedener kognitiver Prozesse beobachten lassen. Diese Informationen wurden von Symbolisten und Konnektionisten gleichermaßen herangezogen, um das Verstehen der menschlichen Kognition zu lenken und zu unterstützen. Schließlich wuchsen auch die Erkenntnisse über die neuronale Verarbeitung und insbesondere über die Lernmechanismen des Nervensystems. Die Bezugnahme auf neurologische Daten ist in den letzten Jahren sprunghaft gestiegen. Mittlerweile prosperierte die sogenannte kognitive Neurowissenschaft als Forschungsgebiet; vor zwanzig Jahren gab es auf diesem Gebiet noch fast keine Forschung. Immer öfter wird das Gehirn bei der Erklärung der Kognition berücksichtigt, wobei wir aber immer noch weit von der vorwissenschaftlichen Ansicht entfernt sind, nach der sich alle Erklärungsversuche auf Gehirnfunktionen beziehen sollten. Es gilt immer noch, daß jegliche Erklärung der Kognition eine gewisse Abstraktion erfordert, die von dem enormen Detailreichtum der Vorgänge auf neuronaler Ebene absieht.

In der Kognitiven Psychologie wurde diskutiert, wie sich die eher abstrakte Behandlung der Informationsverarbeitung mit Informationen über die neuronale Verarbeitung in Verbindung bringen läßt.

Das Nervensystem

Wie soeben dargelegt, wurde die Betonung zunehmend auf die Frage gelegt, wie sich abstrakte Analysen der Informationsverarbeitung mit den im Nervensystem tatsächlich ablaufenden Prozessen in Zusammenhang bringen lassen. Wir werden die entsprechenden

Forschungen in diesem Buch an verschiedenen Stellen ansprechen. Zum Verständnis dieser Forschungsarbeiten bedarf es jedoch einiger grundlegender Kenntnisse über die wichtigsten Funktionen des Nervensystems. Ich habe deshalb die folgende Übersicht über das Nervensystem eingeschoben, um die Leserschaft auf die späteren Diskussionen vorzubereiten.

Das Nervensystem bezieht sich nicht nur auf das Gehirn. Es umfaßt auch die verschiedenen sensorischen Systeme, die Informationen aus den verschiedenen Bereichen des Körpers zusammentragen, und das für die Bewegungskontrolle zuständige motorische System. In einigen Fällen erfolgt ein beträchtlicher Teil der Informationsverarbeitung außerhalb des Gehirns. Unter dem Gesichtspunkt der Informationsverarbeitung sind die wichtigsten Bestandteile des Nervensystems die Nervenzellen oder Neuronen*. Ein **Neuron** ist eine Zelle, die elektrische Aktivität akkumuliert und weiterleitet. Das Gehirn selbst enthält etwa 100 Milliarden Neuronen, von denen jedes einzelne etwa die Verarbeitungskapazität eines mäßig ausgestatteten Computers hat**. Ein beträchtlicher Anteil der 100 Milliarden Nervenzellen ist jeweils gleichzeitig aktiv; die Informationsverarbeitung erfolgt überwiegend durch ihr wechselseitiges Zusammenspiel. Man stelle sich die Verarbeitungskapazität von 100 Milliarden miteinander vernetzten Computern vor! So betrachtet, besitzt das Gehirn mit seinen drei Pfund Gewicht mehr Rechenkapazität als alle Computer der Welt zusammen. Bevor man nun aber das Gehirn allzu sehr idealisiert, muß hervorgehoben werden, daß es einige Bereiche gibt, in denen es nicht besonders leistungsfähig ist, die der Computer jedoch recht gut bewältigt. Bei vielen Aufgaben, beispielsweise beim Wurzelziehen, sticht ein einfacher Taschenrechner alle 100 Milliarden Neuronen zusammen leicht aus. Ein wichtiges Ziel, um das Wesen der menschlichen Kognition zu erfassen, besteht darin, die Stärken und Schwächen des menschlichen Nervensystems herauszufinden.

Das Neuron

Nervenzellen kommen, je nach Ort und Funktion, in verschiedenen Formen und Größen vor (siehe Abbildung 1.3). Doch gibt es eine allgemein akzeptierte Vorstellung davon, wie der Prototyp eines Neurons aussieht; einzelne Neuronen stimmen mit diesem Prototyp mehr oder weniger überein. In Abbildung 1.4 ist dieser Prototyp abgebildet. Den Zellkörper des Neurons nennt man Soma; der Durchmesser eines Somas beträgt normalerweise zwischen 5 und 100 Mikrometer. (Ein Mikrometer ist ein tausendstel Millimeter oder 10^{-6} Meter.) Vom Soma gehen kurze Verästelungen aus, die **Dendriten**, sowie ein schlauchartiger Fortsatz, das **Axon**. Die Länge des Axons kann zwischen wenigen Millimetern und einem Meter variieren.

Die Axone sind die festen Verbindungen, über die die Neuronen miteinander kommunizieren. Das Axon des einen Neurons führt zu den Dendriten anderer Neuronen, wo es

---

* Neuronen sind keineswegs die häufigsten Zellen des Nervensystems. Es gibt viele andere Zellarten, beispielsweise die Gliazellen, deren Hauptfunktion darin gesehen wird, die Nervenzellen zu stützen.

** Einer Auffassung zufolge führt jedes Neuron alle 10 Millisekunden Prozesse aus, die 1000 Multiplikationen und Additionen reeller Zahlen entsprechen.

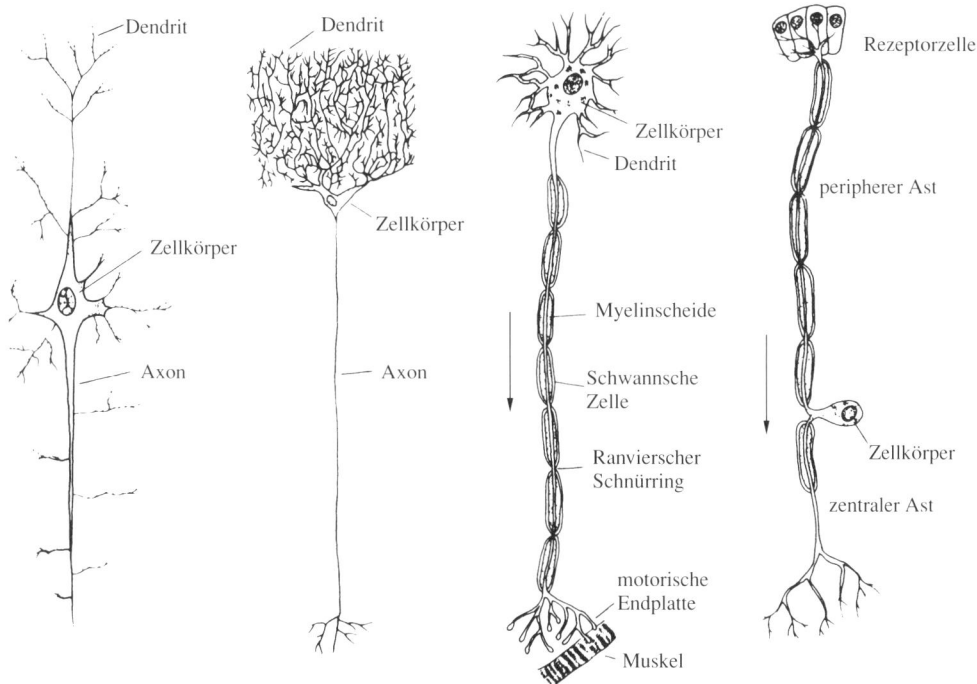

Abb. 1.3 Einige Erscheinungsformen der Nervenzellen (nach Keeton, 1980). Bei den beiden rechten Zelltypen ist die Richtung der Erregungsleitung durch Pfeile markiert.

sich in eine große Anzahl von Endverzweigungen aufteilt. Jede Verzweigung mündet in ein Endknöpfchen, das den Dendriten des nächsten Neurons beinahe berührt. Der Spalt zwischen Endknöpfchen und Dendrit ist in der Regel zwischen 10 und 40 Nanometern breit. (Ein Nanometer sind 10^{-9} Meter.) Diese Kontaktstelle zwischen Axon und Dendrit nennt man **Synapse**. Das typischste Mittel der Informationsübermittlung zwischen Neuro-

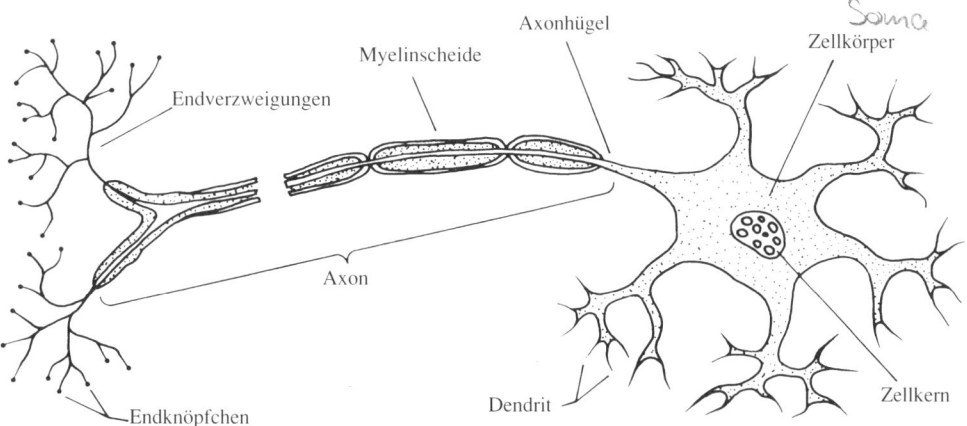

Abb. 1.4 Schematische Darstellung eines typischen Neurons (nach Katz, 1952).

nen besteht darin, daß am Ende des Axons an der einen Seite der Synapse chemische
Stoffe – die **Neurotransmitter** – freigesetzt werden, die auf die Membran des empfangenden Dendriten einwirken und ihr elektrisches Potential ändern. Zwischen der Innenseite der Membran, die das gesamte Neuron umhüllt, und ihrer Außenseite besteht eine
negative Potentialdifferenz von 70 Millivolt. (Ein Millivolt sind 10^{-3} Volt.) Dies resultiert
aus der höheren Konzentration negativ geladener Ionen an der Innenseite und positiv
geladener Ionen an der Außenseite. Für das Funktionieren des Neurons ist es besonders
wichtig, daß an der Außenseite eine höhere Konzentration positiv geladener Natriumionen
besteht. Je nach Art des Neurotransmitters wird die Potentialdifferenz vergrößert oder
verringert. Synaptische Verbindungen, bei denen der Potentialunterschied an der Empfän-
germembran gesenkt wird, nennt man **exzitatorisch** (= erregend); erhöht sich die Potentialdifferenz, spricht man von **inhibitorischen** (= hemmenden) Synapsen.

Beim ausgewachsenen Menschen haben sich alle synaptischen Verbindungen zwischen Neuronen ausgebildet; es werden keine neuen synaptischen Verbindungsstellen
mehr eingerichtet. Soma und Dendriten weisen im Mittel 1000 synaptische Verbindungen
auf, die von anderen Nervenzellen ankommen, und das Axon stellt durchschnittlich ebenfalls vermittels etwa 1000 Synapsen Verbindungen zu anderen Neuronen her. Der Beitrag
jeder einzelnen Synapse zu einer Änderung des elektrischen Potentials ist eher gering,
doch können sich die einzelnen erregenden oder hemmenden Effekte aufsummieren (wobei die hemmenden Einflüsse von den erregenden zu subtrahieren sind). Erreicht diese
Summe, der exzitatorische Nettoinput, eine bestimmte Höhe, kann die Potentialdifferenz
innerhalb des Somas schlagartig abfallen. Ist dieser Spannungsabfall groß genug, kommt
es im Bereich des Axonhügels, wo das Axon in das Soma übergeht (siehe Abbildung 1.4),
zu einer Depolarisation, die durch das Einströmen positiver Natriumionen auf die Innenseite der Neuronmembran verursacht wird. Dadurch ist die Innenseite des Neurons für
einen kurzen Moment (eine Millisekunde) positiver geladen als die Außenseite. Das Resultat dieser plötzlichen Potentialveränderung, das Aktionspotential, setzt sich entlang des
Axons fort, wo sich die Potentialdifferenz ebenfalls plötzlich und kurzzeitig ändert. Die
Geschwindigkeit, mit der sich die Potentialänderung über das Axon hinweg fortsetzt, kann
zwischen einem halben Meter pro Sekunde und 130 Metern pro Sekunde betragen. Dies
hängt von den Eigenschaften des Axons ab, beispielsweise in welchem Ausmaß das Axon
von einer Myelinscheide umgeben ist: je stärker die Myelinisierung, desto schneller die
Übertragung. Erreicht der Nervenimpuls das Ende des Axons, bewirkt er die Ausschüt-
tung von Neurotransmittern an den Endknöpfchen – damit schließt sich der Kreis.

Fassen wir zusammen: Potentialveränderungen laufen an einem Zellkörper zusammen,
erreichen einen Schwellenwert und verursachen ein Aktionspotential, das sich entlang des
Axons fortsetzt. Dieser Impuls wiederum bewirkt die Übermittlung der Neurotransmitter
von den Endknöpfchen des Axons zum Zellkörper eines anderen Neurons, wo die Trans-
mitter Änderungen des Membranpotentials auslösen. Es sei betont, daß diese Abfolge schon
fast die gesamte neuronale Informationsverarbeitung ausmacht, und doch ergibt sich die
Intelligenz aus diesem einfachen System neuronaler Wechselwirkungen. Zu verstehen,
wie das funktioniert, ist eine große Herausforderung für die Kognitionswissenschaft.

Die Zeit, die die neuronalen Verbindungen für den Weg vom einen Neuron zum
anderen benötigen, beträgt etwa 10 Millisekunden – in jedem Fall mehr als eine Millise-

kunde und weniger als 100 Millisekunden; die exakte Geschwindigkeit hängt von der Beschaffenheit der beteiligten Neuronen ab. Im Vergleich zu den millionenfachen Operationen, die ein Computer in einer Sekunde ausführen kann, ist das recht langsam; doch laufen im Gehirn Milliarden solcher Vorgänge gleichzeitig ab.

> Nervenzellen interagieren dadurch, daß sie an ihren Dendriten und ihrem Zellkörper elektrische Potentialveränderungen von anderen Neuronen aufnehmen und sammeln und daß sie entlang ihrer Axone Signale senden, die diese Potentialveränderungen widerspiegeln.

Die neuronale Repräsentation von Information

Information ist im Gehirn an Hand kontinuierlich variierender Zustandsgrößen abgebildet. Es gibt zwei solcher Größen: die höhere oder geringere Negativität des Membranpotentials und die variable Anzahl von Nervenimpulsen, die das Axon pro Sekunde überträgt. Was diese letztgenannte Größe der Impulsfrequenz betrifft, nimmt man in der Regel an, daß die Impulsanzahl entlang eines Axons entscheidend ist und nicht das Muster der Impulse. Pro Sekunde sind über 100 Nervenimpulse möglich. Je höher die Impulsfrequenz, desto stärker ist die Wirkung auf die mit dem Axon synaptisch verbundenen Nervenzellen. Die Informationsdarstellung im Gehirn unterscheidet sich damit von der im Computer, wo einzelne Speicherzellen oder Bits nur einen von zwei Werten annehmen können – An und Aus oder 1 und 0. In einer üblichen Computer-‚Zelle‘ gibt es also nicht die kontinuierliche Variation wie in einer Nervenzelle.

Das Zusammenspiel der Neuronen läßt sich in einem allgemeinen Konzept beschreiben, das die vielen spezifischen Variationen der Informationsübermittlung im Nervensystem umfaßt. Dabei schreibt man einem Neuron ein Aktivationsniveau zu, das in etwa der Impulsfrequenz am Axon oder dem Grad der Depolarisierung an Soma und Dendriten entspricht. Neuronen interagieren, indem sie das Aktivationsniveau anderer Neuronen erhöhen (Erregung) oder senken (Hemmung). Jegliche neuronale Informationsverarbeitung erfolgt in Form dieser exzitatorischen und inhibitorischen Effekte; nichts anderes liegt der menschlichen Kognition zugrunde.

Nun ist die Frage interessant, wie Neuronen Information im einzelnen repräsentieren. Es gibt Belege dafür, daß einzelne Neuronen auf bestimmte Merkmale eines Reizes reagieren. Im zweiten Kapitel werden wir beispielsweise Nervenzellen beschreiben, die maximal aktiviert werden, wenn sich im visuellen Feld eine Linie in einem bestimmten Winkel befindet. Einige Hinweise sprechen dafür, daß Neuronen existieren, die auf komplexere Merkmalsmengen reagieren. So fand man im Gehirn des Affen Nervenzellen, die am stärksten auf wahrgenommene Gesichter zu reagieren scheinen (Bruce, Desimone & Gross, 1981; Desimone, Albright, Gross & Bruce, 1984; Perrett, Rolls & Caan, 1982). Es ist jedoch unmöglich, daß wir einzelne Neuronen besitzen, die all die Konzepte und Bedeutungsnuancen kodieren, über die wir verfügen. Darüber hinaus kann das Impulsmuster eines einzelnen Neurons auch nicht die strukturelle Komplexität eines Gesichts abbilden.

Wenn ein einzelnes Neuron die Komplexität unseres Denkens nicht abbilden kann, wie ist sie dann repräsentiert? Wie kann die Nervenaktivität unser Konzept des Fußballspielens repräsentieren? Wie kann sie zur Lösung eines algebraischen Problems führen? Wie kann sie dazu führen, daß wir uns frustriert fühlen? Ähnliche Fragen stellen sich auch bei Computersystemen; es wurde gezeigt, daß auch sie in der Lage sind, Fragen über Fußball zu beantworten, algebraische Probleme zu lösen und Frustration zum Ausdruck zu bringen. Wo liegt das Fußball-Konzept innerhalb der Millionen 1-0-Bits eines Computers? Wie kann die Veränderung in einem Bit zur Lösung eines algebraischen Problems oder zum Gefühl der Frustration führen? Auf all diese Fragen lautet die Antwort, daß man bei dieser Art der Formulierung den Wald vor lauter Bäumen nicht mehr sieht. Die Konzepte von Fußball, Problemlösungen und Emotionen treten als umfassende Muster von Bitveränderungen auf. In ähnlicher Weise können wir zweifellos annehmen, daß die menschliche Kognition durch umfassende Muster neuronaler Aktivität erreicht wird.

Wir wissen nicht genau, wie die Kognition im Gehirn in Form von neuronalen Mustern kodiert wird, aber es spricht einiges dafür, daß es auf diese Weise erfolgt. Es gibt computertheoretische Argumente dafür, daß kognitive Funktionen nur auf diesem Wege zustande kommen können (vergleiche McClelland & Rumelhart, 1986). Auch gibt es etliche Anhaltspunkte dafür, daß menschliche Wissensbestände nicht in irgendeinem Neuron lokalisiert sind, sondern in ausgedehnten Aktivationsmustern über die Menge der Neuronen verteilt sind. Die Zerstörung einer geringen Anzahl von Neuronen im Gehirn führt im allgemeinen nicht zum Verlust spezifischer Gedächtnisinhalte. Andererseits bewirkt die schwere Schädigung größerer Hirnareale den zeitweiligen oder anhaltenden Verlust umfassender Gedächtnisbereiche.

An dieser Stelle mag die Betrachtung aufschlußreich sein, wie der Computer Information speichert. Nehmen wir als einfachen Fall das Buchstabieren von Wörtern. Die meisten Computer arbeiten mit Codes, die Buchstaben als bestimmte Muster von Binärwerten (1 oder 0) darstellen. Tabelle 1.1 illustriert die Anwendung des sogenannten ASCII-Codes; die Tabelle zeigt ein Muster aus Einsen und Nullen, das das Wort „Psychologie" kodiert.

Tabelle 1.1:   Das Wort „Psychologie" im ASCII-Code

1	1	1	1	1	1	1	1	1	1	1
0	0	0	0	0	0	0	0	0	0	0
1	1	1	0	0	0	0	0	0	0	0
0	0	1	0	1	1	1	1	0	1	0
0	0	0	0	0	1	1	1	1	0	1
0	1	0	1	0	1	0	1	1	0	0
0	1	1	1	0	1	0	1	1	1	1
0	0	0	1	0	1	1	1	0	1	1
P	S	Y	C	H	O	L	O	G	I	E

In ähnlicher Weise können Informationen im Gehirn durch Muster neuronaler Aktivität repräsentiert sein und nicht einfach als Impulse einzelner Zellen. Der Code in Tabelle 1.1 enthält bestimmte redundante Bits, die dem Computer die Korrektur von Fehlern ermöglichen, falls einzelne Bits verlorengehen. (Man beachte, daß jede Spalte der Tabelle eine gerade Anzahl von Einsen enthält.) Auch das Gehirn scheint Information redundant zu kodieren, so daß es beim Ausfall bestimmter Zellen immer noch feststellen kann, was durch das Muster verschlüsselt ist. Im allgemeinen geht man jedoch davon aus, daß das Gehirn ganz andere Prinzipien als der Computer einsetzt, um Information zu verschlüsseln und Redundanz herzustellen. Auch scheint der Code des Gehirns weitaus redundanter zu sein als der des Computers. Dies liegt daran, daß einzelne Nervenzellen in ihrem Verhalten nicht besonders zuverlässig sind.

Bislang haben wir nur über neuronale Aktivationsmuster gesprochen. Solche Muster bestehen aber immer nur vorübergehend. Das Gehirn hält nicht dasselbe Muster minutenlang aufrecht, geschweige denn tagelang. Unser permanentes Weltwissen kann also nicht in diesen Mustern stecken. Man stellt sich vor, daß Gedächtnisinhalte durch Veränderungen der synaptischen Verbindungen zwischen Neuronen kodiert werden. Durch die Veränderung der synaptischen Wege kann sich das Gehirn selbst in den Stand versetzen, bestimmte Muster zu reproduzieren. Es gibt kaum Hinweise auf die Ausbildung neuer Synapsen im Erwachsenenalter, doch können Synapsen ihre Effektivität als Reaktion auf Erfahrungen verändern. Es gibt Belege, daß Synapsenverbindungen sich beim Lernen ändern, und zwar sowohl hinsichtlich der erhöhten Freisetzung von Neurotransmittern (Kandel & Schwartz, 1984) als auch im Hinblick auf eine erhöhte Empfindlichkeit auf seiten der empfangenden Dendriten (Lynch & Baudry, 1984). In Kapitel 6 werden wir im Zusammenhang mit dem Gedächtnis auf derartige Forschungsergebnisse zurückkommen.

> Die Repräsentation von Information erfolgt in Form von Aktivationsmustern über viele Neuronen hinweg sowie durch die wechselseitigen Verbindungen der Neuronen, die die Wiederherstellung dieser Muster ermöglichen.

Der Aufbau des Gehirns

Nachdem wir einige grundlegende Prinzipien der neuronalen Informationsverarbeitung erörtert haben, wollen wir uns nun der Gesamtstruktur des zentralen Nervensystems zuwenden. Das zentrale Nervensystem umfaßt das Gehirn und das Rückenmark. Die wichtigste Funktion des Rückenmarks besteht darin, neuronale Botschaften vom Gehirn zu den Muskeln und sensorische Botschaften vom Körper zurück ins Gehirn zu transportieren. Abbildung 1.5 zeigt einen Querschnitt des Gehirns, in dem die wichtigsten Strukturen beschriftet sind. Die tiefer liegenden Teile des Gehirns sind die stammesgeschichtlich älteren; die oberen Teile sind nur bei den höheren Arten gut ausgebildet. Dementsprechend scheinen die unteren Teile des Gehirns für eher grundlegende Funktionen zuständig zu sein. Das verlängerte Mark (Medulla oblongata) steuert die Atmung, das Schlucken, die Verdauung und den Herzschlag. Das Kleinhirn (Cerebellum) spielt eine wichtige Rolle bei der motorischen Koordination und der willkürlichen Bewegung. Der Thalamus dient

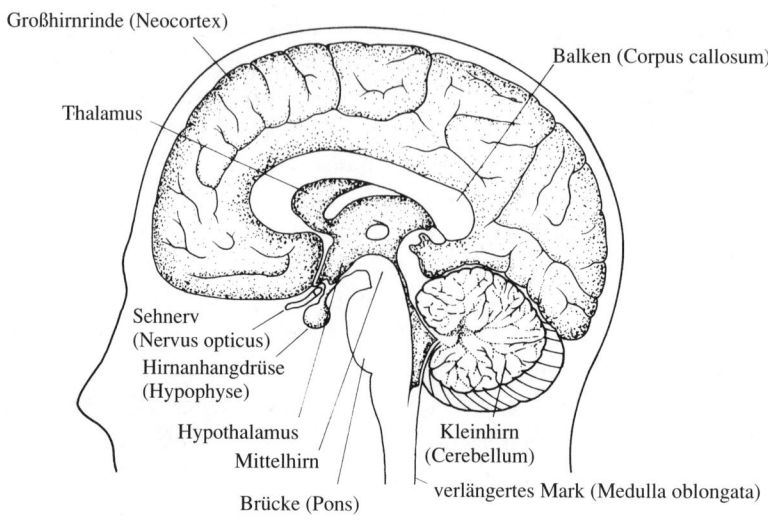

Großhirnrinde (Neocortex)

Thalamus

Balken (Corpus callosum)

Sehnerv
(Nervus opticus)

Hirnanhangdrüse
(Hypophyse)

Hypothalamus

Mittelhirn

Kleinhirn
(Cerebellum)

Brücke (Pons)

verlängertes Mark (Medulla oblongata)

Abb. 1.5   Einige der wichtigsten Bestandteile des Gehirns (nach Keeton, 1980).

hauptsächlich als Umschaltstation für motorische und sensorische Information, die von tiefer liegenden Bereichen zur Großhirnrinde (Cortex) gelangen soll. Der Hypothalamus reguliert die primären Triebe wie Hunger oder Durst. Als ein für Gedächtnisleistungen besonders wichtiger Bereich erweist sich das limbische System, das sich an der Grenze zwischen dem Cortex und den darunterliegenden Strukturen befindet. Zum limbischen System gehört der **Hippocampus**, der für das Gedächtnis des Menschen wohl entscheidend ist. Man kann den Hippocampus in einem Querschnitt wie in Abbildung 1.5 jedoch leider nicht zeigen, weil er in beiden Gehirnhälften zwischen der Oberfläche und dem Zentrum liegt.

Der cerebrale Cortex oder Neocortex ist der in der Evolution jüngste Teil des Gehirns. Obwohl er bei vielen Säugetieren recht klein und einfach ausgeprägt ist, nimmt er im Gehirn des Menschen drei Viertel aller Neuronen ein. Beim Menschen kann man sich den Neocortex als eine ziemlich dünne Schicht von Nervenzellen vorstellen, die etwa einen Quadratmeter mißt. Damit dieses Gebilde in den Schädel paßt, muß es vielfach gefaltet sein. Die Menge an Falten und Windungen an der Oberfläche des Cortex gehört zu den auffälligsten anatomischen Unterschieden zwischen dem Gehirn des Menschen und dem Gehirn niederer Säugetiere.

Der Neocortex teilt sich in die linke und die rechte Hemisphäre. Dabei besteht – als interessante anatomische Besonderheit – eine enge Verbindung zwischen der rechten Körperhälfte und der linken Hemisphäre und umgekehrt zwischen der linken Körperhälfte und der rechten Hemisphäre. So werden die Bewegungen und Empfindungen der rechten Hand von der linken Hirnhälfte gesteuert; das rechte Ohr ist hauptsächlich mit der linken Hirnhälfte verbunden; die Rezeptorzellen beider Augen, die Informationen aus dem linken Teil des Gesichtsfelds erhalten, sind mit der rechten Hirnhälfte verbunden.

Beide Hemisphären gliedern sich in vier Bereiche: den Frontal- oder Stirnlappen, den Parietal- oder Scheitellappen, den Occipital- oder Hinterhauptslappen und den Temporal-

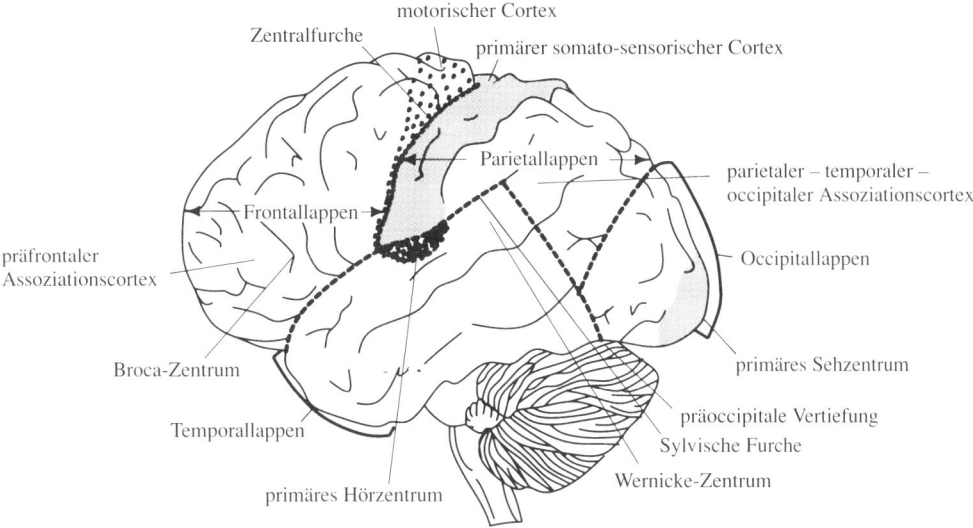

Abb. 1.6 Die seitliche Ansicht des cerebralen Cortex und seine wichtigsten Bestandteile (nach Kandel & Schwartz, 1984).

oder Schläfenlappen (siehe Abbildung 1.6). Sie sind durch große Furchen, die sogenannten Fissuren, voneinander getrennt. Der **Frontallappen** ist an zwei wichtigen Funktionen beteiligt. Sein hinterer Teil hängt vorwiegend mit motorischen Funktionen zusammen; dem vorderen Teil, dem **präfrontalen Cortex**, wird die Beteiligung an höheren Prozessen – zum Beispiel Planungsprozessen – zugeschrieben. Der **Occipitallappen** enthält die primären visuellen Felder. Der **Parietallappen** hat mit einigen sensorischen Funktionen zu tun, insbesondere wenn räumliche Verarbeitung eine Rolle spielt. Der **Temporallappen** enthält die primären auditiven Felder und ist auch an der Objekterkennung beteiligt. Der Hippocampus, der schon in Abbildung 1.5 nicht gezeigt werden konnte, ist bei der Außenansicht in Abbildung 1.6 wiederum nicht sichtbar; er befindet sich innerhalb des Temporallappens.

> Das Gehirn besteht aus einer Anzahl abgegrenzter Bereiche, die unterschiedlichen Funktionen dienen.

Die Lokalisierung einzelner Funktionen

Bei der Frage, wo die höheren kognitiven Funktionen im Gehirn zu lokalisieren sind, stehen wir noch ganz am Anfang, und erst recht bei der Frage, wie diese Funktionen zustande kommen. Es sieht so aus, als seien die beiden Hemisphären jeweils auf unterschiedliche Funktionsbereiche spezialisiert. Generell scheint die linke Hemisphäre stärker mit der sprachlichen und analytischen Verarbeitung assoziiert zu sein, während die rechte Hemisphäre mehr mit wahrnehmungsgebundenen und räumlichen Prozessen zu tun hat. Viele Belege für die funktionalen Differenzen zwischen beiden Hirnhälften stammen aus

Untersuchungen an Patienten mit ,gespaltenem Gehirn'. Die beiden Hirnhälften sind durch ein breites Band von Nervenfasern miteinander verbunden, das sogenannte **Corpus callosum** (Balken). Diese Verbindungen wurden bei einigen Patienten durch chirurgischen Eingriff durchtrennt, um epileptischen Anfällen vorzubeugen. Diese Patienten nennt man **Split-brain-Patienten**. Die Operation verläuft in der Regel erfolgreich, und die Funktionen der Patienten scheinen weitgehend in Ordnung zu sein. Doch fanden sich in sorgfältig durchgeführten psychologischen Forschungen grundlegende Unterschiede zwischen solchen Patienten und Personen, die der Operation nicht unterzogen worden waren. In einem Experiment wurde das Wort *Schlüssel* auf die linke Seite eines Bildschirms und damit in das linke Gesichtsfeld des Betrachters projiziert. Dieser Reiz sollte somit in der rechten, nicht-sprachlichen Hemisphäre bearbeitet werden. Der Patient konnte nicht sagen, welcher Gegenstand auf dem Bildschirm dargeboten wird, weil die sprachdominante (linke) Hemisphäre es nicht wußte. Doch konnte die linke Hand des Patienten (nicht aber die rechte) einen Schlüssel aus einer Menge nicht sichtbarer Gegenstände herausgreifen.

Durch die Untersuchung solcher Split-brain-Patienten konnten Psychologen die separaten Funktionen der rechten und linken Hirnhälfte identifizieren. Die Forschungen ergaben einen Vorteil der linken Hemisphäre in bezug auf Sprache. Man kann den Patienten die Anweisungen beispielsweise entweder ins rechte Ohr (und damit in den linken Teil des Gehirns) oder ins linke Ohr (und damit in die rechten Hirnhälfte) geben. Die rechte Hemisphäre kann nur ganz einfache sprachliche Anweisungen verstehen, während die linke Hemisphäre die volle Verstehenskapazität zeigt. Ganz andere Ergebnisse erhält man, wenn man die Fähigkeit der rechten Hand (also der linken Hemisphäre) bei der Ausführung manueller Aufgaben mit der der linken Hand (und somit der rechten Hemisphäre) vergleicht: Hier übertrifft die rechte Hemisphäre die linke bei weitem.

Aus der Untersuchung anderer Patienten, die Verletzungen an bestimmten Gehirnregionen erlitten hatten, ergab sich, daß es im linken Cortex Bereiche gibt, die für das Sprechen besonders wichtig sind: das **Broca-Zentrum** und das **Wernicke-Zentrum** (siehe Abbildung 1.6). Die Zerstörung dieser Hirnbereiche führt zur **Aphasie**, das heißt zur schweren Beeinträchtigung des Sprechens. Diese beiden Hirnregionen sind nicht die einzigen, die am Sprechen beteiligt sind, aber sie sind auf jeden Fall wichtig. Je nachdem, ob das Broca- oder das Wernicke-Zentrum lädiert ist, treten unterschiedliche sprachliche Defizite auf. Patienten mit Broca-Aphasie, bei denen also das Broca-Zentrum verletzt ist, sprechen in kurzen, ungrammatischen Sätzen. Ein solcher Patient antwortete beispielsweise auf die Frage, ob er an den Wochenenden nach Hause fährt:

> Why, yes . . . Thursday, er, er, er, no, er, Friday . . . Bar-ba-ra . . . wife . . . and, oh, car . . . purnpike . . . you know . . . rest and . . . teevee. [Warum, ja / Donnerstag, äh, äh, äh, nein, äh, Freitag / Bar-ba-ra / Frau / und, äh, Auto / Autobahn / weißt du / ausruhen und / Fernseh.] (Gardner, 1975, S. 61.)

Patienten mit Wernicke-Aphasie sprechen dagegen in weitgehend grammatischen Sätzen, die jedoch fast jeglicher Bedeutung entbehren. Die Patienten haben Schwierigkeiten mit ihrem Wortschatz und produzieren ,sinn-leere' Sprache. Es folgt als Beispiel die Antwort eines Patienten auf die Frage, was ihn ins Krankenhaus gebracht habe:

> Boy, I'm sweating, I'm awful nervous, you know, once in a while I get

caught up, I can't mention the tarripoi, a month ago, quite a little, I've done a lot well. I impose a lot, while, on the other hand, you know what I mean, I have to run around, look it over, trebbin and all that sort of stuff. [Mann, ich bin am Schwitzen, ich bin furchtbar nervös, wissen Sie, ab und zu verheddere ich mich, ich kann die Terpen nicht erwähnen, vor einem Monat, ein kleines bißchen, hab ich vieles ganz gut gemacht. Ich bin eine Zumutung, aber andererseits, Sie wissen schon, was ich meine, muß ich rumrennen, alles durchsehen, zintern und lauter so Sachen.] (Gardner, 1975, S. 68.)

In jüngster Zeit gab es in der kognitiven Neurowissenschaft zunehmend Fortschritte bei der Funktionsbestimmung einzelner Hirnregionen bei Gesunden, und zwar durch die Anwendung der immer ausgefeilteren Methodik, mit der Gehirnfunktionen sichtbar gemacht werden. Zum Beispiel versuchten Posner, Peterson, Fox und Raichle (1988), die verschiedenen Komponenten des Leseprozesses zu lokalisieren. Die dabei verwandte Methode der **Positronen-Emissions-Tomographie (PET)** mißt die Durchblutungsveränderungen in verschiedenen Regionen des Cortex. Ihr liegt die Annahme zugrunde, daß die Bereiche, die während einer bestimmten Tätigkeit besonders stark durchblutet werden, auch in besonderem Maße beteiligt sind.

Die Autorengruppe untersuchte, welche Bereiche des Gehirns mit dem Lesen eines Wortes zusammenhängen. Ihre Befunde zeigt Abbildung 1.7. Die Dreiecke stellen Bereiche dar, die beim bloßen passiven Betrachten konkreter Nomina aktiv waren. Die mit Quadraten markierten Bereiche wurden aktiv, wenn den Versuchspersonen die semantische, das heißt auf den Bedeutungsgehalt bezogene, Aufgabe gestellt wurde, sich Verwendungsmöglichkeiten für diese Nomina zu überlegen. Die Dreiecke liegen im Occipitallappen, die Quadrate hingegen im Frontallappen. Die Daten weisen somit darauf hin, daß die

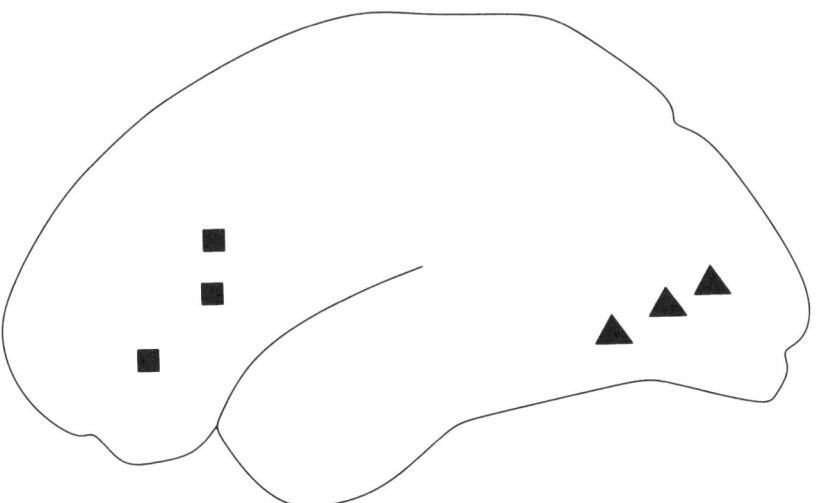

Abb. 1.7 Die beim Lesen von Wörtern aktivierten Bereiche in einer Seitenansicht des Cortex. Die Dreiecke beziehen sich auf die passive visuelle Aufgabe, die Quadrate auf die Bearbeitung der semantischen Aufgabe (aus Posner, Peterson, Fox & Raichle, 1988).

Prozesse der visuellen Wahrnehmung eines Wortes in einem anderen Teil des Gehirns ablaufen als die Prozesse beim Nachdenken über die Bedeutung eines Wortes.

Andere Verfahren der neuronalen Bildgebung sind das **MRI (magnetic resonance imaging)** und das **ERP (evoked response potentials)**. Beim MRI verfolgt man den Blutfluß an Hand der Veränderungen im magnetischen Feld. Beim ERP, der Messung ereigniskorrelierter evozierter Potentiale, zeichnet man die kurzfristigen Veränderungen in der elektrischen Aktivität des Gehirns auf, die sich nach einem bestimmten Reizereignis ergeben. Raichle (1994) vergleicht diese beiden Verfahren der neuronalen Bildgebung.

Unterschiedliche Spezialbereiche des Gehirns unterstützen unterschiedliche kognitive Funktionen.

Die topographische Organisation des Gehirns

In vielen Regionen des Cortex ist die Informationsverarbeitung räumlich organisiert; dies nennt man **topographische Organisation**. Zum Beispiel repräsentieren aneinandergrenzende Bereiche der Sehregion (im hinteren Teil des Cortex) die Information aneinandergrenzender Bereiche des Sehfeldes. Abbildung 1.8 illustriert einen entsprechenden Einzelbefund (Tootell, Silverman, Switkes & DeValois, 1982). Man zeigte Affen das Zielscheibenmuster im Teil (a) der Abbildung. Teil (b) zeigt das Aktivationsmuster am Hinterhauptsbereich des Cortex; zu dessen Aufzeichnung wurde eine radioaktive Substanz injiziert, die die Stellen maximaler neuronaler Aktivität markiert. Man sieht, daß die zielscheibenförmige Struktur mit nur geringer Verzerrung reproduziert ist. Einem ähnlichen Organisationsprinzip folgt die Repräsentation des Körpers im motorischen und im somatosensorischen Cortex entlang der Zentralfurche. Benachbarte Körperteile sind auch im Nervengewebe aneinandergrenzend repräsentiert. In Abbildung 1.9 ist die Repräsentation des Körpers entlang des somato-sensorischen Cortex illustriert. Man beachte, daß die Körperproportionen verzerrt sind, wobei bestimmte Bereiche eine relativ übergroße Repräsentation erfahren. Es stellt sich heraus, daß gerade diejenigen Bereiche übermäßig repräsentiert sind, die auch die sensorisch empfindlicheren sind. So können wir beispiels-

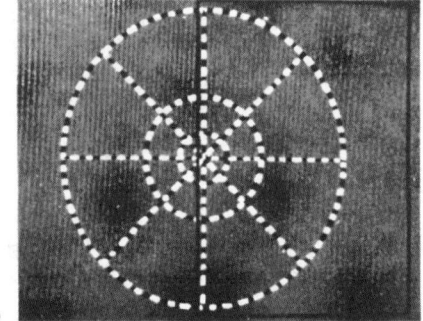

(a)

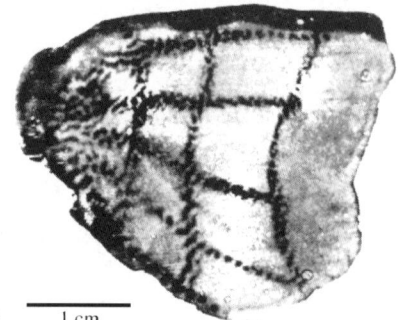

(b)

Abb. 1.8 (a) Der dem Affen präsentierte Reiz. (b) Das an Hand des visuellen Reizes produzierte Muster der Gehirnaktivation (aus Tootell, Silverman, Switkes & DeValois, 1982).

1 cm

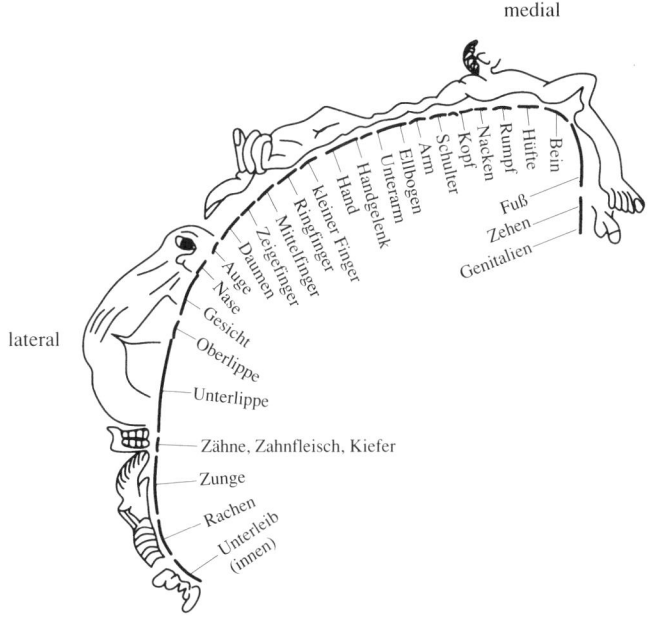

Abb. 1.9 Der Querschnitt durch den somato-sensorischen Cortex zeigt eine Gebietskarte des menschlichen Körpers (nach Kandel & Schwartz, 1984).

weise bei taktilen Reizen an den Händen oder im Gesicht feinere Unterschiede spüren als am Rücken oder am Oberschenkel. Auch ist das Zentrum unseres Sehfeldes, an dem die Sehschärfe am größten ist, im visuellen Cortex im Vergleich zum restlichen Gesichtsfeld übergroß repräsentiert.

Als Grund für das Bestehen topographischer Karten nimmt man an, daß damit Neuronen, die für ähnliche Bereiche zuständig sind, interagieren können (Crick & Asanuma, 1986). Dies dürfte mit einem Gesichtspunkt der neuronalen Informationsverarbeitung zusammenhängen, den man als grobkörnige Kodierung bezeichnet. Zeichnet man die neuronale Aktivität einer einzelnen Nervenzelle im somato-sensorischen Cortex auf, so reagiert sie nicht nur, wenn ein ganz bestimmter Punkt des Körpers einen Reiz erfährt, sondern sie reagiert auf jeden Punkt einer größeren Körperstelle. Wie können wir dann aber wissen, welcher Punkt genau berührt wurde? Diese Information wird sehr exakt registriert, aber eben nicht als Reaktion einer bestimmten Zelle. Vielmehr reagieren verschiedene Zellen auf verschiedene überlappende Körperregionen, und jeder einzelne Punkt erregt eine unterschiedliche Gruppe von Zellen. Somit spiegelt sich die örtliche Spezifikation eines Punktes im resultierenden Aktivationsmuster wider. Dies spricht für die Vorstellung, daß neuronale Information meistens in Form von Aktivationsmustern repräsentiert ist.

Benachbarte Zellen im Cortex verarbeiten oft sensorische Reize, die an der Körperoberfläche nah beieinander liegen.

Konnektionismus

Der vorangegangene Abschnitt sollte einen Eindruck davon vermitteln, wo wir derzeit stehen, was die neuronalen Grundlagen der Kognition betrifft: Wir wissen schon einiges darüber, wie die grundlegenden neuronalen Bestandteile funktionieren. Wir verfügen auch über ganz brauchbare Vorstellungen davon, wie sich diese Grundelemente zusammenfügen lassen, um Prozesse auf relativ niedriger Ebene auszuführen (beispielsweise im Hinblick auf die Grundlagen des Sehens, die im folgenden Kapitel erörtert werden). Schließlich verstehen wir nach und nach immer besser, wie höhere kognitive Prozesse im Gehirn beschaffen und wo sie lokalisiert sind. Doch ist unser Wissen noch sehr lückenhaft. Das, was wir über die Wahrnehmung einer Linie sagen können, steht in krassem Gegensatz zu der Frage, wie der Mensch sich an personenbezogene Fakten erinnert oder wie er den Charakter anderer Leute beurteilt. Im ersten Fall können wir bereits recht detaillierte neuronale Modelle vorlegen; im zweiten Fall sind wir weit davon entfernt.

Traditionell wurden die höherentwickelten geistigen Phänomene in der Kognitiven Psychologie ausschließlich im Rahmen von Modellen der abstrakten Informationsverarbeitung behandelt. In neuerer Zeit gibt es jedoch Bemühungen, Modelle für höhere kognitive Prozesse zu entwickeln, die besser auf unsere Kenntnisse über die neuronalen Verarbeitungsmechanismen abgestimmt sind. Unter der Voraussetzung, daß unsere Wissensdecke über die maßgeblichen Tatsachen, so wie sie im Gehirn vorliegen, noch recht dünn ist, setzen diese Versuche nicht bei der Frage an, wie das Gehirn die höheren Verarbeitungsprozesse tatsächlich bewerkstelligt. Vielmehr lautet die Ausgangsfrage, auf welche Weise das Gehirn diese Prozesse bewältigen könnte. Somit gehen diese Ansätze von unserem allgemeinen Wissen über die Arbeitsweise von Neuronen aus und fragen: Auf welche Weise lassen sich höhere Funktionen dadurch erzielen, daß man Grundelemente von der Art der Neuronen miteinander verknüpft? Den zugehörigen Forschungsansatz nennt man deshalb Konnektionismus, weil er sich mit der Konnektion, das heißt der Verknüpfung, neuronaler Elemente befaßt und mit der Art und Weise, wie sich dadurch höhere Kognitionen darstellen und erklären lassen. Konnektionistische Modelle waren bei der Er klärung ganz unterschiedlicher Aspekte der menschlichen Kognition in einem gewissen Ausmaß erfolgreich; wir werden in späteren Kapiteln darauf zurückkommen. An dieser Stelle will ich lediglich ein Beispiel dafür anführen, wie solche Modelle entwickelt werden.

Eine der bestehenden Rahmenvorstellungen für solche konnektionistischen Modelle wurde von Jay McClelland und David Rumelhart ausgearbeitet. Sie nennen ihr Rahmenmodell die **parallel-distributive Verarbeitung** oder kurz **PDP** (von „parallel distributed processing"). Die parallel-distributive Verarbeitung lehnt sich sehr eng an die Vorstellung an, daß Information in Form von Aktivationsmustern über neuronale Elemente hinweg repräsentiert ist. Um die Kognition an Hand eines PDP-Modells zu begreifen, muß man sich eine Vorstellung davon machen, wie neuronale Elemente gleichzeitig miteinander interagieren. McClelland, Rumelhart und Hinton (1986) erläutern ein PDP-Modell für die folgende Situation: Man stelle sich vor, man wohne in einer zwielichtigen Gegend, in der zwei Banden das Sagen haben, die sich die Jets und die Sharks nennen, und man treffe auf die Leute, die in Tabelle 1.2 beschrieben sind. McClelland und seine Mitarbeiter legen ein nervennetzartiges Modell vor, wie dieses personenbezogene Wissen repräsentiert sein könnte und wie man auf Fragen über diese Leute in seiner Nachbarschaft zu Antworten kommt. Sie nehmen an, daß jemand ein Netzwerk aus neuronalen Elementen aufbauen könnte, in dem diese Bandenmitglieder repräsentiert sind. Ein solches Netzwerk ist in Abbildung 1.10 illustriert. (In der Abbildung ist nur ein Teil der Information dargestellt; tatsächlich haben McClelland et al. eine Struktur aufgebaut, die die gesamte Information aus Tabelle 1.2 abbildet.) Man kann sich jedes Element als ein Neuron vorstellen und die Verbindungen zwischen den Elementen als neuronale Verknüpfungen. Die Elemente werden im allgemeinen als Units bezeichnet. Jedes Unit in der mittleren ‚Wolke' steht für eine dieser zwielichtigen Gestalten. Es ist mit denjenigen Units, die die persönlichen Merkmale des jeweiligen Bandenmitglieds repräsentieren, durch erregende (exzitatorische) Verbindungen verknüpft. Es ist in Abbildung 1.10 zwar nicht dargestellt, doch bestehen innerhalb einer jeden Wolke auch hemmende (inhibitorische) Verbindungen zwischen den jeweiligen Units, so daß das Unit mit der stärksten Aktivation die Aktivation der restlichen Units im allgemeinen hemmt. Deshalb gibt es in jeder Wolke in der Regel nur ein einziges aktiviertes Element.

Tabelle 1.2: Die Kennzeichnung einer Reihe von Personen, die zu zwei Banden gehören, den Jets und den Sharks (aus McClelland, 1981, mit Genehmigung des Autors)

Name	Altersstufe	Schulbildung	Familienstand	Beruf
		Jets		
Art	40–49	Mittelschule	ledig	Dealer
Al	30–39	Mittelschule	verheiratet	Einbrecher
Sam	20–29	College	verheiratet	Buchmacher
Clyde	40–49	Mittelschule	ledig	Buchmacher
Mike	30–39	Mittelschule	ledig	Buchmacher
Jim	20–29	Oberschule	geschieden	Einbrecher
Greg	20–29	Mittelschule	verheiratet	Einbrecher
Ralph	30–39	Mittelschule	ledig	Dealer
Lance	20–29	Mittelschule	ledig	Einbrecher
		Sharks		
Phil	30–39	College	verheiratet	Dealer
Ike	30–39	Mittelschule	verheiratet	Einbrecher
Nick	30–39	College	ledig	Buchmacher
Don	40–49	Oberschule	ledig	Dealer
Ned	30–39	Oberschule	verheiratet	Buchmacher
Karl	50–59	Oberschule	geschieden	Dealer
Ken	20–29	Mittelschule	verheiratet	Dealer
Earl	90–99	Oberschule	verheiratet	Einbrecher
Rick	30–39	Oberschule	geschieden	Einbrecher

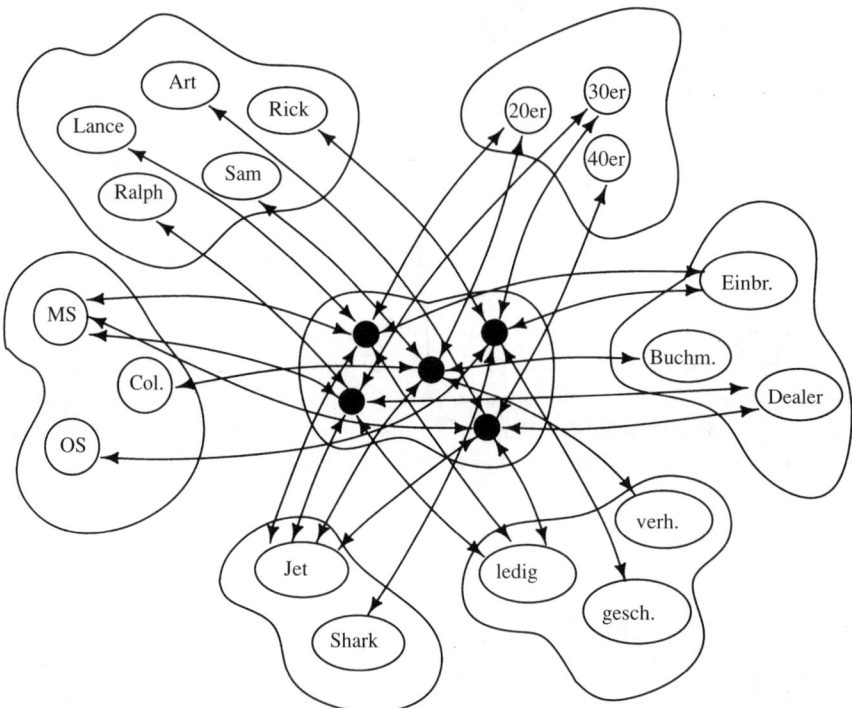

Abb. 1.10 Einige der Units und ihrer Querverbindungen, die man benötigt, um die in Tabelle 1.2 dargestellten Personen zu repräsentieren. Die Units, die mit Doppelpfeilen verbunden sind, erregen sich gegenseitig. Alle Units innerhalb derselben Wolke hemmen sich gegenseitig (aus McClelland, 1981; Abdruck mit Genehmigung des Autors).

Angenommen, man möchte Informationen über Lance abrufen. Man beachte, daß es in der mittleren Wolke ein Element gibt, das mit dem Namen *Lance*, der Altersklasse *in den 20ern*, dem Beruf *Einbrecher*, dem Familienstand *ledig*, der Bande der *Jets* und der Schulbildung *Mittelschule (MS)* verknüpft ist. Wenn man in einem solchen Netzwerk Informationen über Lance abrufen will, würde man wohl mit der Aktivierung des Units anfangen, das dem Namen von Lance entspricht. Dieses wiederum aktiviert das zentrale Unit für Lance, von der aus dann die anderen Merkmale aktiviert werden, die Lance betreffen. Auf diese Weise entsteht ein Aktivationsmuster über das neuronale Netzwerk hinweg, das der Person von Lance entspricht. Insgesamt wurde somit bewirkt, daß man aus dem neuronalen Netz eine Repräsentation von Lance erhalten hat.

Man kann nun Fragen wie die folgende beantworten: „Kennst du jemanden, der zu den Sharks gehört und über 20 ist?" Dazu müßte man die Units für *Sharks* und *20er* aktivieren und sich das resultierende Aktivationsmuster betrachten. Es stellt sich heraus, daß Ken (der nicht in Abbildung 1.10, sondern nur in Tabelle 1.2 aufgeführt ist) der einzige ist, auf den die Beschreibung zutrifft, und sein Namenselement hätte in der Wolke der Namenunits die höchste Aktivität und könnte so als Antwort abgerufen werden.

Dieses Modell weist eine Reihe von Eigenschaften auf, die erlauben, daß es in gewissem Maße intelligentes Verhalten an den Tag legt. Beispielsweise könnten wir es fragen, wer über 20 ist, zu den Sharks gehört, verheiratet ist und sich als Buchmacher verdingt. Wenn wir in Tabelle 1.2 nachsehen, so stellen wir fest, daß diese Beschreibung auf keine der Personen zutrifft, daß ihr Ken jedoch am nächsten kommt. Das Netzwerksystem würde das Unit für Ken am stärksten aktivieren und als Antwort ausgeben. Das heißt, es kann einschätzen, bis zu welchem Grad eine Beschreibung mit einer Person überein-stimmt.

Des weiteren kann ein solches System auf der Basis von Ähnlichkeiten zu Schlußfol-gerungen kommen. Beispielsweise sei angenommen, wir würden den Beruf von Lance nicht kennen (das heißt, er wäre im Netzwerk nicht repräsentiert). Wenn wir den Beruf von Lance abfragen wollen, so können wir das Unit für *Lance* aktivieren, welches wieder-um all die Merkmale aktiviert, die über Lance bekannt sind – also daß er über 20 ist, zu den Jets gehört und auf der Mittelschule war. Diese Merkmale aktivieren nun andere Personen, auf die diese Merkmale ebenfalls zutreffen, und aktivieren auch deren Berufe. Dabei stellt sich heraus, daß alle Mitglieder der Jets, die in den 20ern sind und auf der Mittelschule waren, Einbrecher sind. Dementsprechend wird das Netz den Beruf des Einbrechers am stärksten aktivieren und zu der vernünftigen Schlußfolgerung kommen, daß dies auch der Beruf von Lance ist, selbst wenn dies nicht im Netz repräsentiert war. Weiterhin kann man mit Hilfe eines solchen Netzwerks zu Generalisierungen über Kate-gorien gelangen. Wenn wir fragen, wie die Jets denn im allgemeinen so sind, dann werden die Knoten für *ledig*, *in den 20ern* und *Mittelschule* aktiviert, weil die meisten Mitglieder der Jets diese Merkmale aufweisen. Das System ist somit zu spontanen Einschätzungen der Charakteristika verschiedener Gruppen in der Lage.

McClelland et al. haben uns damit eine Demonstration der Möglichkeiten an die Hand gegeben, wie man sich neuronale Mechanismen als Grundlage von schon recht differen-zierten Gedächtnisurteilen vorstellen kann. In vielen Fällen stimmt das Verhalten solcher Mechanismen auch mit den Verhaltensdetails überein, nach denen Einschätzungen der genannten Art beim Menschen tatsächlich ablaufen. Wir werden einige solcher Situatio-nen in den weiteren Kapiteln besprechen. Derzeit werden konnektionistische Modelle als ein recht vielversprechender Weg betrachtet, die Kluft, die zwischen den Grundfunktionen des Gehirns und den höheren kognitiven Prozessen bestand, zu überbrücken.

In konnektionistischen Modellen wird Information durch nervenzellenartige Ele-mente verarbeitet, die Aktivation ansammeln und erregende und hemmende Ein-flüsse auf andere Einheiten ausüben.

Anmerkungen und Literaturhinweise

In Anderson (1995) gebe ich eine detailliertere Übersicht über einige Fragestellungen, die die Trennung zwischen behavioristischen und kognitivistischen Ansätzen betreffen. Bo-rings Buch *A history of experimental psychology* aus dem Jahre 1950 ist eine klassische Übersicht zur frühen Geschichte der Psychologie. Einen breiten und aktuellen Überblick über den derzeitigen Theorie- und Forschungsstand in der Kognitionswissenschaft gibt das Buch *Foundations of cognitive science*, herausgegeben von Posner (1989). Ein Einführungslehrbuch in die Kognitionswissenschaft haben Stillings, Feinstein, Garfield, Rissland, Rosenbaum, Weisler und Baker-Ward (1987) zusammengestellt. Von Morton Hunt (1982) stammt ein populäres Überblicksbuch zur Kognitionswissenschaft, *The universe within*. Sehr gut lesbar ist auch das Buch *The mind's new science: A history of the cognitive revolution* von Gardner (1985).

Eine umfassende Darstellung des Nervensystems und der neuronalen Grundlagen des Lernens und Verhaltens bieten Kandel, Schwartz und Jessell (1991). Die beiden Bände von McClelland und Rumelhart (1986) sowie Rumelhart und McClelland (1986) sind eine gute Abhandlung des Konnektionismus. Für Beispiele konnektionistischer Modelle, die nicht der PDP-Modellierung zugehören, lese man Schneider und Oliver (1991) sowie Grossberg (1987). Fodor (1975) sollte man als Kritik an den neuronalen Betrachtungsweisen der Kognitiven Psychologie lesen. Neuere Kritiken von Pinker und Prince, Fodor und Pylyshyn sowie von Lachter und Bever erschienen in einer Ausgabe der Zeitschrift *Cognition* aus dem Jahre 1988.

Es gibt recht viele Zeitschriften, in denen Forschungen referiert werden, die für die Kognitive Psychologie relevant sind. Besonders wichtig sind *Cognition, Cognitive Neuroscience, Cognitive Psychology, Cognitive Science, Journal of Experimental Psychology: General, Journal of Experimental Psychology: Learning, Memory, and Cognition, Journal of Experimental Psychology: Human Perception and Performance, Journal of Memory and Cognition* sowie *Quarterly Journal of Experimental Psychology. Psychological Review* veröffentlicht theoretische Aufsätze aus allen Gebieten der Psychologie.

Im deutschsprachigen Bereich gibt es außer *Sprache und Kognition* und *Künstliche Intelligenz* seit wenigen Jahren auch die Zeitschrift *Kognitionswissenschaft*. Ansonsten werden entsprechende Forschungsbeiträge auch in Zeitschriften wie der *Zeitschrift für Psychologie* und der *Zeitschrift für experimentelle Psychologie* publiziert. Neben den genannten amerikanischen Journals gibt es natürlich auch noch einschlägige englischsprachige Zeitschriften auf dem europäischen Markt.

Konzise Übersichtsartikel zu vielen Facetten der Geschichte der Psychologie finden sich in dem von Lück, Miller und Rechtin (1984) herausgegebenen *Handbuch in Schlüsselbegriffen*; sehr gut zum Schmökern eignet sich die *Illustrierte Geschichte der Psychologie* (Lück & Miller, 1993).

Die Grundlagen der Sinnes- und Neurophysiologie finden sich in Schmidt und Thews (1995); Birbaumer und Schmidt (1989) kann als eine von mehreren deutschsprachigen Einführungen in die Physiologische Psychologie und ihre biologischen Grundlagen konsultiert werden.

2. Wahrnehmung

Unsere Untersuchung der menschlichen Kognition beginnt in diesem Kapitel mit einer sehr grundlegenden Frage: Wie erkennen wir das, worauf wir treffen? Der Schwerpunkt dieses Kapitels liegt auf der visuellen Wahrnehmung, da diese besonders gut erforscht ist; wir berücksichtigen allerdings auch Bereiche wie die Wahrnehmung von Sprache und andere Arten der Mustererkennung. Wir werden sehen, daß zur Wahrnehmung mehr gehört als nur das einfache Registrieren der Information, die unsere Augen und Ohren erreicht. Ein wichtiger Sachverhalt betrifft die Zuordnung von Interpretationen zu diesen Informationen. Eine interessante Demonstration dieses Sachverhalts ist das Beispiel eines Soldaten, der durch eine Kohlenmonoxidvergiftung eine Gehirnschädigung erlitt. Er konnte Objekte durch ihre ertastete Form, ihren Geruch oder ihren Klang erkennen, war jedoch nicht in der Lage, das Bild eines Kreises vom Bild eines Quadrates zu unterscheiden oder Gesichter und Buchstaben zu erkennen (Benson & Greenberg, 1969). Andererseits konnte er Helligkeitsabstufungen und Farben unterscheiden und angeben, in welche Richtung sich ein Objekt bewegt. Folglich war sein System in der Lage, visuelle Information zu registrieren, aber seine Gehirnschädigung hatte zu einem Verlust der Fähigkeit geführt, visuelle Information zu einer Wahrnehmungserfahrung zu kombinieren. Dieses Fallbeispiel zeigt, daß Wahrnehmung viel mehr ist als das einfache Registrieren sensorischer Information.

Dieser Patient ist einer von vielen, bei denen beobachtet wurde, daß sie an einer sogenannten **visuellen Agnosie** leiden. Visuelle Agnosie bezieht sich auf die Unfähigkeit, sichtbare Objekte zu erkennen, und zwar weder als Folge eines allgemeinen Verlustes der intellektuellen Fähigkeiten noch des Verlustes grundlegender sensorischer Fähigkeiten. Üblicherweise wird zwischen der sogenannten **apperzeptiven Agnosie** und der **assoziativen Agnosie** unterschieden (zum Überblick vgl. Farah, 1990). Dem erwähnten Patienten von Benson und Greenberg wird eine apperzeptive Agnosie zugeschrieben. Solche Patienten sind nicht in der Lage, einfache Figuren wie Kreise oder Dreiecke zu erkennen oder Figuren nach Vorlagen zu zeichnen. Im Gegensatz dazu können Patienten mit assoziativer Agnosie einfache Formen erkennen und sogar komplexe Figuren erfolgreich nachzeichnen. Sie sind jedoch nicht in der Lage,

Abb. 2.1 Der Patient war zwar in der Lage, diesen Anker nachzuzeichnen, konnte ihn aber nicht erkennen (aus Ellis & Young, 1988).

die Objekte zu erkennen. In Abbildung 2.1 sind das Original und die Zeichnung eines Ankers dargestellt, die ein Patient anfertigte, der von Ratcliff und Newcombe (1982) untersucht wurde. Trotz der Fähigkeit, eine relativ akkurate Zeichnung anzufertigen, war es dem Patienten nicht möglich, das Dargestellte als Anker zu erkennen (er bezeichnete es als Regenschirm). Es wird allgemein angenommen, daß bei Patienten mit apperzeptiver Agnosie Probleme bei relativ frühen visuellen Prozessen bestehen, wohingegen bei Patienten mit assoziativer Agnosie die frühen Prozesse intakt sind, sie aber Schwierigkeiten mit der Mustererkennung haben, die in späteren Informationsprozessen eine Rolle spielt. Dieses Kapitel beginnt mit einer Diskussion darüber, wie visuelle Information vor der Mustererkennung verarbeitet wird. Im Anschluß daran werden Prozesse der Mustererkennung diskutiert.

> Die visuelle Wahrnehmung kann in eine frühe Phase, in der Formen und Objekte aus der visuellen Szenerie extrahiert werden, und eine späte Phase, in der Formen und Objekte erkannt werden, unterteilt werden.

Die Verarbeitung visueller Information

Frühe Prozesse der visuellen Informationsverarbeitung

Man weiß eine ganze Menge über die neuronalen Prozesse, die der frühen visuellen Informationsverarbeitung zugrunde liegen. Abbildung 2.2 zeigt eine schematische Darstellung des Auges. Das Licht durchquert die Linse und den Glaskörper und fällt auf die Netzhaut an der Rückseite des Auges. Es sind die lichtempfindlichen Zellen der Netzhaut, die auf das Licht reagieren. Das Licht wird beim Durchqueren des Glaskörpers leicht gestreut, so daß das Bild, das auf der Netzhaut entsteht, nicht völlig scharf ist. Eine der Funktionen der frühen Prozesse der visuellen Informationsverarbeitung besteht darin, dieses Bild scharf zu bekommen.

Das Licht wird durch einen photochemischen Prozeß in Nervenimpulse umgewandelt. Es gibt zwei verschiedene Typen von Photorezeptoren im Auge – Stäbchen und Zapfen. Die Zapfen sind für das Farbsehen zuständig und erbringen eine hohe Auflösung und Schärfe. Weniger Lichtenergie ist notwendig, um eine Reaktion der Stäbchen hervorzurufen, jedoch ist ihre Auflösung geringer. Daraus ergibt sich, daß sie im allgemeinen für weniger scharfes Schwarz-weiß-Sehen zuständig sind, wie wir es zum Beispiel nachts erleben. Eine hohe Dichte an Zapfen findet man vor allem in einem kleinen Bereich der Netzhaut, der **Gelber Fleck (Fovea)** genannt wird. Wenn wir ein Objekt fixieren, dann bewegen wir unsere Augen so, daß das Objekt auf die Fovea fällt. Dies ermöglicht uns, die hohe Auflösung bei der Wahrnehmung des Objekts durch die Zapfen zu maximieren. Foveales Sehen betrifft die Erkennung feiner Details. Der Rest des visuellen Feldes, die Peripherie, ist für die Erkennung eher globaler Information einschließlich des Erkennens von Bewegung verantwortlich.

Die Rezeptorzellen sind synaptisch mit Bipolarzellen und diese mit Ganglionzellen verbunden, deren Axone aus dem Auge austreten und den optischen Nerv bilden, der zum

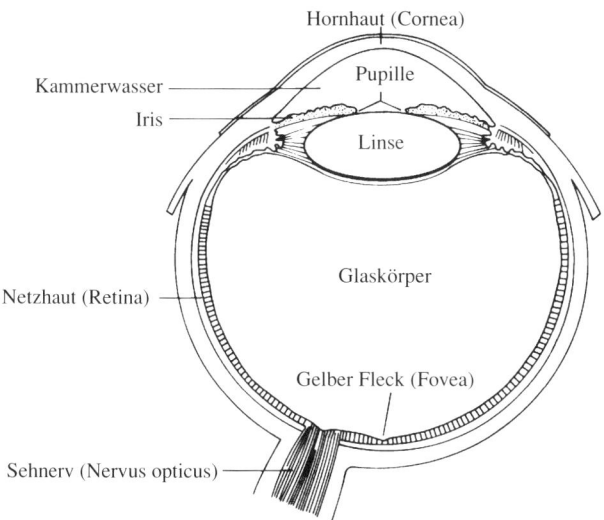

Hornhaut (Cornea)

Pupille

Kammerwasser

Iris

Linse

Glaskörper

Netzhaut (Retina)

Gelber Fleck (Fovea)

Sehnerv (Nervus opticus)

Abb. 2.2 Eine schematische Darstellung des Auges. Das Licht tritt durch die Hornhaut (Cornea) ein, durchquert das Kammerwasser, die Pupille, die Linse und den Glaskörper, um auf die Netzhaut (Retina) aufzutreffen, die durch das Licht stimuliert wird (aus Lindsay & Norman, 1977).

Gehirn führt. Insgesamt befinden sich etwa 800 000 Ganglionzellen im optischen Nerv jedes Auges. Jede Ganglionzelle enkodiert Informationen einer kleinen Region der Netzhaut. Die Feuerrate einer Ganglionzelle enkodiert typischerweise den Betrag an Stimulation, der sich durch das auf diese Region der Netzhaut auftreffende Licht ergibt.

Abbildung 2.3 zeigt die Nervenbahnen vom Auge zum Gehirn. Die optischen Nerven beider Augen treffen sich im Chiasma opticum; dabei überkreuzen sich die Nerven der nasalen Seite der Netzhaut und führen zur gegenüberliegenden Seite des Gehirns, während die Nerven der Außenseite der Netzhaut zur ipsilateralen Hirnhälfte weiterführen. Dies bedeutet, daß die rechten Hälften beider Augen mit der rechten Gehirnhälfte verbunden sind. Wie Abbildung 2.3 zeigt, bündelt die Linse das Licht so, daß der linke Teil des visuellen Feldes auf die rechte Hälfte jedes Auges fällt. Dadurch wird Information über den linken Teil des visuellen Feldes an die rechte Gehirnhälfte und entsprechend Information über die rechte Seite des visuellen Feldes an die linke Gehirnhälfte übermittelt. Dies ist ein Beispiel für die allgemeine Tatsache, daß die linke Hirnhemisphäre Informationen über den rechten Teil der Welt und die rechte Hirnhemisphäre Informationen über den linken Teil der Welt verarbeitet. (Dies wurde bereits im vorangehenden Kapitel angesprochen.)

Die Fasern der Ganglionzellen sind synaptisch mit Zellen entweder des Seitlichen Kniehöckers (Nucleus geniculatum laterale) oder des Colliculus superior (vgl. Abbildung 2.3) verbunden. Beides sind Hirnareale unterhalb des Cortex. Man nimmt an, daß der Nucleus geniculatum laterale ein Bestandteil des neuronalen Pfades ist, der wichtig für das Wahrnehmen von Details und das Erkennen von Objekten ist, während der Colliculus superior mit dem Lokalisieren von Objekten im Raum zu tun hat. Beide neuronalen Strukturen sind mit der Sehrinde verbunden, die ähnlich aufgeteilt ist: Areale des Tempo-

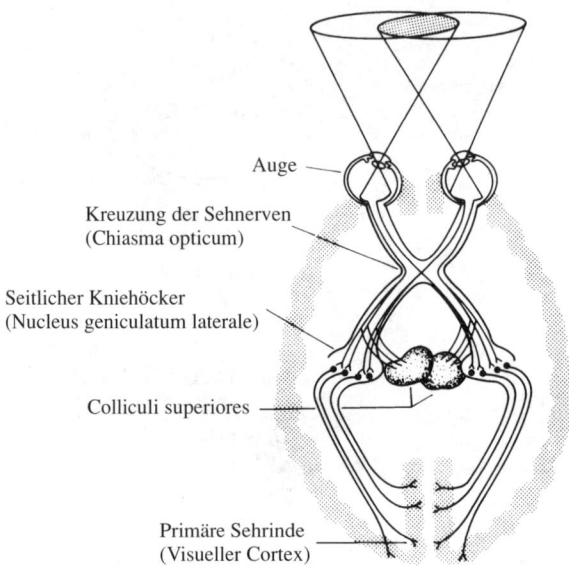

Abb. 2.3 Nervenbahnen vom Auge zum Gehirn (aus Keeton, 1980).

rallappens sind verantwortlich für die Objekterkennung, Areale des Parietallappens für die Objektlokalisation.

> Lichtenergie wird durch einen photochemischen Prozeß in neuronale Aktivität umgewandelt. Diese Information wird über verschiedene neuronale Bahnen zur Sehrinde weitergeleitet.

Die Kodierung von Information in den visuellen Zellen

Die Forschungen Kufflers (1953) zeigen, wie Informationen durch die Ganglionzellen enkodiert werden. Diese Zellen feuern im allgemeinen mit einer Spontanrate, auch wenn kein Licht von den Augen aufgenommen wird. Einige Ganglionzellen zeigen einen Anstieg der Spontanrate, wenn Licht auf eine kleine Region der Netzhaut fällt. Fällt jedoch Licht auf jene Region, die genau dieses empfindliche Zentrum umgibt, erniedrigt sich die Spontanrate. Fällt Licht auf Regionen, die weiter von dem empfindlichen Zentrum entfernt sind, so zeigt sich keine Veränderung der Spontanrate. Diese Zellen sind als On-off-Zellen bekannt. Es gibt auch Off-on-Ganglionzellen, bei denen Licht im Zentrum die Spontanrate des Feuerns senkt und Licht in der Umge-

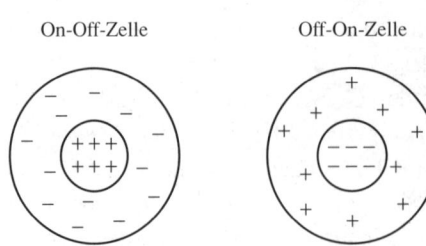

On-Off-Zelle   Off-On-Zelle

Abb. 2.4 On-off- und Off-on-rezeptive Felder der Ganglionzellen und der Zellen des Nucleus geniculatum laterale.

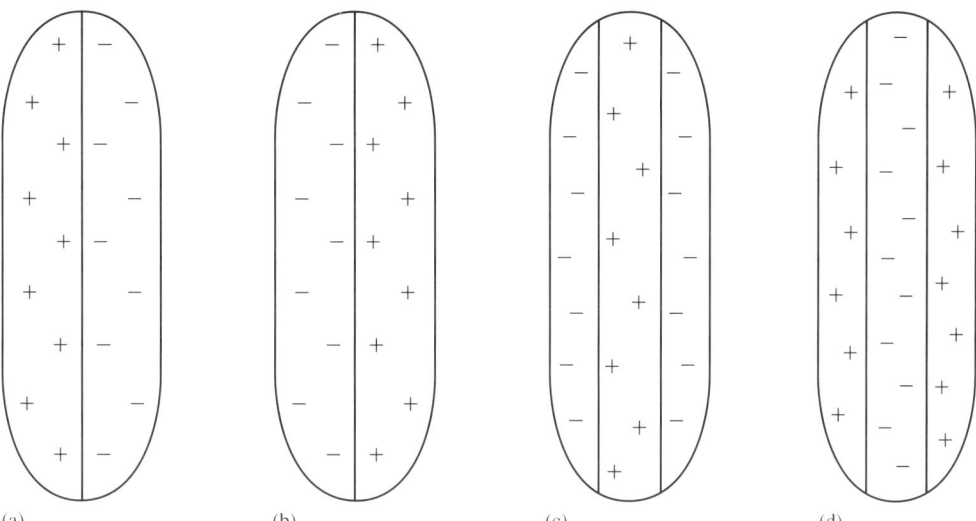

Abb. 2.5   Reaktionsmuster kortikaler Zellen.

bung die Rate erhöht. Abbildung 2.4 illustriert die rezeptiven Felder dieser Zellen. Zellen
im Nucleus geniculatum laterale verhalten sich auf die gleiche Art und Weise.

Hubel und Wiesel (1962) fanden in ihrer Untersuchung über die Sehrinde der Katze,
daß visuelle kortikale Zellen sich in einer komplexeren Art und Weise verhalten als diese
niederen Zellen. Abbildung 2.5 zeigt vier Muster, die bei kortikalen Zellen beobachtet
wurden. Man erkennt, daß alle rezeptiven Felder im Gegensatz zu den On-off-Zellen eine
längliche Form besitzen. Die Zelltypen, die in den Abbildungen 2.5a und 2.5b abgebildet
sind, heißen **Kantendetektoren**. Sie reagieren positiv auf Licht an der einen Seite einer
Linie und negativ auf Licht an der anderen Seite. Sie zeigen maximale Reaktion, wenn
eine Hell-dunkel-Kante entlang der Grenzlinie verläuft. Die Zelltypen der Abbildungen
2.5c und 2.5d sind **Balkendetektoren**. Sie reagieren positiv auf Licht im Zentrum und
negativ auf Licht in der Peripherie beziehungsweise umgekehrt. Somit reagiert ein Balkendetektor mit einem positiven Zentrum ma-
ximal, wenn ein Lichtstreifen genau sein Zentrum abdeckt.

Sowohl Kanten- als auch Balkendetektoren
sind spezifisch im Hinblick auf Position, Ausrichtung und Ausdehnung. Das heißt, daß sie
nur auf eine Stimulation in einem kleinen Bereich des visuellen Feldes reagieren, auf Balken und Kanten eng begrenzter Ausrichtung
und Ausdehnung. Ein gestreiftes Muster, wie
es Abbildung 2.6 zeigt, wird einen bestimmten

Abb. 2.6   Ein Muster, das Detektoren für Balken einer bestimmten Ausdehnung und Ausrichtung erregt.

Balkendetektor nur dann erregen, wenn die Streifen die passende Ausrichtung und Ausdehnung für diesen Detektor besitzen. Allerdings scheinen verschiedene Detektoren auf verschiedene Ausdehnungen und Ausrichtungen eingestellt zu sein. Dadurch würden mehrere Teilmengen von Balkendetektoren durch solch ein Muster stimuliert werden.

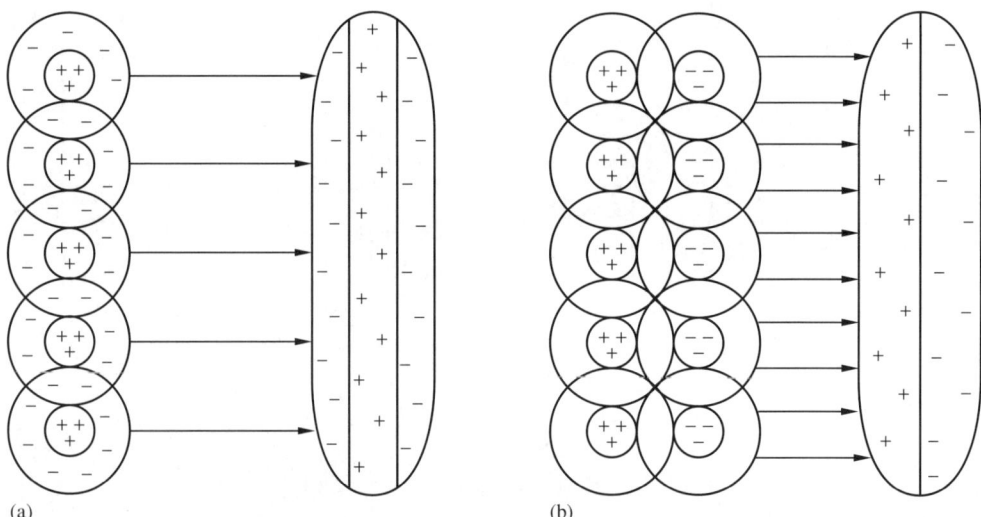

(a)   (b)

Abb. 2.7 Hypothetische Verknüpfungen von On-off- und von Off-on-Zellen zum Aufbau von (a) Balkendetektoren und (b) Kantendetektoren.

Abbildung 2.7 veranschaulicht, wie On-off- und Off-on-Zellen zur Bildung von Balken- oder Kantendetektoren kombiniert sein können. Zu beachten ist, daß eine einzelne On-off-Zelle nicht ausreicht, um einen Detektor zu stimulieren. Vielmehr reagiert der Detektor auf *Muster* von stimulierten On-off-Zellen. Wir sehen, daß das Nervensystem sogar auf diesem niedrigen Niveau Information in der Art von Mustern neuronaler Aktivität verarbeitet. Dieser Aspekt wurde im vorangehenden Kapitel besonders betont.

An der niederen visuellen Verarbeitung sind On-off- und Off-on-Zellen beteiligt, die zur Bildung von Kanten- und Balkendetektoren im Cortex kombiniert werden.

Die Wahrnehmung von Tiefe und von Oberflächen

Auch nachdem das visuelle System Kanten und Balken in der Umgebung identifiziert hat, muß noch eine umfangreiche Informationsverarbeitung geleistet werden, bevor das System in der Lage ist, die Welt wahrzunehmen. Eines der zu lösenden Probleme betrifft die Entscheidung, wo sich diese Kanten und Balken im Raum befinden. Das grundlegende Problem ist dabei die an der Netzhaut anliegende Information, da diese Information von Natur aus zweidimensional ist (2-D), während wir eine dreidimensionale (3-D) Repräsentation der Welt aufbauen müssen. Das visuelle System bedient sich beim Schließen auf Entfernungen einer ganzen Anzahl von Hinweisreizen. Einer dieser Hinweisreize ist der Texturgradient. Die wahrgenommenen Elemente scheinen mit steigender Entfernung zum Betrachter dichter gepackt zu sein. Gibson (1950) gibt hierfür anschauliche Beispiele (vgl. Abbildung 2.8). Obwohl es sich bei der Darstellung um eine ebene Fläche handelt, führt die Veränderung in der Textur zum Eindruck von Tiefe. Ein anderer Hinweisreiz für Tiefe ist die Stereopsie, die sich auf die Tatsache bezieht, daß beide Augen ein leicht unterschiedliches Bild der Welt erreicht. 3-D-Brillen, wie man sie in einigen Kinos und bei anderen Vorführungen findet, beruhen auf diesem Prinzip. Sie filtern das Licht, das von einer einzigen 2-D-Quelle (beispielsweise einer Kinoleinwand) kommt, so, daß unterschiedliches Licht auf die beiden Augen fällt. Die Wahrnehmung einer dreidimensionalen Struktur durch Stereopsie kann sehr eindrucksvoll sein.

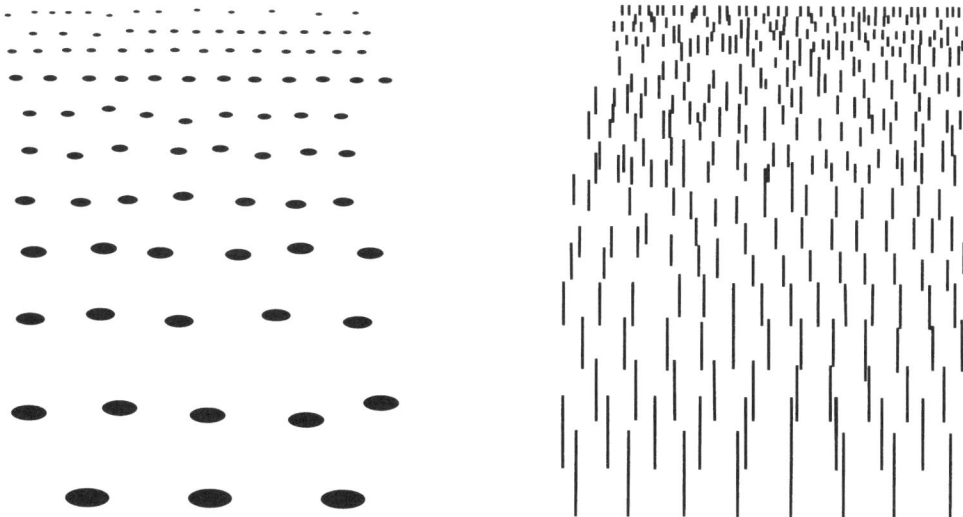

Abb. 2.8 Beispiele für Texturgradienten (aus Gibson, 1950).

Eine dritte abgrenzbare Informationsquelle über dreidimensionale Strukturen beruht auf der sogenannten Bewegungsparallaxe. Wenn man den Kopf bewegt, bewegen sich nahe Objekte schneller über die Netzhaut, als dies weiter entfernte Objekte tun. Überprüfen kann man dies, wenn man auf die Blätter eines nahen Baumes oder Busches blickt und dabei ein Auge geschlossen hält. Ohne die stereoptische Information wird man den Eindruck eines sehr flachen Bildes haben, wobei es schwierig ist, die Lage der vielen Blätter relativ zueinander zu bestimmen. Durch Bewegen des Kopfes erscheint plötzlich sehr klar die dreidimensionale Struktur des Baumes, und es ist leicht, die Lage der Blätter und der Zweige relativ zueinander einzuschätzen.

Obwohl es einfach ist, die Bedeutung von Hinweisreizen wie Texturgradient, Stereopsie und Bewegungsparallaxe für die Tiefenwahrnehmung zu demonstrieren, ist es eine schwierige Sache zu verstehen, wie das Gehirn die Informationen, die diese deutlichen Demonstrationen ermöglichen, tatsächlich verarbeitet. Im Bereich konstruktivistischer Ansätze (computational vision) wurde viel über diese Vorgänge gearbeitet. David Marr (1982) hatte großen Einfluß mit seinem Vorschlag, daß diese verschiedenen Informationsquellen zusammenarbeiten, um das aufzubauen, was er eine **2 1/2-D-Skizze** nennt; diese 2 1/2-D-Skizze erlaubt die Bestimmung der relativen Lage von Oberflächen zum Betrachter. Er erkannte jedoch auch, wie weit diese Repräsentation von der eigentlichen Wahrnehmung der Welt entfernt ist. Genaugenommen erlaubt diese Repräsentation noch nicht die Bestimmung, welche Objekte sich draußen in der Umgebung befinden. Er verwendete den Begriff der **3-D-Skizze**, um sich auf eine objektzentrierte Repräsentation zu beziehen, die diese Informationen beinhaltet.

Hinweisreize wie Texturgradient, Stereopsie und Bewegungsparallaxe werden zum Aufbau einer Repräsentation der Lage von Oberflächen im dreidimensionalen Raum kombiniert.

Objektzentrierte Wahrnehmung

Ein Hauptproblem bei der Berechnung einer solchen Repräsentation der Welt liegt in der Segmentierung von Objekten. Zu wissen, wo sich die Linien und Balken im Raum befinden, reicht nicht aus. Wir müssen darüber hinaus wissen, was genau zusammengehört, um Objekte zu bilden. Betrachten Sie die Anordnung in Abbildung 2.9. Viele Linien verlaufen kreuz und quer, aber irgendwie gliedern wir sie, um zur Wahrnehmung einer Reihe von Objekten zu gelangen.

Gewöhnlich folgen wir bei der Organisation von Objekten zu Einheiten bestimmten Gesetzen. Diese Gesetze werden nach den Gestalt-Psychologen, die sie zuerst formuliert haben (zum Beispiel Wertheimer, 1912), **Gestaltgesetze der Wahrnehmungsorganisation** genannt. Betrachten Sie die verschiedenen Teile der Abbildung 2.10. In Abbildung 2.10a nehmen wir eher vier Paare von Linien und nicht etwa acht einzelne Linien wahr. Hier wird das Gesetz der Nähe veranschaulicht: Nahe beieinanderliegende Elemente organisieren sich oft zu Einheiten. Abbildung 2.10b veranschaulicht das Gesetz der Ähnlichkeit. Wir neigen dazu, diese Anordnung als Reihen von Kreisen zu sehen, die sich mit Reihen von Kreuzen abwechseln. Ähnlich aussehende Objekte werden bevorzugt zu einer Gruppe zusammengefaßt. Abbildung 2.10c veranschaulicht das Gesetz des glatten Verlaufs. Wir nehmen zwei Linien wahr, eine von A nach B und eine andere von C nach D, obwohl es dafür eigentlich keinen Grund gibt. Diese Skizze könnte auch für ein anderes Paar von Linien stehen: eine, die von A nach D führt, und die andere, die von C nach B führt. Die Linie von A nach B weist jedoch einen glatteren Verlauf auf als die stark abgeknickte Linie von A nach D. Abbildung 2.10d veranschaulicht das Gesetz der Geschlossenheit und der guten Gestalt. Wir sehen in der Zeichnung einen Kreis, der teilweise einen anderen Kreis verdeckt, obwohl das verdeckte Objekt viele andere Formen haben könnte.

Aufgrund dieser Gesetze besitzen sogar völlig unbekannte Stimuli die Tendenz, sich zu Einheiten zusammenzuschließen. Palmer (1977) untersuchte das Wiedererkennen von

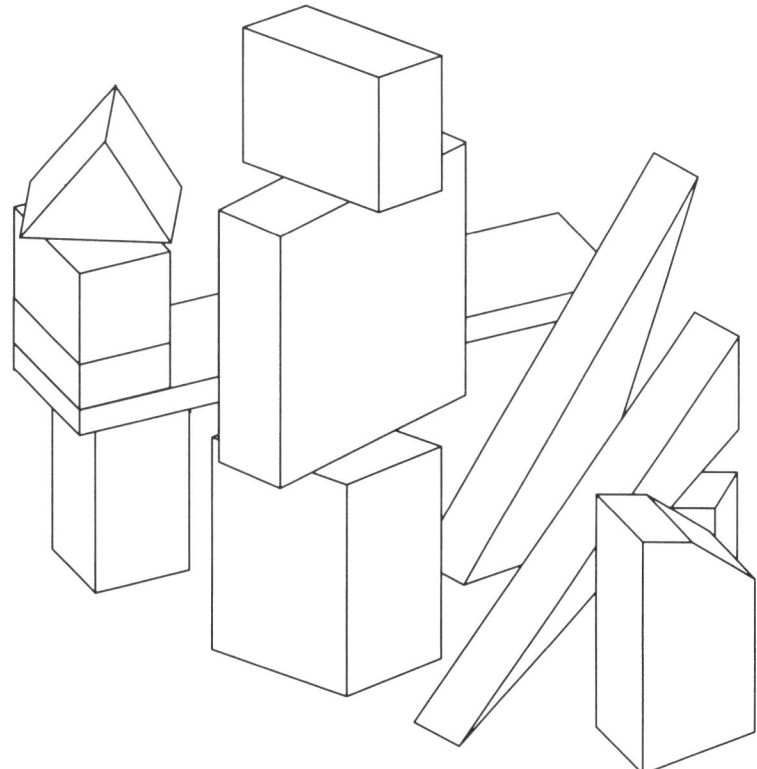

Abb. 2.9 Ein Beispiel dafür, wie wir die Wahrnehmung vieler unterbrochener Linien zur Wahrnehmung zusammenhängender Körper aggregieren (aus Winston, 1970).

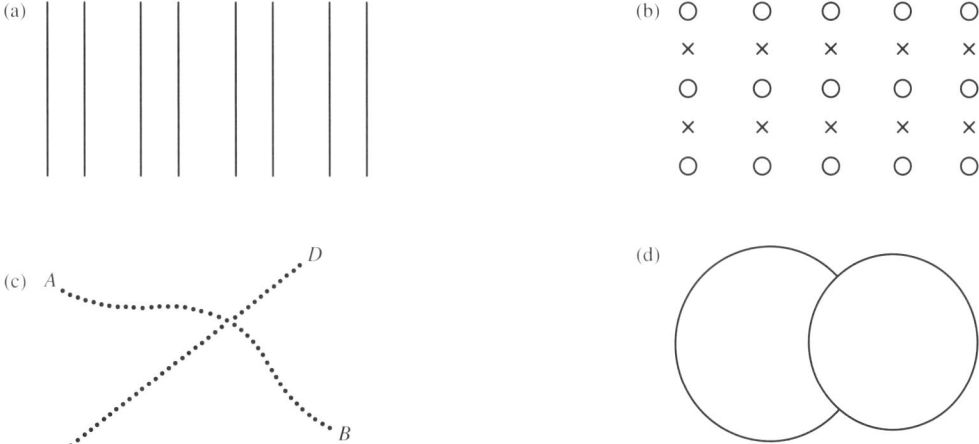

Abb. 2.10 Veranschaulichung der Gestaltgesetze der Wahrnehmungsorganisation: (a) das Gesetz der Nähe, (b) das Gesetz der Ähnlichkeit, (c) das Gesetz des glatten Verlaufs und (d) das Gesetz der Geschlossenheit beziehungsweise der guten Gestalt.

Figuren, wie sie Abbildung 2.11 darstellt. Er zeigte den Probanden zunächst Stimuli der Art von Teil (a) und ließ sie dann entscheiden, ob die Teilstücke (b) bis (e) einen Bestandteil der Originalfigur darstellen. Der Stimulus in Abbildung 2.11a neigt dazu, sich in ein Dreieck (Geschlossenheit) und in einen verbogenen Buchstaben „n" (glatter Verlauf) zu gliedern. Palmer konnte zeigen, daß die Wiedererkennung der Teilstücke am schnellsten erfolgte, wenn diese Teilstücke den von den Gestaltgesetzen vorhergesagten Segmenten entsprachen. Die Stimuli der Abbildungen 2.11b und 2.11c wurden also schneller als jene der Abbildungen 2.11d und 2.11e wiedererkannt. Wir sehen also, daß das Wiedererkennen entscheidend von der ursprünglichen Gliederung der Figur abhängt. Wenn die Gestaltgesetze zu einer Gliederung führen, die der tatsächlichen Struktur des Musters widerspricht, wird das Erkennen unter Umständen in starkem Maße beeinträchtigt. ZuMbEiSpIeLiStDiEsErSaTzScHwIeRiGzUlEsEn. Die Gründe für die Schwierigkeiten liegen darin, daß das Gestaltgesetz der Nähe es erschwert, benachbarte Buchstaben unterschiedlicher Groß- und Kleinschreibung zusammen zu sehen, und daß Hinweise, die sich aus dem Gesetz der Nähe ergeben, durch das Fehlen der Wortzwischenräume ausbleiben.

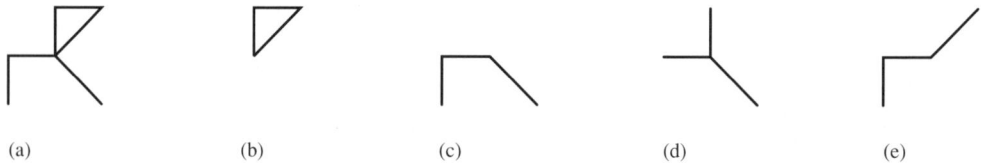

(a)   (b)   (c)   (d)   (e)

Abb. 2.11 Beispiele für Stimuli, wie sie Palmer (1977) zur Untersuchung der Segmentierung unbekannter Figuren verwendete. (a) zeigt den Originalstimulus, den die Probanden sahen. (b) bis (e) zeigen Teilfiguren zur Wiedererkennung, wobei die Stimuli (b) und (c) gute Teilfiguren, die Stimuli (d) und (e) schlechte Teilfiguren darstellen.

Diese Vorstellungen über die Gliederung können ausgebaut werden, um die Segmentierung komplexerer dreidimensionaler Strukturen zu beschreiben. Abbildung 2.12 veranschaulicht einen Vorschlag von Hoffman und Richards (1985), wie gestaltartige Gesetze genutzt werden können, um eine Umrißzeichnung eines Objekts in Teilobjekte zu gliedern. Sie stellten fest, daß sich an der Stelle, an der ein Segment an ein anderes angefügt wird, typischerweise ein konkaver Verlauf der Umrißlinie zeigt. Hier scheint das Gestaltgesetz des glatten Verlaufs herangezogen zu werden: Die Linien an den konkaven Stellen sind keine glatten Verläufe; deshalb können sie die zu verbindenden Teile nicht gruppieren.

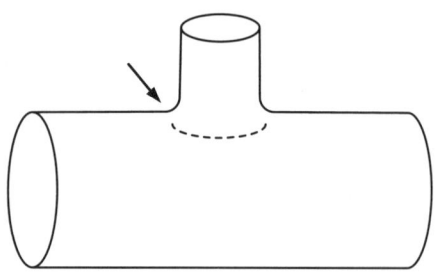

Wir haben die visuelle Informationsverarbeitung bis zu dem Punkt behandelt, an dem die Lage und die Form von Objekten im dreidimensionalen Raum erkannt wurden. Gegenwär-

Abb. 2.12 Segmentierung eines Objekts in Teilobjekte: Die Teilobjektgrenze kann durch die Kontur identifiziert werden, die den Stellen mit maximaler konkaver Biegung folgt (Stillings et al., 1987; nach Hoffmann & Richards, 1985).

tig glaubt man, daß die zugrundeliegenden visuellen Mechanismen zum großen Teil angeboren sind. Bereits im Säuglingsalter scheinen Objekte und Formen wiedererkannt zu
werden und Einschätzungen, wo sich diese Objekte im dreidimensionalen Raum befinden,
möglich zu sein (zum Beispiel Granrud, 1986, 1987). Im folgenden Abschnitt befassen
wir uns mit einer Frage, bei deren Beantwortung Lernprozessen in der Wahrnehmung eine
wichtige Rolle zukommt: Wie erkennen wir, um welche sichtbaren Objekte es sich handelt?

> Visuelle Szenen werden mit Hilfe der Gestaltgesetze der Wahrnehmungsorganisa
> tion in Objekte gegliedert.

Visuelle Mustererkennung

Wir sind in unserer Darstellung der visuellen Informationsverarbeitung an jenem Punkt
angelangt, an dem wir die visuelle Welt in Objekte zergliedern können. Jedoch sind wir
noch weit davon entfernt, die Welt sehen zu können, denn wir müssen die Objekte auch
identifizieren. Dies ist die Aufgabe der Mustererkennung. Ein Großteil der Forschung in
diesem Bereich beschäftigte sich mit der Frage, wie wir Buchstaben erkennen können.
Beispielsweise stellt sich das Problem, wie wir die Darbietung des Buchstabens *A* als eine
Ausprägung des Musters *A* erkennen. Wir beginnen unsere Ausführungen mit diesem
Aspekt und wenden uns dann der Objekterkennung in einem allgemeineren Sinne zu.

Schablonenabgleich

Die vielleicht naheliegendste Art der Mustererkennung ist der **Schablonenabgleich (template-matching)**. Die Wahrnehmungstheorie des Schablonenabgleichs beruht auf der Annahme, daß ein getreues Netzhautbild des Objekts an das Gehirn übermittelt und dann der
Versuch unternommen wird, es mit bereits gespeicherten Mustern direkt zu vergleichen.
Diese Muster heißen Schablonen. Nach dieser Grundannahme sollte das Wahrnehmungssystem auch bei einem Buchstaben einen Vergleich mit den Schablonen durchführen, die
es für jeden Buchstaben besitzt, und die Schablone mit der besten Übereinstimmung melden. Abbildung 2.13 zeigt verschiedene Versuche eines Schablonenabgleichs. In allen Fällen wird das Muster der Netzhautzellen, die von einem Buchstaben (hier *A* oder *L*) erregt
werden, mit dem Muster der Netzhautzellen verglichen, das der Schablone entspricht.
    Das erste Diagramm (a) in Abbildung 2.13 zeigt einen Fall, bei dem Übereinstimmung
erreicht und *A* erkannt wird. Das zweite Diagramm (b) ist ein Beispiel dafür, daß der
Input *L* nicht mit der Schablone für *A* übereinstimmt. Dagegen wird *L* im dritten Diagramm (c) mit der Schablone *L* zur Deckung gebracht. Beim Schablonenabgleich können
jedoch sehr leicht Probleme auftreten: Im vierten Diagramm (d) ist eine fehlerhafte Zuordnung zu sehen, weil das Bild auf einen falschen Teil der Netzhaut fällt; im Falle von
Diagramm (e) entstehen Probleme, weil das Netzhautbild die falsche Größe besitzt. Diagramm (f) verdeutlicht, was geschieht, wenn das Bild nicht die passende Ausrichtung
besitzt, und die Diagramme (g) und (h) demonstrieren die Schwierigkeiten, die sich erge

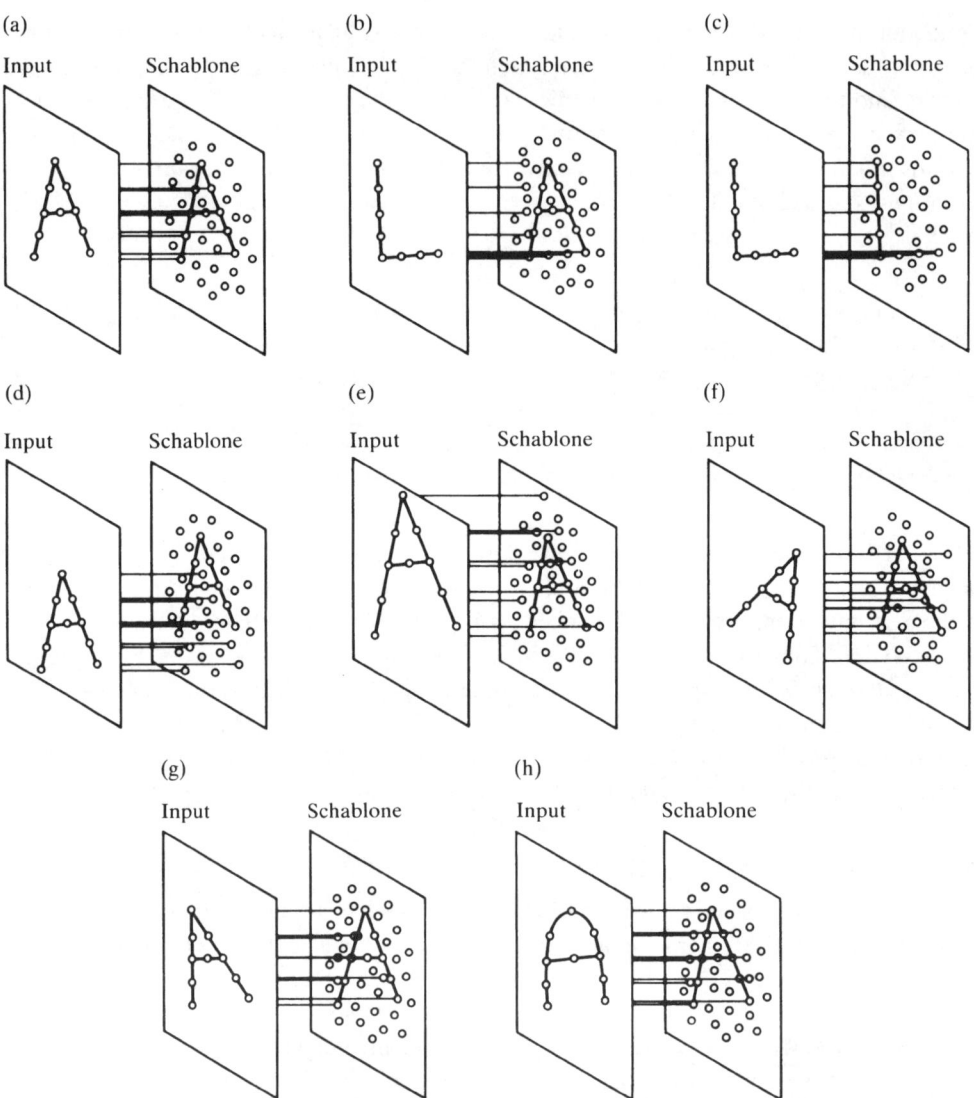

Abb. 2.13 Beispiele zum Schablonenabgleich. Das Netzhautbild kann in den Fällen (a) und (c) mit den im Gehirn gespeicherten Mustern zur Deckung gebracht werden. In den übrigen Fällen (b) und (d) bis (h) scheitert dieser Versuch, weil die Inputmuster und die Schablonen nicht hinreichend übereinstimmen (nach Neisser, 1967).

ben, wenn die Bilder vom Standard-*A* abweichen. Bislang hat man noch keinen Weg gefunden, die Schablonen so zu korrigieren, daß sie allen diesen Problemen gerecht werden.

Ein alltägliches Beispiel für einen Schablonenabgleich findet man im Zusammenhang mit Schecks, bei denen die aufgedruckten Kontonummern von den Schecksortiermaschinen der Bankcomputer gelesen werden. Abbildung 2.14 zeigt ein Scheckformular, das auf meinen Namen (die Kontonummer hat sich inzwischen geändert) ausgestellt wurde. Die

Kontonummer steht in der untersten Zeile. Man hat viel Mühe darauf verwendet, die Ziffern der Kontonummer möglichst gut unterscheidbar zu gestalten. Um Größe und Anordnung zu standardisieren, müssen die Ziffern maschinell gedruckt werden; eine Schecksortiermaschine würde keine handschriftlich geschriebenen Zahlen erkennen. Schon dieser Umstand, daß ein standardisiertes System benötigt wird, damit der Schablonenabgleich funktioniert, läßt ihn kaum als ein glaubwürdiges Modell des menschlichen Mustererkennens erscheinen. Beim Menschen ist die Mustererkennung sehr flexibel. Wir können GROSSE und kleine Schriftzeichen erkennen, Buchstaben am falschen Ort und mit unüblicher S^{t}ell^{u}n^g, Wörter mit ungewöhnlichen F**O**rm$\mathcal{E}n$, **verwischte** oder unvollständige Schriftzeichen und sogar, mit ein wenig Anstrengung, auch Schriftzeichen, die auf dem Kopf stehen.

Abb. 2.14 Ein Scheckformular mit maschinenlesbarer Kontonummer. Die spezielle Zifferngestaltung ermöglicht eine erfolgreiche Anwendung des Schablonenabgleichs.

Beim Schablonenabgleich wird die exakte Übereinstimmung zwischen einem Muster und einem Stimulus bestimmt.

Merkmalsanalyse

Psychologen haben – zum Teil auch wegen der Schwierigkeiten, die der Schablonenabgleich aufwirft – die Auffassung entwickelt, daß die Mustererkennung auf einer **Merkmalsanalyse** beruht. Nach diesem Modell wird jeder Reiz als Kombination elementarer Merkmale angesehen. Im Falle des Alphabets können dies horizontale und vertikale Striche oder schräge und gekrümmte Linien sein. Beispielsweise kann man den Großbuchstaben A als Kombination aus zwei um 30 Grad geneigten Strichen (/ \) und einem waagerechten Strich (–) auffassen. Das Muster für den Buchstaben A besteht dann aus diesen Strichen sowie einer Vorschrift, wie sie zu kombinieren sind. Diese elementaren Merkmale sind dem Output der Kanten- und Balkendetektoren im visuellen Cortex (siehe weiter oben) sehr ähnlich.

Man mag sich fragen, inwiefern die Merkmalsanalyse einen Fortschritt gegenüber dem Schablonenmodell darstellt. Was sind Merkmale schließlich anderes als Mini-Schablonen? Das Merkmalsmodell bietet gegenüber dem Schablonenmodell jedoch eine Reihe von Vorteilen: Erstens sind die Merkmale einfacher strukturiert. Dadurch kann man sich leichter vorstellen, wie das visuelle System die beim Schablonenmodell aufgetretenen Schwierigkeiten bewältigen könnte. Soweit es sich bei den Merkmalen lediglich um Striche handelt, könnten die weiter oben angesprochenen Balken- und Kantendetektoren diese Merkmale extrahieren. Ein weiterer Vorteil des Ansatzes einer Merkmalskombination besteht darin, daß diejenigen Beziehungen zwischen den Merkmalen angegeben werden können, die für das Muster am charakteristischsten sind. So ist es ein entscheidendes Merkmal des *A*, daß sich die beiden um jeweils etwa 30 Grad geneigten Striche an der Spitze (oder ungefähr an der Spitze) schneiden und daß der Querstrich sie beide schneidet. Viele andere Einzelheiten sind unwichtig. Folglich sind alle diese Muster Beispiele für ein *A*: A, A, **A**, A, A. Schließlich ist es von Vorteil, daß sich durch den Rückgriff auf Merkmale anstelle von umfassenderen Mustern die Zahl der benötigten Schablonen verringert, da im Merkmalsmodell nicht für jedes denkbare Muster eine eigene Schablone benötigt wird, sondern vielmehr nur für jedes elementare Merkmal. Da dieselben Merkmale in der Regel in vielen Mustern vorkommen, stellt dies eine erhebliche Ersparnis dar.

Aus Verhaltensexperimenten ergeben sich viele Belege dafür, daß Merkmale als Komponenten des Mustererkennens fungieren. Beispielsweise werden Buchstaben wie *C* und *G*, die viele Merkmale gemeinsam haben, von Probanden besonders häufig verwechselt (Kinney, Marsetta & Showman, 1966). Wenn solche Buchstaben lediglich sehr kurz dargeboten werden, klassifizieren Probanden oft irrtümlicherweise einen der Reize als den jeweils anderen. Beispielsweise machten Probanden im Experiment von Kinney et al. beim Buchstaben *G* 29 Fehler. Von diesen 29 Fehlern waren 21 Fehlklassifikationen als *C* und sechs Fehlklassifikationen als *O*; jeweils einmal wurde fälschlicherweise *B* beziehungsweise *9* angegeben. Andere Fehler traten nicht auf. Offensichtlich wählten die Probanden hier Reize mit ähnlichen Merkmalsgruppen als Antwort. Ein solches Antwortmuster ist zu erwarten, wenn der Erkennungsprozeß nach dem Modell der Merkmalsanalyse verläuft. Nimmt man an, daß die Probanden während der kurzen Darbietung nur einige der Merkmale extrahieren konnten, dann war bei Reizen, die diese Merkmale ebenfalls aufweisen, keine verläßliche Unterscheidung möglich.

Bei der Merkmalsanalyse werden zunächst die Merkmale eines Musters und dann ihre Kombination erkannt.

Objekterkennung

Die Merkmalsanalyse kann zwar zufriedenstellend beschreiben, wie wir einfache Objekte wie den Buchstaben *A* erkennen. Doch fragt man sich, ob sie sich auch auf das Erkennen komplexerer Objekte übertragen läßt, die nicht durch einige wenige Merkmale charakterisiert sind. Eine der spannenden Entwicklungen innerhalb der Wahrnehmungsforschung stellt die wachsende Zahl an Belegen dafür dar, daß die gleichen Prozesse dem Erkennen so vertrauter Objektkategorien wie Pferden oder Tassen zugrunde liegen. Die Grundidee besteht in der Betrachtungsweise, daß ein vertrautes Objekt als bekannte Konfiguration einfacher Komponenten verstanden werden kann. Abbildung 2.15 veranschaulicht die These Marrs (1982), vertraute Objekte beispielsweise als Konfigurationen einfacher röhrenförmiger Komponenten aufzufassen. Zum Beispiel besteht ein Strauß aus einem horizontal ausgerichteten Torso, der mit zwei langen Beinen und einem langen Hals verbunden ist.

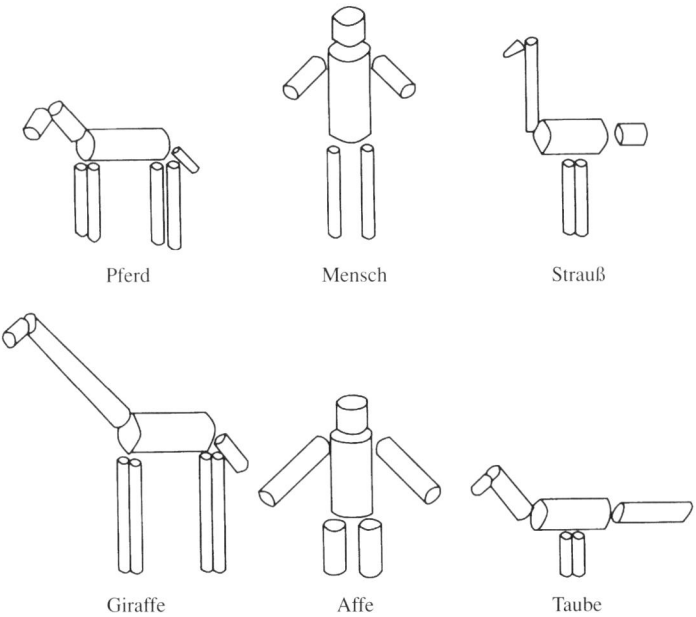

Pferd Mensch Strauß

Giraffe Affe Taube

Abb. 2.15 Die Gliederung einiger vertrauter Objekte in zugrundeliegende zylindrische Formen (nach Marr & Nishihara, 1978).

Biederman (1987) stellte eine weitere Theorie der Objekterkennung vor, die **Theorie der komponentialen Erkennung (recognition-by-components theory)**. Sie beinhaltet drei Stufen der Erkennung eines Objekts als einer Konfiguration einfacher Komponenten:

1. Das Objekt wird in eine Menge von grundlegenden Teilobjekten untergliedert. Dies spiegelt den Output der frühen visuellen Verarbeitung wider, den wir weiter oben in diesem Kapitel besprochen haben.
2. Ist ein Objekt in grundlegende Teilobjekte gegliedert, kann jedes Teilobjekt klassifiziert werden. Biederman (1987) vertritt die Ansicht, daß es 36 grundlegende Kategorien von Teilobjekten gibt, die er **Geons** (eine Abkürzung für „geometric ions") nennt; Abbildung 2.16 zeigt einige Beispiele. Wir können etwa einen Zylinder so auffassen, daß er aus einem Kreis entstanden ist, der entlang einer Geraden (der Achse), die senkrecht zu seinem Mittelpunkt steht, bewegt wurde. Wir können diese grundlegende zylindrische Form zu anderen Formen generalisieren, indem wir einige Eigenschaften seiner Generierung vari-

ieren. Wir können die Form des Objekts ändern, das wir bewegen. Wenn es sich dabei nicht um einen Kreis, sondern um ein Rechteck handelt, erhalten wir einen Quader anstelle eines Zylinders. Wir können die Achse krümmen und erhalten gekrümmte Objekte. Wir können die Größe der Form verändern, während wir sie bewegen, und erhalten Objekte wie die Pyramide oder das Weinglas. Biederman vertritt die Ansicht, daß insgesamt etwa 36 Geons auf diese Art und Weise erzeugt werden können und daß diese Geons wie ein Alphabet zum Aufbau von Objekten dienen, ganz ähnlich wie Buchstaben zum Aufbau von Wörtern. Das Erkennen eines Geons beinhaltet das Erkennen der Merkmale, die es definieren. Diese Merkmale beziehen sich auf die Erzeugung der Form des Objekts und der Achse, entlang deren die Bewegung stattfindet. Das Erkennen eines Geons ist somit mit dem Erkennen eines Buchstabens vergleichbar.

3. Sind die Teile, aus denen ein Objekt aufgebaut ist, und deren Konfiguration bestimmt, so wird das Objekt als dasjenige Muster erkannt, das aus diesen Teilen zusammengesetzt ist. Folglich ist das Erkennen eines Objekts mit dem Erkennen eines Wortes vergleichbar.

Genau wie bei der Buchstabenerkennung gibt es viele kleine Variationen der zugrundeliegenden Merkmale oder Geons, die jedoch nicht entscheidend sind für das Erkennen. Beispielsweise muß lediglich bestimmt werden, ob eine Kante gerade oder gekrümmt ist (zur Unterscheidung etwa eines Ziegelsteins von einem Zylinder) oder ob Kanten parallel

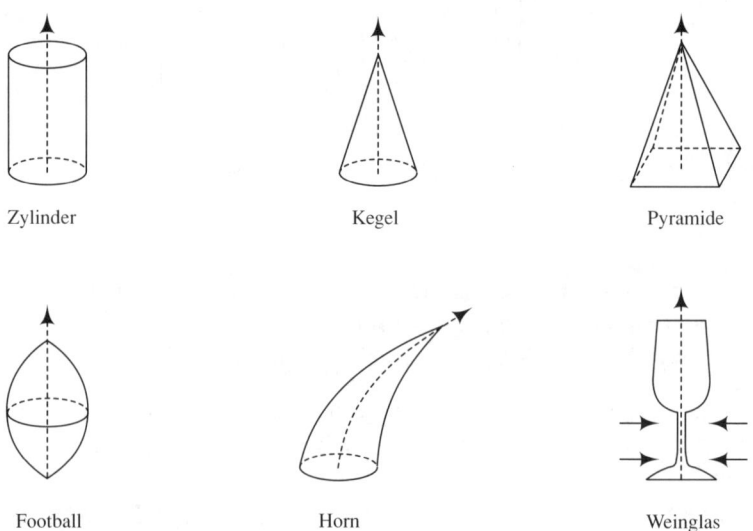

| Zylinder | Kegel | Pyramide |
| Football | Horn | Weinglas |

Abb. 2.16 Verallgemeinerungen eines zylindrischen Körpers. Die gestrichelte Linie stellt bei jedem Objekt die zentrale Achse dar. Die Objekte können dadurch beschrieben werden, daß eine Querschnittsform entlang einer Achse bewegt wird. Zylinder: Ein Kreis wird entlang einer geraden Achse bewegt. Kegel: Ein Kreis wird kleiner, während er entlang einer geraden Achse bewegt wird. Pyramide: Ein Rechteck wird kleiner, während es entlang einer geraden Achse bewegt wird. Amerikanischer Football: Ein Kreis wird größer und wieder kleiner, während er entlang einer geraden Achse bewegt wird. Horn: Ein Kreis schrumpft, während er entlang einer gekrümmten Achse bewegt wird. Weinglas: Ein Kreis wird kleiner und wieder größer, während er entlang einer geraden Achse bewegt wird. Er erzeugt konkave Gliederungsmarkierungen, die in der Abbildung durch Pfeile hervorgehoben sind (aus Biederman et al., 1985).

komplett   fehlende Komponenten   fehlende Teile von Komponenten

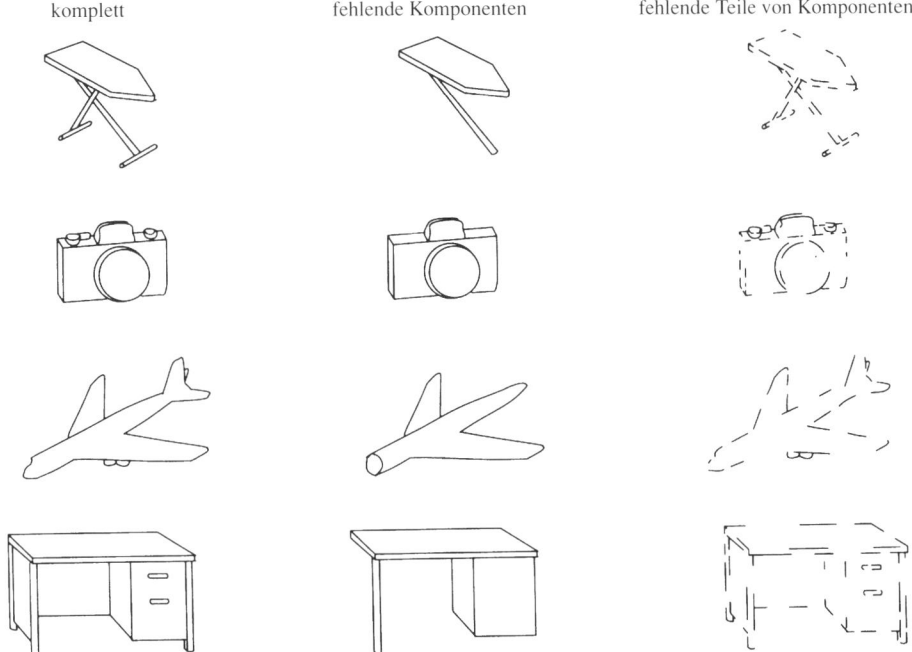

Abb. 2.17 Beispiele für Reize, wie sie Biederman et al. (1985) verwendeten. Die Objekte sind entweder (links) komplett oder es fehlen zu gleichen Anteilen (Mitte) vollständige Komponenten der Objekte beziehungsweise (rechts) Teile von Komponenten.

sind oder nicht (zur Unterscheidung etwa eines Zylinders von einem Kegel). Es ist nicht notwendig, genau zu bestimmen, wie stark eine Kante gekrümmt ist. Die Kanten reichen aus, um ein Geon zu definieren. Die Farbe, die Textur und kleine Details sollten dabei keine Rolle spielen. Diese Annahme erlaubt die Vorhersage, daß schematische Strichzeichnungen von komplexen Objekten, die eine Identifikation der grundlegenden Geons ermöglichen, genauso schnell erkannt werden wie detaillierte Farbphotographien dieser Objekte. Biederman und Ju (1988) konnten dies bestätigen – schematische Strichzeichnungen von Objekten wie zum Beispiel eines Telephons stellen alle Informationen zur Verfügung, die für ein schnelles und zutreffendes Erkennen benötigt werden.

Die entscheidende Annahme in dieser Theorie besteht darin, daß die Objekterkennung durch die Erkennung der Komponenten des Objekts vermittelt ist. Biederman, Beiring, Ju und Blickle (1985) überprüften diese Vorhersage an Hand der Objekte, wie sie Abbildung 2.17 zeigt. Die entscheidenden Versuchsbedingungen bestanden darin, daß entweder einige Komponenten von Objekten vollständig gelöscht wurden oder aber daß zwar alle Komponenten vorhanden waren, jedoch Teile dieser Komponenten fehlten. Sie boten den Probanden diese zwei Arten unvollständiger Figuren für unterschiedlich kurze Intervalle dar. Aufgabe war das Erkennen der Objekte. Die Ergebnisse sind in Abbildung 2.18 dargestellt. Bei sehr kurzen Darbietungsintervallen (65 oder 100 Millisekunden) waren die Probanden besser im Erkennen der Figuren, wenn vollständige Komponenten fehlten, als wenn Teile von Komponenten fehlten. Dieser Effekt kehrte sich bei Intervallen über

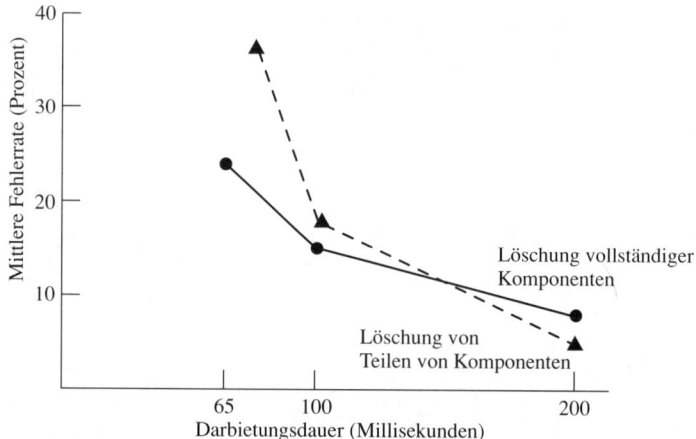

Abb. 2.18 Die Ergebnisse des Experiments von Biederman et al. (1985): mittlere Fehlerrate in Prozent für die Objekterkennung bei unterschiedlichen Darbietungszeiten sowie bei Löschung vollständiger Komponenten der Figuren und bei Löschung von Teilen der Komponenten.

200 Millisekunden um. Biederman et al. schlossen aus den Ergebnissen, daß die Probanden bei sehr kurzen Intervallen nicht in der Lage sind, die Komponenten zu erkennen, wenn Teile dieser Komponenten fehlen, und daß dadurch auch die Erkennung der Objekte Schwierigkeiten bereitet. Bei einer Darbietungszeit von 200 Millisekunden konnten die Probanden jedoch alle Komponenten unter jeder Versuchsbedingung erkennen. Da unter der Versuchsbedingung, unter der Teile von Komponenten fehlten, mehr Komponenten zur Verfügung standen, hatten hier die Probanden insgesamt mehr Informationen für die Objekterkennung zur Verfügung.

> Objekte wie Pferde oder Tassen werden als Konfigurationen einfacher Teilobjekte erkannt.

Das Erkennen gesprochener Sprache

Wir haben bislang das Erkennen visueller Muster betrachtet und wollen nun überprüfen, ob wir die Schlußfolgerungen, die wir daraus gezogen haben, auf die Spracherkennung übertragen können. Obwohl wir nicht auf die Details früher Phasen der Sprachverarbeitung eingehen können, ist festzustellen, daß ganz ähnliche Probleme auftreten, wie wir sie schon kennengelernt haben. Ein großes Problem bei der Spracherkennung ist das Erkennen der Gliederung von Objekten. Die Sprache ist nicht in gleicher Weise in diskrete Einheiten gegliedert wie die Schrift. Zwar scheinen zwischen gesprochenen Wörtern deutlich abgegrenzte Pausen zu liegen, aber oft ist dies lediglich eine Täuschung. Wenn wir das tatsächliche physikalische Sprachsignal untersuchen, können wir an den Wortgrenzen vielfach keinerlei Abfall der Schallenergie feststellen. Vielmehr tritt eine Unterbrechung im Fluß der Schallenergie innerhalb eines Wortes ebenso häufig auf wie zwischen verschiedenen Wörtern. Diese Eigenschaft der Sprache wird deutlich, wenn man eine fremde Sprache hört, die man selbst nicht beherrscht. Die Sprache erscheint als fortlaufender Strom von Lauten ohne erkennbare Wortgrenzen. Nur weil wir mit der eigenen Sprache vertraut sind, entsteht der Anschein hörbarer Wortgrenzen.

Innerhalb eines einzelnen Wortes bestehen sogar noch größere Segmentierungsprobleme; sie betreffen die Identifikation von **Phonemen**. Phoneme stellen so etwas wie das Grundvokabular von Sprachlauten dar; durch sie erkennen wir Wörter*. Ein Phonem ist als die kleinste sprachliche Einheit definiert, deren Veränderung zu einer Änderung der Bedeutung der Äußerung führen kann. Betrachten wir zur Veranschaulichung das Wort *Rippe*. Dieses Wort gliedert sich in die Phoneme [r], [i], [p] und [ə]. Wenn wir [r] durch das Phonem [l] ersetzen, erhalten wir *Lippe*, mit [a] anstelle von [i] erhalten wir *Rappe*, und mit [l] anstelle von [p] erhalten wir *Rille*, usw. Dabei wird auch deutlich, daß nicht immer eine Eins-zu-Eins-Zuordnung zwischen Buchstaben und Phonemen besteht. Das doppelte *p* in *Rippe* wird durch das Phonem [p] dargestellt. Weiterhin stimmen beispielsweise die Wörter *Vase* und *Wetter* im jeweils ersten Phonem [v] überein, *Phase* und *Fenster* teilen sich ebenfalls das erste Phonem (hier ist das Phonem [f]). Das Fehlen einer vollständigen Übereinstimmung zwischen Buchstaben und Lauten macht die deutsche und die englische Orthographie so schwierig.**

Wenn die Phoneme, aus denen sich ein gesprochenes Wort zusammensetzt, identifiziert werden sollen, entsteht ein Segmentierungsproblem. Die Schwierigkeit liegt darin, daß das Sprechen kontinuierlich verläuft und die Phoneme deshalb nicht in der gleichen Weise voneinander getrennt sind wie Buchstaben auf einer Druckseite. Die Segmentierung läßt sich in diesem Sinne mit dem Erkennen einer handschriftlichen Mitteilung vergleichen, bei der die Buchstaben (fließend) ineinander übergehen. Ähnlich wie jeder Mensch seine typische Handschrift hat, unterscheiden sich verschiedene Sprecher in der Art, wie sie dieselben Phoneme produzieren. Die Variationsbreite bei verschiedenen Sprechern wird besonders deutlich, wenn man einen Sprecher mit einem ausgeprägten und ungewohnten Akzent zu verstehen versucht – manchem mögen hier vielleicht Redebeiträge von Klaus Kinkel oder Theo Waigel zur Veranschaulichung dienen. Doch zeigt eine genaue Untersuchung der Sprachsignale, daß selbst zwischen Sprechern mit gleichem Akzent erhebliche Unterschiede bestehen. Beispielsweise sind die Stimmen von Frauen und Kindern im allgemeinen viel höher als die von Männern.

Eine weitere Schwierigkeit bei der Sprachwahrnehmung liegt in dem Phänomen, das als Koartikulation (Liberman, 1970) bekannt wurde. Schon während der Vokaltrakt einen Laut produziert, beispielsweise das *b* in „bald", verändert er seine Form, um das anschließende *a* hervorzubringen. Während er dann das *a* produziert, verändert er wiederum seine Form, um das *l* zu erzeugen. Tatsächlich überlappen sich die verschiedenen Phoneme.

---

* Massaro (im Druck) schlägt die häufig vertretene Alternative vor, daß die grundlegenden Wahrnehmungseinheiten in Konsonant-Vokal- und Vokal-Konsonant-Verbindungen zu suchen sind.

** Um die lautliche Struktur von Sprachen darstellen zu können, wurden spezielle Laut-Alphabete entwickelt, wie wir sie aus den Aussprachehilfen in Wörterbüchern kennen. Im vorliegenden Text folgt die Darstellung von Lauten jedoch der Einfachheit halber überwiegend ihrer üblichen schriftsprachlichen Form. [Anmerkung der Übersetzer]

Daraus ergeben sich also zusätzliche Schwierigkeiten, die Phoneme zu segmentieren. Dies bedeutet auch, daß das tatsächliche Klangmuster, das für ein Phonem produziert wird, durch den Kontext der anderen Phoneme mitbestimmt wird.

Man geht davon aus, daß die Sprachwahrnehmung spezielle Mechanismen umfaßt, die über die allgemeinen Mechanismen der akustischen Wahrnehmung hinausgehen. Wir werden einige dieser speziellen Mechanismen in den folgenden Abschnitten darstellen. Es hat sich auch gezeigt, daß Patienten, die eine Schädigung des linken Temporallappens aufwiesen, zwar ihre Fähigkeit verloren haben, Sprache zu erkennen (zur Übersicht vgl. Goldstein, 1974); ihre Fähigkeit zu sprechen ist jedoch völlig intakt und ebenso ihre Fähigkeit, nichtsprachliche Klangereignisse auszumachen und zu erkennen. Ihre Störung bezieht sich also spezifisch auf die Wahrnehmung von Sprache. Einige dieser Patienten zeigen aber Fortschritte, wenn die Sprache sehr langsam dargeboten wird (zum Beispiel Okada, Hanada, Hattori & Shoyama, 1963), was darauf hinweist, daß einige der Probleme in der Segmentierung des Lautstroms liegen könnten.

Das Erkennen gesprochener Sprache umfaßt die Ausgrenzung von Phonemen aus dem Lautstrom.

Merkmalsanalyse der gesprochenen Sprache

Die Prozesse der Merkmalsanalyse und der Merkmalskombination scheinen der Sprachwahrnehmung ebenso zugrunde zu liegen wie dem visuellen Erkennen. Wie einzelne Buchstaben können auch einzelne Phoneme als aus einer Anzahl von Merkmalen bestehend aufgefaßt werden. Es stellt sich heraus, daß sich diese Merkmale darauf beziehen, wie ein Laut erzeugt wird.* Zu den Merkmalen von Lautklassen gehören das Konsonanzmerkmal, die Stimmhaftigkeit und der Artikulationsort (Chomsky & Halle, 1968). Das **Konsonanzmerkmal** ist vorhanden, wenn es sich um einen Konsonanten (im Gegensatz zum Vokal) handelt. Die **Stimmhaftigkeit** bezieht sich auf den Klang eines Lautes. Ein Laut ist dann stimmhaft, wenn er durch Schwingungen der Stimmlippen gebildet wird. Man vergleiche etwa die Art, wie man den s-Laut in den Wörtern *reißen* und *reisen* bildet. Das [s] in *reißen* ist stimmlos, während das [z] in *reisen* stimmhaft ist. Man kann diesen Unterschied leicht feststellen, indem man die Finger auf den Kehlkopf legt, während man diese Laute hervorbringt: Bei einem stimmhaften Konsonanten vibriert der Kehlkopf.

Als **Artikulationsort** bezeichnet man den Ort, an dem der Vokaltrakt bei der Erzeugung eines Phonems (genauer: eines lautlichen Exemplars eines Phonems) geschlossen wird. (Der Vokaltrakt wird beim Hervorbringen der meisten Konsonanten zu irgendeinem Zeitpunkt geschlossen.) Zum Beispiel sind [p] und [m] den bilabialen Lauten zuzurechnen, weil die Lippen geschlossen werden. Die Phoneme [f] und [v] nennt man labiodental, weil die Unterlippe gegen die Vorderzähne gedrückt wird. Das englische [th] gibt zwei unterschiedliche Phoneme wieder – ein stimmhaftes wie in *thy* (dein) und ein stimmloses

---

* Ein Laut ist ein von einem Sprecher konkret produziertes Exemplar eines Phonems; das heißt, Phoneme sind abstrakte Klassen von Lauten.

wie in *thigh* (Schenkel). Beide sind dental, weil die Zunge gegen die Zähne stößt. Die Phoneme [t], [d], [s], [z], [n], [l] und [r] heißen alveolar, weil die Zunge gegen den Zahndamm (die Alveolarplatte) unmittelbar hinter den Vorderzähnen gedrückt wird. Die Phoneme [sch], [ch] und [j] sind palatal. Hier wird die Zunge an den harten Gaumen hinter der Alveolarplatte gelegt. Die Phoneme [k] und [g] sind velar, weil die Zunge gegen das Gaumensegel (Velum) im hinteren Teil des Gaumens gedrückt wird.

Betrachten wir nun die Phoneme [p], [b], [t] und [d]. Sie besitzen alle das Konsonanzmerkmal, aber sie lassen sich im Hinblick auf die Merkmale der Stimmhaftigkeit und des Artikulationsortes unterscheiden. In Tabelle 2.1 sind die vier Konsonanten nach diesen Merkmalen klassifiziert.

Tabelle 2.1: Die Klassifikation von [b], [p], [d] und [t] nach Stimmhaftigkeit und Artikulationsort

| | **Stimmhaftigkeit** | |
Artikulationsort	Stimmhaft	Stimmlos
Bilabial	[b]	[p]
Alveolar	[d]	[t]

Daß derartige Merkmale bei der Sprachwahrnehmung eine Rolle spielen, ist gut belegt. Beispielsweise boten Miller und Nicely (1955) bei einer Untersuchung ihren Probanden Konsonanten wie [b], [d] und [t] dar. Die Konsonanten waren allerdings in ein Hintergrundrauschen eingebettet, und die Aufgabe bestand darin, diese Laute zu identifizieren. Die Probanden ließen sich in die Irre führen und waren der Ansicht, einen bestimmten Laut in dem Rauschen erkannt zu haben, während tatsächlich jedoch ein ganz anderer dargeboten worden war. Miller und Nicely wollten herausfinden, welche Laute die Probanden am häufigsten miteinander verwechselten. Es lag nahe, daß es gerade diejenigen sind, die sich nur in einem einzigen Merkmal unterscheiden. Diese Vorhersage bestätigte sich. Beispielsweise waren die Probanden bei der Darbietung eines [p] häufiger der Ansicht, ein [t] als ein [d] gehört zu haben. Das Phonem [t] unterscheidet sich von [p] lediglich im Artikulationsort, während [d] nicht nur im Artikulationsort, sondern auch in der Stimmhaftigkeit von [p] abweicht. Ähnlich gaben die Probanden bei der Darbietung von [b] häufiger [p] an als [t].

Dieses Experiment beruht auf der gleichen Methode, die wir schon am Beispiel der Untersuchung von Kinney, Marsetta und Showman zum Erkennen von Buchstaben kennengelernt hatten: Wenn die Probanden nur eine Teilmenge der Merkmale erkennen können, die einem Muster zugrunde liegen (im vorliegenden Fall ist das Muster ein Phonem), dann werden besonders häufig Verwechslungen zwischen denjenigen Mustern (Phonemen) auftreten, denen diese Teilmenge der Merkmale gemeinsam ist.

Das Erkennen von Phonemen erfolgt über Merkmale, die sich auf die Unterschiedlichkeit der Erzeugung der Phoneme beziehen. Beispiele dieser Merkmale sind Artikulationsort und Stimmhaftigkeit.

Kategoriale Wahrnehmung

Die Merkmale von Phonemen beziehen sich auf Eigenschaften ihrer artikulatorischen
Erzeugung. Wie spiegeln sich nun diese Merkmale in den akustischen Klangereignissen
wider, die als Realisationen der Phoneme aufgefaßt werden? Diese Frage ist speziell im
Hinblick auf die Stimmhaftigkeit eingehend untersucht worden. Beim Aussprechen von
Konsonanten wie [b] und [p] laufen zwei Vorgänge ab: Die Lippen öffnen sich und geben
einen Luftstrom frei, und die Stimmlippen im Kehlkopf beginnen zu schwingen (Vokalisation). Im Falle des stimmhaften Konsonanten [b] wird der Luftstrom nahezu im gleichen Moment freigegeben, in dem die Stimmlippen zu schwingen beginnen. Bei dem
stimmlosen Konsonanten [p] liegen 60 Millisekunden zwischen dem Öffnen der Lippen
und dem Vokalisationsbeginn. Wenn wir einen Konsonanten als stimmhaft beziehungsweise als stimmlos wahrnehmen, entdecken wir das Fehlen beziehungsweise das Vorhandensein eines Intervalls von 60 Millisekunden zwischen der Freigabe des Luftstroms und
dem Einsetzen der Vokalisation. Diese Zeitspanne wird als Zeitpunkt des Vokalisationsbeginns (voice-onset time) bezeichnet. Der Unterschied zwischen [p] und [b] ist in Abbildung 2.19 dargestellt. Vergleichbare Unterschiede bestehen bei anderen Paaren aus einem
stimmhaften und einem stimmlosen Laut, etwa bei [d] und [t]. Wiederum ist es der Faktor
der Verzögerung zwischen dem Öffnen des Vokaltrakts und dem Beginn der Vokalisation,
der die Phonemwahrnehmung steuert.

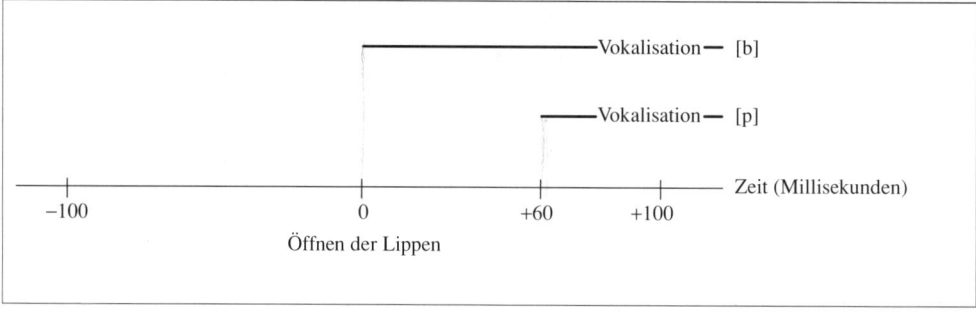

Abb. 2.19   Der Unterschied zwischen [b] und [p] am Beispiel der Verzögerung zwischen dem Öffnen der Lippen und
dem Einsetzen der Vokalisation (aus Clark & Clark, 1977).

Lisker und Abramson (1970) führten Experimente mit computergenerierten künstlichen Reizen durch, in denen unterschiedliche Verzögerungen zwischen dem Öffnen des
Vokaltrakts und der Vokalisation simuliert wurden. Die Zeitdifferenzen variierten zwischen −150 Millisekunden (Vokalisation 150 Millisekunden vor dem Öffnen der Lippen)
und +150 Millisekunden (Vokalisation 150 Millisekunden nach dem Öffnen). Die Aufgabe bestand darin zu entscheiden, ob ein dargebotener Laut einem [b] oder einem [p]
entspricht. Die Kurven in Abbildung 2.20 zeigen, zu welchem Prozentsatz der Laut jeweils als [b] oder als [p] identifiziert wurde. Über den größten Teil des Kontinuums
hinweg stimmten die Probanden zu 100 Prozent darin überein, was sie gehört hatten. Bei
einer Verzögerungszeit von etwa +25 Millisekunden zeigt sich jedoch ein abrupter Wech-

sel der Zuordnung von [b] nach [p]. Beim Vokalisationsbeginn zum Zeitpunkt +10 Millisekunden gibt es noch eine nahezu vollständige Übereinstimmung, daß der Laut einem [b]
entspricht; bei +40 Millisekunden besteht praktisch einhellig die Meinung, daß es sich um
ein [p] handelt. Da die Grenze zwischen der Wahrnehmung des stimmhaften beziehungsweise des stimmlosen Phonems so scharf ist, spricht man von kategorialer Wahrnehmung.
Kategoriale Wahrnehmung bezieht sich auf den Sachverhalt, Stimuli so wahrzunehmen,
als ob sie distinkten Kategorien zugehörten. Dabei werden keine Abstufungen der Stimuli
innerhalb einer Kategorie festgestellt.

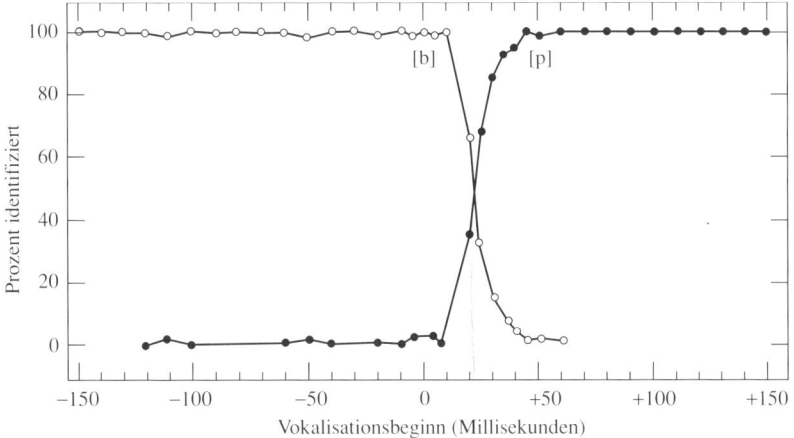

Abb. 2.20   Die Identifikation eines dargebotenen Lautes als Funktion des Vokalisationsbeginns. Die Phonemgrenze
zwischen [b]und [p] liegt bei etwa +25 Millisekunden (aus Lisker & Abramson, 1970).

Andere Belege für die kategoriale Wahrnehmung von Sprache ergaben sich aus Untersuchungen zur Unterscheidungsfähigkeit (vgl. dazu den Überblick bei Studdert-Kennedy,
1976). Probanden tun sich schwer, zwei Reize der Klasse [b] zu unterscheiden, deren
Zeitpunkte des Vokalisationsbeginns differieren – das gleiche gilt für zwei Reize der
Klasse [p]. Im Gegensatz dazu können zwei Reize – bei gleicher Differenz des Vokalisationsbeginns – gut unterschieden werden, wenn die Phonemgrenze beispielsweise von [b]
nach [p] überschritten wird. Anscheinend können Probanden nur die Phonemkategorie
eines Lautes identifizieren, während sie nicht in der Lage sind, innerhalb dieser Phonemkategorie akustische Unterscheidungen zu treffen. Sie können also zwei Laute nur dann
unterscheiden, wenn zwischen ihnen eine Phonemgrenze verläuft.

Es gibt mindestens zwei Sichtweisen darüber, was genau unter kategorialer Wahrnehmung zu verstehen sei. Die schwächere Aussage besagt, daß wir Stimuli als verschiedenen Kategorien entstammend wahrnehmen. Man ist sich weitgehend einig, daß die Wahrnehmung von Phonemen in diesem Sinne als kategorial bezeichnet werden kann. Die
stärkere Aussage besagt, daß wir zudem nicht in der Lage sind, zwischen Stimuli innerhalb einer Kategorie zu unterscheiden. Massaro (1992) widerspricht dieser Auffassung
und vertritt die Ansicht, daß eine Restfähigkeit zur Unterscheidung der Stimuli innerhalb

einer Kategorie vorhanden sei. Die schwache Unterscheidungsleistung innerhalb einer Kategorie rührt seiner Ansicht nach daher, daß Probanden dazu neigen, Stimuli derselben Kategorie als gleich zu bezeichnen, obwohl feststellbare Unterschiede vorhanden sind.

Weitere Belege für die Bedeutung des Stimmhaftigkeitsmerkmals bei der Spracherkennung liefert ein Forschungszweig, der mit dem Paradigma der Adaptation oder Anpassung verbunden wird. Eimas und Corbit (1973) gaben ihren Probanden mehrmals hintereinander die Silbe *da* zu hören. Sie argumentierten, daß die ständige Wiederholung des stimmhaften Konsonanten [d] die Merkmalsdetektoren, die auf Stimmhaftigkeit ansprechen, ermüden (adaptieren) könnte, und überprüften dies folgendermaßen: Sie boten den Probanden anschließend eine Serie von Kunstlauten, die das jeweilige akustische Kontinuum umfaßten – etwa das Kontinuum zwischen *ba* und *pa*, ähnlich wie in der oben angeführten Untersuchung von Lisker und Abramson. Die Probanden sollten für jeden dieser Kunstlaute angeben, ob er eher wie *ba* oder eher wie *pa* klang; es sei daran erinnert, daß sich *ba* und *pa* nur im Merkmal der Stimmhaftigkeit unterscheiden. Eimas und Corbit fanden heraus, daß die Probanden nach dem Hören der *da*-Wiederholungen einige der folgenden Reize dem stimmlosen *pa* zuordneten, die sie normalerweise dem stimmhaften *ba* zugeordnet hätten. Demnach mußte die vorangegangene wiederholte Darbietung von *da* den Merkmalsdetektor, der auf Stimmhaftigkeit anspricht, ermüdet und dadurch die Schwelle für die Entdeckung der Stimmhaftigkeit in *ba* erhöht haben. Viele *ba*-Reize wurden demzufolge als *pa*-Reize klassifiziert.

> Phoneme werden meist so wahrgenommen, als entstammten sie distinkten Kategorien. Dies gilt auch dann, wenn sich die Phoneme auf einer einzelnen kontinuierlichen Dimension unterscheiden.

Kontextinformation und das Mustererkennen

Wir haben bislang die Mustererkennung so aufgefaßt, als ob die einzige Information, die ein Mustererkennungssystem zur Verfügung hat, in dem physikalischen Stimulus besteht, den es zu erkennen gilt. Dies ist jedoch nicht der Fall. Objekte treten in Kontexten auf, und wir können diese Kontexte nutzen, um die Mustererkennung zu steuern. Betrachten wir das Beispiel in Abbildung 2.21. Wir nehmen die Zeichen als *DAS* und *OHR* beziehungsweise als *THE* und *CAT* wahr, obwohl die Zeichen für *H* und *A* in unserer Abbildung völlig identisch sind. Der allgemeine Kontext, den die Wörter liefern, führt zur richtigen Deutung. Wenn der Kontext oder allgemeines Weltwissen die Wahrnehmung steuern, bezeichnen wir diese Art der Verarbeitung als **Top-down**-Verarbeitung, weil

DAS OHR
THE CAT

Abb. 2.21 Der Einfluß der Kontextinformation. Dasselbe Zeichen wird einmal als *A* und einmal als *H* gelesen (nach Selfridge, 1955; von den Übersetzern um das deutsche Beispiel ergänzt).

allgemeines Wissen auf einer hohen Ebene bestimmt, wie Wahrnehmungseinheiten auf
einer niedrigen Ebene interpretiert werden. Es ist eine allgemeine Frage in der Wahrnehmungsforschung, wie die Top-down-Einflüsse mit **Bottom-up**-Informationen, die der Stimulus liefert, kombiniert werden.

Effekte des Wortkontextes

Im Hinblick auf solche Top-down-Kontexteffekte haben sich wichtige Befunde aus einer
Reihe von Experimenten zum Buchstabenerkennen ergeben, die mit den Versuchen von
Reicher (1969) und Wheeler (1970) begann. In diesen Experimenten wurden den Proban-
den sehr kurz Buchstaben (zum Beispiel *D*) oder Wörter (zum Beispiel *WORD*) präsen-
tiert. Unmittelbar danach wurden ihnen zwei Alternativen dargeboten, und sie sollten
angeben, welche davon sie gesehen hatten. Wenn ein *D* gezeigt worden war, sahen die
Probanden anschließend entweder ein *D* oder ein *K* als Alternativen. War zuvor das Wort
WORD gezeigt worden, dann konnten die Alternativen beispielsweise *WORD* (Wort) oder
WORK (Arbeit) sein. Wesentlich ist, daß sich die Wortalternativen nur in dem Buchstaben
D oder *K* unterschieden (wie im Deutschen etwa auch bei *BAND* und *BANK*). Da bei
diesem Experiment der erste Reiz nur sehr kurz dargeboten wurde, trafen die Probanden
hinreichend viele Fehlentscheidungen. Im Gegensatz zur Verwendung von Einzelbuchsta-
ben als Stimuli wurden bei der Verwendung von Wörtern allerdings zehn Prozentpunkte
weniger Fehlentscheidungen getroffen. Die Probanden unterschieden im Kontext von
Wörtern besser zwischen D und K als bei isolierter Darbietung dieser Buchstaben, obwohl im Wortkontext viermal so viele Buchstaben zu verarbeiten waren. Man spricht hier
auch vom **Wortüberlegenheitseffekt**.

Rumelhart und Siple (1974) sowie Thompson und Massaro (1973) schlugen eine
Erklärung dafür vor, warum Probanden besser mit der Wort-Bedingung zurecht kommen.
Stellen wir uns vor, die Probanden sind gerade in der Lage, die ersten drei Buchstaben als
WOR zu identifizieren. Nun überlegt man sich, wie viele Wörter aus vier Buchstaben mit
WOR beginnen: *WORD*, *WORK*, *WORM* (Wurm), *WORN* (getragen) und *WORT* (Kraut).
(Ein deutsches Analogon wäre *BAND*, *BANG*, *BANK*, *BANN*.) Angenommen, die Proban-
den entdecken nur die untere Rundung des vierten Buchstabens. Im Kontext von *WOR*
wissen sie, daß der Reiz *WORD* sein muß. Wenn dagegen der Buchstabe isoliert dargebo-
ten wird und die Probanden die untere Rundung sehen, wissen sie nicht, ob der Buchstabe
B, *D*, *C*, *O* oder *Q* ist, denn jeder dieser Buchstaben ist mit dem Merkmal einer unteren
Rundung ausgestattet. Folglich müssen die Probanden im Kontext von *WOR* nur ein
einziges Merkmal entdecken, um den vierten Buchstaben wahrzunehmen. Wird der Buchstabe isoliert dargeboten, müssen sie dagegen eine Reihe von Merkmalen identifizieren.
Man beachte, daß die Analyse von Rumelhart und Siple die Wahrnehmung als einen
Prozeß auffaßt, der in hohem Maße auf Schlußfolgerungen beruht: Im Kontext von *WOR*
sieht der Proband das *D* nicht besser, sondern er kann nur leichter erschließen, daß der
vierte Buchstabe ein *D* ist. Allerdings sind sich die Probanden dieser Schlußfolgerungen
nicht bewußt; vielmehr wird angenommen, daß beim Wahrnehmungsakt unbewußte
Schlüsse gezogen werden. Besonders zu beachten ist, daß die Probanden in diesem Beispiel keinen bewußten Zugang zu der Tatsache haben, daß die untere Rundung erkannt
wurde, sonst wäre es nämlich möglich gewesen, zwischen *D* und *K* zu wählen. Die

Probanden haben vielmehr ausschließlich einen bewußten Zugang zu dem Wort oder dem Buchstaben, der im Wahrnehmungssystem erschlossen wurde.

Dieses Beispiel verdeutlicht die Redundanz vieler komplexer Stimuli, zu denen auch Wörter zu zählen sind. Diese Stimuli bestehen aus weitaus mehr Merkmalen, als für eine Unterscheidung des einen Stimulus von einem anderen notwendig wären. Die Wahrnehmung kann bereits erfolgreich voranschreiten, wenn einige der Merkmale erkannt sind; der Kontext ‚füllt‘ die fehlenden Merkmale auf. Redundanz gibt es in der Sprache außer auf der Merkmalsebene noch auf vielen anderen Ebenen. Zum Beispiel tritt Redundanz auf der Buchstabenebene auf. Wir müssen nicht jeden einzelnen Buchstaben einer Wortfolge wahrnehmen, um diese lesen zu können. Zux Bexspxel xanx max jexen xrixtex Buxhsxabxn exnex Saxzex duxch xin x erxetxen xnd xan xanx ihx imxer xocx lexen – xenx auxh mxt exwax Müxe. (Beispielsatz nach Lindsay & Norman, 1977).

> Bei der Buchstabenerkennung können Merkmalsinformationen durch den Wortkontext ergänzt werden.

Effekte des Satzkontextes

Ähnliche Effekte wie der Reicher-Wheeler-Effekt sind in einem Versuch von Tulving, Mandler und Baumal (1964) auf der Ebene von Wortfolgen nachgewiesen worden. Sie benutzten Sätze wie:

The huge slum was filled with dirt and disorder

Jeder Satz stellte einen Kontext von acht Wörtern zur Verfügung, die dem kritischen Wort vorangingen (in diesem Beispiel ist das kritische Wort *disorder*). Die Probanden erhielten entweder keines, vier oder acht der Kontextwörter, anschließend wurde ihnen das kritische Zielwort kurz gezeigt. Die Probanden haben in den verschiedenen Versuchen also folgendes gesehen:

Kontext 0   disorder
Kontext 4   *Filled with dirt and* disorder
Kontext 8   *The huge slum was filled with dirt and* disorder

Die kursiv gedruckten Wörter bilden den Kontext, der den Probanden zunächst dargeboten wurde, wobei das kritische Wort jedesmal *disorder* ist, das nach dem Kontext kurz exponiert wurde. Die Darbietungsdauer für das kritische Wort variierte von null bis 140 Millisekunden. Das Interesse galt der Frage, wie Bottom-up-Information (variiert durch die Darbietungsdauer) mit dem Kontext (variiert durch die Zahl der Wörter) interagiert. Die Ergebnisse dieses Experiments sind Abbildung 2.22 zu entnehmen. Es zeigt sich, daß die Wahrscheinlichkeit einer korrekten Identifikation des Zielwortes mit steigender Zahl der Kontextwörter und mit steigender Darbietungsdauer wächst. Zu beachten ist, daß die Probanden auch dann einen Nutzen aus dem Kontext ziehen können, wenn das Zielwort null Millisekunden lang „dargeboten" wird, was natürlich bedeutet, daß die Probanden in diesem Fall nur raten können. Unter dieser Null-Millisekunden-Bedingung ist die Leistung der Probanden bei einem Acht-Wort-Kontext um 16 Prozentpunkte besser als bei

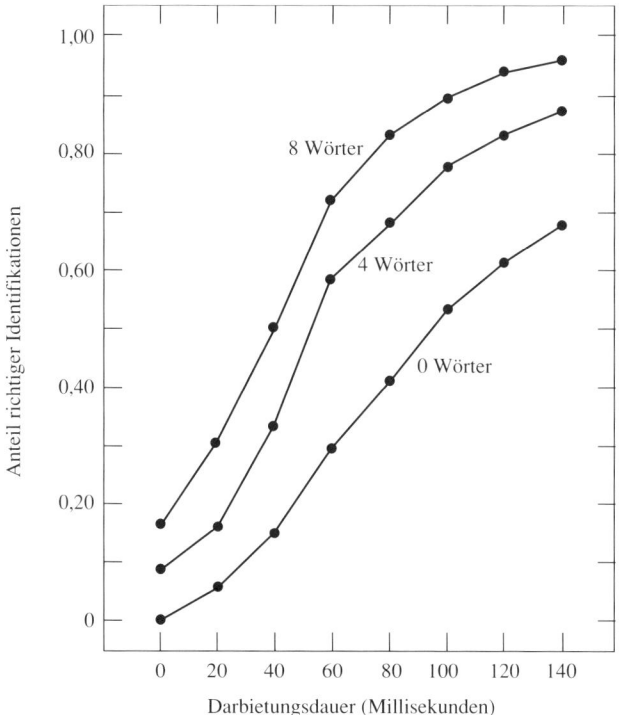

Abb. 2.22 Die relativen Häufigkeiten richtig identifizierter Zielwörter als Funktion der Darbietungsdauer der Zielwörter und der Zahl vorangehender Kontextwörter (aus Tulving et al., 1964).

einem Null-Wort-Kontext. Der Gewinn durch den Kontext wird allerdings noch größer, wenn die Darbietungsdauer der Zielwörter steigt – er beträgt mehr als 40 Prozent bei einer Darbietungsdauer des Zielwortes von 60 Millisekunden und etwa 30 Prozent für die längste Darbietungsdauer von 140 Millisekunden. (Dieser Gewinn wird zwischen 60 und 140 Millisekunden kleiner, weil die Probanden unter der Acht-Kontextwörter-Bedingung in dieser Zeitspanne insgesamt eine sehr gute Leistung zeigen und nur wenig davon profitieren, wenn sich die Darbietungsdauer der 140-Millisekunden-Grenze nähert. Die Probanden unter der Null-Kontextwort-Bedingung profitieren im Gegensatz dazu von jeder Verlängerung der Darbietungsdauer.) Diese Ergebnisse weisen darauf hin, daß für die Worterkennung das Vorliegen eines Kontextes vorteilhaft genutzt werden kann. Wie unter dem oben genannten Paradigma zur Buchstabenerkennung von Reicher und Wheeler benutzen auch hier die Probanden den Kontext, um die Menge der Wahrnehmungsinformation zu reduzieren, die zum Erkennen eines Stimulus – hier eines Wortes – benötigt wird.

Das Experiment von Tulving et al. zeigt, daß wir den Satzkontext zuhilfe nehmen können, um Wörter zu erkennen. Liegt ein Kontext vor, brauchen wir dem Wort selbst weniger Informationen zu entnehmen, um es erkennen. Wir können sogar den Kontext benutzen, um Wörter einzufügen, die noch nicht einmal aufgetreten sind, wie der unmittelbar vorangehende Satz dieses Textes zeigt. Vermutlich haben Sie beim Lesen des Satzes das fehlende *zu* selbst eingefügt, und vielleicht haben Sie noch nicht einmal bemerkt, daß es fehlt. (Auch dieses modifizierte Beispiel stammt ursprünglich von Lindsay und Norman, 1977.)

Bei der Worterkennung können Merkmalsinformationen durch den Satzkontext ergänzt werden.

Effekte der Kontextinformation bei gesprochener Sprache

Die Rolle der Kontextinformation bei der Wahrnehmung von gesprochener Sprache ist ebenfalls gut belegt. Ein Beispiel hierfür ist der **Phonemergänzungseffekt**, der in einem Experiment von Warren (1970) aufgezeigt wurde. Die Probanden hörten beispielsweise den Satz „The state governors met with their respective legislatures convening in the capital city". Dabei wurde allerdings das mittlere *s* in dem Wort *legislatures* durch einen 120 Millisekunden andauernden Ton ersetzt. Nur einer von 20 Probanden gab an, den Ton gehört zu haben, und dieser Proband war nicht in der Lage, seine Plazierung korrekt anzugeben.

Eine interessante Erweiterung dieser ersten Untersuchung stellt ein Experiment von Warren und Warren (1970) dar. Sie boten den Probanden englische Sätze dar, wobei die Grundidee näherungsweise auch an den folgenden deutschen Sätzen verdeutlicht werden kann:

> Es zeigte sich, daß der (B)aum im Wald war.
> Es zeigte sich, daß der (R)aum im Haus war.
> Es zeigte sich, daß der (Z)aum im Stall war.
> Es zeigte sich, daß der (S)aum im Rock war.

Warren und Warren verwendeten beispielsweise folgende englischen Sätze:

> It was found that the *eel was on the axle.
> It was found that the *eel was on the shoe.
> It was found that the *eel was on the orange.
> It was found that the *eel was on the table.

Das Zeichen „*" steht jeweils für ein Phonem, das durch einen nichtsprachlichen Laut ersetzt worden war. Bei den vier angegebenen englischen Sätzen berichteten die Probanden, je nach Kontext, *wheel* (Rad), *heel* (Absatz), *peel* (Schale) oder *meal* (Mahl) gehört zu haben. Besondere Beachtung verdient der Aufbau dieser Sätze. Die Wortfolgen sind gleichlautend, bis das kritische Wort erreicht ist. Die Identifikation des kritischen Wortes ist dadurch bestimmt, wie die Wortfolge nach dem kritischen Wort lautet. Es zeigt sich, daß die Identifikation von Wörtern oftmals nicht unmittelbar erfolgt; sie kann vielmehr auch von der Wahrnehmung nachfolgender Wörter abhängen.

Bei der Wahrnehmung gesprochener Sprache können Merkmalsinformationen durch Kontextinformationen ergänzt werden.

Kontextinformationen und das Erkennen von Gesichtern und Szenen

Bisher haben wir uns fast ausschließlich auf die Rolle des Kontextes bei der Wahrnehmung von Geschriebenem und Gesprochenem beschränkt. Wenn wir andere stark überlernte Muster verarbeiten, etwa Gesichter, dann scheint die gleiche Art der Wechselwirkung zwischen Merkmalen und Kontexten stattzufinden wie bei sprachlichen Reizen. Betrachten wir als Beispiel die Abbildung 2.23, die einer Untersuchung von Palmer (1975) entnommen ist. Es zeigt sich, daß im Kontext eines Gesichts sehr wenig Merkmalsinformation notwendig ist, um Teile wie Nase, Auge, Ohr oder Lippen zu erkennen. Im Vergleich dazu sind beträchtlich mehr visuelle Details notwendig, wenn diese Gesichtsteile isoliert dargeboten werden.

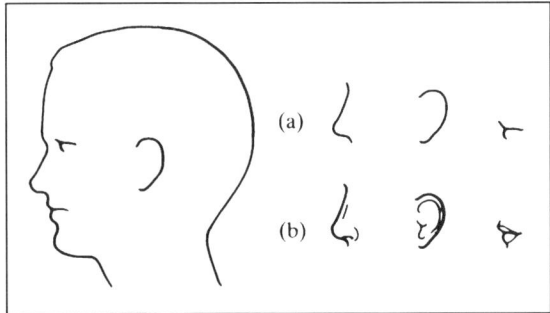

Abb. 2.23 Gesichtsmerkmale im Kontext eines Gesichts und ohne diesen Kontext. Wenig Information reicht aus, wenn der Kontext gegeben ist; die gleichen minimalen Merkmale genügen bei isolierter Darbietung jedoch kaum (Reihe A). Ohne Kontext müssen die Merkmale eine stärkere Binnengliederung aufweisen, um erkannt zu werden (Reihe B) (nach Palmer, 1975).

Die Kontextinformation scheint auch bei der Wahrnehmung komplexer visueller Szenen eine wichtige Rolle zu spielen. Biederman, Glass und Stacy (1973) haben die Wahrnehmung von Objekten in unbekannten Szenen untersucht. Abbildung 2.24 veranschaulicht die beiden Arten von Szenen, die sie ihren Probanden dargeboten haben. In Abbildung 2.24a ist eine Szene normal, in Abbildung 2.24b durcheinandergewürfelt dargestellt. Die Szene wurde den Probanden kurz auf einer Leinwand gezeigt. Unmittelbar nach der Darbietung erschien ein Pfeil, der auf eine Stelle zeigte, an der sich in der Szene zuvor ein Objekt befunden hatte. Die Probanden sollten dieses Objekt benennen. In der abgebildeten Szene hätte dies beispielsweise der Hydrant sein können. Die Probanden konnten die Objekte beträchtlich häufiger korrekt identifizieren, wenn es sich um kohärente und nicht um durcheinandergewürfelte Bilder handelte. Demnach kann bei einer visuellen Szene – genau wie bei der Verarbeitung von geschriebenen Texten oder von gesprochener Sprache – der Kontext zur Identifikation von Objekten herangezogen werden.

Auch beim Erkennen von Gesichtern und Szenen können Merkmalsinformationen durch Kontextinformationen ergänzt werden.

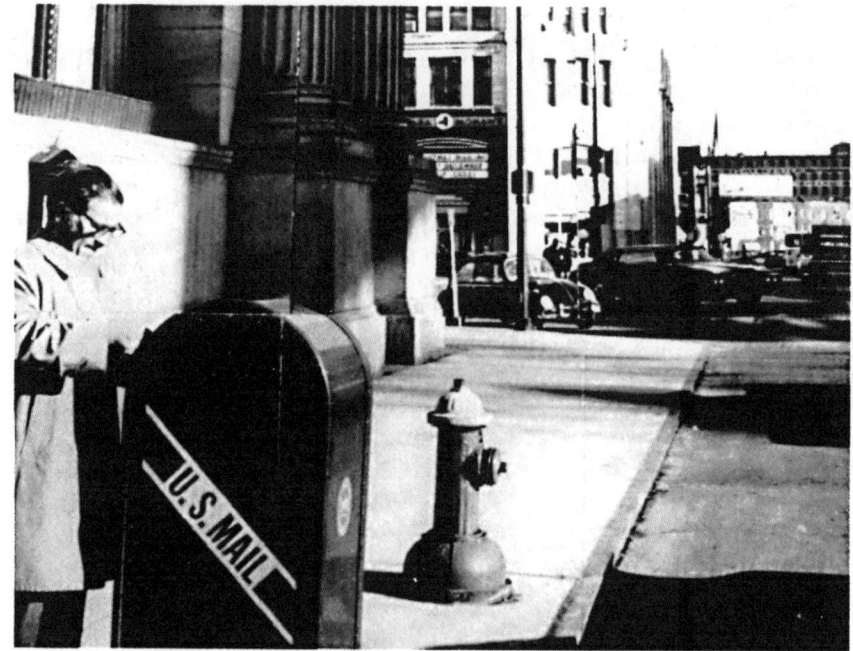

(a)

(b)

Abb. 2.24 Bildvorlagen, wie sie bei der Untersuchung von Biederman et al. (1973) verwendet wurden: (a) eine kohärente Szene, (b) eine durcheinandergewürfelte Szene. Es ist schwieriger, den Hydranten in der durcheinandergewürfelten Szene zu erkennen (aus Biederman et al., 1973).

Das FLMP-Modell von Massaro zur Kombination von Kontext- und Merkmalsinformation

Wir haben zwar den Effekt des Kontextes auf die Mustererkennung in einer ganzen Anzahl verschiedener Wahrnehmungssituationen aufgezeigt. Die Erklärung, wie man sich jedoch die genauen Wirkmechanismen vorzustellen hat, sind wir noch schuldig geblieben. Dazu gibt es zwei verschiedene Grundideen. Eine Möglichkeit besteht darin, daß der Kontext und der Stimulus zwei unabhängige Informationsquellen zur Interpretation des Stimulusmusters darstellen. Das Experiment von Massaro (1979) zur Buchstabenerkennung ist ein gutes Beispiel für diese Alternative. Abbildung 2.25 zeigt Teile des Materials, das er verwendet hat, um das Erkennen des Buchstabens c im Gegensatz zu e zu untersuchen. Die vier Quadranten zeigen vier Varianten der Wahrscheinlichkeit, durch den Kontext auf den Buchstaben schließen zu können: (i) nur durch ein e kann ein Wort gebildet werden, (ii) nur durch ein c kann ein Wort gebildet werden, (iii) durch beide Buchstaben können Wörter gebildet werden und (iv) durch keinen der beiden Buchstaben kann ein Wort gebildet werden. Wenn man sich innerhalb eines Quadranten nach unten bewegt, erhält man mehr Anhaltspunkte, daß der Buchstabe ein e ist und kein c – der Querstrich des Buchstabens e wird zusehends deutlicher eingezeichnet. Den Probanden wurden diese Stimuli kurz dargeboten, und sie sollten den Buchstaben erkennen. Abbildung 2.26 zeigt die Ergebnisse als Funktion von Kontext- und Stimulusinformation. Wie zu sehen ist, steigt die Wahrscheinlichkeit der Nennung des Buchstabens als e, wenn der Buchstabe mehr Anhaltspunkte für e aufweist. In gleicher Weise steigt die Wahrscheinlichkeit, wenn der Kontext zwingender ein e verlangt.

Massaro argumentiert, daß diese Daten als Beleg dafür gelten können, daß Evidenzen aus dem Kontext und Evidenzen aus dem Stimulus unabhängig voneinander kombiniert werden. Er nimmt an, daß der Buchstabe eine bestimmte Evidenz L_c für den Buchstaben c und der Kontext eine bestimmte Evidenz C_c für den Buchstaben c bereitstellt. Er nimmt weiterhin an, daß diese Evidenzen auf einer Skala von 0 bis 1 skaliert werden können und im wesentlichen Wahrscheinlichkeiten darstellen, die Massaro „fuzzy truth values" nennt.

Abb. 2.25 Von Massaro (1979) verwendete Items zur Untersuchung der Kombination von Stimulus- und Kontextinformation bei der Buchstabenerkennung.

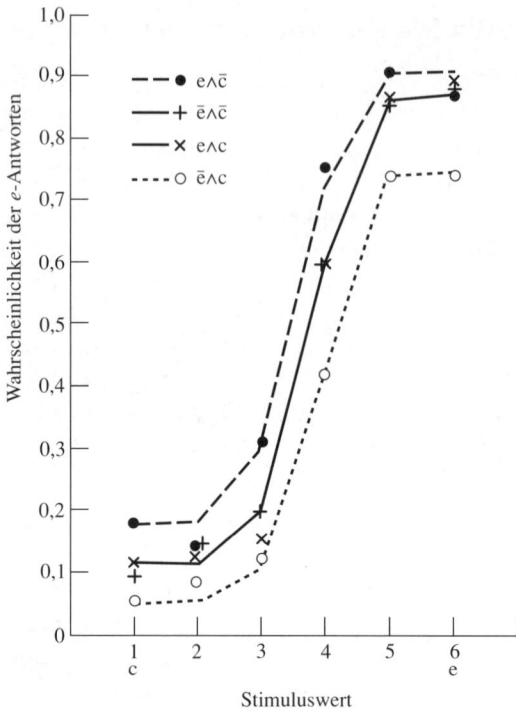

Abb. 2.26 Die Wahrscheinlichkeiten der *e*-Antworten als Funktion des Stimuluswertes des Test-Buchstabens und des orthographischen Kontextes (aus Massaro, 1979). Die durchgezogenen und gestrichelten Linien stehen für die Vorhersagen aus Massaros FLMP-Modell; die Punkte und Kreuze zeigen die empirischen Daten.

Da sich die Wahrscheinlichkeiten zu 1 aufsummieren, ist die Evidenz für *e* aus dem Buchstaben $L_e = 1 - L_c$, und die Evidenz aus dem Kontext $C_e = 1 - C_c$. Sind diese Wahrscheinlichkeiten gegeben, so erhält man als Gesamt-Wahrscheinlichkeit für ein *c*:

$$P(c) = \frac{L_c * C_c}{L_c * C_c + L_e * C_e}$$

Die Verläufe in Abbildung 2.26 veranschaulichen die Vorhersagen Massaros. Im großen und ganzen hat die Theorie von Massaro (**FLMP** steht für **fuzzy logical model of perception**) gute Dienste für die Erklärung der Kombination von Kontext- und Stimulusinformation bei der Mustererkennung geleistet. Man mag sich fragen, worin genau sich in der oben genannten Gleichung die Unabhängigkeit von Stimulus- und Kontextinformation zeigt. Dies kann durch die Bayes-Theorie des statistischen Schließens belegt werden. Dieser Theorie zufolge sollen im Falle zweier verschiedener Evidenzquellen für eine Hypothese (in unserem Beispiel die Hypothese, daß es sich um den Buchstaben *e* handelt), und im Falle der stochastischen Unabhängigkeit beider Evidenzquellen, diese genau mit der oben angeführten Formel kombiniert werden. Stochastische Unabhängigkeit bedeutet, daß die Evidenz, die von Stimulusmerkmalen herrührt, nicht von der Evidenz, die vom Kontext herrührt, abhängig ist. Diese Unabhängigkeitsannahme würde beispielsweise verletzt werden, wenn die Art und Weise, wie man ein *e* schreibt, davon abhängig wäre, in welchem Wort dieses *e* im Einzelfall auftaucht.

Das FLMP-Modell von Massaro nimmt an, daß die Kontextinformation und die Stimulusinformation voneinander unabhängige Quellen darstellen, die zur Mustererkennung kombiniert werden.

Ein konnektionistisches Modell der Buchstabenerkennung

McClelland und Rumelhart (1981) haben ein ganz anderes Modell der Kombination von Stimulus- und Kontextinformation bei der Mustererkennung vorgeschlagen. Abbildung 2.27 zeigt einen Ausschnitt aus einem Netzwerk zur Mustererkennung, das diese beiden Wissenschaftler entworfen haben. Es sollte als Modell dafür dienen, wie wir die Wortstruktur benutzen, um das Erkennen einzelner Buchstaben zu erleichtern. Nach diesem Modell werden einzelne Merkmale (etwa ein vertikaler Balken und ein horizontaler Balken) zu Buchstaben kombiniert, und einzelne Buchstaben werden zu Wörtern kombiniert. Es handelt sich hierbei um ein konnektionistisches Modell (im Englischen heißen diese Modelle auch **PDP**-Modelle von **P**arallel **D**istributed **P**rocessing), wie wir es schon

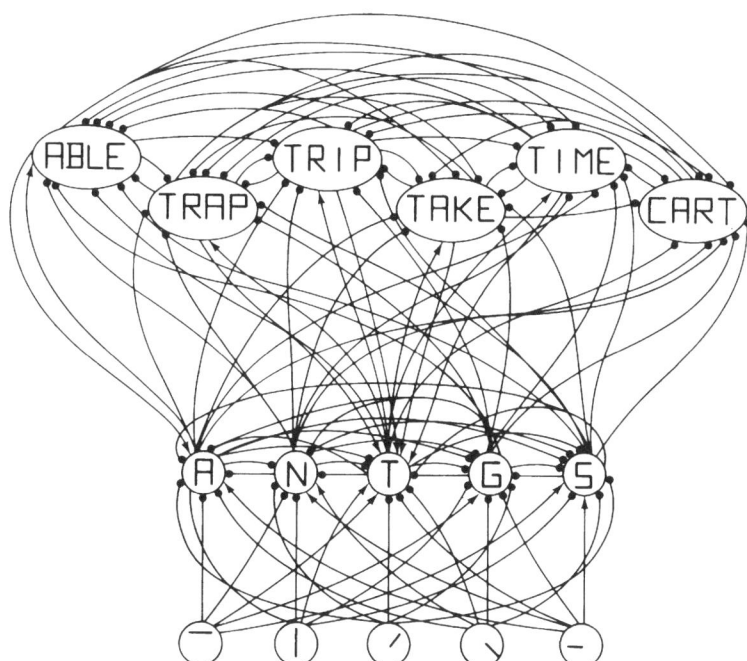

Abb. 2.27 Ein Teil des Netzwerkes zur Mustererkennung, wie es McClelland und Rumelhart (1981) vorgestellt haben. Das Netzwerk leistet die Worterkennung auf der Grundlage von Berechnungen von Aktivationsverhältnissen. Linien mit Pfeilenden stehen für exzitatorische, Linien mit Punktenden für inhibitorische Verbindungen (immer von der Quelle zum Ziel).

in Kapitel 1 kennengelernt haben. Das Verhalten des Netzes hängt stark von Aktivations-
ausbreitungsmechanismen ab, wobei es exzitatorische und inhibitorische Prozesse gibt.
Die Aktivationsausbreitung findet von den Merkmalen hin zu den Buchstaben und von
den Buchstaben hin zu den Wörtern statt. Alternative Buchstaben und Wörter hemmen
einander. Der Aktivationsfluß kann aber auch von den Wörtern hin zu den Buchstaben
verlaufen. Auf diese Weise kann ein Wort die Aktivation eines Buchstabens unterstützen
und dadurch dessen Erkennung erleichtern. Beispielsweise kann ein horizontaler Balken
in der dritten Position die Interpretation vorzugsweise eines *A*, aber nicht eines *I* unterstützen, was wiederum die Wahrnehmung zugunsten von *TRAP* und nicht von *TRIP* unterstützt. In dem Ausmaß, in dem Evidenz für *TRAP* vorliegt, wird dieses Wort wiederum die
Wahrnehmung der einzelnen Buchstaben *T*, *R*, *A* und *P* an den richtigen Positionen und in
diesem Sinne auch deren Merkmale unterstützen.

In einem solchen System tendiert die Aktivierung dazu, sich auf ein Wort zu konzentrieren, während die Aktivierung anderer Wörter durch Hemmung unterdrückt wird. Das
dominierende Wort fördert die Aktivierung der Buchstaben, aus denen es sich zusammensetzt, und diese Buchstaben hemmen die Aktivierung alternativer Buchstaben. Der Wortüberlegenheitseffekt beruht nach diesem Modell auf der fördernden Wirkung eines Wortes
auf die Buchstaben, aus denen es sich zusammensetzt. Die Rechenvorgänge, die das

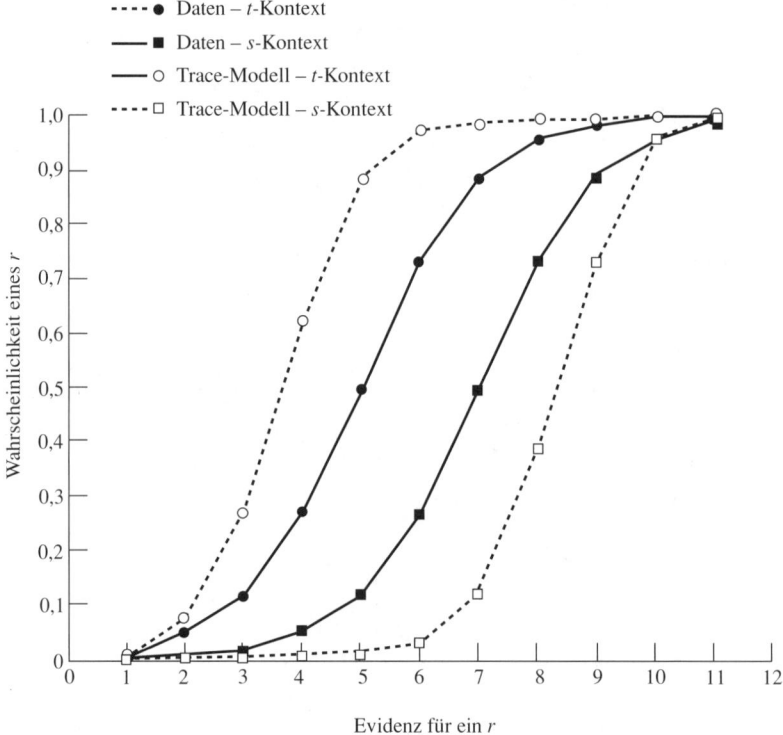

Abb. 2.28 Eine stilisierte Darstellung der Leistungen von Probanden in einer Phonemerkennungsaufgabe sowie,
ebenfalls in stilisierter Form, die Vorhersagen nach dem TRACE-Modell von McClelland und Elman (1986).

Modell interaktiver Aktivierung von McClelland und Rumelhart postuliert, sind außerordentlich komplex, wie es bei allen Berechnungsmodellen der Fall ist, die Verarbeitungsprozesse im Nervensystem modellieren. Immerhin ist das Modell in der Lage, viele Befunde zur Worterkennung zu simulieren.

Dieses Modell sagt voraus, daß über den Kontext Top-down-Prozesse die momentane Empfindlichkeit zur Erkennung spezifischer Buchstaben beeinflussen. Dies unterscheidet sich deutlich von dem FLMP-Modell von Massaro, das davon ausgeht, daß die Effekte durch die Kontext- und durch die Stimulusinformation unabhängig voneinander kombiniert werden. Massaro (1989) kritisiert an dem PDP-Modell, daß es zu unempfindlich auf Effekte der Stimulusinformation reagiere, wenn diese der Kontextinformation zuwiderliefen. Er brachte dieses Argument mit Blick auf Effekte des Kontextes bei der Wahrnehmung gesprochener Sprache vor. In einem seiner Experimente hörten Probanden ein Phonem, das auf einem Kontinuum zwischen einem [r] und einem [l] – innerhalb einer Silbe, die entweder mit einem [t] oder einem [s] begann – variierte. Im Englischen kann auf ein [t] am Silbenanfang nur ein [r] (jedoch kein [l]) folgen, und auf ein [s] kann nur ein [l] (nicht aber ein [r]) folgen. Wie in früheren Untersuchungen auch, erwiesen sich der Klang des Phonems und der Kontext als Einflußfaktoren. Die Probanden klassifizierten das Phonem eher als [r], wenn der Klang näher bei einem [r] lag und wenn das fragliche Phonem in einem [t]-Kontext auftauchte. Abbildung 2.28 gibt die Ergebnisse in stilisierter Form wieder. McClelland und Elman (1986) stellten ein PDP-Modell zur Darstellung dieser Aufgabe vor, das sie das TRACE-Modell nannten. Abbildung 2.28 zeigt außerdem in stilisierter Form die Verläufe, wie sie sich nach dem TRACE-Modell ergeben. Wie man sieht, treten auch nach diesem Modell Effekte der Stimulus- und der Kontextinformation auf. Allerdings fallen die Effekte des Kontextes hier stärker aus, als sie durch die empirischen Daten abgedeckt sind. Im Kontext eines [s] hält das TRACE-Modell die Hypothese aufrecht, daß es sich um ein [l] handle, selbst wenn sehr hohe Evidenz dafür vorliegt, daß das fragliche Phonem ein [r] ist. Im Gegensatz dazu wechseln die Probanden aber früher und weniger abrupt die Klassifikation. Der TRACE-Verlauf für den [t]-Kontext zeigt den umgekehrten Effekt. Massaro schließt daraus, daß „Modelle der interaktiven Aktivationsausbreitung nicht optimal sind, weil sie dem Verarbeitungssystem eine übermäßige Verzerrung des Inputs aus der Umwelt erlauben" (S. 420).

McClelland (1991) zeigte, daß dieses Problem im Rahmen des Modells der interaktiven Aktivationsausbreitung leicht zu lösen ist, wenn man annimmt, daß die Aktivationswerte variabel sein können. In diesem Fall sagt das Modell einen allmählichen Übergang der Wahrnehmung des einen Buchstabens zu der des anderen Buchstabens voraus. Es ist dann ebenfalls in der Lage, Vorhersagen über die Kombination von Stimulus- und Kontextinformation zu treffen. Massaro und Cohen (1991) haben auf McClelland reagiert, indem sie andere Sachverhalte anführten, deren Vorhersage durch dieses überarbeitete Modell immer noch Schwierigkeiten bereitet. Das FLMP-Modell von Massaro kann sehr gut beschreiben, wie Stimulus- und Kontextinformation integriert werden. Allerdings ist es auch auf einem höheren Abstraktionsniveau der Reizbeschreibung formuliert als das PDP-Modell. Außerdem umfaßt es keine Details wie etwa die Effekte der Verarbeitung aufeinanderfolgender Buchstaben auf die Wahrnehmung der einzelnen Buchstaben. Es ist angemessen zu sagen, daß ein konnektionistisches Modell wie das PDP-Modell diese

Effekte produzieren kann, und das Modell in Abbildung 2.27 vermittelt uns eine Idee, wie dies erfolgen könnte. Allerdings sind wir noch ein gutes Stück davon entfernt, genau zu verstehen, wie die Verarbeitung innerhalb eines solchen Netzwerks vonstatten geht.

Der Vorteil des PDP-Modells bei der Abbildung von Details wird offensichtlich, wenn man sich betrachtet, wie in diesem Modell der Kontexteinfluß analysiert wird. Der Kontext bei der Erkennung des Buchstabens *D* unter der Wort-Bedingung umfaßt die Buchstabenfolge *WOR–*. Diese Buchstaben müssen zur gleichen Zeit wie der Zielbuchstabe verarbeitet werden. Das Vorhandensein eines *D* in der vierten Position wird die Wahrnehmung dieser Buchstaben ebenso beeinflussen, wie diese Buchstaben wiederum die Wahrnehmung des *D* beeinflussen. Man kann den Kontext und die Evidenz für den Buchstaben nicht getrennt festlegen, wie dies im FLMP-Modell von Massaro geschieht. Ein Beispiel für solche interaktiven Effekte ist die Wahrnehmung von ‚regelmäßigen' Nichtwörtern wie etwa *MAVE* (McClelland & Johnston, 1977). Es stellt sich heraus, daß die Wahrnehmung des Buchstabens *A* in diesem Kontext nahezu genauso mühelos möglich ist wie im Kontext eines Wortes – beispielsweise des Wortes *CAVE* (Höhle). Der Grund dafür ist, daß es eine Menge Wörter gibt, die *MAVE* sehr ähnlich sind und ein *A* in dieser Position aufweisen (etwa *MAKE* und *SAVE*). Jedes dieser Wörter erleichtert die Wahrnehmung des Buchstabens *A*. Obwohl also der Kontext *M–VE* nicht den Buchstaben *A* nahelegt, ist *MAVE* einer ganzen Anzahl von Wörtern ähnlich, die ein *A* an zweiter Position aufweisen. Dieser Umstand erleichtert die Wahrnehmung des Buchstabens *A*. Das angeführte Beispiel macht deutlich, daß wir nicht wirklich einen Kontext und einen Stimulus vor uns haben, sondern vielmehr vier Buchstaben mit wechselseitigem Einfluß auf ihre Wahrnehmung.

> PDP-Modelle zeigen, wie durch neuronale Berechnungen die Stimulus- und die Kontextinformation kombiniert werden, um die Mustererkennung zu bestimmen.

Schlußfolgerungen

Abbildung 2.29 zeigt den Versuch, den Informationsfluß bei der visuellen Wahrnehmung schematisch zu skizzieren. Die Wahrnehmung beginnt bei der Lichtenergie aus der externen Umgebung. Rezeptoren wie die auf der Netzhaut wandeln diese Energie in neuronale Information um. Die frühen sensorischen Prozesse extrahieren eine erste Bedeutung aus dieser Information. Abbildung 2.29 zeigt drei Stufen nach dem Modell von Marr (1982). Merkmale werden extrahiert, um das zu ergeben, was Marr **Primärskizze (primal sketch)** nennt. Diese Merkmale werden mit der Tiefeninformation kombiniert, woraus eine Repräsentation der Lage von Oberflächen im Raum resultiert; Marr nennt diese Repräsentation 2 1/2-D-Skizze. Die Gesetze zur Wahrnehmungsorganisation werden angewendet, um die Elemente in Objekte zu gliedern; dies entspricht einer 3-D-Skizze. Letztendlich werden dann die Merkmale dieser Objekte und die allgemeinen Kontextinformationen verknüpft, was zum Erkennen der Objekte führt. Der Output dieser Stufe ist das, was uns in der Wahrnehmung bewußt zugänglich ist; es handelt sich hierbei um eine Repräsentation der Objekte und ihrer Lage in der Umgebung. Diese Information stellt den

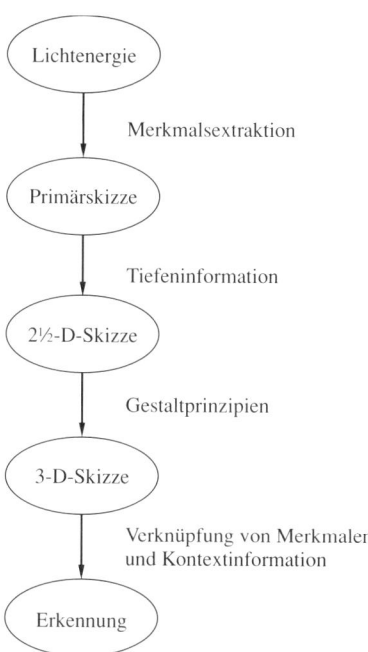

Abb. 2.29 Der Informationsfluß von der Umgebung bis zur perzeptuellen Repräsentation. Die (innerhalb der Ellipsen dargestellten) Informationen werden durch die (neben den Pfeilen angeführten) Prozesse verarbeitet.

Input für höhere kognitive Verarbeitungsprozesse dar. Abbildung 2.29 soll insbesondere verdeutlichen, daß eine umfassende Informationsverarbeitung notwendig ist, bevor die Objekte, die wir wahrnehmen, unserem Bewußtsein zugänglich sind.

Anmerkungen und Literaturhinweise

Die Themen, die in diesem Kapitel angesprochen wurden, können leicht zu einer kompletten Vorlesungs- und Übungsreihe zur Wahrnehmung ausgebaut werden; an allen deutschen Universitäten bildet die Psychologie der Wahrnehmung einen festen Bestandteil der Allgemeinen Psychologie. Oftmals liegen die Schwerpunkte dieser Veranstaltungen auf dem Gebiet elementarer sensorischer Verarbeitungsprozesse. Eine große Anzahl physiologischer Befunde belegt diese Prozesse, und man kann direkte Verbindungen zwischen der Physiologie und der Psychologie herstellen. Unter den englischen Standardtexten, die einen guten Überblick über die Forschung auf den Gebieten der sensorischen Prozesse und der Wahrnehmung bieten, sind insbesondere Goldstein (1989), Rock (1984) sowie Sekuler und Blake (1985) zu nennen. Pinker (1984) und Ullman (1989) diskutieren vor allem Themen im Zusammenhang mit der Objekterkennung. Plaut und Farah (1990) behandeln im Überblick die Physiologie der Objekterkennung. Tarr (im Druck) stellt die Ergebnisse von computer- und kognitionswissenschaftlichen Ansätzen zur Objekterkennung zusammen. James Gibson (zum Beispiel 1950, 1966, 1979) entwickelte eine sehr einflußreiche Theorie der Wahrnehmung, die sich stark von der im vorliegenden Buch dargestellten unterscheidet. In den Arbeiten von Neisser (1976) zur Wahrnehmung, Aufmerksamkeit und Kognition zeigt sich der Einfluß von Gibson.

Einen Überblick über Theorien, Methoden und Forschungsergebnisse der Wahrnehmungspsychologie in deutscher Sprache gibt Kebeck (1994). Das oben angeführte Buch von Rock (1984) liegt auch in deutscher Sprache (Rock, 1985) vor. Der Bereich auditiver Wahrnehmung ist in Hellbrück (1993) dargestellt. Neben Helfrich (1985), die sich mit der Wahrnehmung von Sprache befaßt, bietet Miller (1993) in einem Kapitel einen Einstieg in die Sprachwahrnehmung. In dem von Singer (1990) herausgegebenen Buch werden insbesondere neuropsychologische Befunde sowie kognitive Aspekte der Wahrnehmung behandelt.

3. Aufmerksamkeit und Leistung

Das menschliche Informationsverarbeitungssystem ist ein System mit beschränkter Kapazität. Unser Alltag ist voller Begriffe und Phrasen, die diesen Umstand zum Ausdruck bringen:

- „Ich habe hinten keine Augen."
- „Ich kann nicht zwei Gesprächen gleichzeitig folgen."
- „Ich habe nur zwei Hände."
- „Ich kann nicht alles gleichzeitig tun."

Der Schwerpunkt eines großen Teils dieses Buches über kognitive Verarbeitung liegt auf der Frage, wie wir die optimale Ausnutzung unserer kognitiven Ressourcen bewerkstelligen. Grundsätzlich erreichen wir das, indem wir uns für eine Verarbeitung der wirklich wichtigen Informationen entscheiden und die weniger wichtigen Informationen entsprechend vernachlässigen. Oft wird der Begriff der **Aufmerksamkeit** verwendet, um dieser Zuweisung von Ressourcen Rechnung zu tragen. Ein Großteil der Forschung über menschliche Aufmerksamkeitsprozesse bezieht sich auf die Verteilung von Ressourcen bei der Wahrnehmung – dies wird auch einen wichtigen Themenbereich dieses Kapitels ausmachen. Wir werden allerdings auch auf die Aufmerksamkeitsverteilung bei der Reaktionsauswahl zu sprechen kommen. In späteren Kapiteln werden wir weitere Dimensionen der Kapazitätsverteilung behandeln, die zentralere kognitive Prozesse als die Wahrnehmung und die Reaktionsauswahl betreffen. In diesem Kapitel werden wir jedoch einige Grundfragen der Aufmerksamkeitsforschung behandeln, die verschiedene Arten von Ressourcen betreffen.

Auditive Aufmerksamkeit

Es gibt eine Menge an Forschungsarbeiten und Theorien zu Aufmerksamkeitsprozessen im Zusammenhang mit der Wahrnehmung von gesprochener Sprache. Diese Forschung konzentriert sich auf Aufgaben zum **dichotischen Hören**. In einem typischen Experiment zum dichotischen Hören, Abbildung 3.1 vermittelt einen Eindruck davon, tragen die Probanden einen Kopfhörer und hören gleichzeitig zwei verschiedene Informationen – getrennt nach Stereokanälen. Sie sollen dabei eine der beiden Informationen „beschatten" (beispielsweise die Wörter der einen Nachricht wiedergeben); im Englischen werden solche Aufgaben Shadowing-Aufgaben genannt. Es gelingt den meisten Probanden, auf die eine Nachricht zu achten und die andere „auszublenden".

Psychologen (zum Beispiel Cherry, 1953; Moray, 1959) haben herausgefunden, daß bei einer Shadowing-Aufgabe nur ganz wenig von der Information des unterdrückten

Kanals verarbeitet wird. Die Probanden können angeben, ob es sich um eine menschliche Stimme oder um Geräusche handelte und, wenn es eine menschliche Stimme war, ob sie männlich oder weiblich war und ob sie gewechselt hat. Allerdings sind diese Angaben so ziemlich alles, was die Probanden berichten können. Sie können beispielsweise nicht angeben, welche Sprache gesprochen wurde oder auch nur einige der Worte wiedergeben – noch nicht einmal, wenn dasselbe Wort immer wieder gesprochen wurde. Oft wird das Bearbeiten einer solchen Aufgabe mit dem verglichen, was man häufig auf einer Party erlebt: Man konzentriert sich auf eine Informationsquelle (ein Gespräch) und filtert alles andere aus.

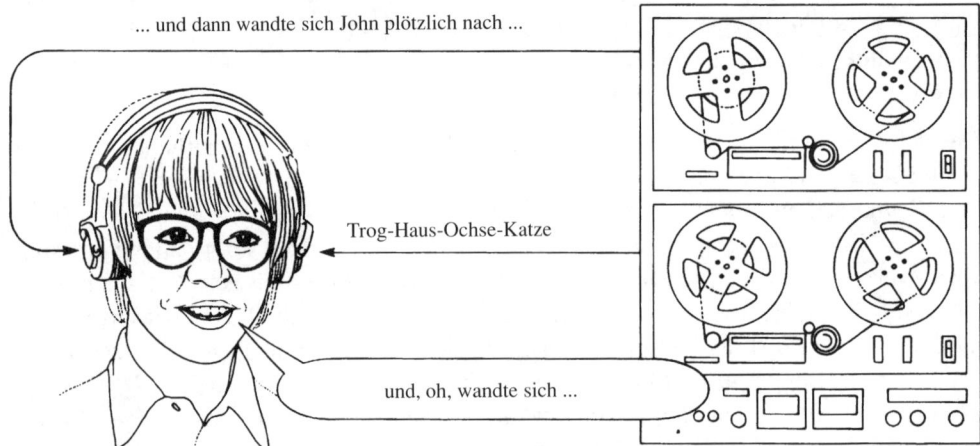

... und dann wandte sich John plötzlich nach ...

Trog-Haus-Ochse-Katze

und, oh, wandte sich ...

Abb. 3.1 Eine typische Beschattungsaufgabe. Dem linken und dem rechten Ohr werden unterschiedliche Informationen gleichzeitig dargeboten, wobei die Informationen des einen Kanals „beschattet" werden sollen (aus Lindsay & Norman, 1977).

Die Filtertheorie

Broadbent (1958) stellte eine Theorie vor, um diesen Sachverhalten Rechnung zu tragen: die **Filtertheorie**. Die Grundannahme besteht darin, daß die sensorische Information das System ungehindert durchläuft, bis sie eine Art Verengung – oft wird hierfür der Begriff „Flaschenhals" verwendet – erreicht. An der Stelle dieses Flaschenhalses muß auf der Basis verschiedener physikalischer Charakteristiken entschieden werden, welche Information weiterverarbeitet wird; die anderen Informationen werden ausgefiltert. Im Falle des dichotischen Hörens nimmt man an, daß die Informationen beider Ohren zwar registriert werden, daß aber ab einer gewissen Stelle im menschlichen System ein Ohr ausgewählt wird. Auf das Beispiel der Party übertragen bedeutet dies, daß wir – auf der Grundlage physikalischer Charakteristika wie der Stimmlage des Sprechers – auswählen können, welcher Stimme wir folgen.

Eine zentrale Annahme des ursprünglichen Filter-Modells von Broadbent ist, daß die Auswahl, welcher Information wir folgen, aufgrund physikalischer Merkmale (Stimmlage oder feste Zuordnung zu einem bestimmten Ohr) getroffen wird. Dies erscheint mit Blick auf die Neurophysiologie eine gewisse Plausibilität aufzuweisen. Die Informationen beider Ohren werden durch unterschiedliche Nervenbahnen weitergeleitet. Hinzu kommt noch, daß unterschiedliche Nervenbahnen für die Weiterleitung unterschiedlicher Frequenzen zuständig sind. Man kann sich also vorstellen, daß das Gehirn auf irgendeine Art und Weise bestimmte Nervenbahnen auswählt, die „besondere Aufmerksamkeit" garantieren sollen. Es gibt Zellen im auditiven Cortex, die nur dann aktiv werden, wenn ein Tier einem auditiven Stimulus Aufmerksamkeit zukommen läßt (Hubel, Henson, Rubert & Galambos, 1959). Diese Zellen könnten also für „Aufmerksamkeit" zuständig sein.

Allerdings trat für diese Theorie bald ein Problem auf, da wir manchmal die Auswahl der zu verarbeitenden Informationen eher anhand des semantischen Inhalts und nicht aufgrund physikalischer Charakteristika treffen. Beispielsweise folgen wir bei einer Party einem Gespräch, aber plötzlich schalten wir unsere Aufmerksamkeit auf ein anderes Gespräch um, falls dort unser eigener Name erwähnt wurde. In einer Anzahl von Experimenten konnte gezeigt werden, daß wir in der Lage sind, auf der Grundlage des semantischen Inhalts auszuwählen, welcher Information wir folgen wollen.

Abb. 3.2 Eine Veranschaulichung der Beschattungsaufgabe aus dem Experiment von Gray und Wedderburn. Die Probanden folgen der bedeutungshaltigen Information, obwohl sie von Ohr zu Ohr wechselt (modifiziert nach Klatzky, 1975).

In einer Untersuchung (Gray & Wedderburn, 1960) konnten einige Studienanfänger aus Oxford zeigen, daß Probanden mit recht gutem Erfolg einer Nachricht folgen konnten, die zwischen beiden Ohren hin und her wechselte. Abbildung 3.2 zeigt die Aufgabe in diesem Experiment. Angenommen, ein Teil der bedeutungshaltigen Nachricht, die die Probanden nachsprechen sollten, wäre *dogs scratch fleas* (Hunde kratzen nach Flöhen). Die Mitteilung auf einem Ohr war dann beispielsweise *dogs six fleas* (Hunde sechs Flöhe), während auf dem anderen Ohr vielleicht *eight scratch two* (acht kratzen zwei) eingeblendet wurde. Unter der Instruktion, die bedeutungshaltige Mitteilung nachzusprechen, sagten die Probanden dann in der Regel *dogs scratch fleas*. Demzufolge sind Probanden in der Lage, eine Mitteilung eher nach ihrer Bedeutung zu beschatten und weniger nach dem Organ, an dem diese Mitteilung anliegt.

Treisman (1960) verwendete einen Versuchsaufbau, in dem die Probanden instruiert wurden, die Nachricht eines bestimmten Ohrs zu beschatten (vgl. Abbildung 3.3). Die Mitteilung des zu beschattenden Ohrs hatte zunächst einen inhaltlichen Sinn, ging dann aber ab einer bestimmten Stelle in eine zufällige Wortfolge über. Zugleich wechselte die sinnvolle Mitteilung auf das andere Ohr – also jenes Ohr, das die Versuchspersonen nicht beachten sollten. Einige Probanden gingen entgegen der Instruktion auf dieses Ohr über und folgten weiterhin der sinnvollen Mitteilung. Andere Probanden beschatteten weiter das ursprüngliche Ohr. Es sieht also ganz so aus, als würde die Auswahl der Informationen manchmal auf der Grundlage des körperlichen Organs getroffen, ein andermal jedoch auf der Grundlage des semantischen Inhalts.

Abb. 3.3 Eine Veranschaulichung des Experiments von Treisman. Die bedeutungshaltige Nachricht wechselt von einem Ohr zum anderen, und manchmal beschatten die Probanden weiterhin – entgegen der Instruktion – diese Nachricht (modifiziert nach Klatzky, 1975).

In der Filtertheorie von Broadbent wird die These vertreten, daß wir physikalische Merkmale verwenden, um die zu verarbeitende Information auszuwählen. Es konnte aber gezeigt werden, daß zur Auswahl auch der semantische Inhalt genutzt werden kann.

Die Dämpfungstheorie und die Theorie der späten Auswahl

Um mit den oben genannten Ergebnissen konform zu gehen, schlug Treisman (1964) eine Modifikation des Broadbent-Modells vor, die als **Dämpfungstheorie** bekannt wurde. In diesem Modell wird angenommen, daß bestimmte Informationen zwar gedämpft, jedoch nicht aufgrund ihrer physikalischen Eigenschaften völlig herausgefiltert werden. Die Probanden sollten also in einer Aufgabe zum dichotischen Hören das Signal des unbeachteten Ohrs abschwächen, es aber nicht vollständig eliminieren. Semantische Auswahlkriterien sollen dabei auf alle Informationen angewendet werden können, gleich, ob diese beachtet werden oder nicht. Wenn die Information nicht beachtet wird, ist es schwieriger, die semantischen Auswahlkriterien anzuwenden, aber es ist immer noch möglich, wie das Experiment von Gray und Wedderburn zeigt. Treisman (persönliche Mitteilung) betont, daß in ihrem Experiment von 1960 die meisten Probanden tatsächlich dem vorgeschriebenen Ohr folgten. Es war einfacher, der nicht abgeschwächten Information zu folgen als semantische Kriterien anzuwenden, um die Aufmerksamkeit auf die abgeschwächte Information zu lenken.

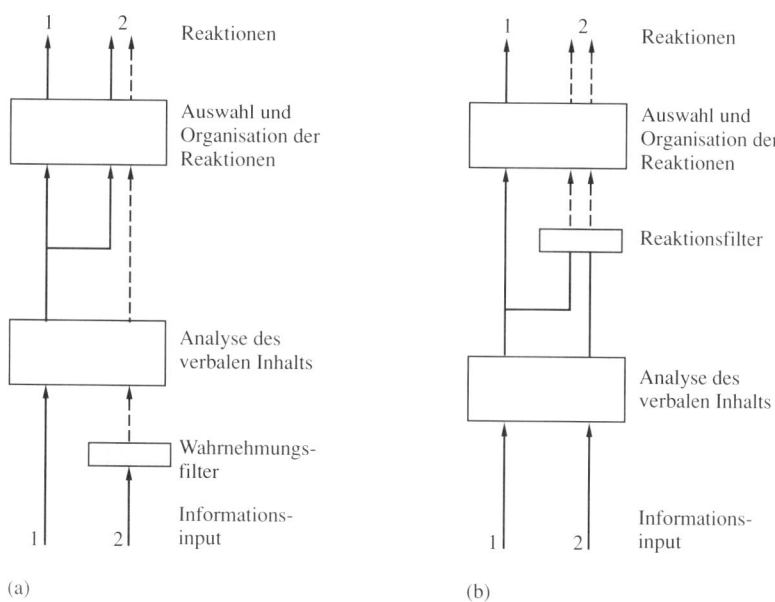

Abb. 3.4 Eine Veranschaulichung der Aufmerksamkeitsbegrenzungen durch (a) einen Wahrnehmungsfilter und (b) einen Reaktionsfilter (nach Treisman & Geffen, 1967).

Eine alternative Erklärung wurde von Deutsch und Deutsch (1963) in ihrer **Theorie der späten Auswahl** angeboten. Sie vertraten die Ansicht, daß die gesamte Information völlig ungedämpft verarbeitet wird. Nicht eine Begrenzung der Kapazität des Wahrnehmungssystems, sondern eine Begrenzung der Kapazität des Reaktionssystems sollte den entscheidenden Ausschlag geben. Sie behaupteten, daß man verschiedene Informationen wahrnehmen kann, daß man jedoch zu jedem Zeitpunkt immer nur eine einzige beschatten kann. Somit braucht man ein Kriterium, um die Information auszuwählen, der man folgen will. Wenn die Probanden die Bedeutung als Kriterium wählen (entweder gemäß der Instruktion oder im Widerspruch zu ihr), dann wechseln sie das Ohr, um der Mitteilung zu folgen. Wenn sie die Aufmerksamkeit danach ausrichten, von welchem Ohr die Information kommt, dann sprechen sie die Information des richtigen Ohrs nach.

Der Unterschied zwischen beiden Theorien wird in Abbildung 3.4 von Treisman und Geffen (1967) deutlich. Beide Modelle nehmen an, daß eine Art Filter oder „Flaschenhals" im Zuge des Verarbeitungsprozesses auftritt. Die Theorie von Treisman (Abbildung 3.4a) geht davon aus, daß der Filter sich darauf bezieht, welcher Information Beachtung geschenkt wird. Demgegenüber nimmt die Theorie von Deutsch und Deutsch an, daß der Filter auftritt, nachdem der wahrzunehmende Reiz einer Analyse des verbalen Inhalts unterzogen worden ist. Treisman und Geffen (1967) versuchten, ein kritisches Experiment zur Entscheidung zwischen beiden Theorien durchzuführen. Sie benutzten eine Aufgabe zum dichotischen Hören, wobei die Probanden eine Nachricht zu beschatten hatten, aber gleichzeitig in beiden Nachrichten auf ein Zielwort achten sollten. Wenn sie das Zielwort hörten, sollten sie kurz mit dem Finger klopfen. Nach der Theorie der späten Auswahl kommen die Nachrichten beider Ohren durch; die Probanden sollten also in der Lage sein, das kritische Wort gleichermaßen gut auf beiden Ohren zu entdecken. Im Gegensatz dazu sagt die Dämpfungstheorie voraus, daß die Entdeckungsrate des Zielwortes auf dem nichtbeschatteten Ohr sehr viel geringer ausfällt, da die Informationen dieses Ohrs abgeschwächt werden. In der Tat zeigt sich, daß das Zielwort zu 87 Prozent in dem beschatteten Ohr und nur zu 8 Prozent in dem nichtbeschatteten Ohr erkannt wurde. Weitere Befunde, die mit der Dämpfungstheorie übereinstimmen, berichten Treisman und Riley (1969) sowie Johnston und Heinz (1978).

Obwohl es den Anschein hat, als werde die unbeachtete auditive Information nicht so gründlich verarbeitet, sieht es dennoch danach aus, als könnte diese Information für kurze Zeitintervalle behalten werden. Glucksberg und Cowan (1970) spielten den Probanden zwei gesprochene Nachrichten ein, eine auf jedem Ohr. Sie instruierten ihre Probanden, die Nachricht des einen Ohrs zu beschatten. Ab und zu sagte der Versuchsleiter eine Zahl in dasjenige Ohr, das nicht beschattet wurde. Sie unterbrachen die Probanden und fragten, ob eine Zahl aufgetreten sei. Dies entspricht dem Auswahlexperiment von Treisman und Geffen, mit der Ausnahme, daß hier die Probanden nicht explizit instruiert wurden, auf das Zielwort in dem unbeachteten Ohr zu reagieren. Glucksberg und Cowan fanden heraus, daß die Probanden mit einiger Treffsicherheit die Ziffer entdeckten, wenn sie unmittelbar, nachdem die Ziffer gesagt worden war, danach gefragt wurden. Sie konnten über 25 Prozent der Ziffern wiedergeben, wenn sie unmittelbar darauf gefragt wurden; demgegenüber lag die spontane Entdeckungsrate nur bei 5 Prozent. Die Entdeckungsrate fiel innerhalb der ersten 2 Sekunden stark ab, und nach 5 Sekunden waren die Probanden auf dem Niveau der Spontanrate angelangt. Die Forscher schlossen daraus, daß die Information der unbeachteten Nachricht für eine kurze Zeitdauer zur Verfügung steht, jedoch innerhalb von 5 Sekunden verlorengeht. Allerdings ist die Qualität der Entdeckung für den unbeachteten Kanal nie so gut wie für den beachteten Kanal. Ferner läßt sich daraus schließen, daß die Information des unbeachteten Ohrs in einer abgeschwächten Form vorliegt und daß sie, wenn sie nicht weiterverarbeitet wird, für immer verlorengeht. Neisser (1967) nannte das System, das unverarbeitete auditorische Information behält, echoisches Gedächtnis.

Treisman vertritt die Auffassung, daß wir einige Informationen aufgrund ihrer physikalischen Eigenschaften abschwächen und daß diese abgeschwächten Informationen, wenn auch mit Schwierigkeiten, verarbeitet werden können.

Visuelle Aufmerksamkeit

Die Kapazitätsbegrenzung der visuellen Informationsverarbeitung ist vielleicht noch deutlicher als die der auditiven Informationsverarbeitung. Bei jedem Blick in die Welt kann nur ein bestimmter Anteil des visuellen Feldes registriert werden. Wenn wir auf die eine Stelle blicken und nicht auf die andere, entscheiden wir uns, bestimmte Informationen aus der potentiellen Menge herauszufiltern und der verbleibenden Information besondere Beachtung zu schenken. Hinzu kommt noch, daß das Bild auf der Retina unterschiedliche Schärfe aufweist. Wie wir in Kapitel 2 gesehen haben, wird die maximale Schärfe in einem kleinen Bereich erreicht, der Fovea genannt wird. Wenn wir einen Punkt fixieren, richten wir unsere Augen so ein, daß die Fovea genau auf diesen Punkt gerichtet ist. Indem wir auswählen, was wir fixieren, entscheiden wir uns auch dafür, einem bestimmten Teil des visuellen Feldes maximale visuelle Verarbeitungsressourcen zur Verfügung zu stellen und jene Ressourcen „abzuschwächen", die wir der Verarbeitung der anderen Teile des visuellen Feldes zuordnen.

Es trifft jedoch nicht zu, daß der Fokus unserer visuellen Aufmerksamkeit mit dem Teil des visuellen Feldes übereinkommt, der durch die Fovea verarbeitet wird. Man kann Probanden dahingehend instruieren, daß sie einen bestimmten Teil des visuellen Feldes fixieren (foveale Verarbeitung) und einen anderen, nichtfovealen Teil des visuellen Feldes beachten. In einem Experiment von Posner, Nissen und Ogden (1978) mußten die Probanden einen Punkt fixieren. Dann wurde ein Reiz entweder 7 Grad links oder rechts des Fixationspunkts dargeboten. In einigen Versuchsdurchgängen erhielten die Probanden ein Warnsignal, auf welcher Seite der Reiz wahrscheinlich erscheinen wird, während in anderen Versuchsdurchgängen kein Warnsignal gegeben wurde. Wenn ein Warnsignal gegeben wurde, so erschien in 80 Prozent der Fälle der Reiz tatsächlich auf der angekündigten Seite, in 20 Prozent der Fälle allerdings auf der unerwarteten Seite. Posner et al. zeichneten die Augenbewegungen auf und nahmen nur jene Versuchsdurchgänge in die Auswertung auf, in denen die Augen ihre Fixationspunkte beibehielten. Abbildung 3.5 zeigt die Zeit, die zur Beurteilung des Stimulus gebraucht wurde, wenn dieser an der erwarteten Stelle erschien (80 Prozent), wenn kein Hinweisreiz gegeben wurde (50 Prozent) und wenn der Stimulus sich auf der unerwarteten Seite befand (20

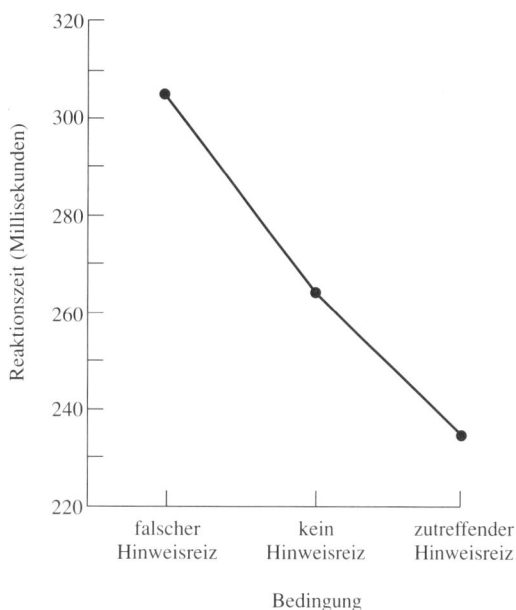

Abb. 3.5 Reaktionszeiten für erwartete, unerwartete und neutrale Signale, die 7 Grad links oder rechts des Fixationspunktes erscheinen (Posner, Nissen & Ogden, 1978).

Prozent). Die Probanden sind in der Lage, ihre Aufmerksamkeit von ihrem Fixationspunkt weg zu verlagern. Sie reagieren schneller, wenn der Stimulus an der erwarteten Stelle erscheint, und langsamer, wenn er an der unerwarteten Stelle erscheint.

Posner, Snyder und Davidson (1980) fanden heraus, daß Probanden die Aufmerksamkeit auf Positionen lenken konnten, die bis zu 24 Grad von der Fovea abweichen. Während in Experimenten wie den soeben dargestellten die visuelle Aufmerksamkeit verschoben werden kann, ohne daß begleitende Augenbewegungen auftreten, werden die Augen normalerweise doch so bewegt, daß die Fovea den Teil des visuellen Feldes verarbeitet, dem wir die meiste Aufmerksamkeit zukommen lassen. Posner (1988) stellt heraus, daß eine erfolgreiche Kontrolle der Augenbewegungen gerade erforderlich macht, daß die Aufmerksamkeit auf Stellen außerhalb des fovealen Sehens gelenkt wird. Das heißt, daß wir einer interessanten nichtfovealen Region erst Aufmerksamkeit schenken müssen, um diese als interessante Region überhaupt identifizieren zu können. Dann erst können wir unsere Augen so bewegen, daß wir diesen Bereich fixieren und eine maximale Schärfe in der Verarbeitung dieser Region erreichen. Somit eilt eine Verschiebung der Aufmerksamkeit häufig einer korrespondierenden Augenbewegung voraus.

Zwar bevorzugen wir, die Fovea innerhalb des visuellen Feldes an jene Stelle zu lenken, der unsere Aufmerksamkeit gilt, wir können aber auch die Aufmerksamkeit verschieben, ohne daß Augenbewegungen auftreten.

Die Spotlight-Metapher

Eine häufige Metapher für die visuelle Aufmerksamkeit ist die **Spotlight-Metapher** – eine Theorie, die dem Sachverhalt Rechnung trägt, daß wir unsere Aufmerksamkeit umherbewegen können, um verschiedene Teile des visuellen Feldes zu fokussieren. Forschungsergebnisse zu der Größe dieses Spotlights legen nahe, daß sie um mehrere Grade des Sehwinkels variieren kann (Erikson & St. James, 1986; Erikson & Yeh, 1987). Je größer der Bereich des visuellen Feldes ist, den das Spotlight umfaßt, desto schlechter ist die Verarbeitung aller Teile des visuellen Feldes. Das Spotlight kann so fokussiert werden, daß es nur wenige Grade des Sehwinkels ausmacht (Erikson & Erikson, 1974; Erikson & Hoffman, 1972). Eine Verengung des Spotlights führt zu einer maximalen Verarbeitung dieses Teils des visuellen Feldes. Wenn die Person allerdings Material in anderen Teilen des Sehfeldes verarbeiten will, muß das Spotlight bewegt werden, was Zeit in Anspruch nimmt. Dies ist der Grund, warum die Probanden unter der Bedingung mit 20 Prozent unerwarteten Reizen von Posner et al. (vgl. Abbildung 3.5) länger brauchten; sie mußten ihre Aufmerksamkeit von der fokussierten Stelle weg zu einer anderen Stelle bewegen.

Ein Experiment von LaBerge (1983) veranschaulicht sehr schön, was geschieht, wenn die Aufmerksamkeit auf einen bestimmten Teil der visuellen Anordnung fokussiert wird. Er bot eine Kette von fünf Buchstaben dar, die etwa 1,77 Grad des Sehwinkels entsprach. Die Probanden sahen typischerweise eine Kette von Buchstaben wie *LACIE* und sollten beurteilen, ob der mittlere Buchstabe dem Anfang (was für das *C* unseres Beispiels zutrifft) oder dem Schluß des Alphabets entstammt. So wurde die Aufmerksamkeit der

Probanden auf dem mittleren Buchstaben gehalten. Allerdings war der Sehwinkel so klein, daß sich alle Buchstaben im Spotlight der Aufmerksamkeit befanden. Gelegentlich sahen die Probanden aber auch einen Stimulus wie + 7 + + +, der aus viermal Plus und einem einzelnen Item bestand. Die Probanden sollten beurteilen, ob dieses Item eine *7* oder einer von zwei Distraktoren (*T* und *Z*) war. Diese Reize stellten die kritischen Reize dar, und LaBerge war daran interessiert, wie schnell dieses Urteil in Abhängigkeit von der Distanz des Items vom Zentrum der Aufmerksamkeit getroffen wird. Abbildung 3.6 zeigt

die Ergebnisse. Die Probanden reagierten am schnellsten bei Items im Zentrum und etwa 50 Millisekunden langsamer bei Items, die sich an der Peripherie befanden. Besonders zu beachten ist, daß alle diese Items innerhalb des fovealen Sehens lagen, die Aufmerksamkeit jedoch ganz unterschiedlich über dieses Gebiet verteilt war. LaBerge (1983) argumentiert, daß die Aufmerksamkeit am stärksten im Zentrum des Spotlights konzentriert ist und in Richtung der Peripherie des Spotlights abnimmt.

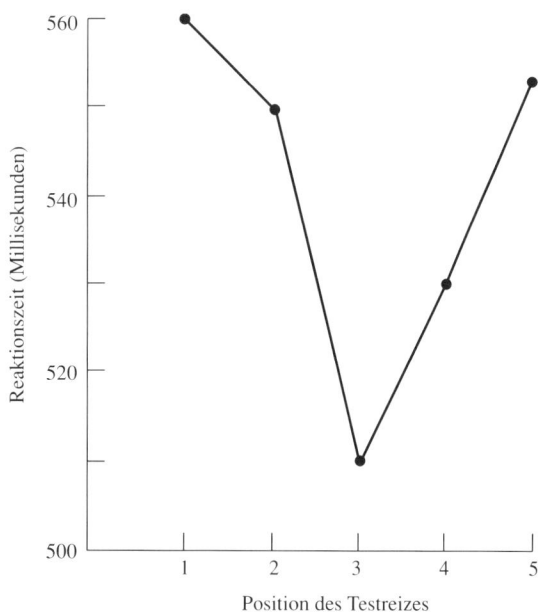

Abb. 3.6 Die Ergebnisse von LaBerge (1983): die Reaktionszeiten für eine Reizdarbietung, wenn die Aufmerksamkeit auf den dritten Buchstaben einer Buchstabenkette fokussiert ist.

Um komplexe visuelle Gegebenheiten zu verarbeiten, ist es notwendig, unsere Aufmerksamkeit im visuellen Feld umherzubewegen und somit die visuelle Information zu verfolgen. Dies entspricht dem weiter oben angeführten Beschatten eines Gesprächs. Neisser und Becklen (1975) führten das visuelle Analogon zu einer auditiven Beschattungsaufgabe durch. Ihre Probanden sahen zwei Videofilme, wobei der eine Film in Überblendtechnik über den anderen Film gelegt wurde. Der eine Film handelte von zwei Menschen, die eine Art Handschlag-Spiel ausführten, der andere Film handelte von einigen Menschen, die ein Ballspiel ausführten. Abbildung 3.7 gibt einen Eindruck des Bildaufbaus, wie die Probanden ihn wahrnahmen. Die Probanden sollten ihre Aufmerksamkeit auf eine der beiden Episoden richten und überwachen, ob ungewöhnliche Ereignisse auftreten. Ein solches ungewöhnliche Ereignis hätte etwa sein können, daß im Handschlag-Spiel die beiden Personen eine Pause machen und sich die Hand schütteln. Die Probanden waren in der Lage, eine einzelne Episode ziemlich erfolgreich zu überwachen, und gaben an, die andere Episode herausgefiltert zu haben. Sollten sie allerdings beide Episoden gleichzeitig nach solch ungewöhnlichen Ereignissen überwachen, so hatten sie große Schwierigkeiten und nahmen viele kritische Ereignisse nicht wahr.

Wie Neisser und Becklen hervorheben, beinhaltet diese Situation eine interessante Kombination des Gebrauchs körperlicher Hinweisreize und inhaltlicher Hinweisreize. Die Probanden bewegten ihre Augen und ihre Aufmerksamkeit so, daß die kritischen Einzelheiten der Episode, der gefolgt werden sollte, auf die Fovea und in das Zentrum ihrer Aufmerksamkeits-Spotlights fielen. Andererseits konnten sie nur wissen, wohin sie ihre Augen bewegen sollten, wenn sie auf den Inhalt der Ereignisse Bezug nahmen, die sie verarbeiteten. Die körperlichen Hinweisreize erleichtern also die Verarbeitung der kritischen Episode; die Verarbeitung erleichtert wiederum zu wissen, wohin man die Augen bewegen soll, um die körperlichen Hinweisreize aufrechtzuerhalten.

(a)   (b)   (c)

Abb. 3.7 Skizzen aus den beiden Filmen, die Neisser und Becklen (1975) verwendeten. Der Händeklatsch-Spiel-Film (a), der Basketball-Film (b) und die beiden übereinandergelegten Bilder (c) (aus Neisser & Becklen, 1975).

Die Aufmerksamkeit kann auf einige wenige Grade des visuellen Feldes fokussiert werden. Um ein bedeutungshaltiges Ereignis zu verarbeiten, kann der Aufmerksamkeitsfokus über dem visuellen Feld bewegt werden.

Das visuelle sensorische Gedächtnis

Unser visuelles System scheint in der Lage zu sein, viele Informationen zu erfassen. Ohne Aufmerksamkeitszuweisung geht diese Information sehr schnell verloren. Unzählige Untersuchungen sind durchgeführt worden, um herauszufinden, welche Informationen extrahiert werden können, wenn die Reize nur sehr kurz dargeboten wurden. Ein typischer Versuchsdurchgang in einem solchen Experiment beginnt damit, daß die Probanden einen Punkt inmitten eines leeren weißen Feldes fixieren. Durch die Fixation des Punktes kann der Versuchsleiter kontrollieren, worauf der Fokus während der Reizdarbietung liegt. Der Stimulus, zum Beispiel eine Kette von Buchstaben, wird an jene Stelle projiziert, wohin die Probanden blicken. Nach einer kurzen Reizdarbietung (beispielsweise 50 Millisekunden) wird der Stimulus wieder ausgeblendet.

Viele Studien befassen sich mit der Kapazität des Gedächtnisses, das diese sensorische Information als erstes aufnimmt. In einem solchen Experiment wird eine Anordnung von Buchstaben, beispielsweise wie sie Abbildung 3.8 zeigt, kurz dargeboten. Die Probanden sollen dann so viele Buchstaben wie möglich wiedergeben. Üblicherweise können die Probanden drei, vier, fünf oder höchstens sechs Buchstaben wiedergeben. Viele Probanden berichten, daß sie mehr Buchstaben gesehen haben, diese aber „verblaßten", bevor sie sie beachten und nennen konnten.

Eine wichtige methodische Variation dieser Aufgabe wurde von Sperling (1960) durchgeführt. Er bot Anordnungen dar, die aus drei Reihen von je vier Buchstaben bestanden, wie sie Abbildung 3.8 zeigt. Unmittelbar nach der Darbietung der Reizvorlage erhielten die Probanden die Anweisung, lediglich eine der drei Zeilen wiederzugeben. Die Anweisungen bestanden aus unterschiedlichen Tönen (ein hoher Ton für die obere Zeile, ein mittlerer Ton für die mittlere und ein tiefer Ton für die untere Zeile). Sperlings Methode wurde als **Teilberichtsverfahren** bezeichnet, im Unterschied zum **Ganzberichtsverfahren**, das bis dahin verwendet worden war. Die Probanden konnten alle oder nahezu alle Items einer Viererzeile wiedergeben. Da die Probanden aber vorher nicht wußten, welche der Reihen sie wiedergeben sollten, mußten nach Sperlings Ansicht alle

X	M	R	J
C	N	K	P
V	F	L	B

Abb. 3.8 Ein Beispiel für die Buchstabenvorlagen zum visuellen Berichtsverfahren. Den Probanden wird die Vorlage kurz dargeboten, danach sollen sie die gezeigten Buchstaben wiedergeben.

oder zumindest die meisten Items in einer Art visuellem Kurzzeitgedächtnis gespeichert sein. Mit dem Hinweisreiz nach dem Verschwinden des visuellen Reizes konnte die Aufmerksamkeit auf die entsprechende Reihe im visuellen Kurzzeitgedächtnis gelenkt werden, und die Items dieser Reihe konnten wiedergegeben werden. Der Grund, warum die Probanden nicht mehr Items bei Verwendung des Ganzberichtsverfahrens wiedergeben konnten, liegt darin, daß diese Items „verblaßten", bevor ihnen Aufmerksamkeit zuteil werden konnte. Visuelle Aufmerksamkeit kann also diesem kurzen Erfahrungsgedächtnis ebenso wie der perzeptuellen Erfahrung selbst zugeteilt werden.

In dem beschriebenen Verfahren wurde der Hinweiston direkt nach dem Verschwinden der Bilddarbietung präsentiert. Sperling variierte auch die Verzögerung zwischen dem Verschwinden des Bildes und dem Ton. Die Ergebnisse, die er erhielt (abgetragen ist die Zahl der wiedergegebenen Buchstaben), zeigt Abbildung 3.9. Wird die Verzögerung auf eine Sekunde gesteigert, so geht die Leistung der Probanden auf das Niveau des Ganzberichts von vier bis fünf Elementen zurück. Das heißt, daß der Anteil der wiedergegebenen Elemente (etwa ein Drittel) bei einer mit einem Hinweisreiz versehenen Reihe jenem Anteil (ebenfalls etwa einem Drittel) entspricht, der bei drei Reihen in dem Ganzberichtsverfahren wiedergegeben wird. Daraus läßt sich schließen, daß die Speicherung der Anordnung sehr schnell zerfällt und nach Ablauf einer Sekunde im wesentlichen verschwun-

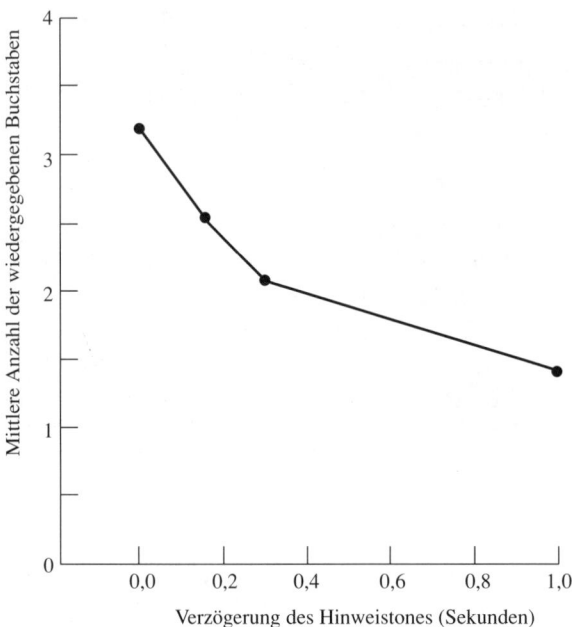

Abb. 3.9 Die Ergebnisse aus dem Experiment von Sperling. Je später der Ton einsetzt, der nach dem Ende der Reizdarbietung die wiederzugebende Reihe anzeigt, desto weniger Elemente werden berichtet (nach Sperling, 1960).

den ist. Nach einer Sekunde bleibt nur das übrig, worauf die Aufmerksamkeit gelenkt und was in einen beständigeren Code überführt wurde.

Die Experimente von Sperling legen die Existenz eines kurzen **visuellen sensorischen Speichers** nahe. Dieses Gedächtnis kann die gesamte Information einer visuellen Anordnung effektiv erfassen. Während die Informationen in diesem Speicher gehalten werden, kann Aufmerksamkeit darauf gelenkt werden, und die Elemente können wiedergegeben werden. Dieser sensorische Speicher scheint einen speziellen visuellen Charakter zu besitzen. In einem Experiment, das diesen visuellen Charakter des sensorischen Speichers aufzeigt, variierte Sperling (1967) das Nachexpositionsfeld (das visuelle Feld, das dem Verschwinden der Reizvorlage folgt). Wenn das Nachexpositionsfeld hell war, blieb die sensorische Information nur für eine Sekunde verfügbar. War das Nachexpositionsfeld jedoch dunkel, so verblieb die Information für 5 Sekunden im sensorischen Speicher. Wenn auf die Reizvorlage eine weitere Reizvorlage folgt, wird der erste Speicherinhalt „überschrieben" und dadurch die Erinnerung an diese Buchstaben zerstört. Diese kurzlebige visuelle Information, die in diesen Experimenten zutage tritt, wurde von Neisser (1967) als **Icon** bezeichnet. Wenn dieser Information keine Aufmerksamkeit zuteil wird und sie nicht weiterverarbeitet wird, geht sie verloren. Dieses ikonische Gedächtnis entspricht dem echoischen Gedächtnis des auditiven Systems. Es handelt sich somit um einen Kurzzeitspeicher für Informationen, auf die durch Aufmerksamkeitsprozesse zugegriffen werden kann.

Das ikonische Gedächtnis scheint stark von sensorischen Gegebenheiten geprägt zu sein und könnte die Aktivation des neuronalen Systems widerspiegeln, das für die frühe visuelle Verarbeitung verantwortlich ist. Sakitt (1976) behauptet beispielsweise, daß das Icon vornehmlich den Photorezeptoren der Netzhaut des Auges zuzuordnen ist. Sie zeigte, daß viele der zeitlichen und sensorischen Eigenschaften der ikonischen Bilder jene Eigenschaften widerspiegeln, die den Stäbchen zukommen – jenen Photorezeptoren, die für das Nachtsehen zuständig sind. Ihrer Analyse zufolge besteht eine starke Ähnlichkeit eines Icons mit einem Nachbild, das wir auf helle Lichtreize hin im Dunkeln produzieren. Haber (1983) bezweifelte die Relevanz von Icons für die normale visuelle Wahrnehmung, da wir die Welt üblicherweise nicht in jeweils kurzen Schlaglichtern wahrnehmen. Er drückte diesen Gedanken etwas humorvoll so aus, daß das Icon nur dann relevant wäre, wenn wir während eines Gewitters lesen wollten. Andere wiederum sind der Ansicht, daß die neuronalen Prozesse, die dem Icon unterliegen, über die Retina hinausgehen. Coltheart (1983) vertritt die Ansicht, daß diese Icons auftreten, wenn keine stäbchenbedingten Nachbilder produziert werden, und daß die Icons eine wichtige Rolle bei der Informationsverarbeitung des täglichen Lebens spielen.

Die Belege sind sehr überzeugend, daß visuelle Informationen im Sehsystem auf unterschiedlichen Ebenen vorliegen, nachdem wir etwas gesehen haben. Wir wissen, daß eine große Menge an Informationen in einer solchen Form aufrechterhalten wird, allerdings nur sehr kurz. Jedoch sind sich die Forscher nicht darüber einig, in welcher genauen Form diese Information vorliegt und wie diese Information in höheren kognitiven Prozessen genutzt wird.

Visuelle Informationen werden in einem visuell-sensorischen Kurzzeitspeicher abgelegt. Wir haben durch Aufmerksamkeitsprozesse Zugriff auf diese Informationen und können sie weiterverarbeiten.

Mustererkennung und Aufmerksamkeit

In Kapitel 2 haben wir Belege angeführt, daß die Mustererkennung durch das Erkennen von Kombinationen primitiver Merkmale erfolgt. Treisman hat in ihrer **Merkmals-Integrations-Theorie** die These vertreten, daß zuerst Aufmerksamkeit auf den Stimulus gelenkt werden muß, bevor die Merkmale zu Mustern zusammengesetzt werden können. Ein entsprechendes Experiment wurde von Treisman und Gelade (1980) durchgeführt. Die Probanden sollten ein T in einer Anordnung von Is und Ys entdecken (vgl. Abbildung 3.10a). Sie nahmen an, daß die Probanden dies einfach dadurch tun können, daß sie auf das Querstrich-Merkmal des T achten, das diesen Buchstaben von allen Is und Ys unterscheidet. Die Probanden brauchten etwa 800 Millisekunden für diese Entscheidung. Treisman und Gelade stellten auch die Aufgabe, ein T innerhalb einer Anordnung von Is und Zs zu entdecken (vgl. Abbildung 3.10b). Unter dieser Bedingung reichte es nicht aus, nur nach dem Querstrich oder dem vertikalen Strich zu suchen; die Probanden mußten vielmehr die Verknüpfung dieser Merkmale herstellen, was der Merkmalsverknüpfung bei der Mustererkennung entspricht. Um diese Entscheidung zu treffen, benötigten die Probanden mehr als 1200 Millisekunden. Unter der Versuchsbedingung, die es erforderlich macht, die Verknüpfung von Merkmalen zu erkennen, werden also 400 Millisekunden mehr

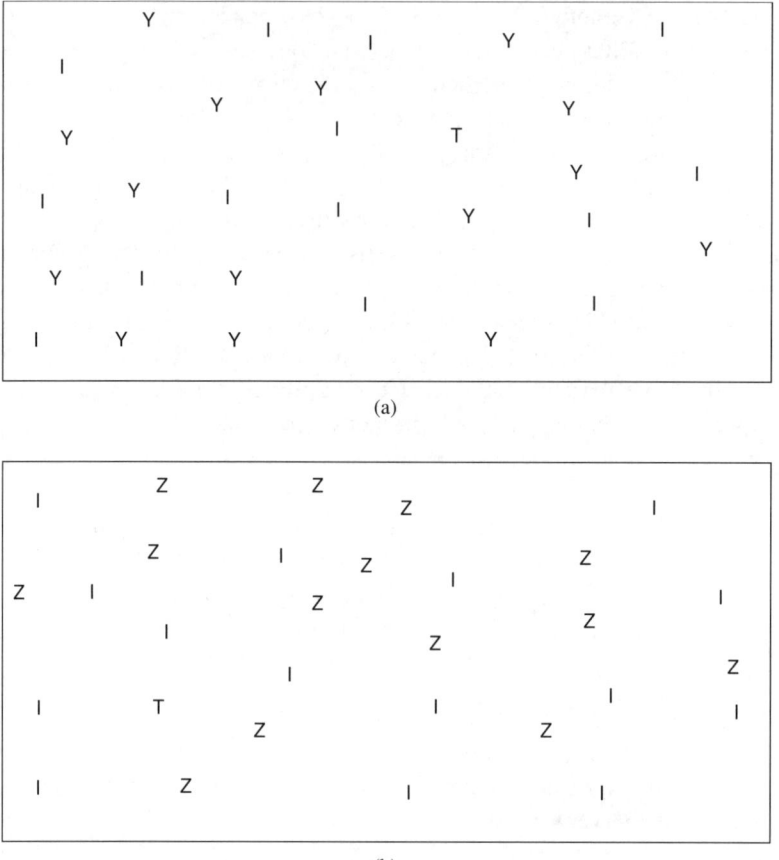

(a)

(b)

Abb. 3.10 Die Reizanordnung von Treisman und Gelade (1980). Es ist leichter, ein *T* innerhalb der Anordnung (a) als innerhalb der Anordnung (b) zu entdecken.

benötigt als unter der Bedingung, unter der ein einzelnes Merkmal ausreichend ist. Hinzu kommt noch, daß die Variation der Größe der Anordnung – Treisman und Gelade haben auch dies untersucht – einen stärkeren Einfluß hat, wenn eine Kombination von Merkmalen erkannt werden soll. Abbildung 3.11 zeigt die Ergebnisse.

Es scheint überraschend zu sein, daß Aufmerksamkeit benötigt wird, um Muster von Merkmalen zu erkennen, die gewöhnliche Buchstaben ergeben, denn wir haben den Eindruck, Buchstaben normalerweise automatisch zu erkennen. Allerdings muß beachtet werden, daß die Schwierigkeiten bei der Wahrnehmung von Merkmalskombinationen, die geläufigen Buchstaben entsprechen, nur bei großflächigen Bildexpositionen zum Tragen kommen. Nur unter dieser Voraussetzung wird die Verarbeitungsbelastung groß genug, um Defizite der Aufmerksamkeit sichtbar werden zu lassen.

Anscheinend muß man eine Stelle fixieren, um zu entscheiden, welche Verknüpfung von Merkmalen vorliegt. Treisman und Gelade fanden heraus, daß die Probanden das Vorhandensein eines einzelnen Merkmals (etwa eines vertikalen Balkens) entdecken konnten, ohne zu wissen, wo es sich innerhalb der Reizanordnung befand. Andererseits

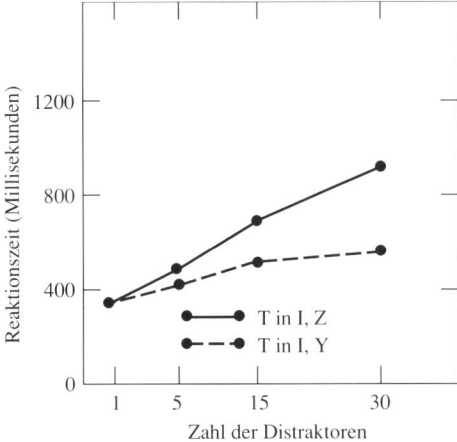

Abb. 3.11 Die Ergebnisse von Treisman und Gelade zeigen die Reaktionszeiten zur Entdeckung eines Zielelements als Funktion der Zahl der Distraktoren und in Abhängigkeit davon, ob die Distraktoren getrennt die Merkmale des Zielelements enthalten (modifiziert nach Treisman & Gelade, 1980).

konnten sie eine Verknüpfung von Merkmalen nur dann entdecken, wenn sie auch die Stelle innerhalb der Reizdarbietung nennen konnten, wo sich diese Verknüpfung befand. Zur Bestätigung einer Verknüpfung von Merkmalen müssen die Probanden ihre Aufmerksamkeit also einem bestimmten Ort zuwenden.

Es gab einige Kontroversen darüber, ob wirklich etwas Besonderes darin liegt, die Verknüpfung von Merkmalen zu verarbeiten. Duncan und Humphreys (1989) stellten die These auf, daß es sich dabei um einen Ähnlichkeitseffekt handle. Der Grund für die größeren Schwierigkeiten mit einer Anordnung wie in Abbildung 3.10b gegenüber einer Anordnung wie in Abbildung 3.10a liege darin, daß das Zielelement eine größere Ähnlichkeit zu den Distraktoren aufweist. Allerdings berichtet Treisman (1991) von einer Untersuchung, in der sie die Ähnlichkeit des Zielelements zu den Distraktoren konstant hielt und sich trotzdem ein Mehraufwand für die Wahrnehmung der Verknüpfung von Merkmalen zeigte.

Treisman und Schmidt (1982) untersuchten Merkmalskombinationen bei Stimuli, die außerhalb des Fokus der Aufmerksamkeit lagen. Die Probanden sollten zwei schwarze Ziffern identifizieren, die kurz in einem bestimmten Teil des visuellen Feldes aufleuchteten. Dies stellte die Hauptaufgabe dar und sollte die Aufmerksamkeit bündeln. In einem anderen Teil des visuellen Feldes wurden Buchstaben unterschiedlicher Farbe dargeboten. Die Probanden sahen beispielsweise ein rosa *T*, ein gelbes *S* oder ein blaues *N*. Nachdem die Probanden die Ziffern wiedergegeben hatten, sollten sie die Buchstaben und deren Farben nennen, die sie wahrgenommen hatten. Die Probanden berichteten illusorische Verknüpfungen von Merkmalen (beispielsweise ein rosa *S*) nahezu so häufig wie korrekte Kombinationen. Es scheint also so zu sein, daß wir nur dann in der Lage sind, Merkmale zu einer zutreffenden Wahrnehmung zu kombinieren, wenn wir unsere Aufmerksamkeit auf das Objekt lenken. Ansonsten nehmen wir zwar die Merkmale gut wahr, kombinieren sie allerdings zu einer Wahrnehmung eines Objekts, das es nie gegeben hat.

Die Merkmalsinformation muß sich im Zentrum unserer Aufmerksamkeit befinden, um zu einem Muster zusammengesetzt zu werden.

Neglect des visuellen Feldes

Aus Untersuchungen kennen wir eine Reihe von Hirnregionen, die im Zusammenhang mit visuellen Aufmerksamkeitsprozessen stehen. Beispielsweise ließen sich in einigen Arealen im Gehirn von Affen Zellen nachweisen, die stärker feuern, wenn die Aufmerksamkeit auf diese Areale gelenkt wird (Peterson, Robinson & Morris, 1987; Wurtz, Goldberg & Robinson, 1980). Diese Areale umfassen den Colliculus superior, den hinteren Parietallappen und ein Gebiet im Zwischenhirn, das als Pulvinar bekannt ist. Es wurde gezeigt, daß Schädigungen dieser Areale beim Menschen, speziell im Parietallappen, zu Defiziten der visuellen Aufmerksamkeit führen. Beispielsweise wiesen Posner, Walker, Friedrich und Rafal (1984) nach, daß Patienten mit einer Schädigung des Parietallappens Schwierigkeiten haben, die Aufmerksamkeit von einer Seite des visuellen Feldes abzuziehen. Wenn der rechte Parietallappen geschädigt ist, so bereitet es Schwierigkeiten, die Aufmerksamkeit von der rechten Seite des visuellen Feldes abzuziehen, um etwas auf der linken Seite des visuellen Feldes zu beachten (welches zu dem geschädigten rechten Parietallappen führt). Patienten mit einer Schädigung des linken Parietallappens zeigen diese Schwierigkeiten in symmetrischer Umkehrung.

Abbildung 3.12 dokumentiert Aufmerksamkeitsdefizite bei einer Schädigung des rechten Parietallapens an Hand der gemessenen Latenzzeiten (Posner, Cohen & Rafal, 1982).

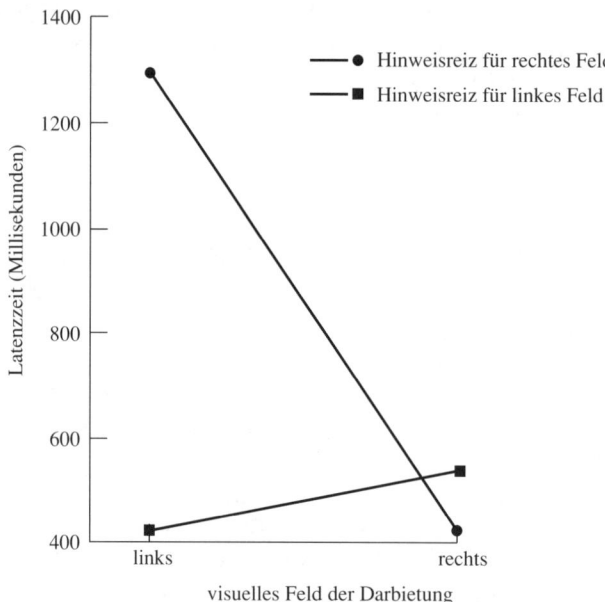

Abb. 3.12 Ein Patient mit einer Schädigung des rechten Parietallappens zeigt Schwierigkeiten, die Aufmerksamkeit auf das linke visuelle Feld zu lenken (aus Posner et al., 1982).

Es wurde das gleiche Paradigma verwendet, wie es Abbildung 3.5 zugrunde liegt. Die Patienten erhielten einen Hinweisreiz, daß der Stimulus links oder rechts des Fixationspunkts auftauchen wird. Wiederum trat der Stimulus in 80 Prozent der Fälle tatsächlich an dieser Stelle auf und in 20 Prozent der Fälle jedoch auf der nicht erwarteten Seite. Abbildung 3.12 zeigt die benötigte Zeit, um einen Stimulus zu entdecken, als Funktion des visuellen Teilfeldes, in dem der Stimulus erschien, und als Funktion des Teilfeldes, auf das sich der Hinweisreiz bezog. Wird der Stimulus im rechten Feld dargeboten, ergibt sich für die Probanden nur ein geringer Nachteil, wenn der Stimulus nicht mit dem Hinweisreiz übereinstimmt. Wird der Stimulus jedoch im linken visuellen Feld exponiert, der Hinweisreiz verwies aber auf das rechte Feld, so zeigt sich ein starkes Defizit. Da der rechte Parietallappen das linke visuelle Feld verarbeitet, impliziert dies, daß eine Schädigung dieses Lappens die Fähigkeit beeinträchtigt, die Aufmerksamkeit – ist sie erst einmal auf das rechte visuellen Feld fokussiert – auf das linke visuelle Feld zurückzulenken.

Posner et al. (1984) stellen heraus, daß dieses experimentelle Ergebnis dem klinischen Phänomen gleicht, das als visuelle Löschung bezeichnet wird und bei Patienten mit einer Schädigung des parietooccipitalen Areals beobachtet wird. Patienten mit einer Schädigung der rechten Hirnhälfte haben keinerlei Schwierigkeiten, einzelnen Objekten im linken visuellen Feld – das in der geschädigten Hirnregion verarbeitet wird – Aufmerksamkeit zu schenken. Wird aber ein konkurrierendes Objekt im rechten visuellen Feld dargeboten, können sie das Objekt im linken visuellen Feld nicht wahrnehmen. Wiederum zeigen Patienten mit einer Schädigung der linken Hirnhälfte dieses Defizit in symmetrischer Umkehrung.

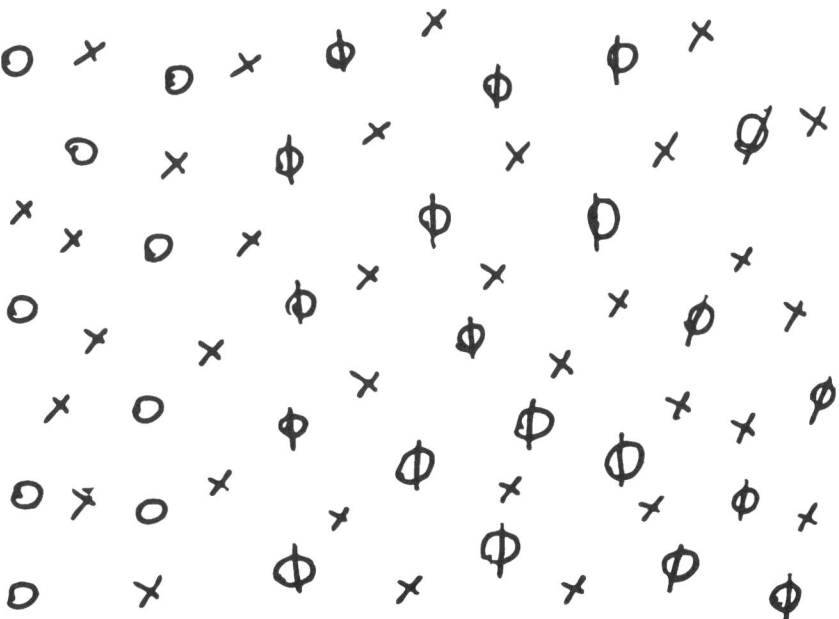

Abb. 3.13 Die Leistung einer Patientin mit einer Beeinträchtigung des linken visuellen Feldes, die alle Kreise markieren sollte (aus Ellis & Young, 1988).

Eine noch extremere Version dieser Aufmerksamkeitsstörung wird **unilateraler visueller Neglect** genannt. Patienten mit einer Schädigung der rechten Hirnhälfte ignorieren
die linke Seite des visuellen Feldes, und Patienten mit einer Schädigung der linken Hirnhälfte ignorieren die rechte Seite des visuellen Feldes. Abbildung 3.13 zeigt die Leistung
einer Patientin mit einer Beeinträchtigung des linken visuellen Feldes (Albert, 1973). Sie
wurde instruiert, alle Kreise einer Vorlage durchzustreichen. Wie zu sehen ist, ignorierte
sie die Kreise im linken Teil ihres visuellen Feldes. Häufig verhalten sich diese Patienten
sehr eigentümlich. Beispielsweise war es einem Patienten charakteristischerweise nicht
möglich, sich die eine Hälfte des Gesichts zu rasieren (Sacks, 1985).

Patienten mit einer unilateralen Schädigung des Parietallappens haben Schwierigkeiten, die Aufmerksamkeit auf jene Hälfte des visuellen Feldes zu lenken, die
durch diese Hirnregion verarbeitet wird.

Automatisiertheit

Bislang haben wir so getan, als wäre das System mit einer festen Aufmerksamkeitskapazi-
tät ausgestattet und die Menge der Information, die wir verarbeiten können, eine einfache
Funktion dieser Kapazität. Es gibt jedoch zumindest eine Komplizierung dieses Ansatzes:
Die Menge der verarbeitbaren Information ist nicht nur eine Funktion der Kapazität des
Systems, sondern auch des Automatisiertheitsgrades der verarbeitenden Prozesse. Wir
werden das Thema der Automatisiertheit auch in Kapitel 9 besprechen, wo wir die Ausübung gut geübter Fähigkeiten untersuchen. Je mehr ein Prozeß geübt wurde, desto weniger Aufmerksamkeit wird benötigt; man hat sogar vermutet, daß intensiv geübte Prozesse
überhaupt keine Aufmerksamkeit erfordern. Solche stark geübten Prozesse, die kaum
Aufmerksamkeit beanspruchen, werden als automatisch bezeichnet. Vermutlich wäre es
zutreffender, unter Automatisiertheit nicht eine präzise definierte Kategorie zu verstehen,
sondern eher eine Art Kontinuum, aber es hat sich als nützlich erwiesen, kognitive Prozesse in zwei distinkte Klassen einzuteilen: **automatische Prozesse**, die keine Aufmerksamkeit erfordern, und **kontrollierte Prozesse**, die Aufmerksamkeit beanspruchen (LaBerge
& Samuels, 1974; Shiffrin & Schneider, 1977). Automatische Prozesse laufen ohne bewußte Kontrolle ab. Viele Aspekte des Autofahrens und des Sprachverstehens können als
automatisch bezeichnet werden. Andererseits scheinen kontrollierte Prozesse eine bewußte Kontrolle zu erfordern. Das Beschatten eines Gesprächs in einer Aufgabe zum selekti-
ven Hören ist ein Beispiel für einen kontrollierten Prozeß. Viele höhere kognitive Prozesse, wie etwa das Kopfrechnen, sind kontrolliert.

Ein gutes Beispiel dafür, wie Übung die Aufmerksamkeitsgrenzen beeinflußt, ist ein
Experiment von Underwood (1974) mit dem Psychologen Neville Moray als Probanden.
Moray hatte viele Jahre mit Experimenten zum Beschatten zugebracht und übte das selbst
gerade wieder ausgiebig. Anders als die meisten Probanden konnte Moray auch den Inhalt
des nichtbeachteten Kanals relativ gut berichten. Durch viel Übung war der Vorgang des
Beschattens teilweise automatisiert worden, und damit hatte Moray noch genügend Auf-

merksamkeitskapazität für den nicht beschatteten Kanal zur Verfügung.

> Je stärker Aufgaben geübt werden, desto stärker werden sie automatisiert und desto
> weniger Aufmerksamkeitsressourcen verbrauchen sie.

Automatisiertheit und visuelle Suche

Schneider und Fisk (1982), Schneider und Shiffrin (1977), Shiffrin und Dumais (1981)
sowie Shiffrin und Schneider (1977) führten eine Serie von Experimenten durch, die
kontrollierte Prozesse automatisierten Prozessen gegenüberstellen sollten. Das experimentelle Paradigma zur Untersuchung dieses Problems bestand darin, daß die Probanden eine
visuelle Anordnung absuchen mußten. Abbildung 3.14 veranschaulicht das Paradigma von
Schneider und Shiffrin. Den Probanden wird ein Zielbuchstabe oder eine Zielzahl gegeben, wonach sie eine Serie von visuellen Anordnungen absuchen sollen. Die Anordnungen
bestehen aus zwanzig verschiedenen Rahmen, die kurz auf einem Bildschirm aufleuchten.
Die Probanden sollen angeben, ob das Zielobjekt in einem der Rahmen aufgetreten ist. Es
wurden zwei Faktoren variiert. Die erste Variation bestand darin, daß ein Rahmen ein,
zwei oder vier Zeichen aufweisen konnte. Dieser Faktor wird als Rahmengröße bezeichnet. Der andere wichtige Faktor betrifft die Beziehung zwischen dem Zielelement und den
Elementen innerhalb der Rahmen. Unter der Gleiche-Kategorien-Bedingung sind sowohl
das Zielelement als auch die Elemente in den Rahmen Buchstaben. Unter der Verschiedene-Kategorien-Bedingung ist das Zielelement immer eine Zahl, und die anderen Elemente
in den Rahmen sind Buchstaben. Unter der Verschiedene-Kategorien-Bedingung erscheint
also entweder eine Zahl in einem der zwanzig Rahmen – es handelt sich dann um das
Zielelement, und die Probanden reagieren mit „ja" –, oder es taucht keine Zahl in einem
Rahmen auf, worauf die Probanden mit „nein" reagieren.

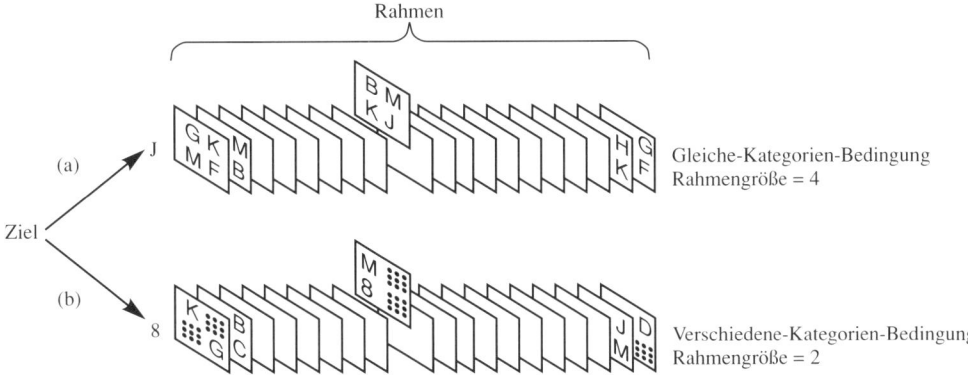

Abb. 3.14 Zwei Beispiele für positive Versuchsdurchgänge im Experiment von Schneider und Shiffrin. Unter der (a)
Gleiche-Kategorien-Bedingung sind sowohl Zielelement (*J*) als auch die Distraktoren Buchstaben; unter der (b)
Verschiedene-Kategorien-Bedingung ist das Zielelement eine Zahl (8), und die Distraktoren sind Buchstaben
(modifiziert nach Schneider & Shiffrin, 1977).

Wie Schneider und Shiffrin (1977) berichten, ist die Leistung unter beiden Bedingungen sehr unterschiedlich. Unter der Verschiedene-Kategorien-Bedingung reichte den Probanden eine Darbietungszeit von 80 Millisekunden je Rahmen aus, um eine Trefferquote von 95 Prozent zu erlangen. Unter der Gleiche-Kategorien-Bedingung brauchten sie 400 Millisekunden je Rahmen, um die gleiche Trefferquote zu erreichen. Unter der Verschiedene-Kategorien-Bedingung hatte die Anzahl der Elemente pro Rahmen nur einen geringen Einfluß auf die Leistung, unter der Gleiche-Kategorien-Bedingung verschlechterte sich die Leistung drastisch, wenn die Anzahl der Elemente innerhalb eines Rahmens anstieg. Andere Forschungsgruppen fanden, daß Probanden leicht Buchstaben unter Zahlen sowie Zahlen unter Buchstaben entdecken können (zum Beispiel Gleitman & Jonides, 1978).

Schneider und Shiffrin argumentieren, daß die Probanden, bevor sie ins Versuchslabor kommen, im Erkennen von Zahlen unter Buchstaben so hoch trainiert sind, daß es sich dabei um einen automatischen Prozeß handelt. Im Gegensatz dazu ist zum Erkennen von Buchstaben unter Buchstaben kontrollierte Verarbeitung notwendig. Hier müssen die Probanden jeden einzelnen Buchstaben in jedem Rahmen beachten und diese mit dem Zielbuchstaben vergleichen. All diese Schritte benötigen Zeit; folglich konnten die Probanden jeden Rahmen nur gründlich absuchen und ein beachtliches Leistungsniveau erreichen, wenn die Bilder lange präsentiert wurden. Da die Probanden zudem jeden einzelnen Buchstaben in jedem Rahmen überprüfen mußten, mußten die Rahmen mit steigender Zahl der darin enthaltenen Elemente länger dargeboten werden. Im Gegensatz dazu konnten die Probanden unter der Verschiedene-Kategorien-Bedingung alle Elemente gleichzeitig überprüfen, um herauszufinden, ob eine Zahl enthalten ist. Sie waren in der Lage, diese Verarbeitung gleichzeitig auszuführen, da der Entdeckungsprozeß automatisiert ist.

Die Ergebnisse von Schneider und Shiffrin unter der Gleiche-Kategorien-Bedingung ähneln den bereits erwähnten Ergebnissen der Untersuchung von Sperling. Während Sperling Grenzen der Fähigkeit fand, Buchstaben aus dem Gedächtnis wiederzugeben, fanden Schneider und Shiffrin Grenzen der Fähigkeit, Buchstaben unter Buchstaben zu entdekken. Handelte es sich allerdings um eine Buchstaben-Zahlen-Diskriminationsaufgabe, so konnten die Probanden auf einen automatisierten Prozeß zurückgreifen, der nicht an die Kapazitätsgrenzen gebunden ist.

Shiffrin und Schneider (1977) führten ein weiteres, dem eben beschriebenen ähnliches Experiment durch, wobei allerdings das Zielelement immer einer Menge von Buchstaben (B, C, D, E, F, G, H, J, K, L) und die Distraktoren immer einer anderen Menge (Q, R, S, T, V, W, X, Y, Z) entstammten. Nach 2100 Versuchsdurchgängen erreichten die Probanden das gleiche Leistungsniveau wie in der Verschiedene-Kategorien-Bedingung des vorgenannten Experiments. Es bedurfte also 2100 Übungseinheiten, bis die Unterscheidung zwischen zwei verschiedenen Mengen von Buchstaben ebenso automatisiert vollzogen wurde wie die Unterscheidung von Zahlen und Buchstaben. Diese Ergebnisse demonstrieren, daß Prozesse – bei hinreichender Übung – automatisiert werden können. Sind sie erst automatisiert, so bedürfen sie keiner Aufmerksamkeitszuwendung mehr, und die Leistung hängt nicht mehr von der Zahl der Prozesse ab, die gleichzeitig ausgeführt werden müssen.

Die Zeit zum Suchen eines Zielelements in einer visuellen Anordnung hängt von dem erreichten Grad der Automatisiertheit für die Unterscheidung von Ziel und Distraktor ab.

Aufmerksamkeit und Mustererkennen

Im Zusammenhang mit den Forschungsergebnissen von Treisman wurde bereits erwähnt, daß das Zusammenfügen von Merkmalen zur Wahrnehmung eines Musters Aufmerksamkeit erfordert. Die Experimente von LaBerge (1973) zeigen, daß die Aufmerksamkeitsanforderungen der Merkmalssynthese eine Funktion der Vertrautheit mit den Mustern ist. LaBerge wollte das Erkennen von vertrauten Mustern (p, q, b, d) mit dem Erkennen nicht vertrauter Muster ($\upharpoonright$, $\uparrow$, $\downharpoonleft$, $\downarrow$) vergleichen. In seinem Paradigma wurde zunächst ein Vorreiz (Prime-Stimulus) von einer Sekunde Dauer dargeboten. Der Prime-Stimulus wurde dann entfernt, und es folgte der Test-Stimulus. Tabelle 3.1 zeigt die verschiedenen Arten von Versuchsdurchgängen, die die Probanden durchliefen. Der Prime-Stimulus war immer ein einzelnes Zeichen, etwa der Buchstabe p. Der Test-Stimulus war üblicherweise (in 75 Prozent der Fälle) auch ein einzelnes Zeichen; die Probanden hatten also einfach zu entscheiden, ob die beiden Zeichen identisch waren. Gelegentlich bestand der Test-Stimulus allerdings aus zwei Zeichen, und die Probanden sollten beurteilen, ob beide Zeichen gleich waren – eine Entscheidung, die nicht vom Prime-Stimulus abhängig war.

Tabelle 3.1: Die verschiedenen Versuchsdurchgänge im Experiment von LaBerge

Stimulusart	Bedingung			
	vertraut, erwartet, positiv	nicht vertraut, erwartet, positiv	vertraut, nicht erwartet, positiv	nicht vertraut, nicht erwartet, positiv
Prime-Stimulus	p	$\upharpoonright$	a	a
Test-Stimulus	p	$\upharpoonright$	qq	$\upharpoonright\upharpoonright$
	Bedingung			
	vertraut, erwartet, negativ	nicht vertraut, erwartet, negativ	vertraut, nicht erwartet, negativ	nicht vertraut, nicht erwartet, negativ
Prime-Stimulus	p	$\upharpoonright$	a	a
Test-Stimulus	q	$\uparrow$	bq	$\downharpoonleft\upharpoonright$

Um dieses Paradigma zu veranschaulichen, betrachten wir einige Versuchsbedingungen der Tabelle 3.1. Unter der vertrauten, erwarteten und positiven Bedingung könnten die Probanden etwa ein p als Prime gesehen haben. Nach einer Sekunde, während die Probanden das p betrachten konnten, wurde der Stimulus entfernt, und ein weiteres p wurde dargeboten. Die Probanden hatten mit „ja" zu reagieren, da der Prime- und der Test-Stimulus übereinstimmten. Diese Bedingung heißt *vertraut*, weil das *p* einen vertrauten Buchstaben darstellt; sie heißt *erwartet*, da die Probanden erwarteten, einen einzelnen Buchstaben als Test-Stimulus zu sehen, und sie heißt *positiv*, weil Prime- und Test-Stimulus übereinstimmten und eine Ja-Reaktion gegeben wurde. Betrachten wir nun die nicht vertraute, nicht erwartete und positive Bedingung. Hier sehen die Probanden anfänglich den Prime-Buchstaben *a*. Sie erwarten als Test-Stimulus entweder ein *a* oder einen anderen einzelnen Stimulus, da ja überwiegend einzelne Stimuli dargeboten werden. Tatsächlich jedoch folgen auf den Prime die Zeichen ⇈. Weil die Probanden ein Zeichenpaar sehen, wissen sie, daß sie entscheiden müssen, ob die beiden Paarlinge identisch sind. Die Stimuli sind in unserem Beispiel identisch, und somit ist die korrekte Reaktion ein „Ja". Die Bedingung heißt *nicht vertraut*, weil die Test-Stimuli nicht vertraute Stimuli beinhalten; sie heißt *nicht erwartet*, weil die Probanden keine zwei Zeichen als Test-Stimuli erwarteten, und sie heißt *positiv*, da beide Test-Zeichen übereinstimmten (Ja-Reaktion).

Wir werden nur jene Versuchsdurchgänge betrachten, in denen die Reaktion positiv war. Bei erwartetem Stimulus (einzelnes Zeichen) machte es keinen großen Unterschied, ob er vertraut oder nicht vertraut war. Die Probanden gaben ihr positives Urteil mit annähernd gleicher Geschwindigkeit ab. Sie fokussierten ihre Aufmerksamkeit auf das Test-Muster und waren bereit, es zu erkennen. War der Stimulus allerdings nicht erwartet, zeigte sich ein beachtlicher Unterschied in der Beurteilungsgeschwindigkeit zwischen vertrauten Zeichen (530 Millisekunden) und nicht vertrauten Zeichen (580 Millisekunden). Wurden nicht erwartete vertraute Stimuli exponiert, so schienen die Probanden diese Stimuli automatisch zu erkennen und diese mit ihrem Gedächtnisinhalt der zwei Buchstaben vergleichen zu können. Bei nicht vertrauten Stimuli scheint es jedoch so zu sein, daß die Aufmerksamkeit von dem erwarteten Muster hin zu dem tatsächlich exponierten Muster verschoben werden muß, und diese Verschiebung kostet Zeit. Nach einem fünftägigen Training von einer Stunde am Tag konnten die Probanden die neuen Zeichen, wenn diese unerwartet auftraten, genauso schnell erkennen wie die vertrauten Zeichen, falls jene unerwartet auftraten. Das Training hat also das Erkennen nahezu automatisiert.

Das Erkennen von nicht vertrauten Mustern wird erleichtert, wenn ein Vorreiz diese Muster erwarten läßt.

Der Stroop-Effekt

Automatische Prozesse zeichnen sich nicht nur dadurch aus, daß sie wenig oder keine Aufmerksamkeit erfordern, sondern es scheint auch so zu sein, daß die Ausführung nur schwer unterbrochen werden kann. Ein gutes Beispiel ist die Worterkennung bei geübten Lesern. Es ist praktisch unmöglich, ein bekanntes Wort zu sehen und es nicht zu lesen. Diese starke Tendenz von Wörtern, eine Verarbeitung zu befehlen, wurde innerhalb des Phänomens untersucht, das als **Stroop-Effekt** bekannt ist. Die Aufgabe verlangt von den Probanden, die Druckfarbe zu nennen, mit der Wörter geschrieben sind. Das Wort, dessen Druckfarbe zu benennen ist, kann ein Farbwort wie *rot* oder ein neutrales Wort wie *Lob* sein. Wenn es sich um ein Farbwort handelt, kann es in der jeweils bezeichneten Farbe oder in einer anderen Farbe gedruckt sein. Abbildung 3.15 zeigt die Ergebnisse eines Experiments von Dunbar und MacLeod (1984). Verglichen mit der Kontrollbedingung eines neutralen Wortes, sind die Probanden etwas schneller in der Kongruenz-Bedingung (Benennung der Farbe bei gleichlautendem Farbwort). Sie sind sehr viel langsamer in der Konflikt-Bedingung (Benennung der Farbe bei anderslautendem Farbwort). Sie haben beispielsweise große Schwierigkeiten anzugeben, daß die Farbe des Wortes *rot* grün sei. Abbildung 3.15 zeigt außerdem die Reaktionszeiten für das Lesen der Wörter (und nicht das Benennen der Druckfarbe) unter diesen drei Bedingungen. Die Effekte sind asymmetrisch, was bedeutet, daß die Probanden nicht eine ebensolche Erleichterung oder Interferenz (Störung) beim Lesen eines Wortes durch die Druckfarbe erfahren. Natürlich erfolgt das Lesen eines Wortes insgesamt viel schneller als die Benennung der Druckfarbe, was für den hochautomatisierten Charakter des Lesens spricht.

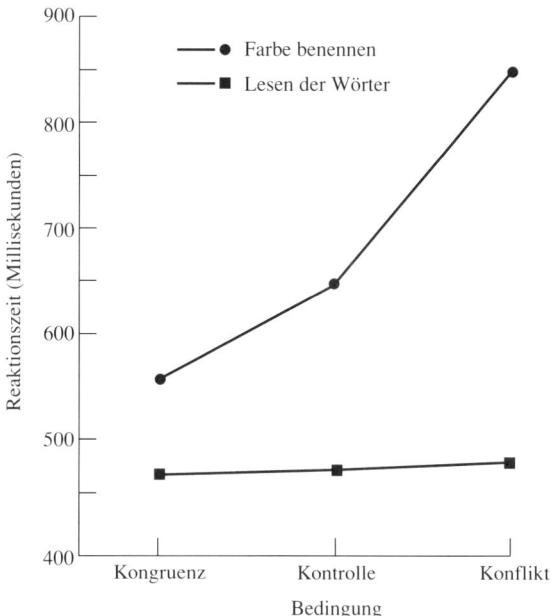

Abb. 3.15 Reaktionszeiten für die übliche Stroop-Aufgabe (aus Dunbar & MacLeod, 1984).

Die Probanden sind unter der Konflikt-Bedingung nicht nur sehr viel langsamer bei der Benennung der Druckfarbe, es unterlaufen ihnen auch viel mehr Fehler. Zum Teil setzt sich das dargebotene Farbwort gegen die zu benennende Druckfarbe durch. Das Lesen ist eine derart automatisierte Reaktion, daß es oft unmöglich ist, das Lesen eines Wortes zu unterdrücken, obwohl genau dies durch die Instruktion verlangt wird. Abbildung 3.16 veranschaulicht ein Analogon zu dem Stroop-Experiment, das von Flowers, Warner und Polansky (1979) entwickelt wurde und mit einem Schwarz-Weiß-Text durchgeführt werden kann. Gehen Sie die Vorlage Zeile für Zeile durch und geben Sie so

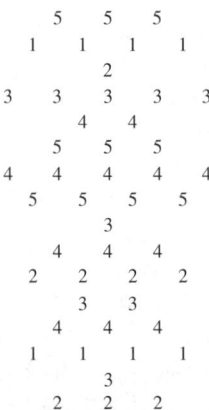

Abb. 3.16 Die Aufgabe besteht darin, die Anzahl der Zeichen jeder Reihe laut anzugeben. Es handelt sich um eine Variation der Stroop-Aufgabe (aus Glass & Holyoak, 1986).

schnell wie möglich die Zahl der Zeichen jeder Zeile an. Sie werden es wahrscheinlich als schwierig erleben, einer Benennung der Zahlen zu widerstehen, die sich in einer Zeile befinden, um tatsächlich zu der Zahl der Zeichen pro Zeile zu gelangen. Dies ist deshalb so schwierig, weil das Zahlenerkennen viel stärker automatisiert ist als das Zählen.

MacLeod und Dunbar (1988) untersuchten Übungseffekte bei Stroop-Aufgaben. Sie führten ein Experiment durch, bei dem die Probanden Farbnamen als Bezeichnung zufälliger Formen zu lernen hatten. Sie boten anschließend geometrische Test-Stimuli dar, und die Probanden sollten entweder den (Farb-)Namen nennen, der mit dieser geometrischen Form assoziiert war, oder die Druckfarbe dieser Form. Es gibt auch hier, wie im ursprünglichen Stroop-Experiment, drei Versuchsbedingungen:

- Kongruenz: Druckfarbe und Farbname der Zufallsform stimmen überein.
- Kontrolle: Die Druckfarbe weiß wird für Formen verwendet, wenn die Probanden den Farbnamen der Form nennen sollen; farbige Quadrate werden verwendet, wenn die Druckfarbe der Form genannt werden soll. (Die quadratische Form war mit keinem Farbnamen assoziiert.)
- Konflikt: Druckfarbe und Farbname der Zufallsform stimmen nicht überein.

Abbildung 3.17a zeigt die Ergebnisse dieser Aufgabe. Die Druckfarbennennung ist viel stärker automatisiert als die Formbenennung (via Farbbezeichnungen) und relativ unberührt von der Übereinstimmung mit den Formen, während die Formbenennung (via Farbbezeichnungen) stark durch die Übereinstimmung mit der Druckfarbe beeinflußt wird. MacLeod und Dunbar gaben ihren Probanden zwanzig Tage Zeit, die Benennung der Formen zu üben. Abbildung 3.17b zeigt die Ergebnisse, die sie erhielten. Die Probanden waren nun sehr viel schneller im Formbenennen, und dadurch traten nun eher Interferenzen mit der Druckfarbenbenennung auf als umgekehrt. Das Ergebnis des Trainings war also, daß das Formbenennen ähnlich automatisiert wurde wie das Lesen von Wörtern, so daß es das Benennen der Druckfarben beeinflussen konnte.

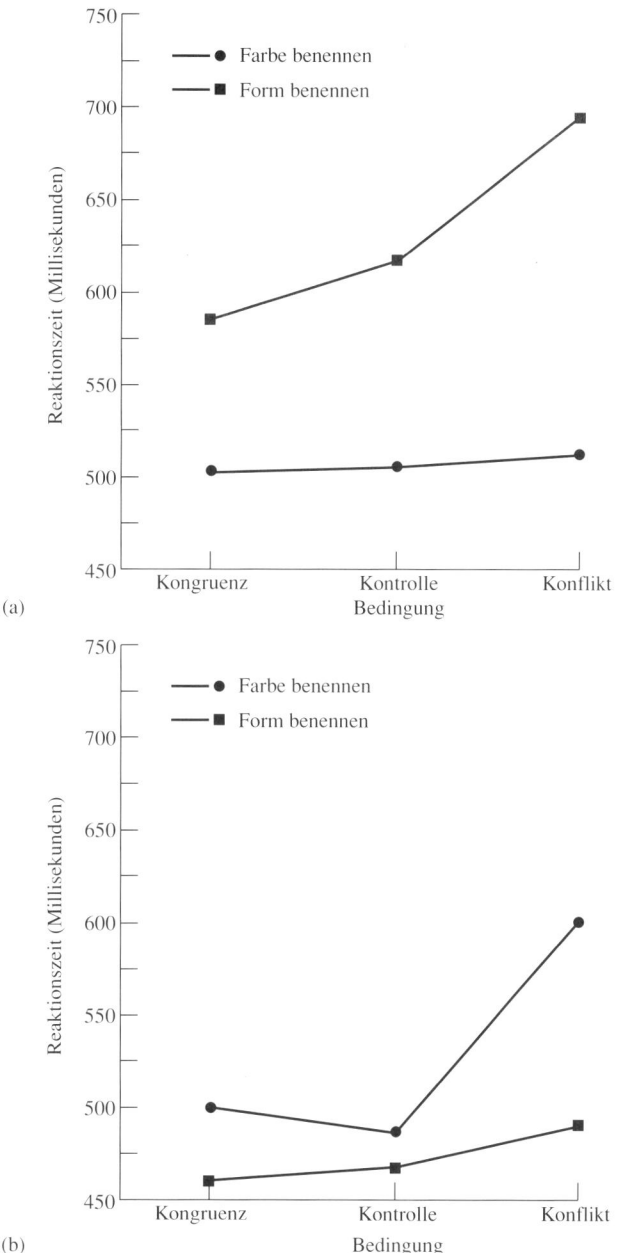

Abb. 3.17 Die Ergebnisse von MacLeod und Dunbar (1988). Die zum Benennen von Formen und Farben benötigten Reaktionszeiten als Funktion der Farb-Form-Übereinstimmung. In (a) ist die Anfangsleistung dargestellt, in (b) die Leistung nach einer Übungsphase von 20 Tagen.

Das Lesen eines Wortes ist ein so stark automatisierter Prozeß, daß es schwierig ist, ihn zu unterdrücken. Dieser automatisierte Prozeß interferiert mit anderen Informationen, die sich auf das Wort beziehen.

Die Ausführung von Doppelaufgaben

Unsere Darstellungen beschränkten sich bislang auf die Vorgabe mehrerer Stimuli, wobei die Probanden zu entscheiden hatten, auf welchen Stimulus sie reagieren. Allerdings findet sich zunehmend auch eine Betrachtungsweise, Aufmerksamkeitsprozesse nicht nur unter dem Wahrnehmungsaspekt, sondern auch unter dem Leistungsaspekt zu untersuchen. In vielen Situationen versuchen wir, mehrere Aufgaben gleichzeitig auszuführen. Beispielsweise versuchen wir oft, uns zu unterhalten, während wir Auto fahren; oder wir machen etwas mit unseren Händen, während wir gehen. In solchen Situationen ist die Aufmerksamkeit verbunden mit einer Aufteilung unseres Bemühens auf beide Aufgaben. Wie gut wir die jeweilige Aufgabe bewältigen, hängt davon ab, wie automatisiert die Aufgaben sind und wieviel Anstrengung wir jeder Aufgabe zukommen lassen.

In einem repräsentativen Experiment zur Ausführung von **Doppelaufgaben** ließen Wickens und Gopher (1977) ihre Probanden gleichzeitig eine Nachführaufgabe und eine serielle Reaktionsaufgabe ausführen. Die Nachführaufgabe verlangte von den Probanden, Links-rechts-Bewegungen mit einem Kontroll-Stick auszuführen, um eine sich stetig bewegende Markierung über einem Referenzpunkt zu halten. Bei der seriellen Reaktionsaufgabe sollte jeweils eine Taste gedrückt werden, die einer visuell dargebotenen Zahl zwischen 0 und 9 entsprach. Im Anschluß an den Tastendruck folgte eine neue Zahl. Die Probanden wurden instruiert, der Nachführaufgabe entweder 70 Prozent, 50 Prozent oder 30 Prozent ihrer Bemühungen zuzuordnen oder sich ausschließlich auf die Reaktionszeit-

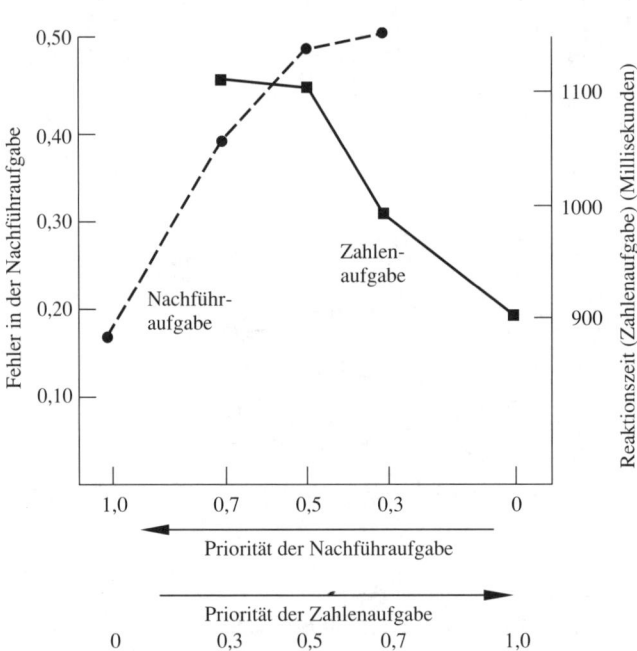

Abb. 3.18 Fehler in der Nachführaufgabe und Reaktionszeiten als Funktion der Aufgabenpriorität (aus Wickens & Gopher, 1977).

aufgabe zu konzentrieren. Abbildung 3.18 zeigt, wie die Fehlerrate in der Nachführaufgabe und die Reaktionszeiten in der Zahlenaufgabe in Abhängigkeit von der Versuchsbedingung variieren. Wie aus der Abbildung entnommen werden kann, geht eine Verbesserung
der Leistung in der einen Aufgabe auf Kosten der Leistung in der anderen Aufgabe.

Welches Ausmaß an Interferenz durch die eine auf die andere Aufgabe entsteht, hängt
auch davon ab, wie automatisiert diese Aufgabe ist. Beispielsweise konnten Allport, Antonis und Reynolds (1972) zeigen, daß geübte Pianisten gleichzeitig vom Blatt spielen und
eine verbale Beschattungsaufgabe ausführen konnten, ohne daß eine der beiden Aufgaben
gestört wurde. Sie argumentieren, daß ein Teil des Lernens einer Fertigkeit wie Klavier-
spielen eine Reorganisation dieser Fertigkeit beinhaltet, so daß sie weniger mit anderen
Fertigkeiten interferiert. Kapitel 9 wird die Effekte der Übung auf die Reorganisation von
Fertigkeiten weiter vertiefen.

Um mehrere Aufgaben gleichzeitig ausführen zu können, kann die Anstrengung in
unterschiedlichen Ausmaßen verteilt werden.

Doppelreiz-Untersuchungen

Die Interferenz, die zwei Aufgaben aufeinander ausüben, spiegelt den Sachverhalt wider,
daß sie konfligierende Anforderungen an eine einzige Verarbeitungsressource stellen. Eines der Paradigmen, unter denen diese konfligierenden Anforderungen untersucht wurden,
ist das **Doppelreiz-Paradigma**. Beispielsweise untersuchte Davis (1959) die Leistungen
in einem Experiment, in dem die Probanden ein Licht links (S_1) aufleuchten sahen, dem
ein Licht rechts (S_2) folgte. Die Probanden sollten auf das linke Licht mit einem Tastendruck der linken Hand (R_1) und auf das rechte Licht mit einem Tastendruck der rechten
Hand (R_2) reagieren. Die Probanden benötigten etwa 150 Millisekunden, um auf jedes
Licht einzeln zu reagieren. Davis inter-
essierte sich für die Abhängigkeit der
Reaktionszeiten, die für das zweite
Licht benötigt wurden, vom Zeitintervall, das zwischen dem ersten und dem
zweiten Licht liegt. Abbildung 3.19
zeigt die Latenzen für R_2 als Funktion
des Interstimulusintervalls (ISI) zwischen S_1 und S_2. Wie man sehen kann,
werden die Reaktionen mit Anstieg des
ISI zunehmend schneller und erreichen
jene 150 Millisekunden, die für die
Ausführung der isolierten Reaktion benötigt werden.

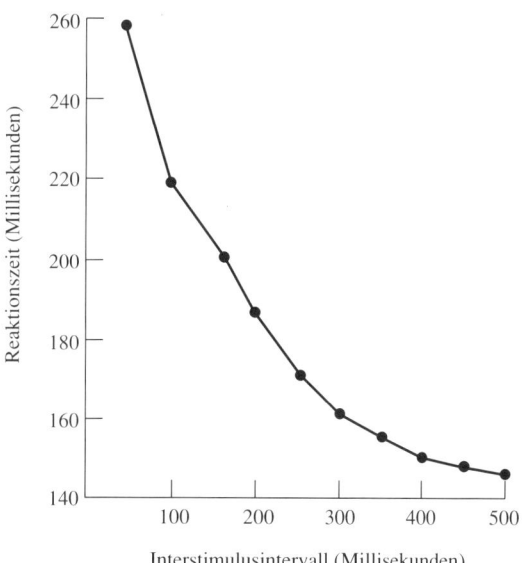

Abb. 3.19 Reaktionszeiten auf einen zweiten Stimulus als Funktion des Zeitintervalls zum ersten
Stimulus (aus Davis, 1959).

Ergebnisse wie diese veranlaßten Welford (1952), die Ein-Kanal-Hypothese aufzustellen. Er argumentierte, daß es einen einzigen Kanal für die Reaktion auf Reize gebe und daß die Reaktion auf S_2 den Kanal nicht passieren könne, solange noch die Reaktion auf S_1 verarbeitet wird. Aus diesem Grund sei die Reaktion auf S_2 um einen Betrag verzögert, der der Differenz zwischen der Zeit, die für die Reaktion auf S_1 benötigt wird, und dem ISI entspricht. Diese Hypothese wurde recht gut in einer großen Zahl von Doppelreiz-Untersuchungen bestätigt (für einen Überblick vgl. Kantowitz, 1974; Keele, 1986). Dies verdeutlicht die Idee, daß es begrenzte Ressourcen gibt und daß bei gleichzeitiger Verarbeitung mehrerer Informationen der eine Verarbeitungsprozeß in dem Ausmaß weniger Ressourcen erhält, in dem diese dem anderen Verarbeitungsprozeß zugeteilt werden.

Man kann sich nun die Frage stellen, wo genau diese Interferenz stattfindet, die sich in den Doppelreiz-Untersuchungen aufweisen läßt: bei der Verarbeitung des zweiten Stimulus oder bei der Erzeugung der zweiten Reaktion? Paschler (1989) vertritt die Ansicht, daß die Interferenz in diesen Zwei-Reize-Untersuchungen an beiden Stellen zu finden ist – bei der perzeptuellen Verarbeitung des Stimulus ebenso wie bei der Reaktionsgenerierung. Er zeigte, daß für den Fall der Exposition von S_1 und S_2 innnerhalb der gleichen Modalität die Interferenz zwischen beiden bei kurzen Interstimulusintervallen auftritt; dies spricht für eine mangelhafte Verarbeitung von S_2 und zeigt sich im Anstieg der Fehlerrate für dessen Bearbeitung. Andererseits bleibt dieser Anstieg für kurze Interstimulusintervalle aus, wenn die Reize unterschiedlichen Modalitäten entstammen oder keine Interferenz auftritt. Allerdings sind die Reaktionen auf den zweiten Stimulus bei kurzen Interstimulusintervallen verzögert, auch wenn S_2 einer anderen Modalität entstammt als S_1. Im visuellen System kann also nur eine bestimmte Menge an Information gleichzeitig verarbeitet werden. Wenn mehrere Elemente gleichzeitig verarbeitet werden müssen, werden sie schlechter verarbeitet, und die Fehlerraten steigen an. Im Gegensatz dazu verzögert die Verarbeitung des einen Elements die Verarbeitung des anderen Elements innerhalb des Reaktionssystems.

Folgen zwei Reaktionen kurz aufeinander, dann kann die zweite Reaktion durch die erste Reaktion verzögert werden, und es können Interferenzen auftreten.

Die Theorie multipler Ressourcen

Unsere bisherige Analyse ging davon aus, daß es eine einzige Ressource gibt, die zwischen allen gleichzeitig auszuführenden Aufgaben aufgeteilt werden muß. Alles, was die Aufmerksamkeit leisten kann, ist zu entscheiden, wieviel an Ressourcen jeder Aufgabe zugeordnet wird. Allerdings haben Navon und Gopher (1979) sowie Wickens (1992) die Ansicht vertreten, daß es mehrere Ressourcen gibt und daß das Ausmaß an Interferenz zweier Aufgaben davon abhängt, ob die beiden Aufgaben die gleichen Ressourcen beanspruchen. Dies wird als **Theorie multipler Ressourcen** bezeichnet. North (1977) führte experimentelle Belege dafür an, daß es schwieriger ist, zwei Nachführaufgaben oder zwei Zahlenerkennungsaufgaben gleichzeitig auszuführen als eine Kombination von Nachführaufgabe und Zahlenerkennungsaufgabe. In einer weiteren Untersuchung ließen Vidulich und Wickens (1981) eine visuelle Nachführaufgabe und eine Reaktionszeitaufgabe simultan bearbeiten. Die Reaktionszeitaufgabe verursachte eine stärkere Interferenz mit der visuellen Nachführaufgabe, wenn es sich um eine visuelle Exposition und nicht um eine akustische Exposition der Reize handelte. Sie produzierte auch eine stärkere Interferenz, wenn die Reaktionszeitaufgabe eine manuelle Reaktion (ebenso wie die Nachführaufgabe) anstatt einer verbalen Reaktion erforderte. Die Reaktionszeitaufgabe führte also zu einer stärkeren Interferenz, wenn entweder die Reize oder die Reaktionen den gleichen Modalitäten wie in der Nachführaufgabe entstammten.

Es spricht also einiges für eine Art von Theorie multipler Ressourcen, da es eine so große Bandbreite von Interferenzbeträgen gibt, die zwei Aufgaben aufeinander ausüben können. Wir haben weiter oben ausgeführt, daß beispielsweise ein geübter Pianist Klavier spielen und ohne Interferenz gleichzeitig eine Beschattungsaufgabe ausführen kann. Allerdings wies Navon (1984) darauf hin, daß die Schwierigkeit der Theorie multipler Ressourcen darin liegt, daß sie kaum empirisch zu widerlegen ist. Für jede Interferenzkonfiguration kann eine bestimmte Ressourcenkonfiguration postuliert werden. Deshalb ist es notwendig, daß eine plausible Basis – wie etwa unterschiedliche Modalitäten – für die angenommene Unabhängigkeit der Ressourcen gefunden wird.

Der Konflikt bei der gleichzeitigen Ausführung zweier Aufgaben ist durch das Ausmaß des Rückgriffs auf die gleichen Verarbeitungsressourcen bestimmt.

Schlußfolgerungen

Die Art und Weise, wie die kognitive Psychologie das Aufmerksamkeitsproblem behandelt, unterliegt allmählichen Verschiebungen. Lange Zeit lag dem eine implizite Annahme zugrunde, die durch ein Zitat von William James (1890) – er schrieb dies vor über 100 Jahren – treffend zum Ausdruck gebracht werden kann:

Jeder weiß, was Aufmerksamkeit ist. Sie ist das Besitzergreifen durch den Verstand, in einer klaren und lebhaften Form. Eines wird aus dem herausgegriffen, was wie mehrere gleichzeitig mögliche Objekte oder Gedankengänge scheint. Bündelung, Konzentration des Bewußtseins sind das Wesentliche. Sie beinhaltet das Zurückziehen von einigen Dingen, um mit den anderen wirkungsvoll umgehen zu können. (S. 403–404)

Zwei Merkmale dieses Zitats stehen für einst vertretene Konzeptionen von Aufmerksamkeit: Das eine Merkmal besteht darin, daß die Aufmerksamkeit stark an das Bewußtsein gebunden ist – wir können nicht einem Objekt Aufmerksamkeit zukommen lassen, bevor wir uns dieses Objekts bewußt sind. Das zweite Merkmal ist, daß die Aufmerksamkeit, genau wie das Bewußtsein, ein einheitliches System darstellt. Man gelangt immer stärker zu der Ansicht, daß die Verbindung von Aufmerksamkeit und Bewußtsein unglücklich ist (vgl. zum Beispiel Shiffrin, im Druck). Mit dieser Ansicht geht auch einher, daß die Aufmerksamkeit nicht einen einzelnen Faktor darstellt. Wir haben gesehen, daß es Sinn macht, auditive Aufmerksamkeit von der visuellen Aufmerksamkeit und Aufmerksamkeit in der perzeptuellen Verarbeitung von der Aufmerksamkeit in der Reaktionserzeugung zu trennen. Des weiteren ist der Interferenzbetrag zwischen Aufgaben eine Funktion der Überschneidung erforderlicher Ressourcen. Das Gehirn ist eine komplexe, parallel verarbeitende Vorrichtung. An vielen verschiedenen Stellen muß es begrenzte Ressourcen in einer Art und Weise verteilen, die die Informationsverarbeitung, die es auszuführen hat, maximieren. Es gibt keinen Grund anzunehmen, daß es eine einzige Begrenzung der Ressourcen oder einen einzelnen Mechanismus der Ressourcenzuteilung gibt.

Anmerkungen und Literaturhinweise

Das von Parasuraman und Davies (1984) herausgegebene Buch enthält viele relativ aktuelle Perspektiven auf die Beschaffenheit der Aufmerksamkeit. Johnston und Dark (1986), Kinchla (1992) sowie Shiffrin (1988) geben aktuelle Überblicke. Allport (1989) konzentriert sich auf die visuelle Aufmerksamkeit. Treisman und Sato (1990) diskutieren die Rolle der Aufmerksamkeit im Zusammenhang mit der Wahrnehmung von Merkmalskombinationen. Ein neuere Ausgabe des *American Journal of Psychology* aus dem Jahre 1992 stellt eine Reihe von Theorien zur Verbindung von Automatisiertheit und Aufmerksamkeit vor. Ein neuerer Text von Wickens (1992) enthält einige ausführliche und moderne Kapitel zur Aufmerksamkeit. Ellis und Young (1988) sowie Posner (1988) diskutieren Aufmerksamkeit im Zusammenhang mit kognitiven Neurowissenschaften.

Ein hervorragender deutschsprachiger Übersichtsartikel zu Aufmerksamkeitsprozessen stammt von Neumann (1992). Eine sehr ausführliche und rezente Darstellung der Ergebnisse der Aufmerksamkeitsforschung findet sich in einem Band der *Enzyklopädie der Psychologie*, der von Neumann und Sanders (1996) herausgegeben wurde. Rummer (1996) gibt eine Übersicht über die Einsatzmöglichkeiten von Doppelaufgaben zur Erforschung der Beanspruchung bei kognitiven Planungsprozessen.

4. Wahrnehmungsbasierte Wissensrepräsentation

Die vorangegangenen beiden Kapitel führten die Informationsverarbeitung an der Peripherie des kognitiven Systems aus – dies betraf vor allem das Wahrnehmungssystem und zum Teil das Reaktionssystem. Jetzt wenden wir uns dem Fortgang der Verarbeitung von Informationen zu, nachdem diese wahrgenommen wurden und Eingang in das kognitive System gefunden haben. Es stellt sich heraus, daß die weitere Informationsverarbeitung von der Art der Repräsentation der Information in diesem System abhängt. Einige Arten der **Wissensrepräsentation** erhalten viel von der Struktur der ursprünglichen Wahrnehmungserfahrung. Dieses Kapitel legt den Schwerpunkt auf solche **wahrnehmungsbasierten Wissensrepräsentationen**; Kapitel 5 stellt vor allem **bedeutungsbezogene Wissensrepräsentationen** vor, die stark von den perzeptuellen Details abstrahieren und den Bedeutungsgehalt der Erfahrung enkodieren.

Vielleicht unterscheidet sich die Kognitive Psychologie von dem frühen Behaviorismus am stärksten durch den Anspruch, daß interne Wissensrepräsentationen vorliegen, über die der Verstand arbeitet. Zum Teil spiegeln die kontroversen Ansichten über die Art der Wissensrepräsentation das Durcheinander wider, das durch die Trennung der Kognitiven Psychologie vom Behaviorismus entstanden ist. Es hat Debatten darüber gegeben, welche Arten von Wissensrepräsentationen vorliegen und was genau in den verschiedenen Aussagen zur Wissensrepräsentation zum Ausdruck gebracht werden soll. In diesem Kapitel werden wir darlegen, was wir mit Repräsentation von Wissen meinen; aber bevor wir dies tun, wird es nützlich sein, einige Belege für eher intuitive Vorstellungen über Wissensrepräsentation zu sammeln – diesen Vorstellungen zufolge gibt es verschiedene interne Repräsentationen für verbale und für visuelle Informationen. Wie wir noch sehen werden, stellt sich diese Unterscheidung als viel komplexer heraus, als es durch diese einfache Dichotomisierung erscheint; sie bietet allerdings einen guten Einstieg.

Verschiedene Wissensrepräsentationen

Paivio (vgl. zum Beispiel 1971, 1986) galt lange Zeit als herausragender Vertreter der **Theorie der dualen Kodierung**, die verschiedene Repräsentationen für verbale und für visuelle Informationen postuliert. Viele seiner Belege entstammen Forschungen zum menschlichen Gedächtnis, wobei sich oft zeigt, daß bildhaftes Material besser behalten wird als verbales. Es wurde auch gezeigt, daß das Behalten von verbalem Material beträchtlich verbessert werden kann, wenn man bildliche Vorstellungen dazu entwickelt.

Beispielsweise wird der Satz *Der Hund jagte das Fahrrad* besser erinnert, wenn eine entsprechende bildhafte Vorstellung des in diesem Satz ausgedrückten Sachverhalts aufgebaut wird (Anderson & Bower, 1973; siehe auch Kapitel 10). In verschiedenen späteren Kapiteln werden wir solche Ergebnisse der Gedächtnisforschung genauer diskutieren. In diesem Kapitel führen wir Experimente an, die den Unterschied zwischen beiden Arten der Repräsentation unmittelbarer veranschaulichen.

Vergleiche zwischen verbaler und visueller Verarbeitung

Ein Experiment von Santa (1977) veranschaulicht sehr schön den Unterschied zwischen visuellen und verbalen Repräsentationen. Die beiden Versuchsbedingungen aus dem Experiment von Santa zeigt Abbildung 4.1. Unter der geometrischen Bedingung (Abbildung 4.1a) wurde den Probanden eine Anordnung dreier geometrischer Objekte – zwei oben und eines unten – als Vorgabereiz dargeboten. Wie der Abbildung entnommen werden kann, besitzt dieser Vorgabereiz etwas, was einem Gesicht gleicht – unschwer können wir Augen und einen Mund sehen. Nachdem die Probanden diesen Vorgabereiz betrachtet

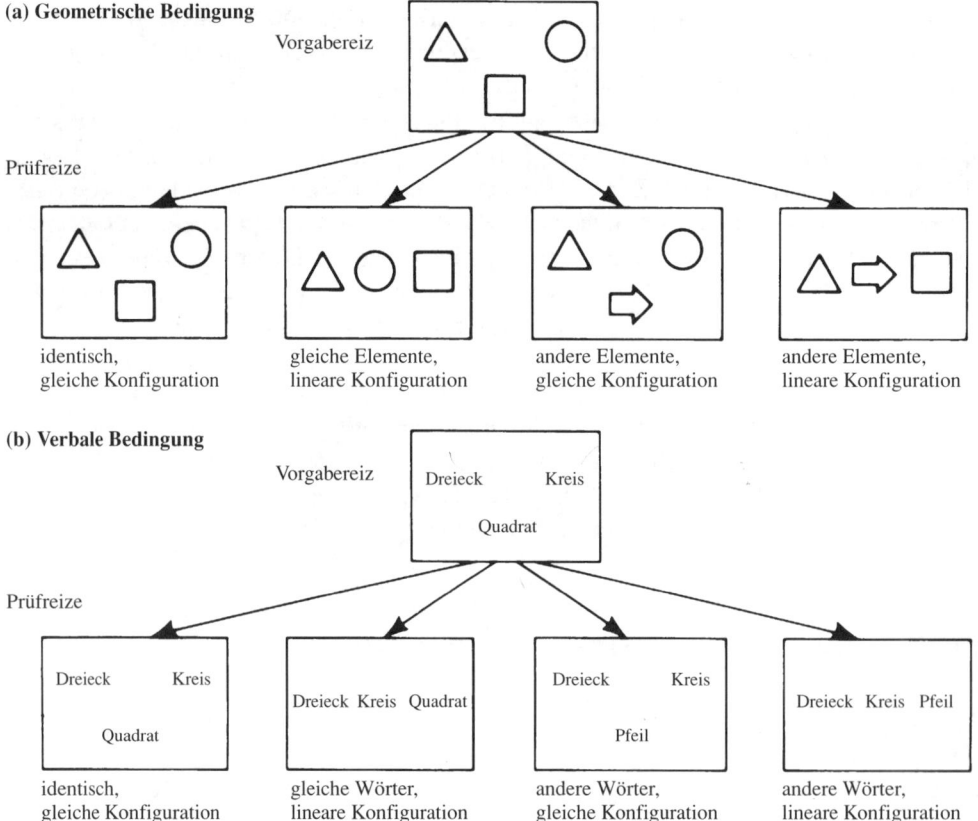

Abb. 4.1 Versuchsaufbau in dem Experiment von Santa (1977). Die Probanden betrachteten sich einen Vorgabereiz und hatten dann zu entscheiden, ob die Prüfreize die gleichen Elemente enthalten.

hatten, wurde er entfernt, und es wurde sofort eine Anzahl von Prüfreizen präsentiert. Die Aufgabe bestand darin zu verifizieren, ob diese Prüfreize die gleichen Elemente enthalten wie die Vorgabereize, wenn auch nicht notwendigerweise in der gleichen räumlichen Konfiguration. Die Probanden sollten also auf die ersten beiden Prüfreize zustimmend und auf die anderen beiden Prüfreize ablehnend reagieren. Das Interesse galt nun dem Unterschied der beiden positiven Prüfreize. Der erste Prüfreiz ist identisch mit dem Vorgabereiz (Gleiche-Konfiguration-Bedingung), während der zweite Prüfreiz die Elementen in linearer Folge (Lineare-Konfiguration-Bedingung) wiedergibt. Santa sagte voraus, daß unter der ersten Bedingung (identische Konfiguration der Elemente) die positive Reaktion schneller erfolgen müßte, da das visuelle Gedächtnis die räumlichen Informationen des Vorgabereizes aufrechterhalten habe. Die Ergebnisse der geometrischen Bedingung sind Abbildung 4.2 zu entnehmen. Wie man sehen kann, bestätigten sich die Vorhersagen Santas. Die Probanden reagierten schneller, wenn der geometrische Prüfreiz die Konfigurationsinformation des Vorgabereizes unverändert aufwies.

Die Ergebnisse unter der geometrischen Bedingung sind noch eindrucksvoller, wenn sie den Ergebnissen der verbalen Bedingung gegenübergestellt werden (vgl. Abbildung 4.1b). Hier wurden Wörter exponiert, deren räumliche Konfiguration mit den geometrischen Objekten unter der geometrischen Bedingung identisch war. Allerdings legte das Reizmaterial, da es aus Wörtern bestand, nicht diese Ähnlichkeit mit einem Gesicht nahe und besaß auch keine bildhaften Eigenschaften. Santa spekulierte, daß die Probanden die Wortanordnung wie beim normalen Lesen enkodieren würden; das heißt von links nach rechts und von oben nach unten. Für den abgebildeten Vorgabereiz sollten sie also Dreieck-Kreis-Quadrat enkodieren. Wiederum wurden Prüfreize dargeboten. Die Probanden hatten zu beurteilen, ob die Wörter identisch waren. Alle Prüfreize bestanden aus Wörtern, und es wurden die Möglichkeiten der Konfiguration wie unter der geometrischen Bedingung genutzt. Die beiden positiven Prüfreize sind Beispiele für die Gleiche-Konfiguration-Bedingung sowie für die Lineare-Konfiguration-Bedingung. Zu beachten ist, daß die Folge der Wörter der linearen Prüfreize genau Santas Voraussage entsprach, wie die Probanden die Vorgabereize enkodieren würden. Santa sagte voraus, daß die Probanden am schnellsten auf die linearen Prüfreize reagieren, da sie die Wörter der Vorgabereize

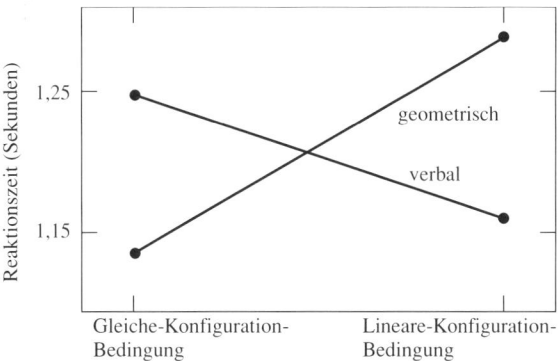

Abb. 4.2 Reaktionszeiten aus dem Experiment von Santa (1977). Es zeigt sich ein Interaktionseffekt zwischen der Art des verwendeten Materials und der räumlichen Konfiguration innerhalb der Prüfreize.

ebenfalls linear kodieren. Wie Abbildung 4.2 zeigt, wurden diese Annahmen ebenfalls bestätigt. Die Befunde aus der verbalen und der geometrischen Bedingung weisen dementsprechend einen starken Interaktionseffekt nach.

Die Befunde aus Santas Experiment legen den Schluß nahe, daß ein Teil der visuellen Information (beispielsweise geometrische Objekte) eher entsprechend ihrer räumlichen Anordnung, andere Informationen (beispielsweise Wörter) hingegen eher als lineare Anordnung gespeichert werden.

Eine ganz andere Art von Daten zum Unterschied zwischen visuellen und verbalen Repräsentationen entstammt den Forschungen von Roland und Friberg (1985). Die Probanden sollten entweder in Gedanken einen Merkvers aufsagen oder sich ebenfalls in Gedanken den Weg vorstellen, der durch die Nachbarschaft bis zu ihrem eigenen Haus führt. Wie in der Untersuchung von Posner et al. (1988), die in Kapitel 1 dargestellt wurde, bestimmten Roland und Friberg Veränderungen der Blutzufuhr in unterschiedlichen Regionen des Cortex. Abbildung 4.3 zeigt, welche Regionen des Cortex durch die jeweilige Aufgabe aktiviert wurden. Überall, wo ein *R* steht, liegen Gebiete, deren Aktivität durch die räumliche Wegeaufgabe erhöht wurde; ein *J* steht über denjenigen Arealen, die eine gesteigerte Aktivität während der Merkversaufgabe aufwiesen. Dadurch wird deutlich, daß unterschiedliche Hirnregionen in die Verarbeitung verbaler und räumlicher Information involviert sind. Es scheint sogar so zu sein, daß diese Hirnregionen noch stärker in die Verarbeitung von aktuell Gesprochenem und Gesehenem (und nicht nur Erinnertem) involviert sind. Die occipitalen und temporalen Areale, die bei der Wegeaufgabe eine Rolle spielen, sind die gleichen Areale, die bei der visuellen Wahrnehmung wichtig sind. Unter den aktivierten Arealen bei der Merkversaufgabe ist das Broca-Zentrum, das, wie wir in Kapitel 1 gesehen haben, eine sehr große Rolle bei der Sprachverar-

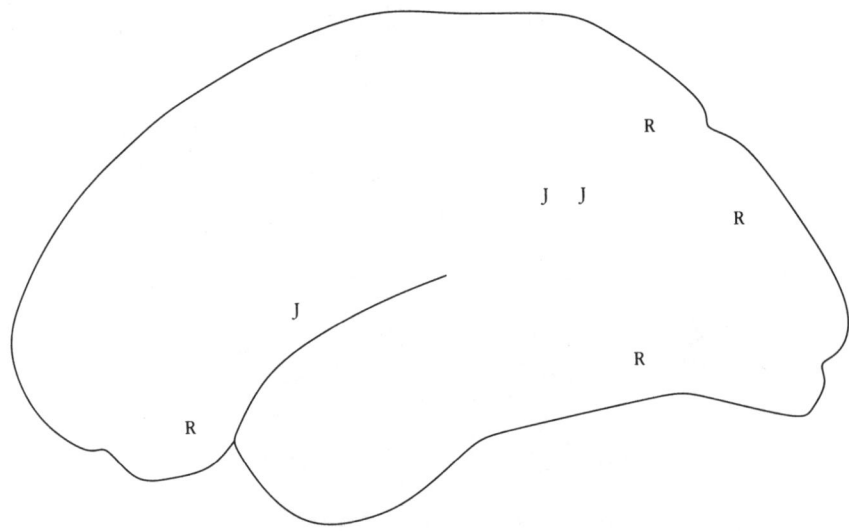

Abb. 4.3 Die Ergebnisse von Roland und Friberg (1985) zeigen die Regionen des linken Cortex, die eine erhöhte Blutzufuhr während der gedanklichen Vorstellung eines Merkverses (J) und der Vorstellung eines räumlichen Weges (R) aufwiesen.

beitung spielt. Man kann dies als Belege dafür ansehen, die beiden Repräsentationsarten mit den beiden Modalitäten zu verknüpfen, so wie Paivios Theorie der dualen Kodierung dies auch vorschlägt.

> Verbale und visuelle Informationen werden in unterschiedlichen Hirnarealen und auf unterschiedliche Art und Weise verarbeitet.

Die Beschaffenheit der Wissensrepräsentationen

Wir sehen also, daß unterschiedliche Arten von Informationen an unterschiedlichen Orten im Gehirn repräsentiert sind. Obwohl die Frage der Hirnlokalisationen wichtig ist, bildet sie nicht den Hauptgrund dafür, daß sich Psychologen für kognitive Repräsentationen interessieren. Der eigentliche Grund liegt darin, daß die Art und Weise, wie Wissen repräsentiert ist, die Möglichkeiten der Wissensverarbeitung beeinflussen kann. Die Versuchung ist groß, die Kenntnis über die Verarbeitungsweisen für Schlußfolgerungen darüber auszunutzen, wie diese Informationen tatsächlich im Gehirn gespeichert werden. Beispielsweise ist man leicht versucht, die Informationskodierung nahezu wörtlich zu interpretieren. Man stellt sich vielleicht vor, daß Bilder im Kopf existieren, die sich irgendein inneres Geschöpf betrachtet, oder daß Sprache im Kopf existiert, die das gleiche Geschöpf hört. Dieses mythische innere Geschöpf, das sieht und hört, ist in der Kognitiven Psychologie sehr berüchtigt und ist als Homunculus bekannt. Die Verwendung von solcherlei Konzepten ist als Fehler in der wissenschaftlichen Erklärung erkannt worden, weil einfach das Verstehen von menschlicher Kognition durch das Verstehen einer Homunculuskognition ersetzt wird. Natürlich kann dies zu einem infiniten Regreß führen, insofern als da ein Homunculus im Homunculus ist, der wiederum Bilder sieht und Wörter hört.

Es gibt Belege, die als Hinweis darauf gewertet werden können, daß tatsächlich „Bilder im Kopf" existieren. Wir haben beispielsweise im ersten Kapitel erwähnt, daß das visuelle Areal des Cortex eine topographische Repräsentation des visuellen Stimulus aufrechterhält. Die Aktivität des Cortex korrespondiert mit der räumlichen Struktur des Reizes (vgl. beispielsweise Abbildung 1.8). Allerdings gibt es keinen Homunculus, der sich das Bild auf der Rückseite des Gehirns betrachtet. Wie wir in Kapitel 1 diskutiert haben, liegt der Grund für eine topographische Repräsentation in der Tatsache, daß benachbarte neuronale Gebiete, die angrenzende Informationen verarbeiten, besser interagieren können, da sie direkt verschaltet werden können.

Das zweite Kapitel konnte uns einen Eindruck davon vermitteln, wie visuelle Informationen im Zuge der Wahrnehmung repräsentiert sein können. Wir haben beispielsweise gesehen, daß es spezielle Zellen gibt, die Linien an bestimmten Orten und in bestimmten Ausrichtungen repräsentieren. Eine visuelle Anordnung wurde durch ein spezifisches Aktivationsmuster dieser Zellen repräsentiert, wobei die Zellen unterschiedliche Merkmale der Anordnung enkodieren. Man kann spekulieren, daß die alleinige Vorstellung einer visuellen Anordnung eine ebensolche Repräsentation im Sinne eines Aktivationsmusters von Zellen hervorruft. Wir diskutieren in diesem Kapitel einige Befunde aus der Neuropsychologie, die mit dieser Vermutung übereinstimmen. Allerdings beziehen sich die meisten Ergebnisse, die für eine Äquivalenz der Wahrnehmung zu den anschaulichen Vorstellungen sprechen, auf die Verhaltensebene. Diese Ergebnisse legen nahe, daß perzeptuelle Informationen und bildhafte Vorstellungen in ähnlicher Weise verarbeitet werden.

> Die Theorien zur Wissensrepräsentation betreffen die Art und Weise, wie Informationen verarbeitet werden, nicht aber, wie diese enkodiert werden.

Mentale Vorstellungen

Wenn wir an eine vergangene Szene oder ein früher wahrgenommenes Objekt denken, „sehen" wir oft ein Bild dieser Szene oder dieses Objekts vor „unserem geistigen Auge". Während der letzten 25 Jahre wurde viel Forschung betrieben, um der Beschaffenheit der Wissensrepräsentationen auf die Spur zu kommen, die solchen anschaulichen Vorstellungen unterliegen. Wenn es um diese Repräsentationen geht, spricht man typischerweise von **mentalen Bildern**. Sie werden oft als die visuellen Repräsentationen der Hypothese der dualen Kodierung von Paivio betrachtet. Wir werden allerdings sehen, daß eine zentrale Frage sich auf das Ausmaß bezieht, wie weit solche Repräsentationen visuelle im Gegensatz zu räumlichen Informationen enkodieren. Es sieht so aus, als könne der Mensch zusätzlich zu einer Repräsentation von rein visueller Information auch noch räumliche Information repräsentieren, die unabhängig von der sensorischen Modalität ist. Wir haben beispielsweise einen Eindruck davon, wo sich ein Objekt in unserer Umgebung befindet, und können diesen Eindruck fortwährend durch visuelle, auditive und taktile Information aktualisieren.

Mentale Rotation

Zu den einflußreichsten Forschungsarbeiten über mentale Bilder zählt eine lange Reihe von Experimenten, in denen Roger Shepard und seine Mitarbeiter Prozesse der **mentalen Rotation** untersuchten. Die erste Untersuchung führten Shepard und Metzler (1971) durch. Dabei wurden den Probanden paarweise zweidimensionale Darstellungen dreidimensionaler Objekte dargeboten, ähnlich wie sie Abbildung 4.4 zeigt. Die Aufgabe bestand darin herauszufinden, ob die beiden Objekte, abgesehen von ihrer räumlichen Ausrichtung, identisch sind. Dies ist bei den beiden Objekten in den Abbildungen 4.4a und 4.4b der Fall; die Paarlinge unterscheiden sich nur in ihrer Ausrichtung. Die Probanden gaben an, die Übereinstimmung solcher Objektpaare dadurch herauszufinden, daß sie eines der Objekte in ihrer Vorstellung so weit drehten, bis es mit dem anderen Objekt zur Deckung kam. Abbildung 4.4c zeigt eine Fehlpaarung: Es gibt keine Möglichkeit, das eine Objekt durch mentales Rotieren mit dem anderen Objekt zur Deckung zu bringen.

In Abbildung 4.5 sind die Reaktionszeitverläufe dargestellt, die sich für das Übereinstimmungsurteil ergeben, wenn Reizvorlagen verwendet werden, wie sie in den Abbildungen 4.4a und 4.4b dargestellt sind. Die Reaktionszeiten sind als Funktion der Winkeldis-

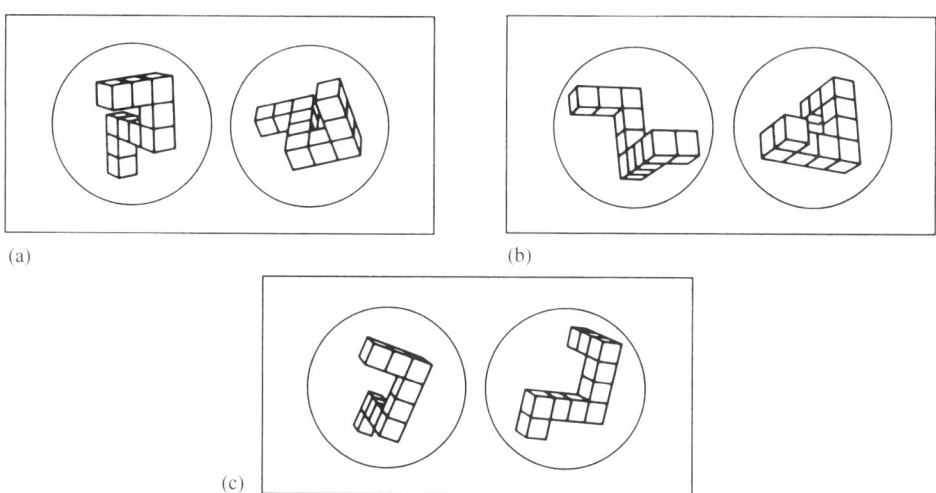

Abb. 4.4 Reizmaterial aus der Untersuchung von Shepard und Metzler (1971) zur mentalen Rotation. In der Vorlage (a) unterscheiden sich die Objekte durch eine Drehung um 80 Grad in der Bildebene, in der Vorlage (b) durch eine Drehung von 80 Grad in der Bildtiefe. Bei der Vorlage (c) ist es nicht möglich, die beiden Objekte durch eine Rotation zur Deckung zu bringen (aus Metzler & Shepard, 1974).

parität zwischen den beiden dargestellten Objekten abgetragen. Diese Winkeldisparität steht für denjenigen Betrag, um den ein Objekt rotiert werden muß, um es in die gleiche Ausrichtung wie das zweite Objekt zu bringen. Man beachte, daß zwischen beiden dargestellten Größen ein linearer Zusammenhang besteht: Jede Zunahme des Rotationswinkels geht mit einer proportionalen Erhöhung der benötigten Reaktionszeit einher. In den Diagrammen der Abbildung 4.5 sind die mittleren Reaktionszeiten als Funktionen zweier verschiedener Rotationsarten aufgetragen. Diagramm 4.5a bezieht sich auf zweidimensionale Rotationen, die innerhalb der Bildebene durchgeführt werden können (also hier durch Drehen des Buches). Diagramm 4.5b gilt für Rotationen in der Bildtiefe (also hier durch Kippen des Buches). Es ist bemerkenswert, wie ähnlich sich die beiden Funktionen sind. Eine Rotation in der Bildtiefe (drei Dimensionen) benötigt anscheinend nicht mehr Zeit als eine Rotation in der Bildebene. Daraus folgt, daß die Probanden offenbar unter beiden Bedingungen mit dreidimensionalen Repräsentationen operieren.

Man kann diese Daten als Hinweis darauf werten, daß die Probanden die Objekte mental in einem dreidimensionalen Raum rotieren. Je größer die Winkeldisparität zwischen beiden Objekten ist, desto länger benötigen die Probanden zur Ausführung der Rotation. Selbstverständlich rotieren die Probanden nicht wirklich Objekte in ihren Köpfen. Wie immer der tatsächliche Prozeß auch aussehen mag, er scheint analog zur physikalischen Rotation zu verlaufen.

Neuere Untersuchungen erbrachten einige Belege über die neuronalen Vorgänge während des Ausführens von mentalen Rotationen. Georgopoulos, Lurito, Petrides, Schwartz und Massey (1989) ließen Affen eine Aufgabe ausführen, wobei diese einen Griff um einen bestimmten Winkel relativ zu einem Stimulus zu bewegen hatten. Wenn die Affen beispielsweise den Griff um 90 Grad nach links zu bewegen hatten, und der Stimulus

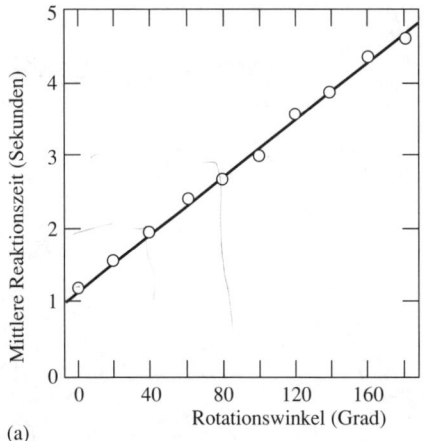

(a)

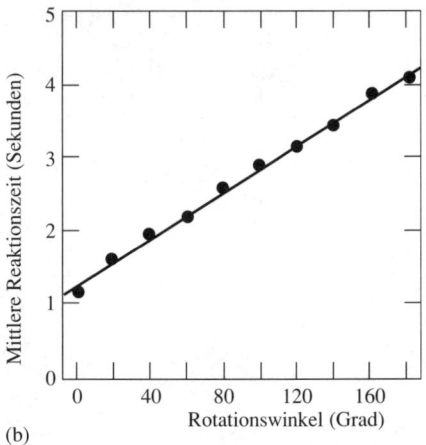

(b)

Abb. 4.5 Die mittleren Reaktionszeiten zur Bestimmung, ob zwei Objekte die gleiche dreidimensionale Gestalt besitzen. Die Reaktionszeiten sind als Funktion der Winkeldisparität der exponierten Objekte abgetragen. Das Reaktionszeitmuster in (a) ergibt sich für Objektpaare, die sich durch eine Rotation in der Bildebene unterscheiden; (b) zeigt das Reaktionszeitmuster für Objektpaare, die sich durch eine Rotation in der Bildtiefe unterscheiden (aus Metzler & Shepard, 1974).

erschien an der 12-Uhr-Position, so mußten sie den Griff auf die 9-Uhr-Position bewegen. Erschien der Reiz an der 6-Uhr-Position, so mußten sie ihn auf die 3-Uhr-Position drehen. Je größer der Winkel war, desto länger brauchten die Affen, um die Bewegung zu initiieren, was dafür spricht, daß diese Aufgabe einen Prozeß des mentalen Rotierens beinhaltet. Georgopoulos et al. fanden durch Aufzeichnungen des motorischen Cortex, daß unterschiedliche Zellen bei Bewegungen in unterschiedliche Richtungen feuerten. Wenn der Stimulus erschien, feuerten zuerst diejenigen Zellen, die mit einer Bewegung in Richtung auf den Stimulus verbunden sind. Nach kurzer Zeit aber verschob sich die Aktivität auf Zellen, die mit der Richtung verbunden sind, in die sich der Affe tatsächlich bewegen wird. Zwischen dem Anfang und dem Ende waren diejenigen Zellen, die mit den Zwischenrichtungen verbunden sind, maximal empfindlich. Dies legt den Schluß nahe, daß die mentale Rotation eine allmähliche Verschiebung der Zellaktivitäten mit sich bringt, ausgehend von Zellen, die für die Enkodierung des ursprünglichen Stimulus zuständig sind, hin zu Zellen, die den transformierten Stimulus enkodieren. Wir haben weiter oben bereits gesehen, daß es Zellen gibt, die empfindlich auf Orts- und auf Ausrichtungsinformation reagieren. Rotationen können mit einer allmählichen Verschiebung der Aktivität von Zellen einhergehen, die für unterschiedliche Positionen stehen.

Wenn für einen Vergleich ein mentales Bild in der Vorstellung rotiert wird, dann ist die benötigte Zeit eine lineare Funktion von der Größe des Winkels, um den das Bild rotiert werden muß.

Das Scannen mentaler Bilder

Man hat nach verschiedenen anderen Aufgaben gesucht, die das Gemeinsame im Umgang mit visuellen Vorstellungen und einem tatsächlichen Handeln mit physikalischen Objekten aufweisen. Ein Experiment von Kosslyn, Ball und Reiser (1978) zeigt, daß das Scannen einer visuellen Vorstellung (einer Art Landkarte) zwischen beispielsweise zwei Zielorten entsprechend Zeit benötigt.* Diese Forschungsgruppe arbeitete mit der Landkarte einer fiktiven Insel (vgl. Abbildung 4.6), die eine Hütte, einen Felsen, einen Brunnen, einen See, Sand und Gras enthielt. Die Probanden übten nun so lange mit dieser Karte, bis sie sie mit großer Genauigkeit zeichnen konnten. Dann wurde ihnen eines der Objekte genannt mit der Aufgabe, sich die Karte vorzustellen und sich auf das genannte Objekt zu konzentrieren. Fünf Sekunden später wurde ein zweites Objekt genannt. Die Probanden sollten nun die Karte nach diesem zweiten Objekt scannen und einen

Abb. 4.6 Diese fiktive Landkarte wurde von Kosslyn et al. (1978) zum Aufbau eines mentalen Bildes benutzt. Erhoben wurden die Reaktionszeitunterschiede in Abhängigkeit von der Entfernung zwischen den Objekten. Die Probanden sollten sich diese Karte einprägen und sie dann in ihrer Vorstellung von Punkt zu Punkt absuchen (scannen).

Knopf drücken, wenn sie sich in ihrer Vorstellung auf dieses Objekt konzentriert hatten. Abbildung 4.7 zeigt die Reaktionszeiten, die zur Ausführung dieser Aufgabe benötigt wurden. Die Latenzzeiten sind als Funktion der Entfernung zwischen beiden Objekten in der Originallandkarte abgetragen. Jede der 21 möglichen Objektpaarungen ist als Punkt in Abbildung 4.7 zu sehen. Die Abszisse gibt die Entfernung zwischen den Paarlingen wieder. Je weiter die beiden Objekte auseinanderlagen, desto größer war die Reaktionszeit. Natürlich haben die Probanden nicht wirklich diese Landkarte im Kopf, und sie haben sich auch nicht im Kopf von einem Ort zum anderen bewegt. Trotzdem haben sie einen Prozeß ausgeführt, der dieser physikalischen Operation analog ist.

Sowohl das Experiment von Shepard und Metzler als auch das Experiment von Kosslyn et al. laufen auf den gleichen Schluß hinaus: Wenn man Operationen an mentalen Bildern ausführt, so scheinen diese Prozesse analog zu den Operationen an physikalischen Objekten zu verlaufen. An den Beispielen der Rotation und des Scannens mentaler Bilder

---

* Für den englischen Begriff „Scannen" liegt in der deutschen Sprache kein treffender Begriff vor. Scannen bezeichnet eine Art des Absuchens oder Abtastens. Dieses Absuchen geschieht so, als ob man seine Augen über etwas wandern ließe, um dadurch von einem Zielobjekt zum nächsten zu gelangen. Wir verwenden aus Gründen der Darstellungsklarheit im vorliegenden Text überwiegend den treffenden englischen Begriff. [Anmerkung der Übersetzer]

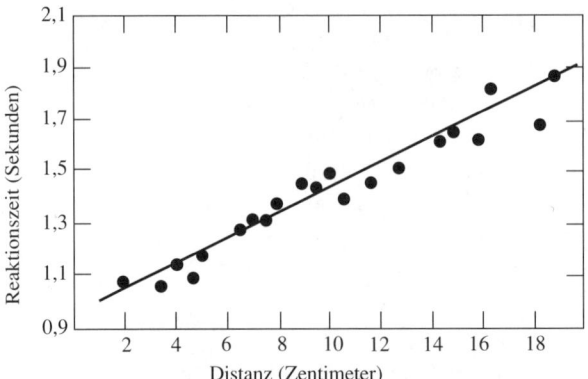

Abb. 4.7 Die Reaktionszeiten zum Scannen zwischen zwei vorgegebenen Punkten (siehe Abbildung 4.6) als Funktion des Abstands zwischen diesen Punkten (aus Kosslyn et al., 1978).

haben wir gesehen, daß die Zeit zur Ausführung der mentalen Operation um denjenigen Betrag steigt, der für die Ausführung der analogen physikalischen Operation benötigt würde. Die Ergebnisse lassen offen, wie groß die Ähnlichkeit zwischen mentalen Bildern und physikalischen Objekten ist. Die folgenden Untersuchungen betreffen die Frage, ob mentale Bilder an die visuelle Modalität gebunden sind.

> Die Zeit, die zum Scannen zwischen zwei Objekten eines mentalen Bildes benötigt wird, ist eine Funktion der Entfernung zwischen diesen Objekten.

Interferenz und das Scannen mentaler Bilder

Eine Reihe wichtiger Experimente zum Scannen visueller Vorstellungen hat Brooks (1968) durchgeführt. Er forderte seine Probanden auf, sich schematische Zeichnungen wie in Abbildung 4.8 vorzustellen und diese dann zu scannen. So sollten die Probanden den

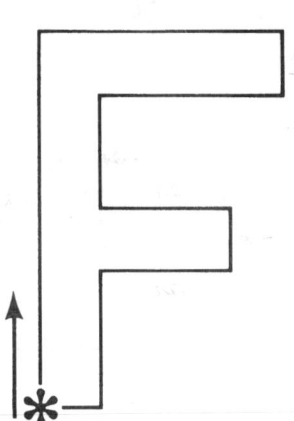

Kontur eines vorgestellten Blockdiagramms (beispielsweise des Buchstabens F), ausgehend von einem Anfangspunkt, in einer vorgeschriebenen Richtung scannen. Dabei waren die Eckpunkte zu klassifizieren, je nachdem, ob diese auf der obersten oder untersten Außenkante (Antwort „ja") oder auf der Umrißlinie dazwischen lagen (Antwort „nein"). Für das Beispiel in Abbildung 4.8 lautet die korrekte Antwortsequenz also: ja, ja, ja, nein, nein, nein, nein, nein, nein, ja. Als nicht-visuelle Kontrastaufgabe erhielten die Probanden

Abb. 4.8 Ein Beispiel eines einfachen Blockdiagramms, wie es Brooks (1968) zur Untersuchung des Scannens mentaler Bilder verwendete. Stern und Pfeil geben den Probanden Anfangspunkt und Richtung an, in der das mentale Bild gescannt werden soll.

außerdem Sätze wie *Ein Vogel in der Hand ist nicht im Busch*. Die Probanden mußten solche Sätze in ihrer Vorstellung durchgehen und jedes Wort als Substantiv oder Nicht-Substantiv klassifizieren. Eine weitere experimentelle Variable bestand in der Art, in der die Probanden ihre Antworten geben sollten. Sie konnten entweder (i) „ja" oder „nein" sagen oder (ii) mit der linken Hand für „ja" und mit der rechten Hand für „nein" klopfen oder (iii) auf einem Blatt auf eine Anordnung von Buchstaben (vgl. Abbildung 4.9) zeigen, wobei Y für „ja" (yes) und N für „nein" (no) stand. Die beiden Variablen

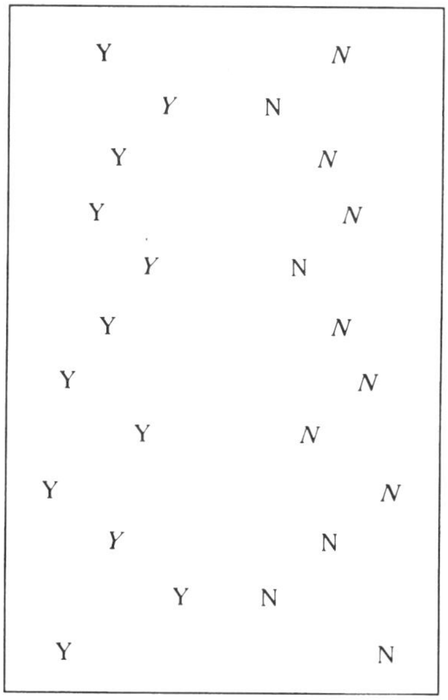

```
Y               N
    Y       N
  Y               N
 Y               N
     Y       N
  Y               N
 Y                   N
    Y       N
 Y                       N
   Y               N
         Y     N
 Y                       N
```

Abb. 4.9 Ein Beispiel für die Antwortblätter der Zeigebedingung in der Untersuchung von Brooks (1968) zum Scannen mentaler Bilder. Die Buchstaben sind versetzt gedruckt, damit während des Zeigens eine sorgfältige visuelle Überwachung notwendig wird.

‚Reizmaterial' (schematische Zeichnung versus Satz) und ‚Antwortmodus' (verbal versus Handbewegung links/rechts versus auf Buchstaben deuten) ergeben kombiniert sechs experimentelle Bedingungen.

Tabelle 4.1 zeigt die Ergebnisse des Experiments von Brooks an Hand der Zeiten, die im Mittel zur Klassifikation der Sätze oder der Zeichnungen unter den drei Antwortbedingungen benötigt wurden. Das in unserem Zusammenhang wichtige Ergebnis besteht darin, daß die Probanden für das gezeichnete Reizmaterial unter der Bedingung, auf die Buchstaben zu deuten, sehr viel länger brauchten als unter jeder anderen Bedingung; für Sätze als Reizmaterial war dies nicht der Fall. Offensichtlich entstand ein Konflikt zwischen dem Scannen des Antwortblatts (vgl. Abbildung 4.9) und dem Scannen einer mentalen Anordnung. Dieses Ergebnis bestärkt die Schlußfolgerung, daß beim Scannen einer mentalen Anordnung eine Repräsentation vorliegt, die einer physikalischen Anordnung analog ist. Wenn man von Probanden verlangt, gleichzeitig das konfligierende Scannen einer externen physikalischen Anordnung durchzuführen, entsteht große Interferenz beim Scannen im mentalen Bild.

Gelegentlich wird der Einwand gebracht, daß die Ergebnisse von Brooks auf einem Konflikt zwischen der Ausführung einer visuellen Zeigeaufgabe und dem Scannen einer

Tabelle 4.1: Mittlere Klassifikationszeiten (Sekunden) nach Brooks (1968)

	Output		
Reizmaterial	Zeigen	Klopfen	Sprechen
Zeichnung	28,2	14,1	11,3
Satz	9,8	7,8	13,8

visuellen Vorstellung beruhen. Nachfolgende Ergebnisse konnten aber zeigen, daß die Interferenz nicht im visuellen Charakter der Aufgabe begründet liegt. Das Problem liegt vielmehr auf einer abstrakteren Ebene. Es entsteht daraus, daß die Probanden die physikalische Anordnung und das mentale Bild in konfligierende Richtungen scannen mußten. Brooks fand in einem weiteren Experiment Belege für vergleichbare Interferenzen; dabei mußten die Probanden mit geschlossenen Augen „ja" und „nein" anzeigen, indem sie mit den Fingern über das Blatt von Ys und Ns aus Abbildung 4.9 strichen. Allerdings bildeten die Buchstaben diesmal Erhebungen auf der Blattoberfläche (ähnlich einer Blindenschrift). In diesem Fall waren also die physikalischen Außenreize taktil und nicht visuell. Der entstehende Konflikt ist somit räumlich und nicht per se visuell.

Ein Experiment von Baddeley und Lieberman (Baddeley, 1976; deutsch 1979) stützt die Annahme, daß die Interferenzen in der Brooksschen Aufgabenstellung eher räumlicher als visueller Natur sind. Die Probanden sollten zwei Aufgaben gleichzeitig ausführen, wobei alle die Brookssche Buchstabenvorstellungsaufgabe auszuführen hatten. Die Probanden unter der einen Versuchsbedingung sollten nun gleichzeitig eine Folge von Reizen zweier unterschiedlicher Helligkeitsstufen verfolgen und beim Auftreten des helleren Reizes einen Knopf drücken. Diese Aufgabe erforderte die Verarbeitung visueller, nicht aber räumlicher Information. Die Probanden unter der anderen Versuchsbedingung wurden mit verbundenen Augen vor ein schwingendes Pendel gesetzt, wobei das Pendel, das eine Photozelle besaß, einen Ton erklingen ließ. Die Probanden sollten den Lichtstrahl einer Taschenlampe ständig auf das schwingende Pendel gerichtet halten. Immer wenn der Lichtstrahl korrekt auf die Photozelle ausgerichtet war, veränderte sich die Frequenz des Tonsignals; es wurde also akustisches Feedback gegeben. Diese Aufgabe erforderte die Verarbeitung von räumlicher, nicht aber von visueller Information. Die räumlich-akustische Nachführaufgabe behinderte das Scannen des mentalen Bildes in weitaus größerem Maße, als dies durch die Aufgabe zur Helligkeitsbeurteilung der Fall war. Dieses Ergebnis weist auch darauf hin, daß die Art der Beeinträchtigung in dem Experiment von Brooks räumlicher – und nicht visueller – Natur ist.

Das Scannen mentaler Bilder wird durch Interferenzen behindert, wenn gleichzeitig räumliche Strukturen der Umgebung verarbeitet werden.

Zwei Arten mentaler Vorstellungen

Die Unterscheidung von räumlichen und visuellen Merkmalen anschaulicher Vorstellungen hat sich für die aktuelle Forschung als sehr wichtig erwiesen. Räumliche Repräsentationen sind nicht an spezifische Modalitäten gebunden, sondern können auch über taktile oder akustische Informationen aufgebaut werden. Es scheint räumliche Repräsentationen einer allgemeinen Art zu geben, die Informationen aus beliebigen Modalitäten erhalten können. Andererseits sind bestimmte Aspekte der visuellen Erfahrung (zum Beispiel Farbe) spezifisch für die visuelle Modalität und scheinen sich von räumlicher Information deutlich zu unterscheiden. Rein intuitiv scheint es so zu sein, daß anschauliche Vorstellungen sowohl räumliche als auch visuelle Komponenten enthalten. Die Forschungsbeiträge, die wir in den vorigen Abschnitten dieses Kapitels angeführt haben, belegen allerdings nur die räumlichen Komponenten.

Farah, Hammond, Levine und Calvanio (1988) führen Belege für die Annahme an, daß beide Arten anschaulicher Vorstellungen existieren – solche, die visuelle Eigenschaften beinhalten, und solche, die räumliche Eigenschaften aufweisen. In den Kapiteln 1 und 2 haben wir festgestellt, daß Aufgaben, die das Erkennen von visuellen Objekten und von Mustern erfordern, im Temporallappenbereich ausgeführt zu werden scheinen. Demgegenüber werden visuelle oder taktile Aufgaben, die den Ort von Objekten betreffen, eher im Parietallappenbereich verarbeitet. Farah et al. argumentieren, daß die gleichen Hirnregionen zur Ausführung von Vorstellungsaufgaben – hier liegen aktuell keine externen Reize vor – benutzt werden. Sie vertreten die Ansicht, daß Vorstellungsaufgaben, die räumliche Urteile erfordern, in der Parietallappenregion ausgeführt werden und daß diese keine modalitätsspezifischen Effekte aufweisen. Demgegenüber sollen Vorstellungsaufgaben, die den Zugriff auf visuelle Details erfordern, im Temporallappenbereich ausgeführt werden und modalitätsspezifische Effekte aufweisen.

Farah et al. führen einige stützende Daten an, die an einem Probanden erhoben wurden, der an einer bilateralen Schädigung der Temporalregion litt. Sie verglichen die Leistungen dieses Probanden an Hand einer Vielzahl von mentalen Vorstellungsaufgaben mit den Ergebnissen nicht-geschädigter Probanden. Sie fanden heraus, daß er nur Schwierigkeiten mit einem Teil dieser Aufgaben hatte: bei Aufgaben zur Farbbeurteilung (Was ist die Farbe eines Fußballs?), bei Aufgaben zur Größenbeurteilung (Was ist größer, ein Eis am Stiel oder eine Schachtel Zigaretten?), bei Aufgaben zur Längenbestimmung von Tierschwänzen (Hat ein Känguruh eine langen Schwanz?) und bei Aufgaben, die eine Ähnlichkeitsbeurteilung der Umrißform zweier amerikanischer Bundesstaaten erforderte. Im Gegensatz dazu hatte er keine Probleme bei Aufgaben, die eine Verarbeitung von räumlichen Informationen zu beinhalten scheinen: mentale Rotation, Scannen von mentalen Bildern, Scannen von Buchstaben (vgl. Abbildung 4.9) oder Beurteilungen, wo sich ein Bundesstaat in bezug auf einen anderen Bundesstaat befindet. Eine Schädigung der temporalen Region scheint sich also nur auf diejenigen Vorstellungsaufgaben auszuwirken, die einen Zugriff auf visuelle Details erfordern. Aufgaben, die räumliche Urteile beinhalten, scheinen davon unberührt zu bleiben. Es sieht also ganz danach aus, als ob räumliche Informationen modalitätsunspezifisch repräsentiert sind; es scheint aber ein davon zu unterscheidendes Vorstellungssystem ins Spiel zu kommen, wenn wir spezifisch visuelle Information zu verarbeiten haben.

> Neuropsychologische Befunde legen nahe, daß verschiedene Hirnregionen für die Unterstützung der räumlichen und der visuellen Aspekten von mentalen Vorstellungen zuständig sind.

Entsprechen die visuellen Vorstellungen der visuellen Wahrnehmung?

Eine wichtige Frage betrifft das Ausmaß, in dem visuelle Vorstellungen der visuellen Wahrnehmung ähnlich sind. Die Belege zur Trennung der räumlichen von den visuellen Komponenten sind im Hinblick auf diese Frage von besonderem Interesse. Auf den ersten

Blick drängt sich der Eindruck auf, daß es mentale Vorstellungen gibt, die der visuellen Wahrnehmung nicht sehr ähnlich sind, da diese mentalen Vorstellungen eine räumliche Komponente enthalten, die nicht an die visuelle Modalität gebunden ist. Wir haben allerdings in Kapitel 2 bereits festgestellt, daß das Wahrnehmungssystem ebenfalls die stärker visuellen Aspekte der Wahrnehmung von den räumlichen Aspekten trennt.

Wallace (1984) führte ein Experiment durch, wobei er den Probanden in Experimentalbedingung (a) Stimuli nach Abbildung 4.10a und in Experimentalbedingung (b) Stimuli nach Abbildung 4.10b vorgab. Wurde der Reiz nach Teil (b) dargeboten, so sollten sich die Probanden ein umgedrehtes V vorstellen, das über die beiden horizontalen Linien gelegt wird; dadurch enthält ihr mentales Bild die gleichen Komponenten wie der physikalische Stimulus in Teil (a). Die Probanden unter beiden Experimentalbedingungen sollten die Länge der beiden horizontalen Linien schätzen. Probanden unter der Bedingung (a) schätzten die obere Linie als länger ein, obwohl sie das nicht ist. Dies repliziert eine klassische optische Täuschung, die als Ponzo-Illusion (Berbaum & Chung; 1981) bekannt geworden ist. Die Probanden unter der Experimentalbedingung (b), die nur beide horizontalen Lini-

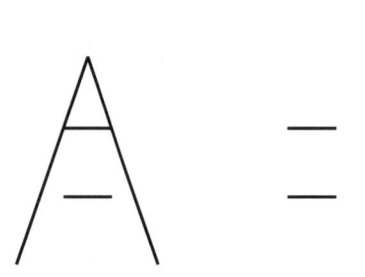

en wirklich gesehen haben, schätzten ebenfalls die obere Linie als länger ein, und zwar um den gleichen Betrag wie die Probanden aus Bedingung (a). Es zeigt sich also, daß das Vorstellungssystem eine detaillierte optische Täuschung produzieren kann, was für eine Äquivalenz zwischen der mentalen Vorstellung und der Wahrnehmung spricht.

(a)   (b)

Abb. 4.10 Figuren, die Wallace (1984) verwendete, um die Ponzo-Illusion im Bereich mentaler Vorstellungen zu untersuchen.

In einem weiteren Experiment von Finke, Pinker und Farah (1989) sollten die Probanden mentale Bilder aufbauen und dann eine Reihe von Transformationen an diesen Bildern durchführen. Hier sind einige Beispiele für die Aufgaben, die den Probanden gestellt wurden:

- Stellen Sie sich den Großbuchstaben N vor. Ziehen Sie eine diagonale Linie von der rechten oberen Ecke zur unteren linken Ecke. Jetzt rotieren Sie die Figur um 90 Grad nach rechts. Was sehen Sie?

- Stellen Sie sich den Großbuchstaben D vor. Rotieren Sie die Figur um 90 Grad nach links. Jetzt plazieren Sie den Großbuchstaben J an das untere Ende. Was sehen Sie?

Die Probanden schlossen ihre Augen und versuchten, sich diese Transformationen vorzustellen, während sie vorgelesen wurden. Die Probanden konnten die zusammengesetzten mentalen Bilder genauso gut erkennen, als wenn sie tatsächlich dargeboten worden wären. Im ersten Beispiel sahen sie eine Sanduhr, im zweiten Beispiel einen Regenschirm.

Andererseits scheint es einige Unterschiede zwischen der mentalen Vorstellung eines Objekts und dem tatsächlichen Sehen eines Objekts zu geben. Ein Unterschied, der von

Chambers und Reisberg (1985) untersucht wurde, scheint in der Verarbeitung von Kippfiguren zu bestehen. Ein Beispiel einer Kippfigur ist die Ente-Kaninchen-Figur von Abbildung 4.11. Die Figur wird kurz dargeboten, dann sollen sich die Probanden eine mentale Vorstellung dieses Bildes machen. Die Probanden hatten gerade genügend Zeit, eine Interpretation der Figur aufzubauen, bevor diese entfernt wurde, sie sollten dann aber eine zweite Interpretation finden. Die Probanden waren dazu nicht in der Lage. Sie sollten dann die Figur auf ein Blatt Papier zeichnen, um herauszufinden, ob sie sie jetzt reinterpretieren konnten. Jetzt waren sie erfolgreich. Dieses Ergebnis legt nahe, daß visuelle Vorstellungen sich dadurch von der Verarbeitung tatsächlicher Bilder unterscheiden, daß die vorgestellten Bilder an eine bestimmte Interpretation gebunden sind. Wir werden auf dieses Thema im nächsten Kapitel zurückkommen.

    Kosslyn, Alpert, Thompson, Maljkovic, Weise, Chabris, Hamilton, Rauch und Buonanno (1993) wählten eine andere Vorgehensweise, um den Unterschied zwischen anschaulichen Vorstellungen und der Wahrnehmung zu untersuchen. Sie zeigten den Probanden entweder Druckbuchstaben, oder sie ließen die Probanden sich diese vorstellen. Sie bestimmten die Aktivität des visuellen Cortex durch die PET-Methode, die in Kapitel 1 beschrieben wurde, und fanden eine starke Aktivität des visuellen Cortex während der mentalen Vorstellung; diese Aktivität war größer als während der Wahrnehmung. Sie nehmen an, daß die Aktivität deshalb größer ist, weil die Generierung visueller Repräsentationen im Zuge

Abb. 4.11 Die mehrdeutige Ente-Kaninchen-Figur (aus Chambers & Reisberg, 1985).

mentaler Vorstellungen gegenüber der Wahrnehmung mit mehr Anstrengung verbunden ist. In einer weiteren Untersuchung sollten sich die Probanden große versus kleine Buchstaben vorstellen. Unter der Bedingung mit kleinen Buchstaben trat die Aktivität des visuellen Cortex stärker posterior auf, in einer Hirnregion, die näher an dem Areal liegt, das das Zentrum des visuellen Feldes verarbeitet (man erinnere sich daran, daß das visuelle Feld topographisch abgebildet wird). Dies macht auch Sinn, denn ein kleines Bild ist stärker auf das Zentrum des visuellen Feldes konzentriert. Die Ergebnisse von Kosslyn et al. legen nahe, daß der visuelle Cortex beim mentalen Vorstellen in ähnlicher Art und Weise beteiligt ist wie beim visuellen Wahrnehmen.

> Visuelle Vorstellungen und die Ergebnisse der visuellen Wahrnehmung weisen viele gemeinsame Merkmale auf. Allerdings ist es schwieriger, visuelle Vorstellungen zu reinterpretieren, als dies bei tatsächlichen Bilder der Fall ist.

Der Vergleich visueller Ausprägungen

Viele Forschungsbemühungen konzentrieren sich auf die Frage, wie visuelle Details von Objekten innerhalb einer anschaulichen Vorstellung bestimmt werden. Ein Teil der Forschung bezieht sich auf die Unterscheidungsleistung von Probanden im Hinblick auf die Größe von Objekten. Die Ergebnisse zeigen, daß die Reaktionszeit zur Unterscheidung zwischen zwei Objekten kontinuierlich steigt, je geringer die Größendifferenz zwischen den beiden Objekten ausfällt.

Ein Experiment von Moyer (1973) veranschaulicht diesen Sachverhalt. Er interessierte sich für die Geschwindigkeit, mit der Probanden die relative Größe zweier Tiere aus dem Gedächtnis bestimmen konnten. Moyer stellte dazu Fragen wie die folgenden: „Was ist größer, ein Elch oder eine Forelle?" und „Was ist größer, ein Wolf oder ein Löwe?" Viele Probanden berichteten, daß sie sich für solche Beurteilungen beide Objekte bildlich vorstellen – insbesondere dann, wenn die Paarlinge eine ähnliche Größe aufweisen. Diese Probanden scheinen die Größen an Hand ihrer Vorstellungsbilder zu vergleichen.

Moyer ließ seine Probanden außerdem die absolute Größe der jeweils genannten beiden Tiere schätzen. Er stellte die Reaktionszeit für den mentalen Größenvergleich als Funktion der Differenz zwischen den geschätzten absoluten Größen dar (Abbildung 4.12). Die einzelnen Punkte in der Abbildung entsprechen Vergleichen bei jeweils einem Tierpaar. Insgesamt sind die Beurteilungszeiten um so kürzer, je stärker die geschätzten absoluten Größen voneinander abweichen. Der Reaktionszeitverlauf zeigt eine stark lineare Beziehung zwischen der Skala der Abszisse und der Skala der Ordinate auf. Man beachte jedoch, daß die Größendifferenzen auf der Abszisse logarithmisch abgetragen sind; das heißt, wenn S_1 die Größe des größeren Tieres (Tier 1) und S_2 die Größe des kleineren Tieres (Tier 2) angibt, ist das, was auf der Abszisse abgetragen ist, $\log(S_1 - S_2)$. Eine

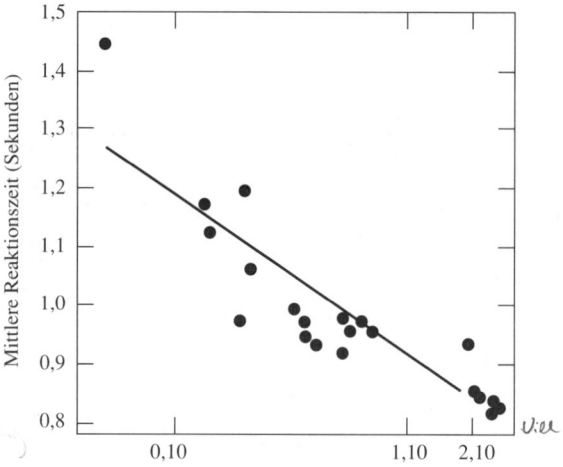

Abb. 4.12 Die Ergebnisse von Moyer (1973): mittlere Reaktionszeiten zur Bestimmung, welches von zwei Tieren größer ist, als Funktion der geschätzten Größendifferenz zwischen beiden Tieren. Die Differenzskala ist logarithmisch auf der Abszisse abgetragen.

solche logarithmische Skala läßt Abstände zwischen kleinen Differenzen größer erscheinen als betragsgleiche Abstände zwischen großen Differenzen. Dieser lineare Verlauf aus Abbildung 4.12 bedeutet also, daß ein Anstieg der Größendifferenz eine Verminderung der Reaktionszeiten zur Folge hat.

Genau die gleichen Ergebnisse erhält man, wenn man Probanden Vergleichsurteile an Hand tatsächlicher physikalischer Ausdehnungen vornehmen läßt. Beispielsweise ließ Johnson (1939) die Probanden beurteilen, welche von zwei gleichzeitig dargebotenen Linien länger sei. Abbildung 4.13 zeigt die Beurteilungszeiten als Funktion der logarithmischen Differenz der Linienlängen. Wiederum erhält man einen linearen Zusammenhang. Es ist plausibel anzunehmen, daß Wahrnehmungsurteile um so länger dauern, je ähnlicher die zu vergleichenden Größen sind, da eine genaue Unterscheidung unter diesen Umständen schwieriger ist. Der Sachverhalt, daß für mentale Vergleichsurteile ähnliche Zeitverläufe gemessen werden, spricht dafür, daß hierbei ähnliche Schwierigkeiten wie bei den Wahrnehmungsurteilen auftreten.

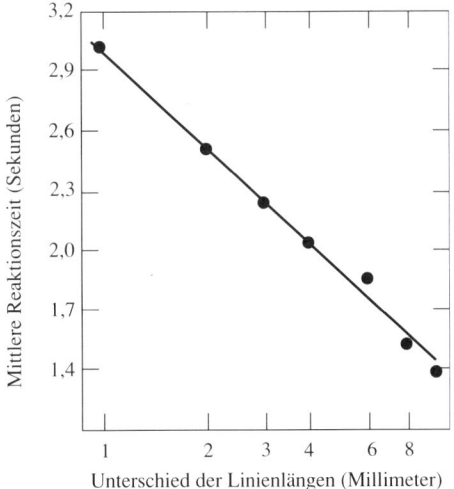

Abb. 4.13 Ergebnisse von Johnson (1939): mittlere Reaktionszeiten zur Beurteilung, welche von zwei Linien länger ist, als Funktion der Differenz der Linienlängen. Das Differenzmaß ist logarithmisch auf der Abszisse abgetragen.

Der Größenvergleich zweier vorgestellter Objekte – genau wie der Größenvergleich zweier wahrgenommener Objekte – ist um so schwieriger, je ähnlicher sich die Objekte hinsichtlich ihrer Größe sind.

Die hierarchische Struktur mentaler Vorstellungen

Komplexe mentale Bilder werden oft in Teilstrukturen zerlegt. Reed bot Figuren dar, wie sie Abbildung 4.14a illustriert, und ließ die Probanden mentale Vorstellungen dieser Figuren aufbauen (Reed, 1974; Reed & Johnsen, 1975). Nach dem Entfernen der Originalvorlagen wurden den Probanden Teile der Figuren dargeboten, wie sie die Abbildungen 4.14b und 4.14c zeigen. Die Probanden konnten die Figur (b) in 65 Prozent der Fälle als Teil der Figur (a) erkennen, die Figur (c) lediglich in zehn Prozent der Fälle. Der Grund für diesen Unterschied liegt darin, daß die Probanden eine mentale Vorstellung der Figur (a) generiert hatten, die aus Teilen wie Figur (b) besteht, nicht aber aus Teilen wie Figur (c). Wie wir schon weiter oben im Zusammenhang mit dem Experiment von Palmer (vgl. Abbildung 2.11) ausgeführt haben, besitzt der Input der visuellen Wahrnehmung einen ähnlichen hierarchischen Aufbau.

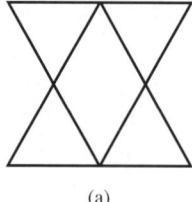  

(a)   (b)   (c)

Abb. 4.14 Figuren, die von Reed in seiner Untersuchung zu Komponenten mentaler Vorstellungen verwendet wurden. Die Figuren (b) und (c) sind in der Figur (a) enthalten. Es fällt Probanden leichter, Figur (b) als Teil von Figur (a) zu erkennen, als dies für Figur (c) der Fall ist (aus Reed, 1974).

Komplexe mentale Vorstellungen können aus einer Hierarchie von Elementen aufgebaut sein. Abbildung 4.15 zeigt ein Beispiel, wie die Figur aus Abbildung 4.14a hierarchisch dekomponiert werden kann. Die Figur kann als aus zwei Sanduhr-Figuren bestehend aufgefaßt werden, die wiederum aus zwei Dreiecken zusammengesetzt sind. Auch die Dreiecke bestehen aus Einheiten – den Linien. Häufig wird der Begriff des **Chunk** in der Kognitiven Psychologie verwendet, um eine Einheit der Wissensrepräsentation (wie hier das Dreieck) zu bezeichnen (vgl. zum Beispiel Miller, 1956; Simon, 1974). Auf der einen Ebene verbindet ein Chunk eine gewisse Zahl primitiverer Einheiten. Auf einer anderen Ebene ist es selbst die Basiseinheit einer größeren Struktur. Wenn Probanden über die dargestellte hierarchische Repräsentation der Figur unseres Beispiels verfügen, dann können sie Figur 4.14b schnell als Teilstruktur erkennen, da sie ein Teilchunk ihres mentalen Bildes darstellt.

In einer anderen Untersuchung zur hierarchischen Organisation von räumlichen Vorstellungen ließen McNamara, Hardy und Hirtle (1989) die Probanden einen etwa 6×7 Meter großen Raum betreten. Sie sollten sich die Positionen der in Abbildung 4.16 dargestellten 28 Objekte merken. Durch viele Messungen wurde gezeigt, daß die Probanden

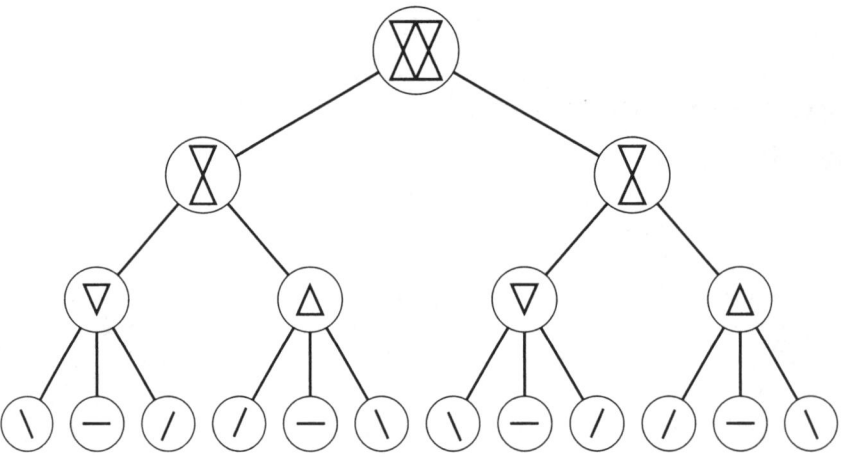

Abb. 4.15 Eine mögliche hierarchische Dekomposition der Figur von Abbildung 4.14a.

den gesamten Raum in Teilräume zerlegten und die Objekte in der Vorstellung den Teil-
räumen zuordneten. Sie waren beispielsweise schneller in der Lage, ein Objekt aus einem
bestimmten Teilraum zu erinnern, wenn sie gerade zuvor ein Objekt desselben Teilraums
erinnert hatten; es dauerte aber länger, wenn sie zuvor ein Objekt gleicher Entfernung
erinnert hatten, das aber einem anderen Teilraum entstammte. Die Zerlegung des Raumes
in Teilräume erfolgte in idiosynkratischer Weise. Abbildung 4.16 zeigt die Organisation
der Teilräume eines Probanden.

Visuelle Vorstellungen sind hierarchisch strukturiert. Dabei sind Teile der visuellen
Vorstellung oder Chunks innerhalb größerer Teile oder Chunks organisiert.

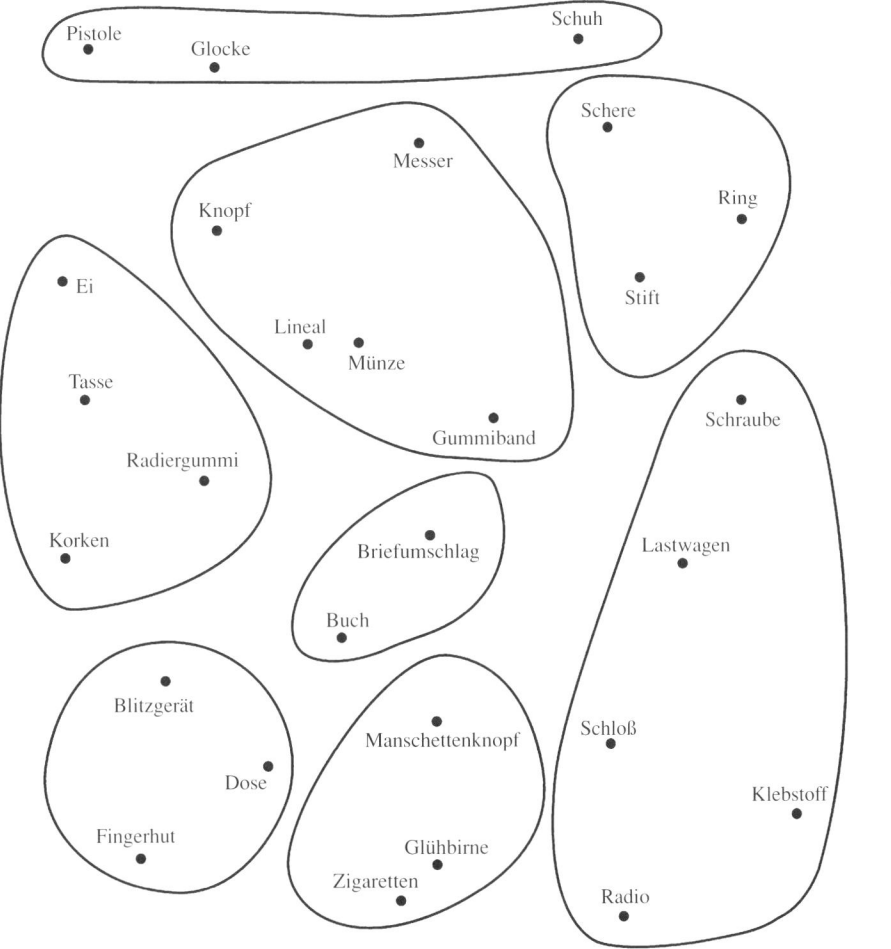

Abb. 4.16 Eine Anordnung, wie sie in dem Experiment von McNamara et al. (1989) verwendet wurde. Die
Umrandungen zeigen die hierarchische Struktur der Organisation, die ein Proband über diese Anordnung gelegt hat.
Objekte desselben Chunks sind durch eine Umrandung eingeschlossen.

Mentale Landkarten

Die Repräsentation von Landkarten im Gedächtnis scheint bei Probanden die gleiche hierarchische Struktur aufzuweisen, die man mit räumlichen Vorstellungen verbindet. Betrachten wir uns einmal Ihre mentale Landkarte Europas. Vermutlich ist diese mentale Landkarte in einzelne Regionen untergliedert, die wiederum in Länder unterteilt sind, und innerhalb dieser Länder treten wahrscheinlich einzelne Städte als markante Punkte hervor. Es zeigt sich, daß wegen der hierarchischen Struktur dieser Landkarte bestimmte systematische Verzerrungen entstehen. Stevens und Coupe (1978) haben eine Reihe solcher falscher Vorstellungen über die nordamerikanische Geographie dokumentiert. Sie stellten bei ihren Untersuchungen unter anderem die folgenden (hier übersetzten) Fragen:

- Was liegt weiter östlich: San Diego oder Reno?
- Was liegt weiter nördlich: Seattle oder Montreal?
- Was liegt weiter westlich: der Atlantik oder der pazifische Eingang zum Panamakanal?

In allen drei Fällen ist die erste Antwort richtig, doch die meisten Probanden waren gegenteiliger Ansicht. Reno wird weiter im Osten vermutet, weil Nevada östlich von Kalifornien liegt; doch diese Schlußfolgerung berücksichtigt nicht die Krümmung der kalifornischen Küstenlinie. Montreal scheint weiter nördlich zu sein als Seattle, weil Kanada nördlich der Vereinigten Staaten von Amerika liegt, aber die Grenze verläuft im Osten weiter südlich. Schließlich liegt der Atlantik selbstverständlich östlich des Pazifik, doch sehen Sie sich eine Landkarte an, wenn Sie Zweifel hinsichtlich des Panamakanals haben. Die nordamerikanische Geographie ist ziemlich komplex, und die Probanden greifen auf abstrakte Fakten über die relative Lage großer Einheiten (wie Kalifornien und Nevada) zurück, um Urteile über Orte (wie San Diego und Reno) zu treffen.

Stevens und Coupe (1978) konnten solche Fehlurteile bei mentalen Landkarten auch an Hand experimentell hergestellter Landkarten demonstrieren. Abbildung 4.17 zeigt solche Karten, die sich verschiedene Gruppen von Probanden einprägen sollten. Das wichtige Merkmal der nicht-kongruenten Landkarten ist, daß die relative Lage der Gebiete A und B nicht mit der Lage der Städte X und Y übereinkommt. Nachdem sie sich die Karten eingeprägt hatten, wurde den Probanden eine Reihe von Fragen zur Lage der Städte gestellt. Zum Beispiel wurde bei den Karten der linken Abbildungsseite gefragt, ob X östlich oder westlich von Y liegt, und für die Karten der rechten Abbildungshälfte sollte beantwortet werden, ob sich X nördlich oder südlich von Y befindet. Bei diesen X-Y-Fragen täuschten sich die Probanden bei den kongruenten Landkarten in 18 Prozent der Fälle und bei den homogenen Landkarten in 15 Prozent der Fälle; bei den nicht-kongruenten Karten waren es jedoch 45 Prozent. Die Probanden zogen Informationen über die Lage der Gebiete A und B heran, um sich die Erinnerung an die Lage der Städte zu erleichtern. Dieses Sich-Verlassen auf Informationen „höherer Ordnung" führte zu Fehlurteilen, ähnlich wie es bei vergleichbaren Schlußfolgerungen hinsichtlich der nordamerikanischen Geographie zu verzeichnen war.

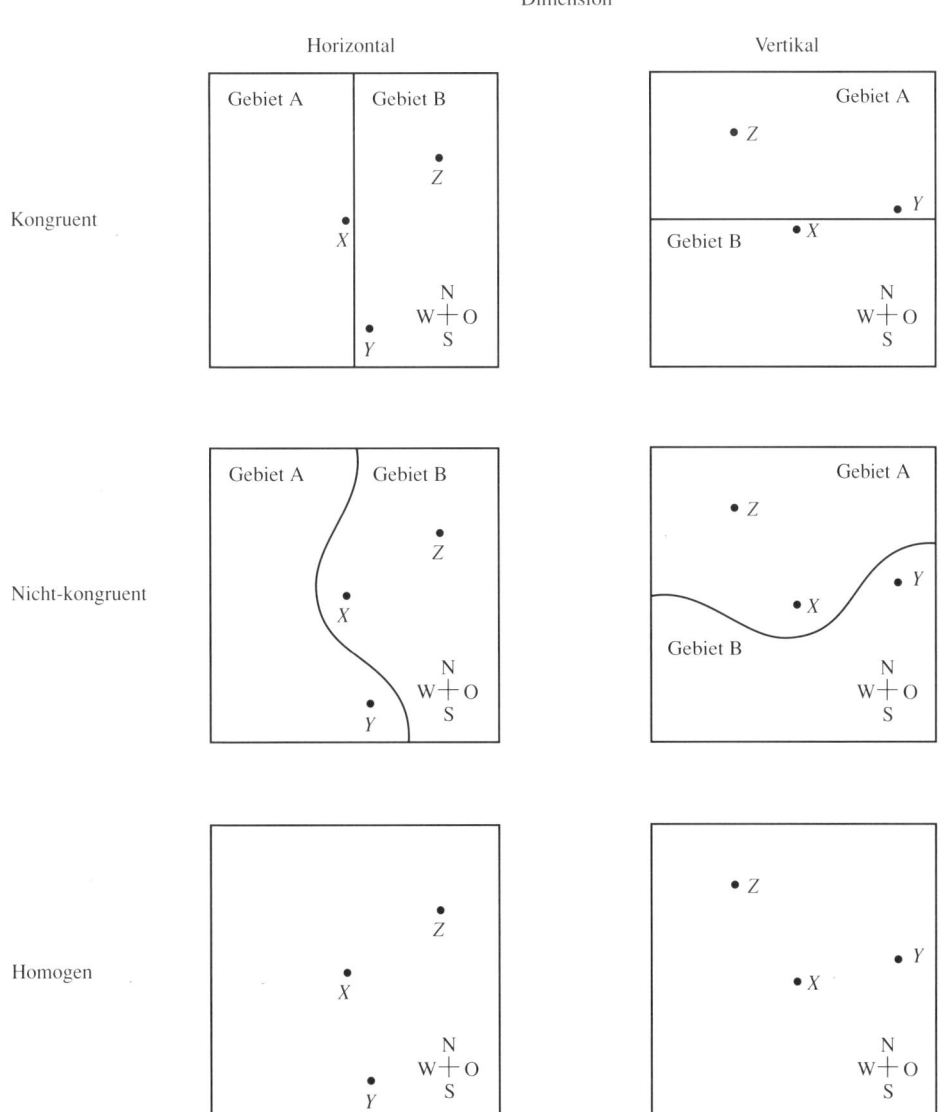

Abb. 4.17 Landkarten, wie sie Probanden in den Experimenten von Stevens und Coupe (1978) vorgelegt wurden. Diese Experimente haben gezeigt, daß sich bei mentalen Landkarten Informationen „höherer Ordnung" (Lage der Gebietsgrenzen) auf die von den Probanden erinnerte Lage der Städte auswirken.

Wenn man in der Vorstellung die relative Lage zweier Orte zueinander beurteilen soll, so zieht man als Grundlage dieser Entscheidung häufig die relative Lage übergeordneter Gebiete heran, die diese Orte enthalten.

Schlußfolgerungen zu mentalen Vorstellungen

Die Forschung zu mentalen Vorstellungen hat ausgiebig die unterschiedlichen Prozesse aufgezeigt, die damit in Zusammenhang stehen. Wir haben Belege dafür angeführt, daß mentale Bilder rotiert und gescannt werden können und daß die Möglichkeit besteht, sie zu relativen Größen- und Lagevergleichen heranzuziehen. Wir haben weiterhin Belege dafür kennengelernt, daß große mentale Bilder in hierarchische Teilstrukturen dekomponiert werden und daß der Zugriff zu diesen Informationen über eine Verarbeitung der hierarchischen Struktur erfolgt. Eine ständige Frage der Forschung ist, in welchem Ausmaß sich eine mentale Vorstellung und das Wahrnehmen eines tatsächlichen Objekts gleichen. Die Beantwortung dieser Frage ist immer differenzierter und schwieriger geworden, je mehr Wissen wir über das mentale Vorstellen und über die Wahrnehmung erlangt haben. Auf den ersten Blick scheinen beide das gleiche zu sein. Betrachtet man diesen Sachverhalt jedoch genauer, so scheinen die Belege für eine nicht bildhafte räumliche Komponente beim Vorstellen eine Unterscheidung von der Wahrnehmung nahezulegen. Es ist allerdings auch belegt, daß die visuelle Wahrnehmung ebenfalls eine solche räumliche Komponente besitzt. Andererseits können mentale Vorstellungen nicht so leicht reinterpretiert werden wie tatsächliche Bilder. Es scheint also angebracht, folgendes Fazit zu ziehen: Visuelle Vorstellungen weisen viele Gemeinsamkeiten mit der visuellen Wahrnehmung auf, auch wenn beide nicht identisch sind.

Die Repräsentation serieller Ordnungen

Die zweite Art der Wissensrepräsentation nach Paivios Schema der dualen Kodierung ist die verbale Wissensrepräsentation. Wie Paivio (1971) erkannte, ist die Situation viel komplizierter, als es durch die einfache Vorstellung, daß es verbale Repräsentationen gibt, ausgedrückt werden könnte. Man benötigt vielleicht Unterscheidungen zwischen verschiedenen verbalen Repräsentationen, und vielleicht muß man auch Generalisierungen vornehmen, die über rein verbale Repräsentationen hinausgehen. Beispielsweise würde man vielleicht zwischen Repräsentationen des Klangs eines Wortes und der Repräsentation gedruckter Wörter unterscheiden. Andererseits gibt es Komponenten verbaler Repräsentationen, die mit der seriellen Ordnung zu tun haben, die auf mehr als nur verbales Material zuzutreffen scheinen. Wörter sind nur eine Art von Objekten, die man seriell anordnen kann. Man kann ohne weiteres auch an serielle Ordnungen von Ereignissen oder von Akten in einer Schublade denken. Innerhalb der Kognitiven Psychologie glaubt man, daß es eine generelle Fähigkeit gibt, serielle Ordnungen herzustellen, unabhängig von den Objekten, die geordnet werden sollen. Dieser Abschnitt befaßt sich eher mit der menschlichen Fähigkeit, **serielle Ordnungen** abzubilden, und weniger mit der Fähigkeit, verbales Material zu verarbeiten.

Die meisten Untersuchungen auf diesem Gebiet stützen sich auf das eine oder andere Gedächtnisparadigma. Die Probanden prägen sich eine Reihe von Elementen in einer ganz bestimmten Abfolge ein oder versuchen es zumindest. Wenn man nun beobachtet, inwieweit die Probanden wieder auf diese Informationen zurückgreifen können, lassen sich Rückschlüsse auf die Struktur dieser Informationen im Gedächtnis ziehen. Nehmen wir als Beispiel ein Experiment aus meinem Labor. Wir ließen unsere Probanden Abfolgen von jeweils vier Konsonanten lernen, etwa die Konsonantenreihe *KRTB*. Sie lernten außerdem, eine Ziffer mit der Konsonantenreihe zu assoziieren, zu *KRTB* also beispielsweise die Ziffer 7. Nach dieser Lernphase wurden ihnen vier Konsonanten dargeboten, und sie sollten die mit den Konsonanten assoziierte Ziffer abrufen. Wir registrierten die Zeit, die sie für diesen Abrufvorgang benötigten; diese Zeit interpretierten wir als ein Maß dafür, wie lange es dauerte, um die Konsonantenreihe wiederzuerkennen. Die experimentelle Variation betraf im wesentlichen die Reihenfolge, in der die vier Konsonanten präsentiert wurden; das heißt, die dargebotene Reihenfolge stimmte nicht immer mit der gelernten Reihenfolge überein. Die Probanden mußten beispielsweise *RTKB* als Variation der gelernten Reihe *KRTB* erkennen. Im folgenden sind einige der von uns geprüften Reihenfolgen zusammen mit den entsprechenden Reaktionszeiten aufgeführt:

1. Identisch: *KRTB*	1,55 Sekunden
2. Beide ersten Buchstaben gleich: *KRBT*	1,55 Sekunden
3. Erster Buchstabe gleich: *KTBR*	1,59 Sekunden
4. Beide letzten Buchstaben gleich: *RKTB*	1,59 Sekunden
5. Letzter Buchstabe gleich: *TKRB*	1,64 Sekunden
6. Völlig unterschiedlich: *TKBR*	1,74 Sekunden

Die Reaktionszeiten sind am kürzesten, wenn die ersten beiden Buchstaben in der gleichen Reihenfolge dargeboten werden wie bei der ursprünglichen Vorlage. Es bestehen keine nennenswerten Reaktionszeitunterschiede zwischen Bedingung 1, bei der alle Buchstaben mit der gelernten Vorlage übereinstimmen, und Bedingung 2, bei der das nur für die ersten beiden Buchstaben gilt. Als nächstschnellste Bedingung erwiesen sich die Übereinstimmung nur des ersten Buchstabens (Bedingung 3) sowie die Übereinstimmung der letzten beiden Buchstaben (Bedingung 4); in beiden Fällen sind die Reaktionszeiten gleich. Dagegen steigen sie an, wenn lediglich der letzte Buchstabe übereinstimmt (Bedingung 5). Und wenn weder am Anfang noch am Ende der Reihe Übereinstimmung besteht (Bedingung 6), erhöhen sich die Reaktionszeiten noch einmal deutlich. Diese Daten verdeutlichen zwei wesentliche Effekte, die den Zugriff zu solchen seriellen Ordnungen im Zusammenhang mit der Reihenfolge bestimmen. Der erste Effekt wird als Anfangsankereffekt bezeichnet und gibt den Sachverhalt wieder, daß Probanden vom Beginn der Reihe her einen besseren Zugriff auf die Struktur finden. Der zweite Effekt, der Endankereffekt, ist weniger ausgeprägt, aber eine Übereinstimmung am Ende der Reihe erweist sich doch als vorteilhaft.

Angiolillo-Bent und Rips (1982) haben ähnliche Reaktionszeitdaten beim Erkennen von Buchstabenreihen aus jeweils drei Konsonanten berichtet. Diese Ergebnisse legen nahe, daß die Gedächtnisrepräsentation dieser Buchstabenfolgen nicht die gleiche ist wie bei einer visuellen Vorstellung. Beispielsweise hat es nur wenig Einfluß, wenn bei der ersten Darbietung Großbuchstaben und beim Test Kleinbuchstaben verwendet werden oder umgekehrt; das heißt, wenn die Probanden zuerst *PRB* betrachtet haben, können sie auch *prb* schnell erkennen.

Auch ein Experiment von Sternberg (1969) zeigt die Bedeutung der Anfangsverankerung bei seriellen Ordnungen. Er ließ die Probanden Reihen von bis zu sieben Ziffern lernen und bat sie, nach Vorgabe einer Prüfziffer die nächste Ziffer der Reihe zu nennen. Ein Proband konnte also etwa die Folge *38926* gelernt haben und dann nach der Ziffer gefragt werden, die auf *9* folgt, was in diesem Fall *2* wäre. Abbildung 4.18 zeigt die Reaktionszeiten dieses Experiments als Funktion der Position der Prüfziffer innerhalb der Ziffernfolge; dabei sind die Ergebnisse für Listen unterschiedlicher Länge abgetragen. Zu beachten ist, daß die Probanden stets zur ersten Ziffer den schnellsten Zugriff hatten und zum Ende der Reihe hin immer langsamer wurden. Deshalb wird vermutet, daß die Probanden solche Fragen beantworten, indem sie die Reihe vom Anfang her absuchen, bis sie auf die Prüfziffer stoßen, und dann die jeweils darauffolgende Ziffer nennen.

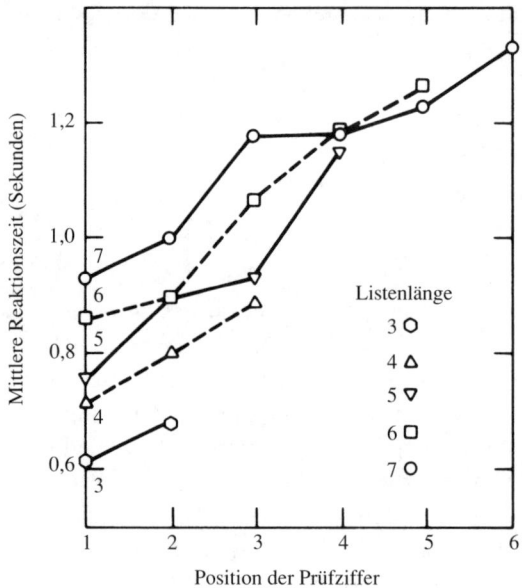

Abb. 4.18   Die Reaktionszeiten beim Nennen der nächsten Ziffer innerhalb einer gelernten Ziffernfolge als Funktion der ordinalen Position und der Listenlänge (nach Sternberg, 1969).

Seriell geordnete Informationen werden so repräsentiert, daß die Informationen der Anfangs- und der Endelemente am leichtesten erreicht werden können und daß eine serielle Suche entlang der Informationsstruktur durchgeführt werden kann.

Hierarchische Enkodierung seriell geordneter Informationen

Bis jetzt haben wir die Repräsentation eher kurzer Folgen von Elementen betrachtet. Was geschieht bei längeren Folgen? Es gibt einige Belege dafür, daß solche Folgen hierarchisch gespeichert werden, wobei untergeordnete Folgen als Einheiten größerer Folgen erscheinen. Überlegen wir beispielsweise, wie die Abfolge der 26 Buchstaben des Alpha-

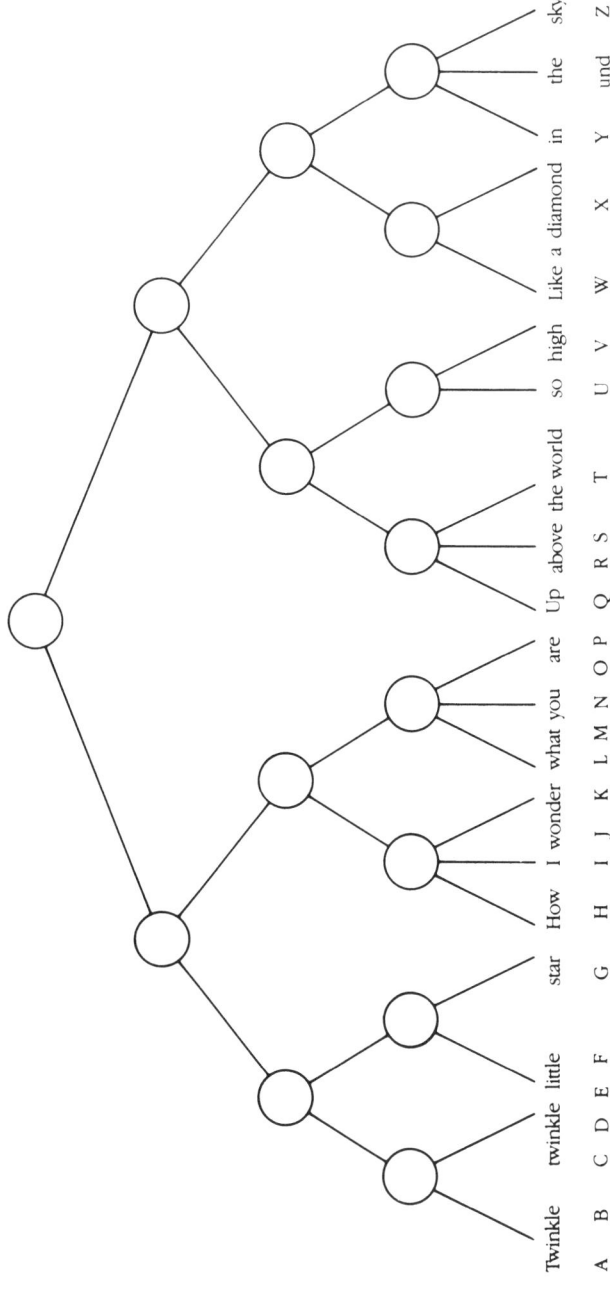

Abb. 4.19 Eine hierarchische Repräsentation, die die Abfolge der 26 Buchstaben des Alphabets enkodiert. Diese Darstellung beruht auf einem englischen Alphabetlied für Kinder, das auf die Melodie von „Twinkle, twinkle, little star" oder „Morgen kommt der Weihnachtsmann" (als Variation) gesungen werden kann.

bets repräsentiert sein könnte. Eine mögliche hierarchische Repräsentation ist in Abbildung 4.19 wiedergegeben, die auf einem englischen Alphabetlied basiert, dessen Rhythmus und Melodie eine Variation zu dem deutschen Kinderlied „Morgen kommt der Weihnachtsmann" beziehungsweise dem englischen „Twinkle, twinkle, little star" darstellt. Die Korrespondenz zu dem letztgenannten Lied wird ebenfalls durch Abbildung 4.19 verdeutlicht. Demzufolge liegt das Alphabet in hierarchischer Strukturierung vor, deren Hauptkonstituenten ABCD, EFG, HIJK, LMNOP, QRST, UV und WXYZ sind*. In dem Alphabetlied gibt es Pausen zwischen den Unterlisten, die hier durch Kommata dargestellt sind.

Klahr, Chase und Lovelace (1983) führten ein Experiment durch, um Effekte dieser hierarchischen Struktur auf die Zeit bis zur Nennung des jeweils folgenden Buchstabens im Alphabet aufzudecken. Ein Proband könnte beispielsweise *K* dargeboten bekommen und aufgefordert werden, den darauf folgenden Buchstaben, also *L*, zu nennen. Abbildung 4.20 zeigt die Generierungszeiten für jeden Buchstaben des Alphabets. Beachten Sie, daß die Generierungszeiten zu Beginn einer Hauptkonstituente am kürzesten sind und zum Ende hin länger werden. Das heißt, daß die Urteilszeiten der Probanden innerhalb einer Konstituente den gleichen Anfangsankereffekt zeigen, wie er von Sternberg gefunden worden war (vgl. auch Abbildung 4.18). Klahr et al. nehmen an, daß die Probanden Zugriff zum Beginn der Unterlisten haben und sie zum Ende hin nach dem gesuchten Buchstaben absuchen.

Die Arbeiten von Johnson (1970) liefern weitere Belege für die Existenz einer hierarchischen Strukturierung langer Listen. Er ließ die Probanden Zufallsreihen von Buchsta-

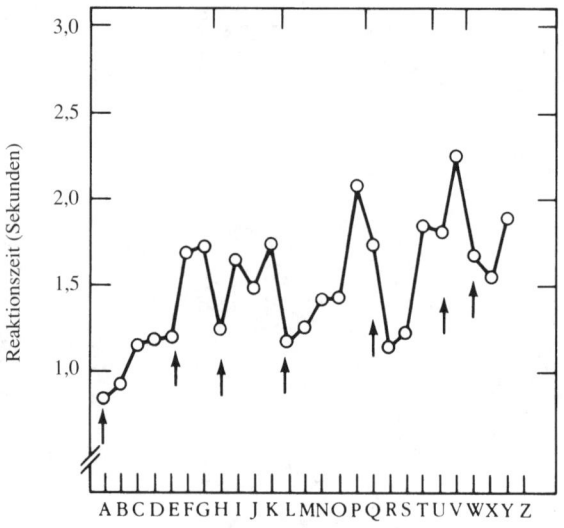

Abb. 4.20 Zeiten für die Nennung des nächsten Buchstabens im Alphabet. Die Pfeile markieren den Anfang neuer Hauptkonstituenten innerhalb der hierarchischen Enkodierung (aus Klahr et al., 1983).

---

* Eine weitere Variante des Alphabetliedes gliedert in QRS, TUV.

ben lernen, wobei durch unterschiedliche Abstände zwischen den Buchstaben eine bestimmte hierarchische Organisation nahegelegt wurde. Beispielsweise legte er den Probanden Reihen der folgenden Art zum Lernen vor:

DY   JHQ   GW

Er nahm dabei an, daß die Probanden Hierarchien aus einzelnen Sequenzen wie *JHQ*
aufbauen würden, die durch die Abstände vorgegeben waren. Tatsächlich bestätigte seine
Untersuchung, daß die Probanden diese untergeordneten Sequenzen tendenziell als Einheiten abriefen. Sofern sie sich an den ersten Buchstaben einer Unterliste erinnerten,
bestand nur eine Fehlerrate von zehn Prozent für die Erinnerung des folgenden Buchstabens. Wenn sie beispielsweise das *J* erinnerten, so erinnerten sie mit großer Wahrscheinlichkeit auch das *H*. Es zeigten sich nicht die gleichen Wahrscheinlichkeiten über die
Grenzen der Einheiten hinweg. Wenn beispielsweise das *Y* der vorangehenden Unterliste
erinnert wurde, so betrug die Fehlerrate für die Erinnerung des darauf folgenden *J* 30
Prozent.

Probanden organisieren lange Listen von Elementen hierarchisch. Dabei bilden
Unterfolgen die Elemente hierarchisch höherer Folgen.

Beurteilungen serieller Ordnungen

Ein weiteres Forschungsproblem betrifft die Beurteilung der relativen Ordnung von Elementen innerhalb einer Liste. Zum Beispiel könnte man fragen, welcher Buchstabe im
Alphabet zuerst kommt, *J* oder *L*. Fragen dieser Art werden normalerweise experimentell
untersucht, indem man Probanden eine Reihe von Fakten lernen läßt, die die Rangordnung verschiedener Itempaare spezifizieren. Dazu ein Beispiel:

- Johanna ist größer als Frauke
- Frauke ist größer als Barbara
- Barbara ist größer als Hanna
- Hanna ist größer als Doris
- Doris ist größer als Alexandra

Nachdem die Probanden sich diese Paare eingeprägt haben, können sie die Items ihrer
Rangordnung nach aufzählen:

- Johanna, Frauke, Barbara, Hanna, Doris, Alexandra

Informationen dieser Art werden also in Form einer Itemliste gelernt. Die Probanden
sollen dann Fragen beantworten wie *Wer ist größer, Doris oder Frauke?* – das heißt, sie
sollen beurteilen, welches der beiden Items in der seriellen Ordnung eine extremere
Position einnimmt. Es gibt viele derartige Experimente, bei denen serielle Ordnungen
benutzt wurden; unter anderem jene von Potts (1972, 1975) sowie von Trabasso und Riley
(1975). Die Ergebnisse der Untersuchung von Woocher, Glass und Holyoak (1978) sind
besonders typisch. Hier hatten die Probanden linear geordnete Listen beträchtlicher Länge
zu lernen. Sie lernten an Hand der relativen Größen von 16 namentlich benannten Perso-

nen eine nach Größe geordnete Liste und wurden dann aufgefordert, die relative Größe verschiedener Paare aus der Liste zu beurteilen. Das Interesse galt speziell dem Zusammenhang zwischen den Antwortzeiten und der Distanz der beiden Paarlinge auf der Liste. Diese Distanz variierte von null (die Paarlinge sind auf der Liste direkt benachbart) bis sechs dazwischenliegenden Items. Abbildung 4.21 zeigt die Reaktionszeiten der Probanden als Funktion dieser Distanz. Zu beachten ist, daß die Reaktionszeiten mit der Zahl dazwischenliegender Items fallen, ganz ähnlich, wie wenn Probanden die relativen Größen bei natürlichen Kategorien (vgl. auch Abbildung 4.10) beurteilen sollen. Ein besonders beachtenswertes Ergebnis betrifft die Daten für Paare ohne zwischenliegendes Item. Dies sind gerade jene Paare, an denen die Probanden die lineare Ordnung gelernt hatten. Obwohl die Probanden nur mit diesen Paaren direkt trainiert worden waren, brauchten sie zu deren Beurteilung am längsten.

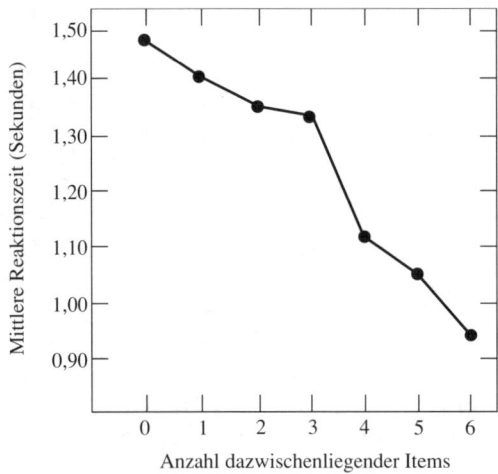

Abb. 4.21 Daten aus einer Untersuchung von Woocher et al. (1978) zu linearen Ordnungen. Die Graphik zeigt, wie die mittleren Reaktionszeiten zur Beurteilung der Rangfolge zwischen jeweils zwei Items von der Anzahl der dazwischenliegenden Items in der linearen Ordnung abhängen.

Je weiter zwei Elemente innerhalb einer linearen Ordnung voneinander entfernt sind, desto schneller kann ihre relative Position bestimmt werden.

Die verbale Beschaffenheit seriell geordneter Informationen

Wir haben den Schwerpunkt unserer Ausführungen zu seriell geordneten Informationen in diesem Kapitel auf die wahrnehmungsbasierte Wissensrepräsentation gelegt und wenig über die Modalität der repräsentierten Information ausgesagt. Es gibt Belege dafür, daß verbales Material Effekte erbringt, die der verbalen Charakteristik Rechnung tragen. Beispielsweise unterlaufen Probanden beim Erinnern von Buchstabenfolgen Fehler, die akustischer Natur sind. So werden beispielsweise die Buchstaben *B* und *P* verwechselt (Conrad, 1964). Zwar ist es für andere Modalitäten auch wichtig, daß sie serielle Ordnungen repräsentieren können, dem verbalen Medium kommt jedoch beim Menschen besondere Bedeutung zu. Ich habe an anderer Stelle (Anderson, 1995) ausgeführt, daß die menschliche Repräsentation serieller Ordnungen sich sehr feinsinnig von der Repräsentation serieller Ordnungen bei einigen anderen Spezies unterscheidet. Diese anderen Spezies weisen nicht den starken Anfangsankereffekt auf, wie er beim Menschen beobachtet wurde. Beispielsweise zeigt sich bei Tauben das beste Erinnerungsvermögen für die letzten Elemente einer Sequenz, während sich kein Vorteil für die Anfangsitems finden läßt. Dieser Unterschied könnte auf der verbalen Vermittlung im Falle des Menschen beruhen.

Schlußfolgerungen zur wahrnehmungsbasierten Wissensrepräsentation

Wir haben gesehen, daß die Verarbeitung von Information, die in mentalen Vorstellungen enthalten ist, der Verarbeitung perzeptueller Information sehr stark gleicht. In vielen Fällen sind beim mentalen Vorstellen wie bei der Wahrnehmung die gleichen Hirnregionen in die Informationsverarbeitung involviert. Dies ist deshalb bemerkenswert, weil beim mentalen Vorstellen diesen Hirnarealen kein entsprechender perzeptueller Input zugeführt wird, um sie zu stimulieren. In einigen Fällen, wie etwa der mentalen Syntheseaufgabe (vgl. Finke, Pinker & Farah, 1989), gab es nie eine entsprechende perzeptuelle Erfahrung. Diese mentalen Vorstellungserfahrungen werden vielmehr durch höhere kognitive Vorgänge erzeugt. Es ist zudem eher die Ausnahme, daß es zu Verwechslungen zwischen mentalen Vorstellungen und Wahrnehmungsgegebenheiten kommt (vgl. aber Perky, 1910). Wir sind zum allergrößten Teil in der Lage auseinanderzuhalten, was wir uns mental vorstellen und was wir wahrnehmen.

Anmerkungen und Literaturhinweise

Paivio (1971, 1986) und Yuille (1983) sollten für die Theorie Paivios zur dualen Kodierung und zu seiner Theorie zum mentalen Vorstellen herangezogen werden. Kosslyn (1980) hat eine umfassende Theorie mentalen Vorstellens entwickelt; Kosslyn (1983) ist eine etwas lesbarere Variante seiner Ausarbeitungen. Artikel von Farah (1988) und Finke (1985) diskutieren die Frage, was mentale Vorstellungen und die visuelle Wahrnehmung gemeinsam haben. Weitere Bücher zum mentalen Vorstellen haben Richardson (1980) sowie Shepard und Cooper (1983) verfaßt. Kritische Beiträge zu diesem Forschungsgebiet stammen von Pylyshyn (1973, 1981). Lee und Estes (1981), Ratcliff (1981) und Wikkelgren (1967) haben sich speziell mit der Repräsentation linearer Ordnungen beschäftigt. Ich selbst (Anderson, 1983; Kapitel 2) habe über die Beziehung zwischen räumlichen Repräsentationen und Repräsentationen geordneter Folgen sowie über wissensbezogene Repräsentationen geschrieben. Die wissensbezogenen Repräsentationen werden im folgenden Kapitel behandelt.

In deutscher Übersetzung liegt ein Buch von Downs und Stea (1982) zu kognitiven Karten vor. Zudem sei auf Wippich (1984) hingewiesen, der in einem Kapitel seines Lehrbuchs die Theorie der dualen Kodierung von Paivio, das Modell von Kosslyn und Pylyshyns Kritik darstellt. Auf Fragen der Repräsentation gehen insbesondere Engelkamp (1990), Engelkamp und Pechmann (1993) sowie Zimmer (1993) ein. In Ritter (1986) finden sich Beiträge von Cooper und Shepard zur mentalen Rotation beziehungsweise von Finke zum bildhaften Vorstellen. Der Problembereich der mentalen Rotation wird zudem in Graf (1994) behandelt; zur Erörterung der Repräsentation von räumlichem Wissen sei auf Schweizer (1996) hingewiesen.

5. Bedeutungsbezogene Wissensrepräsentation

Denken Sie an eine Hochzeit, auf die Sie vor einiger Zeit eingeladen waren! Sie werden sich wohl daran erinnern können, wer wen geheiratet hat, wahrscheinlich auch daran, wo die Hochzeit stattgefunden hat, an einige der Hochzeitsgäste und an ein paar Begebenheiten, die sich während der Hochzeit zugetragen haben. Doch würde es Ihnen voraussichtlich recht schwerfallen, genau anzugeben, wie die einzelnen Teilnehmer gekleidet waren, was sie im einzelnen sagten oder welche Schritte die Braut machte, als sie durch den Mittelgang der Kirche nach vorne trat – obwohl Sie all diese Details wahrscheinlich registriert haben. Anscheinend besitzt der Mensch die Fähigkeit, das Wesentliche eines Ereignisses zu behalten, ohne sich an viele der genauen Einzelheiten zu erinnern.

Im vorangegangenen Kapitel ging es um Wissensrepräsentationen, bei denen viele Details des Originalereignisses erhalten bleiben. In diesem Kapitel befassen wir uns mit Wissensrepräsentationen, die das Bedeutsame eines Ereignisses herausfiltern und die meisten der unwichtigen Details weglassen. Wissensrepräsentationen, die in der genannten Art vom Unwesentlichen abstrahieren, nennt man **bedeutungsbezogene Repräsentationen**, im Gegensatz zu den wahrnehmungsbasierten Repräsentationen in Kapitel 4. In der Kognitiven Psychologie wurde einiges an Forschung dafür aufgewandt, die Wichtigkeit solcher bedeutungsbezogenen Erinnerungen zu belegen und nachzuweisen, daß sie sich von wahrnehmungsbezogenen Erinnerungen unterscheiden. Wir geben zuerst einen Überblick über diese Forschungen und wenden uns dann zwei Arten bedeutungsbezogener Repräsentationen zu: propositionalen Strukturen, in denen die bedeutsame Information über ein bestimmtes Ereignis kodiert ist (zum Beispiel, wer bei der Hochzeit wen geheiratet hat), und Schemata, in denen Klassen von Ereignissen und Gegenständen an Hand ihrer typischen Eigenschaften und Merkmale repräsentiert sind (zum Beispiel, was bei einer Hochzeit typischerweise passiert).

Das Gedächtnis für Interpretationen der Bedeutung von Ereignissen

Das Gedächtnis für verbale Information

Im vorigen Kapitel haben wir lineare Ordnungen behandelt, die Informationen über die exakte Reihenfolge von Wörtern speichern können. Zweifellos verwenden wir solche Repräsentationsformen, um bestimmte verbale Informationen zu kodieren; so können wir uns einzelne Teile von Gedichten, Liedtexten, Theaterstücken und Reden wörtlich merken. Dagegen ist sehr zu bezweifeln, daß unser gesamtes Gedächtnis für Kommunikationsinhalte, oder auch nur große Teile davon, mit dem Erinnerungsvermögen an wortwörtliche Formulierungen erklärt werden kann.

Ein Experiment von Wanner (1968) illustriert die Umstände, unter denen sich Menschen an die Informationen über den genauen Wortlaut erinnern oder eben nicht erinnern. Wanner spielte seinen Versuchsteilnehmern im Labor Tonbandaufzeichnungen vor. Für eine Versuchsgruppe, die Gruppe *mit Hinweis*, begann die Untersuchungsanleitung wie folgt:

> Das Material für diesen Test, die Instruktionen eingeschlossen, wurde auf Band aufgezeichnet. Hören Sie sich die Instruktionen genau an, da wir Ihre Fähigkeit testen wollen, sich an bestimmte Sätze aus diesen Instruktionen zu erinnern.

Die zweite Versuchsgruppe erhielt keinen entsprechenden Hinweis und konnten somit nicht ahnen, daß sie nach dem Wortlaut der Instruktionen gefragt werden würde. Ansonsten waren die Instruktionen für beide Versuchsgruppen gleich. An einer späteren Stelle tauchte in den Instruktionen einer der folgenden vier kritischen Sätze auf:

1. When you score your results, do nothing to correct your answers but mark carefully those answers which are wrong.
2. When you score your results, do nothing to correct your answers but carefully mark those answers which are wrong.
3. When you score your results, do nothing to your correct answers but mark carefully those answers which are wrong.
4. When you score your results, do nothing to your correct answers but carefully mark those answers which are wrong.

Dabei muß beachtet werden, daß die Umstellung von „to correct your answers" in den Sätzen 1 und 2 zu „to your correct answers" in den Sätzen 3 und 4 mit einer Bedeutungsänderung einhergeht, während die Umstellung von „mark carefully" (Sätze 1 und 3) zu „carefully mark" (Sätze 2 und 4) lediglich eine stilistische Variation betrifft.

Direkt im Anschluß an einen dieser Sätze hörten alle Teilnehmer, ob sie einen entsprechenden Hinweis erhalten hatten oder nicht, das folgende Ende der Instruktionen:

> Um mit dem Test zu beginnen, schlagen Sie bitte Seite 2 des Antworheftes auf und geben Sie an, welcher der dort abgedruckten Sätze in den Instruktionen vorkam, die Sie gerade gehört haben.

Auf Seite 2 fanden die Teilnehmer den kritischen Satz, den sie kurz zuvor gehört hatten, zusammen mit einem ähnlichen Alternativsatz. Angenommen, sie hatten den Satz 1 gehört. Dann sollten sie entweder zwischen den Sätzen 1 und 2 oder aber zwischen den Sätzen 1 und 3 wählen. Beide Satzpaare unterscheiden sich in der Anordnung zweier Wörter. Doch trägt der Unterschied zwischen den Sätzen 1 und 2 nicht entscheidend zu ihrer Bedeutung bei; es handelt sich um einen rein stilistischen Unterschied. Andererseits besteht zwischen den Bedeutungen der Sätze 1 und 3 ein deutlicher Unterschied. Wanner betrachtete also die Fähigkeit der Versuchsteilnehmer, zwischen verschiedenen Satzpaaren zu unterscheiden, und konnte damit ihre Fähigkeiten messen, sich an die Bedeutung beziehungsweise den Stil der Sätze zu erinnern. Außerdem konnte bestimmt werden, ob diese Fähigkeit damit zusammenhängt, ob die Teilnehmer den vorwarnenden Hinweis erhielten oder nicht. Abbildung 5.1 zeigt die Ergebnisse.

In dieser Abbildung ist der prozentuale Anteil der richtigen Identifikationen der gehörten Sätze in Abhängigkeit vom gegebenen oder fehlenden Hinweis dargestellt. Die Prozentsätze sind für diejenigen Teilnehmer, die einen bedeutungsrelevanten Formulierungsunterschied entdecken sollten, und für die Teilnehmer, die einen nur stilistisch wirksamen Unterschied erkennen sollten, getrennt abgetragen. Allein durch Raten hätten die Probanden die Zufallswahrscheinlichkeit von 50 Prozent erreicht; deshalb war zu erwarten, daß die 50-Prozent-Grenze in keinem der Fälle unterschritten würde.

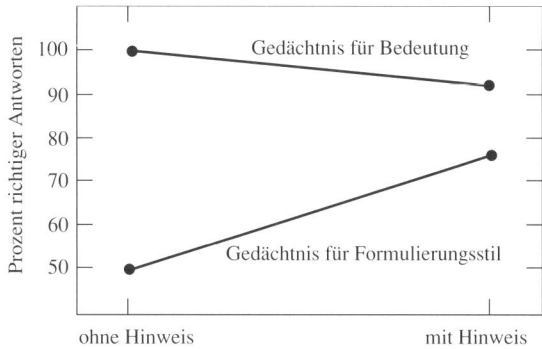

Abb. 5.1 Die Fähigkeit der Versuchsteilnehmer, nach einem entsprechenden Hinweis oder ohne einen solchen Hinweis Wortlautunterschiede zu erinnern, die die Bedeutung beziehungsweise den Stil der Formulierung betreffen (nach Wanner, 1968).

Es ist klar, was Wanners Befunde bedeuten: Erstens können Wortlautveränderungen, die zu Bedeutungsunterschieden führen, besser erinnert werden als Wortlautveränderungen, die lediglich eine stilistische Änderung hervorrufen. Die Überlegenheit des bedeutungsbezogenen Gedächtnisses weist darauf hin, daß der Mensch normalerweise die Bedeutung einer sprachlichen Nachricht extrahiert und nicht den genauen Wortlaut erinnert. Zudem hängt das Gedächtnis für die Bedeutung nicht davon ab, ob im Vorfeld ein entsprechender Hinweis gegeben wurde oder nicht. (Die etwas höhere Gedächtnisleistung bei der Gruppe ohne Hinweis ist statistisch nicht signifikant.) Es gehört somit zum üblichen Verstehensprozeß, sich die Bedeutung einer Äußerung zu merken; man muß nicht eigens darauf hingewiesen werden, sich den Satzinhalt einzuprägen.

Zweitens folgt aus Wanners Befunden, daß der vorwarnende Hinweis das Gedächtnis für die stilistische Veränderung beeinflußte. Ohne einen entsprechenden Hinweis erreichten die Probanden beim Erinnern der stilistischen Variation gerade die Zufallswahrscheinlichkeit, während sie mit einem solchen Hinweis recht gute Erinnerungsleistungen zeigten. Dieser Befund demonstriert, daß wir normalerweise kaum Informationen über die wörtliche Formulierung speichern, daß wir dazu jedoch durchaus in der Lage sind, wenn wir angehalten werden, unsere Aufmerksamkeit auf diese Information zu richten. Doch ist das Gedächtnis für stilistische Information selbst nach einem entsprechenden Hinweis immer noch schlechter als das Gedächtnis für die Bedeutung von Sätzen.

Nach der Verarbeitung einer sprachlichen Äußerung erinnern Menschen normalerweise nur ihre Bedeutung und nicht ihren exakten Wortlaut.

Das Gedächtnis für visuelle Information

In vielen Situationen scheint unser Gedächtnis eine weit höhere Kapazität für visuelle Informationen zu besitzen als für verbale Informationen. Es wurde schon in Kapitel 4 erwähnt, daß diese unterschiedliche Erinnerungsfähigkeit zu den Belegen gehört, die Paivio für seine Theorie der dualen Kodierung anführt. Ein einschlägiges Experiment stammt von Shepard (1967). Seine Versuchsteilnehmer sollten sich eine Reihe von Zeitschriftenbildern nacheinander anschauen. Nach der Durchsicht der Bilder wurden den Probanden Paare von Bildern gezeigt, die jeweils aus einem Bild bestanden, das sie zuvor gesehen hatten, und aus einem neuen Bild. Die Aufgabe bestand darin zu erkennen, welches Bild eines jeden Paares sie schon gesehen hatten. Dieser Aufgabe wurde eine verbale Situation gegenübergestellt, in der die Teilnehmer Sätze betrachteten und in ähnlicher Weise wie bei den Bildern im Hinblick auf ihre Fähigkeit untersucht wurden, aus einem Satzpaar den zuvor schon gelesenen Satz herauszusuchen. Die Fehlerrate in der Satzbedingung betrug 11,8 Prozent, in der Bildbedingung dagegen nur 1,5 Prozent. War die Erinnerungsleistung in der Satzbedingung schon recht hoch, so war sie in der Bildbedingung praktisch perfekt. Es gibt viele Experimente dieser Art. Shepard verwendete 600 Bilder. Der vielleicht eindrucksvollste Nachweis der Leistungsfähigkeit des visuellen Gedächtnisses ist dem Experiment von Standing (1973) zu entnehmen, in dem die Fehlerrate der Versuchsteilnehmer nach der Durchsicht von 10 000 Bildern bei nur 17 Prozent lag.

Die Probanden legen zwar eine sehr hohe Gedächtnisrate für Bilder an den Tag, doch was sie zu erinnern scheinen, ist eher eine Interpretation des Bildes als das exakte Bild selbst. Es erweist sich somit als nützlich, zwischen der Bedeutung eines Bildes und dem materiellen Bild selbst zu unterscheiden, so wie es sich als wichtig erwiesen hat, zwischen der Bedeutung eines Satzes und seiner sprachlich-stilistischen Oberfläche zu unterscheiden. Es gibt etliche Experimente, die die Nützlichkeit dieser Unterscheidung beim Gedächtnis für Bilder unterstreichen und die darauf hinweisen, daß wir für gewöhnlich die Bedeutung eines Bildes erinnern und nicht dessen konkrete physikalische Beschaffenheit.

Dazu kann man auch ein Experiment von Mandler und Ritchey (1977) heranziehen. Darin sollten die Probanden Bilder von einzelnen Szenen betrachten, beispielsweise die in Abbildung 5.2 dargestellten Szenen in einem Klassenzimmer. Insgesamt acht Bilder wurden für jeweils zehn Sekunden inspiziert, dann wurde ein Wiedererkennungstest durchgeführt. Dazu wurden den Probanden mehrere Bilder vorgelegt; sie sollten diejenigen Bilder herausfinden, die sie zuvor schon gesehen hatten. Die in der Testphase vorgelegten Bilder enthielten neben den Originalbildern auch Distraktorbilder. Wenn das in Abbildung 5.2a gezeigte Bild die Originalvorlage darstellt, handelt sich bei Abbildung 5.2b um ein merkmalsbezogenes Distraktorbild. Es unterscheidet sich von der Vorlage nur hinsichtlich des

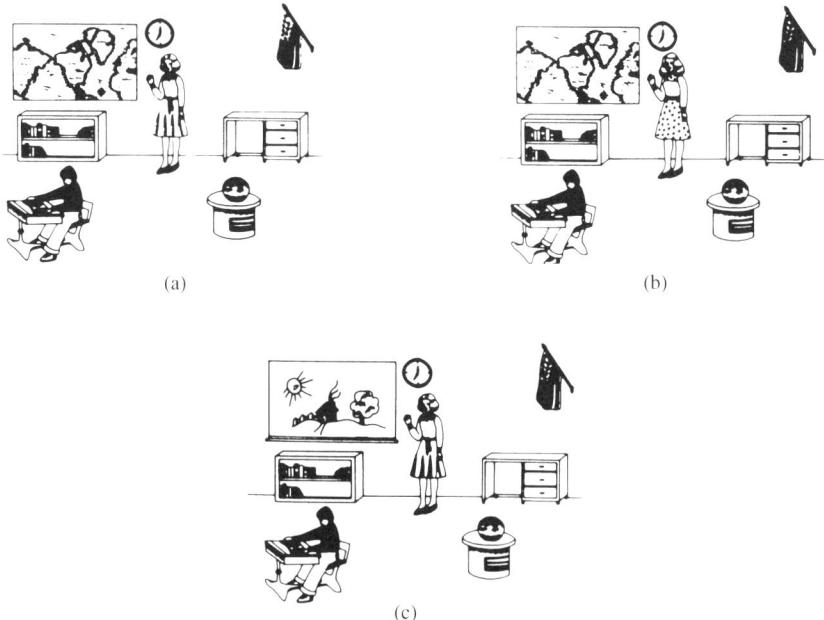

Abb. 5.2 Bilder, wie sie von Mandler und Ritchey verwendet wurden. Die Teilnehmer inspizierten die Original-vorlage (a). Danach wurden sie mit einer Reihe von Bildern getestet, in der außer dem Originalbild (a) auch Merk-malsdistraktoren wie (b) und Typendistraktoren wie (c) enthalten waren.

Musters auf dem Rock der Lehrerin; das ist ein optisches Detail, das für die Bedeutung des Bildes ziemlich unwichtig ist. Im Gegensatz dazu weist das Distraktorbild 5.2c eine typenbezogene Veränderung auf, nämlich einen Wechsel der Objektklasse: Anstelle der Weltkarte ist ein Gemälde zu sehen. Dieses visuelle Detail ist für die Bedeutung des Bildes vergleichsweise wichtiger, da es auf den in der Szene behandelten Unterrichtsge-genstand hinweist. Bei allen acht Bildern, die in der Untersuchung verwendet wurden, konnten sowohl Merkmale als auch Typen ersetzt werden. Dabei führte die Typenerset-zung jeweils zu wichtigeren Veränderungen der Bildbedeutung als die Merkmalserset-zung. Es bestanden keine systematischen Unterschiede im Hinblick auf das Ausmaß der zeichnerischen Veränderung im Vergleich der Typen- versus Merkmalsveränderungen. Insgesamt waren die Teilnehmer in 77 Prozent der Fälle in der Lage, das Originalbild richtig zu erkennen; sie sonderten die merkmalsveränderten Distraktorbilder zu 60 Pro-zent, die typenveränderten Bilder jedoch zu 94 Prozent aus.

Aus dieser Untersuchung ergaben sich ähnliche Schlußfolgerungen wie aus dem oben beschriebenen Experiment von Wanner. Analog zu Wanners Befund, nach dem die Ver-suchsteilnehmer sehr viel empfindlicher auf bedeutungsrelevante Veränderungen inner-halb eines Satzes reagierten, kamen Mandler und Ritchey zu dem Ergebnis, daß die Probanden besonders für bedeutungsbezogene Veränderungen eines Bildes empfindlich sind. Möglicherweise haben die Probanden ein besseres Gedächtnis für die Bedeutung von Bildern als für die Bedeutung von Sätzen; aber in beiden Fällen können sie sich schlecht an die Oberflächendetails erinnern.

Eine amüsante Demonstration des Sachverhalts, daß das gute Gedächtnis für Bilder an die Interpretation dieser Bilder gebunden ist, stammt von Bower, Karlin und Dueck (1975). Das Material, das sie verwendeten, ist in Abbildung 5.3 illustriert. Die Probanden sollten sich Bilder dieser Art, sogenannte *droodles*, betrachten, wobei ihnen die Interpretation der Bilder entweder vorgegeben wurde oder nicht. Danach wurde ein Gedächtnistest vorgenommen, in dem die Teilnehmer die Bilder nachzeichnen sollten. Diejenigen Probanden, die sich die Bilder unter der Vorgabe einer Interpretation eingeprägt hatten, zeigten bessere Reproduktionsleistungen (70 Prozent) als die Probanden ohne vorgegebene Erläuterungen (51 Prozent). Die Gedächtnisleistung für derartige Zeichnungen hängt also entscheidend von der Fähigkeit ab, den Bildern eine bedeutungshaltige Interpretation zuzuschreiben.

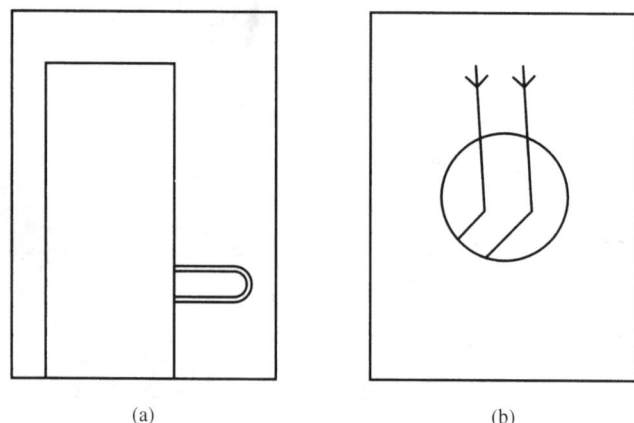

(a)   (b)

Abb. 5.3 Das Erinnern von *droodles*. (a) Ein Liliputaner spielt in einer Telefonzelle Zugposaune. (b) Ein Vogel, der einen besonders starken Wurm erwischt hat. [Im Englischen lautet dieser Bildtitel „An early bird who caught a very strong worm" und ist gleichzeitig eine Anspielung auf das Sprichwort „The early bird catches the worm", was in etwa dem deutschen „Morgenstund hat Gold im Mund" entspricht. Angesichts der Zeichnung ist man geneigt, ein neues Sprichwort zu erfinden: „Wer früh aufsteht, den bestraft das Leben." Anmerkung der Übersetzer] (Aus Bower, Karlin & Dueck, 1975.)

Wenn Menschen ein Bild sehen, dann merken sie sich in der Regel eine Interpretation seiner Bedeutung.

Details versus Bedeutung beim Behalten

Es gibt Belege für die Annahme, daß Menschen zunächst viele der wahrnehmungsbezogenen Details eines Satzes oder eines Bildes enkodieren, daß sie diese Information dann aber in der Regel schnell vergessen. Ist die wahrnehmungsbezogene Information einmal vergessen, dann merkt man sich nur noch die Bedeutung beziehungsweise die Interpretation. Die räumliche Orientierung eines Bildes gehört zu den visuellen Details, die in der

Erinnerung recht schnell zu verschwinden scheinen; dies zeigt ein Experiment von Gernsbacher (1985). Die Versuchsteilnehmer sahen Bilder in der Art von Abbildung 5.4. Nach jeweils einem Bild sollten sie angeben, welches von zwei nun vorgelegten Bildern sie gesehen hatten. Nach einem Zeitintervall von 10 Sekunden waren die abgegebenen Urteile in 79 Prozent der Fälle korrekt; dies verdeutlicht, daß die Information über die Rechts-links-Orientierung der Bilder in beträchtlichem Ausmaß behalten wurde. Nach einem Intervall von 10 Minuten sank die Urteilsgenauigkeit jedoch auf 57 Prozent. (Die Ratewahrscheinlichkeit liegt bei 50 Prozent.) Andererseits blieb das Erinnerungsvermögen an die Inhalte der Bilder auch über den längeren Zeitabstand hinweg sehr groß.

Dieselben Aussagen lassen sich aus einem Experiment von Anderson (1974b) auch für den verbalen Be-

Abb. 5.4 Ein Beispiel für ein Bild aus einer Experimentalgeschichte in seiner ursprünglichen (oben) und in der seitenverkehrten (unten) Orientierung (aus Gernsbacher, 1985; die Originalzeichnung stammt aus Mercer und Mariana Meyer, *One Frog Too Many*, Dial Books for Young Readers).

reich ableiten. Die Probanden hörten eine Geschichte, die verschiedene kritische Sätze der folgenden Art enthielt:

- Der Missionar erschoß den Maler.

Dann wurde den Teilnehmern einer der nachstehenden Sätze vorgelegt; sie wurden gefragt, ob dieser Satz aus der gehörten Geschichte logisch folgt. Auch sollten sie angeben, welchen Satz sie tatsächlich gehört hatten.

1. Der Missionar erschoß den Maler.
2. Der Maler wurde vom Missionar erschossen.
3. Der Maler erschoß den Missionar.
4. Der Missionar wurde vom Maler erschossen.

Auf die Frage nach der logischen Beurteilung der Sätze erfordern die beiden erstgenannten Sätze eine positive und die beiden letztgenannten eine negative Antwort. Die Versuchsteilnehmer wurden entweder unmittelbar nach dem Hören des Satzes oder nach einer Verzögerung von etwa 2 Minuten getestet.

Die zeitliche Verzögerung hatte fast keinen Einfluß auf das Ausmaß korrekter logischer Beurteilungen (zum Beispiel Satz 1 gegenüber Satz 3) – 98 Prozent bei sofortiger Testung und 96 Prozent bei verzögerter Testung. Demgegenüber ergab sich bei der Frage, welchen Satz die Probanden gehört hatten (zum Beispiel Satz 1 oder Satz 2), eine dramatische Verschlechterung von 99 Prozent bei der sofortigen Testung gegenüber 56 Prozent bei zeitlich verzögerter Abfrage.

> Die Erinnerung an Details ist am Anfang vorhanden, wird aber schnell vergessen, während die Erinnerung an die Inhalte erhalten bleibt.

Das bedeutungsbezogene Erinnerungsvermögen in der Anwendung

Wir haben gezeigt, daß der Mensch im allgemeinen über ein ziemlich gutes Erinnerungsvermögen für die bedeutungsbezogenen Interpretationen von Informationen verfügt. Wenn man sich also ein bestimmtes Informationsmaterial merken will, so erleichtert es die Erinnerung, wenn man es mit einer bedeutungshaltigen Interpretation belegen kann. Leider sind sich viele Menschen dieser Tatsache nicht bewußt, und ihre Gedächtnisleistung ist dementsprechend beeinträchtigt.

Ich kann mich noch gut an die traumatische Erfahrung erinnern, die ich bei meinem ersten Experiment zum Paarassoziationslernen machte. Es war Teil eines Seminars zur Experimentalpsychologie im zweiten Collegejahr. Ich weiß nicht mehr, zu welchem Zweck, auf jeden Fall hatten wir ein Gruppenexperiment entworfen, in dem man unter anderem 16 Silbenpaare lernen mußte, zum Beispiel DAX-GIB. Die Aufgabe bestand also darin, GIB zu reproduzieren, wenn DAX vorgegeben wurde. Ich meinte, ich müßte die anderen Seminarteilnehmer unbedingt übertreffen. Meine persönliche Gedächtnistheorie, auf die ich mich zu stützen gedachte, besagte im wesentlichen, daß man sich nur hart und intensiv genug anstrengen muß, dann wird man sich schon alles gut merken können. Für die bevorstehende Experimentalsituation hieß das, daß ich mir die Silbenpaare während der Lernphase immer und immer wieder aufsagen sollte, in einer angemessenen Lautstärke und mit größtmöglicher Geschwindigkeit. Meiner Theorie zufolge sollten sich die Silbenpaare mit dieser Methode für ewig in mein Gehirn einbrennen. Zu meinem Verdruß erzielte ich jedoch das schlechteste Ergebnis meines Seminars.

Meine Theorie des „Lauten und Schnellen" stand in direktem Gegensatz zu den tatsächlich wirksamen Methoden der Gedächtnisverbesserung. Ich hatte versucht, mir ein bedeutungsleeres Silbenpaar lautlich ins Gedächtnis einzuverleiben. Doch die Lektüre dieses Kapitels legt nahe, daß wir uns am besten an bedeutungshaltige und nicht an bedeutungsleere verbale Informationen erinnern können. Somit hätte ich versuchen sollen, die Gedächtnisaufgabe mit mehr Bedeutung anzureichern. Beispielsweise klingt DAX wie *Dachs* und GIB wie der Anfang von *Gibraltar*. So hätte ich eine Vorstellung aufbauen können, daß ein Dachs in Gibraltar lebt. Das wäre die Anwendung einer einfachen Mnemotechnik (das heißt eines gedächtnisunterstützenden Verfahrens) gewesen und hätte gut funktioniert, um die beiden Silben in einen Zusammenhang zu bringen.

Außerhalb von Laborsituationen stehen wir nicht oft vor der Aufgabe, Paare sinnloser Silben lernen zu müssen. Doch gibt es viele Situationen, in denen wir ganz unterschiedliche Kombinationen von Begriffen in Zusammenhang bringen müssen, ohne daß diesen Kombinationen eine Bedeutung innewohnt. Wir müssen Einkaufslisten, Namen für Gesichter oder Telefonnummern behalten, müssen Grundbegriffe unseres Studienfachs oder die Vokabeln einer Fremdsprache auswendig lernen, und so weiter. In all diesen Fällen können wir unsere Gedächtnisleistung verbessern, wenn wir die Aufgabe so umformulieren, daß die einzelnen Elemente sinnvoll miteinander verbunden werden.

Eine hilfreiche Mnemotechnik für das Vokabellernen in der Schule ist die Schlüsselwortmethode. Man betrachte beispielsweise das französische Wort *fraise*, das „Erdbeere"
bedeutet. Zwischen dem deutschen und dem französischen Äquivalent besteht zunächst
kein bedeutungshaltiger Zusammenhang; doch führt die Schlüsselwortmethode einen solchen Zusammenhang herbei. Zuerst muß man das fremdsprachliche Wort in eine ähnlich
klingende deutsche Formulierung umwandeln – beispielsweise klingt „fraise" so ähnlich
wie „Fresse". Im zweiten Schritt erfindet man eine bedeutungshaltige Verbindung zwischen der deutschen Verballhornung des Fremdwortes und dessen deutscher Übersetzung.
In diesem Fall stellt man sich vielleicht ein Kind mit einem erdbeerverschmierten Mund
vor. Oder man prägt sich das italienische Wort *carciofi* [kartschofie], das „Artischocke"
bedeutet, dadurch ein, daß man „Kartschofie" in „Kartoffel" überführt und sich einen
Kartoffel-Artischocken-Auflauf vorstellt. Atkinson und Raugh (1975) untersuchten eine
solche Schlüsselwortmethode beim Spracherwerb und fanden ihren Einsatz sehr effektiv.
Ihrer Ansicht nach verschwinden diese Schlüsselwörter aus dem Bewußtsein, sobald die
Schüler mit der Fremdsprache vertraut werden. Das Schlüsselwort scheint demnach für
den Anfang eine gute Eselsbrücke zu sein, ohne daß es das Gedächtnis auf Dauer belastet.

> Wenig bedeutungshaltiges Material kann man leichter behalten, wenn man es in
> bedeutungshaltiges Material umwandelt.

Propositionale Repräsentationen

In der Kognitiven Psychologie findet man die Verwendung unterschiedlicher Notationssysteme, um die Bedeutung von Sätzen und Bildern darzustellen. Diese Notationssysteme
beschreiben also die bedeutungsbezogene Struktur, die übrigbleibt, wenn man von den
wahrnehmungsbezogenen Details abstrahiert. Die am weitesten verbreitete Schreibweise
ist eine Variante der sogenannten **propositionalen Darstellung**. In den siebziger Jahren
wurde eine Reihe von Vorschlägen für solche propositionalen Darstellungsweisen – und
für die korrespondierende Annahme der propositionalen Repräsentation im Gedächtnis –
entwickelt, darunter die Theorien von Anderson und Bower (1973), Clark (1974), Frederiksen (1975), Kintsch (1974) sowie Norman und Rumelhart (1975). Propositionale Darstellungen wurden in der Kognitiven Psychologie zu einer gängigen Methode bei der
analysierenden Beschreibung bedeutungshaltiger Informationen. Der aus der Logik und
der Linguistik übernommene Begriff der **Proposition** spielt in solchen Analysen eine
zentrale Rolle. Eine Proposition ist die kleinste Wissenseinheit, die eine selbständige (das
heißt von anderen Wissenseinheiten unabhängige) Aussage bilden kann. Damit ist die
Proposition die kleinste Einheit, die sich sinnvoll als wahr oder falsch beurteilen läßt.
Propositionale Analysen lassen sich am eindeutigsten an sprachlicher Information durchführen, weshalb die weitere Erörterung hier auch am Beispiel sprachlicher Information
erfolgt. Man betrachte den folgenden Satz:

1. Lincoln, der Präsident der Vereinigten Staaten während eines bitteren Krieges,
   befreite die Sklaven.

Die in diesem Satz vermittelte Information kann man mit den folgenden, einfacheren Sätzen ausdrücken:

A. Lincoln war der Präsident der Vereinigten Staaten während eines Krieges.
B. Der Krieg war bitter.
C. Lincoln befreite die Sklaven.

Wenn einer dieser einfachen Sätze falsch wäre, dann wäre auch der komplexe Satz nicht wahr. Diese einfacheren Sätze entsprechen den Propositionen, die der Bedeutung des komplexen Satzes zugrunde liegen. Jeder der einfachen Sätze drückt eine primitive Bedeutungseinheit aus. Eine Bedingung, die die propositionale Darstellung von Bedeutungen erfüllen muß, besteht darin, daß jede einzelne Darstellungseinheit einer Bedeutungseinheit entspricht.

In Theorien, die eine propositionale Repräsentation von Wissenseinheiten annehmen, wird natürlich nicht behauptet, daß der Mensch einfache Sätze in der Art der Sätze A bis C im Gedächtnis speichert. Wie frühere Forschungsarbeiten gezeigt haben, behalten Probanden den exakten Wortlaut der einer komplexeren Bedeutung zugrundeliegenden Einzelsätze genausowenig wie den exakten Wortlaut des komplexen Satzes selbst. Beispielsweise zeigte Anderson (1972), daß seine Versuchsteilnehmer im nachhinein kaum mehr angeben konnten, ob sie den Satz C gehört hatten oder aber den folgenden Satz:

• Die Sklaven wurden durch Lincoln befreit.

Information scheint im Gedächtnis demnach so repräsentiert zu sein, daß die Bedeutung der elementaren Aussagen, nicht aber die Information über den Wortlaut erhalten bleibt. Es gibt mehrere propositionale Notationssysteme, in denen Information auf diese abstrakte Weise dargestellt wird. So beschreibt Kintsch (1974) jede Proposition als eine Struktur, die aus einer Relation und einer geordneten Menge von **Argumenten** besteht. Im deutschen Sprachgebrauch wird die Relation einer Proposition meistens als **Prädikat** bezeichnet. Die Prädikate organisieren die Struktur der Argumente; sie entsprechen in den meisten Fällen den Verben (hier: befreien), den Adjektiven (bitter) und anderen relationalen Ausdrücken (Präsident von). Die Argumente beziehen sich auf bestimmte Zeitpunkte, Örter, Menschen und Gegenstände; sie entsprechen in der Regel den Nomina (Lincoln, Krieg, Sklaven). Die Prädikate drücken bestimmte Relationen zwischen den Gegebenheiten aus, auf die die Nomina verweisen. Beispielsweise würde man die Sätze A bis C wie folgt darstellen:

A′. (Präsident-von, Lincoln, Vereinigte Staaten, Krieg)
B′. (bitter, Krieg)
C′. (befreien, Lincoln, Sklaven)

Kintsch setzt eine propositionale Reihe aus einem Prädikat und den zugehörigen Argumenten üblicherweise in Klammern. Man beachte, daß die verschiedenen Prädikate unterschiedlich viele Argumente aufweisen: *Präsident-von* bindet drei Argumente, *befreien* zwei Argumente und *bitter* ein Argument. Die Bedeutung der Gesamtaussage würde immer durch die Propositionen A′ bis C′ dargestellt werden, auch wenn es sich statt des komplexen Originalsatzes 1 um den folgenden Satz gehandelt hätte:

2. Die Sklaven wurden durch Lincoln, den Präsidenten der Vereinigten Staaten während eines bitteren Krieges, befreit.

Einen interessanten Nachweis der psychischen Realität propositionaler Einheiten haben Bransford und Franks (1971) erbracht. In ihrem Experiment hörten die Probanden zwölf Sätze, darunter die folgenden:

- Die Ameisen aßen die süße Marmelade, die auf dem Tisch stand.
- Der Fels rollte den Berg hinab und zerschmetterte die winzige Hütte.
- Die Ameisen in der Küche aßen die Marmelade.
- Der Fels rollte den Berg hinab und zerschmetterte die Hütte am Rande des Waldes.
- Die Ameisen in der Küche aßen die Marmelade, die auf dem Tisch stand.
- Die winzige Hütte war am Rande des Waldes.
- Die Marmelade war süß.

Alle diese Sätze sind aus zwei Gruppen von je vier Propositionen zusammengesetzt. Eine dieser Gruppen läßt sich folgendermaßen darstellen:

- (essen, Ameisen, Marmelade, Vergangenheit)
- (süß, Marmelade)
- (stehen-auf, Marmelade, Tisch, Vergangenheit)
- (in, Ameisen, Küche, Vergangenheit)

Die andere Propositionengruppe kann so dargestellt werden:

- (hinabrollen, Fels, Berg, Vergangenheit)
- (zerschmettern, Fels, Hütte, Vergangenheit)
- (am-Rand-von, Hütte, Wald, Vergangenheit)
- (winzig, Hütte)

Bransford und Franks untersuchten die Wiedererkennungsleistung ihrer Versuchsteilnehmer im Hinblick auf die folgenden drei Arten von Sätzen:

- Alt: Die Ameisen in der Küche aßen die Marmelade.
- Neu: Die Ameisen aßen die süße Marmelade.
- Unzutreffend: Die Ameisen aßen die Marmelade am Rande des Waldes.

Im ersten Fall handelt es sich um Sätze, die tatsächlich gehört worden waren; im zweiten Fall gehören die Sätze nicht zum Ausgangsmaterial, lassen sich aber aus den gelernten Propositionen zusammensetzen; im dritten Fall schließlich bestanden die Sätze aus Wörtern, die gehört worden waren, die sich aber nicht aus den gehörten Propositionen zusammensetzen lassen. Bransford und Franks fanden, daß die Probanden so gut wie nicht in der Lage waren, zwischen den ersten beiden Arten von Sätzen zu unterscheiden; sie gaben mit gleicher Wahrscheinlichkeit an, daß sie den einen oder den anderen Satz tatsächlich gehört hätten. Andererseits waren sie ziemlich überzeugt davon, daß sie die unzutreffenden Sätze der dritten Art nicht gehört hätten.

Das Experiment zeigt, daß die Versuchsteilnehmer sich recht gut daran erinnern können, auf welche Propositionen sie gestoßen waren, daß sie aber für die tatsächliche Kombination der Propositionen nicht sehr empfänglich sind. So gaben sie mit größter Wahrscheinlichkeit an, sie hätten den Satz, der sich aus allen vier Propositionen zusammensetzt, gehört, auch wenn dies in Wirklichkeit nicht der Fall gewesen war:

- Die Ameisen in der Küche aßen die süße Marmelade, die auf dem Tisch stand.

> Propositionale Analysen stellen das Erinnerungsvermögen für komplexe Sätze an
> Hand einfacher, abstrakter propositionaler Einheiten dar.

Propositionale Netzwerke

In der kognitionspsychologischen Literatur trifft man oft auf Propositionen, die in Form
eines Netzwerks dargestellt sind. Beispielsweise zeigt Abbildung 5.5 die Struktur eines
propositionalen Netzwerks, das den Satz *Lincoln, der Präsident der USA während eines
bitteren Krieges, befreite die Sklaven* zum Ausdruck bringt. In diesem **propositionalen
Netzwerk** ist jede Proposition durch eine Ellipse dargestellt, die durch beschriftete Pfeile
mit ihrem Prädikat und ihren Argumenten verbunden ist. Die Propositionen, die Prädikate
und die Argumente nennt man die **Knoten** des Netzwerks, und die Pfeile heißen **Verbindungen** (eben weil sie die Knoten miteinander verbinden). Zum Beispiel stellt die Ellipse
in Abbildung 5.5a die Proposition A′ aus der oben angeführten Analyse von Kintsch dar.
Diese Ellipse ist durch einen Pfeil mit der Beschriftung *Prädikat* mit eben dem Prädikat
Präsident-von verbunden. (Die Beschriftung gibt also an, daß der Pfeil auf den Prädikat-

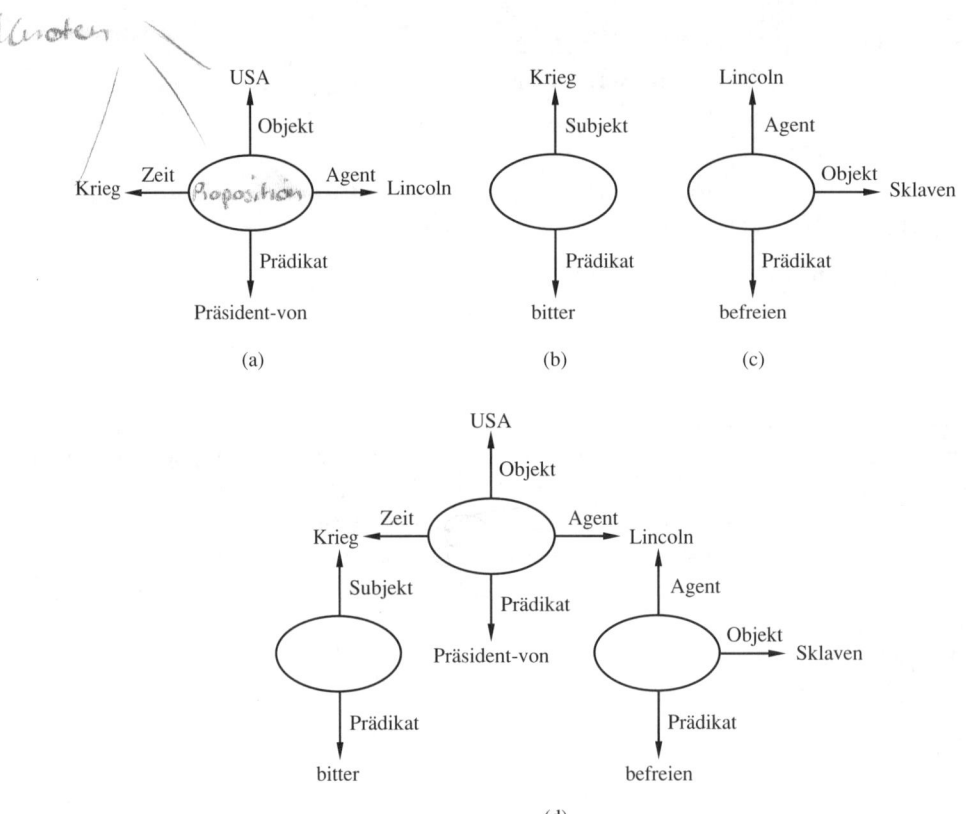

Abb. 5.5 Netzwerkrepräsentationen der Propositionen, die dem Satz *Lincoln, der Präsident der USA während eines
bitteren Krieges, befreite die Sklaven* zugrunde liegen.

knoten zeigt.) Eine Verbindung vom Typ *Agent* besteht zu *Lincoln*, eine weitere vom Typ *Objekt* zum *USA*-Knoten und schließlich eine Verbindung vom Typ *Zeit* zum Argument *Krieg*. Insgesamt stellen die drei Netzwerkstrukturen (a), (b) und (c) die oben schon eingeführten einzelnen Propositionen A′ bis C′ dar. Man beachte, daß die verschiedenen Netzwerke zum Teil dieselben Knoten enthalten; zum Beispiel kommt sowohl in (a) als auch in (b) der Knoten *Krieg* vor. Diese Überlappung zeigt an, daß die Netzwerke in Wirklichkeit zusammenhängende Teile eines größeren Netzwerks sind, welches in Abbildung 5.5d dargestellt ist. In diesem letzten Netzwerk ist die gesamte bedeutungshaltige Information des Originalsatzes 1 abgebildet.

Die räumliche Anordnung der Elemente in einem Netzwerk ist für seine Interpretation völlig irrelevant. Man kann sich Netzwerke als ein Geflecht aus Perlen vorstellen, die durch Fäden miteinander verbunden sind. Die Perlen entsprechen den Knoten und die Fäden ihren Verbindungen. Wird das Netzwerk zweidimensional dargestellt, so ist das Perlengeflecht lediglich in einer bestimmten Weise ausgelegt. Man versucht, das Netz so auszubreiten, daß es möglichst leicht verständlich ist; im Prinzip ist aber jede beliebige Anordnung möglich. Es kommt nur darauf an, welche Elemente mit welchen verknüpft sind, und es ist unerheblich, an welcher Stelle die einzelnen Komponenten in der Darstellung des Netzwerks positioniert sind.

Wir können dieselbe propositionale Information nun auf zweierlei Art darstellen: in einer Menge linearer Propositionen, wie in den Beispielen A′ bis C′, oder in einem Netzwerk, wie in Abbildung 5.5. Da die dargestellte Information abstrakter Natur ist, führen beide Notationskonventionen zum gewünschten Ergebnis. Die lineare Darstellung ist etwas übersichtlicher und kompakter; dafür hebt die Netzwerkdarstellung die Verbindungen zwischen den Elementen deutlicher hervor. Es wird sich zeigen, daß sich diese Vernetzung für das Verständnis bestimmter Gedächtnisphänomene als sehr nützlich erweist.

Propositionen haben eine wichtige Eigenschaft mit räumlichen Vorstellungsbildern und linearen Ordnungen gemeinsam: Sie können in hierarchische Beziehungen eintreten, in denen eine Proposition als eine Einheit innerhalb einer anderen Proposition auftritt. Die Abbildungen 5.6a und 5.6b zeigen die propositionalen Darstellungen für die beiden folgenden Sätze:

- John kaufte Süßigkeiten, weil er hungrig war.
- John glaubte, daß die Frau das Kind hochheben würde.

Man beachte, daß in Abbildung 5.6 sowohl die Proposition *John kaufte Süßigkeiten* als auch die Proposition *John war hungrig* als Argumente einer übergreifenden Proposition auftreten, in der ausgesagt wird, daß die erste Proposition durch die zweite verursacht ist. In ähnlicher Weise kommt die Proposition *Die Frau würde das Kind hochheben* als Objekt in der Proposition vor, die etwas über das Glauben von John aussagt.

Eine Reihe von Experimenten spricht dafür, daß es sinnvoll ist, sich die Knoten in solchen Netzwerken als Vorstellungen und die Verbindungen zwischen den Knoten als Assoziationen zwischen diesen Vorstellungen zu denken. Dazu betrachten wir ein Experiment von Weisberg (1989), in dem eine Assoziationsaufgabe verwendet wurde. Die Versuchsteilnehmer sollten sich englische Sätze der folgenden Art einprägen: *Children who are slow ate bread that is cold.* [Kinder, die langsam sind, haben Brot gegessen, das kalt

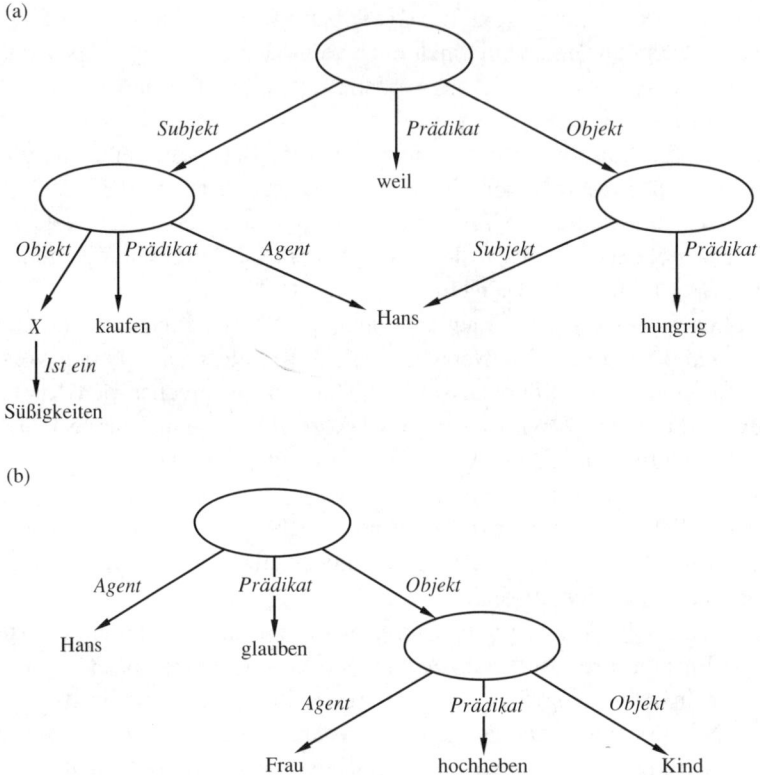

Abb. 5.6 Propositionale Darstellungen für (a) *John kaufte Süßigkeiten, weil er hungrig war* und (b) *John glaubte, daß die Frau das Kind hochheben würde.*

ist; da es sich um die Assoziation zwischen *Wörtern* handelt, wird das Beispiel im Englischen belassen.] Die propositionale Netzwerkdarstellung dieses Satzes zeigt Abbildung 5.7. Nachdem die Probanden einen Satz gelernt hatten, wurde ihnen ein Wort aus dem Satz vorgegeben, und sie sollten mit dem ersten Wort antworten, das ihnen einfiel, wobei dieses Wort aber ebenfalls aus dem Satz stammen mußte. Es handelte sich also um eine eingeschränkte freie Assoziationsaufgabe. Auf das Stichwort *slow* hin kam als Assoziation fast immer *children* und fast nie *bread*, obwohl das Wort *bread* in dem Satz näher bei dem Wort *slow* steht als das Wort *children*. Die Abbildung zeigt jedoch, daß in der propositionalen Darstellung *slow* und *children* näher beieinander liegen (zwei Verbindungen) als

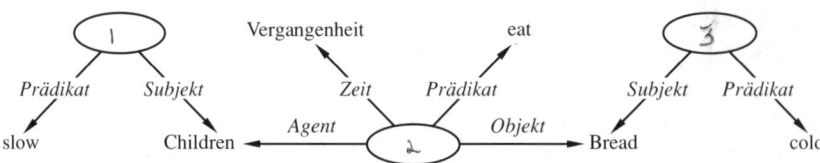

Abb. 5.7 Die Darstellung des Satzes *Children who are slow ate bread that is cold* in einem propositionalen Netzwerk.

slow und *bread* (vier Verbindungen). In ähnlicher Weise reagierten die Probanden auf das Stichwort *bread* fast immer mit *cold* und nicht mit *slow*, obwohl im Satz *bread* und *slow* näher beieinander stehen als *bread* und *cold*. Dieser Befund erklärt sich daraus, daß im Netzwerk *bread* näher bei *cold* steht (zwei Verbindungen) als bei *slow* (vier Verbindungen). (Eine ähnliche Befundlage ergibt sich aus dem Experiment von Ratcliff und McKoon, 1978.)

> Propositionale Information kann man in Netzwerken darstellen, die die Assoziationen zwischen Konzepten repräsentieren.

Konzeptuelles Wissen

Im vorliegenden Kapitel geht es um bedeutungsbezogene Wissensrepräsentationen. Die grundlegende Charakteristik solcher Repräsentationen besteht in einer bedeutsamen Abstraktion, die von den (sensorischen) Erfahrungen, die ursprünglich zum Aufbau des Wissens geführt haben, wegführt. Im Falle propositionaler Repräsentationen, dem zentralen Thema im bisherigen Verlauf dieses Kapitels, umfaßt diese Abstraktion die Löschung vieler wahrnehmungsbezogener Details und die Speicherung der wichtigen Beziehungen zwischen den Inhaltselementen. So vergaßen die Teilnehmer an dem Experiment von Mandler und Ritchey beispielsweise die Kleidung der Lehrerin, merkten sich aber den Bedeutungsinhalt des gesehenen Bildes (zum Beispiel das Unterrichtsfach, das sie lehrte).

Es gibt noch weitere mögliche Abstraktionen. Eine Art des Abstrahierens besteht darin, von den spezifischen Erfahrungen abzusehen und statt dessen die Merkmale und Kennzeichen der jeweiligen Erfahrungsklasse allgemein zu kategorisieren. Das Resultat derartiger Abstraktionen nennt man konzeptuelles Wissen. In diesem Abschnitt befassen wir uns mit zwei Ansätzen zur Repräsentation konzeptuellen Wissens. Einer davon bezieht sich auf semantische Netzwerke, die den schon erörterten propositionalen Netzwerken recht ähnlich sind. Der andere Ansatz vertritt die Repräsentation in Form von Schemata.

Semantische Netzwerke

Auch für die Frage der Enkodierung konzeptuellen Wissens wurden netzwerkartige Repräsentationen herangezogen. Nach Quillian (1966) speichern Menschen die Information über verschiedene Kategorien wie Kanarienvögel, Rotkehlchen, Fische und so weiter in einer Netzwerkstruktur, wie sie in Abbildung 5.8 dargestellt ist. Dort ist eine Hierarchie kategorialer Tatsachen skizziert, beispielsweise daß ein Kanarienvogel ein Vogel ist und ein Vogel ein Tier; dies erfolgt durch sogenannte **isa-Verbindungen** zwischen den beiden jeweiligen Kategorien. (Isa-Verbindungen sind der Ausdruck der Oberbegriff-Unterbegriff-Relation, wie sie bei Sachverhalten der Art „Ein Rotkehlchen *ist ein* Vogel" vorliegt.) Mit den einzelnen Kategorien sind die jeweils zutreffenden Eigenschaften verbunden. Eigenschaften, die für Kategorien auf einer höheren Hierarchieebene zutreffen, gelten auch für die darunterliegenden Ebenen. Da also Tiere atmen und da Vögel Tiere sind,

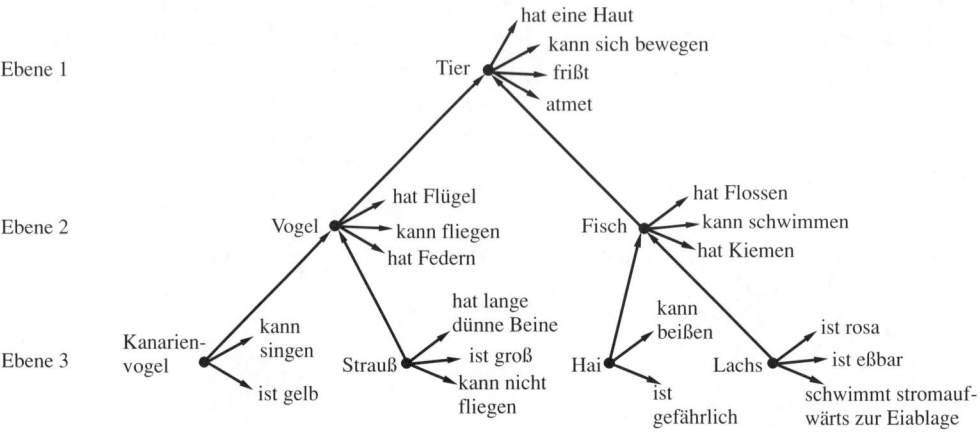

Abb. 5.8 Die hypothetische Gedächtnisstruktur einer Hierarchie auf drei Ebenen (nach Collins & Quillian, 1969).

folgt, daß auch Vögel atmen, und entsprechend atmen auch Kanarienvögel, die der Klasse der Vögel untergeordnet sind. Der Graph in Abbildung 5.8 kann auch Ausnahmen abbilden. Obwohl beispielsweise die meisten Vögel fliegen können, ist bei der Kategorie der Strauße repräsentiert, daß Strauße nicht fliegen können.

Collins und Quillian (1969) unterzogen die psychische Realität solcher Netzwerke einer experimentellen Prüfung, indem sie Probanden beurteilen ließen, ob beispielsweise die folgenden Aussagen über Konzepte richtig sind:

1. Kanarienvögel können singen.
2. Kanarienvögel haben Federn.
3. Kanarienvögel haben eine Haut.

Die Versuchsteilnehmer mußten neben solchen zutreffenden Behauptungen auch falsche Aussagen beurteilen, beispielsweise *Äpfel haben Federn*. Das Urteil darüber, ob eine Aussage falsch oder richtig ist, erfolgte durch Drücken einer von zwei Tasten. Dabei wurde die Zeit von der Darbietung der Behauptung bis zum Tastendruck gemessen.

Auf welche Weise würden die Probanden die genannten Fragen beantworten, wenn man annimmt, daß Abbildung 5.8 ihr Wissen über diese Kategorien darstellt? Die Information zur Bestätigung von Satz 1 ist unmittelbar bei *Kanarienvogel* gespeichert. Die in Satz 2 ausgedrückte Information ist jedoch nicht direkt beim Knoten *Kanarienvogel* gespeichert. Vielmehr ist das Merkmal, Federn zu haben, dem Konzept *Vogel* angegliedert, so daß man Satz 2 aus den direkt gespeicherten Tatsachen, daß ein Kanarienvogel ein Vogel ist und daß Vögel Federn haben, lediglich erschließen kann. Auch die in Satz 3 ausgedrückte Information ist nicht direkt bei *Kanarienvogel* gespeichert; das Merkmal *hat eine Haut* findet sich nämlich bei dem Konzept *Tier*. Somit kann man Satz 3 daraus herleiten, daß ein Kanarienvogel ein Vogel ist, daß ein Vogel ein Tier ist und daß ein Tier eine Haut besitzt. Bei Satz 1 ist also die für die Verifikation erforderliche Information direkt bei *Kanarienvogel* gespeichert; bei Satz 2 muß man eine Verbindung von *Kanarien-*

vogel zu *Vogel* entlanggehen, um die notwendige Information abzurufen; und bei Satz 3 muß man zwei Verbindungen durchlaufen, um von *Kanarienvogel* zu *Tier* zu gelangen.

Wenn unser kategoriales Wissen so aufgebaut wäre wie in Abbildung 5.8, dann müßte man erwarten, daß Satz 1 schneller verifiziert wird als Satz 2 und dieser wiederum schneller als Satz 3. Genau das haben Collins und Quillian auch gefunden. Die Probanden benötigten 1310 Millisekunden, um Aussagen wie in Satz 1 zu beurteilen, 1380 Millisekunden für Aussagen wie in Satz 2 und 1470 Millisekunden für Aussagen wie in Satz 3. Nachfolgende Untersuchungen zum Informationsabruf aus dem Gedächtnis haben die Schlußfolgerungen, die aus dem ursprünglichen Experiment von Collins und Quillian zu ziehen waren, etwas kompliziert. Die Häufigkeit, mit der man bestimmten Sachverhalten in der Erfahrung begegnet, erwies sich als starker Einflußfaktor auf die Abrufzeit (zum Beispiel Conrad, 1972). Beispielsweise trifft man häufig auf den Sachverhalt, daß man Äpfel essen kann, wobei die Information *eßbar* bei einem hierarchiehöheren Konzept, etwa bei *Nahrungsmittel*, gespeichert sein könnte. Doch wird die Aussage *Äpfel kann man essen* genauso schnell oder sogar schneller verifiziert als beispielsweise *Äpfel haben dunkle Kerne*, obwohl letztere Information direkter bei dem Konzept *Apfel* gespeichert sein muß. Anscheinend wird eine Information über ein Konzept, auf die man in der Erfahrung häufig stößt, direkt bei diesem Konzept gespeichert, selbst wenn sie sich aus einem allgemeineren Konzept ableiten ließe. Insgesamt dürften es sich bei den folgenden Aussagen um zulässige Schlußfolgerungen aus den entsprechenden Forschungsarbeiten handeln, was die Organisation von Fakten im semantischen Gedächtnis und die zugehörigen Abrufzeiten betrifft:

1. Wenn man einer Information über ein Konzept häufig begegnet, wird diese zusammen mit dem Konzept gespeichert, auch wenn sie aus einem übergeordneten Konzept abgeleitet werden könnte.
2. Je häufiger man einer Tatsache über ein Konzept begegnet, desto stärker wird sie mit dem Konzept assoziiert. Und je stärker Fakten mit Konzepten assoziiert sind, desto schneller werden entsprechende Aussagen verifiziert.
3. Es dauert relativ lange, Aussagen über Tatsachen zu verifizieren, die nicht direkt bei einem Konzept gespeichert sind, sondern die zuerst abgeleitet werden müssen.

Somit haben sowohl die Verbindungsstärke zwischen Tatsachen und Konzepten (die sich aus der Erfahrungshäufigkeit ergibt) als auch der Abstand zwischen beiden im semantischen Netzwerk einen Einfluß auf die Abrufzeit. Auf den Einflußfaktor der Verbindungsstärke werden wir in Kapitel 6 im Zusammenhang mit Übungseffekten beim Gedächtnis noch eingehend zu sprechen kommen.

Wenn ein Merkmal nicht direkt bei einem Konzept gespeichert ist, kann man es von einem übergeordneten Konzept abrufen.

Schemata

In der Folgezeit wurde immer deutlicher, daß solche semantischen Netzwerke nicht ausreichen, um unser kategoriales Wissen, also unser Wissen über Klassen von Sachverhalten, abzubilden. Betrachten wir zum Beispiel unser Wissen über Häuser:

- Häuser sind eine Art von Gebäuden.
- Häuser haben Zimmer.
- Häuser können aus Holz oder aus Stein gebaut sein.
- Häuser dienen dem Menschen als Wohnung.
- Häuser haben im allgemeinen rechteckige und dreieckige Formen.
- Häuser sind größer als 10 Quadratmeter und kleiner als 1000 Quadratmeter.

Das wichtige an einem Kategorienbegriff besteht darin, daß er, wie das Beispiel zeigt, vorhersagbare Informationen über einzelne Exemplare der Kategorie speichert. Wenn also jemand ein Haus erwähnt, dann haben wir damit schon eine ungefähre Vorstellung von der Größe des bezeichneten Objekts.

Die am Beispiel eines Hauses erfolgte bloße Auflistung der gemeinsamen Kennzeichen einer Kategorie sagt jedoch noch nichts über die Struktur der Beziehungen zwischen diesen Kennzeichen. Die wichtigste Erkenntnis besteht darin, daß Konzepte der Art *Haus* durch eine Konfiguration von Merkmalen definiert sind; jedes Merkmal gibt die Ausprägung (Wert) des Objekts auf einer bestimmten Merkmalsvariablen (Attribut) an. In der Kognitionswissenschaft hat sich eine bestimmte, im Vergleich zu den semantischen Netzwerken besser geeignete Art und Weise entwickelt, in der solches Wissen repräsentiert wird; diese Repräsentationsform nennt man ein **Schema**. Der Schemabegriff stammt aus der Künstlichen Intelligenz und der Computerwissenschaft. Wer sich bei neueren Programmiersprachen auskennt, wird die Ähnlichkeit mit bestimmten Typen der dort verwendeten Datenstrukturen erkennen (zum Beispiel den *records* in Pascal). Für die Psychologie stellt sich die Frage, welche Aspekte der Schemakonzeption geeignet sind, um das schlußfolgernde Denken über Konzepte besser zu verstehen. Wir erläutern zunächst einige Kennzeichen und Eigenschaften von Schemata, bevor wir uns der psychologischen Forschung zuwenden, die sich auf diese Charakteristika bezieht.

In *Schemata* ist kategoriales Wissen in Form einer Struktur von Leerstellen repräsentiert; solche Leerstellen nennt man in diesem Zusammenhang auch *Slots*. In die Slots eines Schemas werden die Ausprägungen, die die einzelnen Exemplare einer Kategorie auf verschiedenen Attributen besitzen, eingesetzt. Zum Beispiel ergibt sich für ein Haus die folgende (unvollständige) Schemarepräsentation:

Haus
- *Oberbegriff*: Gebäude
- *Teile*: Zimmer
- *Material*: Holz, Stein
- *Funktion*: Wohnraum des Menschen
- *Form*: rechteckig, dreieckig
- *Größe*: zwischen 10 und 1000 Quadratmetern

In dieser Darstellung sind die Ausdrücke *Material* oder *Form* die Attribute oder **Slots**, deren Ausprägungen *Holz*, *Stein* oder *rechteckig* sind. Jede Kombination aus einem Slot und seinen Ausprägungen spezifiziert ein typisches Merkmal. Die Tatsache, daß Häuser typischerweise aus Materialien wie Holz oder Stein gebaut sind, schließt nicht aus, daß ein Haus möglicherweise auch aus Glas sein kann. Die oben aufgeführten typischen Ausprägungen auf den einzelnen Attributen nennt man **Default-Werte**. Wenn wir demnach das Merkmal, daß Vögel fliegen können, als Teil unseres Vogel-Schemas repräsentieren, können wir dennoch Strauße als Vögel auffassen. In unserer Repräsentation von Straußen überschreiben wir einfach den Default-Wert des Fliegen-Könnens.

Man beachte, daß bestimmte Merkmale im Grunde propositionaler Natur sind, zum Beispiel daß Häuser dem Menschen als Wohnung dienen; andere, beispielsweise die Form und Größe betreffenden Merkmale, sind perzeptueller Art. Wie schon erwähnt, handelt es sich bei Schemata somit nicht um eine bloße Erweiterung propositionaler Repräsentationen. Vielmehr erlauben sie die Enkodierung kategorialer Regelhaftigkeiten, gleich ob diese nun propositional oder wahrnehmungsbezogen sind. Schemata sind dahingehend abstrakt, daß sie das für eine Kategorie im allgemeinen Zutreffende enkodieren und nicht das, was für ein bestimmtes Exemplar einer Kategorie gilt. Unser Beispielschema bezieht sich auf Häuser als solche und nicht auf ein bestimmtes Haus. Wir repräsentieren in einem Schema nicht diejenigen Informationen, die nur für ein konkretes Haus zutreffen, also ob es weiß gestrichen ist oder ob es in Pittsburgh steht. Propositionen können somit abbilden, was für bestimmte Dinge wichtig ist, während Schemata das repräsentieren können, was bestimmten Dingen in der Regel gemeinsam ist.

Ein besonderes Slot in jedem Schema ist das Oberbegriff-Slot; es entspricht den isa-Verbindungen im semantischen Netzwerk und gibt an, zu welcher übergeordneten Kategorie eine Objektklasse gehört. Solange keine widersprüchliche Information vorliegt, erbt ein Konzept die Merkmale seines Oberbegriffs. Im Zusammenhang mit dem Schema *Gebäude*, dem Oberbegriff von *Haus*, hätten wir also die Merkmale gespeichert, daß es ein Dach und Wände besitzt und daß es auf dem Erdboden steht. Diese Informationen sind nicht im Schema *Haus* repräsentiert, weil man sie aus dem Gebäude-Schema ableiten kann. (Dies gilt wahrscheinlich auch für andere Informationen, beispielsweise über das Material.) Man sieht in Abbildung 5.8, daß die isa-Verbindungen eine Hierarchie aufbauen, die man als *Generalisierungshierarchie* bezeichnen kann. (In dieser Hierarchie werden die Konzepte von unten nach oben immer allgemeiner.)

Bei Schemata gibt es noch eine zweite Art von Hierarchien, die sich auf die Teil-Ganzes-Relation beziehen. So weisen die Teile eines Hauses, beispielsweise Wände und Zimmer, ihre eigenen Schemadefinitionen auf. Es ist bei den Schemata für *Wände* und *Zimmer* gespeichert, daß diese Teile im ersten Fall Fenster und im zweiten Fall Decken besitzen (können). Über die Teil-Ganzes-Beziehungen können wir somit ableiten, daß Häuser Fenster und Decken haben.

Schemata sind so beschaffen, daß sie Schlußfolgerungen über Exemplare der in den Schemata repräsentierten Konzepte erleichtern. Wenn wir wissen, daß etwas ein Haus ist, dann können wir an Hand der Schemadefinition erschließen, daß es wahrscheinlich aus Holz oder Stein gemacht ist, daß es Wände und Fenster hat, und dergleichen. Doch müssen die Schlußfolgerungsprozesse bei schematisierten Wissensbeständen auch mit Ausnahmefällen umgehen können. Wir können auch noch verstehen, was ein fensterloses Haus oder ein Haus ohne Dach ist. Weiterhin muß man die wechselseitigen Einschränkungen für die Ausprägungen der einzelnen Attribute kennen. Wenn wir von einem unterirdischen Haus erfahren, können wir uns denken, daß es wohl keine Fenster hat.

Schemata repräsentieren Konzepte in Form von Oberbegriffen, Teilen und anderen Zuweisungen von Ausprägungen zu Attributen.

Die psychische Realität von Schemata

Es gehört zu den Kennzeichen eines Schemas, daß es für bestimmte Attribute Default-Werte annimmt. Dadurch sind Schemata mit einem nützlichen Schlußfolgerungsmechanismus ausgestattet. Wenn man erkennt, daß ein Objekt einer bestimmten Objektklasse angehört, kann man daraus folgern, daß es – sofern kein expliziter Widerspruch besteht – diejenigen Default-Werte besitzt, die mit dem Schema des entsprechenden Objektklassenkonzepts assoziiert sind. Brewer und Treyens (1981) haben die Effekte von Schemata auf die Schlußfolgerungen im Gedächtnis auf interessante Weise nachgewiesen. Dreißig Versuchsteilnehmer wurden jeweils einzeln in den Raum geführt, der in Abbildung 5.9 dargestellt ist. Ihnen wurde gesagt, daß es sich um das Büro des Versuchsleiters handle, wo sie warten sollten, bis der Versuchsleiter im Laborraum nachgesehen habe, ob der vorige Proband schon fertig sei. Nach 35 Sekunden kam der Versuchsleiter zurück und führte die im Büro wartende Person in einen benachbarten Seminarraum. Dort wurde sie angewiesen, alles aufzuschreiben, was sie aus dem Experimentalraum (also dem Büro) noch im Gedächtnis hatte. An was könnten Sie sich an Hand des Photos in Abbildung 5.9 noch erinnern?

Abb. 5.9   Der Experimentalraum in dem Gedächtnisexperiment von Brewer und Treyens (1981).

Brewer und Treyens nahmen an, daß die Wiedergaben der Probanden stark von ihrem Schema über die Ausstattung eines Büroraums beeinflußt sein würden. Die Wiedergabe von Gegenständen, die zum Büro-Schema passen, sollte also sehr gut sein; dagegen wurde bei den Ausstattungsgegenständen, die nicht zum Büro-Schema gehören, eine weit schlechtere Erinnerungsleistung erwartet; und schließlich sollten fälschlicherweise Gegenstände genannt werden, die zwar zu einem typischen Büro gehören, sich aber nicht in dem Experimentalraum befunden hatten. Genau dieses Befundmuster ergab sich auch. Beispielsweise erinnerten sich 29 der 30 Teilnehmer daran, daß im Büro ein Stuhl und ein Schreibtisch stand und daß es Wände besaß. Doch nur 8 Probanden erinnerten sich an das Notizbrett und an den anatomischen Schädel. Andererseits gaben 9 Teilnehmer an, sie hätten Bücher gesehen, was tatsächlich nicht der Fall war. Daraus folgt also, daß die Erinnerung an die Beschaffenheit eines Ortes stark von dem Schema beeinflußt ist, das sich auf Orte dieser Art bezieht.

> Menschen gehen davon aus, daß ein Objekt die Default-Werte seiner Objektklasse besitzt, solange sie nicht explizit etwas anderes feststellen.

Unterschiedliche Grade der Klassenzugehörigkeit

Eine wichtige Eigenschaft der Schemata besteht darin, daß die Objekte, die zu einem Schema passen, gewisse Unterschiede aufweisen können. Es gibt zwar bestimmte Einschränkungen für die typischen Ausprägungen einzelner Slots, aber insgesamt wenig absolute Ausschlußkriterien. Unter der Annahme, daß Schemata unser Wissen über bestimmte Objektklassen enkodieren, sollte sich ein Übergang von weniger typischen zu sehr typischen Mitgliedern dieser Kategorien feststellen lassen, je besser die Merkmale der Klassenmitglieder den im Schema vorgegebenen Restriktionen entsprechen. Inzwischen gibt es zahlreiche Belege dafür, daß natürliche Kategorien wie *Vögel* die Art von Struktur aufweisen, die man bei einem Schema erwarten würde.

Die ersten Forschungsarbeiten, in denen eine solche Variation der Klassenzugehörigkeit nachgewiesen wurde, stammen von Eleanor Rosch. In einem ihrer Experimente (Rosch, 1973) sollten die Probanden die Typikalität verschiedener Mitglieder einer Kategorie auf einer Skala von 1 bis 7 einschätzen, wobei 1 für „sehr typisch" und 7 für „sehr untypisch" stand. Bestimmte Mitglieder wurden durchgängig als typischere Vertreter der Kategorie eingeschätzt als andere. Für die Klasse der *Vögel* erhielt *Rotkehlchen* einen Durchschnittswert von 1,1, während *Huhn* bei 3,8 lag. Im Hinblick auf die Kategorie der Sportarten wurde *Football* als sehr viel typischer eingeschätzt (1,2) als Gewichtheben (4,7). *Mord* galt als ein sehr typisches Verbrechen (1,0) im Gegensatz zur *Landstreicherei* (5,3). *Möhre* schließlich wurde als sehr typisches Gemüse angesehen (1,1), *Petersilie* (3,8) dagegen nicht.

Rosch (1975) ließ die Versuchsteilnehmer nicht nur Wörter, sondern echte Bilder von Objekten beurteilen. Wenn ein Bild ein typisches Mitglied einer Kategorie darstellte, konnte es schneller im Hinblick auf seine Zugehörigkeit zu dieser Kategorie beurteilt werden. So werden Äpfel schneller als Obst identifiziert als Wassermelonen, und wenn man Rotkehlchen sieht, kann man schneller angeben, daß es sich um Vögel handelt, als wenn man Hühner sieht. Die typischen Mitglieder einer Kategorie dürften also auch bei ihrer Wahrnehmungserkennung im Vorteil sein.

Rosch (1977) zeigte auf nochmals anderem Wege, daß manche Mitglieder einer Kategorie typischer sind als andere. Ihre Probanden sollten mit vorgegebenen Kategorienbezeichnungen Sätze bilden. Für die Kategorie *Vogel* wurden beispielsweise die folgenden Sätze produziert:

- Ich hörte vor meinem Fenster einen Vogel zwitschern.
- Drei Vögel saßen auf einem Ast.
- Ein Vogel flog herab und begann zu fressen.

Rosch ersetzte den Kategoriennamen in diesen Sätzen durch ein typisches (oder zentrales) Mitglied (Rotkehlchen), ein Mitglied mittlerer Typikalität (Adler) oder ein untypisches (oder peripheres) Mitglied (Huhn) und ließ die Probanden einschätzen, wie sinnvoll ihnen die so entstandenen Sätze erscheinen. Die Sätze mit zentralen Mitgliedern erhielten hohe Werte, die Sätze mit Mitgliedern mittlerer Klassenzugehörigkeit geringere Werte, und die niedrigsten Werte ergaben sich für die Sätze mit peripheren Mitgliedern einer Kategorie. Daraus läßt sich schließen, daß Menschen, wenn sie sich ein Kategorienmitglied vorstellen, bevorzugt an ein typisches Exemplar dieser Kategorie denken.

Aus der schematischen Struktur von Kategorien kann man die Erwartung ableiten, daß es keine festen Kategoriengrenzen gibt, weil ein Objekt noch nicht allein deshalb von der Zugehörigkeit zu einer Kategorie ausgeschlossen wird, weil es nicht die typischen Default-Ausprägungen aufweist. Es sollte für den Menschen schwieriger sein zu beurteilen, ob Exemplare, die sich am äußeren Rand einer Kategorie befinden, noch dazugehören oder nicht, und diese Urteile sollten zwischen verschiedenen Beurteilern auch nicht konsistent ausfallen. McCloskey und Glucksberg (1978) untersuchten für verschiedene Kategorien, welche Exemplare noch als Mitglied dieser Kategorie angesehen werden und welche nicht. Die Probanden waren sich zwar in einigen wenigen Fällen einig, doch bei den meisten untersuchten Exemplaren stimmten sie nicht überein. So waren zwar alle 30 Versuchsteilnehmer der Ansicht, daß *Krebs* zu den Krankheiten gehört und *Glück* nicht, doch beurteilten 16 *Hirnschlag* als eine Krankheit und die anderen 14 nicht. Alle 30 Beurteiler hielten wiederum *Apfel* für eine Frucht und *Huhn* nicht, aber nur für 16 war auch *Kürbis* eine Frucht. Völlige Übereinstimmung herrschte auch darin, daß *Fliege* ein Insekt ist, *Hund* dagegen nicht; bei *Blutegel* stand es jedoch 13:17. Anscheinend sind sich die Leute untereinander nicht immer einig. McCloskey und Glucksberg untersuchten dieselben Personen einen Monat später erneut und fanden, daß viele ihre Auffassung über die in Frage stehenden Kategorienmitglieder mittlerweile geändert hatten. Beispielsweise änderten elf von 30 ihre frühere Beurteilung von *Hirnschlag* als Krankheit, acht stimmten mit ihrem Ersturteil über *Kürbis* als Frucht nicht mehr überein, und drei korrigierten sich bei *Blutegel*. Die mangelnde Übereinstimmung hinsichtlich der Grenzen einer Kategorie besteht somit nicht nur zwischen verschiedenen Personen, sondern auch innerhalb ein und derselben Person gibt es Unsicherheiten, wo genau die Grenze einer Kategorie zu ziehen ist.

Abbildung 5.10 zeigt einen Teil des Materials, das Labov (1973) verwendete, um herauszufinden, welche Figuren noch als Tasse bezeichnet werden und welche nicht.

Abb. 5.10 Die verschiedenen tassenartigen Gefäße, die Labov bei der Untersuchung der Kategoriengrenzen von *Tasse* verwendete (aus Labov, 1973).

Welche Gefäße würden Sie als *Tasse* bezeichnen, welche als *Schale* oder *Schüssel*? Der entscheidende Punkt liegt darin, daß auch diese Konzepte keine klar umrissenen Grenzen haben. In einem Experiment verwendete Labov die Gefäße 1 bis 4, bei denen das Verhältnis von Durchmesser zu Höhe kontinuierlich größer wird. Bei der Figur 1 beträgt dieses Verhältnis 1, bei der Figur 4 1,9. Labov verwendete noch eine weitere Ausprägung, bei der das Verhältnis von Durchmesser zu Höhe 2,5 beträgt. Abbildung 5.11 zeigt den Anteil der Probanden, die jedes der fünf Objekte als Tasse (cup) beziehungsweise als Schüssel (bowl) bezeichneten. Die durchgezogenen Linien stehen für die Klassifikationen in einem neutralen Kontext, in dem den Teilnehmern die Bilder der Gegenstände einfach nur vorgelegt wurden. Man erkennt, daß der Anteil von Tassen-Bezeichnungen mit zunehmender Breite des Gegenstands allmählich abnimmt, wobei es aber keinen genau bestimmbaren Punkt gibt, ab dem die Klassifikation als Tasse nicht mehr möglich wäre. Bei dem extremen Durchmesser-Höhe-Verhältnis von 2,5 nannten 25 Prozent der Teilnehmer das Gefäß immer noch *Tasse*, ein weiteres Viertel der Teilnehmer nannte es *Schüssel*. (Die restlichen 50 Prozent wählten andere Bezeichnungen.) Die gestrichelten Linien zeigen das Antwortverhalten in einem Essenskontext, in dem sich die Probanden vorstellen sollten, das Gefäß sei mit Kartoffelbrei gefüllt und stehe auf einem Tisch. In diesem Kontext wurden die Objekte seltener als *Tasse* und häufiger als *Schüssel* bezeichnet, wobei die Daten wiederum einen kontinuierlichen Übergang von *Tasse* zu *Schüssel* zeigen. Anscheinend ändern sich die Klassifikationsurteile nicht nur in Abhängigkeit von den Objekteigenschaften, sondern variieren auch mit dem Kontext, in dem man sich die Objekte vorstellt beziehungsweise in dem sie dargeboten werden. Diese Einflüsse der wahrnehmungsbezogenen Merkmale und des Kontextes sind mit den ganz ähnlich gelagerten Einflüssen dieser Faktoren auf die Erkennung von Wahrnehmungsmustern weitgehend vergleichbar (siehe Kapitel 2).

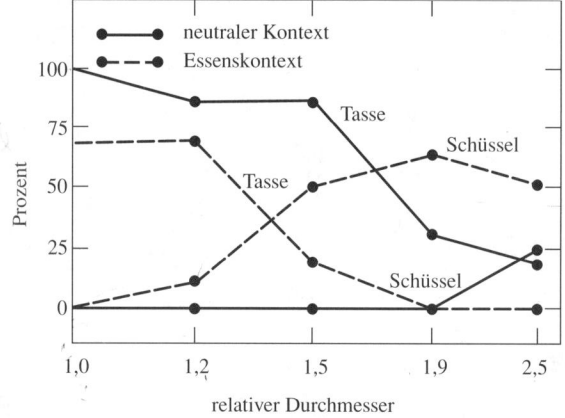

Abb. 5.11 Der Anteil der Probanden, die die Objekte in Abbildung 5.10 als *Tasse* (cup) oder als *Schüssel* (bowl) bezeichneten, als Funktion des Verhältnisses von Durchmesser zu Höhe. Die durchgezogenen Linien zeigen die Antworten in einem neutralen Kontext, die gestrichelten Linien in einem Essenskontext (aus Labov, 1973).

Verschiedene Objektexemplare werden in unterschiedlichem Ausmaß als Mitglieder einer Objektklasse beurteilt, und typischere, zentrale Mitglieder einer Kategorie zeigen Vorteile bei ihrer kognitiven Verarbeitung.

Ereigniskonzepte

Nicht nur Gegenstände weisen eine konzeptuelle Struktur auf. Wir verfügen auch über Konzepte über verschiedene Ereignisarten, zum Beispiel Ins-Kino-Gehen. Mit Hilfe von Schemata lassen sich auch Ereigniskonzepte darstellen. Wir können unser Wissen über stereotype Ereignisse an Hand ihrer einzelnen Bestandteile enkodieren – so gehört zu einem Kinobesuch, daß wir zum Kino hingehen, Eintrittskarten kaufen, Süßigkeiten oder Erfrischungen kaufen, den Film anschauen und das Kino wieder verlassen. Jedes dieser Teilereignisse kann wiederum in seine Teile zerlegt werden. Wie schon bei den Objektschemata finden wir auch hier wieder Teil-Ganzes-Hierarchien. Und es können auch Generalisierungshierarchien vorliegen – der Besuch eines Autokinos ist ein Spezialfall eines Kinobesuchs, welcher wiederum einen Spezialfall der kulturellen Unterhaltung darstellt. Die Slots eines Ereignisschemas enthalten auch typische Personen (wie den Kartenabreißer im Kino) und typische Gegenstände (zum Beispiel die Kinoleinwand). In Analogie zu den Objektschemata gibt es typische Ausprägungen oder Beschränkungen für die Slots der Ereignisschemata. Die typische Verpflegungsration eines amerikanischen Kinobesuchers besteht aus Popcorn und einem nicht-alkoholischen Erfrischungsgetränk, und im Hinblick auf Ausprägungsrestriktionen der Slots verläßt man das Kino in der Regel auf dieselbe Weise, in der man dort hingelangt ist, meistens mit einem Fahrzeug (Auto, Bus oder Straßenbahn).

Schank und Abelson (1977) entwickelten eine Variante von Ereignisschemata, die sie *Scripts* nennen. Darin heben sie hervor, daß in vielen Zusammenhängen stereotype Handlungssequenzen auftreten. Beispielsweise zeigt Tabelle 5.1, was ihrer Ansicht nach zu den typischen Aspekten eines Restaurantbesuchs gehört, und listet die Komponenten eines Scripts für derartige Anlässe auf. (Die deutsche Leserschaft erkennt bei Durchsicht der Tabellen 5.1 und 5.2 sofort, daß Scripts über die im Text genannten Eigenschaften hinaus auch kulturabhängig sind.)

Bower, Black und Turner (1979) berichten über eine Experimentalreihe zur Prüfung der psychischen Realität von Scripts. Sie ließen ihre Versuchsteilnehmer die aus ihrer jeweiligen Sicht wichtigsten zwanzig Teilereignisse einer Episode aufzählen, zum Beispiel eines Restaurantbesuchs. Innerhalb der insgesamt 32 Probanden gab es keine völlige Übereinstimmung über diese Teilereignisse. Keine einzige Handlung wurde von allen als Teil der Episode angeführt. Dennoch waren beträchtliche Übereinstimmungen zu verzeichnen. Tabelle 5.2 enthält die Ereignisse, die angegeben wurden. Die im Normaldruck aufgeführten Handlungen haben mindestens 25 Prozent der Probanden genannt. Die kursiv gedruckten Angaben stammen von mindestens 48 Prozent der Teilnehmer, und bei den Ereignissen in Großbuchstaben stimmten mindestens 73 Prozent überein. Nimmt man die 73 Prozent als Kriterium, ergibt sich die stereotype Abfolge *Platz nehmen*, *Speisekarte lesen*, *bestellen*, *essen*, *bezahlen* und *gehen*.

Bower, Black und Turner wiesen außerdem eine Reihe von Effekten nach, die solche Handlungsscripts auf die Erinnerung an Ereignisabläufe haben. Die Versuchsteilnehmer sollten Geschichten lesen, in denen einige, aber nicht alle der typischen Teilereignisse eines Scripts vorkamen. Dann sollten sie in einem Experiment die Geschichte wiedergeben, in einem anderen Experiment sollten sie erkennen, ob verschiedene Aussagen zu der gelesenen Geschichte gehören. Beim Nacherzählen berichteten die Probanden oft Sach-

Tabelle 5.1: Das Schema eines Restaurantbesuchs nach Schank und Abelson (1977)

Szene 1: Eintreffen

>   Gast betritt Restaurant
>   Gast sucht sich einen Tisch
>   Gast entscheidet sich für einen Platz
>   Gast geht zum Tisch
>   Gast nimmt Platz

Szene 2: Bestellung

>   Gast nimmt Speisekarte
>   Gast liest Speisekarte
>   Gast entscheidet sich für ein Gericht
>   Gast ruft Bedienung
>   Bedienung kommt zum Tisch
>   Gast bestellt Essen
>   Bedienung geht zum Koch
>   Bedienung gibt Bestellung an Koch weiter
>   Koch bereitet Essen

Szene 3: Essen

>   Koch gibt Essen an Bedienung
>   Bedienung bringt Essen zum Gast
>   Gast ißt

Szene 4: Gehen

>   Bedienung schreibt Rechnung
>   Bedienung geht zum Gast
>   Bedienung überreicht Rechnung
>   Gast gibt Bedienung Trinkgeld
>   Gast geht zur Kasse
>   Gast bezahlt an der Kasse
>   Gast verläßt Restaurant

verhalte, die zum jeweiligen Script gehören, nicht aber Teil der Geschichte waren. In dem Wiedererkennungsexperiment ergab sich ähnliches: Die Probanden meinten, sie hätten einen Bestandteil des Scripts gelesen, obwohl dieser tatsächlich nicht in der Geschichte vorkam. Trotz dieser Gedächtnisverzerrungen zugunsten des allgemeinen Schemas neigten die Probanden weitaus stärker dazu, die tatsächlichen Bestandteile der Geschichte wiederzugeben und die korrekten Teilepisoden wiederzuerkennen; in weit geringerem Ausmaß wurden hinzufundene Bestandteile, die nicht in der Geschichte vorkamen, fälschlicherweise wiedererkannt.

Tabelle 5.2: Empirische Skriptnormen auf drei Übereinstimmungsebenen (nach Bower, Black & Turner, 1979)

Eingangstür öffnen

Eintreten

Namen angeben, unter dem man reserviert hat

Auf Tischzuweisung warten

Zum Tisch gehen

PLATZ NEHMEN

Getränke bestellen

Serviette auf den Schoß legen

SPEISEKARTE LESEN

Essenswahl besprechen

ESSEN BESTELLEN

Sich unterhalten

Wasser trinken

Salat oder Suppe essen

Hauptgericht kommt

ESSEN

Hauptgang beenden

Nachtisch bestellen

Nachtisch essen

Rechnung verlangen

Rechnung kommt

ZAHLEN

Trinkgeld geben

Mäntel holen

GEHEN

In einem anderen Experiment lasen dieselben Autoren ihren Versuchsteilnehmern Geschichten vor, die sich aus zwölf prototypischen Handlungen im Rahmen einer Episode zusammensetzten. Acht der Handlungen kamen in der üblichen zeitlichen Abfolge vor, während die restlichen vier Handlungen zum falschen Zeitpunkt auftraten. So wurde beispielsweise in der Restaurantgeschichte die Rechnung gleich am Anfang bezahlt und die Speisekarte erst am Ende gelesen. Bei der Wiedergabe dieser Geschichten neigten die Probanden sehr stark dazu, die Teilereignisse wieder in die übliche Reihenfolge zu bringen; dies fand sich bei etwa der Hälfte der falsch plazierten Sätze. Auch dieses Experiment weist wieder die durchgreifenden Effekte allgemeiner Schemata auf die Erinnerung an die Handlung von Geschichten nach.

Insgesamt ergibt sich aus den genannten Experimenten der Hinweis, daß neue Ereignisse unter Berücksichtigung solcher allgemeinen Schemata enkodiert werden und daß auch die spätere Wiedergabe unter dem Einfluß der Schemata steht. Wir haben diese Effekte bislang als etwas Negatives betrachtet, als ob die Probanden die Geschichten verfälscht wiedergegeben hätten. Es ist jedoch keineswegs von vornherein klar, daß derartige Befunde als Fälle falscher Wiedergaben klassifiziert werden sollten. Falls in einer Geschichte ein bestimmtes Standardereignis weggelassen wird, zum Beipiel das Bezahlen der Rechnung vor dem Verlassen des Restaurants, sollen wir normalerweise doch annehmen, daß dieses Ereignis durchaus stattgefunden hat. Wenn uns umgekehrt jemand erzählt, daß die Rechnung schon bei Beginn des Restaurantbesuchs bezahlt wurde, so werden wir mit gutem Grund unsere Zweifel anmelden. Scripts oder Schemata existieren, weil sie die bevorzugte Abfolge von Teilereignissen in bestimmten Situationen enkodieren. Sie bilden damit eine nützliche Grundlage für das Auffüllen fehlender Informationen und für die Berichtigung falscher Informationen.

Scripts sind Ereignisschemata, die beim logischen Nachdenken über prototypische Ereignisse zum Einsatz kommen.

Kontroverse: Abstraktionen versus Beispielexemplare

Die bisherige Erörterung bezog sich überwiegend auf den Nachweis der Rolle von Konzepten bei der Kognition. Wir haben die Repräsentation in Form von Schemata als eine Möglichkeit eingeführt, Konzepte und ihre jeweilige Rolle darzustellen. Doch hat die Kognitive Psychologie auch größere Anstrengungen unternommen, um im Hinblick auf die diesen Konzepten zugrundeliegenden Prozesse zu einem tieferen Verständnis zu gelangen. Hier finden sich ganz unterschiedliche Vorstellungen darüber, wie Konzepte erworben und aufgebaut werden könnten, unabhängig von der allgemeinen Übereinstimmung hinsichtlich der auftretenden Phänomene. Es gibt zwei allgemeine Klassen solcher Theorien, und jede hat ihre eigenen Verfechter. Die einen Theorien nehmen an, daß wir im wesentlichen aus den Exemplaren, mit denen wir zu tun hatten, allgemeine Merkmale und Eigenschaften abstrahieren. In den anderen Theorien herrscht die Auffassung vor, daß wir im wesentlichen nur bestimmte Exemplare speichern und daß sich die allgemeineren Schlußfolgerungen aus diesen beispielhaften Exemplaren ergeben. Wir nennen diese beiden Positionen im folgenden die **Abstraktionstheorien** und die **Exemplartheorien**.

Die grundlegende Annahme der Abstraktionstheorien besteht darin, daß wir Schemata der oben erörterten Art speichern. Dazu gehören Modelle, denen zufolge der Mensch einen einzigen Prototyp davon, wie Exemplare der jeweiligen Kategorie beschaffen sind, speichert und die einzelnen Exemplare an Hand ihrer Ähnlichkeit mit dem Prototyp beurteilt (zum Beispiel Reed, 1972). In anderen Modellen speichert der Mensch eine Repräsentation, die gleichfalls eine Art Vorstellung von der zulässigen Variation um den Prototyp herum enkodiert (zum Beispiel Hayes-Roth & Hayes-Roth, 1977; Anderson, 1991).

Exemplartheorien könnten kaum gegensätzlicher sein. Sie nehmen an, daß wir kein zentrales Konzept speichern, sondern nur einzelne Exemplare. Wenn die Aufgabe ansteht, zu beurteilen, wie typisch ein bestimmtes Objekt für Vögel im allgemeinen ist, vergleichen wir dieses Objekt mit bestimmten, konkret spezifizierten Vögeln und kommen zu einer Art Einschätzung der mittleren Unterschiede. Exemplartheorien finden sich in Medin und Schaffer (1978) sowie Nosofsky (1986). Angesichts der Tatsache, daß diese Theorien so gänzlich andere Annahmen über die kognitiven Funktionen vertreten als die Abstraktionstheorien, überrascht es, daß sie für einen breiten Bereich von Experimenten zu ähnlichen Vorhersagen kommen. Zum Beispiel erwarten beide Theorieklassen eine bessere Verarbeitung der zentralen Mitglieder einer Kategorie. Abstraktionstheorien kommen zu dieser Vorhersage, weil die zentralen Exemplare der abstrakten Repräsentation des zugehörigen Konzepts ähnlicher sind. Aus den Exemplartheorien leitet sich dieselbe Vorhersage ab, weil die zentralen Exemplare eine größere durchschnittliche Ähnlichkeit mit den anderen Exemplaren der Kategorien aufweisen.

Zwischen den Erwartungen der beiden Theorieklassen dürften sich jedoch feinere Unterschiede ergeben. Exemplartheorien sagen einen Einfluß der Beschäftigung mit bestimmten Exemplaren, die einem Testexemplar ähnlich sind, voraus, wobei dieser Einfluß über einen bloßen Effekt auf die Repräsentation der zentralen Tendenz hinausgehen sollte. Wenn wir also annehmen, daß Hunde im allgemeinen bellen, könnten wir einem ungewöhnlich aussehenden Hund begegnen, der nicht bellt, und würden in der Folge erwarten, daß ein anderer, in der gleichen Weise ungewöhnlich aussehender Hund ebenfalls nicht bellt. Solche Effekte spezifischer Exemplare lassen sich in einigen Experimenten nachweisen (zum Beispiel Medin & Schaffer, 1978). Andererseits zeigten Forschungsarbeiten auch, daß Menschen dazu neigen, auf Sachverhalte zu schließen, die nicht in den einzelnen Exemplaren gegeben sind (Elio & Anderson, 1981). Wenn man vielen Hunden begegnet ist, die Bällen nachjagen, und anderen, ebenfalls zahlreichen Hunden, die den Briefträger anbellen, könnte man einen Hund, der Bällen nachjagt und den Briefträger anbellt, als besonders typisch ansehen, obwohl wir vielleicht keinen einzigen Hund beobachtet haben, der beides tut.

Eine weitere Besonderheit im Hinblick auf die Unterschiede zwischen Abstraktions- und Exemplartheorien besteht darin, daß es für beide Theorietypen Realisierungsvorschläge in konnektionistischen Modellen gibt. Bei dem in Kapitel 1 beschriebenen Netzwerk für die Jets und die Sharks handelt es sich um ein System, das einzelne Exemplare repräsentiert und über diese Exemplare generalisiert. Kruschke (1992) beschreibt ein noch viel gründlicher entwickeltes Modell dieser Spielart. Andererseits gibt es ein einflußreiches konnektionistisches Modell von Gluck und Bower (1988), in dem zentrale Tendenzen extrahiert werden und das keine spezifischen Exemplare repräsentiert. Dieses Modell wird im folgenden Abschnitt erläutert.

Die Effekte, die im Zusammenhang mit der Struktur von Kategorien auftreten, lassen sich sowohl durch die Annahme erklären, daß wir die zentrale Tendenz von Kategorien extrahieren, als auch durch die Annahme, daß wir bestimmte Exemplare der Kategorien speichern.

Das Erlernen von Schemata in einem neuronalen Netzwerk

Gluck und Bower haben ihre Theorie auf die Bearbeitung der folgenden Aufgabe angewandt: Die Probanden inspizierten die Akten fiktiver Patienten, die an vier verschiedenen
Symptomen leiden (Nasenbluten, Magenkrämpfen, zugeschwollenen Augen und Zahnfleischverfärbung), und mußten Entscheidungsdiagnosen treffen, welche von zwei hypothetischen Krankheiten die Patienten hatten. Eine Krankheit trat dreimal häufiger auf als
die andere. Abbildung 5.12 zeigt eine Möglichkeit, wie man sich das neuronale Netzwerkmodell vorstellen kann, das die Autoren den Einschätzungen der Probanden zugrunde
legten. In dem Modell bilden die Symptome vier Eingänge, die synaptisch mit zwei
Ausgabeneuronen verschaltet sind, die für die häufigere und die seltenere Krankheit stehen. Angenommen, für jeden Patienten sind die seinen Symptomen entsprechenden Ein-
gangsneuronen aktiv; dann besteht das Ziel darin, daß auch dasjenige Ausgabeneuron
aktiv ist, das der Krankheit des jeweiligen Patienten entspricht. Man kann sich das im
Grunde so vorstellen, daß an den aktiven Eingängen jeweils eine Aktivationseinheit und
an den inaktiven Eingängen keine Aktivation ankommt, und die Aktivation soll nur zu
dem Ausgabeneuron wandern, das mit der jeweils zutreffenden Krankheit übereinstimmt.
Um dies zu erreichen, muß das Netzwerk synaptische Verbindungsstärken zwischen den
Neuronen lernen. Da es vier Eingabeneuronen und zwei Ausgabeneuronen gibt, bestehen
insgesamt $4 \times 2 = 8$ synaptische Assoziationsstärken, die es zu lernen gilt.

Gluck und Bower setzten eine weitverbreitete neuronale Lernregel ein, um dem Netz
diese Assoziationsstärken beizubringen: die sogenannte **Delta-Regel**. Diese Regel lautet:

$$\Delta A_{ij} = a\, A_i\, (T_j - A_j)\,,$$

wobei ΔA_{ij} die Veränderung der Stärke synaptischer Verbindungen von der Eingabe i zur
Ausgabe j bezeichnet; A_i ist die Aktivationshöhe des Eingabeneurons i, A_j die Aktivationshöhe des Ausgabeneurons j; T_j ist die Soll-Aktivation von j. Der Parameter a in der

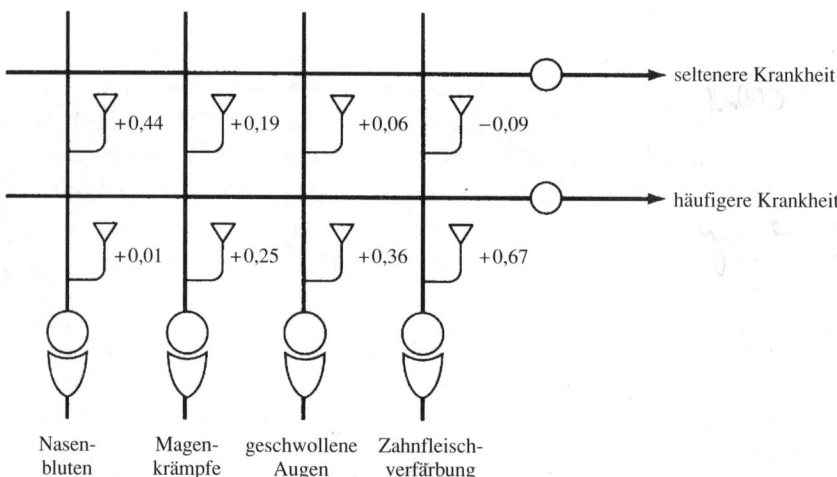

Abb. 5.12 Ein neuronales Netz für die Darstellung des Modells von Gluck und Bower in einem Experiment, in dem
die Probanden Symptome mit Krankheiten in Zusammenhang bringen.

Gleichung steuert die Lernrate. Diese Regel ist im wesentlichen eine Regel zur Fehlerkorrektur; sie zielt darauf ab, die Assoziationsstärken zwischen den Neuronen so zu verändern, daß die Differenz zwischen der tatsächlichen Aktivation (der Ist-Aktivation) und der Soll-Aktivation der Ausgabeneuronen minimiert wird.

Die Probanden im Experiment von Gluck und Bower lernten Hunderte von Patienten kennen, die unterschiedliche Symptomkombinationen aufwiesen. Jede Kombination war für beide Krankheiten unterschiedlich wahrscheinlich. Die Probanden sollten an Hand ihrer Erfahrungen mit den Einzelfällen lernen, eine Krankheit bei gegebenem Symptommuster vorherzusagen. Abbildung 5.12 zeigt die endgültigen Assoziationsstärken, die das Netzwerkmodell gemäß der Delta-Regel lernte. Diese Assoziationsstärken bewährten sich außerordentlich gut bei der Vorhersage des probandenseitigen Klassifikationsverhaltens; auch bildeten sie sehr gut ab, wie die Probanden jedes Symptom im Hinblick auf seinen Beitrag zur Diagnose der selteneren oder der häufigeren Krankheit einschätzten.* Man kann den synaptischen Gewichtszahlen in Abbildung 5.12 entnehmen, daß Nasenbluten als symptomatischer für die seltenere Krankheit erachtet wird (die Verbindungsgewichte betragen 0,44 gegenüber 0,01), während die drei anderen Symptome als typischer für die häufigere Krankheit angesehen werden. Bei ihrer Einschätzung der Symptome nach Ablauf des Experiments stimmten die Versuchsteilnehmer darin überein, daß nur das Nasenbluten einen Vorhersagewert für die seltenere Krankheit besitzt.

Das genannte Modell illustriert nur einen von vielen Mechanismen, die vorgeschlagen wurden, um die schematische Abstraktion abzubilden. Der interessante Aspekt liegt darin, daß die Schemarepräsentation im wesentlichen in den synaptischen Gewichten lokalisiert ist. Die synaptische Verbindungsstärke zwischen einem Eingabeneuron und einem Ausgabeneuron ist im Grunde genommen ein Maß dafür, wie typisch das entsprechende Symptom für die jeweilige Krankheit ist.

Mit Hilfe der Delta-Regel können synaptische Assoziationsstärken gelernt werden, in denen sich widerspiegelt, wie typisch verschiedene Merkmale für eine Kategorie sind.

Zusammenfassung

Wir haben zwei Typen bedeutungsbezogener Repräsentationen besprochen. Propositionen stellen die atomaren Bedeutungseinheiten dar; mit ihnen kann man die Bedeutung von Sätzen und Bildern enkodieren. Die wechselseitigen Beziehungen zwischen Propositionen definieren ein Netzwerk, das man mit Gewinn zum Verständnis von Gedächtnisphänome-

---

* In Wirklichkeit hat das Modell von Gluck und Bower nur ein einziges Ausgabeneuron, dessen Aktivität in Abhängigkeit von der Wahrscheinlichkeit der selteneren Krankheit zwischen +1 und −1 variiert. Das in Abbildung 5.12 dargestellte Modell ist formal äquivalent. Hier wird jede Krankheit separat auf einer Skala von 0 bis 1 vorhergesagt, wobei die maximale Assoziationsstärke +1 beträgt. Man erhält die Originalwerte von Gluck und Bower, indem man die Verbindungsstärken der häufigeren Krankheit von den Gewichten der selteneren Krankheit subtrahiert.

nen heranziehen kann. Es wurden einige Beispiele erläutert, auf welche Weise man solche Netzwerke zum Verständnis gedächtnisbezogener Phänomene einsetzen kann (zum Beispiel Weisbergs Assoziationsaufgabe). In den beiden nachfolgenden Kapiteln zum Gedächtnis werden wir ausgiebigen Gebrauch von solchen Netzwerkrepräsentationen machen.

Bestimmte Merkmale unseres Wissens kann man jedoch nicht mit bloßen Netzwerkstrukturen, die durch Propositionen definiert sind, darstellen. Bestimmte Mengen von Sachverhalten hängen in größeren Einheiten zusammen, die man Schemata nennt. Zum Beispiel gehört es nicht nur zu unserem Wissen über Restaurants, daß dort bestimmte Ereignisse ablaufen, sondern auch, daß diese Ereignisse für gewöhnlich gemeinsam und in bestimmten Abfolgen auftreten. Mit Hilfe von Schemata kann der Mensch das Wissen darüber repräsentieren, wie Merkmale bei der Definition eines Objekts in der Regel zusammenwirken oder wie Ereignisse bei der Definition von Episoden zusammenspielen. Dieses Wissen darüber, welche Sachverhalte üblicherweise zusammen auftreten, ist eine außerordentlich wichtige Voraussetzung für die Fähigkeit, die Dinge, auf die wir in unserer Umgebung stoßen werden, vorhersehen zu können.

Anmerkungen und Literaturhinweise

Die einzelnen Details propositionaler Netzwerke, so wie sie in diesem Kapitel dargelegt wurden, stimmen nicht durchgängig mit den spezifischen Vorschlägen in der Literatur überein; solche Vorschläge für die Repräsentation propositionaler Information finden sich bei Anderson (1976), Anderson und Bower (1973), Kintsch (1974) sowie Norman und Rumelhart (1975). Für aktuelle Diskussionen über Fragen der Repräsentation konzeptuellen Wissens konsultiere man Estes (1991), Nosofsky, Palmeri und McKinley (1994), Smith (1989) sowie Vosniadou und Ortony (1989).

In den siebziger Jahren gab es eine lebhafte Diskussion zwischen Vertretern der ausschließlichen Annahme räumlicher und verbaler Kodierungen und den Vertretern propositionaler Repräsentation. Zentrale Beiträge zu dieser Debatte finden sich unter anderem in Pylyshyn (1973), Kosslyn und Pomerantz (1977), Palmer (1978), Paivio (1975) und Anderson (1978a). In neuerer Zeit geht der Trend hin zu eklektizistischen Standpunkten, die alle Repräsentationsformen zulassen. (Doch lese man Pylyshyn, 1984, und Paivio, 1986!) In dieser Einschätzung bin ich vielleicht voreingenommen, weil ich mich immer stark für multiple Repräsentationen ausgesprochen habe (Anderson, 1983). In dieser letztgenannten Quelle kann man auch Vorschläge nachlesen, wie die verschiedenen Repräsentationstypen zu Schemata kombiniert werden können.

Eine deutschsprachige Einführung zu propositionalen Netzwerken gibt Kintsch (1982). Grabowski (1991) gibt eine ausführliche Einführung in die Möglichkeiten und Grenzen der propositionalen Analyse. Eine Übersicht über bestehende Netzwerkmodelle findet sich in Tergan (1986). Gedächtnistechniken werden mit psychologisch-theoretischer Schwerpunktlegung in Wippich (1974), mit eher populärwissenschaftlicher Betonung in Zielke (1986) erläutert. Eine verständliche und zusammenfassende Darstellung von Schematheorien findet sich in Ballstaedt, Mandl, Schnotz und Tergan (1981). Vertiefende Untersuchungen zur Flexibilität von Konzepten, unter Einbeziehung konnektionistischer Ansätze, sind in Mangold-Allwinn (1993) aufgeführt; eine Einführung in das selbständige Programmieren neuronaler Netze, die auch die wichtigsten Lernalgorithmen einschließt, geben Kruse, Mangold-Allwinn, Mechler und Penger (1991).

6. Gedächtnis: Enkodierung und Speicherung

Im Jahre 1885 veröffentlichte Herrmann Ebbinghaus, ein Pionier auf dem Gebiet der experimentellen Gedächtnisforschung, eine bedeutende Monographie seiner Forschungsarbeiten. Die darin dargestellten Untersuchungen waren wahrscheinlich die ersten systematischen Experimente zum menschlichen Gedächtnis. Ebbinghaus arbeitete allerdings noch nicht mit Stichproben von Probanden, wie wir sie nach heutigen Standards in Experimenten einsetzen. Er selbst war sein einziger Proband. Er brachte sich Serien sinnloser Silben bei, und zwar Konsonant-Vokal-Konsonant-Trigramme wie DAX, BUP und LOC. In einem seiner zahlreichen Experimente lernte Ebbinghaus Listen von 13 Silben auswendig, bis er sie zweimal hintereinander fehlerlos wiedergeben konnte. Nach unterschiedlichen Zeitspannen überprüfte er dann, wie gut er diese Listen behalten hatte. Er maß die Zeit, die er brauchte, um die Listen erneut so gut zu beherrschen, daß er sie wieder

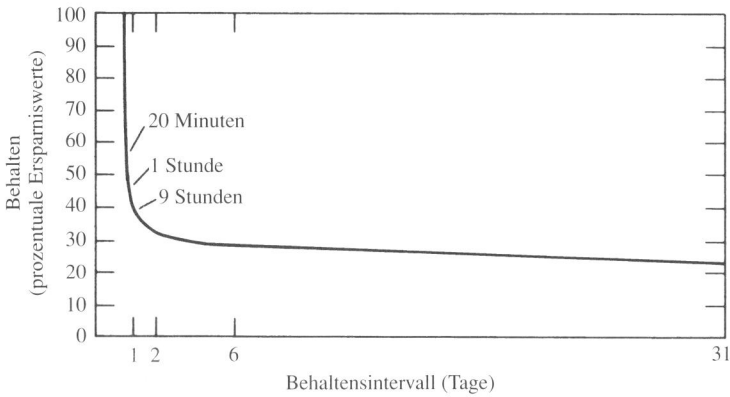

Abb. 6.1 Die Vergessenskurve von Ebbinghaus (1885). Das Behalten sinnloser Silben wird durch die Ersparnis beim erneuten Lernen gemessen. Die Behaltensleistung fällt mit zunehmendem Behaltensintervall (der Zeit zwischen dem ursprünglichen Lernen und der Reproduktion) ab, wobei sich die Vergessensrate verlangsamt.

zweimal fehlerlos aufsagen konnte. Ebbinghaus wollte wissen, um wieviel schneller der zweite Lerndurchgang im Vergleich zum ersten war. Beispielsweise benötigte er einmal für das erste Lernen einer Liste 1156 Sekunden, aber für das erneute Lernen lediglich 467 Sekunden; er hatte also beim erneuten Lernen 1156 − 467 = 689 Sekunden eingespart.

Diese Ersparnis läßt sich als Prozentsatz gegenüber der ursprünglichen Lernzeit ausdrük-ken: 689/1156 = 59,6 Prozent. Solche prozentualen Ersparniswerte benutzte Ebbinghaus als Standardmaß für seine Behaltensleistung. In Abbildung 6.1 ist diese Behaltensleistung gegen die Behaltensintervalle abgetragen. Die Kurve zeigt deutlich, daß zunächst sehr rasch wieder vergessen wird; stark abgeschwächt setzt sich das Vergessen noch über 30 Tage nach dem Lernen fort.

Ebbinghaus untersuchte nun, was geschehen würde, wenn er die Liste – nachdem er sie bereits bis zum Kriterium zweimaligen perfekten Aufsagens gelernt hatte – noch 30 weitere Male wiederholte. Im Behaltenstest mit diesem überlernten Material erreichte Ebbinghaus für ein Behaltensintervall von 24 Stunden einen Ersparniswert von 64,1 Prozent – gegenüber 33,8 Prozent ohne Überlernen. Die zusätzlichen Lerndurchgänge führten somit bei einem nachfolgenden Behaltenstest zu einer erhöhten Ersparnis.

Über die Jahrzehnte hinweg wurden diese grundlegenden experimentellen Ergebnisse von Ebbinghaus in vielen Folgestudien anderer Forschungsgruppen reproduziert, die eine Vielzahl von Techniken und Maßzahlen verwendeten. Es gab eine Flut von Untersuchun-gen zum menschlichen Gedächtnis, als die Kognitive Psychologie ihre Trennung vom Behaviorismus in den 60er Jahren des 20. Jahrhunderts vollzogen hatte. Hierfür gibt es zwei Gründe: Da sich erstens die Forschung in der behavioristischen Tradition auf das Lernen bei Tieren konzentriert hatte, standen nun viele Fragen zum menschlichen Ge-dächtnis angesichts der neuen Freiheit der Theoriebildung und der Forschung zur Beant-wortung an. Zweitens legte speziell das menschliche Gedächtnis eine Reihe von Untersu-chungsparadigmen nahe, die zur Beantwortung von Fragen zur Kognition – und nicht per se zum Gedächtnis – nützlich waren. Beispielsweise stellten wir in den vorangehenden zwei Kapiteln Experimente zur Wissensrepräsentation (vgl. zum Beispiel Abbildung 5.9) dar, die ein Gedächtnisparadigma verwendeten. In einigen folgenden Kapiteln werden wir die Anwendung von Gedächtnisexperimenten bei Fragestellungen des Problemlösens und der Sprachverarbeitung aufzeigen. Auch in anderen Teilgebieten der Kognition wurde also ausgiebig auf Paradigmen zur Untersuchung des menschlichen Gedächtnisses zurückge-griffen.

In diesem und im nächsten Kapitel werden wir uns auf den Kern des menschlichen Gedächtnissystems, als Ergebnis dieser Forschung, beschränken. Wir werden in Kapitel 6 Untersuchungen anführen, die sich darauf beziehen, wie die Informationen in das mensch-liche Gedächtnissystem gelangen. In Kapitel 7 stellen wir Forschungsergebnisse zum Behalten und zum Abruf von Informationen vor. Diese Unterscheidung ist etwas künst-lich, da an jedem Gedächtnisexperiment das Enkodieren, das Behalten und der Abruf von Informationen beteiligt sind. Die in diesem Kapitel dargestellten Experimente ge-ben jedoch hauptsächlich Aufschluß über den am Beginn stehenden Prozeß des Enko-dierens.

Die Erforschung des menschlichen Gedächtnisses hatte immer schon eine lange Tradition, seit dem Ende der behavioristischen Ära erhielt sie jedoch einen beson-deren Aufschwung.

Aufstieg und Fall der Theorie des Kurzzeitgedächtnisses

Ein sehr wichtiges Ereignis in der Geschichte der Kognitiven Psychologie war die Entwicklung einer Theorie des **Kurzzeitgedächtnisses** in den 60er Jahren des 20. Jahrhunderts. Darin zeigte sich mit großer Klarheit die Potenz der neuen kognitiven Methodologie zur Erklärung vieler Daten, wie sie durch frühere behavioristische Theorien nicht erreicht wurde. Broadbent (1958) hatte die Theorie des Kurzzeitgedächtnisses vorausgesehen, und Waugh und Norman (1965) haben eine einflußreiche Formulierung dieser Theorie vorgenommen. Es waren allerdings Atkinson und Shiffrin (1968), die die Theorie am systematischsten entwickelten. Ihre Theorie des Kurzzeitgedächtnisses ist es auch, die noch immer in vielen Lehrbüchern zu finden ist, obwohl, wie wir noch sehen werden, kaum ein Forscher sie weiterhin als eine zutreffende Charakterisierung akzeptiert. Diese Theorie ist in das vorliegende Buch mit aufgenommen, weil sie einen enormen Einfluß auf die Psychologie ausübte und weil es wenig wahrscheinlich ist, daß man sich intensiv mit Kognitiver Psychologie beschäftigen kann, ohne auf sie zu stoßen. Auch wenn sie nicht länger akzeptiert wird, spielen doch Ideen daraus eine entscheidende Rolle in einigen modernen Theorien, die wir behandeln werden; hierzu zählen SAM (Gillund & Shiffrin, 1984; vgl. weiter unten in diesem Kapitel) und die Theorie von Kintsch und van Dijk (1978; vgl. Kapitel 12).

Abbildung 6.2 veranschaulicht die grundlegende Theorie. Wir haben bereits in Kapitel 3 behandelt, wie die Informationen, die aus der Umgebung eintreffen, normalerweise in flüchtigen sensorischen Gedächtnissystemen (ikonische und auditorische Gedächtnissysteme) behalten werden und wie diese Informationen verlorengehen, wenn ihnen keine Aufmerksamkeit zuteil wird. Die Theorie des Kurzzeitgedächtnisses sagt aus, daß mit Aufmerksamkeit versehene Informationen in ein zwischengeschaltetes Kurzzeitgedächtnis überführt werden. Dort müssen die Informationen memoriert werden, bevor sie in ein relativ andauerndes Langzeitgedächtnis gelangen können. Das Kurzzeitgedächtnis wies nur eine begrenzte Kapazität zum Behalten von Informationen auf. Eine Zeitlang wurde seine Kapazität mit der Gedächtnisspanne gleichgesetzt. Die **Gedächtnisspanne** bezeichnet die Zahl der Elemente, die man unmittelbar nach der Darbietung wiedergeben kann. Bitten Sie einen Freund oder eine Freundin, Ihre Gedächtnisspanne zu testen. Dieser Freund oder diese Freundin soll Zahlenlisten unterschiedlicher Länge erstellen und sie Ihnen vorlesen. Probieren Sie aus, wie viele Zahlen Sie wiedergeben können. Sie werden wahrscheinlich herausfinden, daß Sie etwa sieben oder acht Zahlen – aber nicht mehr – perfekt wiedergeben können. Es ist praktisch, daß der Umfang der Gedächtnisspanne der Länge von Telephonnummern entspricht, die in Deutschland häufiger und in Amerika immer aus sieben Ziffern bestehen. Einer Sichtweise zufolge wurde angenommen, daß im Kurzzeitgedächtnis Platz für sieben Elemente sei, obwohl andere Theore-

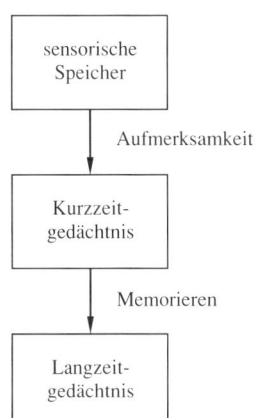

Abb. 6.2 Das Gedächtnismodell, in dem ein zwischengeschaltetes Kurzzeitgedächtnis angenommen wird.

tiker (beispielsweise Broadbent, 1975) der Auffassung sind, daß die Kapazität geringer sei und daß die Gedächtnisspanne nicht nur vom Kurzzeitgedächtnis, sondern auch von anderen Gedächtnissystemen abhänge.

In einem typischen Gedächtnisexperiment wurde angenommen, daß die Probanden den Inhalt des Kurzzeitgedächtnisses memorieren. Beispielsweise kann man in einem Experiment zur Gedächtnisspanne die Zahlen memorieren, indem man sie sich selbst immer wieder aufsagt. Man nimmt an, daß bei jedem Memorieren eines Items eine bestimmte Wahrscheinlichkeit besteht, die Information in ein relativ dauerhaftes Langzeitgedächtnis zu überführen. Wenn das Item allerdings das Kurzzeitgedächtnis verlassen hat, bevor eine dauerhafte Repräsentation im Langzeitgedächtnis aufgebaut werden konnte, dann ist es für immer verloren. Man kann im Kurzzeitgedächtnis keine Informationen auf ewig behalten, da ständig neue Informationen eintreffen, die die alten Informationen aus dem begrenzten Kurzzeitgedächtnis verdrängen.

Ein Experiment von Shepard und Teghtsoonian (1961) veranschaulicht sehr schön diese Überlegungen. Sie boten den Probanden eine lange Sequenz aus 200 dreistelligen Zahlen dar. Die Aufgabe der Probanden bestand darin zu erkennen, ob eine Zahl zum wiederholten Male vorkam. Shepard und Teghtsoonian interessierten sich für die Fähigkeit der Probanden, eine Zahlenwiederholung zu erkennen, in Abhängigkeit davon, wie viele Zahlen zwischen dem ersten und dem wiederholten Auftreten dieser Zahl lagen. Diese Variable wird als „Abstand" bezeichnet. Wenn man am ehesten die unmittelbar vorangegangenen Zahlen im Kurzzeitgedächtnis behält, müßte die Erinnerung an die letzten paar Zahlen gut sein, aber sie müßte zunehmend schlechter ausfallen, wenn die Zahlen aus dem Kurzzeitgedächtnis verdrängt werden. Die Ergebnisse sind in Abbildung 6.3 dargestellt. Zu beachten ist, daß die Wiedererkennensleistung über die ersten paar Zahlen hinweg schnell abfällt. Dieser Abfall verlangsamt sich jedoch bis zu jenem Punkt, an dem

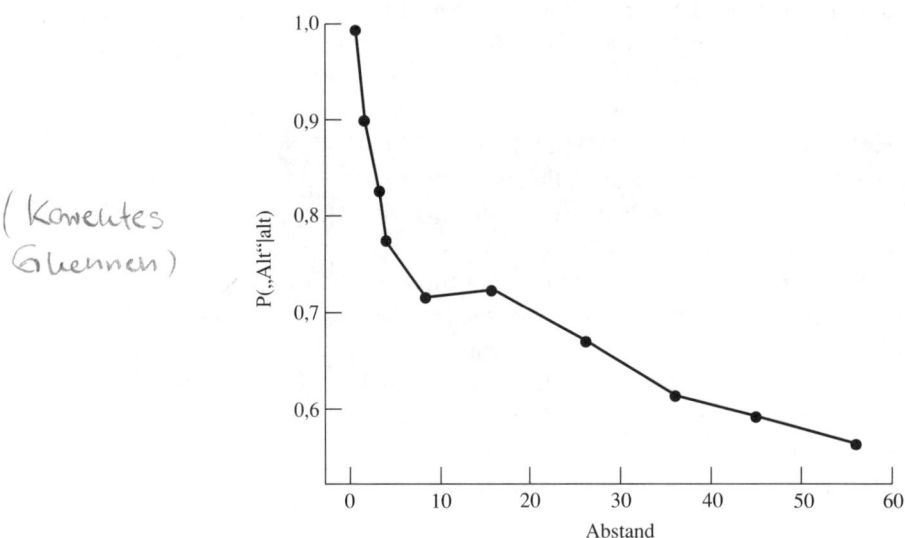

Abb. 6.3 Die Wahrscheinlichkeit einer „Alt"-Reaktion auf alte Items als Funktion des Abstands zwischen dem ersten und dem wiederholten Auftreten dieser Zahl (aus Shepard & Teghtsoonian, 1961).

er sich nahezu asymptotisch der 60-Prozentmarke nähert. Der schnelle Abfall kann dahingehend interpretiert werden, daß sich hier die sinkende Wahrscheinlichkeit zeigt, die Zahlen im Kurzzeitgedächtnis zu halten. Die 60-Prozentmarke des Abrufs älterer Zahlen spiegelt die Menge an Informationen wider, die in das Langzeitgedächtnis gelangten.*

Das sehr schnelle Vergessen, das sich in Daten wie den in Abbildung 6.3 gezeigten niederschlägt, ist ein Grund dafür, eine Theorie des Kurzzeitgedächtnisses zu vertreten. Dieses Vergessen erfolgt sehr viel schneller als das Vergessen des Langzeitgedächtnisses, wie die Ebbinghausfunktion in Abbildung 6.1 zeigt. Diese Tatsache veranlaßte zu der Annahme, daß es sich in den beiden Fällen um zwei völlig unterschiedliche Gedächtnissysteme handelt. Die Gedächtnisspuren, die für solche Kurzzeitgedächtnisaufgaben herangezogen werden, scheinen ausgesprochen flüchtig zu sein. Spätere Forschungen und Analysen (wir werden im folgenden Kapitel näher darauf eingehen) ließen allerdings die Frage aufkommen, ob wirklich fundamentale Unterschiede zwischen solchen Vergessensfunktionen bestehen. Die Rate, mit der Informationen vergessen werden, ist im wesentlichen eine Funktion davon, wie gut die Informationen gelernt wurden. Ebbinghaus lernte sein Material sehr viel besser, und somit sind die Verluste der Gedächtnisinhalte in seinen Behaltensfunktionen verzögert, sie weisen jedoch den gleichen Charakter auf. Beide Funktionen sind negativ beschleunigt; beide zeigen anfänglich einen schnellen und später einen langsamen Verlust auf. Wir werden im folgenden Kapitel das Konzept der Stärke der Gedächtnisspur und ihre Beziehung zur Vergessensrate behandeln.

Ein anderer Grund, der Theorie des Kurzzeitgedächtnisses zuzustimmen, bestand in Belegen dafür, daß das Ausmaß des Memorierens die Menge an Informationen bestimmt, die in das Langzeitgedächtnis überführt werden. Beispielsweise ließ Rundus (1971) Probanden laut memorieren und zeigte, daß ein Item mit wachsender Anzahl an Wiederholungen auch besser erinnert werden konnte. Ergebnisse dieser Art trugen vielleicht am entscheidendsten zur Theorie des Kurzzeitgedächtnisses bei, denn sie spiegeln die fundamentale Eigenschaft des Kurzzeitgedächtnisses wider, eine notwendige Durchgangsstation zum Langzeitgedächtnis zu sein. Informationen müssen eine gewisse Verweildauer im Kurzzeitgedächtnis haben, um ins Langzeitgedächtnis zu gelangen. Je länger diese Verweildauer ist, desto mehr kann erinnert werden.

Craik und Lockhart (1972) argumentierten in einem einflußreichen Artikel, daß das Entscheidende nicht die Dauer des Memorierens der Information sei, sondern vielmehr die Tiefe, in der die Information verarbeitet wird. Diese sogenannte **Theorie der Verarbeitungstiefe** besagt, daß das Memorieren die Gedächtnisleistung nur dann verbessert, wenn wir das Material in einer tiefen und bedeutungshaltigen Art und Weise memorieren. Ein passives Memorieren führt nicht zu einer besseren Gedächtnisleistung. Eine ganze Reihe von Experimenten wurde ausgeführt, und es zeigte sich, daß passives Memorieren nur eine geringe Verbesserung der Gedächtnisleistung zur Folge hat. So ließen beispielsweise Glenberg, Smith und Green (1977) ihre Probanden sich eine vierstellige Zahl zwei Sekunden lang einprägen. Dann sollten sie ein Wort für zwei, sechs oder 18 Sekunden memorieren und anschließend die vier Ziffern wiedergeben. Die Probanden glaubten, daß

---

* Diese Gedächtnisleistung beträgt nicht wirklich 60 Prozent, da die Probanden fälschlicherweise über 20 Prozent neuer Items als wiederholt klassifizierten.

ihre Aufgabe im Abruf der Ziffern bestünde und daß sie die Wörter lediglich zu memorieren hätten, um die Zeit zu füllen. Ihnen wurde allerdings am Schluß ein Überraschungstest vorgegeben, der sich auf die Wörter bezog. Die Probanden konnten elf, sieben oder 13 Prozent der Wörter wiedergeben, die sie zwei, sechs beziehungsweise 18 Sekunden lang memoriert hatten. Ihre Wiedergabeleistung war schwach und wies kaum eine Beziehung zu dem Memorierungsumfang auf.* Andererseits kann, wie wir im vorangehenden Kapitel zur semantischen Verarbeitung ausgeführt haben, die Gedächtnisleistung von Probanden stark verbessert werden, wenn sie das Material in einer tiefen und bedeutungshaltigen Art und Weise verarbeiten. Demzufolge sieht es so aus, als gäbe es keine Kurzzeitübergangsstation zum Langzeitgedächtnis. Entscheidend ist vielmehr, daß wir die Informationen in einer Art und Weise verarbeiten, die dem Aufbau einer Spur im Langzeitgedächtnis förderlich ist. Informationen können direkt von den sensorischen Gedächtnissystemen ins Langzeitgedächtnis gelangen.

Einer einst weitverbreiteten Ansicht in der Kognitiven Psychologie zufolge müssen Informationen in einem Kurzzeitgedächtnis mit beschränkter Kapazität memoriert werden, um im Langzeitgedächtnis abgelegt zu werden.

Memorieren und das Arbeitsgedächtnis

Obwohl die Belege gegen die Annahme eines separaten Kurzzeitgedächtnisses zu sprechen scheinen, bleibt die empirische Beobachtung bestehen, daß die Informationsmenge, die Menschen zu einem bestimmten Zeitpunkt memorieren können, beschränkt ist. Die Beschränkung zeigt sich am deutlichsten in den Untersuchungen zur Gedächtnisspanne. Wodurch ist die Informationsmenge bestimmt, die wir in einem Test zur Gedächtnisspanne produzieren können? Eine Erklärung an Hand des Kurzzeitgedächtnisses könnte sein, daß wir über eine festgelegte Anzahl von Elementen (beispielsweise sieben) verfügen, die wir im Kurzzeitgedächtnis halten können. Im Gegensatz dazu vertritt Baddeley (1986) die Ansicht, daß das bestimmende Moment für den Umfang der Gedächtnisspanne die Geschwindigkeit ist, mit der wir das Material memorieren können. Im Hinblick auf verbales Material schlägt er eine **artikulatorische Schleife (articulatory loop)** vor, in der wir so viel Information halten können, wie wir in einer bestimmten Zeitdauer memorieren können.

Einer der auffälligsten Belege betrifft den Wortlängeneffekt (Baddeley, Thomson & Buchanan, 1975). Lesen Sie die fünf untenstehenden Wörter und versuchen Sie dann, diese wiederzugeben, ohne auf das Blatt zu schauen:

- Tschad, Burma, Laos, Kuba, Malta

---

* Glenberg et al. zeigten allerdings, daß die Wiedererkennensleistung durch den Umfang des Memorierens verbessert wird. Die Wiedererkennensleistung könnte möglicherweise auf einem Ähnlichkeitsurteil beruhen, das nicht eines expliziten Aufbaus neuer Gedächtnisspuren bedarf.

Die meisten Menschen können dies. Baddeley et al. fanden heraus, daß die Probanden durchschnittlich 4,17 von fünf Wörtern wiedergeben konnten. Lesen Sie nun die folgenden fünf Wörter und geben Sie sie wieder:

- Griechenland, Nicaragua, Afghanistan, Niederlande, Großbritannien

Die Probanden konnten hier nur durchschnittlich 2,80 von fünf Wörtern wiedergeben. Der entscheidende Faktor scheint darin zu liegen, wieviel Zeit die Aussprache eines Wortes benötigt. Vallar und Baddeley (1982) untersuchten den Abruf von Wörtern, die aus zwei bis fünf Silben bestanden. Sie be-
stimmten auch, wie viele Wörter unter-
schiedlicher Länge die Probanden inner-
halb einer Sekunde aussprechen können. Abbildung 6.4 zeigt die Ergebnisse. Es fällt auf, daß die Häufigkeiten korrekter Nen-
nungen exakt die Leserate wiedergeben.

Will man Informationen im Arbeitsgedächtnis halten, so gleicht dies der Zir-
kusnummer, rotierende Teller auf Stäben zu balancieren. Der Zirkusartist wird einen Teller auf einem Stab zum Rotieren bringen, dann den nächsten Teller auf

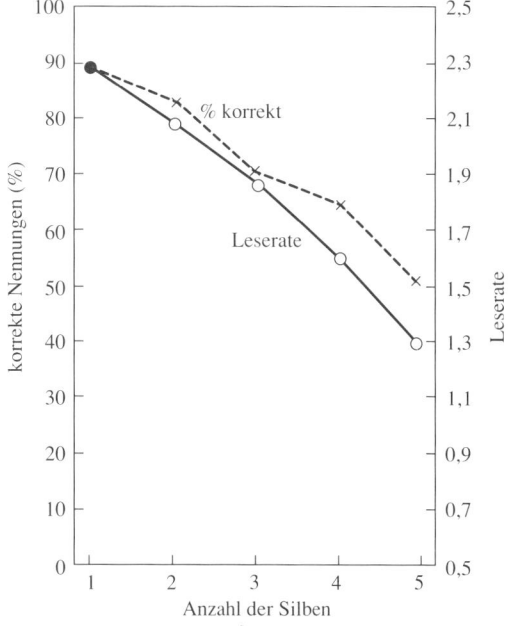

Abb. 6.4 Mittlere Leserate und Häufigkeiten kor-
rekter Wiedergabe von Sequenzen, die aus fünf Wörtern bestehen, in Abhängigkeit von der Wortlänge (aus Baddeley, 1986).

dem nächsten Stab, dann wieder den nächsten und so fort. Er muß zum ersten zurücklau-
fen, bevor dieser langsam wird und herunterfällt. Er beschleunigt ihn wieder, und dann beschleunigt er den Rest. Es bleiben nur so viele Teller oben, wie er am Rotieren halten kann. Baddeley vertritt die Ansicht, daß es sich im Hinblick auf das Arbeitsgedächtnis um den gleichen Sachverhalt handelt. Wenn wir versuchen, zu viele Items im Arbeitsgedächtnis zu behalten, dann ist das erste Item, bis wir zu ihm zum Memorieren zurückkehren, schon so weit zerfallen, daß es zu lange dauern würde, um es wiederzufinden und erneut zu memorieren. Baddeley gibt an, daß wir etwa 1,5 Sekunden mit Material anfüllen können, um es in der artikulatorischen Schleife zu memorieren.

Es liegen beachtliche Belege dafür vor, daß an dieser artikulatorischen Schleife tat-
sächlich (gesprochene) Sprache beteiligt ist. Ein Teil der ursprünglichen Forschung wurde von Conrad (1964) durchgeführt. Er zeigte, daß Probanden, die in einer Aufgabe zur Gedächtnisspanne etwas falsch erinnerten, oft etwas wiedergaben, das ähnlich klingt. In seinem Experiment wurden die Probanden beispielsweise gebeten, eine Folge von Buchstaben wie etwa *HBZLMR* wiederzugeben. Mit größerer Wahrscheinlichkeit wurde das *B* fälschlicherweise als *T* wiedergeben, das ähnlich klingt, und seltener als *S*, das nicht

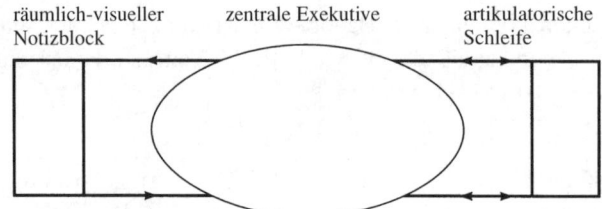

räumlich-visueller   zentrale Exekutive   artikulatorische
Notizblock   Schleife

Abb. 6.5 Baddeleys Theorie des Arbeitsgedächtnisses. Eine zentrale Exekutive koordiniert mehrere Hilfssysteme (aus Baddeley, 1986).

ähnlich klingt. Conrad fand auch heraus, daß die Probanden größere Schwierigkeiten mit der Wiedergabe von Buchstabenfolgen hatten, die einen großen Anteil sich reimender Buchstaben aufweisen (beispielsweise *BCTZWV*), als dies für Buchstabenfolgen der Fall ist, die eine solche Charakteristik nicht aufweisen (wie etwa *HBZLMR*).

Die artikulatorische Schleife stellt nicht den einzigen Mechanismus dar, den wir zum Memorieren zur Verfügung haben. Baddeley schlägt auch vor, daß wir über einen sogenannten **räumlich-visuellen Notizblock (visuospatial sketchpad)** zum Memorieren von Bildern verfügen, wie wir sie in Kapitel 4 erörtert haben. Er argumentiert, daß es sich bei den obengenannten Systemen um zwei verschiedene Hilfssysteme zur Aufrechterhaltung von Informationen im Arbeitsgedächtnis handelt, und er spekuliert, daß es noch weitere geben könnte. Abbildung 6.5 veranschaulicht Baddeleys Grundkonzeption, wie diese verschiedenen Hilfssysteme interagieren. Eine **zentrale Exekutive (central executive)** kontrolliert den Einsatz der verschiedenen Hilfssysteme, wie etwa des räumlich-visuellen Notizblocks und der artikulatorischen Schleife. Die zentrale Exekutive kann Informationen in jedes dieser Hilfssysteme einspeisen oder Informationen aus diesen Systemen abrufen. Sie kann weiterhin die Informationen eines Systems in ein anderes System übersetzen. Baddeley nimmt für die zentrale Exekutive in Anspruch, daß diese einen eigenen Übergangsspeicher für Informationen benötigt, um Entscheidungen über die Kontrolle der Hilfssysteme zu treffen.

Man kann sich nun fragen, worin der Unterschied zwischen dem Kurzzeitgedächtnis und etwa Baddeleys artikulatorischer Schleife besteht. Der entscheidende Unterschied liegt darin, daß Informationen keine Verweildauer in der artikulatorischen Schleife haben müssen, um ins Langzeitgedächtnis zu gelangen. Die artikulatorische Schleife ist vielmehr ein Hilfssystem, um Informationen verfügbar zu halten.

Betrachten wir einmal, wie diese Systeme an der Ausführung einer Multiplikationsaufgabe, beispielsweise 37×28, beteiligt sind. Versuchen Sie einmal, diese Multiplikation im Kopf auszuführen, und beobachten Sie, was Sie genau tun. Sie werden vielleicht versuchen, sich die Multiplikation bildhaft vorzustellen, was am Schluß vielleicht so aussehen mag:

$$
\begin{array}{r}
37 \times 28 \\
\hline
740 \\
+296 \\
\hline
1036 \\
\end{array}
$$

Sie werden vielleicht feststellen, daß Sie Informationen verbal memorieren, um sie zu behalten. Folglich werden Sie mit einiger Wahrscheinlichkeit sowohl die artikulatorische Schleife als auch den räumlich-visuellen Notizblock zu Hilfe nehmen, um die Aufgabe auszuführen. Sie benötigen allerdings auch Informationen, die sich in keinem der genannten Speicher befinden: Sie müssen sich daran erinnern, daß ihre Aufgabe das Multiplizieren ist; Sie müssen verfolgen, wie weit Sie mit der Multiplikation bereits fortgeschritten sind; Sie müssen sich an den Sachverhalt erinnern, daß $8 \times 7 = 56$ ist, und sich Überträge wie die 5 aus der 56 merken. Alle diese Informationen werden in der zentralen Exekutive gehalten und dazu benutzt, den Verlauf der Problemlösung sowie den Einsatz der Hilfssysteme zu bestimmen.

Baddeley vertritt die Ansicht, daß wir über eine artikulatorische Schleife und einen räumlich-visuellen Notizblock verfügen, deren Einsatz durch eine zentrale Exekutive kontrolliert wird.

Der frontale Cortex und das Arbeitsgedächtnis von Primaten

Zumindest bei Primaten kommt dem frontalen Cortex eine entscheidende Rolle im Zusammenhang mit dem Arbeitsgedächtnis zu. Die Größe des frontalen Cortex nimmt von den niederen Säugetieren (beispielsweise den Ratten) bis hin zu den Affen stark zu. Dies gilt sogar in überproportionaler Art und Weise, wenn man vom Affen zum Menschen übergeht. Es ist schon länger bekannt, daß der frontale Cortex eine wichtige Rolle bei Aufgaben spielt, die man als Aufgaben für das Arbeitsgedächtnis bezeichnen könnte. Das Problem, das in dieser Hinsicht am meisten untersucht wurde, besteht aus einer verzögerten Übereinstimmungsaufgabe, wie es in Abbildung 6.6 skizziert ist. Dem Affen wird ein Stück Futter gezeigt, das in eine von zwei gleich aussehenden Vertiefungen gelegt wird (Abbildung 6.6a). Anschließend werden die Vertiefungen abgedeckt, und der Affe wird für eine Zeitlang daran gehindert, sich den Aufbau zu betrachten. Typischerweise beträgt diese Verzögerungszeit zehn Sekunden (Abbildung 6.6b). Zum Schluß erhält der Affe die Gelegenheit, das Futter zu finden, wobei er sich daran erinnern muß, in welcher Vertiefung es versteckt wurde (Abbildung 6.6c). Affen mit einer Läsion des frontalen Cortex sind nicht in der Lage, diese Aufgabe auszuführen (Jacobsen, 1935, 1936). Kinder sind ebenfalls nicht in der Lage, diese Leistung zu erbringen, bis ihr frontaler Cortex ausgereift ist, was etwa im Alter von einem Jahr erfolgt ist (Diamond, im Druck).

Es zeigt sich, daß ein bestimmtes Areal des frontalen Cortex in Anspruch genommen wird, wenn der Affe sich daran erinnern muß, wo das Objekt plaziert wurde (Goldman-Rakic, 1988). Dieses Areal ist eine kleine Region, das sogenannte Areal 46, an der Seite des frontalen Cortex (siehe Abbildung 6.7). Läsionen dieses spezifischen Areals verursachen Defizite bei der Ausführung der genannten Aufgabe. Es konnte gezeigt werden, daß die Nervenzellen dieser Region nur während der Verzögerungsperiode feuern, als ob sie die Informationen während dieses Intervalls aufrechterhalten würden. Vor und nach der Verzögerungsperiode sind diese Zellen inaktiv. Es scheint darüber hinaus auch so zu sein, daß unterschiedliche Nervenzellen dieser Region auf das Behalten von Objekten in unter-

Aufgabe zum Arbeitsgedächtnis

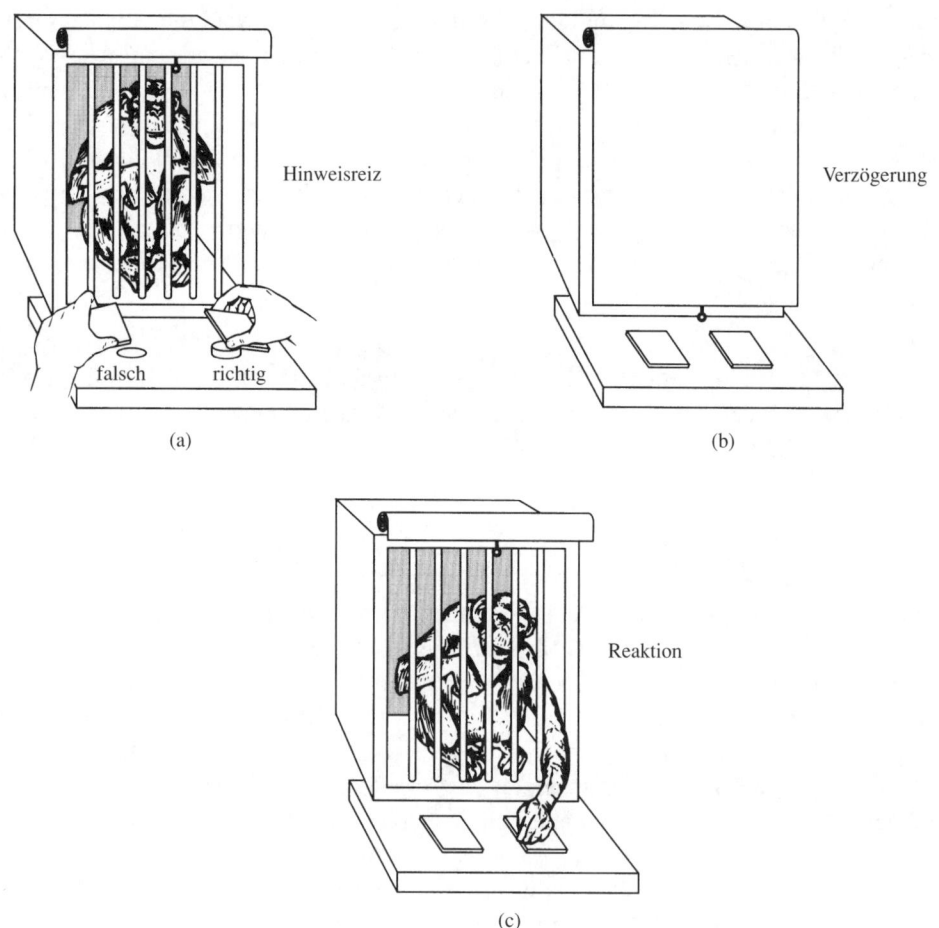

Abb. 6.6   Beispiele für verzögerte Gedächtnisaufgaben: (a) Das Futter wird in eine Vertiefung auf der rechten Seite gelegt und abgedeckt; (b) ein Vorhang verhüllt den Aufbau für die Dauer einer bestimmten Verzögerung; (c) der Vorhang wird angehoben, und der Affe kann die Abdeckung einer der beiden Vertiefungen entfernen (aus Goldman-Rakic, 1987).

schiedlichen Teilen des visuellen Feldes abgestimmt sind (Funahashi, Bruce & Goldman-Rakic, 1991). Man fand Belege beim Menschen für eine Steigerung der Blutzufuhr in der gleichen Hirnregion, wenn Informationen im Arbeitsgedächtnis behalten werden (Cohen, Jonides, Smith)*. Das Areal 46 scheint mit so etwas wie Baddeleys räumlich-visuellem Notizblock zu korrespondieren.

---

* Jonathan Cohen von der Carnegie Mellon Universität verwendete als bildgebendes Verfahren MRI, um beim Menschen das Areal 46 zu erfassen, John Jonides und Ed Smith von der Universität Michigan hin- gegen das PET-Verfahren (persönliche Mitteilungen).

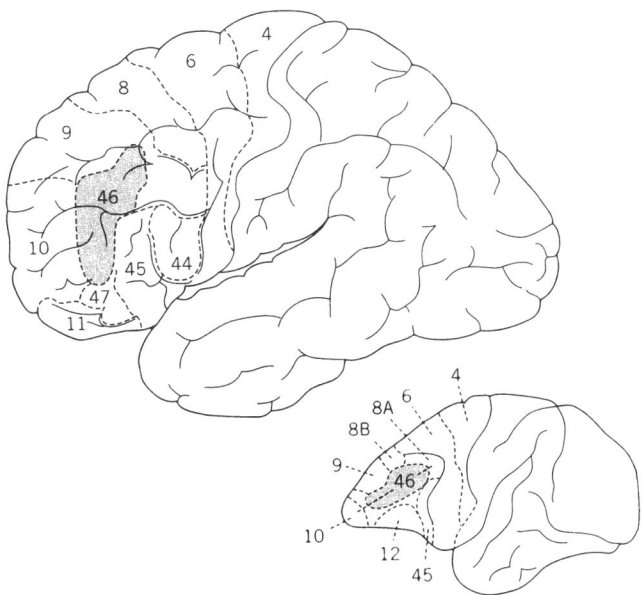

Abb. 6.7 Laterale Ansicht des cerebralen Cortex eines Menschen und eines Affen. Das Areal 46 ist grau unterlegt (aus Goldman-Rakic, 1987).

Goldman-Rakic (1992) untersuchte die Leistung von Affen auch bei anderen Aufgaben, die ebenfalls die Aufrechterhaltung verschiedener Arten von Informationen während eines Verzögerungsintervalls erforderten. Sie verwendete beispielsweise eine Aufgabe, in der sich Affen an verschiedene Objekte erinnern mußten. Die Tiere mußten sich daran erinnern, nach einem Zeitintervall einen roten Kreis und nicht ein grünes Quadrat auszuwählen. Es scheint, als seien unterschiedliche Regionen des präfrontalen Cortex an der Bearbeitung dieser Aufgabe beteiligt. Beim Erinnern eines roten Kreises feuern andere Nervenzellen in diesem Areal als beim Erinnern eines grünen Quadrats. Goldman-Rakic spekuliert, daß der präfrontale Cortex in viele kleine Regionen parzelliert ist, wobei jede für das Erinnern einer anderen Art von Informationen zuständig ist.

Unterschiedliche Areale des frontalen Cortex scheinen dafür verantwortlich zu sein, unterschiedliche Arten von Informationen im Arbeitsgedächtnis aufrechtzuerhalten.

innerhalb von 46 , oder auch andere Areale ?
Unterteilung nach Bewegung / Farbe / Form ?

Aktivation und das Langzeitgedächtnis

Es wurden unzählige Versuche unternommen, im Detail zu modellieren, wie Menschen Aufgaben wie das Kopfrechnen oder das Sprachverstehen ausführen (vgl. beispielsweise Baddeley & Hitch, 1974; Anderson, Reder & Lebiere, in Vorbereitung). Es stellt sich heraus, daß mehr Informationen benötigt werden, als sich gerade in der Umgebung befin-

SAM – Search of associatoric Memory (Glosser)
ACT – Adaptive Control of thought
(63 Skript!)

den oder als gerade memoriert werden. Die Tatsache, daß $8 \times 7 = 56$ ist, stellt eine solche Information dar. Dabei stellt sich die Frage, wie viele Informationen aus dem Langzeitgedächtnis bei der Ausführung einer solchen Aufgabe verfügbar gemacht werden – alle oder nur einige? Falls es nur einige Informationen sind, wie viele sind es dann genau und wodurch ist dies bestimmt? Die Beantwortung dieser Fragen führt zu der Einführung des Konzepts der Aktivation innerhalb des Langzeitgedächtnisses.

Es sind viele Theorien veröffentlicht worden, die von der Annahme ausgehen, daß die Verfügbarkeit verschiedener Informationsteile im Langzeitgedächtnis von Zeitpunkt zu Zeitpunkt variieren kann. Unterschiedliche Theorien verwenden unterschiedliche Begrifflichkeiten, um dies zu beschreiben. Die Begrifflichkeit, die ich in diesem Kapitel benutze, entspricht meiner **ACT**-Theorie (Anderson, 1983, 1993). Ich werde davon sprechen, daß Gedächtnisspuren durch die Darbietung assoziierter Konzepte aktiviert werden. Eine andere bekannte Theorie, die **SAM**-Theorie (Gillund & Shiffrin, 1984; Raaijmakers & Shiffrin, 1981), spricht von Bildern (lies: Gedächtnisspuren), die mehr oder weniger vertraut (lies: aktiviert) werden, in Abhängigkeit von den Hinweisreizen des Kontexts. Die zugrundeliegende Idee dabei ist, daß kurz nachdem wir eine Information benutzt haben, diese sehr gut verfügbar ist, daß die Verfügbarkeit jedoch sehr schnell sinkt, wenn die Information nicht benutzt oder memoriert wird.

Die **Aktivationshöhe** bestimmt die Wahrscheinlichkeit des Zugriffs auf das Gedächtnis wie auch die Häufigkeit des Zugriffs. Häufigkeitseffekte können dadurch aufgezeigt werden, daß man die Geschwindigkeit bestimmt, mit der wir Informationen aus dem Langzeitgedächtnis abrufen. Ein Experiment von Loftus (1974) veranschaulicht dies. Sie bestimmte die Zeit, die Probanden benötigten, um gut gelernte Informationen über Kategorien wie etwa ‚Obst‘ abzurufen. Sie ließ die Probanden Vertreter einer Kategorie abrufen, die alle mit einem bestimmten Buchstaben beginnen. Beispielsweise sollten die Probanden Früchte nennen, die mit dem Buchstaben *P* beginnen. Sie fand heraus, daß durchschnittlich etwa 1,53 Sekunden benötigt wurden, um diese Aufgabe zum ersten Mal für eine bestimmte Kategorie auszuführen. Nach unterschiedlichen Zeitintervallen sollten die Probanden Exemplare der gleichen Kategorie abrufen, jedoch dieses Mal mit anderem Anfangsbuchstaben. Beispielsweise sollten jetzt Früchte genannt werden, die mit dem Buchstaben *B* beginnen. Loftus variierte das Verzögerungsintervall, indem sie Tests zu anderen Kategorien als der Anfangs- und Wiederholungskategorie einfügte. Beispielsweise bei einer Verzögerung um zwei Items sollten die Probanden vielleicht eine Obstsorte, die mit *P* beginnt abrufen; dann eine Hunderasse nennen, die mit *C* beginnt; dann einen Staat benennen, der mit *R* beginnt; und schließlich eine Obstsorte abrufen, die mit *B* beginnt. Für null, ein und zwei zwischenliegende Items erhielt sie Abrufzeiten von 1,21 Sekunden, 1,28 Sekunden und 1,33 Sekunden. Beim allerersten Abruf benötigten die Probanden 1,53 Sekunden, um eine Assoziation herzustellen. Man kann also sehen, daß im Vergleich zu dem allerersten Abruf eine deutliche Erleichterung festzustellen ist, wenn der erneute Abruf der Kategorie unmittelbar darauf folgt, wenn die Informationen über diese Kategorie also noch im Arbeitsgedächtnis aktiviert ist. Mit steigender Verzögerung allerdings zerfällt die Aktivation, was zu zunehmend längeren Abrufzeiten führt.

Zwei Faktoren bestimmen die Höhe der Aktivation eines Gedächtnisinhalts. Der eine Faktor besteht darin, wie kurz der Abruf des Gedächtnisinhalts zurückliegt – wie in dem

Experiment von Loftus. Der andere Faktor ist durch den Übungsgrad des Gedächtnisinhalts bestimmt. Ein Experiment aus meinem Labor (Anderson, 1976) veranschaulicht, wie sich die Abrufgeschwindigkeit in Abhängigkeit vom Zeitpunkt des letzten Abrufs und von der Übungshäufigkeit verändert. In der ersten Phase des Experiments sollten sich die Probanden Zuordnungen von Menschen zu Örtern merken. Sie sollten beispielsweise folgende Sätze lernen:

- Der Matrose ist im Park.
- Der Rechtsanwalt ist in der Kirche.

Später wurden ihnen Sätze vorgegeben, und sie sollten beurteilen, ob jeder dieser Sätze unter den ursprünglich vorgegebenen Sätzen war. Die Probanden sahen also beispielsweise:

- Der Matrose ist im Park.

Für diesen Satz sollten sie eine positive Antwort geben. Negative Items wurden dadurch erstellt, daß Kombinationen von Menschen und Örtern verwendet wurden, die nicht den ursprünglichen Sätzen entsprachen. Einem Probanden konnte also beispielsweise folgender negativer Testsatz dargeboten werden:

- Der Matrose ist in der Kirche.

Die Probanden hatten diesen Satz vorher nicht gesehen, sie sollten deshalb eine negative Antwort geben. Da sie das Material gut genug kannten, um überwiegend korrekt zu antworten, waren wir nur an der Geschwindigkeit interessiert, mit der sie ihre korrekten Wiedererkennungsurteile fällten.

Wir berücksichtigten zwei Variablen: Die eine Variable bestand im unterschiedlichen Grad, in dem die ursprünglichen Sätze gelernt wurden. Einige Sätze wurden doppelt so häufig gelernt wie andere Sätze. Wir erwarteten, daß die Lernhäufigkeit die Stärke der Enkodierung eines Satzes mitbestimmt, und nahmen deshalb an, daß Informationen, denen man häufiger begegnet, schneller aus dem Langzeitgedächtnis abgerufen werden. Die zweite Variable bestand in der Verzögerung zwischen den beiden Darbietungen eines bestimmten Satzes. Wir verglichen die Fälle, in denen null bis zwei Items zwischen den Wiederholungen lagen (der Satz sollte also noch mit großer Wahrscheinlichkeit im Arbeitsgedächtnis aktiviert sein), mit den Fällen, in denen drei oder mehr Items dazwischen lagen (hier mußte der Satz möglicherweise reaktiviert werden). Wir interessierten uns für den Effekt dieser Verzögerung auf die Wiedererkennungszeit für die zweite Darbietung eines Satzes.

Tabelle 6.1: Die Effekte der Wiederholungsverzögerung und der Darbietungshäufigkeit auf die Wiedererkennungszeit für die zweite Darbietung eines Satzes (aus Anderson, 1976)

	Wiederholungsverzögerung	
Darbietungshäufigkeit	kurz (0 bis 2 dazwischen-liegende Items)	lang (3 und mehr dazwischen-liegende Items)
gering	1,11 Sekunden	1,53 Sekunden
hoch	1,10 Sekunden	1,38 Sekunden

Tabelle 6.1 zeigt die Urteilszeiten für den zweiten Satz bei einer Wiederholung. Die Zeiten sind nach den beiden genannten Variablen klassifiziert. Wie man der Tabelle entnehmen kann, waren die Probanden schneller im Wiedererkennen von Sätzen, die sie kurz zuvor schon einmal gesehen hatten, und sie waren auch schneller, wenn sie Sätze wiedererkennen sollten, die besser geübt worden waren. Diese Faktoren scheinen so zu interagieren, daß sich kaum ein Effekt der Übungsmenge zeigt, wenn die Items nach einem kurzen Intervall geprüft wurden.

Die Geschwindigkeit und die Wahrscheinlichkeit des Zugriffs auf einen Gedächtnisinhalt werden durch dessen Aktivationshöhe bestimmt. Diese Aktivationshöhe wiederum hängt von der Häufigkeit und dem Zeitpunkt des letzten Abrufs dieses Gedächtnisinhalts ab.

Aktivationsausbreitung

Es ist nützlich, die Vorstellungen zur Aktivation innerhalb der Rahmenvorstellungen eines Netzwerks zu konzipieren, wie wir es in Kapitel 5 entwickelt haben. **Aktivationsausbreitung** bezeichnet die Annahme, daß sich die Aktivation entlang der Pfade eines solchen Netzwerks ausbreitet. Abbildung 6.8 zeigt einen Teil eines propositionalen Netzwerks, das die Umgebung des Konzeptes HUND darstellt. Beachten Sie bitte, daß HUND mit dem

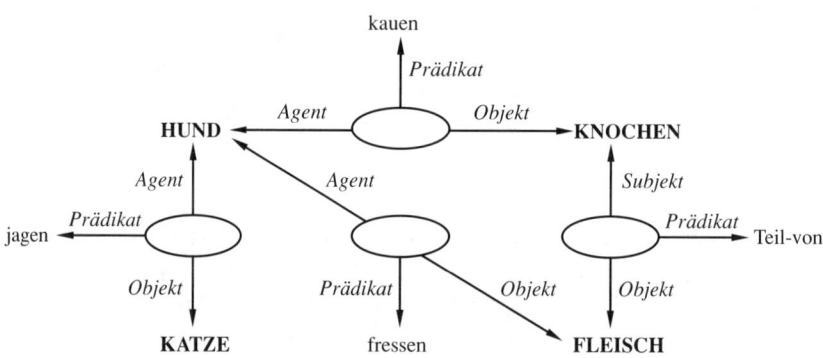

Abb. 6.8   Eine Gedächtnisrepräsentation von *Hund* und einige damit verbundene Konzepte.

Konzept KNOCHEN verbunden ist. Wenn also einem Probanden das Wort *Hund* dargeboten wird, so wird nicht nur ebendieses Konzept aktiviert, sondern die Aktivation sollte sich auch auf die Konzepte der Umgebung von HUND ausbreiten, so daß Begriffe wie etwa KNOCHEN ebenfalls aktiviert werden. Ein unveröffentlichtes Experiment von Perlmutter und Anderson zeigt Belege auf, die für einen solchen Aktivationsausbreitungsprozeß sprechen. Den Probanden wurde eine Folge von Wörtern dargeboten, und sie sollten Assoziationswörter generieren, die mit einem bestimmten Buchstaben beginnen, etwa mit einem *k* oder einem *f*. Wir interessierten uns für die Gegenüberstellung von Folgen wie etwa den beiden nachstehenden:

Priming	*Kontrolle*
Hund—k	Zocker—k
Knochen—f	Knochen—f

Im ersten Fall, der Primingbedingung, könnten die Probanden *Katze* als Assoziation zu *Hund* generieren, und wenn ihnen *Knochen* dargeboten wird, könnten sie *Fleisch* generieren. Im zweiten Fall, der Kontrollbedingung, könnten die Reaktionen *Karte* und *Fleisch* sein. Das wichtige Merkmal der Primingbedingung ist, daß ein bereits bestehender verbindender Pfad von *Hund* zu *Knochen* und von *Hund* zu *Fleisch* führt. Deshalb sollte die Aktivation der Netzwerkstruktur zur Generierung der ersten Assoziation helfen, die Struktur zu aktivieren, die zur Generierung der zweiten Assoziation benötigt wird. Die erste Assoziationsaufgabe (Hund—k) dient dazu, die zweite Aufgabe (Knochen—f) „zu bahnen" (zu primen). Im Gegensatz dazu besteht in der Kontrollbedingung keine „bahnende" Verbindung. Deshalb wird erwartet, daß die Probanden die zweite Assoziation unter der Primingbedingung schneller generieren. Diese Voraussage bestätigte sich: Die Probanden benötigten 1,41 Sekunden, um eine Assoziation unter der Primingbedingung zu generieren, im Gegensatz zu 1,53 Sekunden unter der Kontrollbedingung.

Zu beachten ist, daß der Aktivationsausbreitungsprozeß nicht völlig der Willenskontrolle unterliegt. Wenn die Probanden in dem Experiment von Perlmutter und Anderson beispielsweise eine Assoziation zu *Hund* generierten, gab es keinen Grund dafür, die Verbindung von *Knochen* zu *Fleisch willentlich* zu aktivieren. Trotzdem breitete sich ein Teil der Aktivation zu diesem Teil des Netzwerks aus und half, Wissensstrukturen „zu bahnen", die *Knochen* und *Fleisch* verbinden. Viele Experimente in der Kognitiven Psychologie haben diese unbewußte „Bahnung" von Wissensstrukturen, die durch Aktivationsausbreitung erfolgt, nachgewiesen. Man nennt dies auch **assoziatives Priming**.

Meyer und Schvaneveldt (1971) führten Experimente durch, die als klassischer Nachweis des assoziativen Primings gelten. Sie ließen die Probanden beurteilen, ob Paare von Items jeweils aus Wörtern der englischen Sprache bestehen. Tabelle 6.2 zeigt Beispiele des verwendeten Materials und die zugehörigen Beurteilungszeiten. Die Items wurden so präsentiert, daß ein Item weiter oben und ein Item weiter unten auf dem Bildschirm zu sehen war. Wenn eines der beiden Items ein Nichtwort war, so sollten die Probanden mit „nein" antworten. Wenn man sich die negativen Items betrachtet, so zeigt sich, daß die

Tabelle 6.2: Beispiele für Paare, mit denen man assoziatives Priming demonstrieren kann (aus Meyer & Schvaneveldt, 1971)

positive Paare		negative Paare		
unverbunden	verbunden	Nichtwort oben	Nichtwort unten	beides Nichtwörter
Krankenschwester	Brot	Plame	Wein	Plame
Butter	Butter	Wein	Plame	Reab
940 ms	855 ms	904 ms	1087 ms	884 ms

Probanden zuerst das weiter oben stehende Item beurteilten und dann das zweite (tiefer stehende) Item. Wenn das obere Item ein Nichtwort war, so wiesen die Probanden das Paar schneller zurück, als wenn das untere Item ein Nichtwort war. War das obere Item kein Wort, so brauchten sie das zweite Item nicht zu beurteilen und konnten schneller reagieren.

Das Hauptinteresse in dieser Untersuchung galt allerdings den positiven Paaren. Es gab unverbundene Items wie *Krankenschwester* und *Butter* und Paare mit einer assoziativen Beziehung wie *Brot* und *Butter*. Die Probanden reagierten auf die Items mit assoziativer Beziehung 85 Millisekunden schneller. Man kann dieses Ergebnis durch Prozesse der Aktivationsausbreitung erklären: Wenn ein Proband das erste Wort eines verbundenen Paares liest, dann breitet sich Aktivation von diesem Wort zum zweiten Wort aus. Dies ergibt eine höhere Aktivation der Information, wie dieses Wort buchstabiert wird, und erleichtert dessen Beurteilung. Dieses Ergebnis impliziert, daß die assoziative Aktivationsausbreitung im Gedächtnis das Lesen von Wörtern erleichtern kann. Demzufolge können wir Material mit einer starken assoziativen Kohärenz schneller lesen als inkohärentes Material, das aus Wörtern ohne wechselseitigen Bezug besteht.

Ratcliff und McKoon (1981) demonstrierten Primingeffekte der Aktivationsausbreitung auf ganz andere Art und Weise. Die Probanden sollten sich Sätze wie *Der Arzt haßte das Buch* merken. Anschließend sollten die Probanden eine Wort-Erkennungsaufgabe ausführen. Es wurden ihnen Nomen dargeboten, und sie sollten entscheiden, ob diese Nomen in den zuvor gelernten Sätzen enthalten waren. Wenn die Probanden also beispielsweise *Buch* sahen, so sollten sie mit „ja" antworten, da dieses Wort ein Bestandteil des zuvor gelernten Satzes war.

Bevor das Zielwort (beispielsweise *Buch*) dargeboten wurde, blendeten Ratcliff und McKoon manchmal ein Prime-Nomen (beispielsweise *Arzt*) ein, das demselben Satz entstammte. Sie fanden heraus, daß die Probanden unter der Prime-Bedingung das Zielwort schneller erkannten als unter einer Kontrollbedingung ohne Prime-Nomen. Die Probanden benötigten 667 Millisekunden unter der Kontrollbedingung im Gegensatz zu 624 Millisekunden unter der Prime-Bedingung. Man kann dieses Ergebnis dadurch erklären, daß sich Aktivation entlang der gelernten Verbindung zum Zielwort ausbreitete. Da das Zielwort höher aktiviert war, konnte es schneller wiedererkannt werden.

Ratcliff und McKoon variierten die Verzögerung zwischen dem Prime (*Arzt*) und dem Zielwort (*Buch*) zwischen 50 und 300 Millisekunden. Diese Intervalle waren allesamt zu kurz, um eine bewußte Erwartung aufzubauen. Wir haben es also vielmehr mit Effekten einer automatischen Aktivationsausbreitung zu tun. Abbildung 6.9 zeigt, wie die Reaktionszeiten unter der Prime-Bedingung mit zunehmendem Intervall sinken. Die Probanden sind zudem unter der Prime-Bedingung insgesamt schneller als unter der Kontrollbedingung, sogar wenn nur 50 Millisekunden zwischen Prime und Zielwort liegen. Der Primingeffekt nähert sich im wesentlichen einer Asymptote bei 200 Millisekunden. Man kann die Verringerung der Latenzzeiten insgesamt dahingehend interpretieren, daß sie die Geschwindigkeit widerspiegelt, mit der die Aktivation das Netzwerk durchläuft.

Wir sehen also in diesem Abschnitt, daß sich die Aktivation, ausgehend von gegebenem Material, zu damit assoziiertem Material ausbreitet und dessen Aktivation erhöht. Je stärker die Aktivationsausbreitung zu einem bestimmten Material ist, desto schneller kann

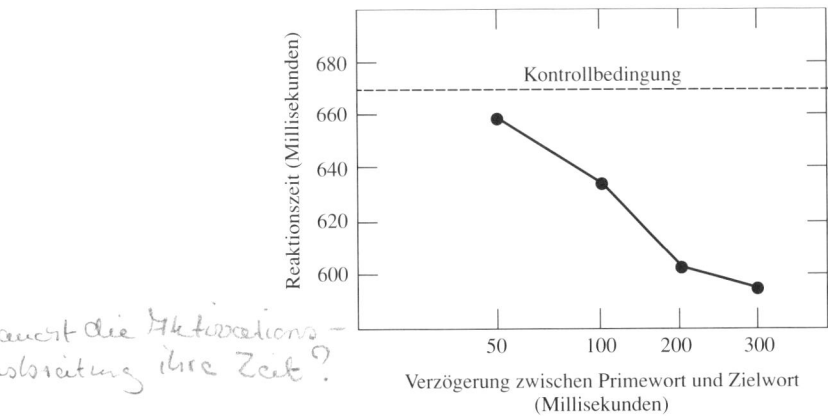

braucht die Aktivations-
usbreitung ihre Zeit?

Abb. 6.9 Reaktionszeitunterschiede zwischen der Prime- und der Kontrollbedingung als Funktion des Intervalls zwischen Prime- und Zielwort (aus Ratcliff & McKoon, 1981).

dieses abgerufen werden. Es zeigt sich, daß die Menge an Aktivation, die sich zu einem Gedächtnisinhalt ausbreitet, von der Stärke dieses Gedächtnisinhalts abhängt. Wie wir im folgenden Abschnitt darstellen werden, steigt die Stärke eines Gedächtnisinhalts mit der Übung dieses Inhalts; dadurch kann er um so leichter abgerufen werden.

> Wird ein Item dargeboten, so breitet sich nach der Netzwerktheorie die Aktivation von dem zugehörigen Begriff zu weiteren, mit dem Begriff assoziierten Gedächtnisinhalten aus.

Übung und Stärke

Im Zusammenhang mit einer Gedächtnisspur kann man zwei unterschiedliche Parameter betrachten: die Aktivation und die Stärke. Wir haben bereits ausgeführt, daß die Höhe der Aktivation einer Spur bestimmt, wie zugänglich dieser Gedächtnisinhalt ist. Das Aktivationsniveau einer Gedächtnisspur kann schnellen Wechseln unterliegen. In dem Experiment von Ratcliff und McKoon beispielsweise wurde eine Spur nach einem Fünftel einer Sekunde vollständig aktiviert. Gedächtnisspuren können ihre Aktivation auch sehr schnell verlieren. In diesem Abschnitt befassen wir uns mit der **Stärke**, die ein sich nur allmählich ändernder Parameter ist. Jedesmal, wenn wir eine Gedächtnisspur benutzen, wird ihre Stärke etwas ansteigen. Die Stärke einer Spur bestimmt zum Teil, wie stark sie aktiviert werden kann, und damit, wie zugänglich sie sein wird. Die Stärke einer Spur kann allmählich durch wiederholte Übung gesteigert werden.

Die Übungseffekte auf den Gedächtnisabruf sind sehr stark und finden sich häufig. In einer Untersuchung ließen Pirolli und Anderson (1985) die Probanden Sätze wie *Der Matrose ist im Park* üben und bestimmten die Übungseffekte auf die Wiedererkennungszeiten dieser Sätze. Abbildung 6.10a veranschaulicht die Ergebnisse dieser experimentellen Manipulation. Wie man der Abbildung entnehmen kann, sanken die Wiedererkennungszeiten von zunächst 1,6 Sekunden auf 0,7 Sekunden, sie fielen also um mehr als die Hälfte. Die Abbildung zeigt auch, daß der Anteil der Verbesserung mit zunehmender Übung geringer wird. Eine Potenzfunktion folgender Form liefert eine gute Anpassung an die Daten:

$$T = 1,40 \, P^{-0,24}$$

T steht für die Wiedererkennungszeit und P für die Zahl der Übungstage. Man nennt dies eine **Potenzfunktion**, da die Übungsmenge P zur Potenz erhoben wird. Diese Potenzbeziehung zwischen der Leistung (gemessen durch die Reaktionszeiten und durch einige andere Maße) und der Übungsmenge ist ein allgegenwärtiges Phänomen beim Lernen. Die Korrespondenz zu einer Potenzfunktion kann leicht erkannt werden, wenn der Logarithmus der Zeit gegen den Logarithmus der Übung abgetragen wird. Handelt es sich unter normaler Skalierung um eine Potenzfunktion, dann erhalten wir eine lineare Funktion, wenn wir beide Skalen logarithmisch abtragen:

$$\log T = 0,34 - 0,24 \log P$$

Abbildung 6.10b zeigt die Daten, die auf diese Art und Weise transformiert wurden. Wie man der Abbildung entnehmen kann, handelt es sich um eine annähernd lineare Beziehung.

Das Phänomen, daß die Verbesserung der Gedächtnisleistung einer Potenzfunktion der Übung folgt, ist allgegenwärtig. Newell und Rosenbloom (1981) haben dies als **Potenzgesetz des Lernens** bezeichnet. Abbildung 6.11 zeigt einige Ergebnisse von Blackburn

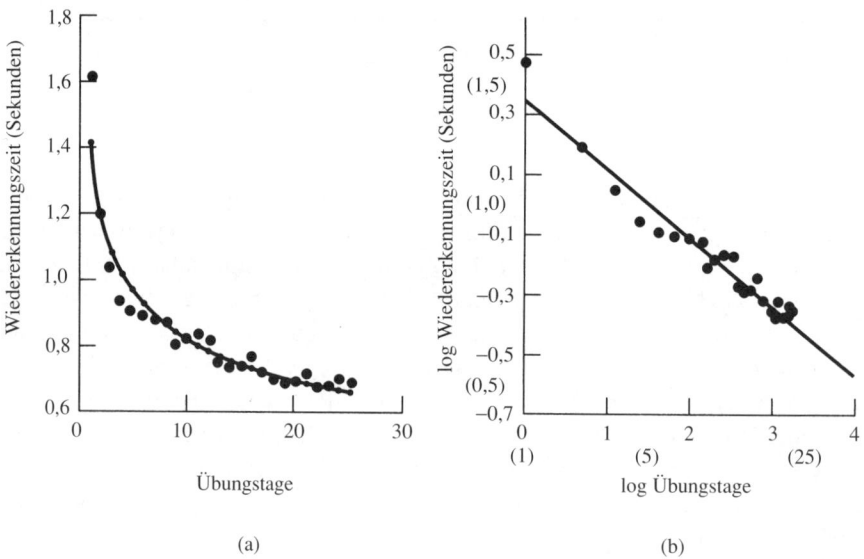

(a)   (b)

Abb. 6.10 (a) Wiedererkennungszeit für Sätze als Funktion der Zahl der Übungstage; (b) beide Skalen wurden logarithmisch abgetragen, um die in den Daten (a) enthaltene Potenzfunktion sichtbar werden zu lassen. Die Punkte stehen für mittlere Zeiten bei den einzelnen Tagen, die Kurven zeigen die Potenzfunktion mit der besten Anpassung (aus Pirolli & Anderson, 1985).

(1936), der an zwei Probanden die Übungseffekte beim Addieren von Zahlen über 10 000 Versuchsdurchgänge hinweg untersuchte. Beide Achsen der Abbildung sind logarithmisch skaliert, und man kann die lineare Beziehung deutlich erkennen. In dieser Abbildung, wie auch in einigen anderen in diesem Buch, sind die Originalzahlen (beispielsweise jene in Klammern in Abbildung 6.10b) und nicht die Logarithmen an den logarithmisierten Achsen abgetragen. (Wenn dies der Fall ist, dann wird der Ausdruck „logarithmische Skala" in Klammern gesetzt, wie etwa in Abbildung 6.11.) Die Ergebnisse von Blackburn zeigen, daß das Potenzgesetz des Lernens auch für Übungsmengen gilt, die weit über denen liegen, die in Abbildung 6.10 dargestellt sind. Die Abbildungen 6.10 und 6.11 verdeutlichen den allmählichen Anstieg der Stärke von Gedächtnisspuren mit zunehmender Übungsmenge. Wenn die Gedächtnisspuren stärker werden, können sie mehr Aktivation erhalten und dadurch leichter abgerufen werden.

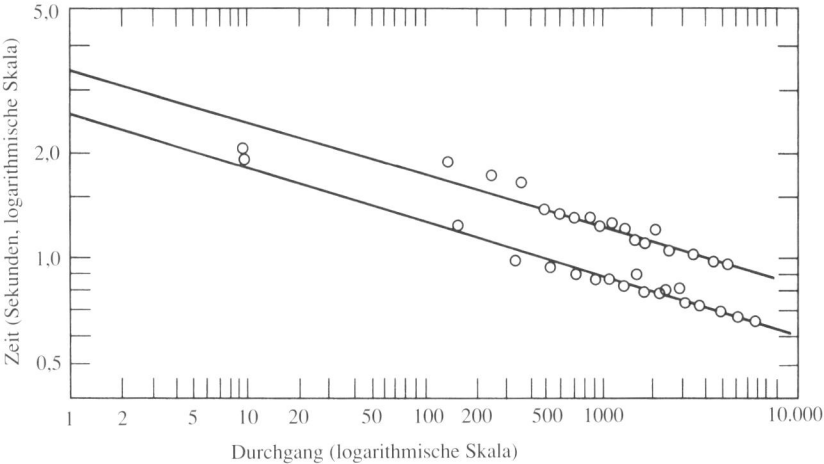

Abb. 6.11 Die Verkürzung der Zeit, die zum Addieren zweier Zahlen benötigt wird, in Abhängigkeit von der Übung. Die Daten zweier Probanden sind getrennt abgetragen. Sowohl die Zeit als auch die Zahl der Additionen beruhen auf logarithmischen Skalen (Graphik von Crossman, 1959, unter Verwendung der Daten von Blackburn, 1936).

Durch Übung eines Gedächtnisinhalts steigt dessen Stärke nach einer Potenzfunktion.

Die Ausbildung einer Langzeitpotenzierung und das Potenzgesetz

Man mag sich fragen, was genau dem Potenzgesetz der Übung zugrunde liegt. Es gibt einige Belege dafür, daß das Potenzgesetz im Zusammenhang mit grundlegenden neuronalen Veränderungen beim Lernen steht. Eine Art des neuronalen Lernens, die viel Aufmerksamkeit auf sich zog, ist die sogenannte **Langzeitpotenzierung (long-term potentiation LTP)**. Die LTP tritt im Hippocampus und in Arealen des Cortex auf und ist eine Form des neuronalen Lernens, die mit Maßzahlen des Lernens auf der Verhaltensebene korrespondiert. Wenn eine Nervenbahn mit hochfrequentem elektrischem Strom stimuliert wird, hat dies eine gesteigerte Sensibilität der Zellen entlang dieser Nervenbahn für weitere Stimulationen zur Folge. Barnes (1979) untersuchte dieses Phänomen an Ratten, indem er den Prozentsatz an Zuwachs der exzitatorischen postsynaptischen Potentiale (EPSP) gegenüber dem ursprünglichen Wert bestimmte.* Barnes stimulierte den Hippocampus ihrer Ratten an elf aufeinanderfolgenden Tagen und bestimmte den Zuwachs der LTP an Hand der oben genannten Zuwachsrate. Abbildung 6.12a zeigt ihre Ergebnisse, wobei der Prozentsatz der Änderung gegen die Übungstage abgetragen ist. Die Zuwachsrate scheint sich mit der Übungsmenge zu verringern. Um zu sehen, ob es sich dabei um eine Potenzfunktion handelt, sind in Abbildung 6.12b sowohl der Prozentsatz der Änderung als auch die Übungsmenge logarithmisch skaliert; die Beziehung ist annähernd linear. Es hat den Anschein, als ob sich die neuronale Aktivität in der gleichen Art und Weise mit der Übung verändert, wie es die Verhaltensdaten zeigen.

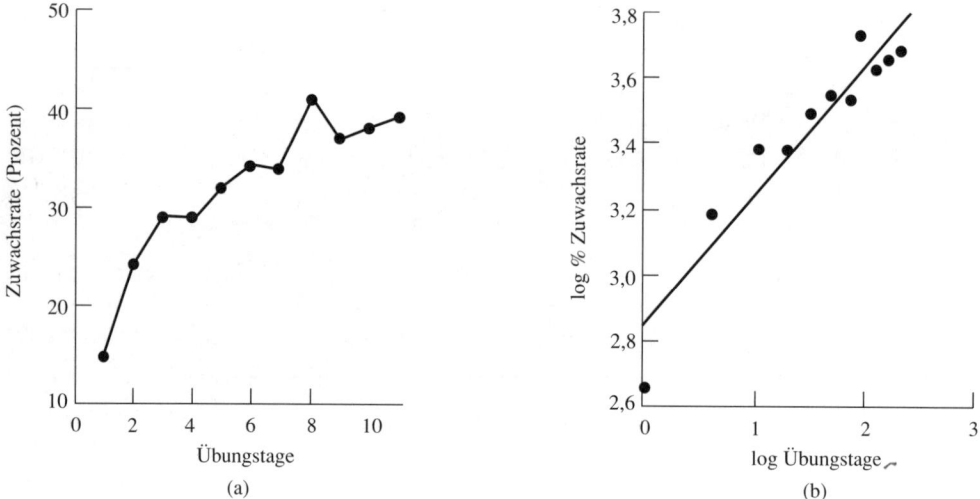

Abb. 6.12   Der Zuwachs der Langzeitpotenzierung als Funktion der Anzahl von Übungstagen: (a) normal skaliert; (b) beide Achsen logarithmisch skaliert (Barnes, 1979).

Zu beachten ist, daß das Maß der Aktivation in Abbildung 6.12a immer langsamer anwächst, wohingegen die Wiederkennungszeit (vgl. Abbildung 6.10a) immer langsamer abnimmt. Man nimmt an, daß ein Leistungsmaß wie die Wiedererkennungszeit ein inverses Abbild des Stärkezuwachses ist, der intern vonstatten geht. Wenn die Stärke der Gedächtnisspur wächst (siehe Abbildung 6.12), werden die Leistungsmaße besser (was kürzere Zeiten und weniger Fehler bedeutet).

---

* Wie bereits in Kapitel 1 dargestellt wurde, tritt eine Verringerung der elektrischen Potentialunterschiede zwischen der Außen- und der Innenseite einer Zelle auf, wenn die Dendriten und der Zellkörper einer Nervenzelle stärker erregt werden. Man sagt, das EPSP „steigt“, wenn diese Differenz geringer wird.

Die Langzeitpotenzierung ist eine Form des neuronalen Lernens, die einer Potenz-funktion zu folgen scheint.

Die Tiefe der Verarbeitung

Eine sinnvolle Schlußfolgerung aus dem bis jetzt Erörterten könnte sein, daß lediglich der Umfang des Lernens und der Übung des zu erinnernden Materials die Gedächtnisleistung bestimmt. Allerdings haben wir bereits einige Belege dafür angeführt, daß das bloße Lernen des Materials nicht zu einem besseren Abruf führt. Es kommt vielmehr darauf an, wie jemand das Material verarbeitet, während er oder sie es sich aneignet. Wir haben bereits in Kapitel 5 gesehen, daß eine Verarbeitung des Materials, die stärker dessen Bedeutung betrifft, in einer verbesserten Gedächtnisleistung resultiert. Weiter oben im vorliegenden Kapitel haben wir im Zusammenhang mit dem Ansatz der Verarbeitungstiefe von Craik und Lockhart Belege dafür angeführt, daß eine flache Verarbeitung nur geringe Gedächtnisverbesserungen mit sich bringt. Einen weiteren Aufweis desselben Sachver-halts führte Nelson (1979): die Probanden mußten Paare von Items lesen, die entweder semantisch verbunden waren (beispielsweise Tulpe–Blume) oder die sich reimten (wie etwa Krume–Blume). Die semantisch verbundenen Paare konnten besser behalten werden (81 Prozent) als jene, die sich reimten (70 Prozent). Möglicherweise hat das semantische Material die Probanden eher dazu veranlaßt, bedeutungshaltig zu verarbeiten.

Elaborative Verarbeitung

Es gibt Belege dafür, daß neben einer verstärkt bedeutungshaltigen Verarbeitung auch eine verstärkt elaborative Verarbeitung zu besserem Behalten führt. Die **elaborative Verarbei-tung** besteht aus einer Anreicherung des zu behaltenden Materials um zusätzliche Infor-mation. Eine klassische Demonstration stammt aus dem Experiment von Bobrow und Bower im Jahre 1969. Die Probanden sollten sich dabei einfache Subjekt-Verb-Objekt-Sätze merken. Es gab zwei interessierende Bedingungen: Unter Bedingung 1 erhielten die Probanden Sätze, die die Experimentatoren geschrieben hatten. Unter Bedingung 2 sollten die Probanden selbst Sätze erfinden, die die Nomen für das Subjekt und das Objekt verbanden. Nachdem die Probanden die Sätze gelernt hatten, erhielten sie das erste No-men (Subjekt), und sie sollten das zweite Nomen (Objekt) generieren. Unter Bedingung 1 (Sätze stammten von den Experimentatoren) wurden 29 Prozent erinnert; unter Bedin-gung 2 (Sätze stammten von den Probanden) wurden 58 Prozent erinnert. Möglicherweise mußten die Probanden sorgfältiger über die Bedeutung der beiden Nomen und ihre mögli-chen Beziehungen nachdenken, um die Sätze zu generieren. Ähnliche Belege für den Vorteil der eigenen Generierung berichten Jacoby (1978) sowie Slamecka und Graf (1978).

Eine Reihe von Experimenten von Stein und Bransford (1979) belegt ebenfalls, daß selbstgenerierte Elaborationen oft besser sind als Elaborationen, die von den Experimen-tatoren stammen. In einem dieser Experimente sollten die Probanden zehn Sätze wie etwa *Der fette Mann las das Schild* erinnern. Es gab insgesamt vier Versuchsbedingungen.

Unter der Basisbedingung lernten die Probanden nur die Sätze. Unter einer weiteren Bedingung sollten die Probanden eigene Elaborationen generieren. Unter der „unpräzisen" Bedingung wurde den Probanden eine Fortführung des Satzes wie etwa *das 60 Zentimeter groß war* dargeboten. Unter der „präzisen" Elaborationsbedingung wurde eine Fortführung wie beispielsweise *das vor Glatteis warnt* dargeboten. Nachdem die Probanden das Material gelernt hatten, wurden ihnen Satzrahmen wie *Der ____ Mann las das Schild* vorgegeben, und sie sollten das fehlende Adjektiv erinnern. Die Probanden erinnerten 4,2 der zehn Adjektive unter der Basisbedingung und 5,8, wenn sie eigene Elaborationen generiert hatten. Offensichtlich hatten die eigenen Elaborationen geholfen. Sie konnten nur 2,2 der zehn Adjektive unter der „unpräzisen" Elaborationsbedingung erinnern, was die typische Unterlegenheit von Elaborationen, die von den Experimentatoren stammen, gegenüber eigenen Elaborationen repliziert. Allerdings erinnerten die Probanden die meisten Adjektive – es waren 7,8 – unter der „präzisen" Elaborationsbedingung. Wie man sieht, können bei guter Auswahl der Elaborationen die von den Experimentatoren generierten besser sein als die von den Probanden generierten. (Weitere Forschungsergebnisse zu diesem Sachverhalt finden sich in Pressley, McDaniel, Turnure, Wood & Ahmad, 1987.)

Es sieht also so aus, als käme es nicht entscheidend darauf an, ob die Elaborationen von den Probanden oder von den Experimentatoren stammen. Vielmehr ist es wichtig, daß die Elaborationen das zu erinnernde Material zwingend treffen. Die Elaborationen der Probanden sind ziemlich effektiv, da sie die idiosynkratischen Wissenszusammenhänge der einzelnen Probanden widerspiegeln. Allerdings zeigen Stein und Bransford, daß es möglich ist, als Experimentator Elaborationen zu konstruieren, die noch präziser in ihren Einschränkungen sind.

Wenn Inhalte elaborativer verarbeitet werden, dann werden sie besser behalten.

Bedeutungshaltige versus nicht bedeutungshaltige Elaborationen

Einige Psychologen wie beispielsweise Kolers (1979) haben ,dahingehend argumentiert, daß den gesamten in der Literatur berichteten Ergebnissen zur Verarbeitungstiefe Rechnung getragen wird, wenn man die Gedächtnisprozesse beim ursprünglichen Lernen des Materials heranzieht. Kolers hat die Erinnerungsleistung von Probanden für Sätze untersucht, die entweder normal oder auf dem Kopf stehend gedruckt sind. Er fand heraus, daß die Probanden eine größere Anzahl der Sätze erinnerten, die auf dem Kopf standen. Er argumentiert, daß die zusätzliche Verarbeitung, auf dem Kopf stehende Buchstaben zu entziffern, die Basis für die verbesserte Erinnerung liefert. Es handelt sich hier nicht um den Fall einer verstärkt bedeutungshaltigen, sondern vielmehr einer umfangreicheren Verarbeitung.

Die Untersuchung von Slamecka und Graf (1978) wies unterschiedliche Effekte einer elaborativen und einer bedeutungshaltigen Verarbeitung auf die Gedächtnisleistung nach. Sie stellten einer „Generieren"-Bedingung eine „Lesen"-Bedingung gegenüber. Unter der Generieren-Bedingung sollten die Probanden entweder zu einem Wort ein Synonym generieren, das mit einem bestimmten Buchstaben beginnt (beispielsweise: Was ist ein Synonym zu *Meer* und beginnt mit dem Buchstaben *O*? Antwort: *Ozean*), oder sie sollten zu einem Wort ein Reimwort mit einem bestimmten Anfangsbuchstaben generieren (beispielsweise: Was reimt sich auf *Baum* und beginnt mit dem Buchstaben *R*? Antwort: *Raum*). Unter der „Lesen"-Bedingung hatten die Probanden das Reim-Paar beziehungsweise das Synonym-Paar nur zu lesen. In Anschluß daran

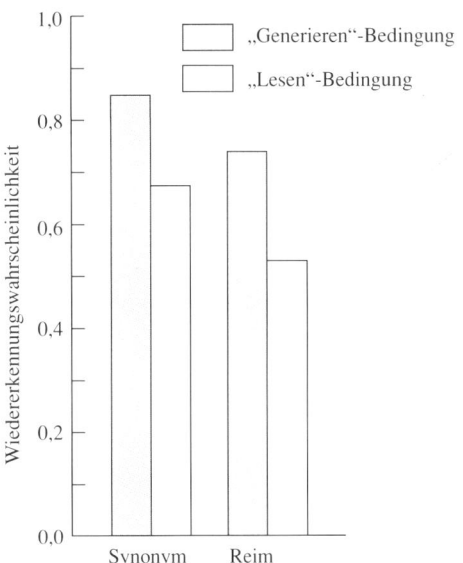

Abb. 6.13 Die Wahrscheinlichkeit des Wiedererkennens als Funktion der Art der Elaboration und in Abhängigkeit davon, ob sie selbst generiert oder gelesen wurde (aus Experiment 2 von Slamecka & Graf, 1978).

wurde eine Wiedererkennungsaufgabe gegeben, die sich auf das zweite Wort bezog. Abbildung 6.13 zeigt die Ergebnisse. Die Probanden erkennen mehr Synonyme wieder und sind besser, wenn sie sie selbst generieren mußten. Es scheint demzufolge Effekte sowohl semantischer als auch elaborativer Verarbeitung zu geben.

Eine elaborativere Verarbeitung führt zu besserem Behalten, auch wenn sich diese Verarbeitung nicht auf die Bedeutung des Materials bezieht.

Inzidentelles versus intentionales Lernen

Es stellt sich heraus, daß für die Gedächtnisleistung entscheidend ist, wie man das Material verarbeitet, und nicht, ob man beabsichtigt, das Material zu lernen. Dieser Sachverhalt wird durch ein Experiment von Hyde und Jenkins (1973) illustriert. Die Probanden sahen Sequenzen von 24 Wörtern, wobei jedes Wort drei Sekunden lang dargeboten wurde. Eine Gruppe von Probanden sollte darauf achten, ob in den Wörtern der Buchstabe *e* oder der Buchstabe *g* vorkommt. Die andere Gruppe sollte einschätzen, wie angenehm die Wörter sind. Diese beiden Aufgaben wurden als Orientierungsaufgaben bezeichnet. Man kann mit einiger Plausibilität annehmen, daß die Einschätzung, wie angenehm die Wörter sind, zu einer bedeutungshaltigeren und elaborativeren Verarbeitung führt als die Aufgabe, Buchstaben zu verifizieren. Eine weitere experimentelle Manipulation bestand darin, ob den Probanden mitgeteilt wurde, daß der eigentliche Zweck des Experiments sei, die Wörter zu lernen, oder dies nicht getan wurde. Jeweils der Hälfte der Probanden jeder Gruppe wurde der wahre Zweck des Experiments mitgeteilt; diese Probanden wurden somit der Versuchsbedingung 'intentionales Lernen' zugeordnet. Die andere Hälfte der Probanden jeder Gruppe, die davon ausgingen, der wahre Zweck liege in der Einschätzung der

Wörter beziehungsweise in der Buchstabenüberprüfung, befanden sich unter der Versuchsbedingung ‚inzidentelles Lernen'. Es gibt also zusammengenommen vier Versuchsbedingungen: Angenehmsein-intentional, Angenehmsein-inzidentell, Buchstabenüberprüfung-intentional und Buchstabenüberprüfung-inzidentell.

Nachdem die Probanden die Liste gelernt hatten, sollten sie so viele Wörter wie möglich wiedergeben. Tabelle 6.3 zeigt die Ergebnisse des Experiments von Hyde und Jenkins, wobei der prozentuale Anteil an wiedergegeben Wörtern von den 24 vorgegebenen eingetragen ist. Zwei Ergebnisse sind besonders beachtenswert: Erstens hatte das Wissen der Probanden um den Zweck des Lernens der Wörter (ob sie die Wörter wiedergeben sollen) nur einen relativ kleinen Effekt. Zweitens fand sich ein starker Effekt der Elaboriertheit der Verarbeitung. Die Probanden zeigten eine sehr viel höhere Wiedergabeleistung unter der Bedingung, das Angenehmsein einzuschätzen, und zwar unabhängig davon, ob sie erwarteten, später auf das Material hin getestet zu werden. Durch die Einschätzung des Angenehmseins der Wörter mußten die Probanden über die Bedeutung nachdenken, was ihnen die Gelegenheit gab, das Wort zu elaborieren.

Tabelle 6.3: Prozentsatz der wiedergegebenen Wörter in Abhängigkeit von der Orientierungsaufgabe und in Abhängigkeit davon, ob die Probanden wußten, daß es sich um eine Lernaufgabe handelte (nach Hyde & Jenkins, 1973)

Lernzweckbedingung	Orientierungsaufgabe	
	Einschätzen des Angenehmseins	Buchstaben verifizieren
inzidentell	68	39
intentional ⌣ɯⁱ₅₅ₑ₂ᵢ₁	69	43

Das Experiment von Hyde und Jenkins veranschaulicht einen wichtigen Sachverhalt, der in der Forschung zu intentionalem versus inzidentellem Lernen immer wieder Bestätigung fand: Ob man die Absicht hat zu lernen oder nicht spielt keine Rolle (zum Überblick vgl. Postman, 1964). Was tatsächlich eine Rolle spielt, ist, wie man das Material während der Darbietung verarbeitet. Wenn das Individuum die gleichen mentalen Aktivitäten beim nicht intendierten wie beim intendierten Lernen ausführt, ergeben sich daraus jeweils die gleichen Gedächtnisleistungen. Man zeigt typischerweise bessere Gedächtnisleistungen, wenn man das Lernen beabsichtigt, weil man mit größerer Wahrscheinlichkeit Aktivitäten ausführt, die besser für eine gute Gedächtnisleistung geeignet sind, wie beispielsweise das Memorieren und elaborative Verarbeitungen. Der kleine Vorteil der Probanden bei intentionalem Lernen im Experiment von Hyde und Jenkins spiegelt vielleicht einige kleine Unterschiede in der Verarbeitung wider. In den Experimenten, in denen große Sorgfalt auf die Kontrolle der Verarbeitung gelegt wurde, zeigt sich, daß die Absicht zu lernen oder die Höhe der Motivation zu lernen keinen Effekt erbringt (vgl. Nelson, 1976).

Die Verarbeitungstiefe, und nicht die Absicht zu lernen, bestimmt den Umfang des Erinnerns.

Elaborative Verarbeitung und die Beschaffenheit von Texten

Frase (1975) fand Belege für Vorteile einer elaborativen Verarbeitung von Textmaterial. Er verglich zwei Gruppen von Probanden im Hinblick auf das Behalten eines Textes. Die eine Gruppe hatte Themen erhalten, über die sie vor dem Lesen des Textes nachdenken sollte; die Kontrollgruppe prägte sich den Text ein, ohne daß sie vorher irgendwelche Themen erhalten hatte. Die Themen – manchmal werden sie auch Advance Organizer (Ausubel, 1968) genannt – waren in Frageform formuliert, und die Probanden sollten darauf antworten. Sie sollten die Antworten auf die vorangegangenen Fragen finden, während sie den Text lasen. Diese Anforderung sollte sie dazu veranlassen, den Text sorgfältiger zu verarbeiten und über seine Implikationen nachzudenken. Die Advance-Organizer-Gruppe beantwortete 64 Prozent der Fragen eines nachfolgenden Tests korrekt, die Kontrollgruppe lediglich 57 Prozent. Die Fragen dieses (Folge-)Tests konnten in zwei Blöcke unterteilt werden: Fragen, die für die Advance Organizer relevant waren, und Fragen, die dafür nicht relevant waren. Wenn sich beispielsweise eine Testfrage auf ein Ereignis bezog, das dem Eintritt Amerikas in den Zweiten Weltkrieg voranging, dann wird diese Frage als relevant erachtet, wenn die Advance-Organizer-Frage die Probanden in die Richtung lenkte zu lernen, warum Amerika in den Krieg eintrat. Die Advance-Organizer-Gruppe beantwortete 76 Prozent der relevanten Fragen und 52 Prozent der irrelevanten Fragen korrekt. Die Gruppe erbrachte also bei denjenigen Themen, für die sie nicht vorgewarnt worden war, nur eine etwas schlechtere Leistung als die Kontrollgruppe; allerdings war die Leistung sehr viel höher bei jenen Themen, für die sie vorgewarnt worden war.

Viele universitäre Einrichtungen, wie auch viele private Firmen, bieten Kurse an, um die Behaltensleistung von Studenten für Texte zu verbessern. Diese Kurse vermitteln hauptsächlich Lernstrategien für Texte, wie sie in den Sozialwissenschaften benutzt werden, nicht für dichtere Texte wie etwa in den Naturwissenschaften oder für literarische Stoffe wie etwa Romane. Die Lerntechniken der verschiedenen Programme sind ziemlich ähnlich, und ihr Erfolg ist einigermaßen gut belegt. Zwei der viel veröffentlichten und allgemein zugänglichen Techniken waren die SQ3R-Methode (Robinson, 1961) und die etwas jüngere PQ4R-Methode (Thomas & Robinson, 1972). Man kann den Erfolg dieser Methoden darin sehen, daß sie eine elaborative Verarbeitung des Textes befördern. Die beiden Methoden sind ähnlich, und wir werden die PQ4R-Methode als Beispiel herausgreifen.

Der Name der PQ4R-Methode leitet sich aus den sechs Phasen ab, die zur Erarbeitung eines Lehrbuchkapitels vorgeschlagen werden, und ist ein Akronym der Anfangsbuchstaben der englischen Bezeichnungen dieser Phasen:

1. Vorprüfung (Preview). Überfliegen Sie das Kapitel, um die allgemeinen Themen zu bestimmen, die darin angesprochen werden. Identifizieren Sie die Abschnitte, die als Einheit zu lesen sind. Wenden Sie die folgenden vier Schritte auf jeden Abschnitt an.

2. Fragen (Questions). Formulieren Sie Fragen zu den Abschnitten. Oftmals genügt eine Umformulierung der Abschnittsüberschriften, um eine angemessene Frage zu erhalten.

3. Lesen (Read). Lesen Sie den Abschnitt sorgfältig, indem Sie versuchen, die Fragen zu beantworten, die Sie dazu gestellt haben.

4. Nachdenken (Reflect). Denken Sie über den Text, während Sie ihn lesen, nach, indem Sie versuchen, ihn zu verstehen, Beispiele zu erfinden und den Stoff in Bezug zu Ihrem Vorwissen zu setzen.

5. Wiedergeben (Recite). Nachdem Sie einen Abschnitt fertig bearbeitet haben, versuchen Sie, die darin enthaltene Information zu erinnern. Versuchen Sie, die Fragen zu beantworten, die Sie zu diesem Abschnitt formuliert haben. Wenn Sie sich nicht genügend erinnern können, dann lesen Sie diejenigen Passagen nochmals, die beim Erinnern Schwierigkeiten bereitet hatten.

6. Rückblick (Review). Nachdem Sie das Kapitel beendet haben, gehen Sie es nochmals in Gedanken durch und rufen Sie sich die wichtigsten Punkte ins Gedächtnis. Versuchen Sie wiederum, die Fragen zu beantworten, die Sie gestellt haben.

Eine leicht geänderte Variante dieser Technik wurde in Kapitel 1 als Lernmethode im Hinblick auf das vorliegende Buch empfohlen. Das zentrale Merkmal der PQ4R-Technik ist, Fragen zu generieren und zu beantworten. Es gibt Grund für die Vermutung, daß der wichtigste Aspekt dieses Merkmals darin liegt, daß die Fragen zu einer tieferen und elaborativeren Verarbeitung des Textmaterials anhalten. Zu Beginn dieses Unterkapitels haben wir das Experiment von Frase dargestellt, das den Gewinn beim Lesen eines Textes aufzeigt, wenn man einige Advance Organizer im Kopf hat. Es hat den Anschein, als zeige sich der Gewinn dieser Aktivität spezifisch bei denjenigen Testitems, die zu den Fragen in Bezug stehen.

In einem weiteren Experiment von Frase (1975) wurden die Effekte des Generierens von Fragen mit den Effekten des Beantwortens dieser Fragen verglichen. Er ließ Paare von Probanden einen Text lesen, der in zwei Hälften geteilt war. Bei der einen Hälfte des Textes sollte ein Proband des Paares den Abschnitt lesen und Lernfragen während dieses Prozesses generieren. Diese Fragen wurden dem zweiten Probanden gegeben, der dann den Text las und währenddessen versuchte, diese zu beantworten. Die Probanden tauschten die Rollen für die zweite Hälfte des Textes. Alle Probanden beantworteten in einem Abschlußtest Fragen zum gesamten Abschnitt. Eine Kontrollgruppe, die nur den Text las, ohne etwas Spezielles zu tun, beantwortete 50 Prozent der Abschlußfragen korrekt. Die Probanden der Experimentalbedingung, die gelesen hatten, um Fragen zu generieren, beantworteten 70 Prozent der Testitems, die für ihre Fragen relevant waren, und 52 der irrelevanten Testitems korrekt. Wenn sie gelesen hatten, um Fragen zu beantworten, gaben die Probanden der Experimentalgruppe auf 67 Prozent der relevanten Testitems und auf 49 Prozent der irrelevanten Testitems korrekte Antworten. Demzufolge hat es den Anschein, daß sowohl die Generierung als auch die Beantwortung von Fragen einen Beitrag zu gutem Behalten leisten, mit einem leichten Vorteil für das Stellen von Fragen. T. H. Anderson (1978) findet in einem Überblick über die Forschungsliteratur weitere Belege für die ausgesprochene Wichtigkeit, Fragen zu generieren.

Eine weitere wichtige Komponente der PQ4R-Technik ist, den Text in einem Rückblick mit den Fragen im Kopf nochmals durchzugehen. Rothkopf (1966) verglich den Nutzen von Fragen, die sich auf einen folgenden Text beziehen, mit jenem Nutzen, der entsteht, wenn die Fragen erst gegeben werden, nachdem gelesen wurde, und somit ein Rückblick auf den Text zu werfen ist. Rothkopf instruierte die Probanden, einen langen Text zu lesen, wobei alle drei Seiten Fragen eingestreut waren. Die Fragen waren relevant für die drei Seiten, die den Fragen folgten beziehungsweise ihnen vorangingen. Unter der erstgenannten Versuchsbedingung sollten die Probanden den nachfolgenden Text mit diesen Fragen im Kopf lesen. Unter der letztgenannten Bedingung sollten sie auf das, was sie gerade lesen hatten, zurückblicken und die Fragen beantworten. Die beiden Experimentalgruppen wurden mit einer Kontrollgruppe verglichen, die den Text ohne spezielle Fragen las. Diese Kontrollgruppe beantwortete 30 Prozent der Fragen eines Abschlußtests zum gesamten Text korrekt. Die Experimentalgruppe, deren Fragen eine Vorschau auf den Text bildeten, beantworteten 72 Prozent der Testitems, die relevant zu ihren Fragen waren, und 29 Prozent der irrelevanten Fragen korrekt – im wesentlichen entspricht dies den Ergebnissen von Frase zum Vergleich der Effektivität von relevanten und irrelevanten Testitems. Die Experimentalgruppe, deren Fragen eine Rückschau auf den Text bildeten, beantworteten 72 Prozent der relevanten Items und 42 Prozent der irrelevanten Items korrekt. Es hat also den Anschein, daß die Rückschau auf den Text mit Fragen im Kopf einen Gewinn allgemeinerer Art erbringt.

Lerntechniken, die das Generieren und das Beantworten von Fragen umfassen, führen zu besserem Behalten von Texten.

Enkodierung versus Abruf

Dieses Kapitel konzentrierte sich auf diejenigen Prozesse, die sich darauf beziehen, Informationen in das Gedächtnis aufzunehmen. Man kann allerdings über kein Gedächtnisexperiment sprechen, ohne in Betracht zu ziehen, wie man die Informationen wieder abruft – dies wird das Thema des folgenden Kapitels sein. Wir werden dort sehen, daß viele der im vorliegenden Kapitel angesprochenen Themen durch die Betrachtung des Abrufs beträchtlich verkompliziert werden. Dies trifft auf jeden Fall für die Effekte einer elaborativen Verarbeitung zu, die wir gerade erörtert haben. Wir werden sehen, daß es wichtige Interaktionen zwischen den Gedächtnisprozessen beim Lernen und bei der Verarbeitung der Gedächtnisinhalte in der Testsituation gibt. Sogar im vorliegenden Kapitel konnten wir nicht auf Effekte von Faktoren wie etwa der Übung zu sprechen kommen, ohne Abrufprozesse auf der Basis von Aktivationen anzuführen, die diese Prozesse erleichtern. Im folgenden Kapitel werden wir auch mehr zur Aktivation von Gedächtnisspuren sagen.

Anmerkungen und Literaturhinweise

Unter den vielen Lehrbüchern, die dem menschlichen Gedächtnis gewidmet sind, sind Anderson (1995), Crowder (1976), Klatzky (1979) sowie Zechmeister und Nyberg (1982) zu nennen. Crowder (1982) diskutiert den Niedergang der Theorie des Kurzzeitgedächtnisses. Baddeleys neueres Lehrbuch (1990) über das menschliche Gedächtnis gibt einen guten Abriß der Theorie des Autors zum Arbeitsgedächtnis. Es wurden viele unterschiedliche Ansichten zur Beschaffenheit des Arbeitsgedächtnisses und des Kurzzeitgedächtnisses geäußert; Baddeley (1986) und Crowder (1982) bieten einen guten Überblick über die diesbezüglichen Forschungen und Meinungen. Die Märzausgabe des Jahres 1993 der Zeitschrift *Memory & Cognition* enthält eine Vielzahl von Artikeln zu Themen, die das Kurzzeitgedächtnis betreffen. Das Konzept der Aktivationsausbreitung wurde in der Kognitiven Psychologie durch Arbeiten zu Computersimulationsmodellen von Quillian (1966, 1969) und Reitman (1965) bekannt. Eine gut verständliche Darstellung der Anwendung von Quillians Ideen auf psychologische Themengebiete findet man in Collins und Quillian (1972) sowie in Collins und Loftus (1975). Eine neuere Debatte zur Aktivationsausbreitung entstand zwischen McKoon und Ratcliff (1992a) und McNamara (1992). Das Potenzgesetz des Lernens wird in Anderson und Schooler (1991) sowie in Newell und Rosenbloom (1981) untersucht. In jüngerer Zeit erschienen Artikel im *Scientific American*, die die Rolle des präfrontalen Cortex im Hinblick auf das Arbeitsgedächtnis (Goldman-Rakic, 1992) diskutieren sowie die Beschaffenheit der Langzeitpotenzierung im Hippocampus (Kandel & Hawkins, 1992) und andere Arten des neuronalen Lernens erörtern.

Als deutschsprachige Literatur seien hier erwähnt: Die Arbeiten von Herrmann Ebbinghaus können in seinem berühmten Buch *Über das Gedächtnis* (1885) nachgelesen werden. Die Übersetzungen von Baddeley (1976; deutsch 1979) und von Kintsch (1977; deutsch 1982) sowie Bredenkamp und Wippich (1977, Band 2) enthalten eine umfangreiche Darstellung des menschlichen Gedächtnisses. Eine leicht verständliche Einführung findet sich in Baddeley (1982; deutsch 1986). Zum Konzept der Aktivationsausbreitung siehe Kapitel 4 in Wender, Colonius und Schulze (1980). Zwei umfangreiche Lehrbücher zum menschlichen Gedächtnis sind Engelkamp (1990) sowie Dörner und van der Meer (1995). Einen umfassenden Überblick zur Gedächtnispsychologie findet man in dem von Albert und Stapf (1996) herausgegebenen Band der *Enzyklopädie der Psychologie*.

7. Gedächtnis: Behalten und Abruf

In Kapitel 6 haben wir die Enkodierung von Informationen zur Aufnahme in das Gedächtnis behandelt. Wenn es um das Gedächtnis geht, klagen die meisten Menschen allerdings nicht darüber, daß sie Schwierigkeiten beim Lernen des Materials haben, sondern vielmehr, daß sie soviel von dem Gelernten wieder vergessen. Es gibt offensichtlich zwei Gründe dafür, warum wir später möglicherweise nicht in der Lage sind, das zu erinnern, was wir uns ursprünglich gemerkt hatten. Der eine Grund ist, daß der Gedächtnisinhalt verschwunden ist, der andere, daß der Gedächtnisinhalt zwar noch vorhanden ist, wir ihn aber nicht abrufen können. Es ist nicht immer einfach, diese beiden Möglichkeiten zu unterscheiden. Wie wir noch sehen werden, werden Dinge, die uns im einen Kontext wie vergessen erscheinen, in einem anderen Kontext wieder verfügbar.

Die interessantere der beiden Möglichkeiten ist letztere, daß wir nämlich niemals wirklich unsere Gedächtnisinhalte verlieren – daß vergessene Gedächtnisinhalte immer noch vorhanden sind, wir sie aber nicht abrufen können. Die Ergebnisse von Penfield (1959) stimmen gut mit dieser Hypothese überein. Als Teil eines neurochirurgischen Eingriffs stimulierte Penfield Teile des Gehirns von Patienten mit elektrischem Strom. Die Patienten sollten berichten, was sie währenddessen spürten und wahrnahmen (sie waren während des chirurgischen Eingriffs bei Bewußtsein, aber die Stimulationsmethode war schmerzlos). Auf diese Art und Weise war Penfield in der Lage, die Funktion verschiedener Teile des Gehirns zu bestimmen. Bei einer Stimulation des Temporallappens berichteten die Patienten von Gedächtnisinhalten, die sie unter normalen Umständen nicht erzählen würden – beispielsweise Ereignisse aus ihrer Kindheit. Es war, als ob Penfields Stimulation Teile des Gedächtnisnetzwerkes aktivierte, die sonst nicht durch Aktivationsausbreitung erreicht werden konnten. Leider ist es schwierig zu beurteilen, ob die Erinnerungen der Patienten zutreffend waren, denn man kann natürlich nicht in der Zeit zurückgehen und überprüfen, ob die berichteten Ereignisse tatsächlich stattgefunden haben. Aus diesem Grund bleiben die Experimente, wiewohl sie beeindruckend sind, im allgemeinen von den Gedächtnisforschern unberücksichtigt.

Weitere Hinweise, daß „vergessene" Gedächtnisinhalte immer noch existieren, erbringt ein aufschlußreicheres Experiment von Nelson (1971). Er ließ die Probanden so lange 20 Zahl-Nomen-Paare lernen, bis sie das Kriterium eines fehlerfreien Durchgangs erreicht hatten. Zwei Wochen später erschienen die Probanden zu einem Nachtest; sie erinnerten 75 Prozent der Items in diesem Behaltenstest. Das Interesse galt allerdings denjenigen 25 Prozent, für die die Probanden das Nomen, wenn ihnen die Zahl vorgegeben wurde, nicht wiedergeben konnten. Die Probanden konnten in erneuten Durchgängen die 20 Itempaare noch einmal lernen. Diejenigen Paare, die sie nicht erinnert hatten, wurden entweder so beibehalten oder abgeändert. Im Falle der Abänderung wurde eine

neue Reaktion mit einem alten Stimulus assoziiert. Wenn die Probanden also *43-Hund*
gelernt hatten, aber die Antwort auf *43* nicht geben konnten, so wurden sie jetzt entweder
auf *43-Hund* (unverändert) oder *43-Haus* (verändert) trainiert. Sie wurden getestet, nachdem sie die neue Liste einmal gelernt hatten. Wenn die Probanden tatsächlich jeglichen
Gedächtniseintrag bezüglich der vergessenen Paare verloren hätten, sollte sich kein Unterschied zwischen den veränderten und den unveränderten Paaren zeigen. Die Probanden konnten allerdings 78 Prozent der unveränderten Items, die zuvor nicht gewußt wurden, wiedergeben, aber nur 43 Prozent der veränderten Items. Diese bessere Wiedergabeleistung für
unveränderte Items dient als Hinweis dafür, daß die Probanden etwas von den ursprünglichen Paaren behalten hatten, obwohl sie sie zuvor nicht hatten wiedergeben können. Diese
behaltene Information schlägt sich in der Ersparnis beim erneuten Lernen nieder.

Nelson (1978) berücksichtigte auch den Fall, daß der Behaltenstest aus einer Wiedererkennungsaufgabe besteht. Vier Wochen nach dem Lernen konnten die Probanden 31
Prozent der Paare, die sie gelernt hatten, nicht mehr wiedererkennen. Wie in dem vorangegangenen Experiment auch, ließ Nelson die fehlenden Items erneut lernen. Bei der Hälfte
der Items wurden die Antworten verändert, bei der anderen Hälfte blieben sie unverändert.
Nach einem wiederholten Lerndurchgang erkannten die Probanden 34 Prozent der unveränderten, aber nur 19 Prozent der veränderten Items wieder. Der ursprüngliche Wiederer-
kennungs-Behaltens-Test sollte sehr empfindlich dafür sein, ob die Probanden etwas im
Gedächtnis gespeichert haben. Wenn die Probanden allerdings in diesem empfindlichen
Test etwas nicht wiedergeben konnten, so gibt es doch einen Beleg dafür, daß sich immer
noch ein Eintrag des Items im Gedächtnis befindet – dieser Beleg besteht darin, daß das
erneute Lernen unveränderter Paare besser ausfiel als das Lernen veränderter Paare. Die
Untersuchungen von Nelson legen den Schluß nahe, daß man unter Verwendung einer
hinreichend sensiblen Meßmethode zeigen kann, daß scheinbar vergessene Gedächtnisinhalte noch immer vorhanden sind.

Diese Experimente beweisen nicht, daß alles erinnert wird. Sie zeigen nur, daß angemessen sensible Meßmethoden Belege für Reste einiger Gedächtnisinhalte erbringen können, die vergessen schienen. In dem vorliegenden Kapitel werden wir zuerst ausführen,
wie Gedächtnisinhalte über die Zeit hinweg immer weniger verfügbar werden. Im Anschluß daran werden wir einige Faktoren diskutieren, die den Erfolg beim Abruf dieser
Gedächtnisinhalte bestimmen.

Obwohl man scheinbar bestimmte Gedächtnisinhalte vergessen hat, können sensible Tests Belege dafür erbringen, daß einige dieser Gedächtnisinhalte noch erhalten
sind.

Die Behaltensfunktion

Abbildung 6.1 des vorangegangenen Kapitels beschreibt die Behaltensfunktion von Ebbinghaus für Listen sinnloser Silben. Es wurde viel zur Form der Behaltensfunktion
geforscht, und Wickelgren hat sich dabei besonders hervorgetan. In einem Wiedererken-

nungsexperiment (Wickelgren, 1975) zeigte er den Probanden eine Folge von Wörtern, die sie sich einprägen sollten. Er untersuchte die Wahrscheinlichkeit, die Wörter nach Verzögerungen zwischen einer Minute und 14 Tagen wiederzuerkennen. Abbildung 7.1 zeigt die Leistung in Abhängigkeit von der Verzögerung. Das Leistungsmaß, das Wickelgren verwendete, wird d' genannt und leitet sich von der Wahrscheinlichkeit des Wiedererkennens ab. Wickelgren interpretierte diese Maßzahl als Maß für die Gedächtnisstärke.

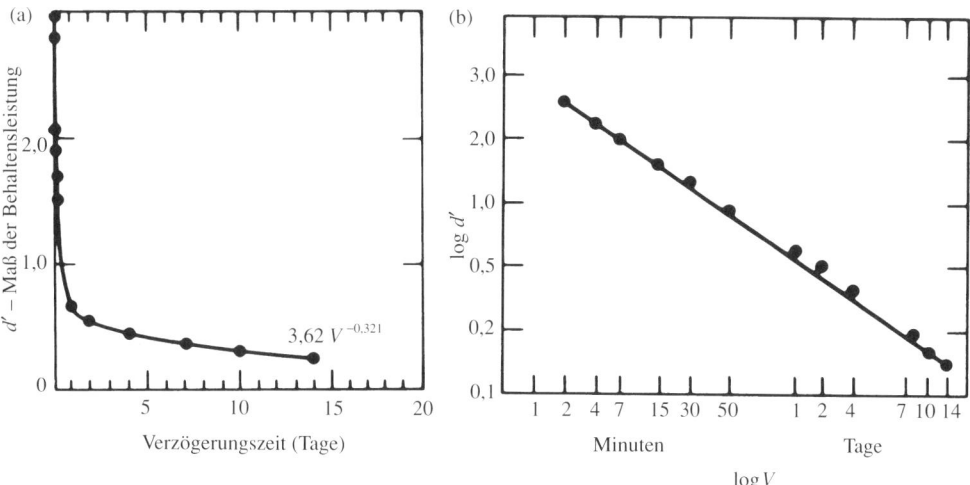

Abb. 7.1 (a) Der Erfolg bei der Wiedererkennung von Wörtern, wie er durch d' als Funktion der Verzögerung V erfaßt wird; (b) die Daten von (a) sind hier log-log-skaliert abgetragen (nach Wickelgren, 1975).

Wie man der Abbildung entnehmen kann, verschlechtert sich die Leistung systematisch mit zunehmender Verzögerung. Allerdings sind diese Veränderungen *negativ beschleunigt* – das heißt, das Ausmaß der Veränderung wird mit zunehmender Verzögerung immer kleiner. Abbildung 7.1b zeigt ebenfalls die Daten, allerdings sind nun der Logarithmus des Leistungsmaßes und der Logarithmus der Verzögerung abgetragen. Erstaunlicherweise wird die Funktion nun linear. Der Logarithmus der Leistung ist eine lineare Funktion des Logarithmus der Verzögerung:

$$\log(d') = A - b \log V .$$

Diese Gleichung kann so umformuliert werden, daß sich folgende Formel ergibt:

$$d' = CV^{-b}$$

mit $C = 10^A$. Es zeigt sich, daß diese Leistungsmaße Potenzfunktionen der Verzögerung sind. Interessanterweise kann man auch die Behaltensfunktion von Ebbinghaus (siehe Abbildung 6.1) als Potenzfunktion darstellen. In einem neueren Überblick der Forschung zum Vergessen ziehen Wixted und Ebbesen (1991) den Schluß, daß Behaltensfunktionen generell Potenzfunktionen sind. Diese Tatsache wird auch als **Potenzgesetz des Vergessens** bezeichnet. Wie in Kapitel 6 erwähnt, gibt es auch ein Potenzgesetz des Lernens –

die Effekte der Übung folgen ebenfalls Potenzfunktionen. Beide Funktionen sind negativ beschleunigt, allerdings gibt es einen entscheidenden Unterschied: Übungsfunktionen zeigen eine abnehmende Verbesserung mit zunehmender Übung auf, Behaltensfunktionen dagegen einen abnehmenden Verlust mit zunehmender Verzögerung.

Das Merkmal der negativen Beschleunigung der Behaltensfunktion ist im Hinblick auf die vorgeschlagene Unterscheidung zwischen Kurzzeitgedächtnis und Langzeitgedächtnis besonders wichtig. Wie erinnerlich, bezog sich ja ein Argument für das Kurzzeitgedächtnis auf den schnellen Abfall der Gedächtnisleistung in den ersten paar Sekunden, gefolgt von einer relativ stabilen Gedächtnisleistung (vgl. beispielsweise Abbildung 6.3). Der Umstand, daß alle Behaltensfunktionen dieses Charakteristikum aufweisen, legt nahe, daß es sich bei der Gedächtnisfunktion des Kurzzeitgedächtnisses nicht um etwas Spezifisches handelt. Wie bereits weiter oben erwähnt, zeigt die Funktion von Ebbinghaus dieses Muster für Messungen, die sich über eine Zeitdauer von mehreren Tagen erstrecken. Die Ursache dafür, daß einige Gedächtnisinhalte einen schnellen Zerfall innerhalb von Sekunden und andere innerhalb von Tagen aufweisen, hat mit der Stärke der Enkodierung der Gedächtnisspuren zu tun. Anderson und Schooler (1991) zeigen, daß alle Behaltensfunktionen (einschließlich der angenommenen Behaltensfunktion des Kurzzeitgedächtnisses) Potenzfunktionen sind. Das Ausmaß an Übung verschiebt lediglich den Zeitpunkt des erkennbaren Zerfalls der Gedächtnisspur.

Ein sehr anschauliches Beispiel der Behaltensfunktion lieferte Bahrick (1984), der das Behalten von spanisch-englischen Vokabeln untersuchte. Er variierte die Intervalle vom unmittelbaren Behalten bis zum Behalten 50 Jahre nach Abschluß von Kursen an der High School und dem College. Abbildung 7.2 zeigt die Ergebnisse der Probanden (hier für eine Stichprobe von 15 Items) als Funktion des Logarithmus der Zeit, die seit Abschluß des Kurses vergangen ist. Es sind unterschiedliche Funktionen für Studierende abgetragen, die

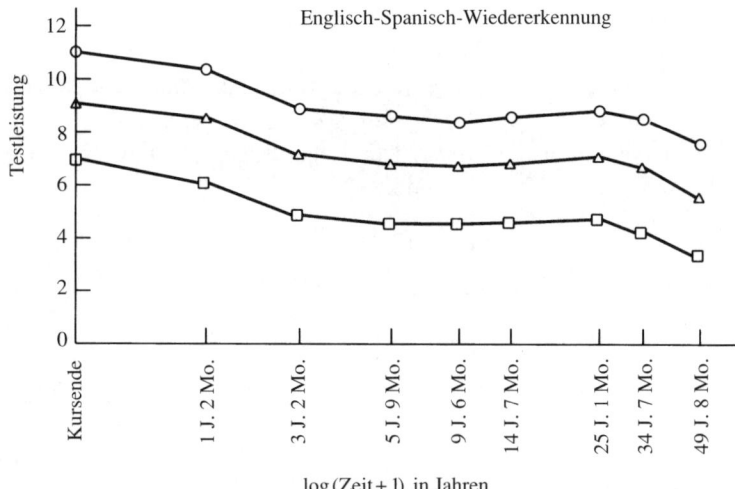

Abb. 7.2 Der Effekt des Übungsgrades auf das Behalten (Wiedererkennungsaufgabe) von Vokabeln (aus Bahrick, 1984).

entweder ein, drei oder fünf Kurse besuchten. Die Ergebnisse zeigen einen langsamen Zerfall des Wissens, kombiniert mit einem erheblichen Übungseffekt. Bei Bahricks Daten ist die Behaltensfunktion zwischen drei und 25 Jahren nahezu flach (wie man es auch durch eine Potenzfunktion voraussagen würde), mit einem weiteren Abfallen zwischen 25 und 49 Jahren (was einem stärkeren Abfallen entspricht, als man nach der Potenzfunktion erwarten würde). Bahrick (persönliche Mitteilung) vermutet, daß dieses letztgenannte Abfallen möglicherweise mit alterungsbedingten physiologischen Veränderungen in Zusammenhang steht.

Es gibt einige Hinweise darauf, daß die Erklärung dieser Zerfallsfunktionen in den neuronalen Prozessen zu finden ist. Wir hatten bereits im vorangegangenen Kapitel festgestellt, daß die Langzeitpotenzierung ein Anstieg der neuronalen Reaktionsbereitschaft als Funktion vorangehender elektrischer Stimulierung ist. Wir haben auch gesehen, daß die Langzeitpotenzierung das Potenzgesetz des Lernens widerspiegelt. Abbildung 7.3 zeigt einige Ergebnisse von Barnes (1979), die das Absinken der Langzeitpotenzierung mit zunehmender Verzögerung belegen. Sie variierte das Behaltensintervall zwischen zwei Minuten und einer Woche. Abbildung 7.3 ist log-log-skaliert dargestellt, und man kann eine annähernd lineare Funktion erkennen, was bedeutet, daß die original skalierte Funktion eine Potenzfunktion ist. Somit zeigt sich, daß der Zeitverlauf dieser Vergessensfunktion auf neuronaler Ebene den Zeitverlauf der Vergessensfunktion auf der Verhaltensebene widerspiegelt. Dieselbe Korrespondenz zwischen der neuronalen Ebene und der Verhaltensebene findet man auch bei den Lernfunktionen. Hinsichtlich der Stärke von Gedächt-

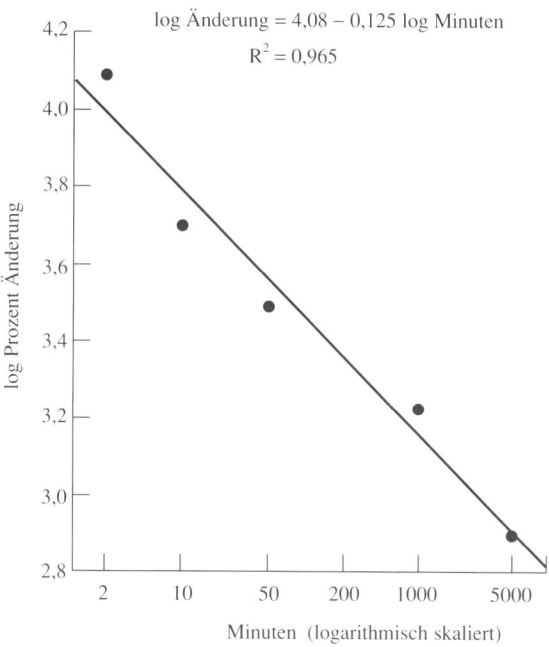

Abb. 7.3 Die Ergebnisse von Barnes (1979): Prozentsatz der Langzeitpotenzierung als Funktion des Logarithmus der Verzögerung.

nisspuren, wie wir sie im vorangegangenen Kapitel eingeführt haben, führt uns dies zu der Annahme, daß die Stärke der Gedächtnisspur im Laufe der Zeit zerfällt. Die Ergebnisse zur Langzeitpotenzierung legen nahe, daß der Zeitpunkt dieses Stärkezerfalls mit Veränderungen der synaptischen Stärke einhergeht. Somit könnte eine direkte Beziehung zwischen dem Konzept der Stärke, wie wir es auf der Verhaltensebene definiert haben, und dem Konzept der Stärke existieren, wie es auf der neuronalen Ebene definiert ist.

Die Annahme, daß Gedächtnisspuren einfach im Laufe der Zeit in ihrer Stärke zerfallen, ist eine weitverbreitete Erklärung des Vergessens; sie wird auch als **Zerfallstheorie** des Vergessens bezeichnet. Wir werden im folgenden einen Hauptkonkurrenten dieser Theorie behandeln: die **Interferenztheorie** des Vergessens.

Der Zerfall einer Gedächtnisspur folgt einem Potenzgesetz des Behaltensintervalls.

Interferenzeffekte

Unsere bisherigen Ausführungen könnten zu dem Schluß verleiten, daß der einzige Faktor, der den Verlust von Gedächtnisinhalten bestimmt, das Vergehen von Zeit ist. Es stellt sich allerdings heraus, daß das Behalten stark von einem weiteren Faktor beeinflußt wird – dem Lernen von interferierendem Material. Ein Großteil der ursprünglichen Forschung zur Interferenz umfaßte das Lernen von Assoziationspaaren, wobei das Forschungsinteresse sich darauf konzentrierte, wie sich das Lernen einer Liste von Assoziationspaaren auf die Gedächtnisleistung beim Lernen einer weiteren Liste auswirkt. In einem typischen Interferenzexperiment werden zwei kritische Experimentalgruppen definiert, wie sie in Tabelle 7.1 veranschaulicht sind. Die Experimentalgruppe A-D lernt zwei Listen von Assoziationspaaren; die erste Liste ist mit A-B und die zweite mit A-D benannt. Die Listen sind so bezeichnet, da sie dieselben Stimuli (A) aufweisen. Beispielsweise könnten unter den Paaren, die die Probanden in der Liste A-B lernen, *Katze-43* und *Haus-61* sein. In der Liste A-D könnten sich dann *Katze-82* und *Haus-37* befinden. Die Kontrollgruppe C-D lernt zunächst auch die Liste A-B, dann aber eine andere Liste C-D als zweite Liste, die nicht dieselben Stimuli wie die erste Liste enthält. Beispielsweise könnten die Probanden in der zweiten Liste C-D Paare wie *Knochen-82* und *Tasse-37* lernen. Nach dem Erlernen der jeweils zweiten Liste werden die Gruppen auf ihre Gedächtnisleistung hinsichtlich der ersten Liste – dies ist für beide Gruppen die A-B-Liste – getestet. Oftmals

Tabelle 7.1: Experimental- und Kontrollgruppen unter einem typischen Interferenzparadigma

A-D Experimentalgruppe		C-D Kontrollgruppe	
Lernen	A-B	Lernen	A-B
Lernen	A-D	Lernen	C-D
Test	A-B	Test	A-B

wird dieser Behaltenstest nach einer beachtlichen Verzögerung, etwa von 24 Stunden oder einer Woche, durchgeführt. Im allgemeinen ist die Leistung der Experimentalgruppe A-D nicht so hoch wie die der Gruppe C-D. Dies gilt sowohl für die Lernrate der zweiten Liste als auch für das Behalten der Originalliste A-B. Vor allem im Hinblick auf den Behaltensaspekt ist die Beobachtung besonders wichtig, daß das Lernen der Liste A-D mit der Liste A-B interferiert und deren Vergessen verursacht.

Stärker verallgemeinernd zeigt diese Forschung auf, daß es schwierig ist, multiple Assoziationen zu denselben Stimuli aufrechtzuerhalten. Es ist sowohl schwieriger, neue Items zu lernen, als auch die alten zu behalten. Es scheint, als berge dieser Sachverhalt eher düstere Implikationen für unsere Fähigkeit, Informationen zu erinnern. Es sieht aus, als würde es zunehmend schwieriger, neue Informationen über eine Sache zu erlernen. Jedesmal, wenn wir einen neuen Sachverhalt über einen Freund lernen, würden wir Gefahr laufen, einen alten Sachverhalt über diesen Freund zu vergessen. Glücklicherweise gibt es weitere wichtige Faktoren, die eine solche Interferenz abschwächen. Bevor wir allerdings auf diese Faktoren zu sprechen kommen, müssen wir zunächst die Grundlage solcher Interferenzeffekte genauer untersuchen. Es wird sich herausstellen, daß zur Identifikation der Grundlage solcher Interferenzeffekte ein ganz anderes Paradigma hilfreich ist, als wir es bislang dargestellt haben.

> Werden zu einem Stimulus zusätzliche Assoziationen gelernt, so kann dies ein Vergessen alter Assoziationen bewirken.

Der Fächereffekt

Man kann den beschriebenen Interferenzeffekt in einer Begrifflichkeit fassen, die ihn als Aktivationsmenge beschreibt, die sich ausbreitet, um Gedächtnisstrukturen zu aktivieren. Die Grundidee dabei ist, daß sich durch die Darbietung eines Stimulus wie *Katze* Aktivation von diesem Begriff zu seinen Assoziaten ausbreitet. Die Menge an Aktivation, die von einer solchen Quelle ausgehen kann, ist begrenzt. Je mehr Gedächtnisstrukturen mit dieser Quelle assoziiert sind, desto weniger Aktivation breitet sich zu einer bestimmten Gedächtnisstruktur aus. In einem Experiment, das diesen Gedanken veranschaulicht (Anderson, 1974a), sollten sich die Probanden 26 Fakten merken. Es handelte sich dabei wieder um die Form *Eine Person befindet sich an einem Ort*. Einige Personen wurden mit nur einem Ort assoziiert und einige Orte mit nur einer Person. Andere Personen wurden mit zwei Orten assoziiert und manche Orte mit zwei Personen. Beispielsweise könnten die Probanden folgende Sätze gelernt haben:

1. Der Arzt ist in der Bank. (1–1)
2. Der Feuerwehrmann ist im Park. (1–2)
3. Der Rechtsanwalt ist in der Kirche. (2–1)
4. Der Rechtsanwalt ist im Park. (2–2)

Hinter jeder Aussage stehen zwei Zahlen, die die Anzahl von Fakten angeben, die mit dem Satzsubjekt und dem Ort assoziiert sind. Beispielsweise steht hinter dem dritten Satz 2–1, weil das Satzsubjekt in zwei Sätzen (Sätze 3 und 4) und der Ort in nur einem Satz (Satz 3) auftaucht. Die Probanden lernten das Material sehr intensiv, bis sie es wirklich beherrschten. Bevor mit der Reaktionszeitmessung begonnen wurde, konnten die Probanden alle Orte wiedergeben, die mit einer bestimmten Person (beispielsweise Arzt) assoziiert sind, und sie konnten alle Personen angeben, die mit einem bestimmten Ort (beispielsweise Park) verbunden sind. Im Gegensatz zu dem Interferenzexperiment, das wir weiter oben dargestellt haben, wurde hier das gesamte Material behalten, und unser Interesse richtete sich auf die Geschwindigkeit, mit der es abgerufen werden konnte. Nachdem sich die Probanden das Material gemerkt hatten, folgte eine Phase des Experiments, in der ihnen Sätze dargeboten wurden. Die Probanden sollten möglichst schnell beurteilen, ob diese Sätze im ursprünglichen Lernmaterial enthalten waren oder nicht. Es handelte sich somit um eine Wiedererkennungsaufgabe. Vom Original abweichende Sätze wurden so konstruiert, daß die Personen und die Orte entgegen dem ursprünglichen Material in veränderten Kombinationen auftraten. Die Reaktionszeiten für Sätze sind in Tabelle 7.2 eingetragen, wobei die Reaktionszeiten als Funktion der Anzahl von Fakten klassifiziert sind, die mit einer Person und einem Ort assoziiert sind. Wie man der Tabelle entnehmen kann, steigt die Wiedererkennungszeit sowohl mit der Anzahl von Fakten über eine Person als auch mit der Anzahl von Fakten über einen Ort.

Tabelle 7.2:   Mittlere Wiedererkennungszeiten für Sätze als Funktion der gelernten Fakten über Person und Ort (aus Anderson, 1974a)

	Anzahl der Sätze über eine bestimmte Person	
Anzahl der Sätze, in denen der jeweilige Ort vorkommt	1 Satz	2 Sätze
1 Satz	1,11 Sekunden	1,17 Sekunden
2 Sätze	1,17 Sekunden	1,22 Sekunden

Diese Interferenzeffekte können im Rahmen einer Aktivationsausbreitungsvorstellung erklärt werden, die man auf propositionale Netzwerke (siehe Kapitel 5) anwendet. Abbildung 7.4 zeigt die Netzwerkrepräsentation für die Sätze 1 bis 4. Indem man die Aktivationsvorstellung auf diese Repräsentation anwendet, kann man dem Anstieg der Reaktionszeiten in geeigneter Weise Rechnung tragen. Betrachten wir einmal, wie eine Probandin einen Testsatz wie *Der Rechtsanwalt ist im Park* wiedererkennt. Nach der Aktivationsausbreitungstheorie umfaßt das Wiedererkennen dieser Proposition die folgenden Einzelschritte:

1. Die Darbietung des Testsatzes aktiviert die Repräsentation der Begriffe *Rechtsanwalt, in* und *Park* in diesem Netzwerk. Dies sind die Quellen der Aktivation.
2. Die Aktivation breitet sich von diesen Quellen entlang der verschiedenen Pfade aus, die von den Knoten wegführen. Eine entscheidende Annahme ist, daß diese Quellen nur eine begrenzte Kapazität besitzen, Aktivation auszusenden; je mehr Pfade somit von einer Quelle wegführen, desto weniger Aktivation fließt entlang jedes Pfades.

3. Die Aktivationen, die von unterschiedlichen Pfaden herrühren, konvergieren in propositionalen Knoten. Diese Aktivationen summieren sich dort auf und ergeben die Gesamthöhe der Aktivation des propositionalen Knotens.

4. Die Zeit zum Wiedererkennen einer Proposition ist umgekehrt proportional zu ihrer Aktivationshöhe.

Legt man eine Struktur wie die in Abbildung 7.4 gezeigte zugrunde, dann sollten die Probanden beim Wiedererkennen eines Sachverhalts, der *Rechtsanwalt* und *Park* einschließt, langsamer sein als beim Wiedererkennen eines Sachverhalts, der *Arzt* und *Bank* beinhaltet; dies deshalb, weil vom erstgenannten Paar mehr Pfade wegführen. Im Falle von *Rechtsanwalt* und *Park* führen beispielsweise von *Rechtsanwalt* zwei Pfade zu den beiden Propositionen, in denen dieser Begriff gelernt wurde. Das gleiche gilt für *Park*. Im Gegensatz dazu führt von den Begriffen *Arzt* und *Bank* nur jeweils ein Pfad weg. Der **Fächereffekt** bezeichnet den Anstieg der Reaktionszeit, der mit zunehmender Zahl von Fakten einhergeht, die mit einem Begriff assoziiert sind. Er ist so benannt, weil die Reaktionszeit ansteigt, wenn der „Fächer" von Fakten größer wird, der von der Netzwerkrepräsentation eines Begriffes aufgespannt wird.

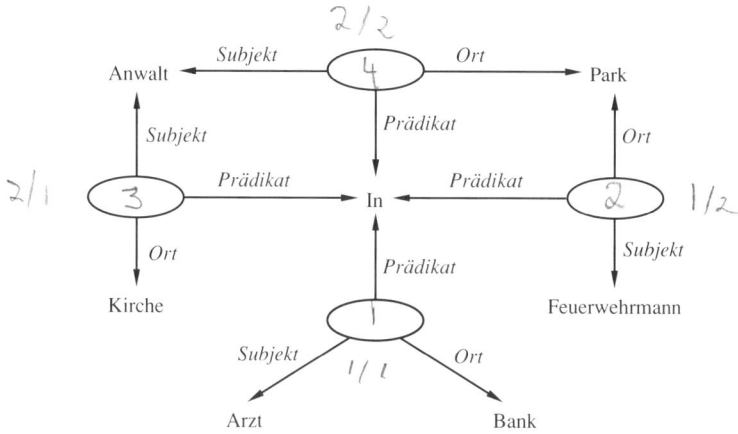

Abb. 7.4 Die Netzwerkrepräsentation von vier Sätzen aus dem Experiment von Anderson (1974a). Die Sätze lauten: *Der Arzt ist in der Bank; Der Feuerwehrmann ist im Park; Der Rechtsanwalt ist in der Kirche* und *Der Rechtsanwalt ist im Park.*

Je mehr Fakten mit einem Begriff assoziiert sind, desto länger dauert der Abruf jedes einzelnen Faktums.

Interferenz mit vorexperimentellen Gedächtnisinhalten

Treten solche Interferenzeffekte auch mit Inhalten auf, die außerhalb des Labors gelernt wurden? Als eine Möglichkeit, dieser Frage nachzugehen, untersuchten Lewis und Anderson (1976), ob sich der Fächereffekt auch mit Tatsachen ergibt, die die Probanden bereits vor der Durchführung des Experiments wußten. Die Probanden lernten erfundene

Fakten über bekannte Persönlichkeiten – beispielsweise *Napoleon Bonaparte stammte aus Indien –*, und zwar jeweils zwischen null und vier. Nachdem sie diese „Fakten" gelernt hatten, wurden Wiedererkennungsaufgaben gestellt. Sie sahen drei Arten von Sätzen: (1) Aussagen, die sie im Experiment gelernt hatten; (2) wahre Fakten über die bekannten Persönlichkeiten (beispielsweise *Napoleon Bonaparte war ein Kaiser*) und (3) Aussagen über die bekannten Persönlichkeiten, die sowohl in der experimentellen Phantasiewelt als auch in der Realität falsch waren. Die Probanden sollten bei den ersten beiden Arten von Sätzen mit *wahr* und beim letztgenannten Satztyp mit *falsch* antworten.

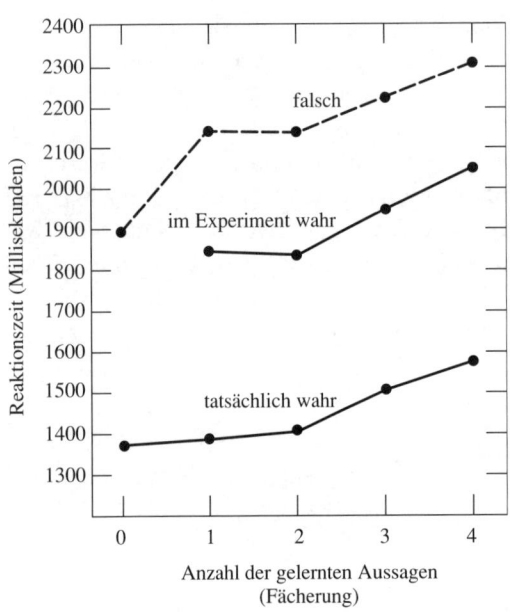

Abb. 7.5 Die Reaktionszeiten aus der Untersuchung von Lewis und Anderson (1976). Die Aufgabe bestand darin, wahre und erfundene Fakten über eine bekannte Persönlichkeit wiederzuerkennen. Dabei sollten Aussagen, die weder wahre noch erfundene Fakten waren, zurückgewiesen werden. Der Abbildung ist zu entnehmen, daß die benötigte Zeit für alle drei Urteile steigt, wenn mehr erfundene Fakten über bekannte Persönlichkeiten gelernt wurden.

Abbildung 7.5 zeigt die Reaktionszeiten für diese Beurteilungen als Funktion der Anzahl – des „Fächers" – der Phantasiefakten, die über diese Person gelernt wurden. Zu beachten ist, daß die Reaktionszeit mit der Vergrößerung des Fächers für alle Arten von Fakten ansteigt. Weiterhin ist beachtenswert, daß die Probanden auf tatsächliche Fakten schneller reagieren als auf experimentelle Fakten. Der Vorteil der wahren Fakten kann dadurch erklärt werden, daß diese stärker im Gedächtnis enkodiert sind als die erfundenen Fakten. Das wichtigste Ergebnis aus Abbildung 7.5 ist: Je mehr Phantasiefakten über ein Individuum wie etwa Napoleon Bonaparte gelernt werden, desto länger dauert das Wiedererkennen eines bereits gewußten Faktums über dieses Individuum (beispielsweise *Napoleon Bonaparte war ein Kaiser*); wir können demzufolge Interferenzen mit vorexperimentellem Material erzeugen. Weitere Ausführungen zu diesem Thema finden sich in Peterson und Potts (1982).

Man kann Interferenz mit Wissensbeständen erzeugen, die außerhalb des Labors gelernt wurden, indem man neue Fakten im Labor lernen läßt.

Interferenz und Zerfall

Wir haben zwei Mechanismen kennengelernt, die Vergessen produzieren: einmal den Zerfall der Stärke einer Gedächtnisspur, zum anderen die Interferenz durch andere Gedächtnisinhalte. In der Psychologie wurde darüber spekuliert, ob es sich beim Zerfall nicht in Wirklichkeit um Interferenz handle, das heißt, der Grund, warum Gedächtnisinhalte zu zerfallen scheinen, liege in der Tatsache, daß während des Behaltensintervalls Interferenzen auftreten durch zusätzliche Gedächtnisinhalte, die gelernt werden. Dies führte zu Untersuchungen, die der Frage nachgingen, ob das Material während eines Zeitintervalls besser behalten wird, in dem die Probanden schlafen, als wenn sie wach sind. Die Grundidee war, daß während des Schlafens weniger interferierende Gedächtnisinhalte auftreten. Ekstrand (1972) gibt einen Überblick über die Forschung zu diesem Thema, die mit der Schlußfolgerung übereinkommt, daß während der Schlafperiode weniger vergessen wird. Allerdings scheint die entscheidende Variable nicht im Schlaf selbst, sondern in der Tageszeit, zu der das Material gelernt wird, zu liegen. Hockey, Davies und Gray (1972) fanden heraus, daß die Probanden Material, das sie in der Nacht gelernt hatten, besser behielten; dies gilt sogar, wenn sie nachts wach gehalten wurden und tagsüber schliefen. Es hat den Anschein, daß der frühe Abend die Periode der höchsten Aktivierung (zumindest bei typischen Vordiplomstudenten) ist und daß das Material dann am besten behalten wird, wenn es während eines hohen Aktivierungsgrades gelernt wurde. Einen Überblick über die Literatur zu diesem Thema gibt Anderson (1995).

In der Psychologie gab es eine lange andauernde Kontroverse darüber, ob Behaltensfunktionen wie die in Abbildung 7.1 und 7.2 gezeigten den Zerfall unter Abwesenheit jeglicher Interferenz widerspiegeln oder ob sie Interferenz durch nicht identifizierte Quellen wiedergeben. Als Einwand wurde gegen die Zerfallstheorien vorgebracht, daß diese nicht die psychologischen Faktoren identifizieren würden, die das Vergessen produzieren. Vielmehr würden die Zerfallstheorien behaupten, daß das Vergessen im Laufe der Zeit von selbst geschieht. Es mag allerdings möglich sein, daß es für den Zerfall keine genuin psychologische Erklärung gibt. Sie könnte auf der physiologischen Ebene liegen, so wie wir dies im Hinblick auf die Ergebnisse zur Langzeitpotenzierung (vgl. Abbildung 7.3) gesehen haben. Angesichts der verfügbaren Ergebnisse scheint die treffendste Schlußfolgerung zu sein, daß sowohl Interferenz- als auch Zerfallseffekte einen Beitrag zum Vergessen leisten.

Das Vergessen wird sowohl durch den Zerfall der Stärke einer Spur als auch durch Interferenzen mit anderen Gedächtnisinhalten produziert.

Interferenz und Redundanz

Es gibt eine grundlegende Einschränkung der Situationen, in denen Interferenzeffekte auftreten: Interferenz tritt nur dann auf, wenn man verschiedene Gedächtnisinhalte lernt, die keine innere Beziehung zueinander haben. Interferenz tritt nicht auf, wenn die Gedächtnisinhalte auf gewisse Art redundant sind. Ein Experiment von Bradshaw und Anderson (1982) veranschaulicht die kontrastierenden Effekte von redundanter versus irrelevanter Information. Die Forscher untersuchten die Fähigkeit der Probanden, wenig bekannte Informationen über einige berühmte Persönlichkeiten zu erlernen. Unter einer Versuchsbedingung lernten die Probanden nur ein einziges Faktum:

- Newton wurde als Kind emotional instabil und unsicher.

Unter der Versuchsbedingung mit irrelevanter Information lernten die Probanden ein Zielfaktum sowie zwei Fakten über ein Individuum, die ohne Bezug zu dem Zielfaktum standen:

- Locke war als Student in Westminster unglücklich.

und

- Locke erachtete Obst für Kinder als ungesund.
- Locke hatte eine lange Leidensgeschichte wegen Rückenschmerzen.

Unter der dritten Versuchsbedingung (mit relevanten Informationen) lernten die Probanden zwei zusätzliche Fakten, die kausal mit dem Zielfaktum verbunden waren:

- Mozart machte eine lange Reise von München nach Paris.

und

- Mozart wollte München verlassen, um romantische Verstrickungen zu vermeiden.
- Mozart war von den musikalischen Entwicklungen fasziniert, die von Paris ausgingen.

Direkt nach dem Lernen und nach einer Verzögerung von einer Woche wurde die Fähigkeit der Probanden getestet, das Zielfaktum wiederzugeben. Es wurden ihnen Namen wie *Newton*, *Mozart* und *Locke* dargeboten, und sie sollten wiedergeben, was sie gelernt hatten. Die Ergebnisse sind Tabelle 7.3 zu entnehmen. Vergleicht man die Versuchsbedingung irrelevanter Information mit der Bedingung einfacher Information, so kann man den Standardinterferenzeffekt erkennen; das heißt, die Wiedergabe ist schlechter, wenn mehr Fakten über ein Item zu lernen sind. Die Schlußfolgerung fällt allerdings ganz anders aus, wenn man die Versuchsbedingung relevanter Information mit der Bedingung einfacher Information vergleicht. Hier zeigt sich, und dies gilt insbesondere nach einer Verzögerung von einer Woche, daß die Wiedergabeleistung besser ausfällt, wenn die Probanden zusätzliche Fakten zu lernen hatten, die kausal mit den Zielfakten verbunden waren.

Tabelle 7.3: Wiedergabe (in Prozent) als Funktion der Experimentalbedingung und des Zeitintervalls (aus Bradshaw & Anderson, 1982)

	sofortiger Abruf	Abruf nach einer Woche
einzelnes Faktum	92	62
irrelevante Fakten	80	45
relevante Fakten	94	73

Um zu verstehen, warum die Interferenzeffekte eliminiert oder sogar umgedreht werden, wenn Redundanz innerhalb des zu lernenden Materials herrscht, muß man die Abrufprozesse und insbesondere die Rolle von schlußfolgernden Prozessen (Inferenzprozessen) beim Abruf genauer betrachten.

Das Lernen von redundantem Material führt nicht zur Interferenz mit einem Gedächtnisinhalt und kann dessen Abruf sogar erleichtern.

Abruf und Inferenzen

Wenn man sich an einen speziellen Sachverhalt nicht erinnern kann, dann kommt es oft vor, daß man damit zusammenhängende Sachverhalte abrufen und auf dieser Basis den Zielsachverhalt erschließen kann. Diese Idee kann an dem oben genannten Beispiel zu den Fakten, die Mozart betreffen, verdeutlicht werden. Auch wenn die Probanden nicht wiedergeben konnten, daß Mozart eine lange Reise von München nach Paris machte, so sind sie in der Lage, dieses Zielfaktum zu erschließen, wenn sie die beiden anderen Fakten abrufen können. Es gibt viele Belege dafür, daß man solche Inferenzen zum Zeitpunkt der Wiedergabe ausführt und daß man sich noch nicht einmal der Tatsache bewußt ist, daß man Schlußfolgerungen zieht und nicht einfach das Gelernte wiedergibt.

Bransford, Barclay und Franks (1972) berichten ein weiteres Experiment, das aufzeigt, wie Inferenzen zu einer verfälschten Wiedergabe führen können. Sie ließen die Probanden einen der folgenden Sätze lernen:

1. Drei Schildkröten ruhten sich neben einem Stück Treibholz aus, und ein Fisch schwamm unter ihnen.
2. Drei Schildkröten ruhten sich auf einem Stück Treibholz aus, und ein Fisch schwamm unter ihnen.

Die Probanden, die den ersten Satz gelernt hatten, sollten später beurteilen, ob sie diesen Satz gelernt hatten:

3. Drei Schildkröten ruhten sich neben einem Stück Treibholz aus, und ein Fisch schwamm unter ihm.

Nur wenige Probanden glaubten, daß sie diesen Satz gelernt hatten. Probanden, die den zweiten Satz gelernt hatten, wurden mit folgendem Satz getestet:

4. Drei Schildkröten ruhten sich auf einem Stück Treibholz aus, und ein Fisch schwamm unter ihm.

Satz 4 wurde von dieser Probandengruppe viel häufiger dem gelernten Material zugeordnet als Satz 3 von der anderen Probandengruppe. Natürlich ist Satz 4 implizit in Satz 2 enthalten, wohingegen Satz 3 nicht von Satz 1 impliziert wird. Demzufolge dachten die Probanden, daß sie das gelernt hätten, was in dem gelernten Material impliziert ist.

Eine Untersuchung von Sulin und Dooling (1974) veranschaulicht, wie Inferenzen das Erinnern eines Textes systematisch verzerren können. Die Probanden sollten folgende Textpassage lesen:

Carol Harris braucht professionelle Hilfe

Von klein auf war Carol Harris ein schwieriges Kind. Sie war wild, störrisch und gewalttätig. Mit acht Jahren war sie immer noch schwer erziehbar. Ihre Eltern machten sich Sorgen um ihren Geisteszustand. Weit und breit gab es keine geeignete Einrichtung für ihr Problem. Ihre Eltern beschlossen schließlich, etwas zu unternehmen. Sie stellten einen Privatlehrer für Carol ein.

Eine zweite Probandengruppe las den gleichen Text, allerdings wurde der Name *Carol Harris* nun durch *Helen Keller** ersetzt. Eine Woche nach dem Lesen des Textabschnitts wurde ein Wiedererkennungstest durchgeführt; es wurde ein Satz dargeboten, und die Aufgabe bestand in der Beurteilung, ob dieser in dem ursprünglichen Textabschnitt vorkam. Einer der kritischen Sätze lautete *Sie war taub, stumm und blind*. Nur 5 Prozent der Probanden, die den Carol-Harris-Text gelesen hatten, akzeptierten diesen Satz, aber 50 Prozent der Helen-Keller-Gruppe glaubten, diesen Satz gelesen zu haben. Das ist genau das, was wir erwarteten. Die zweite Gruppe elaborierte die Geschichte mit Fakten, die sie über Helen Keller wußte. Zum Zeitpunkt des Tests erschien es ihnen also vernünftig, daß dieser Satz in dem ursprünglich gelernten Material vorgekommen war, aber in diesem Fall führte ihre Inferenz zu einem falschen Ergebnis.

Eine interessante Frage ist, ob eine solche Inferenz wie *Sie war taub, stumm und blind* schon während des Lesens des entsprechenden Abschnitts oder erst zum Testzeitpunkt ausgeführt wird. Diese Frage ist nicht leicht zu beantworten, und die Probanden werden kaum verläßliche Angaben machen können. Mit Hilfe verschiedener Verfahren hat man auch hierzu Ergebnisse erzielt, die im allgemeinen als Belege dafür interpretiert werden, daß die Probanden solche Inferenzen tatsächlich erst während des Tests ausführen. Man kann beispielsweise feststellen, ob sich die Anzahl der Inferenzen mit zunehmender Verzögerung erhöht. Da sich die Erinnerung an den Textabschnitt mit der Zeit verschlechtern dürfte, werden immer mehr Rekonstruktionen erforderlich, so daß sich die Wahrscheinlichkeit für Inferenzen erhöht, was zu mehr Fehlern führt. Sowohl Dooling und Christiaansen (1977) als auch Spiro (1977) fanden Belege dafür, daß sich das Ausmaß der durch Inferenzen in die Erinnerung eingedrungener Zusatzinformationen erhöht, je weiter der Testzeitpunkt hinausgeschoben wird.

Bei dem Carol-Harris-Text verwendeten Dooling und Christiaansen noch eine andere Technik, um zu zeigen, daß Inferenzen erst zum Testzeitpunkt ausgeführt werden. Sie ließen ihre Probanden den Text lesen und teilten ihnen erst eine Woche später, unmittelbar vor dem Test, mit, daß es sich bei Carol Harris in Wirklichkeit um Helen Keller handle. Auch unter dieser Bedingung kam es zu einer ganzen Reihe von Fehlern aufgrund von Inferenzen, so wurden beispielsweise Sätze wie *Sie war taub, stumm und blind* akzeptiert. Da die Probanden bis unmittelbar vor dem Test nicht wußten, daß Carol Harris mit Helen Keller identisch war, müssen sie diese Inferenzen während des Tests ausgeführt haben. Es hat somit den Anschein, als ob solche rekonstruierenden Inferenzen zum Zeitpunkt des Tests ausgeführt würden.

---

* Helen Keller ist eine in den USA auch heute noch bekannte Persönlichkeit, die, obwohl sie blind und taubstumm war, mit Hilfe einer hingebungsvollen Lehrerin Sprache erlernte, sich damit die Welt der Bildung erschloß und auch selbst als Autorin Beachtung fand. [Anmerkung der Übersetzer]

Wenn man versucht, sich an gelernte Wissensinhalte zu erinnern, so benutzt man den Teil, den man erinnern kann, um auf das zu schließen, was man außerdem noch gelernt haben könnte.

Plausibilität beim Abruf

Bei unseren bisherigen Analysen haben wir davon gesprochen, daß den Probanden Fehler unterlaufen, wenn sie Fakten wiedergeben oder wiedererkennen, die nicht explizit darge- boten wurden. Außerhalb des Labors würde man Reproduktionen dieser Art häufig nicht als Fehler, sondern als intelligente Schlußfolgerungen ansehen. Reder (1982) hat die Ansicht vertreten, daß viele Gedächtnisleistungen im täglichen Leben nicht auf exakter Reproduktion, sondern auf plausiblen Schlußfolgerungen beruhen. Um beispielsweise zu entscheiden, daß Darth Vader in *Krieg der Sterne* hinterhältig und gemein war, wird man nicht sein Gedächtnis nach der spezifischen Proposition ‚Darth Vader ist hinterhältig und gemein‘ absuchen, auch wenn diese Aussage im Film ohne weiteres genau so hätte vor- kommen können. Daß Darth Vader hinterhältig und gemein war, würde man vielmehr aus der Erinnerung an dessen Verhalten ableiten.

Reder konnte zeigen, daß sich Probanden ganz unterschiedlich verhalten, je nachdem, ob sie zu einem möglichst exakten oder aber plausiblen Abruf aufgefordert werden. Sie legte ihnen beispielsweise eine Textpassage folgenden Inhalts vor:

Der Erbe einer großen Schnellimbißkette war in Schwierigkeiten. Er hatte eine reizende junge Frau geheiratet, die ihn allem Anschein nach liebte. Nun grübelte er darüber nach, ob sie nicht letztlich doch nur hinter seinem Geld hergewesen war. Er spürte, daß er auf sie nicht besonders anziehend wirkte. Vielleicht trank er zuviel Bier und aß zuviel Pommes Frites. Nein, er konnte auf die Pommes Frites nicht verzichten. Nicht nur, daß sie so gut schmeckten, er bekam sie auch noch umsonst.

Anschließend sollten die Probanden Sätze wie die folgenden beurteilen:

1. Der Erbe heiratete eine reizende junge Frau, die ihn allem Anschein nach liebte.
2. Der Erbe bekam seine Pommes Frites von den Schnellimbißrestaurants seiner Familie.
3. Der Erbe achtete darauf, sich gesund zu ernähren.

Der erste Satz ist bereits bekannt; der zweite Satz ist zwar nicht bekannt, erscheint jedoch plausibel; der dritte Satz hingegen ist weder bekannt noch plausibel. Die Probanden unter Reders Genauigkeitsbedingung sollten möglichst genaue Wiedererkennungsurteile fällen, so daß sie den ersten Satz akzeptieren und die beiden letzten Sätze zurückweisen mußten. Unter der Plausibilitätsbedingung sollten die Probanden beurteilen, ob ein Satz im Zusam- menhang mit der Geschichte plausibel erschien; sie sollten also die ersten beiden Sätze akzeptieren und den letzten Satz zurückweisen. Reder testete die Probanden unmittelbar nach dem Lesen der Geschichte, 20 Minuten später oder zwei Tage später.

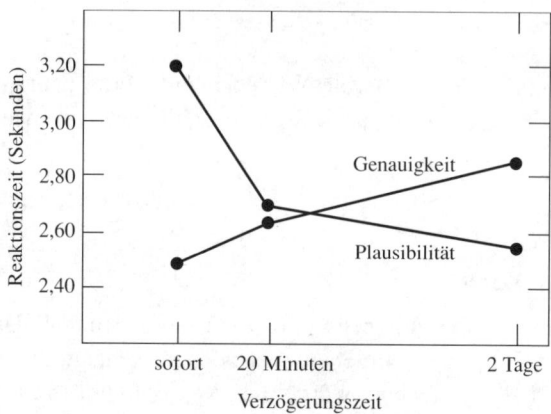

Abb. 7.6 Die Beurteilungszeiten für exaktes versus plausibles Wiedererkennen von Sätzen als Funktion der Verzögerung seit dem Lernen einer Geschichte (aus Reder, 1982).

Reder bestimmte die Urteilszeiten der Probanden unter der Genauigkeits- und unter der Plausibilitätsbedingung. Abbildung 7.6 zeigt die Ergebnisse ihres Experiments als Funktion der Testverzögerung, wobei die mittleren Beurteilungszeiten für Sätze des Typs 1 und 2 abgetragen sind. Wie zu erwarten war, reagierten die Probanden mit wachsender Verzögerung immer langsamer; im Gegensatz dazu werden sie unter der Plausibilitätsbedingung immer schneller. Anfangs reagierten die Probanden unter der Plausibilitätsbedingung zwar langsamer als unter der Genauigkeitsbedingung, doch nach zwei Tagen kehrte sich das Verhältnis um. Reder erklärt den Sachverhalt, daß die Probanden unter der Genauigkeitsbedingung schlechter werden, damit, daß die exakten Gedächtnisspuren schwächer werden. Demgegenüber ist ein Plausibilitätsurteil nicht von einer spezifischen Gedächtnisspur abhängig und somit auch nicht in gleichem Maße anfällig für das Vergessen. Die Probanden werden mit zunehmender Testverzögerung unter der Plausibilitätsbedingung deshalb schneller, weil sie nicht mehr versuchen, einen ineffektiven exakten Abruf auszuführen, sondern Plausibilität heranziehen, was schneller vonstatten geht.

Reder und Ross (1983) verglichen Genauigkeits- und Plausibilitätsurteile unter einem anderen Paradigma. Die Probanden lernten Sätze der folgenden Art:

Alan kaufte eine Fahrkarte für den 10-Uhr-Zug.
Alan hörte, wie der Schaffner rief: „Alles einsteigen!"
Alan las während der Fahrt eine Zeitung.
Alan kam am Hauptbahnhof an.

Reder und Ross variierten die Zahl der Sätze, die die Probanden über eine bestimmte Person wie etwa Alan zu lernen hatten und bestimmten die Wiedererkennungszeiten für Sätze der folgenden Art:

1. Alan hörte, wie der Schaffner rief: „Alles einsteigen!"
2. Alan sah vom Bahnsteig aus, wie sich der Zug näherte.
3. Alan sortierte seine Hemden nach bunten und weißen.

Unter der Genauigkeitsbedingung sollten die Probanden beurteilen, ob sie den Satz vorher gelernt hatten. Auf der Grundlage des zuvor gegebenen Materials mußte also der Testsatz

1 akzeptiert und die Testsätze 2 und 3 zurückgewiesen werden. Unter der Plausibilitätsbedingung sollten die Probanden wiederum auf der Grundlage des zuvor gelernten Materials beurteilen, ob eine bestimmte Aussage über das Verhalten von Alan plausibel erscheint. Das heißt, die Sätze 1 und 2 waren zu akzeptieren, während Satz 3 zurückzuweisen war.

Reder und Ross stellten fest, daß die Probanden unter der Genauigkeitsbedingung um so länger brauchten, je mehr Tatsachen sie über Alan gelernt hatten. Dies entspricht im wesentlichen dem Fächereffekt, den wir weiter oben in diesem Kapitel angeführt haben. Umgekehrt antworteten die Probanden unter der Plausibilitätsbedingung um so schneller, je mehr Tatsachen sie über Alan gelernt hatten. Je mehr Tatsachen sie über Alan wußten, desto mehr Möglichkeiten bestanden, einen bestimmten Sachverhalt auf seine Plausibilität hin zu beurteilen. Somit hing das Plausibilitätsurteil nicht mehr vom Abruf einer ganz bestimmten Tatsache ab.

> Beurteilungen beruhen oftmals auf Sachverhalten, die aus Plausibilitätsgründen wahr erscheinen, und weniger auf dem Abruf exakter Tatsachen.

Die Interaktion zwischen Elaboration und schlußfolgernder Rekonstruktion

In Kapitel 6 haben wir ausgeführt, wie man bessere Gedächtnisleistungen erbringt, wenn man das zu lernende Material elaboriert. Wir haben dort auch dargestellt, daß sich Elaborationen, die sich auf semantische Relationen beziehen, besonders günstig auswirken. Solche semantischen Elaborationen sollen den Inferenzprozeß erleichtern, weil sie eine bessere Grundlage dafür liefern. Somit ist zu erwarten, daß elaborative Prozesse sowohl zu einem Anstieg der Reproduktionsleistung im Hinblick auf das gelernte Material als auch zu einem Anstieg der in der Wiedergabe auftretenden Inferenzen führen. Diese Erwartung konnten Owens, Bower und Black (1979) durch ein Experiment bestätigen. Den Probanden wurde eine Geschichte vorgelegt, die einen Tag im Leben einer Studentin schildert: Zunächst kocht sie sich Kaffee zum Frühstück, nimmt dann einen Arzttermin wahr, besucht eine Vorlesung, kauft ein und geht abends zu einer Party. Ein Auszug aus dieser Geschichte lautet wie folgt:

> Nancy ging zum Arzt. Sie kam in der Praxis an und meldete sich an der Rezeption. Sie ging zur Arzthelferin, die die üblichen Voruntersuchungen durchführte. Dann stellte sich Nancy auf die Waage, und die Arzthelferin notierte ihr Gewicht. Der Arzt betrat den Raum und warf einen Blick auf die Ergebnisse. Er lächelte Nancy zu und sagte: „Nun, meine Vermutungen scheinen sich zu bestätigen." Als die Untersuchung beendet war, verließ Nancy die Praxis.

Diese Version der Geschichte wurde zwei verschiedenen Probandengruppen vorgelegt, wobei die eine, die Themengruppe, allerdings zu Beginn die folgende zusätzliche Information zu lesen bekam:

> Als Nancy aufwachte, war ihr schon wieder übel, und sie fragte sich, ob sie wirklich schwanger sei. Wie sollte sie es bloß dem Professor sagen, mit dem sie zusammen war. Und wo sollte sie das Geld hernehmen?

Studierende, die diesen zusätzlichen Abschnitt gelesen hatten, beschrieben Nancy als eine unverheiratete Studentin, die befürchtet, infolge einer Affäre mit einem Professor ein Kind zu bekommen. Die Probanden, die diesen einleitenden Abschnitt nicht gelesen hatten, hatten keinen Grund zu der Annahme, daß es bei Nancy um etwas ganz besonderes gehe. Es ist zu erwarten, daß unter der Themenbedingung mehr themenbezogene Elaborationen der Geschichte auftreten als unter der neutralen Bedingung.

Nach 24 Stunden wurden die Probanden aufgefordert, die Geschichte wiederzugeben. Die Probanden der Themengruppe ergänzten den ursprünglich gelesenen Text erheblich stärker. Beispielsweise wurde berichtet, daß der Arzt Nancy mitgeteilt habe, sie sei schwanger. Ergänzungen dieser Art sind zu erwarten, wenn die Probanden die Geschichte auf der Basis ihrer Elaborationen rekonstruieren. Tabelle 7.4 zeigt einige Ergebnisse dieser Untersuchung. Wie man der Tabelle entnehmen kann, werden der Wiedergabe unter der Themenbedingung mehr Inferenzen hinzugefügt als unter der neutralen Bedingung. Ein zweites wichtiges Ergebnis ist jedoch, daß die Probanden unter der Themenbedingung auch mehr tatsächlich gelernte Propositionen wiedergaben. Durch die zusätzlichen Elaborationen unter der Themenbedingung konnten die Probanden somit mehr von der ursprünglichen Geschichte wiedergeben.

Tabelle 7.4:   Anzahl der wiedergegebenen Propositionen (nach Owens et al., 1979)

	Themenbedingung	**neutrale Bedingung**
gelernte Proposition	29,2	20,3
inferierte Proposition	15,2	3,7

Man mag sich nun fragen, ob man wirklich von einem Gewinn für die Probanden durch ihre Elaborationen sprechen kann, da sie ebenfalls Dinge, die in der Geschichte gar nicht vorkamen, „fälschlicherweise" wiedergeben. Es wäre irreführend, diese in die Reproduktion eingeflossenen Inferenzen einfach als falsch zu betrachten. Aufgrund der Themeninformation hatten die Probanden vollkommen recht, wenn sie derartige Schlüsse zogen und reproduzierten. Außerhalb eines experimentellen Settings, wie etwa bei der Wissensreproduktion in einer Prüfungssituation, erwartet man ja gerade von den Prüflingen, daß sie solche Schlußfolgerungen genauso leicht wiedergeben wie den tatsächlich gelernten Stoff.

Unsere Neigung, das Gehörte um plausible Inferenzen zu erweitern, wird vor allem in der Werbung häufig ausgenutzt. Der folgende Auszug aus einem amerikanischen Werbespot für das Medikament Listerin verdeutlich dies:

„Wäre es nicht wunderbar", fragt die Mutter, „wenn Sie ihn vor Erkältungen schützen könnten? Leider können Sie das nicht. Es gibt kein sicheres Mittel." [Der Junge niest.] „Aber Sie können doch etwas tun, das ihm helfen wird. Geben Sie ihm Listerin-Antiseptikum zum Gurgeln. Listerin kann zwar nicht versprechen, daß er keine Erkältung bekommt, aber es kann ihm helfen, sie zu bekämpfen. Lassen Sie ihn während der naßkalten Jahreszeit zweimal am Tag mit Listerin pur gurgeln.

Achten Sie darauf, daß er eine gesunde Ernährung und genügend Schlaf bekommt, dann hat er gute Aussichten, in diesem Jahr weniger und harmlosere Erkältungen zu bekommen."

Harris (1977) benutzte den Wortlaut dieses Werbespots in einem Experiment – mit Ausnahme des Produktnamens, der durch „Gargoil" ersetzt wurde. Nachdem die Probanden den Werbespot gehört hatten, stimmten alle 15 Probanden der Aussage zu, daß „Gurgeln mit Gargoil hilft, Erkältungen vorzubeugen", obwohl diese Behauptung in dem Werbespot definitiv nicht aufgestellt wurde. Falsche Behauptungen sind in der Werbung gesetzlich verboten, aber findet sich in der Werbung für Listerin eine einzige falsche Behauptung? In einem vielleicht richtungweisenden Urteil befand ein amerikanisches Gericht, daß in diesem Werbespot implizit falsche Behauptungen enthalten sind.

Elaboriert man das Material, das es zu lernen gilt, dann kann man mehr von dem gelernten Material reproduzieren. Allerdings gibt man auch auf der Grundlage von Inferenzen Sachverhalte wieder, die nicht in den ursprünglichen Inhalten vorkamen.

Der Einsatz von Schemata

In Kapitel 5 haben wir die Rolle von Schemata als Leitlinie für die Interpretation einer Geschichte erörtert. Ein Schema wurde dort als eine geordnete Menge von Tatsachen definiert; ein Beispiel waren etwa die Annahmen zum Ablauf eines Restaurantbesuchs. Schemata kommen zur Anwendung, um Rückschlüsse auf bestimmte, nicht beobachtete oder erwähnte Ereignisse zu ziehen. Wenn jemand die Sätz „Fred bestellte ein Steak. Er trank Rotwein zu seinem Essen. Er gab ein großzügiges Trinkgeld." hört, so wird er vermutlich schließen, daß Fred das Steak gegessen hat. Es scheint, daß Schemata einen wesentlichen Mechanismus sowohl bei der Elaboration der Inhalte während des Lernens als auch bei der Rekonstruktion von Gedächtnisinhalten beim Test darstellen. Einige eindrucksvolle Belege für die Rolle von Schemata bei Gedächtnisprozessen fand Bartlett (1932) in seinen Experimenten mit englischen Probanden, die er vor dem Ersten Weltkrieg durchführte. Er verwendete dabei eine Geschichte mit dem Titel *Der Krieg der Geister* (The War of the Ghosts), die später bei vielen anderen Forschungsarbeiten benutzt wurde und noch heute ein beliebtes Beispiel ist. Diese Geschichte ist im folgenden in voller Länge in deutscher Übersetzung wiedergegeben*:

Der Krieg der Geister

Eines Nachts gingen zwei junge Männer aus Egulac hinunter zum Fluß, um Seehunde zu jagen. Während sie dort waren, wurde es auf einmal neblig und windstill. Dann hörten sie Kriegsgeschrei und dachten: „Das könnte eine Gruppe von Kriegern sein." Sie flüchteten ans Ufer und versteckten sich hinter einem umgestürzten Baum. Jetzt kamen Kanus heran, und sie hörten das Geräusch der Paddel und sahen

---

* Der Originaltext von 1932 wurde erneut veröffentlicht in: Bartlett, F. C. (1967). *Remembering: A Study in Experimental and Social Psychology*. New York: Cambridge University Press (S. 65).

ein Kanu auf sich zukommen. Es befanden sich fünf Männer im Kanu, und sie sagten: „Was meint ihr? Wir wollen Euch mitnehmen. Wir fahren flußaufwärts, um Krieg gegen die Menschen dort zu führen."

Einer der jungen Männer sagte: „Ich habe keine Pfeile."

„Pfeile sind im Kanu", sagten sie.

„Ich komme nicht mit. Ich könnte getötet werden. Meine Verwandten wissen nicht, wohin ich gegangen bin. Aber Du", sagte er, indem er sich dem anderen zuwandte, „Du könntest mit ihnen gehen."

Einer der jungen Männer fuhr also mit, aber der andere kehrte nach Hause zurück. Und die Krieger fuhren den Fluß hinauf zu einer Stadt auf der anderen Seite von Kalama. Die Leute kamen zum Wasser herunter und begannen zu kämpfen; viele wurden getötet. Doch bald darauf hörte der junge Mann einen der Krieger sagen: „Schnell, laßt uns nach Hause gehen; dieser Indianer wurde getroffen." Daraufhin dachte er: „Oh, sie sind Geister." Er fühlte sich nicht krank, aber sie sagten, daß er getroffen sei.

So fuhren die Kanus zurück nach Egulac, und der junge Mann ging an Land, kam zu seinem Haus und machte ein Feuer. Und er erzählte es allen und sagte: „Seht, ich ging mit den Geistern, und wir zogen in den Kampf. Viele von uns wurden getötet, und viele unserer Angreifer wurden getötet. Sie sagten, ich sei getroffen, doch ich fühlte mich gar nicht krank."

Er erzählte alles, und dann wurde er still. Als die Sonne aufging, fiel er zu Boden. Etwas Schwarzes kam aus seinem Mund. Sein Gesicht verzerrte sich. Die Leute sprangen auf und schrien.

Er war tot.

Vermutlich kommt Ihnen diese Geschichte recht bizarr vor. Und so wurde sie bestimmt auch von Bartletts Probanden empfunden, die aus dem Milieu der britischen Oberschicht zu Zeiten König Edwards stammten. Den Menschen aus dem Kulturkreis, in dem die Geschichte entstand, erschien sie jedoch völlig schlüssig. Die Geschichte gehört zur mündlichen Überlieferung der Indianerstämme, die im letzten Jahrhundert an der Westküste Kanadas lebten. Sie paßte ohne weiteres in ihre Schemata darüber, wie Dinge in dieser Welt ablaufen. Demgegenüber paßt sie weder in unsere kulturellen Schemata noch in die der Probanden von Bartlett.

Bartlett wollte wissen, wie sich Probanden an eine Geschichte erinnern, die derart schlecht zu ihren kulturellen Schemata paßt. Er ließ die Geschichte nach unterschiedlichen Verzögerungszeiten wiedergeben; dabei variierten die Verzögerungen zwischen unmittelbar nach dem Lesen und mehreren Jahren. Wenn Sie einen Eindruck von dieser Aufgabe bekommen möchten, dann legen Sie das Buch jetzt einmal beiseite und schreiben Sie alles auf, was Sie von der Geschichte noch erinnern.

Bei Bartletts Probanden zeigten sich deutliche Verzerrungen in den reproduzierten Geschichten, und diese Verzerrungen schienen im Laufe der Zeit zuzunehmen. Ein typisches Beispiel ist die folgende Version (Bartlett, 1932, S. 66), die von einem Probanden 20 Stunden nach dem Hören der Geschichte aufgezeichnet wurde:

Zwei Männer aus Edulac gingen fischen. Während sie so am Fluß beschäftigt waren, hörten sie ein entferntes Geräusch.

„Es klingt wie ein Schrei", sagte der eine, und kurz darauf erschienen einige Leute in Kanus, die die beiden einluden, die Gruppe bei ihrer Unternehmung zu begleiten. Einer der jungen Männer lehnte aus familiären Gründen ab, doch der andere war bereit mitzukommen.

„Aber wir haben keine Pfeile", sagte er.

„Pfeile sind im Boot", lautete die Antwort.

Daraufhin stieg er ein, während sein Freund nach Hause zurückkehrte. Die Gruppe paddelte den Fluß hinauf nach Kaloma und begann, am Ufer des Flusses an Land zu gehen. Die Feinde stürzten sich auf sie, und es kam zu einem scharfen Gefecht. Bald wurde jemand verwundet, und es wurde der Ruf laut, daß die Feinde in Wirklichkeit Geister seien.

Die Gruppe fuhr den Fluß wieder hinunter, und der junge Mann kam mit dem Gefühl nach Hause, daß ihm nichts passiert sei. Im Morgengrauen des nächsten Tages versuchte er, von seinen Abenteuern zu erzählen. Während er sprach, kam etwas Schwarzes aus seinem Mund. Plötzlich schrie er auf und stürzte zu Boden. Seine Freunde versammelten sich um ihn. Aber er war tot.

Die Probanden ließen einen großen Teil der Geschichte weg, änderten zahlreiche Einzelheiten und fügten neue Informationen hinzu. Solche Ungenauigkeiten sind an sich nicht besonders interessant. Wichtig ist in diesem Fall jedoch, daß diese Ungenauigkeiten systematisch waren: Die Probanden verzerrten die Geschichte so, daß sie mit ihren eigenen kulturellen Stereotypen übereinstimmte. Beispielsweise wurde aus „Etwas Schwarzes kam aus seinem Mund" in der ursprünglichen Geschichte bei einigen Reproduktionen „Er hatte Schaum vor dem Mund" oder „Er erbrach sich". In der oben wiedergegebenen Version werden nicht Seehunde gejagt, sondern Fische gefangen, und aus dem Kanu wird mitten in der Geschichte plötzlich ein Boot. Schwer zu interpretierende Einzelheiten werden weggelassen, etwa das Verstecken hinter einem umgestürzten Baum und der Zusammenhang zwischen der Verwundung des Indianers und dem Ende der Schlacht. Außerdem verkehrte der oben zitierte Proband die Rolle der Geister genau ins Gegenteil. Wenn Probanden also eine Geschichte lesen, die nicht zu ihren eigenen Schemata paßt, werden sie stark dazu neigen, die Geschichte so zu verzerren, daß sie schließlich paßt.

Schemata helfen beim Aufbau von Inferenzen, wenn gelerntes Material wiedergegeben werden soll.

Inferenzen beim Lernen versus Testen: Eine Zusammenfassung

Dieser Abschnitt konzentrierte sich auf die Effekte, die Inferenzen auf das Erinnern von Textmaterial ausüben. Diese Inferenzen können sowohl beim Lernen des Materials als auch zum Zeitpunkt des Tests ausgeführt werden. Der überwiegende Anteil der dargestellten Forschungsergebnisse stimmt mit der Annahme überein, daß die Inferenzen eher zum Zeitpunkt des Tests als zum Zeitpunkt des Lernens ausgeführt werden. Das vorangegangene Kapitel stellte unter dem Aspekt elaborativer Verarbeitung Belege für das Auftreten von Effekten einer schlußfolgernden Verarbeitung während des Lernens dar. McKoon und

Ratcliff (1992b) haben argumentiert, daß solche Inferenzen beim Lernen nur dann auftreten, wenn wir spezielle Ziele der Textverarbeitung verfolgen. Ohne solche Ziele führen wir wenige Inferenzen aus, während wir einen Text lesen. Vielleicht hängt der Erfolg von Strategien zum Textlernen wie etwa der PQ4R-Methode von der Tatsache ab, daß diese Methoden zu Inferenzprozessen anhalten, die normalerweise nicht auftreten würden. Wir werden noch genauer in Kapitel 12, wenn es um das Sprachverstehen geht, darauf zurückkommen, welche Inferenzen während des Textlesens ausgeführt werden.

Assoziative Strukturen und der Abruf aus dem Gedächtnis

In Kapitel 6 haben wir eine Implikation der Aktivationsausbreitungstheorie dargestellt: Wir können unsere Gedächtnisleistung verbessern, indem wir im Gedächtnis etwas anstoßen, was eng mit dem zu lernenden Material assoziiert ist. Sie werden sich vielleicht beim Versuch, den Namen eines alten Klassenkameraden zu erinnern, dabei ertappen, genau dies auszuführen. Oft fällt einem der Name infolge solcher Bemühungen ein. Ein Experiment von Tulving und Pearlstone (1966) verdeutlicht dies. Sie ließen die Probanden Listen von 48 Wörtern lernen, die Wortkategorien wie *Hund*, *Katze*, *Pferd* und *Kuh* enthielten. Die Probanden sollten versuchen, alle Wörter einer Liste wiederzugeben. Sie zeigten eine bessere Gedächtnisleistung bei den Wortlisten, wenn ihnen Stichwörter wie etwa *Säugetier* gegeben wurden. Diese Stichwörter dienten als Hinweisreize für das Gedächtnis bezüglich der Mitglieder der Kategorien.

Organisation und Reproduktion

Es gibt zahlreiche Methoden, mit denen man die Gedächtnisleistung bei der Reproduktion langer Itemlisten steigern kann. Dabei werden dem Gedächtnis Schlüsselreize zum Auffinden der einzelnen Items in der Liste zur Verfügung gestellt. Häufig beinhalten diese Techniken eine Organisation des Materials dergestalt, daß die Probanden ihr Gedächtnis systematisch nach den Items absuchen können. Besonders gut läßt sich dies an einem Experiment von Bower, Clark, Lesgold und Winzenz (1969) demonstrieren. Es waren Wörter zu lernen, die in vier Hierarchien organisiert waren – Abbildung 7.7 zeigt eine Hierarchie als Beispiel. Es wurden zwei Bedingungen miteinander verglichen: Unter der organisierten Bedingung wurden die vier Hierarchien als Baumdiagramme dargestellt, so wie es in Abbildung 7.7 zu sehen ist. Unter der Zufallsbedingung sahen die Probanden ebenfalls vier Baumdiagramme, allerdings waren die Positionen in den Bäumen mit zufälligen Kombinationen von Wörtern aller vier Kategorien ausgefüllt. Das heißt, in der Zufallsbedingung sahen die Probanden nicht vier verschiedene Baumdiagramme, jeweils eines für Tiere, Kleidung, Transportmittel oder Mineralien, sondern jedes der vier Baumdiagramme enthielt jeweils einzelne Items aus allen vier Kategorien. Jedes Baumdiagramm konnte eine Minute lang betrachtet werden, dann wurden die Probanden aufgefordert, sämtliche Wörter der vier Diagramme in beliebiger Reihenfolge zu reproduzieren. Diese Lern-Test-Sequenz wurde viermal wiederholt. Tabelle 7.5 zeigt die Ergebnisse beider Gruppen an Hand der Anzahl von Wörtern, die nach jedem Durchgang wiedergegeben

wurden. Das Maximum lag bei 112 Wörtern nach dem vierten Durchgang. Die Probanden
der organisierten Bedingung schnitten deutlich besser ab. Wenn man die Reihenfolge
analysiert, in der die Probanden der organisierten Bedingung die Wörter reproduzierten,
so zeigt sich, daß sie ihre Reproduktion offenbar an Hand der hierarchischen Baumstrukturen organisiert hatten. Sie reproduzierten die Wörter, indem sie die Baumdiagramme
von oben nach unten durchliefen. Bei der Hierarchie von Abbildung 7.7 gaben sie also
zuerst *Mineralien* und dann *Metalle* wieder. Der Vorteil der organisierten Bedingung liegt
darin, daß die Probanden die Möglichkeit hatten, systematisch vorzugehen, und daß sie
ihrem Gedächtnis Schlüsselreize zum Abruf der Elemente geben konnten. Beispielsweise
dient *Mineralien* als Schlüsselreiz für *Metalle*, was wiederum als Schlüsselreiz für *Legie-
rungen* fungiert, dieses wiederum für *Messing*.

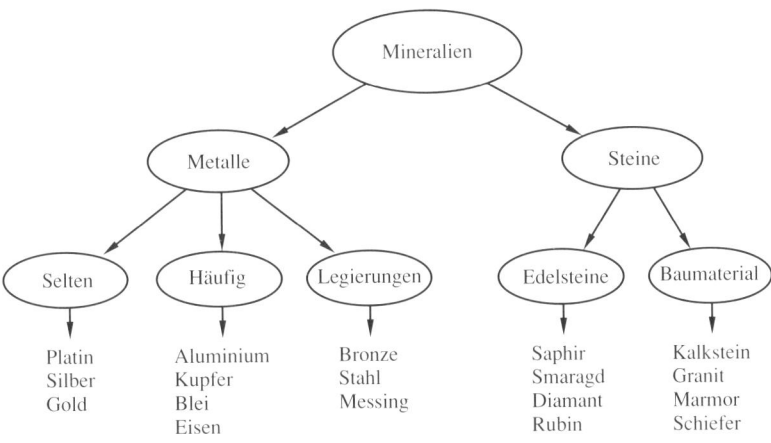

Abb. 7.7 Ein hierarchisch strukturiertes Baumdiagramm, das den Probanden in dem Experiment zur freien Reproduktion von Bower et al. dargeboten wurde (aus Bower et al., 1969).

Tabelle 7.5: Durchschnittliche Anzahl reproduzierter Wörter über
vier Versuchsdurchgänge hinweg als Funktion der Organisation
(nach Bower et al., 1969)

Bedingungen	Durchgang			
	1	2	3	4
organisiert	73,0	106,1	112,0	112,0
Zufall	20,6	38,9	52,8	70,1

Aus den Ergebnissen von Bower et al. kann man für das Lernen eindeutige und
wichtige praktische Konsequenzen ziehen. Ähnlich wie eine Wortliste läßt sich auch das
Lernmaterial häufig hierarchisch ordnen. Tabelle 7.6 zeigt eine hierarchische Organisation
der bislang in diesem Kapitel behandelten Themen. (Für das tatsächliche Durcharbeiten

dieses Buches ist es allerdings besser, ein solches Schema selbst zu entwickeln, weil dadurch eine tiefere Verarbeitung des Materials erzwungen wird.) Um die Lesbarkeit zu erhöhen, sind die Hierarchieebenen durch Einzüge gekennzeichnet. Indem man das Material auf diese Weise ordnet, hat man es in eine Struktur gebracht, die dessen Abruf erleichtert. Dies könnte beispielsweise hilfreich sein, wenn man Informationen benötigt, um die Beantwortung einer Frage schriftlich auszuarbeiten.

Tabelle 7.6:   Organisation des bisherigen Kapitelinhalts

Behalten

Behaltensfunktion

    Potenzgesetz des Behaltens

    Untersuchung von Bahrick

    Langzeitpotenzierung

Interferenzeffekte

    Paar-Assoziations-Paradigma

    Fächereffekt

        Experiment von Anderson (1974a)

        Netzwerkinterpretation

    Vorexperimentelle Gedächtnisinhalte

    Beziehung zum Zerfall

    Effekte der Redundanz

Abruf

Rolle der Inferenz

    Bransford, Barclay und Franks (drei Schildkröten)

    Untersuchung von Dooling mit dem Helen-Keller-Textabschnitt

    plausibler Abruf (Reder)

    Interaktion mit elaborativer Verarbeitung

        Owens, Bower und Black

        Gargoil-Experiment von Harris

    Einsatz von Schemata

        „Krieg der Geister" von Bartlett

Rolle der assoziativen Strukturen

    Effekte der Organisation

        Hierarchien

        Bower, Clark, Lesgold und Winzenz

        dieses Beispiel

Der Abruf von Informationen wird erleichtert, wenn das Material hierarchisch geordnet ist.

Die Methode der Orte

Eine klassische Mnemotechnik, die **Methode der Orte**, stützt sich ebenfalls auf eine verbesserte Organisation des Materials zum Zwecke des Abrufs. Diese Technik war in der Antike weit verbreitet, als man eine Rede ohne schriftliche Notizen oder Teleprompter hielt, und sie wird bis heute angewendet. Cicero schreibt sie (in *De Oratore*) dem griechischen Dichter Simonides zu. Anläßlich eines großen Festmahles hatte Simonides ein Gedicht vorgetragen. Daraufhin riefen ihn die Götter Kastor und Pollux, die er in seinem Gedicht gepriesen hatte, zu sich. Als er gegangen war, stürzte das Dach des Saales ein und erschlug sämtliche Teilnehmer des Festmahles. Die Leichen waren so schlimm zugerichtet, daß sie von den Verwandten nicht mehr identifiziert werden konnten. Simonides dagegen konnte alle Leichen an Hand der Sitzordnung identifizieren. Diese erstaunliche Reproduktionsleistung überzeugte Simonides vom Nutzen einer systematischen Ordnung, durch die jeder Gegenstand einen festen Platz hat und an Hand dieses Ortes in Erinnerung gerufen werden kann. Die Geschichte mag etwas phantastisch klingen, aber was auch immer der wahre Ursprung sein mag: die Methode der Orte ist eine erwiesenermaßen sinnvolle Technik, um eine geordnete Abfolge von Items zu lernen (vgl. beispielsweise Christen & Bjork, 1976; Ross & Lawrence, 1968); das können insbesondere auch Argumente in einer Rede sein.

Wenn man nach der Methode der Orte vorgeht, stellt man sich im wesentlichen einen festgelegten und gut bekannten Weg mit einer Abfolge ebenfalls festgelegter markanter Orte vor. Das könnte zum Beispiel der Weg von der Mensa zur Universitätsbibliothek sein. Um uns später an Gegenstände einer Liste erinnern zu können, gehen wir einfach im Geiste diesen Weg entlang und assoziieren dabei jeden Gegenstand mit einem festgelegten Ort. Angenommen, auf einer Einkaufsliste stehen sechs Gegenstände – Milch, Käse, Hundefutter, Tomaten, Bananen und Brot. Um Mensa mit Milch zu assoziieren, könnten wir uns beispielsweise vorstellen, daß neuerdings in der Mensa die Milch nicht mehr aus dem Automaten kommt, sondern neben der Essensausgabe Kühe stehen, die selbst gemolken werden müssen. Mit dem Plattenladen (dem nächsten Ort nach der Mensa) könnten wir den Käse in Verbindung bringen, indem wir uns einen Käse auf einem rotierenden Plattenteller vorstellen. Als nächstes kommt eine Pizzeria, die wir mit Hundefutter assoziieren, indem wir uns Pizza vorstellen, die mit Hundefutter belegt ist. Es folgt eine Kreuzung. Um eine Verbindung zu Tomaten zu schaffen, könnten wir uns einen umgestürzten Lastwagen vorstellen, dessen Ladung – Tomaten – sich über die ganze Kreuzung verteilt hat. Dann kommen wir am Studentensekretariat vorbei – und sehen, wie der Rektor aus der Tür tritt und lediglich mit einem Bananenröckchen bekleidet ist. Schließlich erreichen wir die Universitätsbibliothek und assoziieren sie mit Brot, indem wir uns einen riesigen Brotlaib über dem Eingang vorstellen, unter dem wir hindurchgehen müssen. Um wieder die ursprüngliche Liste zu erhalten, müssen wir nur im Geiste diesen Weg abgehen und uns die Assoziationen zu jedem Ort ins Gedächtnis rufen. Diese Technik funktioniert auch bei sehr viel längeren Listen, bei denen wir lediglich mehr Orte benötigen. Experimentelle Belege (beispielsweise Christen & Bjork, 1976) weisen darauf hin, daß beim Lernen verschiedener Listen immer dieselben Orte verwendet werden können.

Die Wirksamkeit der Methode der Orte beruht auf zwei wichtigen Prinzipien: Erstens erzwingt sie beim Lernen die Organisation einer ansonsten unorganisierten Liste. Wenn wir die Gegenstände später abrufen wollen und im Geiste den bekannten Weg abschreiten, können wir sicher sein, an allen Orten vorbeizukommen, für die wir uns Assoziationen geschaffen haben. Das zweite Prinzip besteht darin, daß das Herstellen von Verbindungen zwischen den Orten und den Gegenständen uns dazu zwingt, das Material bedeutungshaltig, elaborativ und mit Hilfe der visuellen Vorstellung zu verarbeiten.

> Bei der Methode der Orte liefert eine feste Abfolge von Orten die Schlüsselreize für den Abruf des einzuprägenden Materials aus dem Gedächtnis.

Der Einfluß des Enkodierkontextes

Zu den Schlüsselreizen, die mit einem Gedächtnisinhalt assoziiert sein können, zählen Schlüsselreize des Kontextes, in dem der Gedächtnisinhalt aufgebaut wurde. Wenn zum Testzeitpunkt diese kontextuellen Hinweisreize wiederbelebt werden könnten, stünden dem Probanden zusätzliche Möglichkeiten zur Verfügung, den in Frage stehenden Gedächtnisinhalt zu reaktivieren. Es gibt zahlreiche Belege für einen starken Einfluß des Kontextes auf das Gedächtnis. In diesem Abschnitt werden wir einige Arten kennenlernen, wie der Kontext das Gedächtnis beeinflußt. Die Kontexteffekte werden häufig als **Effekte des Enkodierkontextes** bezeichnet, denn der Kontext beeinflußt, was in der Gedächtnisspur, die das Ereignis aufzeichnet, enkodiert wird.

Ein Experiment von Smith, Glenberg und Bjork (1978) zeigt die Bedeutung des gegenständlichen Umweltkontextes. Die Probanden lernten zwei Listen von Paarassoziationen, und zwar an verschiedenen Tagen in unterschiedlicher Umgebung. Am ersten Tag lernten sie die Paarassoziationen in einem fensterlosen Raum eines Gebäudes unweit des Campus der Universität von Michigan. Der Versuchsleiter trug Jackett und Krawatte und machte einen gepflegten Eindruck; die Paarassoziationen wurden auf Dias gezeigt. Am zweiten Tag fand das ganze in einem winzigen Raum mit Fenstern auf dem Campus selbst statt. Der Versuchsleiter (derselbe wie am Vortag) war nun leger in Jeans und Flanellhemd gekleidet – er wurde von einigen Probanden gar nicht wiedererkannt – und spielte die Paarassoziationen vom Band ab. Der Test folgte am dritten Tag, wobei jeweils die Hälfte der Paarassoziationen in den entsprechenden Lernumgebungen reproduziert werden sollte. Die Probanden konnten 59 Prozent derjenigen Liste reproduzieren, für die die Lernumgebung mit der Testumgebung übereinstimmte, aber nur 46 Prozent der Liste, für die die Lern- und die Testumgebung nicht übereinstimmten. Es hat demzufolge den Anschein, daß die Reproduktionsleistung besser ist, wenn der Testkontext mit dem Lernkontext übereinstimmt.

Die vielleicht extremste Variante dieses Experiments führten Godden und Baddeley (1975) durch. Sie ließen Taucher in zwei verschiedenen Lernumgebungen eine Liste von 40 nicht zusammenhängenden Wörtern lernen, und zwar entweder am Ufer oder sechs Meter unter der Wasseroberfläche. Der Reproduktionstest wurde dann entweder in der gleichen oder in der jeweils anderen Umgebung durchgeführt. Abbildung 7.8 zeigt die Ergebnisse dieser Untersuchung. Die Gedächtnisleistung der Probanden war erheblich besser, wenn sie im selben Kontext reproduzierten, in dem sie gelernt hatten. Es hat also

den Anschein, daß Elemente des Kontextes mit Gedächtnisinhalten assoziiert werden und daß die Gedächtnisleistung steigt, wenn diese Kontextele-
mente wieder zur Verfügung stehen.

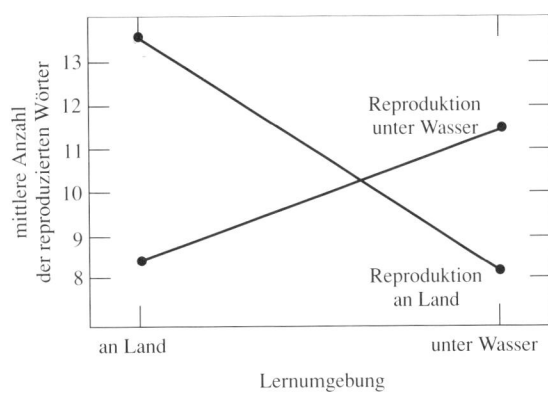

Abb. 7.8 Die mittlere Anzahl reproduzierter
Wörter als Funktion der Lernumgebung. Wortlisten werden besser reproduziert, wenn Lern-
und Testumgebung übereinstimmen (Daten von
Godden & Baddeley, 1975).

Bei den Untersuchungen stellte sich heraus, daß das Ausmaß, in dem man solche kontextuellen Effekte erhält, von Experiment zu Experiment stark variiert. Fernandez und Glenberg (1985) berichten, daß sie wiederholt keine Kontextabhängigkeit finden konnten; Saufley, Otaka und Bavaresco (1985) bestätigen das Ausbleiben solcher Effekte in einer Klassenzimmersituation. Eich (1985) argumentiert, daß die Stärke solcher Kontexteffekte vom Ausmaß abhängt, in dem die Probanden den Kontext mit den Gedächtnisinhalten verbinden. In seinem Experiment las er zwei Probandengruppen Listen vor. Unter der einen Bedingung wurden die Probanden instruiert, sich das durch die Wörter Bezeichnete jeweils einzeln vorzustellen, unter der anderen Bedingung wurden die Probanden gebeten, sich das durch die Wörter Bezeichnete in einen Kontext eingebettet vorzustellen. Eich fand einen sehr viel stärkeren Effekt eines Kontextwechsels, wenn die Probanden instru-iert worden waren, sich das Bezeichnete im Rahmen eines Kontextes vorzustellen.

Eine Untersuchung von Bower, Monteiro und Gilligan (1978) zeigt, daß ein emotiona-ler Kontext die gleichen Effekte hervorrufen kann wie der gegenständliche Umgebungs-kontext. Wiederum wurden zwei Listen gelernt. Zusammen mit der einen Liste wurde den Probanden durch Hypnose eine angenehme Episode aus ihrem Leben in Erinnerung geru-fen, um sie in einen positiven emotionalen Zustand zu versetzen. Bei der anderen Liste wurde umgekehrt ein negativer Zustand erreicht, indem die Probanden durch Hypnose an ein traumatisches Ereignis erinnert wurden. Beim späteren Reproduktionstest wurde wie-derum durch Hypnose ein positiver oder ein negativer emotionaler Zustand induziert. Die Gedächtnisleistung war besser, wenn der emotionale Zustand zum Zeitpunkt des Tests mit dem emotionalen Zustand während des Lernens übereinstimmte.*

Stimmungsabhängige Effekte erhält man nicht immer. Bower und Mayer (1985) konnten beispielsweise das Ergebnis von Bower et al. (1978) nicht replizieren. Eich und Metcalfe

---

* Als Randbemerkung ist anzuführen, daß es klare wissenschaftliche Belege dafür gibt, daß durch Hypnose per se keine Verbesserung der Gedächtnisleistung erzielt wird (vgl. Hilgard, 1968; Smith, 1982), auch wenn populärwissenschaftliche Artikel teilweise das Gegenteil behaupten. Hypnose kann dem Gedächtnis jedoch insofern helfen, als sie benutzt werden kann, die ursprünglichen Kontextfaktoren beim Test wiederher-zustellen. Allerdings kann ein großer Teil des Lernkontextes auch durch nichthypnotische Mittel wieder-hergestellt werden. Ein Beispiel hierfür ist die freie Assoziation über die Umstände des zu erinnernden Ereignisses (vgl. etwa Geiselman, Fischer, Mackinnon & Holland, 1985).

(1989) haben herausgefunden, daß man stimmungsabhängige Effekte am ehesten dann erhalten kann, wenn die Probanden die zu lernenden Gedächtnisinhalte mit der Information über die Stimmung verbinden. Wie Effekte des gegenständlichen Kontextes treten auch stimmungsabhängige Effekte nur in speziellen Lernsituationen auf.

Ein möglicherweise robusterer Effekt ist die sogenannte **Stimmungskongruenz**. Dieser Begriff bezeichnet den Sachverhalt, daß es einfacher ist, fröhliche Gedächtnisinhalte in einem aktuell fröhlichen Zustand und traurige Gedächtnisinhalte in einem aktuell traurigen Zustand zu erinnern. Dies ist eher ein Effekt des jeweiligen Inhalts der Erinnerung als des emotionalen Zustands des Probanden während des Lernens. Beispielsweise ließen Teasdale und Russell (1983) die Probanden eine Liste positiver, negativer und neutraler Wörter während eines neutralen Stimmungszustands lernen. In der Testsituation induzierten sie dann entweder einen positiven oder einen negativen Zustand. Ihre Ergebnisse veranschaulicht Abbildung 7.9: die Probanden konnten eine größere Anzahl jener Wörter wiedergeben, die ihrem Stimmungszustand zum Testzeitpunkt entsprachen. Wenn Stimmungselemente in einer Testsituation aktiviert werden, breitet sich Aktivation zu denjenigen Gedächtnisinhalten aus, die ebenfalls über diese Stimmungselemente verfügen. Diese Elemente können, wie in dem Experiment von Teasdale und Russell, selbst den Inhalt einer Gedächtnisspur darstellen oder als Bestandteil des Lernvorgangs mit der Gedächtnisspur verbunden sein (wie bei Eich und Metcalfe).

Ein verwandtes Phänomen ist das sogenannte **zustandsabhängige Lernen**. Anscheinend fällt es leichter, Informationen zu reproduzieren, wenn man sich wieder in denselben emotionalen und körperlichen Zustand hineinversetzt, wie er in der Lernsituation bestand.

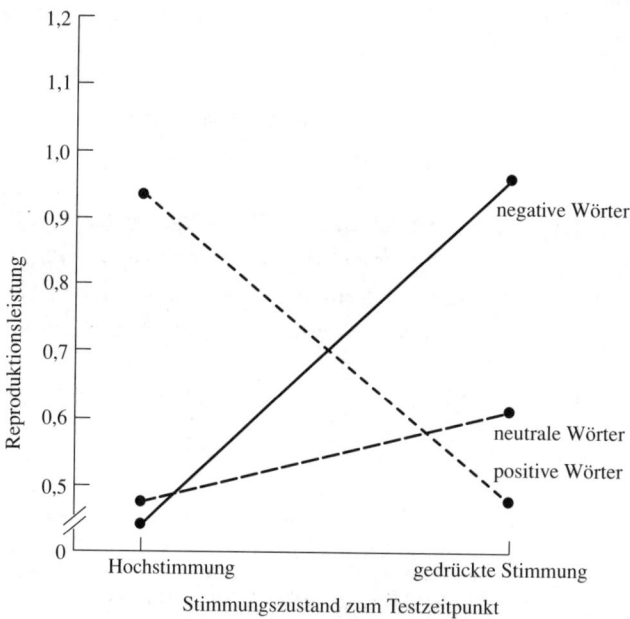

Abb. 7.9 Die Reproduktionsleistung für positive, negative und neutrale Eigenschaftswörter während eines Zustands der Hochstimmung oder der gedrückten Stimmung (aus Teasdale & Russell, 1983).

Zum Beispiel wird immer wieder behauptet, daß sich Alkoholiker, wenn sie nüchtern sind, nicht mehr daran erinnern können, wo sie in betrunkenem Zustand die Flasche versteckt haben, während sie im Rausch nicht mehr wissen, wo sie in nüchternem Zustand ihr Geld versteckt haben. Es gibt tatsächlich einige experimentelle Belege für eine alkoholbedingte Zustandsabhängigkeit des Gedächtnisses, aber der wichtigere Faktor scheint zu sein, daß Alkohol im allgemeinen eine negative Wirkung auf die Informationsaufnahme hat (Parker, Birnbaum & Noble, 1976). Für Marihuana sind vergleichbare zustandsabhängige Effekte nachgewiesen worden. In einem Experiment von Eich, Weingartner, Stillman und Gillin (1975) lernten die Probanden eine frei zu reproduzierende Liste, nachdem sie vorher entweder eine Marihuana-Zigarette oder eine gewöhnliche Zigarette geraucht hatten. Sie wurden vier Stunden später getestet, nachdem sie erneut Marihuana beziehungsweise eine gewöhnliche Zigarette geraucht hatten. Tabelle 7.7 gibt die Ergebnisse dieser Untersuchung wieder. Der Tabelle sind zwei Effekte zu entnehmen, die typisch für Untersuchungen zur Wirkung psychoaktiver Substanzen auf das Gedächtnis sind: Erstens gibt es einen zustandsabhängigen Effekt, der sich in einer höheren Reproduktionsleistung widerspiegelt, wenn der Zustand beim Test mit dem Zustand beim Lernen übereinstimmt. Zweitens ist die Reproduktionsleistung insgesamt höher, wenn das Material nicht unter Drogeneinfluß gelernt wurde.

Tabelle 7.7: Interaktion zwischen der Wirkung von Drogen beim Lernen und beim Testen (aus Eich, Weingartner, Stillman & Gillin, 1975)

	Testsituation		
Lernsituation	normale Zigarette	Marihuana-Zigarette	Durchschnitt
normale Zigarette	25 %	20 %	23 %
Marihuana-Zigarette	12 %	23 %	18 %

Die Gedächtnisleistung erhöht sich, wenn die externalen Kontexte und die inneren Zustände in der Lern- und der Testsituation übereinstimmen.

Effekte weiterer Kontextelemente

Die Gedächtnisleistung für zu lernendes Material kann auch stark von der kontextuellen Einbettung dieses Materials in anderes Lernmaterial abhängen. Betrachten wir dazu ein Wiedererkennungsexperiment von Thompson (1972). Er ließ die Probanden Wortpaare wie *Himmel blau* lernen. Dabei wurde ihnen gesagt, daß es jeweils nur auf das zweite Item ankomme, in diesem Fall also *blau*; das erste Wort bildete den Kontext. Beim späteren Test wurde ihnen entweder *blau* oder *Himmel blau* dargeboten. In beiden Fällen sollten die Probanden beurteilen, ob sie ursprünglich *blau* gesehen hatten. Die Wiedererkennungsrate für *blau* erreichte bei Darbietung nur eines Wortes 76 Prozent und bei Darbietung beider Wörter 85 Prozent. Auch wenn sich der Test also nur auf das Wort *blau* bezog, so steigt die Gedächtnisleistung doch an, wenn ein weiteres Wort als Kontext gegeben wird.

Eine Reihe von Experimenten (etwa Tulving & Thompson, 1973; Watkins & Tulving, 1975) hat auf überzeugende Weise deutlich gemacht, wie stark die Gedächtnisleistung für ein Wort vom Grad der Übereinstimmung zwischen Testkontext und ursprünglichem Lernkontext abhängen kann. Watkins und Tulving (1975) ließen die Probanden Wortpaare wie etwa *Zug schwarz* lernen, wobei ihnen gesagt wurde, daß sie sich nur um das zweite Item – das zu erinnernde Wort – kümmern sollten (auch hier diente das erste Wort als Kontext). Nach dieser Lernphase wurden Wörter wie *weiß* dargeboten, und die Probanden sollten dazu vier freie Assoziationen produzieren. Eine Probandin könnte beispielsweise *Schnee*, *schwarz*, *Wolle* und *rein* generiert haben. Das Reizmaterial der Assoziationsaufgabe wurde so gewählt, daß mit hoher Wahrscheinlichkeit eines der zu erinnernden Wörter genannt werden würde. So ruft beispielsweise die Vorgabe von *weiß* mit hoher Wahrscheinlichkeit die Assoziation *schwarz* hervor. In durchschnittlich 66 Prozent der Fälle kam das zu erinnernde Wort unter den vier produzierten Assoziationen vor. Nachdem die Probanden ihre Assoziationen generiert hatten, sollten sie angeben, welches der vier Wörter sie ursprünglich gelernt hatten. Auch wenn sie glaubten, keines der assoziierten Wörter gelernt zu haben, mußten sie eines davon auswählen. Sofern sich das zu erinnernde Wort unter den generierten Wörtern befand, wurde es in 54 Prozent der Fälle auch richtig identifiziert. Da die Probanden ja immer gezwungen waren, eine Wahl zu treffen, müssen einige dieser richtigen Wahlen Zufallstreffer gewesen sein, so daß die wahre Wiedererkennungsrate etwas niedriger sein dürfte. Nach diesem Test mit freier Assoziation und dem Wiedererkennen gelernter Wörter wurden den Probanden die ursprünglichen Kontextwörter dargeboten; nun sollten die zu erinnernden Wörter reproduziert werden. Die Probanden reproduzierten 61 Prozent der Wörter – ein Wert, der höher liegt als die Wiedererkennungsrate von 54 Prozent, von denen noch die Ratewahrscheinlichkeit abgezogen werden müßte. Darüber hinaus fanden Tulving und Watkins, daß von den reproduzierten Wörtern 42 Prozent im vorangegangenen Test nicht wiedererkannt worden waren, obwohl sie von den Probanden als frei assoziierte Wörter generiert worden waren.

Die Wiedererkennungsleistung ist normalerweise höher als die Reproduktionsleistung. Wir würden demzufolge erwarten, daß, wenn Probanden ein Wort nicht wiedererkennen können, sie es auch nicht reproduzieren können. Üblicherweise erwarten wir bei einem Multiple-choice-Test ein besseres Abschneiden als bei einem Test, bei dem die Antworten selbst produziert werden müssen. Untersuchungen wie die von Watkins und Tulving erbringen gegenüber diesen üblichen Erwartungen geradezu gegenteilige Ergebnisse. Diese Ergebnisse werden verständlich, wenn man die Ähnlichkeit zwischen Testkontext und Lernkontext berücksichtigt. Der Testkontext des Wortes *weiß* samt zugehöriger Assoziationen unterschied sich deutlich von dem Kontext, in dem *schwarz* ursprünglich gelernt worden war. Im Gegensatz dazu stand das Wort bei der Reproduktionsaufgabe wieder im Kontext (*Zug*), in dem es ursprünglich auch gelernt worden war. Wenn die Reproduktion also wie in diesem Experiment durch kontextuelle Faktoren ausreichend unterstützt wird, kann die Reproduktionsrate höher liegen als die Wiedererkennungsrate. Nach Tulving illustrieren diese Ergebnisse das **Prinzip der Enkodierungsspezifität**: Die Wahrscheinlichkeit für die Reproduktion eines Items hängt davon ab, wie groß die Ähnlichkeit zwischen seiner Enkodierung zum Zeitpunkt des Tests und der ursprünglichen Enkodierung zum Zeitpunkt des Lernens ist.

> Die Gedächtnisleistung für Wörter steigt, wenn diese Wörter im Kontext derselben Wörter getestet werden, in dem sie urprünglich gelernt wurden.

Implizites versus explizites Gedächtnis

Bis zu diesem Abschnitt haben wir uns im vorliegenden Kapitel auf diejenigen Gedächtnisinhalte konzentriert, zu denen wir einen bewußten Zugang haben. Einige der interessantesten Forschungen im Hinblick auf das Gedächtnis beziehen sich aber auf Gedächtnisinhalte, deren Vorhandensein uns nicht bewußt ist. Gelegentlich bemerken wir, daß wir Dinge wissen, die wir nicht beschreiben können. Ein Beispiel hierfür ist das Wissen über die Tastatur einer Schreibmaschine. Viele versierte Schreibkräfte können den Aufbau der Tastatur nicht wiedergeben, es sei denn, sie stellen sich vor, wie sie schreiben. Es steht außer Zweifel, daß ihre Finger wissen, wo sich die einzelnen Tasten befinden, aber es besteht eben kein bewußter Zugang zu diesem Wissen. Das Aufweisen dieses impliziten Gedächtnisses unterstreicht die Bedeutung der Abrufbedingungen beim Zugriff auf das Gedächtnis. Wenn wir die Schreibkräfte einfach nur bitten würden, uns zu sagen, wo sich die einzelnen Tasten befinden, würden wir daraus schließen, daß sie kein Erinnerungsvermögen darüber besitzen. Wenn wir das Schreiben selbst testen würden, könnten wir daraus schließen, daß sie ein perfektes Erinnerungsvermögen besitzen. Im vorliegenden Abschnitt betrachten wir derlei Gegensätzlichkeiten zwischen dem expliziten und dem impliziten Gedächtnis. Solche Gegensätzlichkeiten werden auch **Dissoziationen** genannt, was sich auf den Sachverhalt bezieht, daß sich implizites und explizites Gedächtnis unterschiedlich verhalten. In dem oben genannten Beispiel mit der Tastatur weist das explizite Gedächtnis kein Wissen auf, das implizite Gedächtnis hingegen vollständiges Wissen. Für etwas, das wir bewußt reproduzieren können, verwenden wir den Begriff **expliziter Gedächtnisinhalt**. Wenn wir nur durch die bessere Ausführung einer Aufgabe unser Wissen unter Beweis stellen können, sprechen wir von **impliziten Gedächtnisinhalten**.

Implizite Gedächtnisinhalte trotz Amnesie

Bei gesunden Menschen sind solche vollständigen Dissoziationen von implizitem und explizitem Wissen selten. Sie treten häufiger bei Patienten auf, die an bestimmten Formen von Amnesie leiden. Eine **Amnesie** ist ein Gedächtnisdefizit aufgrund neuronaler Schädigungen. Zu dieser Patientengruppe zählen unter anderem Menschen, die an dem **Korsakoff-Syndrom** leiden. Dieses Störungsbild wird mit chronischem Alkoholismus in Verbindung gebracht und gilt als Folge von Mangelernährung und einer daraus folgenden Schädigung des Gehirns. Diese Patienten scheinen sich an nicht viel erinnern zu können, nachdem das Korsakoff-Syndrom aufgetreten ist. Die starken Schädigungen neuronaler Strukturen beziehen sich sowohl auf den Frontallappenbereich als auch auf den Hippocampus. Wie wir in den letzten beiden Kapiteln dargestellt haben, sind diese beiden

Areale für die Gedächtnisleistung besonders wichtig. Betrachten wir dazu als ein Beispiel die folgende Patientenbeschreibung:

> Erst nach einem langen Gespräch mit dem Patienten bemerkt man vielleicht, daß er manchmal Ereignisse vollständig durcheinanderwirft und daß er sich an absolut nichts erinnert, was um ihn herum geschieht: Er erinnert sich nicht daran, ob er sein Essen bereits eingenommen hat. Manchmal vergißt der Patient, was gerade einen Augenblick zuvor passierte: Sie sind hereingekommen, haben sich mit ihm unterhalten, sind kurz rausgegangen, dann sind Sie wieder hereingekommen, und der Patient hat überhaupt keine Erinnerung daran, daß Sie gerade schon mal da gewesen sind. Solche Patienten lesen die gleiche Seite immer und immer wieder, manchmal stundenlang, weil sie sich absolut nicht daran erinnern, was sie gelesen haben. (Oscar-Berman, 1980, S. 410)

Die Forschung erbrachte Hinweise, daß Patienten mit einer Amnesie über implizite Gedächtnisinhalte in bezug auf viele Erfahrungen verfügen, die sie jedoch nicht bewußt wiedergeben können. Graf, Squire und Mandler (1984) verglichen beispielsweise Menschen mit einer Amnesie mit Menschen ohne diese Schädigung im Hinblick auf ihr

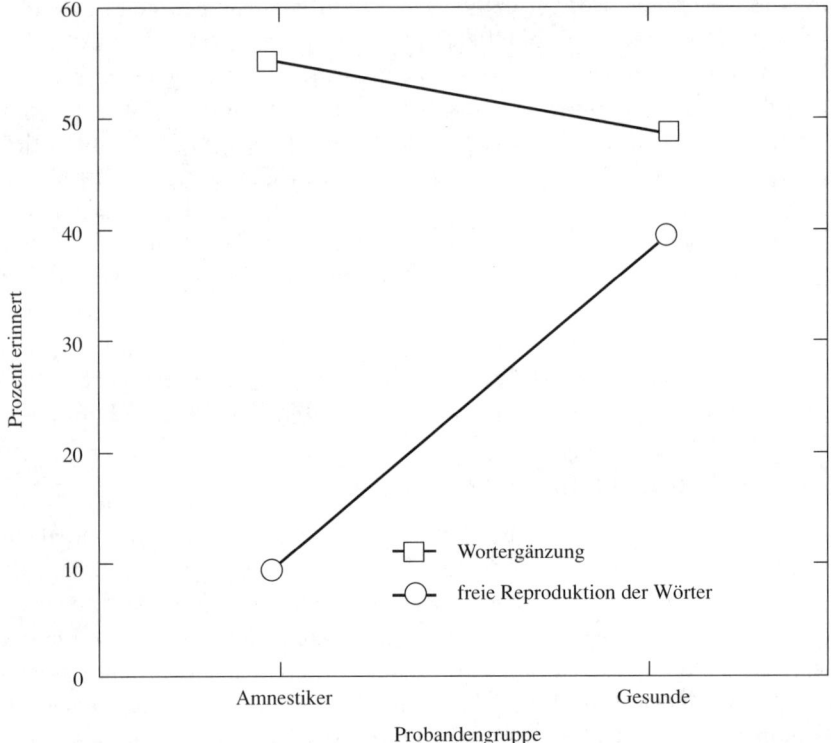

Abb. 7.10 Die Fähigkeit von Patienten mit einer Amnesie und von gesunden Probanden, Wörter, die sie gelernt hatten, entweder frei zu reproduzieren oder aus Wortfragmenten zu rekonstruieren (aus Graf, Squire & Mandler, 1984).

Erinnerungsvermögen für eine Wortliste. Nachdem die Probanden diese Wörter gelernt hatten, sollten sie sie reproduzieren. Die Ergebnisse zeigt Abbildung 7.10. Probanden mit einer Amnesie erzielten weitaus schlechtere Ergebnisse als gesunde Probanden. Anschließend wurde ihnen eine Wortergänzungsaufgabe gestellt. Man zeigte ihnen die ersten drei Buchstaben eines Wortes, das sie gelernt hatten, und sie sollten ein Wort der englischen Sprache daraus bilden. Beispielsweise sollten sie ban_____ vervollständigen. Die Zufallswahrscheinlichkeit, das gelernte Wort zu erraten, liegt unterhalb von 10 Prozent, aber wie die Abbildung zeigt, fanden beide Gruppen das gelernte Wort in mehr als 50 Prozent der Fälle. Zudem zeigte sich zwischen der Gruppe mit Amnesie und der Gruppe ohne Amnesie kein Unterschied in der Wortergänzungsaufgabe. Die Probanden mit Amnesie hatten demzufolge einen Gedächtniseintrag der Wortliste. Allerdings konnten sie keinen bewußten Zugang zu diesen Gedächtnisinhalten erreichen, wenn es sich um eine freie Reproduktionsaufgabe handelte; die impliziten Gedächtnisinhalte zeigten sich jedoch in der Wortergänzungsaufgabe.

Einer der bestuntersuchten Patienten mit einer Amnesie ist als Patient H. M. bekannt geworden. Um diesen Mann von einer Epilepsie zu heilen, wurden große Teile des Temporallappens operativ entfernt. Er hatte eine sehr ausgeprägte Amnesie und war über vierzig Jahre lang nahezu nicht in der Lage, sich an neue Ereignisse zu erinnern. Der chirurgische Eingriff umfaßte die vollständige Entfernung des Hippocampus und der umgebenden Strukturen, was man als Grund für seine starken Gedächtnisdefizite erachtet (Squire, 1992). Allerdings zeigte er die Fähigkeit, sich implizite Gedächtnisinhalte anzueignen. Er konnte sich beispielsweise von Tag zu Tag bei verschiedenen perzeptiv-motorischen Aufgaben verbessern, obwohl er sich jeden Tag aufs neue nicht an die Aufgabe des jeweils zurückliegenden Tages erinnern konnte (Milner, 1962).

Patienten mit einer Amnesie im Zuge einer Schädigung des Hippocampus können sich oft nicht bewußt an ein Ereignis erinnern, sie zeigen aber auf implizite Art und Weise, daß sie über eine Erinnerung an das Ereignis verfügen.

Implizites versus explizites Gedächtnis bei gesunden Probanden

Es liegen viele neuere Forschungsergebnisse zur Dissoziation von impliziten und expliziten Gedächtnisinhalten bei gesunden Probanden vor (für einen Überblick siehe Richardson-Klavehn & Bjork, 1988; Schacter, 1987). Bei dieser Population ist es oftmals nicht möglich, solche starken Dissoziationen zu erhalten, wie wir sie bei Probanden mit einer Amnesie gesehen haben. Dort gab es keine bewußte Erinnerung bei gleichzeitig beachtlicher impliziter Gedächtnisleistung. Man kann allerdings zeigen, daß bestimmte Variablen unterschiedliche Effekte beim Testen des expliziten Gedächtnisses gegenüber dem impliziten Gedächtnis erbringen. Jacoby (1983) ließ beispielsweise Probanden entweder ein isoliertes Wort wie etwa *Frau* (Kein-Kontext-Bedingung) lernen, oder sie lernten es unter Anwesenheit eines Antonyms *Mann-Frau* (Kontext-Bedingung), oder sie sollten das Wort als Antonym selbst generieren. Unter dieser letzten Bedingung sahen die Probanden *Mann-* und sollten *Frau* sagen.

Jacoby testete die Probanden auf zweierlei Wegen, wobei einmal das explizite und einmal das implizite Gedächtnis betroffen sein sollte. Beim Test des expliziten Gedächtnisses wurde den Probanden eine Liste von Wörtern dargeboten, einige davon waren vorher gelernt worden, und sie sollten die bereits gelernten Wörter wiedererkennen. Beim Test des impliziten Gedächtnisses wurde den Probanden das Wort sehr kurz (40 Millisekunden) dargeboten, und sie sollten das Wort identifizieren. Abbildung 7.11 zeigt die Ergebnisse dieser beiden Tests als Funktion der Lernbedingung. Wie man der Abbildung entnehmen kann, ist die Leistung beim Testen des expliziten Gedächtnisses unter der Bedingung, die eine stärker semantische und generierende Verarbeitung beinhaltet, am besten – dies entspricht früheren Forschungsergebnissen, die wir im Zusammenhang mit der elaborativen Verarbeitung behandelt haben. Im Gegensatz dazu sinkt die Leistung beim Test der impliziten perzeptuellen Identifikation. Unter allen drei Bedingungen zeigt sich, daß die perzeptuelle Identifikation besser ausfällt, als wenn die Probanden das Wort vorher überhaupt nicht gelernt hatten (nur 60 Prozent). Man nennt diese Erhöhung der perzeptuellen Wiedererkennungsleistung auch **Priming**. Jacoby argumentiert, daß die Probanden unter der Kein-Kontext-Bedingung das höchste Priming zeigen, weil dies diejenige Lernbedingung darstellt, unter der sie sich bei der Identifikation des Wortes am stärk-

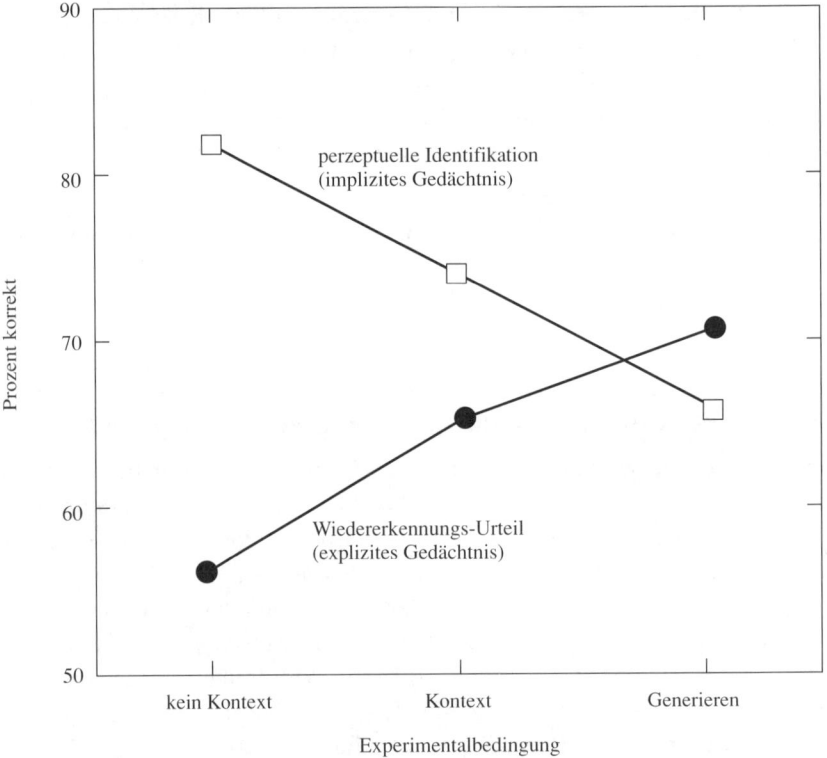

Abb. 7.11 Die Fähigkeit, in einem Gedächtnistest ein Wort wiederzuerkennen versus es in einem Wahrnehmungstest zu identifizieren. Die Häufigkeit korrekter Antworten ist als Funktion davon abgetragen, wie das Wort ursprünglich gelernt wurde (aus Jacoby, 1983).

sten auf die perzeptuelle Enkodierung verlassen müssen. Unter der Bedingung, das Wort selbst zu generieren, hatten die Probanden noch nicht einmal dieses Wort zu lesen.*

In einem weiteren Experiment untersuchten Jacoby und Witherspoon (1982) die Frage, ob sich bei Wörtern, die die Probanden wiedererkannten, ein stärkeres Priming finden würde, als bei Wörter, die sie nicht wiedererkennen konnten. In einer Phase des Experiments sollten die Probanden versuchen, explizit wiederzuerkennen, ob sie die Wörter vorher gelernt hatten. In einer anderen Phase des Experiments sollten sie die Wörter nach einer kurzen Darbietung identifizieren. Jacoby und Witherspoon zufolge gibt es keinen Unterschied zwischen dem Erfolg beim Wahrnehmen wiedererkannter Wörter und dem Erfolg bei der Wahrnehmung nicht wiedererkannter Wörter. Gesunde Probanden können somit infolge der vorherigen Darbietung eines Wortes dessen spätere Wahrnehmung verbessern, auch wenn sie sich nicht daran erinnern, das Wort gesehen zu haben.

Eine elaborative Verarbeitung erleichtert die explizite Erinnerung, nicht aber die implizite Erinnerung.

Das prozedurale Gedächtnis

Das implizite Gedächtnis ist dadurch definiert, daß wir nicht über ein Bewußtsein darüber verfügen. Wenn man dieser Definition folgt, kann man sehr unterschiedliche Dinge als implizite Gedächtnisinhalte verstehen. Manchmal werden dem impliziten Gedächtnis Dinge wie etwa das Buchstabieren von Wörtern oder perzeptuelle Informationen, die zum Wiedererkennen der Wörter benötigt werden, zugeschrieben. Diese Gedächtnisinhalte führen zu den Primingeffekten, die wir beispielsweise in dem Experiment von Jacoby kennengelernt haben. In anderen Fällen wird dem impliziten Gedächtnis Wissen über das Ausführen von Aufgaben zugeschrieben. Ein klassisches Beispiel eines solchen impliziten Gedächtnisinhalts ist das Fahrradfahren. Die meisten von uns haben das Radfahren gelernt, ohne daß wir bewußt sagen könnten, was genau wir gelernt haben. Probanden mit einer Amnesie zeigen keine Einschränkung des Gedächtnisses für prozedurale Information wie auch für die Art Information, die die Grundlage für Primingeffekte bildet.

Ein Experiment von Berry und Broadbent (1984) bestand aus einer Lernaufgabe zu prozeduralem Wissen, das einen stärker kognitiven Charakter als das Radfahren aufweist. Die Probanden sollten versuchen, die Produktionsmenge einer hypothetischen Zukkerfabrik (die durch ein Computerprogramm simuliert wurde) zu kontrollieren, indem sie die Menge der eingesetzten Arbeitskräfte variierten. Den Probanden wurde die Produktionsmenge der Zuckerfabrik in tausend Tonnen (beispielsweise 6000 Tonnen) angegeben, und dann sollten sie die einzusetzenden Arbeitskräfte für den folgenden Monat in Vielfachen von einhundert Arbeitern (beispielsweise 700) wählen. Sie sahen dann die Menge der Zuckerproduktion dieses folgenden Monats und sollten dann wiederum die Zahl der

---

* Nicht alle Forschungsergebnisse weisen auf eine geringere Leistung des expliziten Gedächtnisses unter Kein-Kontext-Bedingungen hin. Allerdings besteht immer eine Interaktion zwischen der Lernbedingung und der Art des Gedächtnistests. Eine ausführliche Diskussion findet sich in Masson und MacLeod (1992).

Arbeitskräfte des nun folgenden Monats festsetzen. Tabelle 7.8 zeigt eine Reihe von Interaktionen mit der hypothetischen Zuckerfabrik. Zielvorgabe für die Probanden war dabei, die Zuckerproduktion zwischen 8 000 und 10 000 Tonnen zu halten.

Tabelle 7.8:   Eine Beispielserie von Inputs und Outputs bei der Zuckerproduktion

Arbeitskräfte-Einsatz (A)	Zuckerproduktion (Z) in Tonnen
	6 000
700	
	8 000
900	
	10 000
800	
	7 000
1 000	
	12 000
900	
	6 000
1 000	
	13 000
1 000	
	8 000

Man kann versuchen, die Regel zu erschließen, die den Zuckerausstoß mit der Arbeitskraft nach Tabelle 7.8 verbindet. Die produzierte Zuckermenge in Tausendereinheiten (Z) war mit den Arbeitskräften in Hundertereinheiten (A) und der im Vormonat produzierten Zuckermenge in Tausendereinheiten (Z_1) durch die Formel $Z = 2 \times A - Z_1$ verknüpft. (Zusätzlich wurde manchmal eine Zufallsfluktuation von 1000 Tonnen Zucker hinzugefügt.) Studenten aus Oxford erhielten 60 Versuche, um die Produktionsmenge der Zuckerfabrik zu kontrollieren, was auch recht gut gelang. Sie konnten die Regel jedoch nicht angeben und behaupteten, daß sie ihre Reaktionen auf der Grundlage „einer Art von Intuition" machten oder weil es ihnen „irgendwie richtig" vorkam. Die Probanden konnten also implizites Wissen darüber erwerben, wie diese Fabrik zu führen ist, ohne daß entsprechendes explizites Wissen vorgelegen hätte. Probanden mit einer Amnesie waren ebenfalls in der Lage, diese Informationen zu erlernen (Phelps, 1989).

Häufig wird in der Psychologie zwischen deklarativem Wissen und prozeduralem Wissen unterschieden (vgl. Anderson, 1976; Cohen & Squire, 1980; Schacter, 1987). **Deklaratives Wissen** ist explizites Wissen, das wir berichten können und dessen wir uns bewußt sind. **Prozedurales Wissen** ist Wissen, wie man etwas tut, und es ist oft implizit (wir haben bereits darauf hingewiesen, daß es allerdings auch andere Arten impliziter

Gedächtnisinhalte gibt, wie man sie etwa bei Primingexperimenten findet). Die Forschungsergebnisse, die in diesem Kapitel und in Kapitel 6 dargestellt wurden, betrafen vor allem das deklarative Gedächtnis. In den folgenden beiden Kapiteln werden wir uns hauptsächlich dem prozeduralen Gedächtnis zuwenden.

> Man kann wirkungsvolle Prozeduren zur Ausführung von Aufgaben entwickeln, ohne daß man angeben könnte, was man genau tut.

Anmerkungen und Literaturhinweise

Die Themen dieses Kapitels werden in einer ganzen Reihe von Quellen genauer diskutiert. Alba und Hasher (1983) führen Belege für die Verwendung von Schemata im Zusammenhang mit dem Gedächtnis an. Johnson und Raye (1981) erörtern, wie Menschen zwischen dem, was sie tatsächlich hörten und sahen, und dem, was sie inferierten, unterscheiden. Gute Quellen für die Ansichten von Endel Tulving zum Enkodieren und zum Gedächtnis sind die Artikel von Watkins und Tulving (1975), Flexser und Tulving (1978) sowie das Buch von Tulving (1983). Ein Buch, das von Roediger und Craik (1989) herausgegeben wurde und Endel Tulving gewidmet ist, stellt einige aktuelle Ansichten über das menschliche Gedächtnis dar. Schacter (1987) liefert einen Überblick über die Forschung zum impliziten Gedächtnis. Roediger (1990) gibt einen Überblick dieser Literatur und vertritt seine eigene Theorie zur Erklärung der Phänomene. Das Buch von Squire (1987) ist eine gute Informationsquelle, was die neuronalen Grundlagen des Gedächtnisses betrifft. Squire (1992) gibt einen Überblick über die Rolle des Hippocampus und verwandter Strukturen im Zusammenhang mit dem Gedächtnis.

Eine geeignete deutschsprachige Einführung in den Themenbereich Gedächtnis und Wissen findet sich in Kapitel 4 des von Spada (1990) herausgegebenen Lehrbuches. Einen guten Überblick über Forschungsergebnisse zum menschlichen Gedächtnis geben Engelkamp (1990) sowie Dörner und van der Meer (1995). Zur Unterscheidung von deklarativem und prozeduralem Wissen ist ein Artikel von Oswald und Gadenne (1984) informativ. Die Modellierung kognitiver Vorgänge wird in Opwis (1992) besprochen. Fragen der Wissenspsychologie werden in dem von Klix und Spada (in Vorbereitung) herausgegeben Band der *Enzyklopädie der Psychologie* diskutiert. Ballstaedt, Mandl, Schnotz und Tergan (1981) stellen die PQ4R-Methode und andere komplexe Lernstrategieprogramme dar; außerdem findet man dort Näheres über elaborative Prozesse, Erinnern als Rekonstruktion sowie inferentielle Verarbeitungsprozesse von Texten. Auf die neuropsychologischen Grundlagen des Gedächtnisses gehen Kolb und Whishaw (1993) ein. Den umfassendsten Überblick zur Gedächtnispsychologie geben Albert und Stapf (1996) in dem von ihnen herausgegebenen Band der *Enzyklopädie der Psychologie*.

8. Problemlösen

Dieses Kapitel bildet einen Wendepunkt innerhalb dieses Buches. Bislang haben wir uns damit befaßt, wie Wissen über die Welt in das Verarbeitungssystem gelangt, wie dieses Wissen repräsentiert ist und wie es im Langzeitgedächtnis gespeichert und wieder abgerufen wird. Wir haben am Ende des letzten Kapitels angesprochen, daß dieses Wissen häufig als **deklaratives Wissen** bezeichnet wird – Wissen über Fakten und Dinge. In diesem Kapitel beschäftigen wir uns mit **prozeduralem Wissen** – dem Wissen über die Art und Weise, wie man verschiedene kognitive Aktivitäten und Operationen ausführt. Wir werden im vorliegenden Kapitel insbesondere dasjenige Wissen betrachten, das die Grundlage für Problemlöseprozesse darstellt. In späteren Kapiteln werden wir uns darüber hinaus auch mit Wissen beschäftigen, das dem schlußfolgernden Denken, der Entscheidungsfindung, dem Sprachverstehen und der Sprachproduktion zugrunde liegt.

Prozedurales Wissen und Problemlösen

Was unter prozeduralem Wissen zu verstehen ist, wollen wir zunächst an Hand des Problemlösens verdeutlichen, denn es sieht so aus, als seien alle kognitiven Aktivitäten ihrer Beschaffenheit nach im Grunde genommen Problemlöseprozesse. Das Hauptargument für diese These (Anderson, 1983; Newell, 1980; Tolman, 1932) besagt, daß die menschliche Kognition immer zweckgerichtet ist: Sie ist darauf gerichtet, Ziele zu erreichen und Hindernisse aus dem Weg zu räumen, die diesen Zielen entgegenstehen. Will man dieses Hauptargument verstehen, so müssen wir zunächst verstehen, was es bedeutet, daß eine Verhaltensweise dem Problemlösen zugerechnet wird.

Eine Vorstellung davon vermittelt eine klassische Untersuchung zum Problemlösen, die Köhler (1917) an Affen durchgeführt hat. Köhler, ein berühmter deutscher Gestaltpsychologe, der in den dreißiger Jahren nach Amerika kam, hielt sich während des Ersten Weltkrieges auf der Kanarischen Insel Teneriffa auf. Er untersuchte dort (auf der Anthropoidenstation der Preußischen Akademie der Wissenschaften) das Verhalten von Schimpansen, die dort gehalten wurden, wobei er sich besonders für das Problemlöseverhalten interessierte. Sein bevorzugtes Versuchstier war ein Schimpanse namens Sultan. Eine Aufgabe, die Sultan gestellt wurde, bestand darin, an Bananen heranzukommen, die sich außerhalb seines Käfigs befanden. Dabei hatte Sultan keine Schwierigkeiten, wenn man ihm einen Stock gab, der bis an die Bananen reichte. Diesen Stock benutzte er, um die Bananen an seinen Käfig heranzuziehen. Sultan bekam jedoch enorme Probleme, als man ihm zwei kürzere Stangen gab, die beide nicht an das Futter heranreichten. Nachdem er sich vergeblich mit jeder einzelnen Stange abgemüht hatte, saß der Affe frustriert und

Abb. 8.1 Köhlers Affe beim Lösen des Problems, mit zwei kurzen Stöcken an Bananen heranzukommen. Er verbindet die Stöcke zu einer langen Stange, mit der er das Futter erreichen kann (aus Köhler, 1917).

schmollend in seinem Käfig. Plötzlich wandte er sich den Stangen zu und steckte sie ineinander, so daß eine Stange entstand, die lang genug war, um das Futter zu erreichen; mit der verlängerten Stange konnte sich Sultan die Früchte holen (siehe Abbildung 8.1). Das Verhalten Sultans kann eindeutig als kreatives Problemlösen bezeichnet werden.

Welche Merkmale kennzeichnen das Verhalten des Affen als einen Fall von Problemlösen? Es scheint drei wesentliche Merkmale zu geben:

1. *Zielgerichtetheit.* Das Verhalten ist eindeutig auf ein bestimmtes Ziel hin organisiert – in diesem Falle, Futter zu bekommen.

2. *Zerlegung in Teilziele.* Hätte der Affe die Bananen einfach nur durch Greifen erreichen können, so wäre sein Verhalten nur ein Problemlösen im primitivsten Sinne gewesen. Das Entscheidende bei der Lösung des Problems liegt jedoch darin, daß der Affe das eigentliche Ziel in Teilaufgaben oder in Teilziele – etwa das Aufnehmen und das Zusammenstecken der beiden Stangen – zerlegen mußte.

3. *Anwendung von Operatoren.* Es ist deshalb sinnvoll, das Gesamtziel in Teilziele wie das Zusammenstecken der Stangen zu zerlegen, weil der Affe Operatoren kennt, durch die er diese Teilziele erreichen kann. Der Begriff **Operator** bezeichnet eine Handlung, die den vorliegenden Problemzustand in einen anderen Problemzustand transformiert. Die Lösung des Gesamtproblems ist eine Sequenz aus solchen bekannten Operatoren.

Eine interessante Frage ist, was geschehen wäre, wenn Sultan dasselbe Problem immer wieder aufs neue hätte lösen müssen. Möglicherweise wäre die gesamte Lösung zu einer einzigen Operation zusammengefaßt worden, und Sultan hätte sein Ziel dann erreichen können, indem er einfach die Sequenz von Schritten abarbeitet. Man hätte dann nicht mehr den Eindruck des Problemlösens, sondern vielmehr, daß das Tier einfach eine gelernte Prozedur ausführt. Genau dies macht deutlich, daß alles prozedurale Wissen seinen Ursprung im Problemlösen besitzt. Bei einer umgangssprachlichen Verwendung neigen wir dazu, den Begriff des *Problemlösens* auf die ursprünglich schwierige Aufgabenbewältigung anzuwenden, so wie bei Sultans erstem Versuch. Allerdings handelt es sich bei den späteren, stärker automatisierten Aufgabenbewältigungen nicht weniger um Problemlösen. Newell (1980) argumentiert, daß dies dann deutlich wird, wenn etwas schief läuft. Wenn beispielsweise einer der Stöcke mit Schmutz verstopft gewesen wäre, dann wäre Sultan vielleicht wieder dazu zurückgekehrt, Teilziele zu bilden. Er hätte beispielsweise den Schmutz aus dem Stock entfernt, so daß er die beiden Stöcke hätte ineinander stecken können.

Der Ursprung prozeduralen Wissens liegt in Prozessen des Problemlösens. Beim Problemlösen wird ein Ziel in Teilziele zerlegt, für die der Problemlösende Operatoren besitzt.

Der Problemraum und das Absuchen des Problemraumes

Problemlösen wird häufig als Absuchen eines **Problemraumes** beschrieben, der aus verschiedenen Problemzuständen besteht. Ein **Problemzustand** ist eine Repräsentation des Problems zu einem gegebenen Stand der Lösung. Die anfängliche Situation des Problemlösenden bezeichnet man als Anfangszustand, die Situationen auf dem Weg zum Ziel als intermediäre Zustände oder Zwischenzustände und das Ziel als **Zielzustand**. Bei gegebenem Anfangszustand gibt es viele Wege, die man als Problemlösender wählen kann, um seinen Zustand zu verändern. Sultan konnte nach einem Stock greifen, aber auch kopfstehen, schmollen und so weiter. Angenommen, der Affe greift nach einem Stock, dann befindet er sich in einem neuen Zustand. Er kann diesen wiederum in einen anderen Zustand umwandeln, beispielsweise indem er den Stock fallenläßt (wobei er in den früheren Zustand zurückkehrt) oder mit dem Stock nach dem Futter langt oder indem er nach dem anderen Stock greift. Vorausgesetzt, er holt sich den anderen Stock, befindet er sich natürlich wieder in einem neuen Zustand. Von diesem Zustand aus hat Sultan verschiedene Wahlmöglichkeiten: Er kann versuchen, auf den Stöcken zu laufen, sie zusammenzustecken oder sie aufzuessen. Gesetzt den Fall, er sucht sich hier die Möglichkeit aus, die Stöcke zusammenzustecken, dann hat er anschließend die Wahl, mit ihnen nach dem Futter zu langen, sie wegzuwerfen oder sie wieder auseinanderzunehmen. Langt er nach dem Futter, so wird er seinen Zielzustand erreichen.

Die verschiedenen Zustände, die ein Problemlösender erreichen kann, definieren einen Problem- oder Zustandsraum. Die Problemlöseoperatoren lassen sich dadurch charakterisieren, daß sie einen Zustand dieses Raumes in einen anderen überführen. Das Problem

besteht dann darin, eine mögliche Sequenz von Operatoren zu finden, die im Problemraum vom Anfangs- zum Zielzustand führt. Man kann sich den Problemraum als ein
Labyrinth von Zuständen und die Operatoren als Wege von einem Zustand zum anderen
vorstellen. Folgt man dieser Konzeption, so wird die Lösung eines Problems durch **Suche**
erreicht; das heißt, der Problemlösende muß einen angemessenen Weg durch das Labyrinth von Zuständen finden. Diese Konzeption vom Absuchen eines Problemraumes, die
Allen Newell und Herbert Simon von der Carnegie Mellon Universität entwickelten,
beherrscht heute nicht nur in der Kognitiven Psychologie, sondern auch im Bereich der
Künstlichen Intelligenz die Analyse des Problemlösens.

Ein Problemraum ist durch die Menge von Zuständen und durch Operatoren für die
Übergänge zwischen diesen Zuständen bestimmt. Die Struktur des Problemraumes läßt
sich sehr gut am Beispiel eines Schiebepuzzles mit Zahlen verdeutlichen. Es besteht aus
acht numerierten Spielsteinen in einem 3×3-Raster, die durch Verschieben umgeordnet
werden können, weil stets eines der neun Felder leer bleibt. Wenn ein numerierter Spielstein auf den leeren Platz geschoben wird, wandert natürlich auch das freie Feld weiter.
Bei diesem Spiel geht es darum, die Steine aus ihrer Anfangskonfiguration so zu verschieben, daß eine bestimmte Zielanordnung erreicht wird. Zum Beispiel könnte das Problem
darin bestehen,

2	1	6
4	*	8
7	5	3

in

1	2	3
8	*	4
7	6	5

zu überführen. Die möglichen Zustände werden durch die Anordnungen der acht Spielsteine im 3×3-Raster repräsentiert. Die erste der beiden oben angeführten Anordnungen
ist also der Anfangszustand, die zweite der Zielzustand. Die Operatoren, die die Zustände
verändern, entsprechen dem Verschieben eines Spielsteins in ein leeres Feld. Bei meinem
Versuch, dieses Problem zu lösen, kam ich auf die 26 Züge, die in Abbildung 8.2 dargestellt sind. Dabei ist jeder Zug ein Operator, der den Zustand des Problems verändert.
Meine Operatorensequenz ist um einiges länger als notwendig. Versuchen Sie, eine kürzere Zugfolge zu finden (die kürzestmögliche finden Sie am Ende dieses Kapitels in Abbildung 8.15).

Eine Erörterung des Problemlösens beinhaltet häufig auch die Verwendung von Such-
graphen oder **Suchbäumen** (sogenannte Zustands-Handlungs-Bäume). Man kann Abbildung 8.3 als einen Ausschnitt aus einem Suchbaum für die folgende Transformation
ansehen:

2	8	3
1	6	4
7	*	5

in

1	2	3
8	*	4
7	6	5

Abbildung 8.3 erinnert an einen auf dem Kopf stehenden Baum, von dessen Stamm
verschiedene Äste abzweigen. Dieser Baum beginnt mit dem Anfangszustand, verzweigt
sich dann zu den von diesem Zustand aus erreichbaren Zuständen und stellt mit weiteren
Verzweigungen alle Zustände dar, die wiederum von jenen Zuständen aus erreichbar sind,

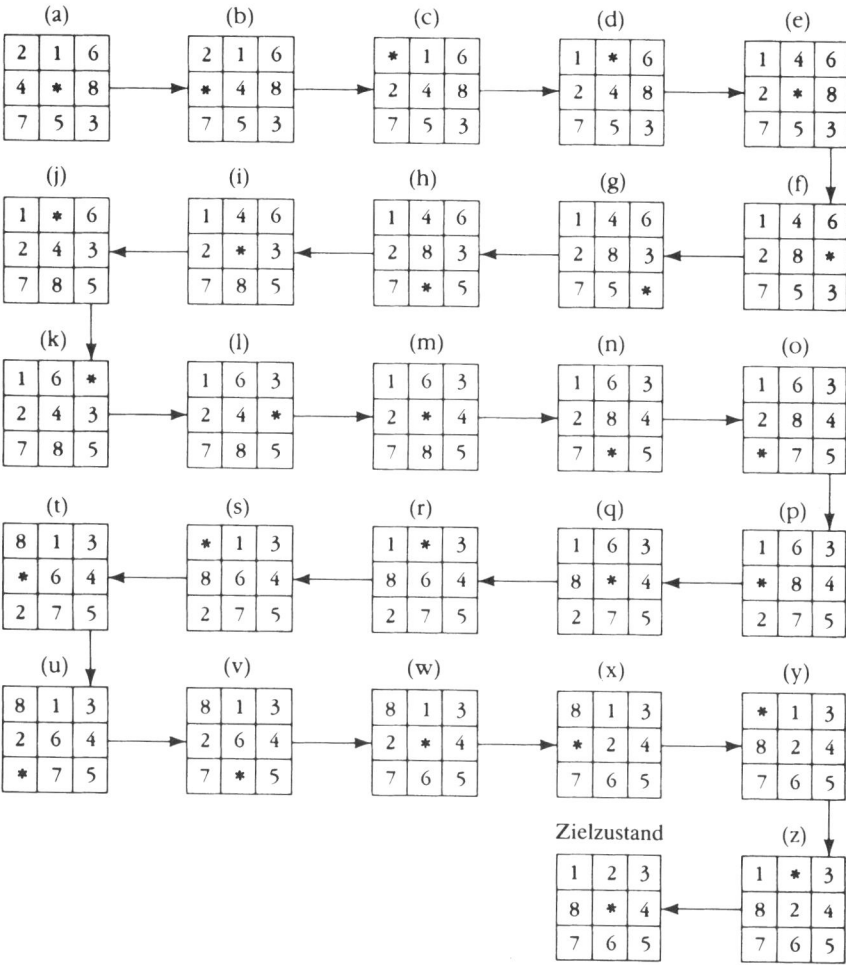

Abb. 8.2 Eine Sequenz von Zügen, um das Problem des Schiebepuzzles zu lösen.

und so fort. Jeder Weg durch einen solchen Baum stellt eine mögliche Sequenz von Zügen dar, die der Problemlösende machen könnte. Wenn man einmal einen vollständigen Suchbaum erzeugt hat, dann kann man auch die kürzeste Operatorsequenz zwischen dem Anfangs- und dem Zielzustand finden. Abbildung 8.3 veranschaulicht einen Teil des Problemraumes. Häufig wird bei der Besprechung solcher Beispiele nur derjenige Weg durch den Problemraum dargestellt, der zur Lösung führt (wie etwa in Abbildung 8.2). Abbildung 8.3 vermittelt jedoch eine bessere Vorstellung vom Umfang der möglichen Züge, die für ein Problem existieren.

Mit dem Begriff des Suchraumes kann man deskriptiv die potentiellen Schritte charakterisieren, die der Problemlösende durchführen könnte. Es bleiben allerdings zwei wichtige Fragen offen, die wir erst beantworten müssen, bevor wir das Verhalten eines bestimmten Problemlösenden voraussagen können. Erstens, was bestimmt die Operatoren, die der

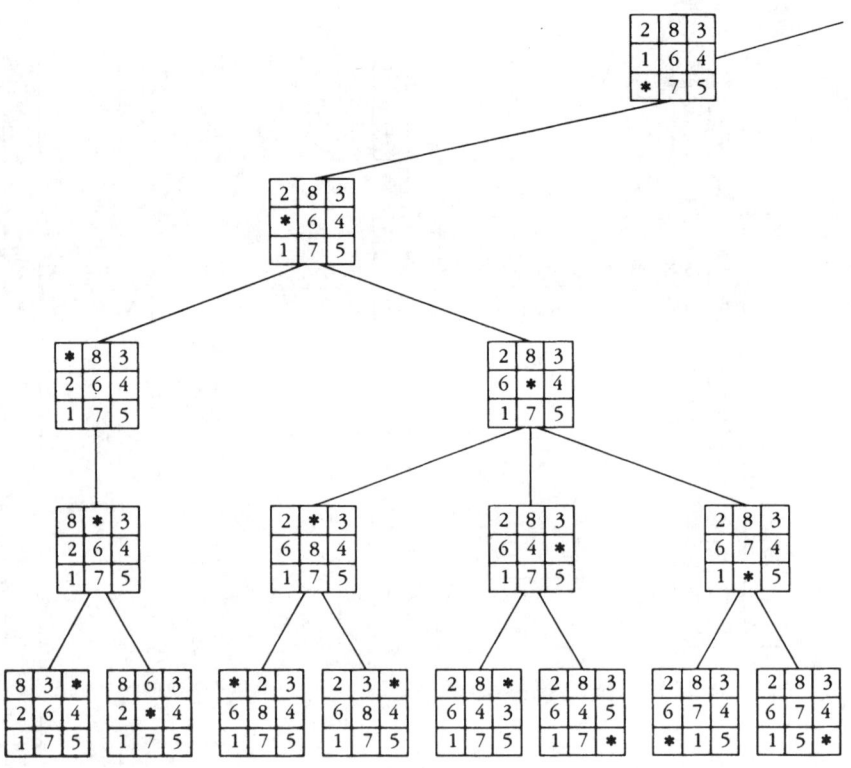

Abb. 8.3 Ausschnitt aus einem Suchbaum für ein Schiebepuzzleproblem; die Suchtiefe beträgt fünf Züge (aus Nilsson, 1971).

Problemlösende zur Verfügung hat? Zweitens, wie wählt der Problemlösende einen ganz bestimmten Operator aus, wenn verschiedene Operatoren verfügbar sind? Eine Beantwortung der ersten Frage bestimmt den Suchraum, in dem der Problemlösende arbeitet; eine Beantwortung der zweiten Frage bestimmt den Pfad, den der Problemlösende wählt. Wir werden diese beiden Fragen in den folgenden beiden Abschnitten diskutieren; zunächst wenden wir uns der Herkunft der Problemlöseoperatoren zu, dann besprechen wir die Operatorenauswahl.

Die Problemlöseoperatoren erzeugen einen Raum möglicher Zustände, die der Problemlösende nach einem Pfad zum Ziel durchsuchen muß.

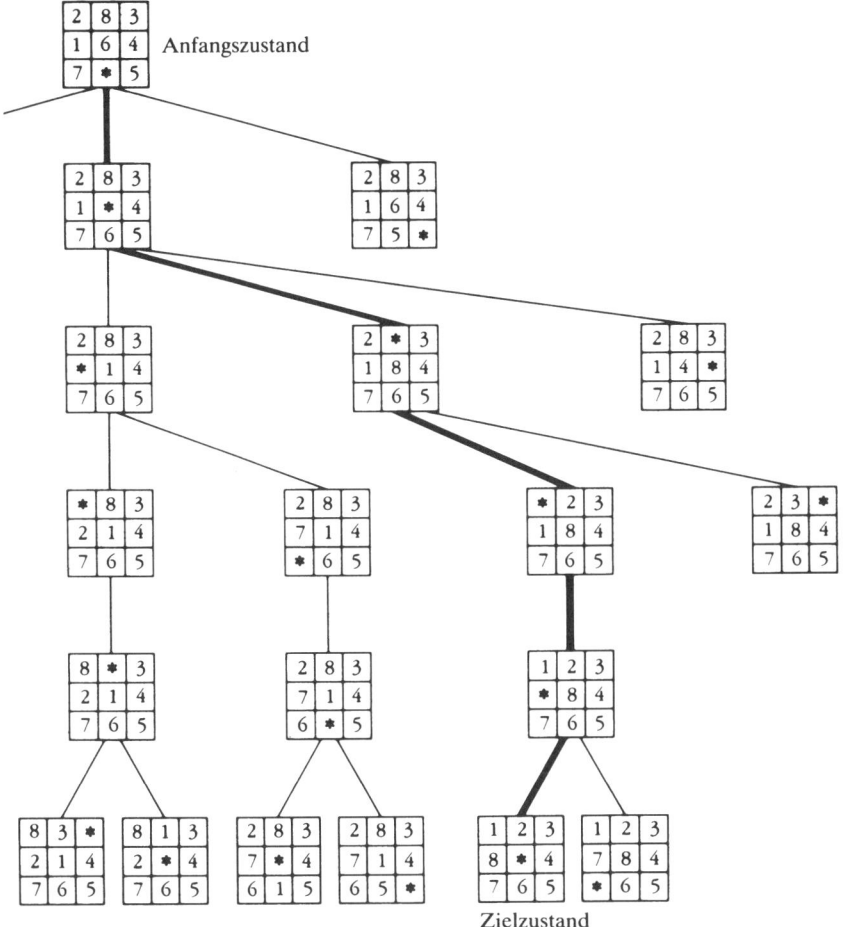

Problemlöseoperatoren

Der Erwerb von Operatoren

Es gibt mindestens drei Arten, neue Problemlöseoperatoren zu erwerben; eine davon ist das Entdecken. Wenn beispielsweise eine neue Autowerkstatt neben der eigenen Wohnung eröffnet wurde, dann lernen wir einen neuen Operator zum Reparieren unseres Autos. Oder wenn ein Kind vielleicht lernt, daß seine Eltern durch Wutanfälle besonders zu beeindrucken sind, lernt es eine neue Art, das zu bekommen, was es will. Oder wir lernen, wie ein neuer Mikrowellenherd funktioniert, indem wir daran herumspielen, und lernen dadurch eine neue Möglichkeit, Essen zuzubereiten. Vielleicht entdeckt eine Wissenschaftlerin oder ein Wissenschaftler ein neues Medikament, das Bakterien abtötet, und erfindet damit eine neue Möglichkeit, Infektionen zu bekämpfen. Jedes dieser Beispiele beinhaltet eine Reihe von schlußfolgernden Prozessen. Diese Prozesse sind Gegenstand von Kapitel 10.

In diesem Abschnitt erörtern wir genauer die beiden anderen Arten, neue Problemlöseoperatoren zu erwerben: entweder (i) indem sie uns von jemandem mitgeteilt werden oder (ii) durch Beobachtung der Lösung eines Problembeispiels an einer anderen Person. Die erste Methode, Problemlöseoperatoren durch Instruktion zu erwerben, scheint eine spezifisch menschliche Leistung zu sein, da sie von der Sprache abhängt. Die zweite Methode, Problemlöseoperatoren durch Nachahmung zu erwerben, ist eine Fähigkeit, die hauptsächlich den Primaten zugeschrieben wird. Im Englischen gibt es hierfür die Redewendung „Monkey see, monkey do", im Deutschen das nicht ganz bedeutungsgleiche „etwas nachäffen". Beide angesprochenen Methoden scheinen etwas schlichte Wege zu sein, um neue Operatoren zu erwerben. Wie wir aber noch sehen werden, ist keine der beiden Methoden so selbsterklärend, wie es zunächst scheint.

Es mag so aussehen, als läge die beste Art, neue Problemlöseoperatoren zu erwerben, einfach darin, sie mitgeteilt zu bekommen. Allerdings ist das nicht immer so einfach, und manchmal erfüllen Beispiele diesen Zweck besser als Instruktionen. Reed und Bolstad (1991) ließen ihre Probanden lernen, Probleme wie das folgende zu lösen:

Ein Experte kann eine technische Aufgabe innerhalb von fünf Stunden erledigen, aber ein Anfänger benötigt sieben Stunden zur Erledigung der gleichen Aufgabe. Wenn sie zusammenarbeiten, arbeitet der Novize zwei Stunden länger als der Experte. Wie lange arbeitet der Experte?

Die Probanden wurden instruiert, wie die folgende Gleichung zur Lösung des Problems anzuwenden ist:

$$\text{Geschwindigkeit}_1 \times \text{Zeit}_1 + \text{Geschwindigkeit}_2 \times \text{Zeit}_2 = \text{Aufgaben}$$

Die Problemlöseoperatoren, die der Lernende sich anzueignen hat, betreffen die Methode, den Variablen in der Gleichung Werte zuzuweisen. Die Lernenden erhielten entweder eine abstrakte Instruktion, wie diese Zuweisung zu erfolgen habe, oder sie sahen ein einfaches Beispiel, wie diese Zuweisungen gemacht werden. Darüber hinaus gab es eine Experimentalbedingung, unter der den Probanden sowohl die abstrakte Instruktion als auch das Beispiel gegeben wurde. Die Probanden, die die abstrakte Instruktion erhielten, konnten von einem später gegebenen Set von Problemen nur 13 Prozent lösen; die Probanden, die ein Beispiel sahen, lösten 28 Prozent der Probleme, und die Probanden, die beides erhielten, konnten 40 Prozent der Probleme lösen.

Warum mag das Geben von Beispielen zum Erlernen von Problemlöseoperatoren besser sein, als den Probanden direkt zu sagen, was sie zu tun haben? Das Problem bei einer direkten Instruktion liegt darin, daß es oft schwierig sein kann zu verstehen, auf welche Größe sich beispielsweise Geschwindigkeit$_1$ bezieht. Diese Information kann im Kontext eines Beispiels viel deutlicher werden. Im Gegensatz dazu kann es schwierig sein zu sehen, wie die Beispiellösung von einem Problem auf ein anderes übertragen werden kann. Demzufolge weisen Experimente wie das von Reed und Bolstad darauf hin, daß das beste Lernen erzielt werden kann, wenn die Probanden Zugang zu beidem haben. Ähnliche Ergebnisse erhielten für den Bereich der Statistik Fong, Krantz und Nisbett (1986) und für den Bereich der Logik Cheng, Holyoak, Nisbett und Oliver (1986).

Der Erwerb von Problemlöseoperatoren kann durch Entdecken, durch Analogie zur Lösung eines Beispielproblems oder durch direkte Instruktion erfolgen.

Analogiebildung

Wenn ein Problemlösender die Lösung des einen Problems auf die Lösung eines anderen Problems überträgt, dann nennt man diesen Prozeß **Analogiebildung**. Manchmal ist die Analogiebildung eher einfach, beispielsweise wenn ein Leser die Struktur eines innerhalb des Buchabschnittes besprochenen Beispiels auf ein Problem in den Übungen am Ende des Abschnittes überträgt. In anderen Fällen kann der Transfer komplexer sein, beispielsweise als Rutherford das Sonnensystem als Modell für die Struktur von Atomen benutzte. In einem Atom drehen sich die Elektronen um den Atomkern, wie sich die Planeten um die Sonne drehen (Koestler, 1964; Gentner, 1983). Bei jedem Akt des Analogiebildens ist es notwendig, die Elemente von der Quelle auf das Ziel zu übertragen. Tabelle 8.1 zeigt die Übertragung der Struktur des Sonnensystems auf die Atomstruktur.

Tabelle 8.1: Die Analogie zwischen dem Sonnensystem und der Atomstruktur (nach Gentner, 1983)

Basisdomäne: Sonnensystem	Zieldomäne: Atom
Die Sonne zieht die Planeten an.	Der Atomkern zieht die Elektronen an.
Die Sonne ist größer als die Planeten.	Der Atomkern ist größer als die Elektronen.
Die Planeten umkreisen die Sonne.	Die Elektronen umkreisen den Atomkern.
Die Planeten umkreisen die Sonne wegen der Anziehungskraft und der Massendifferenz.	Die Elektronen umkreisen den Atomkern wegen der Anziehungskraft und der Massendifferenz.
Es gibt Leben auf dem Planeten Erde.	Kein Transfer.

Ein Beispiel für die große Wirkung von Analogiebildungen beim Problemlösen verdeutlicht ein Experiment von Gick und Holyoak (1980). Sie boten den Probanden das folgende Problem dar, das eine Abwandlung der Originalfassung von Duncker (1935) darstellt:

Stellen Sie sich vor, Sie seien Arzt, und es kommt ein Patient zu Ihnen, der einen bösartigen Tumor hat. Eine Operation ist nicht möglich, aber wenn der Tumor nicht beseitigt wird, dann stirbt der Patient. Nun gibt es Strahlen, mit denen man den Tumor zerstören kann. Wenn diese Strahlen mit genügend hoher Intensität auf den Tumor treffen, dann können sie ihn zerstören. Unglücklicherweise schädigt man bei dieser Intensität auch das gesunde Gewebe, das die Strahlen auf ihrem Weg zum Tumor durchdringen. Bei niedrigeren Intensitäten sind die Strahlen zwar für das gesunde Gewebe unschädlich, aber sie greifen dann den Tumor nicht mehr an. Wie könnte man vorgehen, damit zwar der Tumor, aber möglichst kein gesundes Gewebe durch die Strahlen zerstört wird?

Dieses Problem ist schwierig, und nur wenige Probanden können es auf Anhieb lösen. Gick und Holyoak gaben jedoch folgende Geschichte als Lösungsanalogie vor:

Ein kleines Land wurde von einem Diktator regiert, der in einer Festung residierte. Diese Festung lag in der Mitte des Landes und war von Bauernhöfen und Dörfern umgeben. Viele Straßen führten von allen Seiten dorthin. Ein aufständischer General gelobte, die Festung einzunehmen. Er wußte, daß die Festung bei einem Angriff seiner gesamten Armee einnehmbar war, und sammelte seine Truppen am Ende von einer der Straßen für einen Direktangriff. Dann aber erfuhr der General, daß der Diktator jede Straße vermint hatte. Die Minen waren so verteilt worden, daß kleine Gruppen von Männern sicher über sie hinweggehen konnten, da der Diktator ja seine Truppen und Arbeiter zur Festung hin und von ihr weg bringen mußte. Eine größere Gruppe von Menschen würde die Minen jedoch zur Detonation bringen, und dann würde nicht nur die Straße gesprengt, sondern auch viele angrenzende Dörfer zerstört. Somit schien es unmöglich, die Festung einzunehmen. Der General entwarf jedoch einen einfachen Plan. Er teilte seine Streitkräfte in kleine Gruppen auf und schickte jede Gruppe an das Ende einer anderen Straße. Als alles bereit war, gab er das Signal, und jede Gruppe marschierte auf einer anderen Straße bis zur Festung, wo die gesamte Armee schließlich gleichzeitig ankam. Auf diese Weise nahm der General die Festung ein und stürzte den Diktator (Gick & Holyoak, 1980, S. 351).

Wenn diese Geschichte als Hinweis gegeben wurde, konnten nahezu alle Probanden eine analoge Lösung für das Bestrahlungsproblem entwickeln.

Ein interessantes Beispiel, bei dem das Problemlösen an Hand von Analogien nicht richtig funktionierte, stammt aus der Geometrie und wurde bei unseren Untersuchungen einem Schüler vorgelegt. In Abbildung 8.4a werden die Lösungsschritte für eine Geometrieaufgabe veranschaulicht, die im Aufgabentext als Beispiel angeführt war. Abbildung 8.4b illustriert eine etwas andere Beweisaufgabe und den Versuch des Schülers, den ausgearbeiteten Beweis (a) als Richtlinie für die Lösung des Problems (b) zu benutzen. In der Beispielaufgabe (a) sind zwei Abschnitte einer Strecke als gleich vorgegeben, und es soll gezeigt werden, daß zwei größere Streckenabschnitte ebenfalls gleich sind. In Teil (b) wurden dem Schüler zwei Streckenabschnitte vorgegeben, von denen der eine, AB, länger war als der andere, CD. Die Aufgabe bestand darin zu beweisen, daß zwei größere Streckenabschnitte, AC und BD, ebenfalls unterschiedlich lang sind.

Unser Proband bemerkte die offensichtliche Ähnlichkeit zwischen beiden Problemen und ging dazu über, die scheinbare Analogie zu entwickeln. Der Schüler glaubte, er brauche nur die Punkte auf der einen Strecke durch die Punkte auf der anderen Strecke und Ungleichheit durch Gleichheit zu ersetzen. Das heißt, er versuchte einfach A durch R, B durch O, C durch N, D durch Y und > durch = zu ersetzen. Durch diese Lösungen gelangte er zum richtigen Ergebnis für die erste Zeile: Analog zu RO = NY schrieb er AB > CD. Dann mußte er etwas Analoges zu ON = ON schreiben. Er schrieb BC > BC!

Dieses Beispiel verdeutlicht zweierlei: Analogien können als Richtlinien für das Lösen von Problemen benutzt werden, aber man muß genau überlegen, wie die Analogien richtig angewandt werden.

Eine weitere Schwierigkeit bei der Analogiebildung besteht im Auffinden der angemessenen Beispiele, von denen analoge Operatoren abgeleitet werden sollen. Oftmals übersehen die Probanden die Möglichkeit, Analogien zu bilden. Gick und Holyoak führten ein Experiment durch, in dem sie den Probanden die Geschichte mit dem General und dem Diktator und anschließend das Bestrahlungsproblem von Duncker (siehe oben) vorlasen. Nur sehr wenige

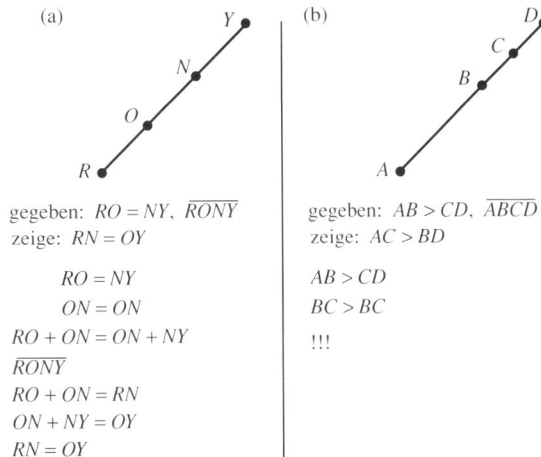

gegeben: $RO = NY$, $\overline{RONY}$
zeige: $RN = OY$

$RO = NY$
$ON = ON$
$RO + ON = ON + NY$
$\overline{RONY}$
$RO + ON = RN$
$ON + NY = OY$
$RN = OY$

gegeben: $AB > CD$, $\overline{ABCD}$
zeige: $AC > BD$

$AB > CD$
$BC > BC$
!!!

Abb. 8.4 (a) Eine ausgearbeitete Beweisaufgabe in einem Geometriebuch und (b) der Versuch eines Schülers, die Lösungsstruktur auf ein ähnliches Beweisproblem anzuwenden.

Probanden bemerkten auf Anhieb die Relevanz der ersten Geschichte für die Lösung der zweiten. Um erfolgreich zu sein, mußte den Probanden explizit gesagt werden, daß sie die Geschichte mit dem General und dem Diktator als Analogie zur Lösung des Bestrahlungsproblems verwenden sollten.

Wenn Probanden spontan frühere Beispiele zur Lösung eines Problems heranziehen, dann lassen sie sich oft durch äußerliche Ähnlichkeiten bei der Wahl ihrer Beispiele leiten. Beispielsweise lehrte Ross (1984, 1987) die Probanden verschiedene Methoden, um ein Problem aus der Wahrscheinlichkeitsrechnung zu lösen. Diese Methoden wurden an Hand spezifischer Beispiele vermittelt, wie etwa die Bestimmung der Wahrscheinlichkeit, daß sich bei einem Wurf mit einem Würfelpaar die Augen genau zu 7 aufaddieren. Die Probanden wurden anschließend mit neuen Problemen getestet, die äußerlich den vorigen Beispielen ähnlich waren. Diese äußerliche Ähnlichkeit bestand darin, daß sich sowohl Beispiel als auch Problem auf den gleichen Inhalt bezogen (zum Beispiel Würfel), allerdings nicht notwendigerweise auf das gleiche Prinzip der Wahrscheinlichkeitsbestimmung. Die Probanden versuchten das Problem zu lösen, indem sie die Operatoren des zuvor gegebenen, äußerlich ähnlichen Beispiels anwendeten. Wenn dieses Beispiel die gleichen Prinzipien aufzeigte, die für das aktuelle Problem benötigt wurden, konnten die Probanden das Problem lösen. Wenn dies nicht der Fall war, konnten sie das aktuelle Problem nicht lösen. Reed (1987) fand ähnliche Ergebnisse bei Textaufgaben zur Algebra.

Beim Lösen von Problemen, wie sie im Schulalltag gestellt werden, benutzen die Schüler die zeitliche Nähe als Hinweis, welche Beispiele sie zur Analogiebildung heranziehen sollen. Wenn beispielsweise Schüler Probleme aus der Physik am Ende eines Buchkapitels bearbeiten, dann erwarten sie, daß die bereits gelösten Beispielprobleme jenes Kapitels die gleichen Lösungsmethoden enthalten, und versuchen, entsprechende Analogien zu bilden (Chi, Bassok, Lewis, Reimann & Glaser, 1989).

Zur Analogiebildung muß zunächst festgestellt werden, daß eine frühere Problemlösung relevant ist. Dann müssen die Elemente dieser früheren Lösung so auf das
aktuelle Problem übertragen werden, daß nun ein Operator zu dessen Lösung ausgebildet werden kann.

Produktionsregeln

Kognitionswissenschaftler haben verschiedene Möglichkeiten aufgezeigt, wie man Problemlöseoperatoren formal darstellen kann. Es gibt ein allgemeines theoretisches Kon-
strukt, sogenannte **Produktionensysteme**, das sich als besonders nützlich herausgestellt
hat. Produktionensysteme bestehen aus einer Menge von **Produktionen**, die Regeln zur
Lösung eines Problems sind.

Eine typische Problemlöseproduktion (Anderson, 1983; Brown & Van Lehn, 1980;
Card, Moran & Newell, 1983) setzt sich aus einem Ziel, einigen Überprüfungen zur
Anwendbarkeit der Regeln und einer Aktion zusammen. Die folgende ist eine ziemlich
einfache Produktionsregel:

Tabelle 8.2:   Produktionsregeln zur Subtraktion mit mehreren Spalten

---

Wenn das Ziel ist, ein Subtraktionsproblem zu lösen,
Dann setze das Unterziel, die rechteste Spalte zu verarbeiten.

Wenn die rechte Spalte einen Eintrag enthält
        und es links davon eine Spalte gibt,
Dann setze das Unterziel, die linke Spalte zu verarbeiten.

Wenn das Ziel ist, eine Spalte zu verarbeiten,
        und es keine Zahl unten gibt,
Dann schreibe die obere Zahl als Antwort.

Wenn das Ziel ist, eine Spalte zu verarbeiten,
        und die obere Zahl nicht kleiner ist als die untere Zahl,
Dann schreibe die Differenz zwischen beiden Zahlen als Antwort.

Wenn das Ziel ist, eine Spalte zu verarbeiten,
        und die obere Zahl ist kleiner als die untere Zahl;
Dann addiere 10 zu der oberen Zahl
        und setze als Unterziel, von der linken Spalte zu übertragen.

Wenn das Ziel ist, von einer Spalte zu übertragen,
        und die obere Zahl in dieser Spalte ist nicht Null,
Dann verkleinere die Zahl um 1.

Wenn das Ziel ist, von einer Spalte zu übertragen,
        und die obere Zahl in dieser Spalte ist Null,
Dann ersetze die Null durch 9
        und setze als Unterziel, von der Spalte links davon zu übertragen.

Wenn das Ziel darin besteht, ein Auto mit Schaltgetriebe zu fahren,
        und der erste Gang eingelegt ist
        und das Auto schneller als 20 Kilometer in der Stunde fährt,
Dann lege den zweiten Gang ein.

Solch eine Produktion enthält eine Bedingung (*Wenn*-Teil) und eine Aktion (*Dann*-Teil). Die Bedingung enthält eine Aussage über das Ziel (beispielsweise ein Auto mit Schaltgetriebe zu fahren) und darüber hinaus bestimmte Prüfungen, ob die Regel anwendbar ist. Falls diese Prüfungen positiv ausfallen, wird die Regel angewendet und die Aktion ausgeführt.

Tabelle 8.2 zeigt einige Produktionsregeln, die den von Brown und Van Lehn (1980) vorgeschlagenen Regeln zur Modellierung einer mehrstelligen Subtraktion ähnlich sind. Diese Produktionen zeigen einige der wichtigsten Merkmale solcher Regeln:

1. *Bedingtheit*: Jede Produktionsregel besteht aus einer Bedingung, die beschreibt, wann sie angewendet werden soll, und einer Aktion, die beschreibt, was zu tun ist.
2. *Modularität*: Die Gesamtfähigkeit des Problemlösens wird in viele Produktionen zergliedert, jeweils eine für jeden Operator.
3. *Zielzerlegung:* Jede Produktion ist einem bestimmten Ziel zugeordnet, wie etwa der Übertrag einer Zahl aus einer Spalte.
4. *Abstraktheit*: Jede Regel wird auf eine Klasse von Situationen angewendet. Beispielsweise behandelt die vierte Produktionsregel alle Zahlenpaare, deren obere Zahl größer oder gleich der unteren Zahl ist.

Solche Produktionsregeln stellen Enkodierungen dessen dar, was man als „kristallisierte" Problemlöseoperatoren bezeichnen könnte, und spiegeln die Beschaffenheit der Problemlösefähigkeit wider, nachdem sie gut beherrscht wird. Kapitel 9, das sich mit der Entwicklung von Expertise beschäftigt, führt die Aneignung solcher Regeln genauer aus. In späteren Kapiteln werden wir auch ihren Einsatz in Modellen zum Schlußfolgern und zur Sprachverarbeitung darstellen.

Produktionsregeln enkodieren kristallisierte Problemlöseoperatoren als Bedingungs-Aktions-Regeln.

Die Auswahl von Operatoren

Wie wir bereits weiter oben erwähnt haben, können bei einem bestimmten Zustand verschiedene Problemlöseoperatoren anwendbar sein. Die entscheidende Aufgabe besteht darin, einen davon auszuwählen. Generell gibt es viele Methoden, wie ein Problemlösender Operatoren auswählen kann. Zwar konnte der Forschungszweig der Künstlichen Intelligenz viele wirkungsvolle Auswahlmethoden erarbeiten, allerdings scheinen die meisten davon nicht den menschlichen Problemlösemethoden zu entsprechen. Das einfachste Kriterium, das Menschen zur Operatorenauswahl heranziehen, ist die Vermeidung von Operatoren, die den Effekt des vorangehenden Operators aufheben. Demzufolge zeigen Menschen beispielsweise beim oben genannten Schiebepuzzle eine große Abneigung, einen Zug zurückzunehmen, auch wenn dies zur Lösung des Problems notwendig wäre. Isoliert betrachtet, liefert die **Vermeidung der Zustandswiederholung** allerdings nur einen geringen Beitrag zur Operatorenauswahl. Durch die Vermeidung der Zustandswiederholung wählen die Problemlöser eher keinen Operator aus, der zum vorhergehenden Zustand zurückführt, sie bildet aber keine Grundlage zur Auswahl der verbleibenden Operatoren.

Menschen neigen dazu, unter den sich nicht wiederholenden Operatoren denjenigen auszuwählen, der den Unterschied zwischen dem aktuellen Zustand und dem Zielzustand am stärksten reduziert. Die **Unterschiedsreduktion** ist ein sehr allgemeines Verhaltensprinzip und beschreibt das Verhalten vieler Lebewesen. Köhler (1927) beschreibt beispielsweise, daß ein Huhn sich direkt auf das gewünschte Futter zubewegt, anstatt um einen Zaun herumzugehen, der den direkten Weg blockiert. Das arme Geschöpf ist richtiggehend gelähmt; es kann sich nicht vorwärtsbewegen, will nicht zurückgehen und auch die Annäherung an den Zaun nicht ungeschehen machen. Das Tier scheint über keine weiteren Prinzipien der Operatorenauswahl außer der Unterschiedsreduktion und der Vermeidung der Zustandswiederholung zu verfügen; es muß also ohne Lösung des Problems verbleiben.

Ganz anders verhielt sich Sultan (vgl. Abbildung 8.1), der nicht nur an seinem Käfig rüttelte, um das Futter zu erhalten. Er versuchte, ein neues Werkzeug zu erfinden, um das Futter erreichen zu können. Tatsächlich machte er es sich zum Unterziel, ein neues Mittel zu erfinden, um das Hauptziel zu erreichen. Die **Mittel-Ziel-Analyse** beschreibt die Generierung eines neuen Zieles, das darin besteht, einen Operator (Mittel) zur Anwendung zu bringen. Menschen und andere Primaten setzen die Mittel-Ziel-Analyse ein, um beim Erreichen eines Hauptzieles planvoller vorzugehen, als es bei ausschließlicher Verwendung der Unterschiedsreduktion der Fall wäre. In diesem Abschnitt werden wir sowohl die Rolle der Unterschiedsreduktion als auch der Mittel-Ziel-Analyse bei der Operatorenauswahl darstellen.

Menschen vermeiden es, zu früheren Problemzuständen zurückzukehren, und sie setzen die Unterschiedsreduktion sowie die Mittel-Ziel-Analyse ein, um Operatoren auszuwählen.

Die Methode der Unterschiedsreduktion

Besonders bei wenig geläufigen Problemen wird häufig die Methode angewandt, den Unterschied zwischen dem gegenwärtigen Zustand und dem Zielzustand zu verringern. Man betrachte beispielsweise meine Lösung des Schiebepuzzles in Abbildung 8.2. Es gab vier Möglichkeiten für den ersten Zug. Ein möglicher Operator war, den Spielstein 1 in das leere Feld zu schieben, aber es konnten auch die Steine 8, 5 oder 4 weitergeschoben werden. Ich wählte den zuletzt genannten Operator, weil dieser Zug mich meinem Endziel näher zu bringen schien. Ich schob den Stein mit der 4 näher in Richtung seines Zielortes. Beim Problemlösen lassen sich Menschen stark von der Unterschiedsreduktion leiten, oder anders ausgedrückt, durch die Ähnlichkeit. Das heißt, sie wählen Operatoren, die den Problemzustand in einen neuen Zustand überführen, der die Unterschiede reduziert und der dem Zielzustand ähnlicher ist als der aktuelle Zustand. Man bezeichnet die Unterschiedsreduktion manchmal auch als **Bergsteigen**. Wenn wir uns das Ziel als den am höchsten gelegenen Punkt einer Landschaft vorstellen, dann ist eine Möglichkeit, diesen Punkt zu erreichen, bei jedem Schritt bergauf zu gehen. Durch die Reduktion des Unterschieds zwischen dem Ziel und dem aktuellen Zustand bewegt sich der Problemlösende durch einen Schritt immer „höher" dem Ziel entgegen. Die Methode des Bergsteigens birgt ein potentielles Problem in sich: Wir erreichen vielleicht den Gipfel eines Hügels, der niedriger ist als der Gipfel des Berges, der das Ziel darstellt. Mit der Methode der Unterschiedsreduktion ist also der Erfolg nicht garantiert. Es ist eine kurzsichtige Methode, da sie nur in Betracht zieht, ob der direkt folgende Schritt eine Verbesserung darstellt, jedoch außer acht läßt, ob der Gesamtplan funktioniert. Die Mittel-Ziel-Analyse, die wir später besprechen, kann als Versuch betrachtet werden, eine etwas globalere Sichtweise in das Problemlösen einzuführen.

Eine der Möglichkeiten, wie sich Problemlösende verbessern können, besteht im Heranziehen differenzierterer Ähnlichkeitsmaße. Mit meinem ersten Zug bei dem Schiebepuzzle zielte ich lediglich darauf ab, den Spielstein seinem letztendlichen Bestimmungsort näherzubringen. Wenn man sich etwas mehr mit Schiebepuzzles dieser Art beschäftigt hat, begreift man allmählich die Bedeutung von Sequenzen; das heißt, inwieweit Spielsteine mit aufeinanderfolgenden Ziffern benachbart stehen. So gehören die Steine 3 und 4 im Zustand (o) von Diagramm 8.2 zu einer Sequenz, weil sie die Spielsteine 4 beziehungsweise 5 als Nachfolger haben; der Stein 5 steht jedoch nicht in einer Sequenz, denn auf ihn folgt Stein 7 und nicht Stein 6. Es zeigt sich, daß es wichtiger ist, die Steine zuerst in eine Sequenz zu bringen, als sie gleich an ihren letztendlichen Bestimmungsort zu verschieben. Beim Problemlösen auf der Basis der Unterschiedsreduktion arbeitet man also effektiver, wenn man Sequenzen als Maß steigender Ähnlichkeit heranzieht (zur eingehenderen Diskussion siehe Nilsson, 1971).

Die Methode, die Unterschiede zwischen erreichtem Zustand und Zielzustand auf der Basis von Ähnlichkeiten zu reduzieren, kann in die Irre führen, auch wenn sie häufiger funktioniert, als sie scheitert. Bei manchen Problemen findet man nur dann die richtige Lösung, wenn man gegen das Ähnlichkeitskriterium verstößt. Ein gutes Beispiel hierfür ist das Missionare-und-Kannibalen-Problem, das heute in Anlehnung an Tolkiens *Herr der Ringe* Hobbits-und-Orcs-Problem genannt wird.

> An einem Ufer eines Flusses befinden sich drei Hobbits und drei Orcs. Sie verfügen über ein Boot, mit dem man jeweils zwei Passagiere auf einmal über den Fluß befördern kann. Das Ziel ist, alle sechs zum anderen Ufer zu bringen. Zu keinem Zeitpunkt dürfen die Orcs an einem Ufer in der Überzahl sein (sonst würden sie die zahlenmäßig unterlegenen Hobbits auffressen). Das Problem besteht nun darin, alle sechs über den Fluß zu bringen, ohne daß die Hobbits zu irgendeinem Zeitpunkt an einem der Ufer in die Minderzahl geraten.

Unterbrechen Sie das Lesen für einen Moment und versuchen Sie, dieses Problem zu lösen. Abbildung 8.5 zeigt eine korrekte Zugfolge zur Lösung des Problems. In der Abbildung sind die jeweiligen Standorte der Hobbits (H), der Orcs (O) und des Bootes (b)

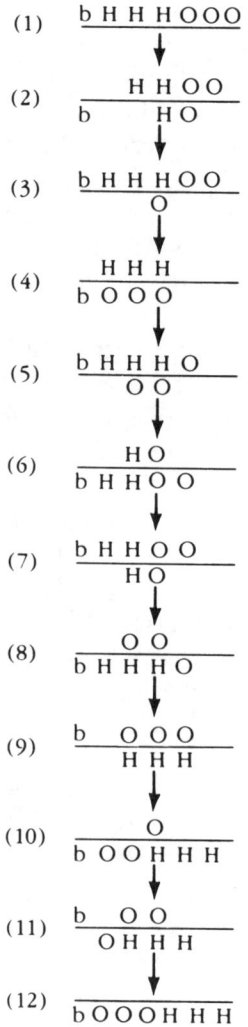

(1) b H H H O O O

(2) $\dfrac{\text{H H O O}}{\text{b} \qquad \text{H O}}$

(3) $\dfrac{\text{b H H H O O}}{\text{O}}$

(4) $\dfrac{\text{H H H}}{\text{b O O O}}$

(5) $\dfrac{\text{b H H H O}}{\text{O O}}$

(6) $\dfrac{\text{H O}}{\text{b H H O O}}$

(7) $\dfrac{\text{b H H O O}}{\text{H O}}$

(8) $\dfrac{\text{O O}}{\text{b H H H O}}$

(9) $\dfrac{\text{b} \qquad \text{O O O}}{\text{H H H}}$

(10) $\dfrac{\text{O}}{\text{b O O H H H}}$

(11) $\dfrac{\text{b} \qquad \text{O O}}{\text{O H H H}}$

(12) $\dfrac{}{\text{b O O O H H H}}$

Abb. 8.5 Ein Diagramm zur Lösung des Problems, Hobbits (H) und Orcs (O) mit einem Boot (b) über einen Fluß zu bringen. Gezeigt ist die Abfolge der Zustände, die zur Lösung führt.

dargestellt. Am Anfang sind das Boot, die drei Hobbits und die drei Orcs alle auf derselben Seite des Flusses. In der Abbildung wird dieser Sachverhalt dadurch veranschaulicht, daß alle Hobbits und Orcs wie auch das Boot sich in Zustand 1 oberhalb der waagerechten Linie befinden. Dann setzt das Boot mit einem Hobbit und einem Orc auf die andere Seite des Flusses über. Das Ergebnis dieser Aktion ist Zustand 2 mit dem Boot (b), einem Hobbit (H) und einem Orc (O) auf der anderen Seite der Linie. In Zustand 3 bringt dann der Hobbit das Boot zurück, und anschließend (Zustand 4) setzen zwei Orcs über, und so fort. Jeder in der Abbildung dargestellte Zustand steht für eine andere Konfiguration von Hobbits, Orcs und Boot. Viele Probanden (vgl. Greeno, 1974) haben besondere Schwierigkeiten beim Übergang von Zustand 6 zu Zustand 7 (siehe auch Jeffries, Polson, Razran & Atwood, 1977). Diese Schwierigkeiten beruhen unter anderem darauf, daß bei dieser Konstellation zwei Wesen auf die ‚falsche' Seite des Flusses zurückgebracht werden müssen. Dieser Zug scheint von einer Lösung des Problems wegzuführen. An dieser Stelle wollen die Probanden zu Zustand 5 zurückkehren, obwohl dies ihren letzten Zug rückgängig macht. Sie nehmen lieber einen Zug zurück, als daß sie einen Zug ausführen, der einen vom Zielzustand so weit entfernten Zustand zur Folge hat.

Atwood und Polson (1976) haben in einem weiteren Experiment gezeigt, daß Probanden auf Ähnlichkeit vertrauen, wobei auch deutlich wurde, inwieweit sich dieses Vertrauen nachteilig oder vorteilhaft auswirken kann. Den Probanden wurde folgende Wasserumfüllaufgabe gegeben:

Sie haben drei Krüge, die wir A, B und C nennen wollen. Krug A faßt genau acht Tassen Wasser, B genau fünf Tassen und C genau drei Tassen. A wird entsprechend seines Fassungsvermögens mit acht Tassen Wasser gefüllt. B und C sind leer. Wir möchten von Ihnen wissen, wie man den Inhalt von A gleichmäßig auf A und B verteilen kann, so daß sich in beiden Krügen jeweils genau vier Tassen Wasser befinden. Sie dürfen dazu Wasser beliebig von einem Krug in einen anderen gießen.

In Abbildung 8.6 findet man zwei Lösungswege für dieses Problem. Im Anfangszustand (1) befinden sich die gesamten acht Tassen Wasser in Krug *A* – ausgedrückt durch *A*(8); Krug *B* und *C* sind leer, was durch *B*(0) und *C*(0) wiedergegeben ist. Die beiden gezeigten Lösungen bestehen darin, nun Wasser von *A* in *C* oder aber *B* zu schütten, wobei sich *A*(5) *B*(0) *C*(3) beziehungsweise *A*(3) *B*(5) *C*(0) ergibt. Von diesen beiden Zuständen aus sind

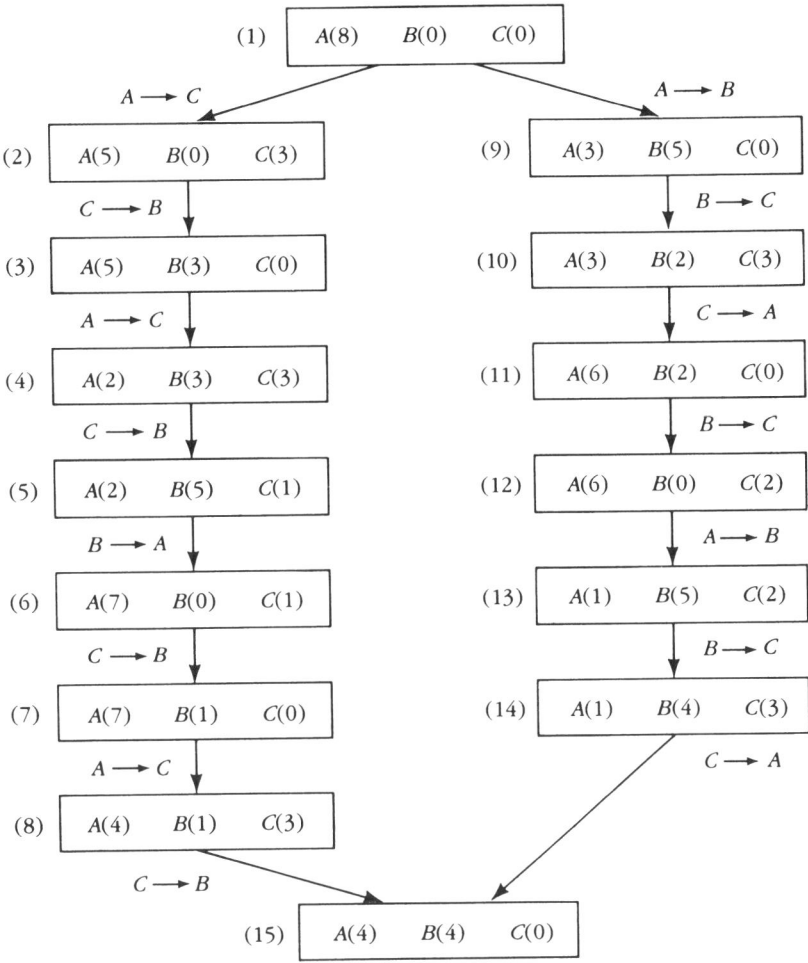

Abb. 8.6 Zwei Lösungswege für die Wasserumfüllaufgabe, die Atwood und Polson (1976) den Probanden stellten. Jeder Zustand wird durch den Inhalt der drei Krüge A, B und C dargestellt. Für die Übergänge zwischen den Zuständen ist jeweils angegeben, welcher Krug in welchen umgeschüttet wurde.

weitere Schritte möglich. Es gibt noch zahlreiche andere Zugsequenzen, die zum Ziel führen, Abbildung 8.6 veranschaulicht jedoch die beiden kürzesten Lösungswege.

Atwood und Polson benutzten die Darstellung der Abbildung 8.6, um das Verhalten der Probanden zu analysieren. Sie untersuchten beispielsweise, welchen Zug Probanden – bei gegebenem Anfangszustand – bevorzugen: das Umschütten von A in Krug C, um dadurch Zustand 2 herzustellen, oder das Umgießen von A in Krug B, das zu Zustand 9 führt. Die Probanden bevorzugten die zuletzt genannte Möglichkeit. Zustand 9 wurde doppelt so oft gewählt wie Zustand 2. Beachten Sie, daß Zustand 9 dem Zielzustand 15 recht ähnlich ist. Im Zielzustand sollen sich jeweils vier Tassen Wasser in Krug A und B befinden, und in Zustand 9 entfallen auf diese beiden Krüge drei beziehungsweise fünf Tassen Wasser; in Zustand 2 dagegen ist Krug B leer. Atwood und Polson stellten fest, daß die Probanden über die gesamte Aufgabe hinweg dazu neigten, Zustände herzustellen, die dem Zielzustand ähnlich waren. Normalerweise ist Ähnlichkeit eine gute Heuristik; es gibt jedoch kritische Fälle, bei denen Ähnlichkeiten irreführend sind. Bei den Übergängen von Zustand 5 zu Zustand 6 und von Zustand 11 zu Zustand 12 nimmt die Ähnlichkeit zum Zielzustand beträchtlich ab. Beide Übergänge sind jedoch für die Lösung entscheidend. Atwood und Polson fanden heraus, daß die Probanden an diesen kritischen Stellen in mehr als 50 Prozent der Fälle von der richtigen Zugsequenz abwichen. Die Probanden wählten in solchen Situationen eher irgendeinen Zug, der dem Ziel näherzukommen schien, in Wahrheit aber von der Lösung wegführte.*

> Beim Problemlösen treten an jenen Stellen Schwierigkeiten auf, an denen die richtige Lösung eine Vergrößerung des Unterschiedes zwischen dem aktuellen Zustand und dem Zielzustand mit sich bringt.

Die Mittel-Ziel-Analyse

Eine differenziertere Methode zur Operatorenauswahl ist die Mittel-Ziel-Analyse. Diese Methode haben Newell und Simon ausführlich mit Hilfe eines Computersimulationsprogramms untersucht, das menschliches Problemlöseverhalten modellhaft nachbildet. Dieses Computerprogramm ist unter dem Namen **General Problem Solver** oder kurz **GPS** bekannt geworden. Im folgenden wird die Beschreibung der Mittel-Ziel-Analyse durch Newell und Simon wiedergegeben.

> Die Mittel-Ziel-Analyse kann an Hand der folgenden Überlegungen charakterisiert werden, die dem gesunden Menschenverstand entsprechen:
>
> Ich möchte meinen Sohn zum Kindergarten bringen. Worin besteht nun der Unterschied zwischen dem, was ich habe, und dem, was ich anstrebe? In der räumlichen Entfernung. Wodurch läßt sich diese Entfernung überwinden? Mit dem Auto. Mein Auto ist defekt. Was brauche ich, damit es wieder funktioniert? Eine neue Batterie. Wo bekomme ich Batterien? In einer Autowerkstatt. Ich möchte eine neue Autobatterie eingebaut bekommen, aber die Leute dort wissen nicht, daß ich eine Batterie brauche. Worin besteht die Schwierigkeit? Die Werkstatt muß benachrichtigt werden. Wie kann ich Nachricht geben? Per Telephon ... und so fort.
>
> Eine derartige Analyse bildet die Grundlage der Heuristik von GPS: Dinge werden ihrer Funktion nach klassifiziert, und die Analyse pendelt gleichsam zwischen den Zielen, Funktionen und den Mitteln, mit denen diese Funktionen erfüllt werden können, hin und her (Newell & Simon, 1972, S. 416).

Man kann die Mittel-Ziel-Analyse als eine differenzierte Ausarbeitung der Methode der Unterschiedsreduktion betrachten. Wie auch die Unterschiedsreduktion, versucht sie, die Unterschiede zwischen dem aktuellen Zustand und dem Zielzustand aufzuheben. Beispielsweise versuchte die Mittel-Ziel-Analyse in dem obigen Beispiel, die räumliche Di-

---

* Beispielsweise wurde von Zustand 5 beziehungsweise Zustand 11 zu Zustand 9 zurückgekehrt.

stanz zwischen Wohnung und Kindergarten zu reduzieren. Sie erkennt zuerst die größte Differenz und versucht, sie aufzuheben. Also liegt in dem oben genannten Beispiel der Schwerpunkt auf der Differenz der räumlichen Lage von Wohnung und Kindergarten. Die Differenz zwischen dem Ort, an dem das Auto geparkt ist, und dem Spielzimmer im Kindergarten wurde nicht berücksichtigt.

Der größte Gegensatz zwischen der Unterschiedsreduktion und der Mittel-Ziel-Analyse besteht darin, daß bei letzterer ein Operator nicht verworfen wird, wenn er nicht unmittelbar angewendet werden kann. Wenn das Auto defekt ist, würde die Unterschiedsreduktion dazu anhalten, zu Fuß zum Kindergarten zu gehen. Demgegenüber besteht das entscheidende Merkmal der Mittel-Ziel-Analyse darin, blockierten Operatoren eine Anwendung zu erlauben. Das Mittel wird vorübergehend zum Ziel. In dem angeführten Beispiel wurde das Reparieren des Autos als Teilziel gebildet, was wiederum das Mittel zum Erreichen des ursprünglichen Ziels darstellt, das Kind in den Kindergarten zu bringen. Zum Erreichen dieses Teilziels können neue Operatoren ausgewählt werden, in unserem Beispiel etwa die Installation einer neuen Batterie. Ist dieser Operator blockiert, so kann wiederum ein neues Teilziel darin bestehen, dessen Anwendung zu ermöglichen.

Die Flußdiagramme in Abbildung 8.7 zeigen die wichtigsten Schritte des GPS zur Mittel-Ziel-Analyse. Ein allgemeines Merkmal dieser Analyse besteht darin, größere Ziele in Teilziele zu zerlegen. GPS generiert die Teilziele auf zwei Ebenen: Flußdiagram I zeigt,

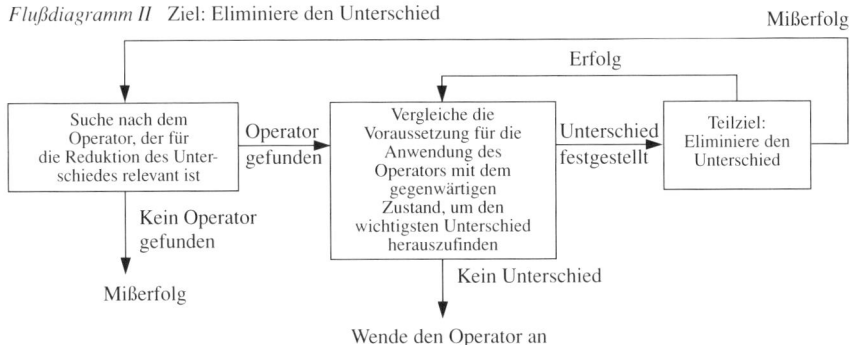

Abb. 8.7 Flußdiagramme zur Mittel-Ziel-Analyse, die der General Problem Solver (GPS) von Newell und Simon (1972) anwendet. Nach Flußdiagramm I wird das Problem in eine Reihe von Unterschieden aufgeteilt, die es zu eliminieren gilt. Flußdiagramm II zeigt, wie nach einem Operator gesucht wird, der zum Eliminieren eines Unterschieds von Bedeutung ist.

wie das Programm den jeweils erreichten Zustand mit dem jeweils angestrebten Zustand vergleicht und dabei eine Reihe von Unterschieden feststellt; die Reduktion jedes einzelnen Unterschiedes wird dann als separates Teilziel abgearbeitet. Das Programm versucht, zunächst denjenigen Unterschied zu eliminieren, der ihm als der wichtigste erscheint. An Hand des Flußdiagramms II der Abbildung 8.7 wird deutlich, wie GPS einen Operator auswählt, um damit den Unterschied zu beseitigen. Möglicherweise läßt sich ein solcher Operator nicht direkt auf den jeweils gegebenen Zustand anwenden, weil sich die Bedingung für die Anwendung des Operators vom gegebenen Zustand unterscheidet. Dann muß als weiteres Teilziel zunächst ein anderer Unterschied eliminiert werden. Um den Unterschied zu beseitigen, der die Anwendung des Operators blockiert, wird man nochmals die Programmschritte von Flußdiagramm II aufrufen müssen, um dadurch einen weiteren Operator zu finden, der diese blockierenden Unterschiede aufhebt. Der Begriff *Operator-Teilziel* bezeichnet ein Teilziel, dessen Zweck in der Aufhebung eines Unterschieds besteht, der die Anwendung eines Operators blockiert.

Komplexe Zielstrukturen, vor allem jene, die Operator-Teilziele beinhalten, findet man nur beim Menschen und bei höheren Primaten einigermaßen häufig. Wir haben bereits ein Beispiel für das Problemlösen von Sultan im Zusammenhang mit Abbildung 8.1 angeführt. Das Erfinden neuer Werkzeuge, ein klares Beispiel für Operator-Teilziele, tritt fast ausschließlich bei höheren Affen auf (Beck, 1980). Es wurde vermutet (Anderson, 1993), daß der Umgang mit komplexen Teilzielen im Frontalcortex (vgl. Abbildung 6.1) erfolgt, der bei höheren Primaten gegenüber den meisten Säugetieren und beim Menschen gegenüber den meisten Affen stark vergrößert ist. In Kapitel 6 wurde die Rolle des Frontalcortex im Zusammenhang mit dem Arbeitsgedächtnis diskutiert. Eine der wichtigsten Voraussetzungen für die Entwicklung komplexer Zielstrukturen ist die Fähigkeit, diese Zielstrukturen im Arbeitsgedächtnis aufrechtzuerhalten.

Die Mittel-Ziel-Analyse umfaßt die Bildung von Teilzielen, um den Unterschied zu eliminieren, der zwischen dem aktuellen Zustand und der Bedingung zur Anwendung des angestrebten Operators besteht.

Das Turm-von-Hanoi-Problem

Die Mittel-Ziel-Analyse hat sich als eine erfolgreiche Methode des Problemlösens erwiesen, die in einem breiten Anwendungsbereich eingesetzt werden kann. Ernst und Newell (1969) haben diese Methode als Modell für die Lösung verschiedener Probleme diskutiert, darunter die Anwendungen für das Affen-und-Bananen-Problem (wie Sultans Dilemma in Köhlers Experiment), für Probleme der Algebra und der Differentialrechnung und schließlich für Logikprobleme. Wir wollen die Mittel-Ziel-Analyse hier jedoch an einem anderen Problem veranschaulichen, dem **Turm-von-Hanoi-Problem**. Eine einfache Version dieses Problems zeigt Abbildung 8.8. Es gibt drei Scheiben unterschiedlicher Größe, *A*, *B* und *C*, sowie drei Stifte, auf die diese Scheiben gesteckt werden können. Jede Scheibe darf von einem Stift auf einen beliebigen anderen gelegt werden, solange jeweils nur die oberste Scheibe bewegt wird und niemals eine größere Scheibe auf eine kleinere zu liegen kommt. Am Anfang befinden sich alle Scheiben auf Stift *1*. Ziel ist, alle auf Stift *3* zu bringen, indem immer nur eine Scheibe bewegt wird.

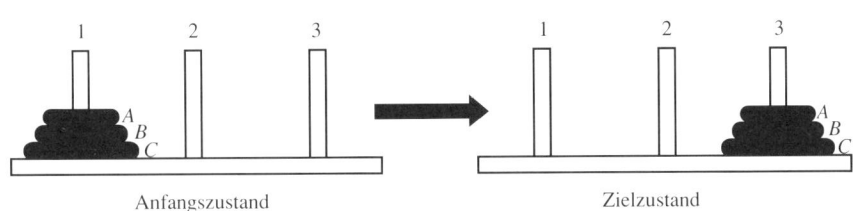

Anfangszustand   Zielzustand

Abb. 8.8   Das Turm-von-Hanoi-Problem in der klassischen Aufgabenstellung mit drei Scheiben und drei Stiften.

Abbildung 8.9 zeigt die Anwendung des GPS-Verfahrens für dieses Problem. In der ersten Zeile wird das übergeordnete Ziel wiedergegeben, die Scheiben *A*, *B* und *C* auf Stift *3* zu bringen. Dieses Ziel führt uns zum ersten Schritt des Flußdiagramms I in der Abbildung 8.7. Ein Unterschied zwischen dem aktuellen Zustand und dem Zielzustand besteht darin, daß *C* nicht auf Stift *3* steckt. Diesen Unterschied versucht das GPS-Programm zuerst zu beseitigen, weil es zunächst die wichtigsten Unterschiede eliminiert. Wir können davon ausgehen, daß es die größte, falsch plazierte Scheibe als wichtigsten Unterschied ansieht. Um diesen Unterschied zu beseitigen, wird ein Teilziel aufgestellt. Dies führt uns zu Flußdiagramm II der Abbildung 8.7: GPS versucht nun, einen Operator zu finden, um den Unterschied zu reduzieren. Ausgewählt wird der Operator, *C* nach *3* zu bringen. Dieser Zugoperator ist nur unter der Bedingung anwendbar, daß sich keine andere Scheibe auf der Scheibe *C* befindet. Da aber *A* und *B* auf *C* liegen, gibt es Unterschiede zwischen der Bedingung für die Anwendbarkeit des Operators und dem aktuellen Zustand. Aus diesem Grund wird ein neues Teilziel aufgestellt, um einen dieser Unterschiede, nämlich daß *B* auf *C* liegt, zu reduzieren. Dieses Teilziel führt uns wieder zum Anfangsschritt in Flußdiagramm II zurück, nun aber mit dem Ziel, *B* von *C* zu entfernen (Zeile 6 in Abbildung 8.9).*

Der in dieser zweiten Anwendung von Flußdiagramm II gewählte Operator ist, *B* nach *2* zu bringen. Wir können aber auch diesen Operator nicht sofort anwenden, da *A* auf *B* liegt. Deshalb wird ein weiteres Teilziel aufgestellt – nämlich *A* zu entfernen –, und Flußdiagramm II wird benutzt, um diesen Unterschied zu beseitigen. Der dafür in Frage kommende Operator ist, *A* nach *3* zu bringen. Zwischen den Anwendungsbedingungen für diesen Operator und dem gegenwärtigen Zustand bestehen keine Unterschiede. Somit verfügen wir über einen direkt anwendbaren Operator (Zeile 12 in Abbildung 8.9). Auf diese Weise erreichen wir das Teilziel, *A* nach *3* zu bringen. Nun wenden wir uns wieder unserer früheren Absicht zu, *B* nach *2* zu bringen. Auch hier sind die Unterschiede

*   Beachten Sie, daß wir von einer Verwendung des Flußdiagramms I zur Verwendung von Flußdiagramm II zu einer *neuen* Verwendung von II übergegangen sind. Dies wird als Rekursion bezeichnet, weil wir zur Anwendung von Flußdiagramm II, das *C* nach *3* bringen soll, Flußdiagramm II anwenden, um *B* von *C* zu entfernen. Eine Prozedur benutzt sich somit selbst als Unterprozedur.

```
 1.  Ziel:  Bringe A, B und C auf Stift 3
 2.        : Der Unterschied besteht darin, daß C sich nicht auf 3 befindet
 3.        : Teilziel  : Bringe C nach 3
 4.                    : Der Operator besteht darin, C nach 3 zu bringen
 5.                    : Der Unterschied besteht darin, daß A und B auf C liegen
 6.                    : Teilziel  : Entferne B von C
 7.                                : Der Operator besteht darin, B nach 2 zu bringen
 8.                                : Der Unterschied besteht darin, daß A auf B liegt
 9.                                : Teilziel  : Entferne A von B
10.                                            : Der Operator besteht darin, A nach 3 zu bringen
11.                                            : Es besteht kein Unterschied zur Voraussetzung für die Anwendung
                                                 des Operators
12.                                            : Wende den Operator an (bringe A nach 3)
13.                                : Teilziel erreicht
14.                                : Es bestehen keine Unterschiede zur Voraussetzung für die Anwendung des Operators
15.                                : Wende den Operator an (bringe B nach 2)
16.                    : Teilziel erreicht
17:                    : Der Unterschied besteht darin, daß A auf 3 liegt
18.                    : Teilziel  : Entferne A von Stift 3
19.                                : Der Operator besteht darin, A nach 2 zu bringen
20.                                : Es besteht kein Unterschied zur Voraussetzung für die Anwendung des Operators
21                                 : Wende den Operator an (bringe A nach 2)
22.                    : Teilziel erreicht
23.                    : Es bestehen keine Unterschiede zur Voraussetzung für die Anwendung des Operators
24.                    : Wende den Operator an (bringe C nach 3)
25.        : Teilziel erreicht
26.        : Der Unterschied besteht darin, daß B sich nicht auf 3 befindet
27.        : Teilziel  : Stecke B auf Stift 3
28.                    : Der Operator besteht darin, B nach 3 zu bringen
29.                    : Der Unterschied besteht darin, daß A auf B liegt
30.                    : Teilziel  : Entferne A von B
31.                                : Der Operator besteht darin, A nach 1 zu bringen
32.                                : Es besteht kein Unterschied zur Voraussetzung für die Anwendung des Operators
33.                                : Wende den Operator an (bringe A nach 1)
34.                    : Teilziel erreicht
35.                    : Es besteht kein Unterschied zur Voraussetzung für die Anwendung des Operators
36.                    : Wende den Operator an (bringe B nach 3)
37.        : Teilziel erreicht
38.        : Der Unterschied besteht darin, daß A sich nicht auf 3 befindet
39.        : Teilziel  : Stecke A auf Stift 3
40.                    : Der Operator besteht darin, A nach 3 zu bringen
41.                    : Es besteht kein Unterschied zur Voraussetzung für die Anwendung des Operators
42.                    : Wende den Operator an (bringe A nach 3)
43.        : Teilziel erreicht
44.        : Keine Unterschiede
45.  Ziel erreicht
```

Abb. 8.9   Ziele und Teilziele, in die das GPS-Programm das Turm-von-Hanoi-Problem bei seiner Lösung zerlegt.

zwischen den Anwendungsbedingungen des Operators und dem erreichten Zustand nun beseitigt, so daß der Zug ausgeführt werden kann. Die Teilaufgabe, *B* von *C* zu entfernen, ist somit erfüllt (Zeile 16 in Abbildung 8.9).

Wir kommen nun wieder auf unsere ursprüngliche Absicht zurück, *C* nach *3* zu bringen. Scheibe *A* steckt aber noch auf Stift *3*, was den gewünschten Zug blockiert. Wir müssen also einen weiteren Unterschied zwischen dem erreichten Zustand und den Anwendungsvoraussetzungen für den Operator eliminieren. Dazu stecken wir *A* auf Stift *2*; nun kann der ursprüngliche Operator, der *C* nach *3* bringt, angewandt werden (Zeile 24 in Abbildung 8.9).

In dem nunmehr erreichten Zustand steckt Scheibe *C* auf Stift *3*, und die Scheiben *A* und *B* befinden sich auf Stift *2*. An dieser Stelle wendet sich GPS wieder seinem ursprünglichen Ziel zu, alle drei Scheiben auf Stift *3* zu bringen. Das Programm stellt fest, daß immer noch ein Unterschied gegenüber dem Zielzustand besteht: *B* steckt nicht auf Stift *3*. Um diesen Unterschied zu beseitigen, wird ein weiteres Teilziel aufgestellt. GPS erreicht dieses Teilziel, indem es zuerst *A* nach *1* und anschließend *B* nach *3* bringt. Damit sind wir bei Zeile 37 der Abbildung 8.9 angelangt. Der erreichte Zustand weicht immer noch vom Zielzustand ab, weil sich *A* nicht auf Stift *3* befindet. Wie dieser Unterschied elimiert wird, kann man den Zeilen 38 bis 42 entnehmen. Ist schließlich *A* nach *3* gebracht, bestehen keine Unterschiede mehr, und das ursprüngliche Ziel ist erreicht.

Beachten Sie, daß manche Teilziele anderen Teilzielen dienen. Um beispielsweise als Teilziel zu erreichen, daß die größte Scheibe bewegt werden kann, muß man zunächst das Teilziel aufstellen, die daraufliegende zweitgrößte Scheibe zu entfernen. In Abbildung 8.9 haben wir diese logische Abhängigkeit zwischen Teilzielen durch Einzüge gekennzeichnet. Vor dem ersten Zug in Zeile 12 der Abbildung mußten drei Teilziele erstellt werden. Es sieht ganz so aus, als ob das Erstellen solcher Teilziele ziemlich aufwendig sein könnte. Sowohl Anderson, Kushmerick und Lebiere (1993) als auch Ruiz (1987) fanden heraus, daß die Zeit zur Ausführung eines Zuges eine Funktion der Anzahl zu erstellender Teilziele ist. Bevor beispielsweise in Abbildung 8.9 die Scheibe *A* auf Stift *3* gesteckt wird (der erste Zug), müssen drei Teilziele erstellt werden, wohingegen vor dem nächsten Zug – *B* wird nach *2* bewegt – keine Teilziele erstellt werden müssen. Nach Anderson et al. wurden entsprechend 8,95 Sekunden zur Ausführung des ersten Zuges und 2,46 Sekunden zur Ausführung des zweiten Zuges gebraucht.

Beachten Sie, daß es zwei Methoden gibt, um das Turm-von-Hanoi-Problem zu lösen. Die Probanden könnten, wie in Abbildung 8.9 dargestellt, eine Mittel-Ziel-Analyse oder die einfache Methode der Unterschiedsreduktion benutzen. Bei Anwendung der letztgenannten Methode würden die Probanden es sich nie als Teilziel setzen, eine Scheibe zu bewegen, die momentan nicht bewegt werden kann. Die Methode der Unterschiedsreduktion wäre auf das Turm-von-Hanoi-Problem nicht effektiv anzuwenden, da man hinter das blicken muß, was aktuell möglich ist, und man einen globalen Plan braucht, um das Problem anzugehen. Der einzige Zug, den die Methode der Unterschiedsreduktion nach Abbildung 8.8 ausführen könnte, wäre, die obere Scheibe (*A*) auf den Zielstift zu stecken, aber dann könnte sie nichts mehr beisteuern, weil kein weiterer Zug den Unterschied zwischen dem aktuellen Zustand und dem Zielzustand reduziert. Kotovsky, Hayes und Simon (1985) untersuchten, wie Probanden tatsächlich das Turm-von-Hanoi-Problem angehen. Sie fanden heraus, daß es eine anfängliche Phase des Problemlösens gibt, in der die Probanden diese fruchtlose Strategie der Unterschiedsreduktion anwandten. Die Probanden wechselten dann zu einer Mittel-Ziel-Analyse, worauf sich die Lösung des Problems schnell einstellte.

Das Turm-von-Hanoi-Problem wird durch die Anwendung einer Mittel-Ziel-Strategie gelöst, indem Teilziele erstellt werden.

Die Interaktion von Teilzielen

Problemlösesituationen können komplexe Überlegungen über die Beziehungen der Ziele zueinander erfordern, weil einige Teilziele nicht unabhängig voneinander sind. Ein gutes Beispiel für den Umgang mit abhängigen Teilzielen ist die Untersuchung von Sacerdoti (1977) zu NOAH, einem Problemlöser aus dem Bereich der Künstlichen Intelligenz. Abbildung 8.10a veranschaulicht den Plan, der zuerst von NOAH entworfen wurde, um das Problem zu lösen, eine Leiter und eine Zimmerdecke grün zu streichen. Das Programm zergliederte diese Ziele in unterschiedliche Teilziele, die für die beiden Unterschiede stehen, die es zu reduzieren gilt: (1) die Leiter grün zu streichen und (2) die Zimmerdecke grün zu streichen. ‚Die Leiter grün zu streichen' wurde in ‚grüne Farbe besorgen' (Operator-Teilziel) und ‚die grüne Farbe auftragen' unterteilt. ‚Die Zimmerdecke zu streichen' wurde in ‚die Farbe besorgen' (Operator-Teilziel) und ‚die Farbe auf die

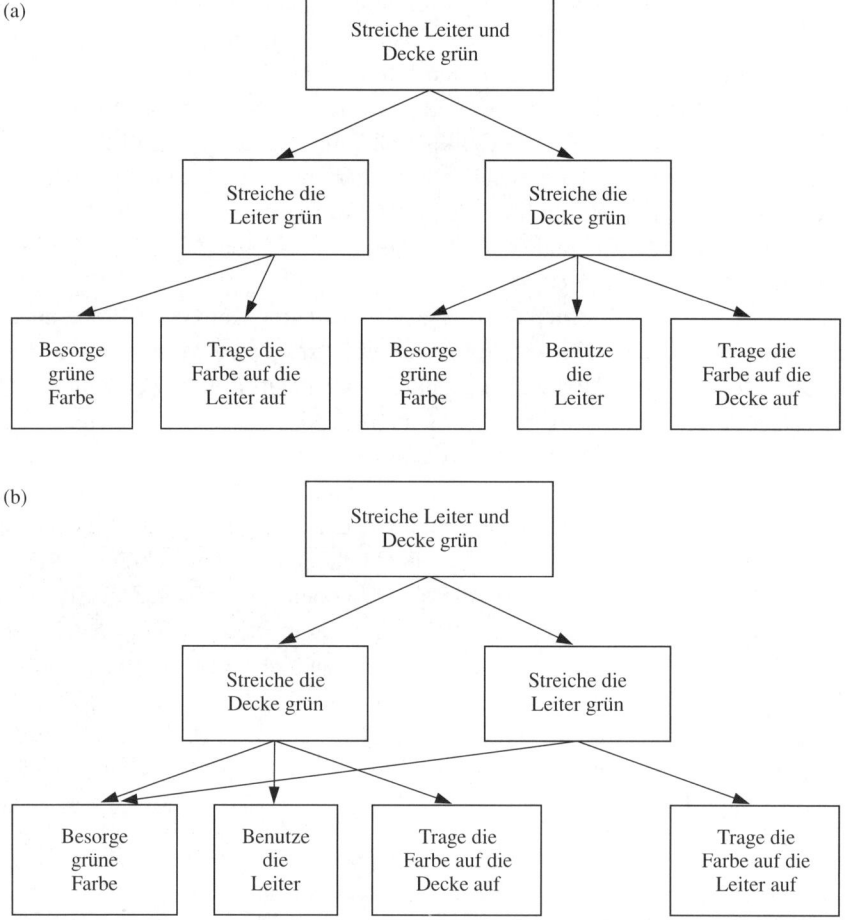

Abb. 8.10   (a) Die Zielstruktur, die generiert wird, wenn man sich rückwärts vom Ziel durcharbeitet, die Leiter und die Zimmerdecke zu streichen; (b) die Neuorganisation der Zielstruktur, um mit den Konflikten zwischen abhängigen Zielen in Teil (a) umzugehen (nach Sacerdoti, 1977).

Zimmerdecke auftragen' zergliedert. Unglücklicherweise machte das Auftragen der Farbe auf die Leiter diese zum Streichen der Decke unbrauchbar. NOAH reagierte auf solche Zielkonflikte, indem er die Ziele wie in unserem Beispiel nach Abbildung 8.10b neu organisierte. Jetzt wird zuerst die Decke gestrichen. Beachten Sie auch, daß nach dem neu organisierten Plan die grüne Farbe nur einmal besorgt wird.

Viele Schwierigkeiten in unserem alltäglichen Problemlösen entstehen durch solche Abhängigkeiten von Teilzielen. Beispielsweise habe ich als Student häufig Probleme gehabt, weil das Endspiel um den Stanley Cup immer zur Zeit meiner Abschlußprüfungen stattfand. Ich mußte schwierige, aber erfindungsreiche Entscheidungen treffen, um sowohl meinem Bedürfnis, Eishockey anzuschauen, als auch meinem Bedürfnis, gute Noten zu erreichen, Rechnung zu tragen. Glücklicherweise ist dies jetzt weniger ein Problem, da ich selbst Prüfungen abnehme.

> Man muß Überlegungen über die Beziehungen zwischen den Zielen anstellen, um Zielkonflikte zu vermeiden und um die effektivste Prozedur zu finden.

Die Repräsentation von Problemen

Die Bedeutsamkeit korrekter Repräsentationen

Wir haben das Problemlösen bei unserer bisherigen Analyse an Hand von Problemzuständen und Operatoren für die Übergänge zwischen diesen Zuständen beschrieben. Wir haben das Problemlösen so behandelt, als bestünde die einzige Schwierigkeit darin, sich Operatoren anzueignen und diese angemessen auszuwählen. Darüber hinaus hat jedoch auch die Art, wie Problemzustände repräsentiert werden, entscheidende Auswirkungen. Ein bekanntes Beispiel, das die Bedeutsamkeit der Repräsentation verdeutlicht, ist die Parkettierung eines unvollständigen Schachbretts (Kaplan & Simon, 1990). Nehmen wir an, bei einem Schachbrett werden, wie in Abbildung 8.11 gezeigt, die beiden diagonal gegenüberliegenden Eckfelder ausgeschnitten; dieses Brett hätte dann nur noch 62 Felder. Nehmen wir weiter an, wir hätten 31 Dominosteine, von denen jeder genau zwei Felder auf dem Schachbrett abdeckt. Gibt es dann eine Möglichkeit, diese 31 Dominosteine so anzuordnen, daß sie alle 62 Felder abdecken? Versuchen Sie, eine solche Anordnung zu finden oder – falls es Ihrer Meinung nach keine solche Möglichkeit geben sollte – zu beweisen, daß sich die 62 Felder nicht mit den 31 Dominosteinen abdecken lassen. Vielleicht

Abb. 8.11 Das unvollständige Schachbrett (nach Wickelgren, 1974).

würden Sie gerne über dieses Problem nachdenken, bevor Sie weiterlesen. Nur wenige sind in der Lage, eine Lösung zu finden, und kaum jemand findet sie schnell.

Die richtige Antwort lautet: Es ist nicht möglich, das Schachbrett mit den Dominosteinen abzudecken. Um auf diese Lösung zu kommen, muß man bei der Repräsentation des Problems berücksichtigen, daß jeder Dominostein zwangsläufig ein schwarzes und ein weißes Feld abdeckt und nicht zwei beliebige Felder. Es gibt keine Möglichkeit, einen Dominostein auf zwei Feldern des Schachbretts zu plazieren, ohne daß er ein schwarzes und ein weißes Feld abdeckt. Daraus folgt, daß man mit 31 Dominosteinen 31 schwarze und 31 weiße Spielfelder abdecken kann. Es sind aber zwei weiße Felder herausgeschnitten worden, und folglich gibt es 30 weiße und 32 schwarze Felder. Es ergibt sich also, daß das unvollständige Schachbrett nicht durch 31 Dominosteine abgedeckt werden kann.

Wie kommt es, daß man dieses Problem mit dem unvollständigen Schachbrett leichter lösen kann, wenn man jeden Dominostein als Deckstein für ein weißes und ein schwarzes Feld repräsentiert? Die Antwort liegt darin, daß man bei dieser Art der Problemrepräsentation dazu angeregt wird, die Anzahl der weißen und schwarzen Felder zu bestimmen und miteinander zu vergleichen. Die Problemrepräsentation bewirkt also, daß der entscheidende Operator angewandt werden kann (zum Beispiel, die weißen und schwarzen Felder zu zählen und zu überprüfen, ob ihre Anzahl sich unterscheidet).

Ein weitere Aufgabe, bei der die Lösung von einer korrekten Repräsentation abhängt, ist das Problem mit den 27 Äpfeln. Stellen Sie sich vor, wir hätten 27 Äpfel in einer würfelförmigen Kiste, die drei Äpfel hoch, drei Äpfel breit und drei Äpfel tief ist. Der Apfel, der im Zentrum der Kiste liegt, hat einen Wurm. Das Lebensziel dieses Wurmes besteht darin, sich durch alle Äpfel in der Kiste hindurchzufressen; er will jedoch keine Zeit damit vergeuden, irgendeinen Apfel zweimal aufzusuchen. Der Wurm kann nur über die Seitenflächen von einem Apfel zu einem anderen überwechseln; das heißt, er kann nur die Äpfel direkt oberhalb, unterhalb oder an den Seiten erreichen. Er kann sich aber nicht diagonal bewegen. Gibt es einen Weg, auf dem der Wurm – ausgehend vom Apfel im Zentrum – zu allen Äpfeln gelangen kann, ohne einen Apfel zweimal zu durchqueren? Oder können Sie beweisen, daß dies unmöglich ist? Die Lösung bleibt Ihnen überlassen. (Ich möchte Ihnen dazu vorerst nur einen Hinweis geben: Die Lösung basiert auf einer teilweise dreidimensionalen Analogie zur Lösung des Problems mit dem unvollständigen Schachbrett; Sie finden sie am Ende dieses Kapitels.)

Zum erfolgreichen Problemlösen müssen Probleme so repräsentiert werden, daß angemessene Operatoren angewandt werden können.

Funktionale Fixierung

Ob Lösungen für Probleme gefunden werden, hängt manchmal von der Fähigkeit ab, Objekte in der gewohnten Umwelt auf neue Art zu repräsentieren. Dies haben verschiedene Forscher in einer Reihe von Untersuchungen nachgewiesen. Eine typische experimentelle Aufgabe ist das Zwei-Seile-Problem von Maier (1931), das in Abbildung 8.12 skizziert ist. Zwei von der Decke hängende Seile sollen miteinander verknotet werden; sie sind jedoch so weit voneinander entfernt, daß die Probanden nicht beide Enden gleichzeitig erreichen können. Im Versuchsraum befinden sich neben anderen Objekten auch ein Stuhl und eine Kombizange. Die meisten Probanden suchen Lösungsmöglichkeiten, die sich auf den Stuhl beziehen, allerdings bleibt dies ohne Erfolg. Die einzig mögliche Lösung besteht darin, die Kombizange an eines der beiden Seile zu binden und es wie ein Pendel schwingen zu lassen. Man muß dann rasch das zweite Seil greifen, es in die Mitte des Raumes bringen und den richtigen Moment abpassen, in dem man das heranschwingende erste Seil zu fassen bekommt. Nur 39 Prozent von Maiers Probanden waren in der Lage, innerhalb von zehn Minuten diese Lösung zu finden. Die Schwierigkeit des Problems beruht darauf, daß man die Kombizange nicht als Gewicht wahrnimmt, das sich als Pendel nutzen läßt. Dieses Phänomen wird als **funktionale Fixierung** bezeichnet, weil die Probanden darauf fixiert sind, das Objekt seiner üblichen Funktion entsprechend zu repräsentieren, und es ihnen nicht gelingt, eine neue Funktion des Objekts zu repräsentieren.

Abb. 8.12   Das Zwei-Seile-Problem von Maier (1931).

Eine weitere Demonstration funktionaler Fixierung findet sich in einem Experiment von Duncker (1935). Die Probanden hatten die Aufgabe, eine Kerze an einer Tür zu befestigen – angeblich im Zusammenhang mit einem Experiment zum Sehvermögen. Die Gegenstände, die dazu auf einem Tisch bereitlagen, zeigt Abbildung 8.13: eine Schachtel mit Reißnägeln, einige Streichhölzer und die Kerze. Die richtige Lösung besteht darin, die Schachtel mit den Reißnägeln an die Tür zu heften und als Podest für die Kerze zu benutzen. Die Schwierigkeit liegt bei dieser Aufgabe darin, daß die Probanden die Schachtel in erster Linie als Behälter betrachten und nicht als Podest. Die Lösung wird zusätzlich erschwert, wenn man die Schachtel mit Reißnägeln füllt, weil sie dann noch stärker als Behälter wahrgenommen wird.

Diese experimentellen Beispiele für funktionale Fixierung stehen mit der Interpretation in Einklang, daß sich die jeweilige Repräsentation des Problems auf die Wahl der Operatoren auswirkt. Beispielsweise mußten die Probanden bei Dunckers Kerzenproblem die Reißnagelschachtel so repräsentieren, daß diejenigen Problemlöseoperatoren anwendbar wurden, die nach einer Stütze für die Kerze suchten. Wurde die Schachtel als Behälter wahrgenommen und nicht als Stütze, so war sie dem Zugriff der Operatoren, die nach einer Stütze suchen, entzogen.

Abb. 8.13   Das Kerzenproblem von Duncker (nach Glucksberg & Weisberg, 1966).

Funktionale Fixierung bezeichnet die Tendenz, Objekte in ihren üblichen Problemlösefunktionen zu repräsentieren, wodurch das Erkennen neuer Funktionen verhindert wird.

Einstellungseffekte

Beim Problemlösen kann man aufgrund früherer Erfahrungen dazu verleitet werden, bestimmte Operatoren gegenüber anderen zu bevorzugen. Diese Tendenz wird als **Einstellungseffekt** (set effect) bezeichnet. Beispiele für Einstellungseffekte finden sich in den Untersuchungen zu Wasserumfüllaufgaben von Luchins (1942; deutsch 1965, 1969) sowie Luchins und Luchins (1959). Bei diesen Experimenten wurden jedem Probanden mehrere Krüge mit jeweils unterschiedlichem Fassungsvermögen und ein unbegrenzter Wasservorrat vorgegeben. Die Aufgabe bestand darin, eine bestimmte Wassermenge abzufüllen. Dabei wurden unter anderem die beiden folgenden Vorgaben gemacht:

	Fassungsvermögen von			
Problem	Krug A	Krug B	Krug C	geforderte Menge
1	5 Tassen	40 Tassen	18 Tassen	28 Tassen
2	21 Tassen	127 Tassen	3 Tassen	100 Tassen

Stellen Sie sich vor, daß es einen Wasserhahn und einen Ausguß gab, so daß die Probanden die Krüge füllen und entleeren konnten. Zu Beginn waren alle Krüge leer. Die Probanden durften nur die Krüge füllen, sie entleeren oder Wasser von einem Krug in einen anderen umschütten. Bei Problem 1 standen drei Krüge mit einem Fassungsvermögen von fünf Tassen (Krug A), 40 Tassen (Krug B) und 18 Tassen (Krug C) zur Verfügung. Um dieses Problem zu lösen, müßten die Probanden zunächst Krug A füllen und den Inhalt in Krug B umschütten, dann A nochmals füllen und den Inhalt wieder in B gießen und schließlich C füllen und den Inhalt in B umschütten. Der Ausdruck $2A + C$ gibt die Lösung für diese Aufgabe wieder. Bei dem zweiten Problem ergibt sich folgende Lösung: Man füllt zuerst Krug B mit 127 Tassen, um anschließend Wasser aus B in A zu gießen. Ist A voll und sind somit 106 Tassen in B, dann wird C gefüllt, so daß noch 103 Tassen in B verbleiben. Nach einem zweiten Umschütten in Krug C ist das Ziel von 100 Tassen in B erreicht. Diese Lösung läßt sich durch den Ausdruck $B - A - 2C$ wiedergeben. Die erste Lösung bezeichnet man als Additionslösung, weil die Inhalte der Krüge aufaddiert werden; entsprechend wird die zweite Lösung als Subtraktionslösung bezeichnet, weil die Inhalte der Krüge subtrahiert werden. Luchins untersuchte nun, welche Auswirkungen sich ergaben, wenn den Probanden eine Sequenz von Problemen gestellt wurde, die alle durch Addition lösbar waren. Sie erzeugten eine Art „Additions-Einstellung": Die Probanden lösten neue Additionsprobleme nun schneller und Subtraktionsprobleme langsamer als eine Kontrollgruppe, die zuvor nicht geübt hatte.

Tabelle 8.3: Beispiele zum Wasserumfüllproblem nach Luchins (1942)

	Fassungsvermögen von			
Problem	Krug A	Krug B	Krug C	geforderte Menge
1	21 Tassen	127 Tassen	3 Tassen	100 Tassen
2	14 Tassen	163 Tassen	25 Tassen	99 Tassen
3	18 Tassen	43 Tassen	10 Tassen	5 Tassen
4	9 Tassen	42 Tassen	6 Tassen	21 Tassen
5	20 Tassen	59 Tassen	4 Tassen	31 Tassen
6	23 Tassen	49 Tassen	3 Tassen	20 Tassen
7	15 Tassen	39 Tassen	3 Tassen	18 Tassen
8	28 Tassen	76 Tassen	3 Tassen	25 Tassen
9	18 Tassen	48 Tassen	4 Tassen	22 Tassen
10	14 Tassen	36 Tassen	8 Tassen	6 Tassen

Am bekanntesten ist der von Luchins aufgezeigte Einstellungseffekt, der auch als *Automatisierung der Denkvorgänge* bezeichnet wird und bei Problemen wie in Tabelle 8.3 auftritt. Den Probanden wurden die Probleme genau in der gleichen Reihenfolge wie in der Tabelle gestellt. Versuchen Sie, diese Probleme zu lösen, bevor Sie im Text weiterlesen.

Man kann alle Probleme – mit Ausnahme des Problems 8 – durchweg nach dem Muster $B - 2C - A$ lösen (das heißt, B füllen, den Inhalt von B zweimal in C umschütten und einmal B in A umschütten). Für die Probleme 1 bis 5 ist dies die einfachste Lösung; bei den Problemen 7 und 9 gibt es jedoch einfachere Lösungen, nämlich $A + C$. Problem 8 läßt sich nicht mit der Formel $B - 2C - A$ lösen, aber hier führt die einfachere Subtraktion $A - C$ zum Ziel. Auch für die Probleme 6 und 10 ist $A - C$ eine Lösung, und zwar eine einfachere als $B - 2C - A$. Von den Probanden, denen Luchins alle zehn Probleme vorgelegt hatte, übertrugen 83 Prozent die Lösung $B - 2C - A$ auch auf die Probleme 6 und 7; bei Problem 8 konnten 64 Prozent keine Lösung angeben, und bei den Problemen 9 und 10 verwendeten 79 Prozent die Methode $B - 2C - A$. Die Ergebnisse der Probanden, die alle zehn Probleme bearbeitet hatten, wurden mit den Leistungen einer Kontrollgruppe verglichen, die nur mit den letzten fünf Problemen konfrontiert worden war. Diese Probanden bekamen also die Probleme mit dem Lösungsschema $B - 2C - A$ nicht zu sehen. Weniger als 1 Prozent der Kontrollgruppe wandte die Lösung $B - 2C - A$ an, und nur 5 Prozent scheiterten an Problem 8. Die ersten fünf Probleme können also offensichtlich eine starke Vorliebe für eine bestimmte Lösung wecken, die sich bei den Problemen 6 bis 10 nachteilig auswirkt.

Beachten Sie, daß der Einstellungseffekt keineswegs bedeutet, daß die Subtraktion grundsätzlich der Addition vorgezogen würde – beim entscheidenden Problem 8 ist die Lösung ja ebenfalls eine Subtraktion! Vielmehr behalten die Probanden eine bestimmte Operatorsequenz im Gedächtnis, und dadurch nehmen sie andere Möglichkeiten nicht mehr wahr. Auch wenn diese Effekte sehr stark sind, lassen sie sich relativ leicht ausschalten, indem man sein kognitives Vorgehen bewußt kontrolliert. Luchins stellte fest, daß über 50 Prozent der Probanden den Einstellungseffekt für die Lösung $B - 2C - A$ überwanden, wenn sie nach dem fünften Problem mit dem Hinweis „Seien Sie nicht blind!" gewarnt wurden.

Ein anderer Typ von Einstellungseffekten beim Problemlösen hängt mit dem Einfluß allgemeiner semantischer Faktoren zusammen. Man kann dies gut an Hand eines Experiments von Safren (1962) zum Lösen von Anagrammen veranschaulichen. Safren legte den Probanden Listen wie die folgende vor

HMCLI	KCREUZ	ESKKE
SHENA	FAEFKE	NKIRTNE

und bat sie, jede Buchstabenanordnung so umzuformen, daß sich ein sinnvolles Wort ergibt. Unser Beispiel entspricht einer organisierten Liste, bei der die einzelnen Wörter alle mit Kaffeetrinken assoziiert sind. Safren verglich die Lösungszeiten für solche organisierten Listen mit denen für nicht-organisierte Listen. Die mittlere Lösungszeit betrug bei Anagrammen aus nicht-organisierten Listen 12,2 Sekunden, bei gleich langen Anagrammen aus organisierten Listen jedoch nur 7,4 Sekunden. Diese signifikante Erleichterung beruht vermutlich darauf, daß die ersten Items der organisierten Liste durch assoziative

Bahnung (priming) einen schnelleren Zugriff auf die nachfolgenden Wörter ermöglichen. Beachten Sie, daß bei diesem Anagrammexperiment, im Unterschied zum Wasserumfüllexperiment, keine bestimmte Prozedur verstärkt wird. Was verstärkt wird, ist vielmehr ein Teil des (deklarativen) Faktenwissens über die Schreibweise assoziativ verknüpfter Wörter.

Im allgemeinen treten Einstellungseffekte dann auf, wenn einige Wissensstrukturen auf Kosten anderer leichter zugänglich werden. Diese Wissensstrukturen können entweder prozedural sein wie beim Wasserumfüllproblem oder aber deklarativ wie beim Anagrammproblem. Wird Wissen verfügbar, das zum Lösen eines Problems erforderlich ist, so wird es das Problemlösen erleichtern. Wenn zugängliches Wissen jedoch nicht für die Lösung des Problems benötigt wird, wirkt es hinderlich. Glücklicherweise kann man davon ausgehen, daß sich Einstellungseffekte mildern lassen, mitunter mit so einfachen Hinweisen wie Luchins „Seien Sie nicht blind!". Wenn Sie feststellen, daß Sie bei einem Problem nicht weiterkommen und immer wieder erfolglos ähnliche Ansätze versuchen, dann hilft es oft weiter, sich zu zwingen, alles noch einmal ganz von vorne zu überlegen und eine andere Art von Lösung auszuprobieren – kurz, die Einstellung zu ändern.

Einstellungseffekte resultieren aus einer Verstärkung des Wissens, das für die Lösung eines bestimmten Problemtyps relevant ist.

Inkubationseffekte und Einsichtsprobleme

Häufig berichten Menschen, daß sie ein schwieriges Problem nach erfolglosen Lösungsversuchen für Stunden, Tage oder Wochen beiseite legen können und später, wenn sie sich dem Problem erneut zuwenden, relativ schnell auf die Lösung kommen. Der berühmte französische Mathematiker Poincaré (1929) berichtete über zahlreiche Beispiele für dieses Phänomen, darunter auch das folgende:

Dann wandte ich meine Aufmerksamkeit einigen arithmetischen Fragestellungen zu – offensichtlich ohne großen Erfolg und ohne die geringste Ahnung davon zu haben, daß ein Zusammenhang mit meinen früheren Forschungsarbeiten besteht. Empört über mein Scheitern verbrachte ich einige Tage an der See und dachte an etwas anderes. Eines Morgens, als ich auf dem Kliff spazierenging, kam mir innerhalb kürzester Zeit mit einer ungeheuren Plötzlichkeit und sofortigen Gewißheit der Gedanke, daß die arithmetischen Transformationen unbestimmter quadratischer Formen mit den Formen der nichteuklidischen Geometrie identisch waren. (Poincaré, 1929, S. 388)

Derartige Phänomene bezeichnet man als **Inkubationseffekte**. Ein anschauliches Beispiel hierfür gibt ein Experiment von Silveira (1971). Den Probanden wurde als Aufgabe das ‚Problem der billigen Halskette' vorgelegt (siehe Abbildung 8.14), und zwar mit der folgenden Instruktion:

Gegeben sind vier jeweils dreigliedrige Ketten. Es kostet 10 Pfennig, ein Kettenglied zu öffnen, und 15 Pfennig, es zu schließen. Zu Beginn sind alle Kettenglieder

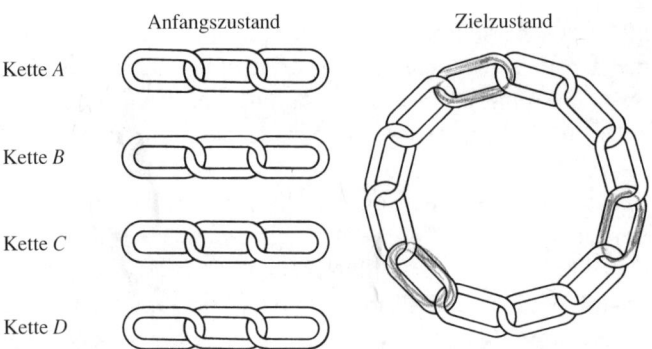

Abb. 8.14 Das Problem der billigen Halskette (aus Wickelgren, 1974).

geschlossen. Ihr Ziel lautet, alle Kettenglieder zu einem einzigen Kreis zu verbinden, wobei Sie einen Betrag von 75 Pfennig nicht überschreiten dürfen.

Versuchen Sie, das Problem selbst zu lösen (die Lösung finden Sie am Ende dieses Kapitels). Silveira untersuchte zwei Experimentalgruppen und eine Kontrollgruppe. Die Kontrollgruppe beschäftigte sich eine halbe Stunde lang mit dem Problem, wobei 55 Prozent dieser Probanden eine Lösung fanden. Bei der einen Experimentalgruppe war die halbstündige Bearbeitungszeit für das Problem durch eine Pause von einer halben Stunde unterbrochen, in der die Probanden anderen Aktivitäten nachgingen; 64 Prozent dieser Probanden lösten das Problem. In der anderen Experimentalgruppe wurde eine Pause von vier Stunden eingeschoben, und hier kamen sogar 85 Prozent der Probanden auf eine Lösung. Silveira forderte die Probanden auf, ihre Überlegungen beim Lösen des Problems der billigen Halskette laut auszusprechen. Sie fand heraus, daß die Probanden nach den Unterbrechungen keine fertigen Lösungen parat hatten, sondern vielmehr erneut begannen, eine Lösung auszuarbeiten, ähnlich wie schon zuvor.

Inkubationseffekte lassen sich am besten im Zusammenhang mit Einstellungseffekten erklären. Bei ihren ersten Versuchen, ein Problem zu lösen, verlegen sich die Probanden auf bestimmte Denkansätze für dieses Problem und wenden dabei bestimmte Wissensstrukturen an. Wenn diese anfängliche Denkeinstellung dem Problem angemessen ist, werden die Probanden eine Lösung finden; ist dies nicht der Fall, so werden sie sich während der gesamten Bearbeitungszeit mit unangemessenen Lösungsprozeduren aufhalten. Indem sie sich nicht weiter mit dem Problem beschäftigen, wird die Aktivation der unangemessenen Wissensstrukturen geringer, und die Probanden sind in der Lage, das Problem auf eine neue Weise anzugehen.

Es gibt zahlreiche weitere Versuche, in denen Probanden beim Problemlösen unterbrochen wurden, um Inkubationseffekte zu untersuchen. Dies führte aber nur in einigen Fällen zum Erfolg (näheres findet sich in Dominowski & Jenrick, 1972; Murray & Denny, 1969; Kaplan & Davidson, in Vorbereitung). Manchmal ergaben sich nach der Unterbrechung auch schlechtere Leistungen. Ein gutes Beispiel für Probleme, bei denen sich eine Unterbrechung der Bearbeitungszeit nachteilig auf die Leistung auswirkt, ist das Lösen von Gleichungssystemen mit mehreren Unbekannten. Die einzige Wirkung, die eine Unterbrechung beim Lösen dieser Gleichungen nach sich zieht, besteht darin, daß die Probanden vergessen, wo sie sich innerhalb ihrer Lösung gerade befanden. Am ehesten sind Inkubationseffekte bei Problemen zu erwarten, deren Lösung – wie beim Problem der billigen Halskette – von einer einzigen entscheidenden Einsicht abhängt. Diese Probleme werden dementsprechend auch als **Einsichtsprobleme** bezeichnet.

Metcalfe und Wiebe (1987) fanden heraus, daß die Probanden über Einsichtsprobleme und über Probleme, die nicht auf Einsicht beruhen, sehr unterschiedliche Intuitionen äußern. Die von den beiden Forschern verwendeten Einsichtsprobleme waren dem Problem der billigen Halskette ähnlich, die verwendeten Probleme ohne Einsicht erforderten Lösungen in mehreren Schritten wie im Turm-von-Hanoi-Problem (vgl. Abbildung 8.8). Sie befragten die Probanden alle 15 Sekunden, wie nahe sie der Lösung zu sein glaubten. Bei den Problemen ohne Einsicht waren die Probanden 15 Sekunden, bevor sie tatsächlich das Problem lösten, ziemlich überzeugt, daß sie der Lösung nahe seien. Im Gegensatz dazu hatten die Probanden bei den Einsichtsproblemen 15 Sekunden vor der Lösung des Problems kaum eine Ahnung davon, daß sie der Lösung nahe sind.

Schooler, Ohlsson und Brooks (1993) fanden heraus, daß das Verbalisieren des Problemlösens mit Einsichtsproblemen, nicht aber mit Problemen ohne Einsicht interferiert. Der Verbalisierungsprozeß verstärkt eher die momentane Herangehensweise an das Problem, und dadurch wird das Finden neuer Lösungswege erschwert.

Das Lösen von Einsichtsproblemen wird durch Maßnahmen erleichtert, die die Tendenz schwächen, bereits ausprobierte und fehlgeschlagene Lösungsversuche beizubehalten.

Zusammenfassung

Dieses Kapitel orientierte sich an dem Modell zum Problemlösen von Newell und Simon. Das Problemlösen wird hier als Suche in einem Zustandsraum verstanden, der durch Operatoren gebildet wird. Wir haben aufgezeigt, daß der Erfolg beim Problemlösen von den verfügbaren Operatoren und den Suchmethoden abhängt. Diese Analyse ist insbesondere dann angemessen, wenn es sich um Probleme handelt, denen man zum ersten Mal begegnet. Beipiele hierfür sind das Dilemma von Sultan (vgl. Abbildung 8.1) oder das Dilemma des Menschen beim erstmaligen Lösen des Turm-von-Hanoi-Problems (vgl. Abbildung 8.8). Das folgende Kapitel 9 beschäftigt sich mit weiteren Faktoren, die ins Spiel kommen, wenn wir wiederholt Probleme zu lösen haben.

Anmerkungen und Literaturhinweise

Die klassische Literaturquelle zum Problemlösen ist Newell und Simon (1972). Eine sehr ausführliche Beschreibung des GPS findet man in Ernst und Newell (1969). Zur Anwendung von Analogien beim Problemlösen sind die Arbeiten von Carbonell (1985) sowie

Gick und Holyoak (1983) zu nennen. Ein von Vosniadou und Ortony (1989) herausgegebenes Buch ist den Themen der Analogiebildung und der Ähnlichkeit gewidmet. Einen Überblick über die Bedeutung des Problemlösens für kognitive Prozesse geben Holland, Holyoak, Nisbett und Thagard (1986). Einen guten Überblick über die Literatur zum Problemlösen findet man in Greeno und Simon (1988) sowie Van Lehn (1989). Newell (1991) beschreibt seine Theorie des SOAR-Produktionssystems und Anderson (1993) seine Theorie des ACT-Produktionssystems. Ein Großteil der Forschung aus dem Bereich der Künstlichen Intelligenz kann unter der Überschrift ‚Problemlösen' subsumiert werden. Diese Arbeiten hatten einen starken Einfluß auf die Kognitive Psychologie, zum Teil auch durch die Bemühungen von Newell und Simon. Die Arbeiten von Nilsson (1980), Rich (1983) sowie Winston (1984) besprechen Techniken des Problemlösens im Bereich der Künstlichen Intelligenz.

Als deutschsprachigen Einstieg in Fragestellungen zum Problemlösen eignet sich das Kapitel von Lüer in dem von Spada (1990) herausgegebenen Lehrbuch. Der Zusammenhang von Wissen und Problemlösen wird unter anderem in dem von Mandl und Spada (1988) herausgegebenen Werk diskutiert. Die Veröffentlichungen von Dörner (1974, 1976) erörtern das Problemlösen im Kontext des Informationsverarbeitungsansatzes. Zum Problemlösen bei komplexen Problemen ist insbesondere der von Dörner, Kreuzig, Reither und Stäudel (1983) herausgegebene Titel zu nennen. Einen umfassenden Überblick über Denken und Problemlösen findet sich in dem von Dörner (in Vorbereitung) herausgegebenen Band der *Enzyklopädie der Psychologie*.

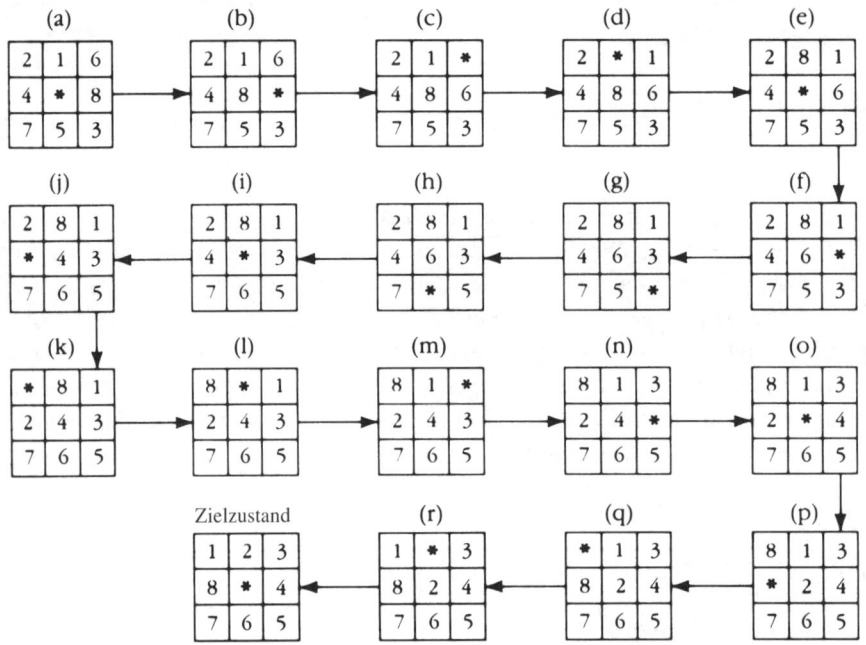

Abb. 8.15 Der kürzestmögliche Lösungsweg für das Problem mit dem Schiebepuzzle aus Abbildung 8.2. Die Operatorensequenz hat sich hier gegenüber der weniger effizienten Sequenz erheblich verkürzt.

Anhang

Wir haben in diesem Kapitel einige Probleme gestellt, ohne die zugehörigen Lösungen anzugeben. Abbildung 8.15 zeigt den kürzestmöglichen Lösungsweg für das Problem, das in Abbildung 8.2 weniger effizient gelöst wurde.

Beim Problem mit den 27 Äpfeln kann der Wurm nicht erfolgreich sein. Man kann sich dies klarmachen, wenn man sich vorstellt, daß rote und grüne Äpfel in der Kiste nach einem dreidimensionalen Schachbrettmuster angeordnet sind. Angenommen, der zentrale Apfel, in dem sich der Wurm zunächst befindet, sei rot. Dann müssen insgesamt 13 rote und 14 grüne Äpfel in der Kiste sein. Jedesmal wenn der Wurm von einem Apfel zu einem anderen übergeht, wechselt die Farbe. Da der Wurm bei Rot beginnt, kann er nicht mehr grüne Äpfel erreichen, als er rote Äpfel durchquert hat. Folglich kann er nicht in alle 14 grünen Äpfel gelangen, solange er sich durch jeden der 13 roten Äpfel nur einmal hindurchfressen darf.

Das Problem der billigen Halskette aus Abbildung 8.14 läßt sich lösen, indem man alle drei Glieder einer Kette öffnet (zu einem Preis von 30 Pfennig) und nun die drei offenen Glieder benutzt, um die restlichen drei Ketten miteinander zu verbinden (zu einem Preis von 45 Pfennig).

9. Die Entwicklung spezieller Kenntnisse und Fertigkeiten

Manchmal sieht es so aus, als ob wir andauernd neuartigen Problemen gegenüberstehen, doch im großen und ganzen haben wir es mit Dingen zu tun, die uns sehr geläufig sind und die uns auch in der angestrebten Art und Weise gelingen – unsere Sprache zu sprechen, ein Kraftfahrzeug zu bedienen, mehrstellige Zahlen untereinanderzuschreiben und aufzuaddieren und ähnliches mehr. In diesen Fällen erfolgt unser Verhalten so automatisiert, daß wir kaum mehr erkennen, daß wir eigentlich ein Problem lösen. Wenn wir jedoch einen Anfänger betrachten – jemanden, der sich in einer Fremdsprache verständlich machen will, eine Fahrschülerin bei ihrer ersten Fahrstunde oder einen Erstklässler, der das Addieren lernt –, dann sehen wir, daß auch diese Verhaltensbereiche schwierig sein können und ganz neuartige Probleme aufwerfen. Nur durch lange und andauernde Übung haben wir uns dafür ein gewisses Maß an Fertigkeiten und Sachkenntnissen angeeignet. In der Kognitiven Psychologie nennt man Personen, denen die entsprechende Übung fehlt, also die oben als *Anfänger* Bezeichneten, meistens *Novizen* und stellt ihnen die *Experten* gegenüber, die eine Fertigkeit beherrschen oder über die entsprechende Kompetenz an Sachkenntnis und Problemlösestrategien in einem bestimmten Inhaltsbereich verfügen. In diesem Sinne handelt es sich bei den oben erwähnten Beispielen um Fertigkeiten, in denen sich ein Großteil der Bevölkerung zu Experten entwickelt. Es gibt andere Fähigkeiten, bei denen es nur ein vergleichsweise kleiner Teil der Bevölkerung zum Experten bringt – Schach spielen, wissenschaftlich arbeiten, in einer Sportart in der Bundesliga spielen usw. Dennoch sieht es so aus, als ob die Herausbildung solcher spezieller Fertigkeiten und Sachkenntnisse im Grunde nicht anders verläuft als bei unseren allgemeinen Fertigkeiten auch.

William G. Chase, früher ebenfalls an der Carnegie Mellon Universität tätig, war einer unserer hiesigen Experten zu Fragen, die die speziellen Kompetenzen von Menschen betreffen. Er hatte zwei Motti, die das Wesen des Expertentums und dessen Entwicklung in ihren Grundzügen zusammenfassen: *No pain, no gain*, was auch im Deutschen als *Ohne Fleiß kein Preis* bekannt ist, und *When the going gets tough, the tough get going*, was sich unter Verlust des Wortspiels als *Wenn's hart wird, fangen die Harten erst richtig an* übersetzen läßt. Das erste Motto spiegelt die Tatsache wider, daß keiner zum Experten wird, der nicht viel harte Arbeit auf sich nimmt. John R. Hayes (1985), ein weiteres Mitglied unserer Fakultät, hat Genies in ganz unterschiedlichen Bereichen untersucht, von der Musik über die Wissenschaften bis zum Schachspiel. Er stellte fest, daß keiner seinen herausragenden Leistungsstand erreichte, ohne mindestens zehn Jahre Übung hinter sich zu haben. Das zweite Motto steht für die Tatsache, daß der Unterschied zwischen Novizen und Experten größer wird, wenn man sich schwierigeren Problemen zuwendet. Beispielsweise gibt es viele Schachdilettanten, die auch gegen einen Schachmeister ganz anständig spielen könnten (auch wenn sie letztlich verlieren würden), wenn man ihnen für ihre Züge unbegrenzt Zeit ließe. Doch würden sie katastrophal einbrechen, wenn sie Blitzschach spielen müßten, bei dem für jeden Zug nur fünf Sekunden erlaubt sind.

Kapitel 8 lieferte eine Übersicht über einige allgemeine Prinzipien, nach denen das Problemlösen erfolgt, insbesondere in Bereichen, mit denen man bis dato noch keine oder nur wenig Erfahrung hatte. Aus diesen Forschungen ergibt sich ein Rahmen für die Analyse der Entwicklung spezieller Kenntnisse und Fertigkeiten beim Problemlösen. Diese sogenannte *Expertiseforschung* gehört zu den wichtigen Neuentwicklungen in der Kognitionswissenschaft. Besonders spannend sind dabei auch die zu erwartenden Auswirkungen auf die Ausbildung in technischen oder formalen Fertigkeiten, wie sie in der Mathematik, in den Naturwissenschaften und im technisch-ingenieurwissenschaftlichen Bereich vermittelt werden.

Am Anfang dieses Kapitels steht die Betrachtung der allgemeinen Kennzeichen der Entwicklung spezieller Fähigkeiten und Fertigkeiten. Dann wenden wir uns den Faktoren zu, die der Entwicklung der Expertenkompetenz zugrunde liegen. Als nächstes befassen wir uns mit der komplizierten Frage, wie sich die Beherrschung eines Bereichs auf einen anderen Bereich ausweiten kann. Das Kapitel schließt mit der Diskussion, was aus der dargestellten Forschung für die Ausbildung in den höheren Fähigkeitsgraden verschiedener Kompetenzbereiche folgt.

> Durch ausgiebiges Üben entwickelt man hochgradige Kompetenzen, die besonders dann hilfreich sind, wenn man mit anspruchsvollen Problemen konfrontiert ist.

Die allgemeinen Kennzeichen des Erwerbs spezieller Fähigkeiten

Drei Phasen beim Erwerb von Fertigkeiten

Bei der Herausbildung einer speziellen Fertigkeit werden typischerweise drei Phasen unterschieden (Anderson, 1983; Fitts & Posner, 1967). Die erste Phase nennen Fitts und Posner die **kognitive Phase**. Auf dieser Entwicklungsstufe bilden Menschen eine deklarative Enkodierung der Fertigkeit aus (vgl. die Unterscheidung zwischen deklarativer und prozeduraler Repräsentation am Anfang von Kapitel 8). Das heißt, daß sie sich eine Reihe von Fakten im Gedächtnis einprägen, die für die entsprechende Fertigkeit von Bedeutung sind. Typischerweise sagen Lernende diese Fakten – innerlich oder hörbar – auf, wenn sie die Tätigkeit zum ersten Mal ausführen. Als ich beispielsweise anfing zu lernen, mit einem Schaltwagen zurechtzukommen, merkte ich mir die Lage der Gänge (zum Beispiel „vorne links") und die richtige Abfolge des Auskuppelns, Schaltens und wieder Einkuppelns. Bei der Ausführung des Schaltens sagte ich mir die entsprechenden Schritte vor.

Die Informationen, die ich mir über Lage und Funktion der Gänge angeeignet hatte, führten zu einer Menge von Problemlöseoperatoren beim Autofahren. Wollte ich beispielsweise in den Rückwärtsgang schalten, verfügte ich über einen Operator, der den Schaltknüppel nach unten drückte und nach links vorne bewegte. Selbst wenn man berücksichtigt, daß ich über eindeutiges Wissen darüber verfügte, was jeweils als nächstes zu tun war, würde man mich wohl kaum als geübten Fahrer bezeichnet haben. Ich konnte das vorhandene Wissen nur sehr langsam anwenden, weil es noch immer in deklarativer Form vorlag. Ich mußte mir bestimmte Fakten ins Gedächtnis rufen und sie geeignet interpretieren, um meine fahrtechnischen Probleme zu lösen: Ich hatte mein Wissen nicht in prozeduraler Form verfügbar.

Die zweite Phase des Fertigkeitserwerbs ist die **assoziative Phase**; sie ist im wesentlichen durch zwei Dinge gekennzeichnet. Erstens werden Fehler im anfänglichen Problemverständnis nach und nach aufgedeckt und eliminiert. So lernte ich mit der Zeit, beim Anfahren im ersten Gang Kupplung und Gaspedal zu koordinieren, ohne dabei den Motor abzuwürgen. Zweitens werden in dieser Phase die einzelnen Elemente, die für die erfolgreiche Ausführung der Tätigkeit erforderlich sind, stärker miteinander verbunden. Ich brauchte nicht mehr erst ein paar Sekunden innezuhalten und mir zu überlegen, wie man vom ersten in den zweiten Gang schaltet. Im Prinzip steht am Ende der assoziativen Phase eine erfolgreiche Prozedur zur Ausübung der Fertigkeit. Doch ist es deshalb nicht immer der Fall, daß die prozedurale Wissensrepräsentation die deklarative ersetzt. Zuweilen können beide Wissensformate friedlich koexistieren, etwa wenn wir eine Fremdsprache schon recht flüssig sprechen und uns dennoch viele Grammatikregeln explizit vergegenwärtigen. Doch insgesamt ist es das prozedurale und nicht das deklarative Wissen, das die gekonnte Ausführung steuert.

Die Prozeduren, die im Verlauf der assoziativen Phase entstehen, kann man als Produktionsregeln beschreiben. Die Verwendung von Produktionsregeln bei der Darstellung von Problemlöseoperatoren wurde in Kapitel 8 bereits eingeführt. So beruft sich der Lernende nicht mehr auf allgemeine Problemlösemethoden, die die Anwendung deklarativen Wissens steuern, sondern es hat sich beispielsweise eine spezielle Produktion für das Einlegen des Rückwärtsgangs ausgebildet:

Wenn das Ziel darin besteht, den Rückwärtsgang einzulegen,
Dann setze die folgenden Teilziele:
     1. auskuppeln,
     2. dann den Schaltknüppel nach unten drücken,
     3. dann den Schaltknüppel nach vorne links führen,
     4. dann die Kupplung kommen lassen,
     5. dann Gas geben.

Die dritte Phase in der allgemeinen Analyse des Fertigkeitserwerbs ist die **autonome Phase**. Hier wird die Prozedur immer automatisierter und immer schneller. Der Begriff der Automatizität wurde im dritten Kapitel im Zusammenhang mit einfachen wahrnehmungsmotorischen Aufgaben erörtert; diese Aufgaben konnten automatisiert werden und benötigen damit nur wenig Aufmerksamkeitsressourcen. Auch komplexere Fertigkeiten wie das Autofahren oder das Schachspielen entwickeln mit der Zeit einen immer stärkeren Automatisierungsgrad und benötigen weniger Verarbeitungsressourcen. Autofahren kann beispielsweise derart automatisiert sein, daß man sich mit seinen Beifahrern unterhält und sich an die gerade gemeisterten Verkehrssituationen gar nicht mehr erinnern kann.

Zwei der Dimensionen, die sich mit zunehmender Übung verbessern, sind die Geschwindigkeit und die Genauigkeit bei der Ausführung. Die Prozeduren werden schneller und angemessener angewandt. Anderson (1982) sowie Rumelhart und Norman (1978) bezeichnen die zunehmende Angemessenheit von Prozeduren als *Tuning* beziehungsweise *Feinabstimmung*. Betrachten wir wieder unsere Produktion zum Einlegen des Rückwärtsgangs. Sie betrifft nur ganz gewöhnliche Viergang-Schaltungen. Der Prozeß der Feinabstimmung würde zu einer Produktion führen, die zusätzliche Tests umfaßt, um die Angemessenheit der jeweiligen Operation zu prüfen. Eine solche Produktion könnte folgendermaßen aussehen:

Wenn das Ziel darin besteht, den Rückwärtsgang einzulegen, und wenn es sich um eine normale Viergang-Knüppelschaltung handelt,
Dann setze die folgenden Teilziele:
  1. auskuppeln,
  2. dann den Schaltknüppel nach unten drücken,
  3. dann den Schaltknüppel nach vorne links führen,
  4. dann die Kupplung kommen lassen,
  5. dann Gas geben.

Die drei Phasen beim Erwerb von Fertigkeiten sind die kognitive Phase, die assoziative Phase und die autonome Phase.

Das Potenz-Gesetz des Lernens

In Kapitel 6 wurde aufgezeigt, wie sich der Gedächtnisabruf einfacher Assoziationen nach einem Potenz-Gesetz verbessert. Es stellt sich heraus, daß auch der Lernzuwachs bei der Ausführung komplexer Fertigkeiten, die die Koordination vieler solcher Assoziationen umfassen, einer Potenzfunktion folgt. Abbildung 9.1 illustriert eines der bekanntesten Beispiele für einen solchen Fertigkeitserwerb. Dabei wurde die Entwicklung der Fähigkeit, Zigarren herzustellen, in einer Zigarrenfabrik über einen Zeitraum von zehn Jahren verfolgt. Die Daten zeigen die für die Herstellung einer Zigarre benötigte Zeit als Funktion der Jahre an Übung. Beide Datenachsen zeigen logarithmische Skalen, damit der exponentielle Zusammenhang sichtbar wird. (Man erinnere sich an die Ausführungen in den Kapiteln 6 und 7, denen zufolge ein linearer Zusammenhang in einem doppelt logarithmischen Koordinatensystem eine exponentielle Funktion auf den Originalskalen anzeigt.) Die Daten in der Abbildung lassen eine annähernd lineare Funktion bis etwa zum fünften Jahr erkennen, in dem der Leistungszuwachs zu stagnieren scheint. Doch stellt sich heraus, daß der Arbeiter an dieser Stelle die Taktung der Maschine erreicht hatte und sich deshalb nicht mehr verbessern konnte. Üblicherweise gibt es immer eine Grenze für die erreichbare Leistung, die durch die technische Ausrüstung, die Leistungsfähigkeit der beteiligten Muskelgruppen, das Lebensalter oder ähnliche Faktoren bestimmt ist. Außer diesen physikalischen Schranken gibt es jedoch keine Grenzen für den Geschwindigkeitszuwachs einer Fertigkeit. Unter der Voraussetzung, daß genug Übung erfolgte, geht die für die kognitive Komponente einer Fertigkeit benötigte Zeit gegen Null.

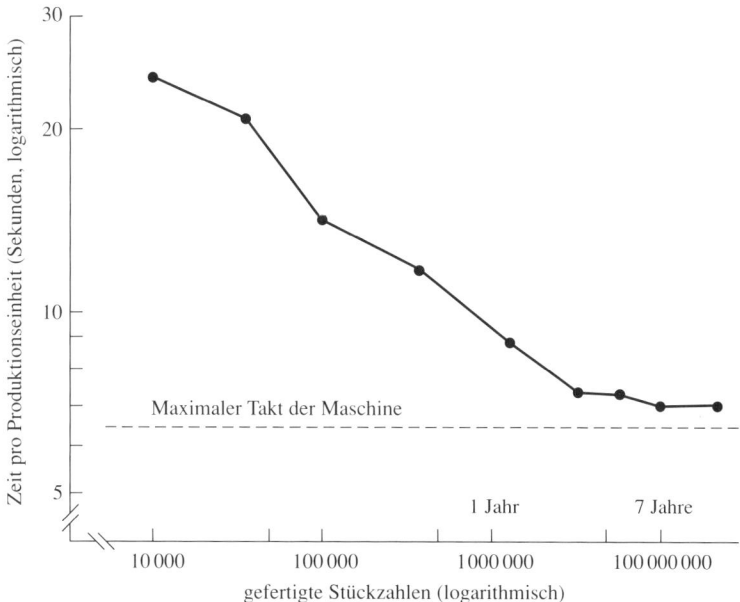

Abb. 9.1 Die zur Herstellung einer Zigarre benötigte Zeit als Funktion der quantifizierten Erfahrung (aus Crossman, 1959).

In Kapitel 6 wurde bereits angeführt, daß sich eine lineare Beziehung zwischen der logarithmisierten Zeit T und der logarithmisierten Übung P ausdrücken läßt:

$$\log(T) = A - b \log(P).$$

Diese Gleichung ergibt in umgewandelter Form:

$$T = aP^{-b} \quad \text{mit} \quad a = 10^A.$$

Solche Potenzfunktionen wurden in Kapitel 6 im Zusammenhang mit dem Gedächtnis erörtert (siehe Abbildung 6.5). Im wesentlichen sind solche Funktionen dadurch gekennzeichnet, daß die Abnahme der benötigten Bearbeitungszeit mit zunehmender Übung sehr schnell recht gering wird. Umgekehrt ausgedrückt heißt das, daß die Leistungsverbesserung am Beginn der Übungszeit sehr hoch ist und dann sehr steil abfällt.

Übungseffekte wurden auch in Bereichen untersucht, die komplexes Problemlösen einschließen, etwa bei der Beurteilung mathematischer Beweisführungen, wie sie in der Geometrie üblich sind (Neves & Anderson, 1981). Abbildung 9.2 zeigt eine Potenzfunktion aus diesem Anwendungsbereich, wobei die Daten in der oberen Graphik auf normalen Skalen, in der unteren Graphik auf doppelt logarithmischen Skalen abgetragen sind. Solche Funktionen lassen erkennen, daß der durch Übung zu erzielende Vorteil schnell abnimmt, daß andererseits jedoch bei jedem beliebigen Übungsstand weitere Übung zu einer, wenn auch geringen, Verbesserung führt.

Kolers (1979) untersuchte den Erwerb von Lesefertigkeiten und verwendete dabei Material, wie es in Abbildung 9.3 veranschaulicht ist. Der erste Drucktyp (N) folgt der üblichen Schreibweise, die anderen Typen wurden auf verschiedene Weise transformiert.

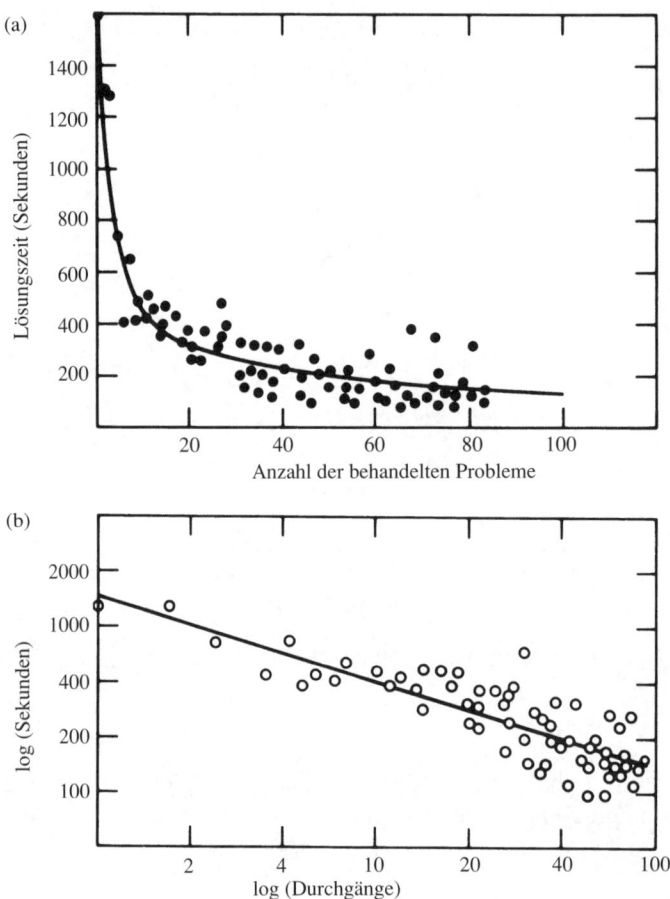

Abb. 9.2 Die zur Beweisführung erforderliche Zeit in einem an die Geometrie angelehnten Beweissystem als Funktion der Anzahl schon durchgeführter Beweise: (a) auf einer normalen Skala, wobei sich die Reaktionszeit RT berechnen läßt nach $RT = 1410 P^{-0,55}$; (b) auf einer doppelt logarithmischen Skala.

Bei der R-Transformation wurde jede Zeile als ganze um 180 Grad gedreht, so daß die Buchstaben auf dem Kopf stehen und die Zeile von rechts nach links zu lesen ist. Bei der I-Transformation wurde jeder Buchstabe an der üblichen Position im Schriftbild belassen, aber auf den Kopf gestellt. Bei der S-Transformation wurde der Text an einer horizontalen Achse gespiegelt. Die anderen, mit „r" indizierten Varianten ergeben sich aus den vier dargestellten Transformationsarten dadurch, daß die jeweils an ihrer transformierten Position belassenen Buchstaben zusätzlich horizontal spiegelverkehrt gedruckt sind. In einer Untersuchung ging es Kolers um den Effekt massiver Übung beim Lesen der Texte vom Typ I (lokale Invertierung der Buchstaben). Die Probanden benötigten mehr als 16 Minuten für das Lesen der ersten Seite, gegenüber einer durchschnittlichen Lesezeit von 1,5 Minuten bei normaler Textgestaltung. Nach einem Eingangstest zur Lesegeschwindigkeit übten die Teilnehmer, 200 Seiten des invertierten Textes zu lesen. Abbildung 9.4 zeigt die Lesezeit in Abhängigkeit des Übungsumfangs auf einer doppelt logarithmischen Skala.

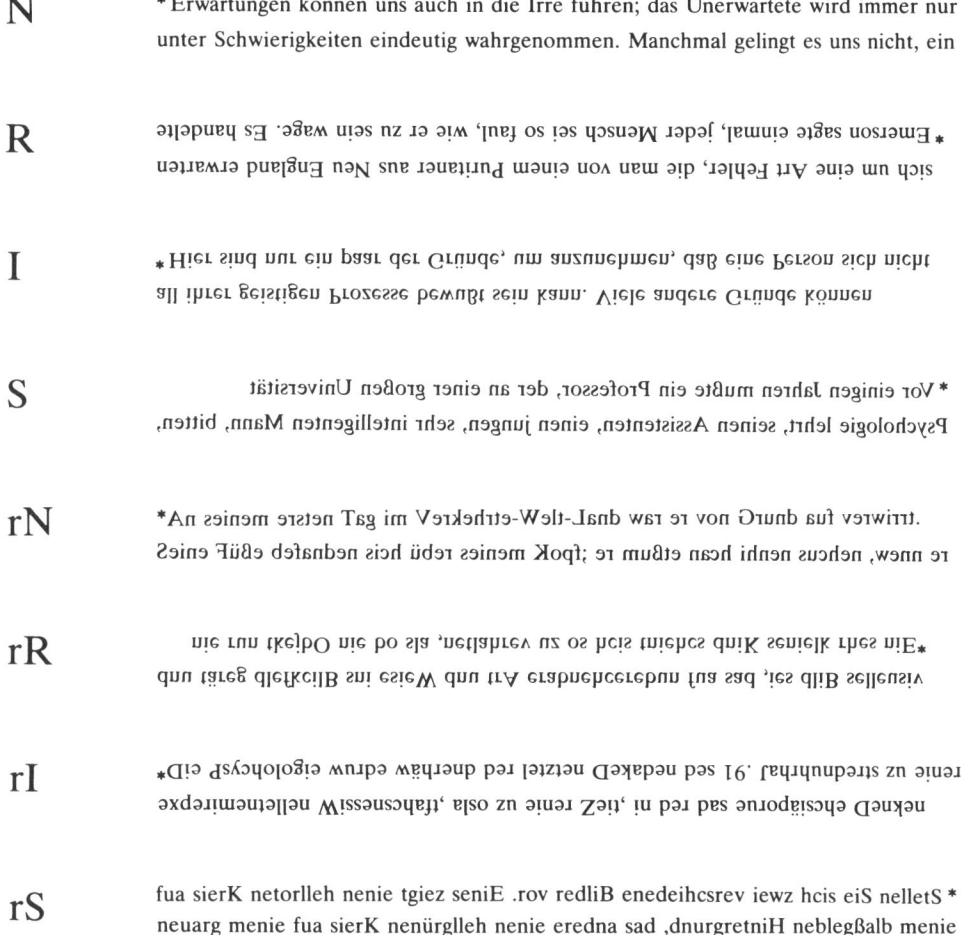

Abb. 9.3 Eine Beispiele für typographische Texttransformationen, die Kolers in seinen Untersuchungen zum Erwerb von Lesefertigkeiten verwendete. Die Sternchen geben an, wo man zu lesen beginnen muß (nach Kolers & Perkins, 1975).

Das Ausmaß der Übung ist in dieser Abbildung durch die Anzahl gelesener Seiten quantifiziert. Die übungsbedingte Änderung der Lesegeschwindigkeit zeigt die Kurve mit der Beschriftung *Ersttraining mit invertiertem Text*. Kolers streute einige Tests mit normalem Text ein; deren Ergebnis zeigt die Kurve *Ersttests mit normalem Text*. Für die Erhöhung der Lesegeschwindigkeit bei invertiertem Text ergibt sich derselbe Zusammenhang wie in den Abbildungen 9.1 und 9.2, das heißt eine lineare Funktion bei doppelt logarithmischer Skala. Nach 200 Seiten lasen die Probanden mit einer Geschwindigkeit von 1,6 Minuten pro Seite; das ist fast dieselbe Leserate wie bei normalem Text.

Kolers bestellte seine Versuchsteilnehmer nach einem Jahr erneut ein und ließ sie wiederum invertierten Text lesen. Die erzielten Daten zeigt die Kurve *Wiederholungstraining mit invertiertem Text* in Abbildung 9.4. Dieses Mal benötigten die Probanden für die erste Seite des invertierten Texts etwa drei Minuten. Im Vergleich zu ihrer Leseleistung von 16 Minuten für die erste Seite vom Jahr zuvor waren sie damit um einiges schneller, doch brauchten sie immerhin noch fast doppelt so lang wie am Ende der 200 Seiten beim Ersttraining. Sie hatten eindeutig manches vergessen. Aus der Abbildung wird ersichtlich, daß die Verbesserung bei den Wiederholungsdurchgängen, wie schon beim Ersttraining, einem – bei doppelter Logarithmisierung der Meßskalen – linearen Zusammenhang zwischen Übung und Lesegeschwindigkeit folgt. Nach 50 Seiten hatten die Probanden dasselbe Leistungsniveau erreicht, das sie im Erstversuch nach 200 Seiten erreicht hatten. Fertigkeiten sind allgemein dadurch gekennzeichnet, daß sie in großem Ausmaß erhalten bleiben. In vielen Fällen können solche Fertigkeiten über Jahre hinweg aufrechterhalten werden, ohne daß sich die Ausführung verschlechtert. Wenn man sich nach Jahren der Abstinenz einer Fertigkeit erneut zuwendet, beispielsweise beim Skifahren, bedarf es oft nur einer kurzen Aufwärmphase, in der die Fertigkeit wiederhergestellt wird, und dann erreicht man dieselbe Ausführungsqualität wie zuvor (Schmidt, 1988).

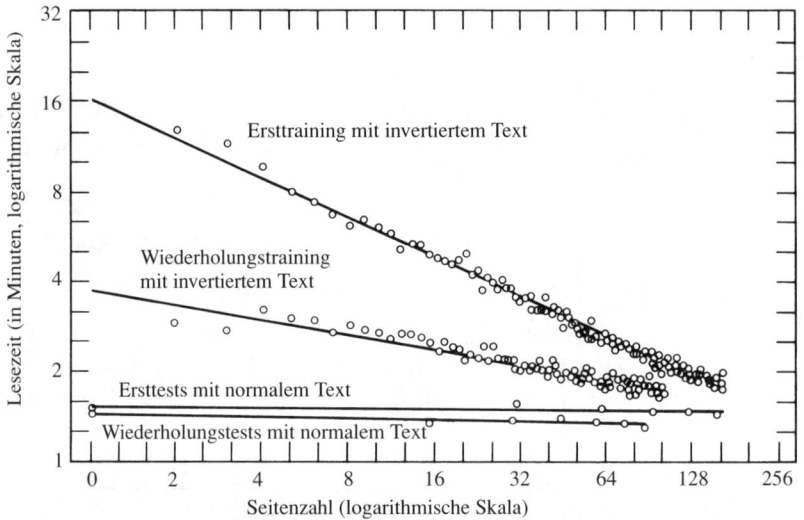

Abb. 9.4 Die Ergebnisse aus Kolers Experiment zur Lesefertigkeit (1975) bei zwei Tests im Abstand von mehr als einem Jahr. Die Probanden lasen zu Übungszwecken 200 Seiten des invertierten Textes; gelegentlich wurden einige Seiten Normaltext eingestreut. Nach einem Jahr absolvierten sie ein Wiederholungstraining mit 100 Seiten invertiertem Text und erneutem Einschub von Normaltextseiten. Die Daten zeigen den Effekt der Übung auf den Fertigkeitserwerb. Lesezeit und Anzahl der gelesenen Seiten sind logarithmisch abgetragen (mit deutscher Beschriftung übernommen aus Kolers, 1976).

Die Ausführung einer kognitiven Fertigkeit verbessert sich als Potenzfunktion der Übung und verschlechtert sich auch nach langen Behaltensintervallen nur geringfügig.

Das Wesen des Expertentums

Wir haben im bisherigen Verlauf dieses Kapitels einige Phänomene erörtert, die im Zusammenhang mit dem Erwerb von Fertigkeiten stehen. Ein tieferes Verständnis für die Mechanismen, die sich hinter diesen Phänomenen verbergen, resultierte aus der Untersuchung der grundlegenden Beschaffenheit des Expertentums in ganz unterschiedlichen Leistungsfeldern. Seit Mitte der siebziger Jahre gibt es zahlreiche Forschungen zur Expertenschaft in Bereichen wie der Mathematik, dem Schach, dem Programmieren am Computer und der Physik. In diesen Forschungen werden Menschen mit unterschiedlichen Ausprägungen ihrer speziellen Fähigkeiten miteinander verglichen. Oft handelt es sich dabei um echte Langzeitstudien, die die Lernenden von ihrem ersten Kontakt mit einem Inhaltsbereich bis zur Herausbildung eines gewissen Grades an Expertenfähigkeit begleiten. Häufiger allerdings werden in den Forschungen Menschen herangezogen, die sich schon auf unterschiedlichen Niveaus ihres Expertentums befinden. Beispielsweise könnte die Untersuchung medizinischer Fachkenntnisse Studenten am Anfang ihres Medizinstudiums mit Ärzten im Praktikum und mit Ärzten, die schon viele Jahre in der medizinischen Praxis tätig sind, vergleichen. Im Rahmen derartiger Forschungen konnten allmählich einige der Möglichkeiten identifiziert werden, die das Problemlösen durch anhaltende Übung effektiver werden lassen. Im folgenden besprechen wir einige der Dimensionen, die die Herausbildung der Fähigkeiten von Experten kennzeichnen.

Prozeduralisierung

Drastische Veränderungen ergeben sich im Hinblick auf das Ausmaß, in dem man sich auf deklaratives beziehungsweise prozedurales Wissen verläßt. Dies zeigt sich in meinen eigenen Arbeiten zur Entwicklung geometrischer Fachkenntnisse (Anderson, 1982). Ein Schüler hatte gerade zwei Kongruenzsätze für Dreiecke gelernt. Der eine Satz besagt, daß zwei Dreiecke kongruent (das heißt deckungsgleich) sind, wenn die drei Seiten des einen Dreiecks mit den zugehörigen Seiten des anderen Dreiecks übereinstimmen (SSS). Der andere Satz besagt, daß zwei Dreiecke kongruent sind, wenn sie in zwei Seiten und dem von diesen Seiten eingeschlossenen Winkel übereinstimmen (SWS). Abbildung 9.5 illustriert die erste Aufgabe, die der Schüler lösen sollte. Dabei versuchte er als erstes zu entscheiden, welcher Satz anzuwenden ist. Der folgende Text ist ein (übersetzter) Ausschnitt aus einem lauten Denkprotokoll, in dessen Verlauf er sich für den geeigneten Kongruenzsatz entschied:

> „Wenn man sich den Seite-Winkel-Seite-Satz ansieht (lange Pause) nun, RK und RJ könnten ziemlich (lange Pause) und mit der fehlenden (lange Pause) der fehlenden Seite. Ich glaube, irgendwie funktioniert der Seite-Winkel-Seite-Satz hier (lange Pause). Mal sehen, was er sagt: ‚Zwei Seiten und der eingeschlossene Winkel.' Was bräuchte ich, um zwei Seiten zu haben. JS und KS sind die einen. Dann könnte man auf RS = RS zurückkommen. So, das würde den Seite-Winkel-Seite-Satz ins Spiel bringen (lange Pause). Aber wo soll Winkel 1 und Winkel 2 sind rechte Winkel reinpassen (lange Pause) moment, ich weiß, wie sie funktionieren (lange Pause). JS ist kongruent mit KS (lange Pause) und das ist ein kleines Problem mit

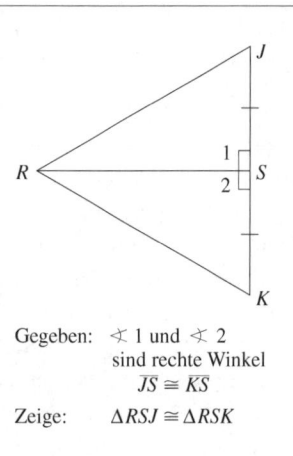

Gegeben: ∠ 1 und ∠ 2
sind rechte Winkel
$\overline{JS} \cong \overline{KS}$

Zeige: $\Delta RSJ \cong \Delta RSK$

Abb. 9.5   Die erste geometrische Beweisaufgabe, die einem Schüler vorgelegt wurde, nachdem er zwei Kongruenzsätze über Dreiecke gelernt hatte, den SSS-Satz und den SWS-Satz.

Winkel 1 und Winkel 2 sind rechte Winkel (lange Pause). OK, was sagt er – guck's nochmal durch: ‚Wenn zwei Seiten und der eingeschlossene Winkel eines Dreiecks kongruent sind mit den entsprechenden Teilen.' Ich muß also die beiden Seiten und den eingeschlossenen Winkel finden. Bei dem eingeschlossenen Winkel kriegt man Winkel 1 und Winkel 2. Ich glaube (lange Pause) beide sind rechte Winkel, das heißt, sie sind gleich. Meine erste Seite ist JS mit KS. Und die nächste ist RS mit RS. So, das sind die beiden Seiten. Ja, ich glaube, es ist der Seite-Winkel-Seite-Satz."
(Übersetzt aus Anderson, 1982, S. 381–382.)

Nachdem der Schüler diesen Punkt erreicht hatte, dauerte es immer noch recht lange, bis er den Beweis tatsächlich hinschreiben konnte; doch haben wir hier den entscheidenden Protokollausschnitt, aus dem sich ersehen läßt, was dazu beiträgt, daß er die Relevanz des SWS-Satzes erkennt. Nach vier weiteren Problemaufgaben (von denen je zwei mit dem SWS-Satz und dem SSS-Satz zu lösen waren) wandte der Schüler den SWS-Satz bei der in Abbildung 9.6 dargestellten Aufgabe erneut an. Der Teil des Protokolls, in dem die geeignete Methode erkannt wird, lautet:

> Ohne groß nachzudenken rate ich einfach, was ich tun muß: Winkel DCK und Winkel ABK sind gleich. Es gibt nur einen von beiden, und das läuft auf den Seite-Winkel-Seite-Satz hinaus. (Übersetzt aus Anderson, 1981, S. 382.)

Im Hinblick auf den Unterschied zwischen den beiden Protokollen fallen einige Aspekte besonders auf. Zum einen konnte der entsprechende Kongruenzsatz beim zweiten Mal deutlich schneller angewandt werden. Zweitens wird auch die Aussage des Satzes beim zweiten Mal nicht mehr wörtlich wiederholt. Der Schüler ruft sich nicht mehr die deklarative Repräsentation des Satzes ins Arbeitsgedächtnis. Auch ist zu beachten, daß beim ersten Anlauf eine Reihe von Unzulänglichkeiten im Arbeitsgedächtnis auftrat – an diesen Stellen mußte der Schüler Informationen wiederfinden, die er vergessen hatte. Das dritte Unterscheidungsmerkmal besteht darin, daß der Satz im ersten Protokoll Stück für Stück angewandt wurde, wodurch der Schüler jede Teilaussage des Satzes se-

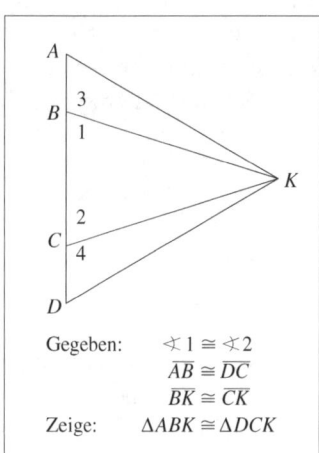

Gegeben: ∠ 1 ≅ ∠ 2
$\overline{AB} \cong \overline{DC}$
$\overline{BK} \cong \overline{CK}$

Zeige: $\Delta ABK \cong \Delta DCK$

Abb. 9.6   Die sechste geometrische Beweisaufgabe, die der Schüler nach Erlernen des SSS-Satzes und des SWS-Satzes behandeln sollte.

parat identifizieren mußte. Dies tritt im zweiten Protokoll nicht mehr auf. Hier sieht es so aus, als ob der Satz in einem einzigen Schritt mit den Gegebenheiten in Übereinstimmung gebracht wird.

Diese Übergänge entsprechen den Kennzeichen, die nach Fitts und Posner (1967) der assoziativen Phase des Fertigkeitserwerbs zuzuschreiben sind. Der Schüler muß sich nicht mehr auf den verbalen Abruf des Satzes besinnen, sondern er ist bis zu dem Punkt fortgeschritten, an dem er die Anwendung des Satzes als ganzes Muster einfach erkennen kann. Diese Fähigkeit kann man an Hand der folgenden Produktionsregel darstellen:

Wenn das Ziel darin besteht zu beweisen, daß Dreieck 1 und Dreieck 2 kongruent sind,

und Dreieck 1 besitzt zwei Seiten und ihren eingeschlossenen Winkel, die mit zwei Seiten und ihrem eingeschlossenen Winkel des Dreiecks 2 übereinzustimmen scheinen,

Dann setze als Teilziele:

Beweise, daß die entsprechenden Winkel und Seiten gleich sind, und verwende dann den Seite-Winkel-Seite-Satz, um zu zeigen, daß beide Dreiecke kongruent sind.

Der Schüler hat also sein verbales oder deklaratives Wissen über den Kongruenzsatz in prozedurales Wissen überführt, so wie es in der obigen Produktionsregel formuliert ist. Diesen Überführungsprozeß nennt man **Prozeduralisierung**.

Ein ähnliches Ergebnis berichten Sweller, Mawer und Ward (1983). Sie befaßten sich mit der Entwicklung von Fachkenntnissen bei der Lösung einfacher Probleme aus der physikalischen Bewegungslehre und untersuchten, wie oft ihre Probanden allgemeine Formeln niederschrieben, die die Beziehungen zwischen Geschwindigkeit, Weg und Beschleunigung betreffen, beispielsweise die Formel $v = at$, die die Geschwindigkeit v als Produkt aus der Beschleunigung a und der Zeit t darstellt. Die Autoren fanden, daß die Probanden diese Formeln anfänglich aufschrieben, um sie sich in Erinnerung zu rufen; im späteren Verlauf wurden die Gleichungen jedoch nur noch in der Form notiert, in der die Konstanten aus der jeweiligen Problemstellung anstelle der Variablen bereits eingesetzt sind – zum Beispiel $v = 2 \times 10 = 20$. Die Formeln wurden also bei der Problemlösung nurmehr implizit herangezogen und nicht mehr explizit erinnert.

Die Prozeduralisierung bezieht sich auf den Prozeß, in dessen Verlauf die explizite Verwendung deklarativen Wissens durch die unmittelbare Anwendung prozeduralen Wissens abgelöst wird.

Taktisches Lernen

Im Verlauf des wiederholten Umgangs mit Problemen lernt man die Handlungsabfolgen, die zur Lösung des Problems oder von Teilen des Problems erforderlich sind. Diesen Aspekt nennt man **taktisches Lernen**; eine Taktik bezieht sich auf eine Methode, mit der man ein bestimmtes Ziel erreicht. Beispielsweise fand Greeno (1974), daß es lediglich

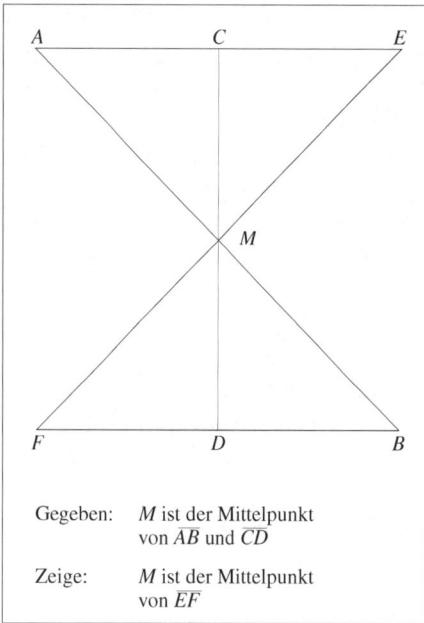

Gegeben: M ist der Mittelpunkt
          von $\overline{AB}$ und $\overline{CD}$

Zeige: M ist der Mittelpunkt
          von $\overline{EF}$

etwa vierer Wiederholungen bedarf, bis die Probanden das Hobbits-Orcs-Problem perfekt lösen konnten (siehe die Erörterung von Abbildung 8.4 in Kapitel 8). In diesem Experiment lernten die Probanden die Zugfolge, mit der man die Personen wohlbehalten über den Fluß manövrieren kann. Einmal gelernt, konnten sie die Zugfolge einfach abrufen, ohne weiter nach einer Lösung suchen zu müssen.

In komplexeren Bereichen wiederholen sich nicht die gesamten Probleme, aber einige ihrer Komponenten, und die Lernenden merken sich die Lösungen für diese Teilprobleme. Betrachten wir dazu das Beweisproblem in Abbildung 9.7. Mit zunehmender Professionalität bei der

Abb. 9.7 Eine anspruchsvolle Geometrieaufgabe für Oberstufenschüler.

Verallgemeinerung geometrischer Beweisführungen lernen die Schüler zu erkennen, daß sie zunächst ableiten müssen, daß die Dreiecke ΔACM und ΔBDM kongruent sind, weil jeweils zwei Seiten gleich sind und die eingeschlossenen Winkel als gegenüberliegende Winkel am Schnittpunkt zweier Strecken ebenfalls übereinstimmen. Es handelt sich hier um ein Teilmuster, das in ganz unterschiedlichen geometrischen Aufgaben immer wieder auftritt. Im Prinzip haben die Schüler die folgende Produktionsregel gelernt:

Wenn zwei Dreiecke vorliegen, die zwei gleiche Seitenpaare besitzen,
    wobei diese Seiten eine Scheitelwinkel-Konfiguration bilden,
Dann schließe, daß die von den Seiten eingeschlossenen Winkel gleich sind, weil
    sie gegenüberliegende Scheitelwinkel sind,
    und schließe, daß die Dreiecke kongruent sind, infolge des Seite-Winkel-
    Seite-Satzes.

Diese Regel stellt eine Schlußfolgerung auf dem Weg zur vollständigen Beweisführung für das genannte Problem bereit.

Taktisches Lernen bezieht sich auf einen Prozeß, in dessen Verlauf bestimmte Regeln für die Lösung bestimmter Probleme gelernt werden.

Strategisches Lernen

Die bisherige Diskussion ging um die Frage, wie Schüler Taktiken erlernen, also Folgen von Operationen, die der Lösung von Teilproblemen dienen. Es ergeben sich jedoch auch Veränderungen auf strategischer Ebene; der Strategieaspekt bezieht sich darauf, wie die

Lernenden die Lösung des Gesamtproblems organisieren. Entsprechend nennt man den Erwerb der Fähigkeit, die Problemlösung zu organisieren, **strategisches Lernen**. Die deutlichsten Demonstrationen solcher Strategiewechsel liegen aus dem Bereich physikalischer Problemlösungen vor. Larkin (1981) verglich die Lösungen von Novizen und Experten bei Aufgaben von der in Abbildung 9.8 skizzierten Art. Ein Klotz gleitet eine schiefe Ebene der Länge *l* hinunter, wobei θ den Winkel zwischen der Ebene und der Horizontalen bezeichnet. Der Rei-

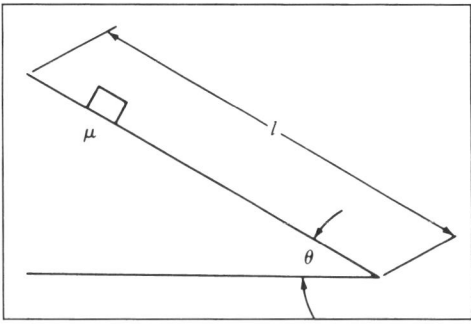

Abb. 9.8 Skizze einer Beispielaufgabe aus dem Bereich der Physik (aus Larkin, 1981).

bungskoeffizient sei μ. Die Aufgabe besteht darin, die Geschwindigkeit des Klotzes bei Erreichen des unteren Endes der Ebene zu bestimmen. Tabelle 9.1 zeigt die Lösung eines typischen Novizen, und Tabelle 9.2 gibt die Lösung eines typischen Experten wieder.

Tabelle 9.1: Eine typische Lösung eines Novizen bei einer Physikaufgabe (nach Larkin, 1981)

Um die gewünschte Endgeschwindigkeit v zu finden, braucht man eine Grundgleichung, in der v vorkommt, sagen wir

$$v = v_0 + 2at .$$

Aber sowohl a als auch t sind unbekannt, das sieht hoffnungslos aus. Versuchen wir statt dessen

$$v^2 - v_0^2 = 2ax .$$

In dieser Gleichung ist v_0 gleich Null und x ist bekannt, bleibt nur noch a herauszufinden. Da versuchen wir mal

$$F = ma.$$

In dieser Gleichung ist m gegeben, und nur F ist unbekannt, deshalb verwenden wir

$$F = \Sigma F's ,$$

was in diesem Fall heißt:

$$F = F_g'' - f ,$$

wobei sich F_g'' und f wie folgt berechnen lassen:

$$F_g'' = mg \sin \theta$$
$$f = \mu N$$
$$N = mg \cos \theta .$$

Nach einer Reihe von Substitutionen läßt sich ein korrekter Ausdruck für die Geschwindigkeit finden, nämlich

$$v = \sqrt{2(g \sin\theta - \mu g \cos\theta)l} \ .$$

Tabelle 9.2: Eine typische Lösung eines Experten bei einer Physikaufgabe (nach Larkin, 1981)

Die Bewegung des Klotzes ist durch die Gravitationskraft

$$F_g'' = mg \sin \theta$$

bestimmt, die entlang der Ebene nach unten wirkt, sowie durch die Reibungskraft

$$f = \mu mg \cos \theta \ ,$$

die entlang der Ebene nach oben zeigt. Die Beschleunigung des Klotzes a steht dann in der Beziehung zur Summe dieser Kräfte (mit ihren jeweiligen Vorzeichen), wie sie durch

$$F = ma$$

beziehungsweise

$$mg \sin \theta - \mu mg \sin \theta = ma$$

gegeben ist. Kennt man die Beschleunigung a, dann kann man die Endgeschwindigkeit v des Klotzes berechnen nach den Gleichungen

$$l = \frac{1}{2} at^2$$

und

$$v = at \ .$$

Charakteristisch für die Lösung des Anfängers ist die Methode der Rückwärtssuche. Sie geht vom Unbekannten aus, hier von der Geschwindigkeit v. Dann findet der Novize eine Gleichung zur Berechnung von v. Doch benötigt man zur Berechnung von v nach dieser Gleichung die vorherige Berechnung der Beschleunigung a. Also findet man eine Gleichung, in der a vorkommt, und der Novize hangelt sich rückwärts durch, bis er ein System von Gleichungen gefunden hat, das die Lösung der Aufgabe ermöglicht.

Der Experte hingegen verwendet zwar ähnliche Gleichungen, aber in umgekehrter Reihenfolge. Er fängt mit den Größen an, die sich direkt berechnen lassen, beispielsweise mit der Gravitationskraft, und arbeitet sich bis zur gesuchten Geschwindigkeit vor.

Larkin zeigte, daß Experten und Novizen bei solchen Aufgaben die physikalischen Prinzipien typischerweise in gerade entgegengesetzter Reihenfolge anwenden. Sie entwickelte ein Computerprogramm, mit dem sich die übungsbedingte Entwicklung vom Novizen zum Experten simulieren läßt. Das Simulationsprogramm basiert auf einem Produktionensystem. Die Novizen beginnen mit Produktionen für die Rückwärtssuche und bilden allmählich Produktionen heraus, die vorwärtsgerichtete Schlußfolgerungen ermöglichen.

Das Lösungsverhalten von Novizen wird durch Mittel-Ziel-Produktionen der folgenden Art simuliert:

Wenn das Ziel darin besteht, die Größe x zu berechnen,
      und es gibt eine physikalische Grundgleichung, in der x vorkommt,
Dann versuche, diese Gleichung zur Berechnung von x anzuwenden.

Angenommen, das Ziel besteht in der Berechnung der Beschleunigung a, dann könnte diese Produktion die Verwendung der Gleichung $v = v_0 + at$ aufrufen (die Geschwindigkeit ist gleich der Anfangsgeschwindigkeit plus dem Produkt aus Beschleunigung und Zeit). Mit zunehmender Übung entwickelt Larkins System jedoch Produktionen, die das Lösungsverhalten der Experten simulieren:

Wenn die Größen v, v_0 und t bekannt sind,

Dann kann man die Beschleunigung a berechnen.

Ein vergleichbarer Übergang von der rückwärtsgerichteten zur vorwärtsgerichteten Suche tritt auch im Bereich der Geometrie auf. In der Physik und der Geometrie bietet die Vorwärtssuche echte Vorteile. Beim rückwärtsgerichteten Schließen muß man sich Ziele und Teilziele setzen und diese im Gedächtnis mitführen. Zum Beispiel darf man nicht vergessen, daß man F berechnet, damit man a berechnen kann, woraus sich schließlich v bestimmen läßt. Dies belastet wesentlich das Arbeitsgedächtnis und kann zu Fehlern führen. Beim vorwärtsgerichteten Schließen entfällt die Notwendigkeit, sich Teilziele zu merken. Dafür muß man zur erfolgreichen Vorwärtssuche jedoch wissen, welche der vielen möglichen vorwärtsgerichteten Inferenzen im Hinblick auf die schlußendliche Lösung relevant sind. Und genau das lernen Experten mit zunehmender Erfahrung: Experten lernen, verschiedene Inferenzen mit unterschiedlichen Merkmalsmustern des gestellten Problems in Zusammenhang zu bringen.

Es ist nicht so, daß sich dieser Übergang vom rückwärtsgerichteten zum vorwärtsgerichteten Problemlösen in allen Inhaltsbereichen beobachten läßt. Ein gutes Gegenbeispiel liefert die Computerprogrammierung (Anderson, Farrell & Sauers, 1984; Jeffries, Turner, Polson & Atwood, 1981). Sowohl Anfänger als auch Fortgeschrittene bauen Computerprogramme von oben nach unten (top-down) auf. Das heißt, sie arbeiten sich von der Formulierung des Problems zu Teilproblemen, von dort zu weiteren Teilproblemen, etc., durch, bis sie das Problem letztlich gelöst haben. Abbildung 9.9 illustriert einen Teil der Entwicklung eines Plans für ein Programm, das den mittleren Unterschied in der Körpergröße zwischen Jungen und Mädchen einer Schulklasse berechnen soll. Zunächst wird die Aufgabenstellung in Teilprobleme zerlegt: (1) die Berechnung der mittleren Körpergröße der Jungen; (2) die Berechnung der mittleren Körpergröße der Mädchen; (3) die Subtraktion der beiden Mittelwerte. Das Problem der Berechnung der mittleren Größe der Jungen wird in weitere Ziele aufgegliedert: Die Körpergrößen müssen zusammengezählt und durch die Anzahl der Jungen geteilt werden. Und so setzt sich der Aufbau des Programms fort, bis man zur Formulierung von Aussagen in der jeweiligen Programmiersprache gelangt, beispielsweise

Durchschnitt = GesamtSumme/Anzahl .

Dieser Aufbau von oben nach unten ist im Grunde nichts anders als das rückwärtsgerichtete Schließen im Zusammenhang mit der Geometrie oder der Physik. Nur ist hervorzuheben, daß es bei fortgeschrittenen Programmierern keinen entsprechenden Übergang zum vorwärtsgerichteten Problemlösen gibt (das hieße, bei den einzelnen programmiersprachlichen Statements anzufangen und sich von dort aus den globaleren Aufbau des Programms zu erarbeiten). Dies steht im strikten Gegensatz zur Geometrie und Physik, wo die Experten die Vorwärtsstruktur bevorzugen. Man kann sich diesen Gegensatz erklären,

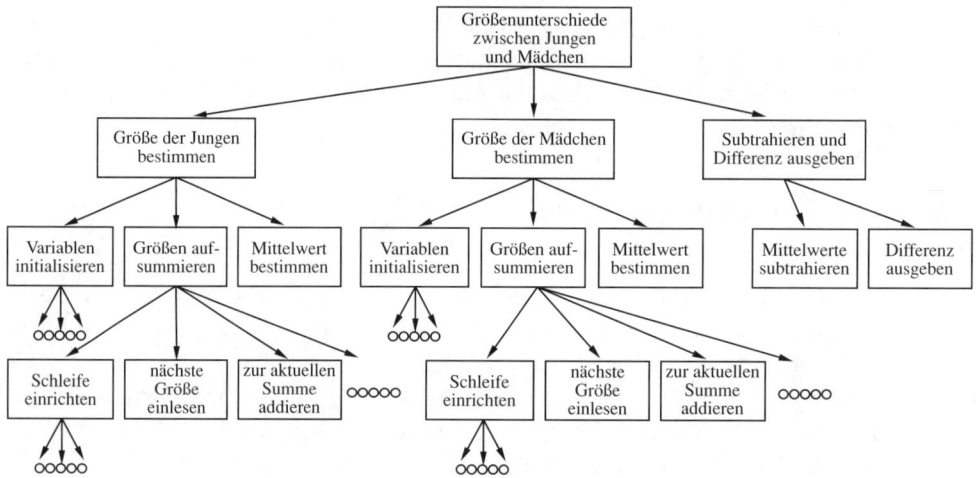

Abb. 9.9 Die auszugsweise Darstellung eines Plans für ein Programm zur Berechnung des mittleren Unterschieds der Körpergröße zwischen den Jungen und Mädchen einer Klasse.

wenn man die Unterschiede in den Problemfeldern betrachtet. Bei Physik- und Geometrieaufgaben sind zahlreiche Größen vorgegeben, deren Vorhersagewert für die Lösung größer ist als der der Zielvorgabe. Dagegen gibt es bei der typischen Formulierung einer Programmieraufgabe praktisch nichts, was den vorgegebenen Größen entspräche, an denen sich eine vorwärtsgerichtete Lösung im Bottom-up-Verfahren orientieren könnte. Die typische Problemformulierung beschreibt lediglich das Ziel und liefert oft Informationen mit, die eine Top-down-Lösung unterstützen. Wir sehen also, daß die Entwicklung zum Experten nicht in allen Gebieten denselben Wegen folgt. Vielmehr passen sich die Experten den Charakteristika eines bestimmten Inhaltsbereichs an.

Doch ergab sich auch ein wichtiger Unterschied zwischen Experten und Novizen bei der Entwicklung von Computerprogrammen (Anderson, 1983; Jeffries, Turner, Polson & Atwood, 1981). Experten neigen dazu, Problemlösungen zuerst in die Breite zu entwickeln, während Novizen zuerst in die Tiefe gehen. Diese Unterschiede treten bei einfachen Aufgaben wie in Abbildung 9.9 noch nicht überzeugend zutage, aber sie können bei komplexeren Programmen, die komplexere Pläne erfordern, recht drastisch werden. Experten bevorzugen es, eine gesamte Ebene der Planungshierarchie zuerst voll auszubauen, bevor sie sich der Differenzierung der nächsttieferen Ebene zuwenden. Novizen dagegen breiten gleich das erste Teilproblem bis auf die untersten Ebenen aus. Ein Experte würde sich also bei der Aufgabe in Abbildung 9.9 zunächst Gedanken über einen allgemeinen Plan machen, nach dem sich die Körpergröße sowohl der Jungen als auch der Mädchen berechnen läßt, und dann erst die Details zur Berechnung der Größe der Jungen ausarbeiten, während der Novize zunächst den Gesamtplan für die Berechnung der Größe der Jungen ausdifferenziert, bevor er sich einen Plan für die Berechnung der Größe der Mädchen macht. Der Ansatz der Experten geht zuerst in die Breite, weil eine gesamte Ebene des Problembaums auf einmal erzeugt wird. Der Ansatz der Novizen geht zuerst in die Tiefe, weil die Neigung besteht, zuerst den linken Ast des Baumes bis ganz nach unten zu vervollständigen. Es gibt gute Gründe, die für den Ansatz der Experten sprechen. Die einzelnen Teile von Programmierproblemen sind in der Regel nicht voneinander unabhängig (siehe die Diskussion zur Interaktion von Teilzielen in Kapitel 8). Deshalb kann die Lösung eines später behandelten Problems oft Einfluß auf die Lösung eines vorangegangenen Problems nehmen. Zum Beispiel könnte man das Programm, das die Körpergröße der Jungen berechnet, so schreiben wollen, daß man mit demselben Programm auch die Größe der Mädchen berechnen kann. Wenn Experten das Programm zunächst in die Breite entwickeln, dann werden sie die Zusammenhänge zwischen den Teilproblemen eher erkennen.

Insgesamt kann man nicht sagen, daß der Übergang vom Novizen zum Experten in allen Inhaltsbereichen mit denselben Strategiewechseln einhergeht. Unterschiedliche Problemfelder sind unterschiedlich aufgebaut, so daß auch nicht immer dieselben Strategien optimal sind. Somit bedeutet die Entwicklung zum Experten auf einem speziellen Gebiet, diejenigen Strategien herauszufinden, die für dieses Gebiet am besten geeignet sind. Physiker lernen, ein Problem vorwärtsgerichtet anzupacken, während fortgeschrittene Programmierer lernen, zuerst in die Breite zu gehen.

Strategisches Lernen bedeutet, sich geeignete Wege zum strukturellen Aufbau des Problemlösens anzueignen, die für die auf dem jeweiligen Gebiet bestehenden Probleme optimal geeignet sind.

Die Repräsentation von Problemen

Eine weitere Dimension des Expertentums besteht darin, daß man lernt, Probleme so zu repräsentieren, daß die Anwendung effektiverer Problemlöseprozeduren möglich wird. Dies läßt sich gut auf dem Gebiet der Physik demonstrieren. Die Physik ist ein intellektuell anspruchsvoller Gegenstand, weil sie sich auf Grundprinzipien stützt, die auf der Merkmalsoberfläche eines physikalischen Problems nur implizit in Erscheinung treten. Experten lernen, diese impliziten Prinzipien zu sehen und Probleme entsprechend zu repräsentieren.

Chi, Feltovich und Glaser (1981) ließen ihre Probanden eine große Menge von Problemen nach Ähnlichkeitskategorien klassifizieren. Abbildung 9.10 zeigt Problembeispiele, die Novizen für ähnlich hielten, und führt einige Erklärungen von Novizen für die gemeinsame Gruppierung in einer Kategorie ähnlicher Probleme an. Man kann erkennen, daß die Novizen oberflächliche Ähnlichkeitsmerkmale als Grundlage ihrer Klassifikation heranzogen, beispielsweise Rotationsbewegungen oder schiefe Ebenen. Da ich selbst nicht allzuviel von Physik verstehe, muß ich zugeben, daß es sich dabei um intuitiv ganz einleuchtende Ähnlichkeitskriterien zu handeln scheint. Doch man stelle diese Klassifikationen den Problempaaren in Abbildung 9.11 gegenüber, die den Experten ähnlich erschienen. Hier werden Probleme, die an der Oberfläche ganz verschieden beschaffen sind, als ähnlich eingeschätzt, weil sie das Prinzip der Energieerhaltung betreffen oder weil sie beide mit dem zweiten Newtonschen Gesetz zu tun haben. Die Experten besitzen also die Fähigkeit, die Oberflächenmerkmale eines Problems auf die zugrundeliegenden Prinzi-

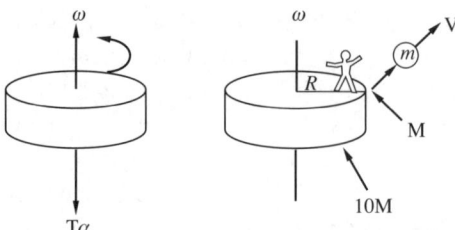

Novize 2: „Winkelgeschwindigkeit, Impuls, kreisförmige Objekte."

Novize 3: „Rotationsbewegung, Winkelgeschwindigkeit."

Novize 6: „Aufgaben, die etwas mit Rotation zu tun haben: Winkelgeschwindigkeit."

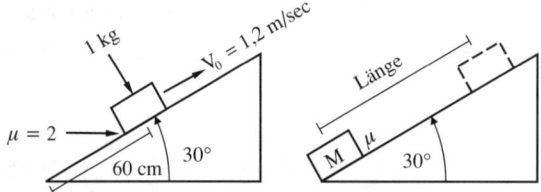

Novize 1: „Diese Aufgaben haben mit Klötzen auf einer schiefen Ebene zu tun."

Novize 5: „Schiefe-Ebene-Aufgaben, Reibungskoeffizient."

Novize 6: „Klötze auf schiefen Ebenen mit Winkeln."

Abb. 9.10 Paare von Aufgaben, die Novizen als ähnlich einstufen, und einige Erklärungen für diese Gruppierung (nach Chi et al., 1981).

pien zurückzuführen. Diese Fähigkeit ist sehr hilfreich, weil die zugrundeliegenden Prinzipien bessere Anhaltspunkte für den geeigneten Lösungsweg geben. Dieser klassifikationsbezogene Übergang von Oberflächenmerkmalen zu tieferliegenden Prinzipien fand sich in mehreren Problembereichen, darunter auch in der Mathematik (Silver, 1979; Schoenfeld & Herrmann, 1982), bei der Computerprogrammierung (Weiser & Shertz, 1983) und bei der medizinischen Diagnostik (Lesgold, Rubinson, Feltovich, Glaser, Klopfer & Wang, 1988).

Veränderungen in der Problemrepräsentation liegen auch dem Erwerb von professionellen Fähigkeiten bei der Computerprogrammierung zugrunde. Ein Aspekt beim Erwerb fortgeschrittener Programmierkünste besteht darin, von einer konkreten Programmiersprache unabhängig zu werden. Viele Programmiersprachen stellen unterschiedliche Mittel bereit, um zum selben Ziel zu gelangen. Zum Beispiel gibt es in den meisten Programmiersprachen mehrere Mechanismen, mit denen man iterative Prozeduren ausführen kann. (Die Iteration bezieht sich auf das wiederholte Ausführen einer Folge von Befehlen.) Novizen stellen sich die Iteration an Hand der Mechanismen einer bestimmten Programmiersprache vor. Experten sehen die Iteration als etwas Abstraktes, unabhängig von einer

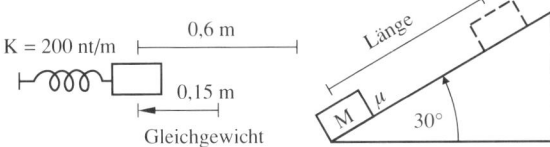

Experte 2: „Energieerhaltung";

Experte 3: „Der Zusammenhang von Arbeit und Energie. Das sind alles einfache Aufgaben."

Experte 4: „Das kann man mit Energiebetrachtungen behandeln. Man muß entweder den Energieerhaltungssatz kennen, oder irgendwie geht Arbeit verloren."

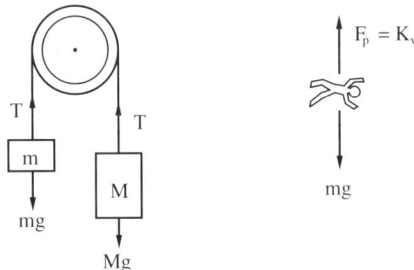

Experte 2: „Das kann man mit dem zweiten Newtonschen Gesetz lösen."

Experte 3: „F = ma; das zweite Newtonsche Gesetz."

Experte 4: „Man verwendet vor allem F = ma; das zweite Newtonsche Gesetz."

Abb. 9.11 Paare von Aufgaben, die Experten als ähnlich einstufen, und einige Erklärungen für diese Gruppierung (nach Chi et al., 1981).

bestimmten Befehlssprache. Das ist ähnlich wie in der Physik, wo die Experten Probleme an Hand der ihnen zugrundeliegenden abstrakten Prinzipien auffassen.

Ein anderer Typ der Weiterentwicklung von Problemrepräsentationen ist die Ausbildung eines umfangreichen Fachvokabulars zur Beschreibung von Problemlösungen. Eine solche „Expertenbeschreibung" eines Computerprogramms ist unten wiedergegeben. Wenn man nicht gerade Erfahrungen im Programmieren von Listenstrukturen hat, sollte man nicht glauben, man könnte das ganze verstehen:

BKT-DELETE ist als normaler **List-deletion**-Plan implementiert. Input sind ein **Key** und eine Liste von Einträgen. Der Plan ist eine **Suchschleife** und verwendet zwei **Zeiger**: einer zeigt auf den aktuellen Eintrag, der mit der **Inputliste** initialisiert ist, der andere ist ein **Hilfszeiger**, der mit **NIL** initialisiert ist. Bei jeder Iteration prüft er den **Key** des ersten Elements der aktuellen Liste. Ist der mit den **Input-Key** identisch, **hängt** er das aktuelle Element von der Liste **ab**, indem er den vorherigen Zeiger **replaced**.

Man beachte, mit welcher Häufigkeit Ausdrücke vorkommen, die als Fachjargon erscheinen. (Ich habe einige der augenfälligsten Beispiele fett hervorgehoben.) In Wirklichkeit ist jeder dieser Beispielausdrücke mit einem wichtigen Programmierkonstrukt verknüpft und erlaubt dem Programmierer, den Plan für das Programm ökonomischer zu repräsentieren und im Gedächtnis zu verwalten.

Eine wichtige Dimension zunehmender Expertenschaft besteht in der Herausbildung einer Menge neuer Konstrukte, mit denen sich die zentralen Aspekte eines Problems repräsentieren lassen.

Das Lernen und Erinnern von Mustern

Eine der überraschenden Entdeckungen im Bereich der Expertenfähigkeiten besteht darin, daß Experten über ein gezielt verbessertes Erinnerungsvermögen für Informationen verfügen, die Probleme im Bereich der jeweiligen Spezialfähigkeit betreffen. Erstmals stellte sich dies in den Forschungen von de Groot (1965, 1966) heraus. Er versuchte herauszufinden, was Meister des Schachspiels von schwächeren Spielern unterscheidet. Dabei ergab sich, daß Schachmeister in anderen Bereichen als dem Schachspiel nicht auffallend intelligenter sind als ihre Mitmenschen. De Groot fand fast keine Unterschiede zwischen Schachexperten und schwächeren Spielern – mit Ausnahme der Tatsache natürlich, daß die Experten bessere Züge machen. Beispielsweise ziehen Schachmeister etwa dieselbe Anzahl möglicher Züge in Betracht, bevor sie sich für einen Zug entscheiden. Wenn überhaupt, dann durchdenken Schachmeister eher weniger Züge als Schachdilettanten.

Was de Groot jedoch fand, war ein bestechender Unterschied zwischen Könnern und Amateuren. Er zeigte den Meistern nur fünf Sekunden lang Schachstellungen (das heißt Schachbretter mit Figuren, die sich in einer Konfiguration befanden, wie sie im Spiel auftreten kann) und entfernte die Stellungen danach sofort wieder. Die Meister konnten die Positionen von mehr als 20 Figuren nach nur fünf Sekunden der Betrachtung rekonstruieren. Im Gegensatz dazu stehen die Gelegenheitsspieler, die nur vier bis fünf Figuren korrekt aufstellen konnten – eine Anzahl, die weit mehr mit der traditionellen Kapazität des Arbeitsgedächtnisses im Einklang steht (siehe Kapitel 6). Die Meister bilden offenbar Muster aus jeweils vier oder fünf Figuren, die übliche Brettstellungen darstellen; dies können sie vermöge ihres außerordentlich großen Erfahrungsreichtums mit derartigen Aufgaben. Sie merken sich also nicht einzelne Figuren, sondern ganze Muster. Es paßt zu dieser Befundanalyse, daß sich kein Unterschied zwischen Meistern und Amateuren nachweisen läßt, wenn man den Spielern zufällige Stellungen vorlegt, die nicht auch im Spielverlauf tatsächlich auftreten. Beide Probandengruppen können in diesem Fall nur wenige Schachfiguren richtig positionieren. Auch beschweren sich die Meister, daß sie es als unangenehm empfinden und daß sie sich verwirrt fühlen, mit derart chaotischen Stellungen konfrontiert zu sein.

Dieses Grundphänomen der Überlegenheit des Expertengedächtnisses bei bedeutungshaltigen Problemen wurde in sehr vielen Bereichen nachgewiesen, beispielsweise beim Go-Spiel (Reitman, 1976), bei Zeichnungen elektronischer Schaltkreise (Egan &

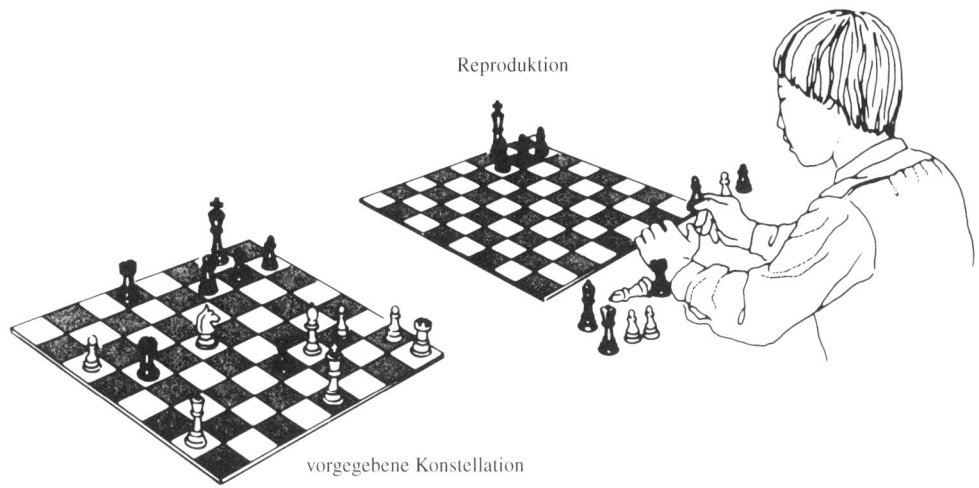

Reproduktion

vorgegebene Konstellation

Abb. 9.12 Die Reproduktionsaufgabe bei Chase und Simon (1973). Die Probanden sollten die vorgegebene Konfiguration der Schachfiguren auf dem Testbrett reproduzieren (in veränderter Form übernommen aus Klatzky, 1979).

Schwartz, 1979), bei Spielverläufen beim Bridge (Engle & Bukstel, 1978; Charness, 1979) und bei Computerprogrammen (McKeithen, Reitman, Rueter & Hirtle, 1981; Schneiderman, 1976).

Chase und Simon (1973) untersuchten, wie die von den Meistern verwendeten Muster oder Chunks beschaffen sind. Sie verwendeten dazu eine Schachbrett-Reproduktionsaufgabe (siehe Abbildung 9.12). Die Teilnehmer sollten einfach die Positionen der Figuren auf dem Stimulus-Brett (der Reizvorlage) auf einem Testbrett reproduzieren. Bei dieser Aufgabe blickten sie also auf das Stimulus-Brett, stellten ein paar Figuren auf dem Testbrett auf, sahen wieder zum Stimulus-Brett, plazierten die nächsten Figuren auf dem Testbrett, und so weiter. Als einen Chunk definierten Chase und Simon diejenigen Figuren, die die Probanden nach einem Hin-und-her-Blicken aufstellten. Es zeigte sich, daß diese Chunks oft Relationen zwischen Figuren umfaßten, die beim Schachspiel bedeutsam sind. Zum Beispiel bestanden mehr als die Hälfte der Chunks, die die Schachmeister bildeten, aus Bauernketten (Konfigurationen von Bauern, die beim Schach häufig vorkommen).

Simon und Gilmartin (1973) schätzen, daß sich Schachmeister größenordnungsmäßig 50 000 verschiedene Schachmuster angeeignet haben, daß sie diese Muster auf dem Schachbrett schnell erkennen können und daß diese Fähigkeit ihrer überlegenen Gedächtnisleistung beim Schach zugrunde liegt. Diese Zahl von 50 000 ist nicht unvorstellbar, wenn man die Jahre hingebungsvoller Beschäftigung in Betracht zieht, die man aufwenden muß, um ein Schachmeister zu werden.

Wie könnte das Erinnerungsvermögen an so viele Schachmuster mit der überlegenen Leistung im Schachspiel zusammenhängen? Newell und Simon (1972) spekulieren, daß Meister nicht nur viele Muster gelernt haben, sondern darüber hinaus auch wissen, was

man beim Vorliegen dieser Muster tun muß. Im Prinzip müssen sie über größenordnungsmäßig 50 000 Produktionen verfügen, deren Bedingungsteil (Wenn-Teil) ein Schachmuster bildet und deren Ausführungsteil (Dann-Teil) die angemessene Reaktion auf dieses
Muster angibt. Ist das als Chunk repräsentierte Muster beispielsweise symptomatisch für
einen schwachen Flügel, dann müßte die Reaktion der Produktion in dem Vorschlag
bestehen, auf der schwachen Seite anzugreifen. Damit können Schachmeister die bestehenden Zugmöglichkeiten förmlich „sehen"; sie müssen sie sich nicht erst ausdenken. Das
erklärt, warum Schachmeister so gut im Blitzschach sind, wo sie pro Zug nur ein paar
Sekunden zur Verfügung haben.

Insgesamt ist festzustellen, daß Schachexperten die Lösungen für viele Probleme fertig
gespeichert haben, die Anfänger erst als neu auftretende Probleme lösen müssen. Amateu-
re müssen unterschiedliche Konfigurationen analysieren, deren Konsequenzen abschätzen
und dementsprechend handeln. Meister haben all diese Informationen im Gedächtnis
gespeichert und ziehen daraus zweifachen Vorteil: Erstens riskieren sie keine Fehler bei
der Lösung dieser Probleme, weil sie die richtige Lösung fest gespeichert haben. Zweitens
haben sie die zutreffende Analyse so vieler Stellungen gespeichert, daß sie sich bei ihren
Problemlösebemühungen auf die subtileren Aspekte und Strategien des Schachspiels konzentrieren können. Somit sind das Erlernen von Mustern und das bessere Gedächtnis für
Brettstellungen Bestandteile des taktischen Lernens, das wir weiter oben erörtert haben.

Experten können bei Problemen zusammenhängende Chunks erkennen; dies sind
Muster aus Elementen, die über verschiedene Probleme hinweg immer wieder
vorkommen.

Langzeitgedächtnis und Expertentum

Man könnte annehmen, daß es sich bei dem Gedächtnisvorteil, den Experten an den Tag
legen, lediglich um einen Vorteil handelt, der in ihrem Arbeitsgedächtnis begründet liegt.
Doch zeigt die Forschung, daß sich ihr Vorteil auch auf das Langzeitgedächtnis erstreckt.
Charness (1976) verglich bei Experten das Gedächtnis für Schachstellungen sofort, nachdem diese wahrgenommen wurden, und nach einer Pause von 30 Sekunden, die mit einer
Interferenzaufgabe gefüllt war (ähnlich der in Kapitel 6 besprochenen Aufgabe von Peterson und Peterson). Schachspieler der oberen Leistungsklasse zeigen auch nach dem 30-
Sekunden-Intervall keine Verschlechterung ihres Gedächtnisabrufs, im Gegensatz zu den
schwächeren Probanden, die recht viel vergessen. Trainierte Schachspieler verfügen also,
anders als Gelegenheitsspieler, über eine erhöhte Kapazität für die Speicherung von Informationen aus ihrem Fachgebiet. Interessanterweise haben diese ausgewählten Probanden
ein ähnlich schlechtes Gedächtnis für Trigramme (Kunstwörter aus drei Buchstaben) wie
normale Probanden. Ihr erweitertes Langzeitgedächtnis gilt also nur für ihr Spezialgebiet.

Es gibt Gründe für die Annahme, daß der Gedächtnisvorteil über die Fähigkeit der
Experten, das Problem an Hand vertrauter Muster zu enkodieren, hinausgeht. Experten
scheinen in der Lage zu sein, sowohl mehr Muster als auch größere Muster zu erinnern.
Einige unterstützende Befunde dafür stammen aus einem Experiment von Chase und

Simon, in dem die Probanden wie bei de Groot Schachstellungen erinnern sollten (im Gegensatz zu der in Abbildung 9.12 illustrierten Reproduktionsaufgabe). Die Autoren versuchten, diejenigen Muster zu identifizieren, die die Probanden bei ihrem Abruf der Schachstellungen aus dem Gedächtnis verwendeten. Sie fanden, daß die Probanden in aller Regel ein Muster erinnern, dann eine Pause einlegen, dann das nächste Muster erinnern, dann wieder eine Pause einlegen etc. Als Kriterium für die Identifikation abgegrenzter Muster erwies sich eine Pause von zwei Sekunden als brauchbar. Mit dieser objektiven Definition eines Musters konnten die Autoren sowohl den Umfang eines Musters bestimmen als auch untersuchen, wie viele Muster erinnert wurden. Beim Vergleich eines Meisterspielers mit einem Anfänger ergaben sich große Unterschiede auf beiden Meßwerten. Der Musterumfang des Meisters betrug durchschnittlich 3,8 Figuren gegenüber nur 2,4 Figuren beim Anfänger. Darüber hinaus erinnerte der Meister im Durchschnitt 7,7 Muster pro Stellung, der Mittelwert des Anfängers betrug dagegen nur 5,3 Muster. Offenbar beruht der Gedächtnisvorteil der Experten nicht nur auf dem größeren Umfang der Muster, sondern auch auf der Fähigkeit, mehr solcher Muster zu erinnern.

Die stärksten Belege für die Annahme, daß am Expertentum die Fähigkeit beteiligt ist, sich sowohl mehr als auch umfangreichere Muster zu merken, stammen von Chase und Ericsson (1982), die die Ausbildung einer einfachen, gleichwohl bemerkenswerten Fähigkeit untersuchten. Sie beobachteten eine Person, SF, bei der Vergrößerung ihrer Gedächtnisspanne für Ziffern. Die sogenannte *digit span* ist die Anzahl von Ziffern, die man nach nur einer Darbietung wiederholen kann. Wie in Kapitel 6 dargestellt, beträgt die normale digit span etwa sieben oder acht Zahlzeichen, gerade ausreichend für eine Telefonnummer. Nach ungefähr 200 Übungsstunden konnte SF 81 zufällige Ziffern wiedergeben, die

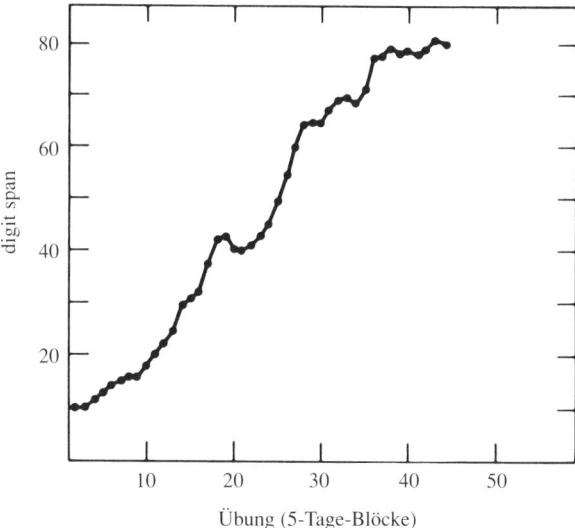

Abb. 9.13 Die Vergrößerung der Gedächtnisspanne bei der Person SF mit zunehmender Übung. Man beachte, wie die Anzahl der Ziffern, die SF wiedergeben kann, mit der Anzahl von Übungssitzungen allmählich, aber kontinuierlich ansteigt (aus Chase & Ericsson, 1982).

in einer Rate von einer Ziffer pro Sekunde dargeboten worden waren. Abbildung 9.13 veranschaulicht, wie seine Gedächtnisspanne im Verlauf von 264 Trainingsdurchgängen größer wurde.

Was steckt hinter diesem vielleicht übermenschlichen Gedächtniskunststück? Zum Teil lernte SF, die Ziffern zu Chunks bedeutungshaltiger Muster zu gruppieren. Er war Langstreckenläufer, und seine Technik bestand zum Teil darin, die Ziffern in Laufzeiten umzuwandeln. So nahm er beispielsweise die vier Ziffern 3492 und verwandelte sie in „drei Minuten, 49,2 Sekunden – knapp am Weltrekord für eine Meile". Mit einer solchen Strategie konnte er aus einer Gedächtnisspanne von sieben Ziffern eine Gedächtnisspanne von sieben Ziffermustern machen, die sich jeweils wieder aus drei oder vier Ziffern zusammensetzten. Das würde insgesamt eine digit span von über 20 ergeben, die jedoch noch weit unter seiner tatsächlichen Leistung liegt. Zusätzlich zu dieser Bildung von Chunks entwickelte SF etwas, das Chase und Ericsson eine Abrufstruktur nennen; damit konnte er 22 solcher Muster wiedergeben. Diese Abrufstruktur war sehr spezieller Art; sie ließ sich nicht vom Abruf von Ziffern auf den Abruf von Buchstaben verallgemeinern. Chase und Ericsson nehmen an, daß ein Teil dessen, was der Entwicklung von Expertenfähigkeiten auf anderen Gebieten, beispielsweise beim Schach, zugrunde liegt, in der Herausbildung solcher Abrufstrukturen besteht, die eine bessere Wiedergabe früherer Muster ermöglichen.

Mit zunehmender Erfahrung auf einem Gebiet entwickelt man eine bessere Fähigkeit, problembezogene Information im Langzeitgedächtnis zu speichern und wieder abzurufen.

Der Transfer von Fähigkeiten

Es wurde schon erwähnt, daß Chase und Ericssons Demonstrationsperson SF nicht in der Lage war, ihre Fähigkeit, die Gedächtnisspanne zu erweitern, von Ziffern auf Buchstaben zu transferieren. Wir haben es hier mit einem sonderbaren Extrem eines ansonsten häufigen Kennzeichens der Herausbildung kognitiver Fähigkeiten zu tun – der Tatsache, daß diese Fähigkeiten ziemlich eng umrissen sein können und sich nicht auf andere Tätigkeiten übertragen lassen. Schachexperten erscheinen trotz aller Genialität auf dem Gebiet des Schachspiels nicht als die schlechthin besseren Denker. Ein amüsantes Beispiel für die enge Beschränkung spezieller Fähigkeiten liefert die Untersuchung von Carraher, Carraher und Schliemann (1985). Diese Forschungsgruppe untersuchte die mathematischen Strategien brasilianischer Schulkinder, die auch als Straßenhändler arbeiteten. Bei der Arbeit verwendeten diese Kinder ganz ausgeklügelte Strategien, um den Gesamtbetrag eines Einkaufs zu berechnen, der sich aus unterschiedlichen Anzahlen verschiedener Waren zusammensetzen konnte (zum Beispiel der Gesamtpreis für vier Kokosnüsse und zwölf Zitronen). Hinzu kommt, daß sie solche Berechnungen zuverlässig im Kopf vornehmen konnten. Carraher et al. nahmen es tatsächlich auf sich, auf die Straße zu gehen und sich diesen Kindern als Kunden zu zeigen, bestimmte Einkäufe zu machen und den Anteil richtiger Berechnungen zu protokollieren. Die Experimentatoren baten die Kinder dann, ins Labor mitzukommen, wo ihnen schriftliche Mathematiktests vorgelegt wurden, in denen dieselben Zahlen und mathematischen Operationen vorkamen, mit denen sie auf der Straße mit Erfolg zurechtgekommen waren. Wenn ein Kind zum Beispiel den Gesamtpreis von fünf Zitronen zu je 35 Cruzeiros auf der Straße richtig berechnet hatte, dann erhielt es die folgende schriftliche Aufgabe:

$$5 \times 35 = ?$$

Die Ergebnisse zeigen, daß die Kinder zwar 98 Prozent der Aufgaben lösen, die ihnen im situierten Kontext des Straßenverkaufs präsentiert wurden, daß sie aber nur 37 Prozent der Aufgaben lösen, wenn diese, abgelöst vom gewohnten Alltagszusammenhang, bei der Untersuchung im Experimentallabor vorgelegt werden. Es muß nochmals hervorgehoben werden, daß diese Aufgaben genau dieselben Zahlen und mathematischen Operationen betrafen. Interessanterweise verbesserten sich die Leistungen auf 74 Prozent, wenn die Aufgaben im Labor in Textaufgaben verpackt wurden. Das widerspricht dem üblichen Befund, nach dem Textaufgaben schwieriger sind als äquivalente numerische Aufgabenformulierungen (Carpenter & Moser, 1982). Anscheinend machte es der durch die Textaufgabe zusätzlich gegebene Kontext den Kindern möglich, an ihre pragmatischen Strategien anzuschließen.

Die Untersuchung von Carraher et al. zeigte einen ungewöhnlichen Fall, in dem es mißlingt, die Fähigkeiten, die man im „richtigen" Leben durchaus besitzt, ins Klassenzimmer zu übertragen; doch besteht das typische Anliegen von Pädagogen eher darin, ob ein Lehrstoff vom einen Unterrichtsfach in ein anderes oder gar in die wirkliche Welt transferiert werden kann. Um die Jahrhundertwende waren die Pädagogen bei dieser Frage ziemlich optimistisch. Eine Reihe Pädagogischer Psychologen schloß sich der sogenannten Doktrin der formalen Disziplin an (Angell, 1908; Pillsbury, 1908; Woodrow, 1927), derzufolge das Studium solch esoterischer Fächer wie Latein und Geometrie von unschätzbarem Wert war, weil es dazu diente, den Geist zu disziplinieren. Die formale Disziplin schloß sich der Auffassung an, nach der der Mensch über einzelne Geisteskräfte verfügt. Diese Auffassung läßt sich bis auf Aristoteles zurückverfolgen und wurde von Thomas Reid im späten achtzehnten Jahrhundert erstmals formalisiert (Boring, 1950). Unter der Position der Geisteskräfte wird die Auffassung vertreten, daß der menschliche Verstand sich aus einer Ansammlung von allgemeinen Fähigkeiten zusammensetzt, darunter die Beobachtungsgabe, die Aufmerksamkeit, das Unterscheidungsvermögen und das logische Denken, und daß diese Fähigkeiten fast genauso geübt werden müssen wie einzelne Muskelgruppen. Der Gegenstand der Übung machte fast keinen Unterschied; am wichtigsten war das Niveau der Anstrengung (daher die Begeisterung für Latein und Geometrie). Im Rahmen einer solchen Auffassung ist der Fähigkeitentransfer sehr breit, erfolgt auf einer allgemeinen Ebene und überspannt manchmal Bereiche, die keinerlei Inhalte gemeinsam haben.

Es mag ja ganz nett sein, an die Möglichkeit eines solchen allgemeinen Transfers, wie ihn die Doktrin der formalen Disziplin im Auge hatte, zu glauben; doch gibt es tatsächlich keine begründeten Anhaltspunkte dafür, trotz eines Jahrhunderts der Forschung auf diesem Gebiet. Zu den ersten Forschern im Transferbereich gehört Thorndike (zum Beispiel Thorndike & Woodworth, 1901). In einer Untersuchung fand sich keine Korrelation zwischen dem Gedächtnis für Wörter und dem Gedächtnis für Zahlen. In einer anderen Untersuchung war die Genauigkeit bei der Rechtschreibung nicht mit der Genauigkeit bei arithmetischen Aufgaben korreliert. Thorndike interpretierte diese Befunde als Belege gegen die allgemeinen Geisteskräfte des Gedächtnisses und der Genauigkeit.

> Es gelingt oft nicht, Fähigkeiten auf ähnliche Bereiche zu übertragen, und es findet praktisch kein Transfer zu sehr unterschiedlichen Inhaltsbereichen statt.

Die Theorie der identischen Elemente

Anstelle der Doktrin der formalen Disziplin schlug Thorndike seine **Theorie der identischen Elemente** vor. Danach setzt sich der menschliche Geist nicht aus allgemeinen Geisteskräften zusammen, sondern aus speziellen Gewohnheiten und Assoziationen, die einer Person eine Vielzahl enggefaßter Reaktionsmöglichkeiten auf sehr spezifische Reize zur Verfügung stellen. Der Verstand oder Geist wurde eigentlich nur noch als eine praktische Bezeichnung für zahllose spezielle Operationen oder Funktionen angesehen (Stratton, 1922). Thorndikes Theorie impliziert die Behauptung, daß sich das Training einer Aktivität nur dann auf andere Aktivitäten überträgt, wenn die Tätigkeiten gemeinsame Elemente der situationsspezifischen Reaktion aufweisen:

> Die eine mentale Funktion oder Tätigkeit verbessert andere insofern und weil diese teilweise identisch mit der ersten sind, weil diese erste Elemente enthält, die sie mit den anderen gemeinsam hat. Die Addition verbessert die Multiplikation, weil die Multiplikation im großen und ganzen Addition ist; Lateinkenntnisse erhöhen die Fähigkeit, Französisch zu lernen, weil viele der im einen Fall gelernten Fakten im anderen gebraucht werden. (Thorndike, 1906, S. 243.)

Thorndike ließ den Transfer zwischen verschiedenen Fähigkeiten also nur allzugern zu, solange sich zeigen ließ, daß er auf dem Wege identischer Elemente vermittelt war. Allgemein kam er jedoch zu folgendem Schluß:

> Der menschliche Geist ist derart in eine Vielzahl unabhängiger Kapazitäten spezialisiert, daß wir das Wesen des Menschen nur an eng umgrenzten Stellen ändern, und jegliches spezielles Schultraining hat einen viel engeren Einfluß auf den Geist als ganzen, als gemeinhin angenommen wurde. (S. 246.)

Obwohl die Doktrin der formalen Disziplin in ihren Vorhersagen für Transfermöglichkeiten sicherlich zu breit angelegt war, stellt sich heraus, daß Thorndike seine Theorie der identischen Elemente in einer Weise formulierte, die sich als allzu eng erwies. Er vertrat zum Beispiel die Auffassung, daß man nach der Lösung einer Geometrieaufgabe, in der bestimmte Buchstaben verwendet wurden, nicht zum Transfer auf eine andere Geometrieaufgabe in der Lage sei, in der andere Buchstaben vorkommen. Die Forschungen, die wir im vorigen Kapitel zur Analogiebildung herangezogen haben, lassen erkennen, daß diese Auffassung nicht zutrifft. Transfer ist nicht an die Identität von Oberflächenelementen gebunden. In einigen Fällen gibt es einen sehr weitgehenden positiven Transfer zwischen zwei Fähigkeiten, die dieselbe logische Struktur aufweisen, obwohl sich ihre Elemente an der Oberfläche unterscheiden (für eine Übersicht siehe Singley & Anderson, 1989). Beispielsweise gibt es einen bedeutenden positiven Transfer zwischen Textverarbeitungssystemen oder zwischen verschiedenen Programmiersprachen. Auch bei der Differential- und Integralrechnung zeigt sich ein positiver Transfer zwischen ihrer Verwendung bei der Lösung ökonomischer Probleme und ihrer Anwendung auf die Lösung von Problemen der räumlichen Geometrie. Jedoch spricht die gesamte verfügbare Befundlage dafür, daß es klar definierte Grenzen dafür gibt, wie weit sich Fähigkeiten übertragen lassen, und daß die Entwicklung zum Experten auf dem einen Gebiet sehr wenige Vorteile mit sich bringt, auch auf einem ganz anderen Gebiet ein Experte zu werden. Positiver Transfer erfolgt nur in dem Ausmaß, in dem sich die beiden Gebiete auf dieselben Fakten, Produktionen und Muster beziehen – das heißt auf dieselben Kenntnisse. Thorndike hatte also recht mit der Aussage, es gebe zwischen zwei Fähigkeiten in dem Ausmaß einen Transfer, in dem sie dieselben Elemente aufweisen. Doch ging er fehl in dem Versuch, diese „Elemente" als Reiz-Reaktions-Verbindungen zu identifizieren. Die neuere Kognitive Psychologie hat diese Elemente als eher abstrakte Wissensstrukturen identifiziert, die einen breiteren Transferbereich zulassen.

Diese Spezifität beim Transfer einer Fähigkeit hat auch eine positive Seite: Es scheint selten ein **negativer Transfer** aufzutreten, bei dem das Erlernen der einen Fähigkeit das Erlernen einer anderen behindert oder verschlechtert. Interferenzen, wie sie beim faktenbezogenen Gedächtnis auftreten (siehe Kapitel 7), kommen beim Fähigkeitserwerb praktisch nicht vor. Polson, Muncher und Kieras (1987) liefern einen guten Nachweis für das Ausbleiben von negativem Transfer im Bereich der Textverarbeitung. Sie ließen ihre Probanden zuerst den Umgang mit dem einen Texteditor lernen und dann mit einem zweiten, der so beschaffen war, daß er maximale Verwirrung stiften sollte. So mochte in dem einen Editor der Befehl, eine Zeile tiefer zu springen, *n* lauten, und der Befehl, ein Zeichen zu löschen, war *k*; im anderen Editor wäre die Befehlsbelegung gerade umgekehrt: mit *n* löscht man ein Zeichen und mit *k* geht man eine Zeile nach unten. Die Probanden erlebten jedoch einen überwältigenden positiven Transfer beim Übergang vom einen Texteditor zum anderen, weil beide Editoren auf die gleiche Weise funktionierten, auch wenn die Oberflächenbefehle vertauscht waren.

Was kognitive Fähigkeiten betrifft, findet sich nur eine eindeutig nachgewiesene Art negativen Transfers. Dabei handelt es sich um den in früheren Kapiteln erörterten Einstellungseffekt. Schüler können im einen Bereich Wege der Problemlösung lernen, die für die Problemlösung in einem anderen Bereich nicht mehr optimal sind. So mag jemand beispielsweise algebraische Tricks lernen, mit denen er komplizierte arithmetische Berechnungen vermeiden kann. Diese Tricks sind dann nicht mehr nötig, wenn man in eine Umgebung kommt, in der man diese Berechnungen mit Hilfe von Taschenrechnern ausführen kann. Doch neigen die Schüler dazu, bei ihren algebraischen Umformungen diese nunmehr unnötigen Vereinfachungen beizubehalten. Allerdings fällt dies nicht wirklich unter die Klasse mißlingender Transferleistungen. Es ist eher ein Fall, in dem Wissen transferiert wird, obwohl es nicht mehr benötigt wird.

Transfer zwischen Fähigkeiten tritt nur dann auf, wenn an diesen Fähigkeiten dieselben abstrakten Wissenselemente beteiligt sind.

Implikationen für pädagogische Kontexte

Nach dieser Analyse des Fähigkeitserwerbs läßt sich die folgende Frage aufwerfen: Welche Konsequenzen ergeben sich für das Einüben solcher Fähigkeiten? Eine der Implikationen betrifft die Wichtigkeit der Problemzerlegung. Am Erwerb der traditionellen Oberstufenalgebra ist der Erwerb von schätzungsweise mehreren tausend Produktionsregeln beteiligt (Anderson, 1992). Der Unterricht kann dadurch verbessert werden, daß man analysiert, welches die beteiligten Grundbausteine sind. Unterrichtsansätze, die von der Analyse der zu lehrenden Elemente ausgehen, nennt man **Komponentialanalysen**. Anderson (1995) beschreibt die Anwendung komponentialer Ansätze auf die Einführung in eine Reihe von Themen im Rahmen des Lese- und Mathematikunterrichts. Allgemein lassen sich mit Lehrprogrammen, die eine solche Komponentialanalyse mit einbeziehen, bessere Leistungen erzielen.

Eine besonders effektive Ergänzung zu solchen komponentiellen Programmen ist das sogenannte **beherrschungsorientierte Lernen** (*mastery learning*). Die Grundidee besteht darin, die Schüler bei jeder der einer kognitiven Fähigkeit zugrundeliegenden Leistungskomponenten zu begleiten und sicherzustellen, daß jede Komponente auch wirklich beherrscht wird. Beim typischen Unterricht ohne beherrschungsorientiertes Lernen bleiben einige Schüler auf dem Stand, nicht den gesamten Lehrstoff zu wissen. Dies kann sich in einem Kurs zu einem Schneeballeffekt ausweiten, wenn die Beherrschung des früheren Stoffes eine Voraussetzung für das Beherrschen nachfolgenden Stoffes ist. Es gibt etliche Belege dafür, daß das beherrschungsorientierte Lernen zu besseren Leistungen führt (Guskey & Gates, 1986; Kulik, Kulik & Bangert-Downs, 1986).

Die Vermittlung von Lehrstoff kann mit Hilfe von Ansätzen verbessert werden, in denen die zugrundeliegenden Wissenselemente identifiziert werden und kontrolliert wird, daß die Schüler alle Elemente beherrschen.

Intelligente Tutorensysteme

Der wahrscheinlich umfassendste Einsatz der Komponentialanalyse erfolgt bei **intelligenten Tutorensystemen** (Sleeman & Brown, 1982). Dabei handelt es sich um Computersysteme, die mit den Studenten beim Lernen interagieren und die auftretende Probleme so behandeln, wie es auch ein menschlicher Tutor tun würde. Ein Beispiel für einen solchen Tutor ist der von uns entwickelte LISP-Tutor (Anderson, Conrad & Corbett, 1989; Corbett & Anderson, 1990; Anderson & Reiser, 1985), der dem Benutzer die Programmiersprache LISP beibringt. LISP ist die wichtigste Programmiersprache, die im Bereich der Künstlichen Intelligenz eingesetzt wird. Seit dem Frühjahr 1984 ist der LISP-Tutor ununterbrochen für die Studenten an der Carnegie Mellon Universität beim Unterricht in LISP im Einsatz. Er wurde auch in einigen anderen Universitäten sowie bei der Regierung und in der Industrie eingesetzt. Es konnte gezeigt werden, daß auf diese Weise schneller gelernt wird als bei der üblichen Hörsaalinstruktion.

Die Forschungen zur intelligenten Computerunterstützung sind unter anderem dadurch motiviert, daß sich der Einsatz von Privatlehrern als sehr effektiv erwiesen hat. Untersuchungen zeigen, daß 98 Prozent der Schüler, die privaten Unterricht erhalten, besser sind als die durchschnittlichen Schüler in üblichen Klassenverbänden (Bloom, 1984). Ein idealer Privatlehrer ist einer, der einen immer begleitet, während man sich einen Lernstoff aneignet. Die Anwesenheit des Tutors ist besonders wichtig, während man Probleme in einem Bereich wie LISP löst, der komplexe Problemlösefähigkeiten erfordert. In LISP besteht das Problemlösen in der Niederschrift von Computerprogrammen; diese werden in LISP auch Funktionen genannt. Bei der Entwicklung des LISP-Tutors haben wir uns deshalb entschieden, uns darauf zu konzentrieren, den Lernenden tutorielle Unterstützung beim Schreiben von Computerprogrammen anzubieten.

Tabelle 9.3 gibt einen kurzen Dialog zwischen einem Studenten und dem LISP-Tutor wieder; es geht dabei um ein Problem, das im Curriculum an früher Stelle auftritt. Man beachte, wie sorgfältig der Tutor die Leistungen des Studenten bei der Problemlösung überwacht. Der Tutor ist dazu deshalb in der Lage, weil er weiß, wie man Funktionen in LISP schreibt, und so wie der Student die Funktion aufschreibt, versucht der Tutor gleichzeitig, dasselbe Problem zu lösen, an dem der Student gerade arbeitet. Sobald der Tutor erkennt, daß der Student einen Fehler macht, kann er mit einem Vorschlag zu dessen Behebung eingreifen.

Der Fähigkeit des Tutors zur Problemlösung und zur Überwachung der Problemlösung des Lernenden liegt ein Satz von Produktionsregeln zugrunde, die dieselben Programmierprobleme in LISP lösen können, deren Lösung von den Lernenden erwartet wird. Insgesamt gibt es etwa 500 Produktionsregeln, die das LISP-bezogene Wissen abbilden. Eine typische Produktionsregel im LISP-Tutor sieht so aus:

Wenn das Ziel darin besteht, zwei Zahlen miteinander zu multiplizieren,
Dann verwende * und setze als Unterziele, die beiden Zahlen zu kodieren.

Das grundlegende Ziel des LISP-Tutors besteht darin, den Lernenden diese 500 Produktionsregeln beizubringen, ihre Leistungen zu überwachen, um zu erkennen, ob sie über diese Regeln in korrekter Form verfügen, und den Lernenden Gelegenheit zum Einüben dieser Regeln zu bieten. Der Erfolg des LISP-Tutors ist ein Beleg dafür, daß es sich bei diesen 500 Produktionsregeln in der Tat um die Grundlagen der Kodierfähigkeit in LISP handelt.

Der LISP-Tutor ist nicht nur ein Hilfsmittel für den Unterricht, sondern auch ein Forschungsinstrument, um den Verlauf des Fähigkeitserwerbs zu untersuchen. Der Tutor kann überwachen, wie gut der Student bei jeder der 500 Produktionsregeln abschneidet; er kann Statistiken aufzeichnen, beispielsweise die Anzahl der Fehler eines Studenten, und er kann die Zeit mithalten, die der Student benötigt, um den Kode entsprechend jeder dieser Produktionsregeln einzutippen. Diese Daten lassen darauf schließen, daß sich die Studenten ihre Fähigkeiten in LISP durch den unabhängigen Erwerb jeder der 500 Regeln aneignen. Abbildung 9.14 zeigt die Lernkurven für diese Regeln. Die beiden abhängigen Maße in der Abbildung sind die Anzahl der Fehler bei einer Produktionsregel und die zur Eingabe des einer Regel entsprechenden Kodes benötigte Zeit (falls die Regel korrekt kodiert ist). Diese Statistiken sind als Funktion der Lerngelegenheiten abgetragen. Eine Lerngelegenheit besteht jedesmal, wenn der Student bei einer Aufgabe an einen Punkt kommt, an dem die Regel angewendet werden kann. Man erkennt, daß sich die Ausführungsqualität dieser Regeln von der ersten zur zweiten Lerngelegenheit drastisch verbes-

Tabelle 9.3:   Ein Dialog zwischen dem LISP-Tutor und einem Studenten

Der Student arbeitet an der Ausformulierung eines Stücks Programmierkode, das der unten angeführten Problembeschreibung gerecht werden soll. Jedesmal, bevor der Tutor und der Student interagieren, wird der Teil des Kodes, den der Student geschrieben hat, ausgedruckt.

Die Problembeschreibung

Definiere eine Funktion mit dem Namen ctof, die eine Temperatur in Grad Celsius einliest und in Grad Fahrenheit umwandelt. Zuerst muß man die Skala verändern, indem man das Argument mit 1,8 multipliziert. Dann muß man die veränderte Celsiusskala durch Addition von 32 in die Fahrenheitskala übersetzen, da 0 Grad Celsius gleich 32 Grad Fahrenheit sind. Beispielsweise soll (ctof 20) den Ausgabewert 68 ergeben.

Kommunikationszyklen des Tutors mit dem Studenten

Code: *(defun ctof (cdeg)*

  ((*)

Tutor: Ja, Du mußt „*" aufrufen, um die Grade auf der gestreckten Skala zu bekommen. Aber letztlich versuchst Du, das Äquivalent der Celsiusgrade in Fahrenheit zu bekommen. Deshalb mußt Du hier eine andere Funktion kodieren, die den Aufruf von „*" als Argument enthält.

Code: *(defun ftoc (cdeg)*

  (+ <NUM> <NUM2>))

Student: Help

Tutor: Du mußt den eingelesenen Celsiusgrad mit dem Faktor der Fahrenheitgrade multiplizieren und dabei die Funktion * verwenden. Wenn Du diese Werte multiplizierst, bekommst Du die Gradausprägung auf der gestreckten Skala, die in unserem Beispiel 36 beträgt.

Code: *(defun ctof (cdeg)*

  (+ (1,8 cdge) <NUM2>))*

Tutor: Meinst Du cdeg?
Student: Ja

Code: *(defun ctof (cdeg)*

  (+ (1,8 cdeg) 32))*

Tutor: Du hast's geschafft. Gib „next" ein, um weiterzumachen, nachdem Du die Funktion getestet hast.

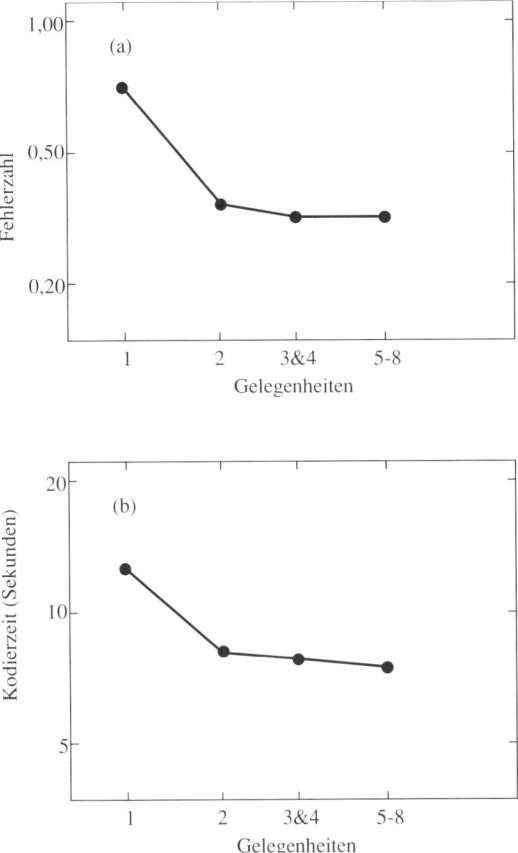

Abb. 9.14 Daten vom LISP-Tutor: (a) die Anzahl der Fehler pro Produktion (maximal drei) als Funktion der Anzahl von Übungsgelegenheiten; (b) die Zeit für die korrekte Kodierung von Produktionen als Funktion des Übungsumfangs.

sert und danach langsamer ansteigt. Diese Lernkurven gleichen den Verläufen, die sich in Kapitel 6 beim Lernen einfacher Assoziationen ergeben hatten.

Wir sind auch der Frage individueller Unterschiede beim Erlernen dieser Regeln nachgegangen. Studenten, die schon eine andere Programmiersprache gelernt hatten, haben gegenüber Studenten, bei denen es sich um ihre erste Programmiersprache handelt, einen beträchtlichen Vorteil. Dieser Vorteil läßt sich mit dem Transfermodell der identischen Elemente erklären, nach dem sich die Programmierregeln in einer Sprache auf die Programmierung in einer anderen Sprache übertragen.

Weiterhin haben wir die individuellen Leistungen der Studenten im Umgang mit dem LISP-Tutor analysiert und fanden Hinweise auf zwei Faktoren. Manche Studenten konnten neue Produktionen innerhalb einer Lektion recht schnell lernen, während andere damit größere Schwierigkeiten hatten. Mehr oder weniger unabhängig von diesem Erwerbsfaktor ließen sich die Studenten danach klassifizieren, wie gut sie Produktionen von früheren Lektionen behalten konnten. Diese beiden Faktoren des Erwerbs und des Behaltens hingen stark mit den Leistungen im mathematischen Eignungstest für Universitäten (dem sogenannten *Scholarly Aptitude Test*), nicht aber mit den Leistungen im verbalen Eingangstest zusammen. Studenten unterscheiden sich also danach, wie schnell sie mit dem LISP-Tutor lernen. Jedoch verwendet der LISP-Tutor ein System des beherrschungsorientierten Lernens, bei dem den langsameren Lernern mehr Gelegenheit zur Übung gegeben wird, wodurch sie hinsichtlich ihrer Beherrschung des im Tutor vermittelten Stoffes auf denselben Stand gebracht werden.

Aus den Interaktionen mit dem LISP-Tutor gehen die Studierenden mit dem Erwerb einer komplexen und diffizilen Fähigkeit hervor. Ihre verbesserten Programmierfähigkeiten lassen sie gegenüber ihrer Bezugsgruppe intelligenter erscheinen. Wenn wir uns jedoch anschauen, worauf die neue Intelligenz beruht, dann stellen wir fest, daß es schlichtweg die methodische Aneignung von etwa 500 Programmierregeln ist. Manche Studierende können diese Regeln aufgrund ihrer Vorerfahrungen und ihrer speziellen Fähigkeiten leichter erwerben. Wenn sie den LISP-Kurs jedoch absolviert haben, haben sie alle die 500 Produktionsregeln gelernt. Sind diese Regeln einmal erworben, bleiben nur wenige Unterschiede zwischen den Studierenden im Hinblick auf ihre Programmierfähigkeiten in LISP. Wir sehen also, daß hinsichtlich der individuellen Unterschiede letztlich nur wichtig ist, wieviel Information die Lernenden erworben haben, und nicht ihre angeborenen Fähigkeiten. In Kapitel 13 werden wir die Rolle des Wissens und der Fähigkeit bei der Bestimmung individueller Unterschiede in der Kognition weiter verfolgen.

> Durch die sorgfältige Überwachung der einzelnen Komponenten einer Fähigkeit und durch die entsprechende Rückmeldung können intelligente Tutoren Studierenden zu einer schnellen Beherrschung komplexer Fähigkeiten verhelfen.

Anmerkungen und Literaturhinweise

Die Arbeiten von Chase und Simon (1973) sowie von Larkin, McDermott, Simon und Simon (1980) gelten als Klassiker bei der Forschung zur Entwicklung spezieller Fähigkeiten und Fertigkeiten. Lesgold (1984) gibt eine Übersicht über viele der vorgeschlagenen Konzepte. Die von Anderson (1981) sowie Chi, Glaser und Farr (1988) herausgegebenen Bücher enthalten viele aktuelle Beiträge zu diesem Thema. Auch ist ein von Charness herausgegebenes Heft des Jahrgangs 1985 des *Canadian Journal of Psychology* der Expertiseforschung gewidmet. Card, Moran und Newell (1983) behandeln die Interaktion mit Computersystemen, besonders mit Texteditoren. Soloway und Spohrer (1989) bieten eine Sammlung von Artikeln zur Computerprogrammierung.

Dieses Kapitel hat sich in der Hauptsache auf die Entwicklung kognitiver Fähigkeiten konzentriert. Doch auch zur Entwicklung motorischer Fähigkeiten wurden nennenswerte Forschungen durchgeführt. Neuere Bücher dazu sind Rosenbaum (1991) und Schmidt (1988). Von Rosenbloom und Newell (1983) stammt eine an Hand eines Produktionssystems durchgeführte Analyse der Übung und des Transfers im Bereich perzeptuell-motorischer Fertigkeiten. Singley und Anderson (1989) bieten einen Forschungsüberblick zu Fragen des Transfers und eine moderne Version von Thorndikes Theorie der identischen

Elemente in der Begrifflichkeit von Produktionensystemen. Die aktuellsten Arbeiten zu intelligenten Tutorensystemen aus meiner Arbeitsgruppe sind in Anderson, Corbett, Koedinger und Pelletier (im Druck) dargestellt.

Neuere deutsche Arbeiten zur Expertise und zu Strategien des Denkens stammen aus der Münchner Arbeitsgruppe um Mandl (zum Beispiel Gruber, 1994; Mandl, 1992). Einführungen in intelligente wissensbasierte Lehrsysteme geben Lehner (1990) und Lusti (1990, 1992).

10. Logisches Denken und Entscheidungsfindung

Logisches oder schlußfolgerndes Denken bezieht sich auf den Prozeß, durch den der Mensch von schon Bekanntem zu weiterem Wissen gelangt. Wenn ich etwa weiß, daß der Schulunterricht meiner Kinder ausfällt, wenn zehn Zentimeter Schnee fallen, und ich weiß, daß fünfzehn Zentimeter Schnee gefallen sind, dann kann ich daraus folgern, daß der Unterricht ausfallen wird. Oder wenn ich herausfinde, daß sich die Mikrowelle für fünfzehn Sekunden anschaltet, wenn ich „15" und „start" drücke, dann habe ich Gründe zu der Annahme, daß die Mikrowelle dreißig Sekunden laufen wird, wenn ich „30" und „start" drücke. Oft ist es so, daß die Information, die man uns gibt, an sich nicht ausreicht, um die benötigten Entscheidungen zu treffen und die geeigneten Handlungen aufnehmen zu können; wir können uns aber oft aus der gegebenen Information die benötigte Zusatzinformation erschließen.

Die psychologische Forschung zum Schlußfolgern steht in einer langen und komplexen Beziehung zur Logik. **Logik** ist eine Teildisziplin der Philosophie und der Mathematik; sie strebt an, formal zu spezifizieren, wann eine Aussage richtig ist. Um die psychologische Forschung zum Schlußfolgern zu verstehen, müssen wir ihre Beziehung zur Logik durchdringen. Bis zum 20. Jahrhundert wurden die Denkpsychologie und die Logik oft als ein und dasselbe angesehen. Der bekannte irische Mathematiker George Boole (1854) nannte sein Buch über das logische Kalkül *Eine Untersuchung der Gesetze des Denkens* und schrieb es „an erster Stelle, um die Grundgesetze derjenigen geistigen Operationen zu untersuchen, mit denen das schlußfolgernde Denken erfolgt". Natürlich geht der Mensch nicht immer nach den Vorgaben der Logik vor, aber solche Irrtümer betrachtete man als Fehlfunktionen der geistigen Maschinerie, die, wenn sie richtig funktionierte, immer logisch vorging. Bei dem Versuch, ihr Denken zu verbessern, versuchten die Menschen, sich im Logischen zu üben. Vor hundert Jahren hätte ein psychologischer Text, der sich auf „kognitive Prozesse" bezieht, ausschließlich das „logische Denken" behandelt. Die Tatsache, daß im vorliegenden Buch nur ein Kapitel vom logischen Denken handelt, spiegelt die derzeitige Auffassung wider, derzufolge sich ein Großteil des menschlichen Denkens nicht sinnvoll unter dem Gesichtspunkt des logischen Schlußfolgerns betrachten läßt.

Viele Forschungsarbeiten zum logischen Schließen waren explizit darauf ausgerichtet, die Abläufe beim Menschen mit den Vorschriften der Logik zu vergleichen. In diesen Experimenten wurden die Schlußfolgerungsprobleme, die den Probanden gestellt wurden, an Hand der in der Logik verwendeten Begriffe analysiert. Diese Verknüpfung von Logik und schließendem Denken war allenfalls von zweifelhaftem Segen. Die logischen Forschungen beziehen sich auf die Gültigkeit von Aussagen; sie erhalten ihren Wert bei der

Durchdringung von Gebieten wie der Mathematik und den Naturwissenschaften, deren Grundlagen von logischen Ableitungen abhängen. Doch gibt es keinen Grund, eine enge Beziehung zwischen diesen logischen Zusammenhängen und kognitiven Prozessen anzunehmen, und in Wirklichkeit liegt auch keine enge Beziehung vor.

Dieses Kapitel wird auch Forschungen zur Entscheidungsfindung behandeln; dieser Problembereich bezieht sich darauf, wie wir unsere Schlußfolgerungen weiterverwenden, um zwischen Alternativen auszuwählen. So wie die Logik für die Bewertung des Denkens als präskriptive Norm gedient hat, gibt es auch Vorgaben für die Entscheidungsfindung, die von Mathematikern, Statistikern, Philosophen und Ökonomen entwickelt wurden. Auch hier werden wir sehen, daß der Mensch oft versagt, wenn er an diesen Normen gemessen wird. Doch wird sich auch hier wieder die Frage stellen, wieviel das einerseits über die Qualität des menschlichen Denkens und andererseits über die Angemessenheit dieser Normen aussagt.

> Die psychologische Forschung hat das schlußfolgernde Denken des Menschen und seine Entscheidungsfindung mit den Vorgaben verschiedener normativer Modelle, beispielsweise aus der Logik, verglichen.

Schlußfolgern über Konditionalaussagen

Wir beginnen dieses Kapitel mit einer Diskussion des **deduktiven Schließens**, das man vom induktiven Schließen unterscheiden muß. Diese Unterscheidung reflektiert den Import einer Zweiteilung aus der Logik in die Psychologie; die deduktive Logik betrifft das Schließen in Fällen, in denen sich die Folgerungen mit Gewißheit aus den Prämissen ableiten, während sich das induktive Schließen auf Situationen bezieht, in denen sich die Folgerungen nur mit einer gewissen Wahrscheinlichkeit aus den Prämissen ergeben. Dabei handelt es sich, wie wir sehen werden, um eine etwas künstliche Unterscheidung, was den Bereich des menschlichen Schlußfolgerns anbelangt; aber nichtsdestotrotz haben sich unterschiedliche Forschungsparadigmen für das deduktive und das induktive Schließen herausgebildet. Das erste zu behandelnde Thema betrifft das deduktive Schließen des Menschen, an dem die konditionale Konjunktion *wenn* beteiligt ist.

Eine **bedingte Aussage** ist eine Behauptung der Art „Wenn Sie dieses Kapitel lesen, dann sind Sie nachher schlauer". Den Wenn-Teil (*Sie lesen dieses Kapitel*) nennt man das Antecedens und den Dann-Teil (*Sie sind nachher schlauer*) das Konsequens. Eine besonders wichtige Schlußregel in der bedingten Logik ist der **Modus ponens**. Er erlaubt die Ableitung des Konsequens einer bedingten Aussage, wenn das Antecedens gegeben ist. Wenn also die Proposition *Wenn A, dann B* und die Proposition *A* gegeben sind, können wir auf *B* schließen. Angenommen, wir wissen das Folgende:

1. Wenn Joan dieses Buch verstanden hat, dann wird sie eine gute Note bekommen.

2. Joan hat dieses Buch verstanden.

Aus den Prämissen 1 und 2 können wir mit Hilfe des *Modus ponens* schließen:

3. Joan wird eine gute Note bekommen.

Dies ist ein Beispiel für eine gültige Ableitung. „Gültig" bedeutet, daß die Conclusio 3 wahr sein muß, wenn die Prämissen 1 und 2 wahr sind. Das Beispiel illustriert auch die Künstlichkeit, mit der die Logik auf Situationen in der wirklichen Welt angewandt wird. Wie soll man wirklich wissen, ob Joan das Buch verstanden hat? Man kann diesem Sachverhalt lediglich eine bestimmte Wahrscheinlichkeit zuweisen. Und selbst wenn sie das Buch verstanden hat, ist es allenfalls wahrscheinlich – und nicht sicher –, daß sie eine gute Note bekommen wird. Doch sollte man hier einmal von seinem Wissen über solche Sachverhalte absehen und die Fakten so behandeln, als ob sie Gewißheit zum Ausdruck brächten. Genauer gesagt soll man schließen, was mit Sicherheit folgen würde, wenn die gegebenen Fakten mit Gewißheit bestünden.* Versuchsteilnehmer empfinden es als nicht besonders seltsam, solchen Instruktionen zum logischen Umgang mit Aussagen zu folgen, aber es wird sich herausstellen, daß sie nicht immer in der Lage sind, logisch korrekte Schlüsse herzuleiten.

Eine weitere Schlußregel ist der **Modus tollens**. Wenn die Proposition *A impliziert B* und die Tatsache *B ist falsch* (oder: *nicht B*) gegeben sind, dann kann man nach dieser Regel schließen *A ist falsch* (oder: *nicht A*). Es folgt ein Schlußbeispiel für den *Modus tollens*. Angenommen, die folgenden Prämissen sind gegeben:

4. Wenn Joan dieses Buch verstanden hat, dann bekommt sie eine gute Note.

5. Joan bekam keine gute Note.

Dann folgt aus den Prämissen 4 und 5 nach dem *Modus tollens*:

6. Joan hat dieses Buch nicht verstanden.

Dieser Schluß mag dem Leser als nicht absolut zwingend vorkommen; doch liegt das daran, daß solche Aussagen in der Alltagswelt wiederum überlicherweise nicht als sicher gelten.

Der *Modus ponens* schließt das Konsequens aus dem Antecedens; der *Modus tollens* schließt die Negation des Antecedens aus der Negation des Konsequens.

Die psychologische Einschätzung konditionaler Syllogismen

Eine Vielzahl von Forschungsarbeiten befaßte sich mit der Frage, wie Menschen gedanklich mit solchen konditionalen Aussagen umgehen (zum Beispiel Marcus & Rips, 1979; Rips & Marcus, 1977; Staudenmayer, 1975; Taplin, 1971; Taplin & Staudenmayer, 1973). Typischerweise werden den Probanden Aussagen mit eher nichtssagenden Inhalten vorgelegt, um zu verhindern, daß sich schon bestehende Überzeugungen und Einschätzungen

---

* Interessanterweise behandelt die mathematische Wahrscheinlichkeitstheorie bedingte Aussagen. In diesem Fall handelt es sich bei den Argumenten der bedingten Aussagen um Wahrscheinlichkeiten. Dies illustriert die Tatsache, daß die präzise Mathematik die formale Logik der bedingten Aussagen erfordert; es sollte nicht als Beispiel dafür gesehen werden, wie man die formale Logik bedingter Aussagen in eine Theorie des Alltagsdenkens übernimmt.

auf das Ergebnis auswirken. Hier ein Beispiel:

1. Wenn der Ball nach links rollt, dann geht die grüne Lampe an.
   Der Ball rollt nach links.
   Deshalb geht die grüne Lampe an.
2. Wenn der Ball nach links rollt, dann geht die grüne Lampe an.
   Der Ball rollt nicht nach links.
   Deshalb geht die grüne Lampe nicht an.

Solche Aussagestrukturen nennt man **konditionale Syllogismen**. Die Probanden sollen einschätzen, ob die Schlußfolgerungen der Syllogismen korrekt sind oder nicht. Im obigen Beispiel ist die Schlußfolgerung 1 korrekt, die Schlußfolgerung 2 nicht.

Wir können diese Syllogismen in abstrakter Form an Hand der folgenden Notationsweise darstellen:

1. $$P \supset Q$$
   $$\underline{P}$$
   $$\therefore Q$$

2. $$P \supset Q$$
   $$\underline{\sim P}$$
   $$\therefore \sim Q$$

In dieser Schreibweise stehen das Symbol $\supset$ für die Implikationsbeziehung und das Symbol $\sim$ für die Negation.

Betrachten wir ein repräsentatives Experiment von Rips und Marcus (1977), in dem Studenten der Universität von Chicago acht Typen von Syllogismen beurteilen sollten (siehe Tabelle 10.1). In Tabelle 10.1 sind diese Syllogismen zwar in abstrakter Form dargestellt, aber tatsächlich wurden die Probanden an Hand konkreter Propositionen geprüft, wie wir sie in den obigen Beispielen verwendet haben. Die Probanden sollten beurteilen, ob die Schlußfolgerungen bei gegebenen Prämissen immer wahr sind, manchmal wahr sein können oder in keinem Fall wahr sind. Die Tabelle zeigt für alle Syllogismustypen den prozentualen Anteil der Antworten in jeder dieser drei Kategorien.

Die Aufgaben 1 und 2 in der Tabelle lassen erkennen, daß die Probanden den *Modus ponens* recht erfolgreich anzuwenden wußten. Sie hatten jedoch weitaus größere Schwierigkeiten mit dem *Modus tollens*, den man braucht, um gültige Schlüsse für die Aufgaben 7 und 8 abzuleiten. Über diese beiden Fälle hinweg gelang es im Durchschnitt mehr als 30 Prozent der untersuchten Probanden nicht, zu erkennen, daß wir aus der Negation des zweiten Ausdrucks in einem Bedingungssatz auf die Negation des ersten Ausdrucks schließen können. Darüber hinaus zeigten die Probanden eine gewisse Neigung, Fehlschlüsse zu akzeptieren – das heißt Conclusiones, die nicht aus den Prämissen folgen. Die Syllogismen 3 und 4 ergaben Belege für einen Fehlschluß beim konditionalen Schlußfolgern, der als **Ablehnung des Antecedens** bekannt ist (siehe auch obiges Beispiel 2). Fast 20 Prozent der Teilnehmer nahmen an, daß der Schluß *Q ist nicht wahr* gezogen werden kann, wenn man weiß, *Wenn P, dann Q* und *P ist nicht wahr*. Die Neigung zum Fehlschluß, die bei den Aufgaben 5 und 6 auftritt, wird als **Bestätigung des Konsequens** bezeichnet. Bei diesen Aufgaben glaubten fast 20 Prozent der untersuchten Stichprobe, daß man aus der Kenntnis der Prämisse *Wenn P, dann Q* und der Prämisse *Q ist wahr* auf die Wahrheit von *P* schließen kann.

Tabelle 10.1: Prozentuale Verteilung der Antworten bei acht Typen konditionaler Syllogismen (nach Rips & Marcus, 1977).

Syllogismus	immer wahr	manchmal wahr	immer falsch
1. $\quad P \supset Q$ $\quad P$ $\quad \overline{\therefore Q}$	100^{a}	0	0
2. $\quad P \supset Q$ $\quad P$ $\quad \overline{\therefore \sim Q}$	0	0	100^{a}
3. $\quad P \supset Q$ $\quad \sim P$ $\quad \overline{\therefore Q}$	5	79^{a}	16
4. $\quad P \supset Q$ $\quad \sim P$ $\quad \overline{\therefore \sim Q}$	21	77^{a}	2
5. $\quad P \supset Q$ $\quad Q$ $\quad \overline{\therefore P}$	23	77^{a}	0
6. $\quad P \supset Q$ $\quad Q$ $\quad \overline{\therefore \sim P}$	4	82^{a}	14
7. $\quad P \supset Q$ $\quad \sim Q$ $\quad \overline{\therefore P}$	0	23	77^{a}
8. $\quad P \supset Q$ $\quad \sim Q$ $\quad \overline{\therefore \sim P}$	57^{a}	39	4

^{a} korrekte Antwort.

Eine Quelle für die Fehlschlüsse, die sich bei den Aufgaben 3 bis 6 ergaben, dürfte darin liegen, daß die Probanden Konditionalsätze anders interpretieren, als es Logiker tun. Diese Auffassungsdiskrepanz haben Taplin (1971), Taplin und Staudenmayer (1973) sowie Staudenmayer (1975) in einer Reihe von Experimenten nachgewiesen. Sie zeigten, daß viele Probanden die Konditionalaussage als Satz interpretierten, den die Logiker **bikonditional** nennen würden. Bikonditionale Aussagen kann man in der natürlichen Sprache nur durch die Verwendung der ziemlich staksigen Konstruktionen *genau dann,* *wenn* oder *dann und nur dann, wenn* formulieren, zum Beispiel:

- Helmut Kohl wird genau dann (oder: dann und nur dann) abtreten, wenn ihn Joschka Fischer an Gewicht überflügelt.

Wenn bei bikonditionalen Aussagen eine der beiden Prämissen wahr ist, ist die jeweils andere Prämisse auch wahr. Umgekehrt folgt aus der Tatsache, daß eine der beiden Prämissen falsch ist, immer auch, daß die andere Prämisse falsch ist.

Probanden schneiden bei der Beurteilung konditionaler Syllogismen, die den *Modus ponens* anwenden, gut ab, während ihnen die Einschätzung anderer Formen konditionaler Syllogismen schlechter gelingt.

Alternativen zum logischen Modell

Die Feststellung, Probanden interpretierten konditionale Aussagen als bikonditionale Aussagen, kennzeichnet die Bemühung um eine Argumentationsführung, derzufolge der Mensch eigentlich nach den Vorgaben der formalen Logik schließt, dabei jedoch die Prämissen nicht erwartungskonform interpretiert. Es gibt jedoch auch eine alternative Erklärung (zum Beispiel Haviland, 1974; Rips, 1990), die darauf hinausläuft, daß der Mensch nicht logisch, sondern probabilistisch schließt. Damit ist gemeint, daß man die Aussage *Wenn P, dann Q* einfach so behandelt, als ob sie bedeute, daß Q wahrscheinlich ist, wenn P eintritt. Die Details solcher probabilistischen Modelle sind nicht besonders gut ausgearbeitet, doch zeigt Tabelle 10.2 immerhin ein mögliches Modell, wie man die Implikationsbeziehung *Wenn P, dann Q* interpretieren kann. In der Tabelle sind die vier möglichen Zustände der Welt klassifiziert, die man erhält, wenn man die Ausprägungen P oder $\sim P$ und Q oder $\sim Q$ vollständig permutiert. Wenn P eintritt, dann ist die Wahrscheinlichkeit groß, daß auch Q eintritt. Man beachte, daß die Wahrscheinlichkeitsmatrix so konstruiert ist, daß im Falle von $\sim P$ eine etwas höhere Wahrscheinlichkeit besteht, daß Q nicht eintritt. Tabelle 10.2b gibt auch die bedingten Wahrscheinlichkeiten dafür wieder, daß verschiedene Ereignisse eintreten, wenn andere Ereignisse bereits gegeben sind. Zum Beispiel bedeutet $W(Q|P)$ die Wahrscheinlichkeit, daß Q eintritt, falls P schon eingetreten ist (lies: Wahrscheinlichkeit von Q gegeben P).* Entsprechend den Wahrscheinlichkeiten in Tabelle 10.2, besteht die höchste bedingte Wahrscheinlichkeit bei $W(Q|P)$; dieser Fall entspricht dem *Modus ponens*. Die nächsthöhere bedingte Wahrscheinlichkeit ist $W(\sim P|\sim Q)$, sie entspricht dem *Modus tollens*. Dann kommen $W(P|Q)$ als Entsprechung der Bestätigung des Konsequens und $W(\sim Q|\sim P)$ als Ausdruck der Ablehnung des Antecedens. Die übrigen bedingten Wahrscheinlichkeiten liegen alle unter 0,5; sie entsprechen den Fällen in Tabelle 10.1, in denen die Beurteilungshäufigkeiten für „immer wahr" nahe bei Null liegen. Somit spiegeln die bedingten Wahrscheinlichkeiten in Tabelle 10.2 die in

---

* Wahrscheinlichkeiten werden in der üblichen Notation meistens mit P symbolisiert. Zugleich ist P aber auch, wie im Text gewählt, der erste Kandidat für die Symbolisierung einer logischen Aussage. Deshalb werden Wahrscheinlichkeiten im vorliegenden Textzusammenhang mit W notiert. [Anmerkung der Übersetzer]

Tabelle 10.1 dargelegten Tendenzen der Probanden wider, logische Ableitungen für korrekt zu halten.

Tabelle 10.2: Eine probabilistische Interpretation der Implikationsbeziehung $P \supset Q$

a. Wahrscheinlichkeiten		
	Q	$\sim Q$
P	0,4	0,1
$\sim P$	0,2	0,3
b. bedingte Wahrscheinlichkeiten		
Modus ponens	$W(Q|P) = 0,80$	$W(\sim Q|P) = 0,20$
Ablehnung des Antecedens	$W(\sim Q|\sim P) = 0,60$	$W(Q|\sim P) = 0,40$
Bestätigung des Konsequens	$W(P|Q) = 0,67$	$W(\sim P|Q) = 0,33$
Modus tollens	$W(\sim P|\sim Q) = 0,75$	$W(P|\sim Q) = 0,75$

Dieses probabilistische Modell hat gegenüber dem logischen Modell, nach dem *wenn* bikonditional interpretiert wird, einen Vorteil. Zwar können beide Modelle die Bestätigung des Konsequens und die Ablehnung des Antecedens erklären, doch nur das probabilistische Modell liefert eine Erklärung für die geringere Akzeptanz der Gültigkeit des *Modus tollens*. Im probabilistischen Modell tritt dieses Phänomen deshalb auf, weil die Verteilung der Wahrscheinlichkeiten bei Eintreten des Falles $\sim P$ nicht so extrem ist (0,2 gegenüber 0,3) wie im Falle von P (0,4 gegenüber 0,1). Die fehlerhafte Einschätzung der Gültigkeit des *Modus tollens* kann im logischen Modell nicht erklärt werden, gleich ob man eine konditionale oder eine bikonditionale Interpretation von „wenn" annimmt.

Das probabilistische Modell nimmt an, daß die Tendenz, eine Conclusio für gültig zu halten, davon abhängt, wie wahrscheinlich die Conclusio bei gegebenen Prämissen ist.

Die Wasonsche Auswahlaufgabe

Eine sehr überzeugende Demonstration der fehlerhaften Anwendung des *Modus tollens* ergibt sich aus einer Experimentalserie von Wason (für eine Übersicht über die früheren Forschungen siehe Wason & Johnson-Laird, 1972, Kapitel 13 und 14). In einem der Hauptexperimente dieser Forschungsreihe wurden den Teilnehmern vier Karten vorgelegt, auf denen die folgenden Symbole zu sehen waren:

Den Teilnehmern wurde gesagt, daß sich bei jeder Karte auf der einen Seite ein Buchstabe und auf der anderen eine Zahl befindet. Die Aufgabe bestand darin, die Gültigkeit der folgenden Regel zu beurteilen, die sich nur auf die vier vorgelegten Karten bezieht:

- Wenn auf einer Seite einer Karte ein Vokal abgebildet ist, dann steht auf der anderen Seite der Karte eine gerade Zahl.

Die Probanden sollten nur diejenigen Karten umdrehen, die man auf jeden Fall umdrehen muß, um die Richtigkeit der Regel zu beurteilen. Diese Aufgabe, die üblicherweise als **Auswahlaufgabe** oder auch als *Wasonsche Kartenaufgabe* bezeichnet wird, war Gegenstand zahlreicher Forschungen.

Faßt man eine große Anzahl von Experimenten zusammen (Oaksford & Chater, 1994), so findet man, daß 89 Prozent der untersuchten Probanden die Karte mit dem „E" auswählten. Dies ist eine logisch korrekte Wahl, weil eine ungerade Zahl auf der anderen Kartenseite die Regel widerlegen würde. Jedoch drehten 62 Prozent der Probanden auch die Karte mit der „4" um; diese Wahl ist in logischer Hinsicht nicht informativ, weil die Regel weder durch einen Vokal noch durch einen Konsonanten auf der anderen Seite falsifiziert würde. Nur 25 Prozent entschieden sich dafür, die Karte mit der „7" umzudrehen; diese Wahl ist logisch informativ, weil ein Vokal hinter der „7" zeigen würde, daß die Regel nicht zutrifft. Nur 16 Prozent drehten das „K" um, was in keiner Hinsicht informativ ist.

Den Probanden unterliefen also zwei Typen logischer Fehler. Erstens drehten sie oft die „4" um, worin man ein weiteres Beispiel für den Fehlschluß vom Typ „Bestätigung des Konsequens" erkennen kann. Diese Reaktion mag wiederum Ausdruck der möglichen Tatsache sein, daß die Probanden die Konditionalaussage als bikonditionale Aussage interpretiert haben. Hervorstechender war jedoch das Scheitern bei der Anwendung des *Modus tollens*; hierzu müßte man vom negierten Konsequens ausgehen und prüfen, ob das Antecedens ebenfalls negiert ist. Mit anderen Worten: Man muß die „7" umdrehen.

Diese mißlungene Berücksichtigung des *Modus tollens* läßt sich aus der logischen Interpretation der Aufgabe erklären. Im Rahmen einer logischen Interpretation kann man einfach nur annehmen, daß Menschen die Schlußregel des *Modus tollens* nicht kennen oder nicht beherrschen. Vor kurzem legten Oaksford und Chater jedoch eine probabilistische Interpretation des Probandenverhaltens vor. In ihrer Sicht versuchen die Probanden, zwischen einem probabilistischen Modell wie in Tabelle 10.2 und einem Modell wie in Tabelle 10.3 zu unterscheiden; dieses letztgenannte Modell weist keinerlei probabilistische Kontingenzen zwischen P und Q auf. In Tabelle 10.3 wird wiederum mit der Verwendung von P und Q auf Ereignisse verwiesen. Deshalb ist es wichtig, die Zusammenhänge zwischen P und Q und den getroffenen Wahlen im Wasonschen Experiment zu verdeutlichen:

P: Auf einer Seite einer Karte steht ein Vokal (zum Beispiel das „E").

~P: Auf einer Seite einer Karte steht ein Konsonant (zum Beispiel das „K").

Q: Auf einer Seite einer Karte steht eine gerade Zahl (zum Beispiel die „4").

~Q: Auf einer Seite einer Karte steht eine ungerade Zahl (zum Beispiel die „7").

Ein im Hinblick auf den vorliegenden Erklärungszusammenhang entscheidendes Merkmal des Alternativmodells in Tabelle 10.3 besteht darin, daß die Gesamtwahrscheinlichkeit für P (0,16 + 0,24) wie auch für Q (0,16 + 0,24) weniger als 0,5 beträgt.

Tabelle 10.3:   Eine probabilistische Interpretation einer Nullregel

a. Wahrscheinlichkeiten		
	Q	$\sim Q$
P	0,16	0,24
$\sim P$	0,24	0,36
b. bedingte Wahrscheinlichkeiten		
Modus ponens	$W(Q\,|\,P) = 0,40$	$W(\sim Q\,|\,P) = 0,60$
Ablehnung des Antecedens	$W(\sim Q\,|\,\sim P) = 0,60$	$W(Q\,|\,\sim P) = 0,40$
Bestätigung des Konsequens	$W(P\,|\,Q) = 0,40$	$W(\sim P\,|\,Q) = 0,60$
Modus tollens	$W(\sim P\,|\,\sim Q) = 0,60$	$W(P\,|\,\sim Q) = 0,40$

Oaksford und Chater nehmen nun an, daß die Probanden in ihrer Sicht Karten auswählen, die sich in statistischer Hinsicht als informativ erweisen sollen. Eine Karte ist dann informativ, wenn sich der mit dieser Karte assoziierte Erwartungswert unter dem Implikationsmodell $P \supset Q$ nach Tabelle 10.2 von dem Erwartungswert unterscheidet, der sich unter der in Tabelle 10.3 explizierten Nullregel ergibt. Angenommen, man wählt die Karte mit dem „E", was in den Tabellen dem Eintreten der Bedingung P entspricht. Unter dem Modell der bedingten Wahrscheinlichkeit nach Tabelle 10.2 ergibt sich eine 80prozentige Chance, daß Q (eine gerade Zahl) auftritt; unter dem Nullmodell nach Tabelle 10.3 beträgt die bedingte Wahrscheinlichkeit für diesen Fall nur 40 Prozent – ein großer Unterschied, weshalb sich diese Karte als informativ erweist. Wie sieht es mit der Auswahl der „4" aus, die im logischen Modell nicht informativ ist? Diese Wahl entspricht in den Tabellen dem Gegebensein von Q. Im probabilistischen Modell (Tabelle 10.2) ergibt sich eine 67prozentige Chance für P (einen Vokal); im Nullmodell (Tabelle 10.3) beträgt diese Wahrscheinlichkeit 40 Prozent – ein beträchtlicher Unterschied. Nun sehen wir uns die Auswahl der „7" an, die im logischen Modell die Anwendung des *Modus tollens* bedeutet. Das heißt, $\sim Q$ wird als gegeben betrachtet. Im probabilistischen Modell (Tabelle 10.2) tritt $\sim P$ (ein Konsonant) mit einer Wahrscheinlichkeit von 75 Prozent ein, gegenüber 60 Prozent im Nullmodell – ein eher kleiner Unterschied. Schließlich bedeutet die Auswahl von „K" in den Tabellen, $\sim P$ als gegeben einzuführen. Die Wahrscheinlichkeit für das Eintreten von $\sim Q$ (einer ungeraden Zahl) beträgt nach beiden Modellen jeweils 60 Prozent; hier findet sich also kein Unterschied. Faßt man alle vier Fälle zusammen, dann zeigt sich, daß die Unterschiede zwischen den Wahrscheinlichkeiten, wie sie sich aus den beiden alternativen Modellen ergeben, die Wahlhäufigkeiten der Probanden perfekt replizieren.

Die genaueren Einzelheiten der Erklärung von Oaksford und Chater hängen in anfechtbarer Weise davon ab, ob die Wahrscheinlichkeiten in den Tabellen 10.2 und 10.3 richtig bestimmt sind. Doch bei etwas allgemeinerer Betrachtung illustriert ihre Erklärung die Vorstellung, daß man das Verhalten der Probanden bei der Wasonschen Kartenaufgabe besser verstehen kann, wenn man annimmt, daß sie in anderer Weise reagieren als strenge Logiker. Insbesondere läßt sich das Probandenverhalten aus der Sichtweise nachvollziehen, daß sie die Implikation als Wahrscheinlichkeitsaussage behandeln und diejenigen Karten heraussuchen, die sich als besonders informativ erweisen.

Das Verhalten bei der Wasonschen Kartenaufgabe kann man mit der Annahme erklären, daß die Probanden solche Karten auswählen, die sich unter einem probabilistischen Modell als informativ erweisen.

Die erlaubnisbezogene Interpretation von Konditionalaussagen

Man kann die Konjunktion *wenn* auch weder als logische noch als probabilistische Aussage interpretieren. Man betrachte die folgende Aussage: *Wenn eine Person Bier trinkt, dann muß sie älter als 19 Jahre sein.* Die naheliegendste Interpretation ist nicht die einer logischen Behauptung oder einer probabilistischen Behauptung, sondern die Auffassung als eine Aussage darüber, was der Fall sein *sollte*. Der im Vergleich zu den USA liberalere gesetzliche Umgang mit alkoholischen Getränken in Deutschland ruft diese Assoziation nicht unmittelbar hervor; doch kann man sich zum besseren Verständnis in den nachfolgenden Beispielen „Bier trinken" durch „am Steuer eines Autos sitzen" ersetzt denken. Die Interpretation der oben genannten Aussage als etwas, das der Fall sein sollte, wird manchmal als **Erlaubnisschema** der logischen Konjunktion *wenn* bezeichnet (Cheng & Holyoak, 1985). Griggs und Cox (1982) untersuchten das Verhalten im Zusammenhang mit der genannten Regel in einem Paradigma, das der Wasonschen Auswahlaufgabe formal äquivalent ist. Die Probanden sollten sich vorstellen, sie seien Polizisten und es gehöre zur ihrem Verantwortungsbereich sicherzustellen, daß eine Vorschrift eingehalten wird. Ihnen wurden vier Karten gezeigt, die einzelne Personen darstellen sollen, die an einem Tisch sitzen. Auf einer Seite jeder Karte stand das Alter der Person und auf der anderen Seite das Getränk, das sie zu sich nahm. Auf den Karten stand „trinkt Bier", „trinkt Coke", „16 Jahre alt" und „22 Jahre alt". Die Aufgabe bestand darin, diejenigen Personen auszuwählen (das heißt, die entsprechenden Karten umzudrehen), über die man weitere Informationen benötigt, um herauszufinden, ob das Gesetz über den Konsum alkoholischer Getränke verletzt wird. In dieser Situation wählten 74 Prozent der Teilnehmer die logisch korrekten Karten (nämlich „trinkt Bier" und „16 Jahre alt").

Das bessere Abschneiden der Probanden in diesem Experiment spiegelt wahrscheinlich nur die Vertrautheit mit der Regel wider. Die Teilnehmer waren Studenten in Florida, und das entsprechende Gesetz über den Konsum alkoholischer Getränke war zu dieser Zeit in Florida in Kraft. Vielleicht gelänge es den Studenten nicht, über ein ähnliches, aber ihnen nicht vertrautes Gesetz logisch nachzudenken. Um zwischen diesen beiden Möglichkeiten zu unterscheiden, führten Cheng und Holyoak (1985) das folgende Experiment durch. Eine Probandengruppe sollte die folgende, relativ sinnlose Regel an Hand einer Anzahl von Beispielen beurteilen: „Wenn auf der einen Seite des Formulars ‚Einreise‘ steht, dann ist auf der anderen Seite ‚Cholera‘ in der Liste von Krankheiten enthalten." Die andere Gruppe erhielt dieselbe Regel zusammen mit einer plausiblen Begründung, die explizit einen Zusammenhang mit der Auffassung des Erlaubtseins herstellt. Die Begründung besteht darin, daß man gegen Cholera geimpft sein muß, um bei der Einreise in ein

Land die Vorgaben der Immigrationsbehörde zu erfüllen. Auf der einen Seite der Formulare stand, ob der Passagier in das Land einreisen oder nur durchreisen wollte, und auf der anderen Seite waren die Krankheiten aufgeführt, gegen die der Passagier geimpft ist. Die den Probanden vorgelegten Formulare enthielten auf der einen Seite entweder den Vermerk „Einreise" oder „Durchreise" und auf der anderen Seite eine der Impflisten „Cholera, Typhus, Hepatitis" oder „Typhus, Hepatitis". Die Gruppe, die die Hintergründe der Regel kannte, schnitt deutlich besser ab als die Gruppe, der nur die sinnlose Regel genannt worden war – die erstgenannte Gruppe wußte also, daß sie die Vermerke „Einreise" und „Typhus, Hepatitis" prüfen mußte. Da die Probanden mit dieser Regel nicht vertraut waren, hing ihre gute Leistung offensichtlich vom Aufruf des Erlaubniskonzepts ab und nicht von der Übung im Umgang mit der speziellen Regel.

Cosmides (1989) sowie Gigerenzer und Hug (1992) haben die Auffassung vertreten, daß die guten Leistungen im Umgang mit solchen Regeln (die sie sozial vereinbarte Regeln nennen) auf der Fähigkeit beruhen, mit der wir gelernt haben, Betrüger zu entlarven. Bei Gigerenzer und Hug sollten die Probanden die folgende Regel beurteilen:

- Wenn ein Schüler der Grover Highschool zugewiesen ist, dann muß er oder sie in Grover City leben.

Unter der Betrugsbedingung sollten die Probanden die Perspektive eines Mitglieds der Schulkommission einnehmen und nach Schülern suchen, die sich illegal an der Highschool aufhalten. Unter der Kontrollbedingung sollten die Teilnehmer die Perspektive eines offiziellen Besuchers der deutschen Regierung einnehmen, der lediglich herausfinden möchte, ob die Regel an der Grover Highschool in Kraft ist. Das Interesse der Autoren galt der Häufigkeit, mit der die Probanden sowohl die Schüler, die auf die Grover Highschool gehen, als auch die Schüler, die nicht in Grover City leben, prüfen; dies wären die logisch korrekten Wahlen. Unter der Betrugsbedingung, also unter der Perspektive eines Mitglieds der Schulkommission, wählten 80 Prozent der Teilnehmer gerade diese beiden Fallklassen, was einer Replikation anderer Ergebnisse im Zusammenhang mit Erlaubnisregeln gleichkommt. Unter der Kontrollbedingung, also unter der Perspektive eines wenig interessierten Besuchers, wählten nur 45 Prozent der Teilnehmer die beiden kritischen Gruppen zur Prüfung aus.

Unter der Perspektive, die Verletzung einer sozialen Vereinbarung aufdecken zu wollen, treffen Probanden einen größeren Anteil logisch korrekter Wahlen als bei der Wasonschen Kartenaufgabe.

Fazit

Offenbar kann die logische Konjunktion *wenn* ganz verschiedene Interpretationen hervorrufen. Wir haben Belege sowohl für ihre probabilistische Interpretation als auch für ihre erlaubnisbezogene Interpretation angeführt. Der Mensch kann sich auch die Interpretation der Logiker zu eigen machen. Es überrascht nicht weiter, daß dies die Interpretation ist, die Logiker und Logikstudenten bei der Ausübung ihres Faches annehmen. Untersuchungen der Schlußfolgerungsprozesse dieser Personengruppen im Umgang mit der Konjunktion *wenn* (Lewis, 1985; Scheines & Sieg, im Druck) zeigen, daß diese ähnlich wie beim mathematischen Schließen ablaufen, wie wir es am Bereich der Geometrie in Kapitel 9 diskutiert haben. Im wesentlichen verfolgen diese Personen beim formalen Schlußfolgern über die Konjunktion einen Problemlöseansatz. Auch die anderen Interpretationen von *wenn* erfolgen unter einem Ansatz der Problemlösung, doch kommen bei diesen andersartigen Interpretationen nicht dieselben Problemlöseoperatoren zur Anwendung.

Es gehört zu den amüsanten Befunden, daß logisches Training nicht notwendigerweise zu besseren Ergebnissen im Umgang mit der ursprünglichen Wasonschen Auswahlaufgabe führt. In einer Untersuchung von Cheng, Holyoak, Nisbett und Oliver (1986) schnitten Collegeschüler, die gerade einen einsemestrigen Kurs in Logik absolviert hatten, bei der Kartenaufgabe nur um drei Prozent besser ab als eine Vergleichsgruppe ohne formales Logiktraining. Nicht, daß die erstgenannte Gruppe die Regeln der Logik nicht gekannt hätte; sie brachte diese Regeln lediglich bei der Bearbeitung der logischen Aufgabe nicht zur Anwendung. Statt dessen wählte sie irgendeine nicht-logische Interpretation der Regel.

Menschen verwenden unterschiedliche Problemlöseoperatoren in Abhängigkeit von ihrer Interpretation der logischen Konjunktion *wenn*.

Schließen mit Quantoren

Ein großer Teil des menschlichen Wissens ist an **logische Quantoren** wie *alle* oder *einige* geknüpft. Man denke nur an Lincolns berühmten Spruch: „Man kann alle Menschen für einige Zeit zum Narren halten; man kann sogar einige Menschen für alle Zeit zum Narren halten; aber man kann nicht alle Menschen allzeit zum Narren halten." Wissenschaftliche Gesetze wie „Kraft gleich Masse mal Beschleunigung" sind auf die Identifikation von Tatsachen gerichtet, die in allen Fällen gelten. Es ist wichtig, genaueres darüber zu erfahren, wie Menschen bei ihrem schlußfolgernden Denken mit solchen Quantoren umgehen. In diesem Abschnitt werden Forschungsarbeiten berichtet, die sich mit der Art und Weise befassen, in der Menschen diese Quantoren beim Denken berücksichtigen, wenn sie innerhalb einfacher Sätze vorkommen. Wie sich schon bei der logischen Konjunktion *wenn* gezeigt hat, bestehen Unterschiede zwischen der streng logischen Interpretation von Quantoren und ihrer häufigen psychologischen Auslegung beim schlußfolgernden Denken.

Der kategoriale Syllogismus

Die moderne Logik befaßt sich in nennenswertem Umfang mit der Analyse der Bedeutung von Quantoren wie *alle*, *kein* und *einige* in Sätzen wie *Alle Philosophen lesen einige Bücher*. Bei diesem Beispiel dürfte es sich um eine Aussage handeln, die die meisten von uns für wahr halten. Dem Logiker zufolge würde das bedeuten, daß wir davon überzeugt sind, es ließe sich kein einziger Philosoph finden, der keine Bücher liest; wir haben dagegen überwiegend keine Probleme mit der Vorstellung, daß es auch in vorschriftlichen Gesellschaften Philosophen gegeben haben mag oder daß man auch heute noch irgendwo in der Welt eine des Lesens unkundige Person finden könnte, die derart profunde Ideen von sich gibt, daß sie den Titel eines Philosophen verdiente. Dies gelte als Illustration der Tatsache, daß wir im Alltag oft, wenn wir *alle* verwenden, eigentlich „die meisten" oder „mit großer Wahrscheinlichkeit" meinen. Ähnlich verhält es sich mit der Verwendung von *kein* wie in *Kein Arzt ist arm*; in solchen Fällen meinen wir oft „kaum einer" oder „mit geringer Wahrscheinlichkeit". Doch hat sich die Erforschung des menschlichen Schlußfolgerns wie schon bei den Konditionalaussagen auf die formallogische Interpretation konzentriert. Die meisten Menschen sind sich dieser strikten logischen Interpretation sicherlich bewußt, und bei der Beschreibung der Aufgaben in Untersuchungen wurden die Probanden gebeten, diese Perspektive einzunehmen.

Um die Jahrhundertwende erlebte die Analyse von quantifizierten Aussagen im Rahmen der Logik einen beträchtlichen Aufschwung (eine historische Abhandlung gibt Church, 1956). Diese weiterentwickelte Behandlung der Quantoren wird in den meisten modernen Logikkursen abgedeckt. Der größte Teil der psychologischen Quantorenforschung hat sich jedoch auf eine einfachere und historisch frühere Art der quantifizierten logischen Ableitung konzentriert, den **kategorialen Syllogismus**. Große Teile der Schriften des Aristoteles über logisches Denken beziehen sich auf den kategorialen Syllogismus. Eine ausführliche Diskussion dieser Syllogistik findet sich in älteren Lehrbüchern der Logik, beispielsweise in Cohen und Nagel (1934).

Kategoriale Syllogismen umfassen Aussagen, die die Quantoren *einige*, *alle*, *kein* und *einige nicht* enthalten. Hier sind einige Beispiele für kategoriale Aussagen:

1. Alle Ärzte sind reich.
2. Einige Rechtsanwälte sind unehrlich.
3. Kein Politiker ist vertrauenswürdig.
4. Einige Schauspieler sind nicht gutaussehend.

In Experimenten werden die in diesen Aussagen verwendeten Kategorien (zum Beispiel Ärzte, reiche Leute, Rechtsanwälte, unehrliche Leute) oft durch Buchstaben dargestellt, also etwa A, B, C. Mit einem solchen System läßt sich das Material kurz und handlich beschreiben. Die obigen Beispielaussagen kann man also folgendermaßen ausdrücken:

1′. Alle As sind Bs.
2′. Einige Cs sind Ds.
3′. Kein E ist F.
4′. Einige Gs sind nicht Hs.

Ein kategorialer Syllogismus enthält typischerweise zwei Prämissen und eine Conclusio, wie in folgendem Beispiel:

1. Alle As sind Bs.
   Alle Bs sind Cs.
   $\therefore$ Alle As sind Cs.

Diesen Syllogismus erkennen die meisten Menschen übrigens korrekterweise als zulässig. Anderseits akzeptieren auch viele Menschen den folgenden ungültigen Schluß:

2. Einige As sind Bs.
   Einige Bs sind Cs.
   ∴Einige As sind Cs.

Daß dieser Schluß ungültig ist, erkennt man, wenn man für A Frauen, für B Rechtsanwälte und für C Männer einsetzt.

Die Forschung zum logischen Schlußfolgern mit Quantoren hat sich auf den kategorialen Syllogismus konzentriert.

Die Atmosphärenhypothese

Das allgemeine Problem, das Menschen im Umgang mit kategorialen Syllogismen zu haben scheinen, besteht darin, daß sie nur zu bereitwillig falsche Conclusiones akzeptieren. Doch sind sie bei ihrer Akzeptanz von Syllogismen nicht völlig unkritisch. Beispielsweise läßt man zwar das obige Beispiel 2 durchgehen, nicht aber das folgende Beispiel 3:

3. Einige As sind Bs.
   Einige Bs sind Cs.
   ∴Kein A ist C.

Um das spezifische Muster auftretender Fehlschlüsse zu erklären, haben Woodworth und Sells (1935) die **Atmosphärenhypothese** vorgestellt. In dieser Hypothese wird behauptet, daß die logischen Ausdrücke (*einige*, *alle*, *kein* und *nicht*), die in den Prämissen eines Syllogismus Verwendung finden, eine „Atmosphäre" erzeugen, die die Probanden dafür anfällig macht, Conclusiones zu akzeptieren, in denen jeweils dieselben Ausdrücke vorkommen. Die Atmosphärenhypothese umfaßt zwei Teile: Im einen Teil wird behauptet, daß die Probanden dazu neigen, eine positive Conclusio aus positiven Prämissen und eine negative Conclusio aus negativen Prämissen zu akzeptieren. Sind die Prämissen gemischt, bestehen sie also aus einer positiven und einer negativen Aussage, dann wird eine negative Conclusio bevorzugt. Danach würde der folgende Syllogismus also gemeinhin als gültig erachtet:

4. Kein A ist B.
   Alle Bs sind Cs.
   ∴Kein A ist C.

Wenn man für A Männer, für B Frauen und für C Menschen einsetzt, erkennt man, daß der Schluß nicht zulässig ist.

Der zweite Teil der Atmosphärenhypothese bezieht sich auf die Reaktion auf spezifische Aussagen (*einige* oder *einige nicht*) gegenüber der Reaktion auf universelle Aussagen (*alle* oder *kein*). Wie Beispiel 4 erkennen ließ, wird eine universale Conclusio akzeptiert, wenn die Prämissen ebenfalls universal formuliert sind. Dagegen besteht die Neigung, eine spezifische Conclusio zu akzeptieren, wenn die Prämissen spezifisch sind. Dies erklärt die inkorrekte Einschätzung der Gültigkeit des Syllogismus im obigen Beispiel 2. Ist eine Prämisse spezifisch und die andere universal, wird eine spezifische Conclusio bevorzugt, und man hält beispielsweise den folgenden Schluß für zulässig:

5. Alle As sind Bs.
   Einige Bs sind Cs.
   ∴ Einige As sind Cs.

Daß das so nicht stimmt, erkennt man bei Einsetzen von Männern für A, Menschen für B und Frauen für C.

> Die Atmosphärenhypothese nimmt an, daß Menschen dazu neigen, Conclusiones zu akzeptieren, die dieselben Quantoren wie die Prämissen enthalten.

Die Grenzen der Atmosphärenhypothese

Die Atmosphärenhypothese bietet eine sehr kompakte Charakterisierung des menschlichen Verhaltens im Umgang mit verschiedenen Syllogismen. Sie sagt jedoch wenig darüber aus, was der Mensch beim Schlußfolgern tatsächlich tut und warum er es tut. Auch trifft die Charakterisierung des Verhaltens nur annähernd zu. Zum einen folgt aus der Atmosphärenhypothese, daß man die im Kontext einer Atmosphäre bevorzugte Conclusio mit gleicher Wahrscheinlichkeit akzeptiert, ob sie nun zutrifft oder nicht. Das heißt, die Hypothese würde vorhersagen, daß Probanden die unzulässige Conclusio im folgenden Beispiel 6 mit gleicher Wahrscheinlichkeit akzeptieren wie die gültige Conclusio in Beispiel 7:

6. Alle As sind Bs.
   Einige Bs sind Cs.
   ∴ Einige As sind Cs.

7. Einige As sind Bs.
   Alle Bs sind Cs.
   ∴ Einige As sind Cs.

Tatsächlich wird die Conclusio im Falle ihrer Gültigkeit jedoch mit größerer Wahrscheinlichkeit akzeptiert. Menschen legen also eine gewisse Fähigkeit an den Tag, einen Syllogismus logisch korrekt zu beurteilen.

Eine weitere Einschränkung der Atmosphärenhypothese besteht darin, daß sie nicht die Effekte zu berücksichtigen vermag, die die Form eines Syllogismus auf die Beurteilung seiner Gültigkeit hat. Beispielsweise leitet sich aus der Hypothese die Erwartung ab, daß Beispiel 8 nicht häufiger akzeptiert würde als Beispiel 9, wobei beide Schlüsse unzulässig sind:

8. Einige As sind Bs.
   Einige Bs sind Cs.
   ∴ Einige As sind Cs.

9. Einige Bs sind As.
   Einige Cs sind Bs.
   ∴ Einige As sind Cs.

Tatsächlich wurde jedoch nachgewiesen (Johnson-Laird & Steedman, 1978), daß die Probanden die unzulässige Conclusio im erstgenannten Fall bereitwilliger akzeptieren. Allgemein wird ein Schluß von A auf C bereitwilliger akzeptiert, wenn sich eine Verkettung finden läßt, die in der ersten Prämisse von A nach B und und der zweiten Prämisse von B nach C führt. Weitere Effekte der Aussagenformulierung an sich und nicht der beteiligten Quantoren hat Dickstein (1978) aufgezeigt.

Die Atmosphärenhypothese wirft noch ein weiteres Problem auf: Sie erlaubt die nur unzureichende Behandlung dessen, was Menschen bei Vorliegen zweier negativer Prämissen machen. Gibt man ihnen die beiden folgenden Prämissen vor,

Kein A ist B.
<u>Kein B ist C.</u>

dann stünde nach der Atmosphärenhypothese zu erwarten, daß die folgende Conclusio akzeptiert würde:

∴ Kein A ist C.

Tatsächlich weigern sich aber die meisten der Befragten, irgendeine Conclusio zu akzeptieren, wenn beide Prämissen negativ sind, und diese Entscheidung ist auch die richtige (Dickstein, 1978). Wenn Probanden in diesen Fällen überhaupt eine (falsche) Conclusio akzeptieren, dann ist es zwar meistens die negative, wie die Atmosphärenhypothese es vorhersagt, aber insgesamt geschieht dies nur in ganz wenigen Fällen.

Die Vorhersagen der Atmosphärenhypothese treten nur annähernd ein; oft sind Probanden präziser, als die Hypothese erwarten läßt.

Prozeßbezogene Erklärungen

Aus neuerer Zeit liegen mehrere Ansätze vor, das Verhalten der Probanden im Umgang mit kategorialen Syllogismen an Hand der zugrundeliegenden kognitiven Prozesse zu erklären. Eine Erklärung für das schlußfolgernde Verhalten hat Johnson-Laird entwickelt (Johnson-Laird & Steedman, 1978; Johnson-Laird, 1983). Danach konstruiert der Mensch ein mentales Modell von der Welt, das den Prämissen des Syllogismus gerecht wird, und inspiziert dieses Modell, um zu sehen, ob die Conclusio gerechtfertigt erscheint. (Eine ähnliche Idee haben Guyote und Sternberg, 1981, vorgestellt.) Diese Erklärung wird als die **Theorie der mentalen Modelle** bezeichnet. Man betrachte die folgenden Prämissen:

Alle Quadrate sind gestreift.
<u>Einige der gestreiften Objekte haben eine fette Umrandung.</u>

Abbildung 10.1a illustriert, was sich die Probanden als Instanzierung dieser Prämissen in einem mentalen Modell (im Sinne von Johnson-Laird) vorstellen könnten. Sie stellen sich eine Gruppe von Objekten vor, von denen einige quadratisch und andere rund sind, einige gestreift und andere nicht, einige fett umrandet und andere nicht. Diese Welt stellt eine mögliche Interpretation der Prämissen dar. Wenn die Probanden nun eine Conclusio der

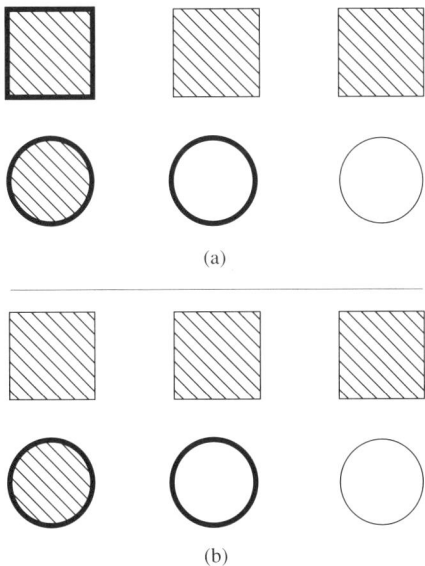

Abb. 10.1 Zwei mögliche Modelle, die man für die Prämissen des kategorialen Syllogismus konstruieren kann (siehe Text).

folgenden Art beurteilen sollen, dann inspizieren sie die derart konstruierte Welt und kommen zu dem Schluß, daß die Schlußfolgerung wahr ist:

∴ Einige Quadrate sind fett umrandet.

Das Problem besteht in diesem Fall darin, daß es auch andere Interpretationen der Prämissen gibt, unter denen die Conclusio nicht zutrifft (siehe Tabelle 10.1b). Johnson-Laird behauptet, daß die Probanden beträchtliche Schwierigkeiten damit haben, alternative Modelle zu entwickeln. Sie konstruieren also ein bestimmtes Modell für die Prämissen und inspizieren es daraufhin, was nach diesem Modell wahr ist. Dieses Schlußfolgerungsmuster bietet eine recht gute Heuristik, führt aber, wie im genannten Beispiel, zu Fehlern. Johnson-Laird (1983) entwickelte eine Computersimulation seiner Theorie, die viele Fehlschlüsse der Probanden reproduzieren kann.

Im wesentlichen vertritt Johnson-Laird die Auffassung, daß Fehler beim Schlußfolgern deshalb auftreten, weil Menschen mögliche Erklärungen für die Prämissen übersehen. Jemand mag sich also Abbildung 10.1a als Erklärung vorstellen und übersieht die Möglichkeit von Abbildung 10.1b. Johnson-Laird nimmt an (persönliche Mitteilung), daß ein Großteil der Fehler beim menschlichen Schlußfolgern aus Unzulänglichkeiten resultiert, mögliche Erklärungen der Daten in Betracht zu ziehen. Eines der Probleme bei der Tschernobyl-Katastrophe war beispielsweise, daß die Ingenieure mehrere Stunden lang nicht in der Lage waren, die Möglichkeit zu erwägen, daß der Reaktor nicht mehr intakt ist.

Eine Anzahl weiterer Theorien dient dem Versuch zu erklären, warum Menschen beim Schließen über kategoriale Syllogismen Fehler machen (zum Beispiel Ceraso & Provitera, 1971; Chapman & Chapman, 1959; Erickson, 1974; Henle, 1962;). Alle diese Theorien teilen die Annahme, daß die Aufgaben nicht so behandelt werden, wie es die Logik vorschreibt. In vielen Theorien, darunter auch bei Johnson-Laird, wird angenommen, daß die Probanden einen Syllogismus durchdenken, indem sie eine sehr spezifische und konkrete Interpretation heranziehen. Diese Forschungen werden oft so interpretiert, daß das logische Denken des Menschen an Hand mentaler Modelle erfolgt. Statt nach formalen Regeln zu schließen, konstruiert man sich ein spezifisches Modell einer Situation und liest daran ab, was für diese bestimmte Situation zutrifft.

Im vorangegangenen Abschnitt dieses Kapitels haben wir besprochen, daß Konditionalaussagen zuweilen als probabilistische Aussagen behandelt werden. Es gibt auch Belege dafür, daß kategoriale Aussagen manchmal wie Wahrscheinlichkeitsbehauptungen behandelt werden (Chapman & Chapman, 1959; Henle, 1962). Angenommen, jemand hört folgende Aussagen:

Einige der blauen Schüsseln sind groß.
Einige der großen Schüsseln sind schmutzig.

Dies kann man so verstehen, daß etwa 50 Prozent der blauen Schüsseln groß sind und etwa 50 Prozent der großen Schüsseln schmutzig. Angenommen, die Verteilungen sind unabhängig, dann kann man daraus schließen, daß etwa die Hälfte der blauen Schüsseln, die groß sind, auch schmutzig ist und daß somit zumindest etwa 25 Prozent der blauen Schüsseln schmutzig sind. Daraus würde der Schluß folgen:

∴ Einige der blauen Schüsseln sind schmutzig.

Auf die meisten Fälle in der Alltagswelt, in denen die beiden Prämissen wahr sind, trifft wahrscheinlich auch die Conclusio zu. Allgemein ist es so, daß die Fehlschlüsse der Menschen im Umgang mit kategorialen Syllogismen so beschaffen sind, daß sie Schlüsse akzeptieren, die nicht notwendigerweise wahr sind, die in realen Situationen aber in der Regel zutreffend wären.

Fehler bei der Beurteilung von Syllogismen lassen sich durch die Annahme erklären, daß die Beurteiler verschiedene spezifische oder probabilistische Interpretationen der Prämissen vornehmen.

Induktives Schließen

Wir haben nun etliche Anhaltspunkte dafür kennengelernt, daß sich das menschliche Verhalten beim deduktiven Schließen manchmal als eine eher probabilistische Art des Schlußfolgerns auffassen läßt. Mit dem Begriff des **induktiven Schließens** beschreibt man diejenigen Prozesse, mit denen man zu Conclusiones gelangt, die probabilistischer Art sind und nicht Gewißheit ausdrücken. Diese Form des Schließens sollte sich in unserer Alltagsumgebung als weitaus nützlicher erweisen, da hier kaum etwas hundertprozentig sicher ist und die Dinge allenfalls mit großer Wahrscheinlichkeit auftreten. Mathematiker und Philosophen haben ein präskriptives Modell entwickelt, wie man in induktiven

Situationen bei seinen Schlußfolgerungen vorgehen sollte. Dieses Modell beruht auf einem Ergebnis mathematischer Forschungen, dem sogenannten **Bayes-Theorem**. In weiten Teilen hat sich die psychologische Forschung zum induktiven Schließen damit befaßt, wie gut das Schlußfolgern beim Menschen mit den Vorgaben des Bayes-Theorems übereinstimmt.

Das Bayes-Theorem

Nehmen wir als Beispiel für den Anwendungsbereich des Bayes-Theorems an, ich komme nach Hause und finde die Haustür offen vor. Mich interessiert die Hypothese, daß hier ein Einbrecher am Werke war. Wie kann ich diese Hypothese überprüfen? Man könnte sie wie einen konditionalen Syllogismus der folgenden Art behandeln:

Wenn ein Einbrecher im Haus ist, dann steht die Tür offen.
Die Tür steht offen.
∴ Ein Einbrecher ist im Haus.

Als konditionaler Syllogismus betrachtet, liegt hier der Fehlschluß der Bestätigung des Konsequens vor. Als induktives Argument hat dieser Schluß aber dennoch eine gewisse Plausibilität. Das Bayes-Theorem liefert einen Weg, um den Grad dieser Plausibilität zu bestimmen. Es bringt zwei Arten von Wahrscheinlichkeiten zusammen, die a-priori-Wahrscheinlichkeit und die bedingten Wahrscheinlichkeiten, um daraus die sogenannte a-posteriori-Wahrscheinlichkeit abzuleiten, die das graduelle Ausmaß des Zutreffens der Conclusio angibt.

Die **a-priori-Wahrscheinlichkeit** ist die Wahrscheinlichkeit, mit der eine Hypothese zutrifft, bevor irgendwelche Anhaltspunkte (hier: die Tatsache, daß die Haustür offen ist) berücksichtigt werden. Bezeichnen wir die Hypothese, daß in meinem Haus eingebrochen wurde, mit H. Angenommen, ich entnehme der polizeilichen Statistik, daß die Wahrscheinlichkeit, mit der in einem Haus in meiner Nachbarschaft an irgendeinem Tag eingebrochen wird, 1 zu 1000 beträgt. Diese Wahrscheinlichkeit läßt sich folgendermaßen ausdrücken:

$$P(H) = 0{,}001$$

Diese Gleichung drückt die a-priori-Wahrscheinlichkeit der Hypothese aus, also die Wahrscheinlichkeit, daß die Hypothese zutrifft, bevor irgendein Anhaltspunkt vorliegt. Die andere a-priori-Wahrscheinlichkeit, die man benötigt, betrifft den Sachverhalt, daß nicht in das Haus eingebrochen wurde. Diese alternative Hypothese bezeichnen wir mit $\sim H$. Ihre Wahrscheinlichkeit beträgt 1 minus $P(H)$ und läßt sich formal so ausdrücken:

$$P(\sim H) = 0{,}999$$

Eine **bedingte Wahrscheinlichkeit** ist die Wahrscheinlichkeit, daß ein bestimmtes Ereignis eintritt, wenn eine bestimmte Hypothese zutrifft. Betrachten wir die bedingten Wahrscheinlichkeiten des Sachverhalts, daß die Tür offensteht, unter beiden Hypothesen. Angenommen, nach meiner Auffassung ist die Wahrscheinlichkeit, daß die Haustür nach einem Einbruch offensteht, recht hoch, sagen wir, in vier von fünf Fällen. E soll den Anhaltspunkt symbolisieren, also den Sachverhalt, daß die Tür offensteht. Dann notiert man die bedingte Wahrscheinlichkeit von E unter der Annahme, H trifft zu, als:

$$P(E|H) = 0,80$$

Als nächstes bestimmen wir die Wahrscheinlichkeit von E, wenn H nicht zutrifft. Angenommen, ich weiß, daß die Tür nur in einem von hundert Fällen offenstehen würde, wenn zuvor nicht eingebrochen wurde (zum Beispiel weil ein Nachbar, der einen Schlüssel hat, sie zu schließen vergaß). Wir schreiben die Wahrscheinlichkeit von E, gegeben H trifft nicht zu, als:

$$P(E|\sim H) = 0,01$$

Die **a-posteriori-Wahrscheinlichkeit** ist die Wahrscheinlichkeit, daß eine Hypothese nach Berücksichtigung eines eingetretenen Ereignisses zutrifft. Der Term $P(H|E)$ bezeichnet die a-posteriori-Wahrscheinlichkeit der Hypothese H, gegeben das Ereignis E. Nach dem Bayes-Theorem können wir die a-posteriori-Wahrscheinlichkeit von H unter E, also die Wahrscheinlichkeit, daß eingebrochen wurde, nachdem man schon weiß, daß die Haustür offensteht, auf folgende Weise berechnen:

$$P(H|E) = \frac{P(E|H) \cdot P(H)}{P(E|H) \cdot P(H) + P(E|\sim H) \cdot P(\sim H)}$$

Mit dieser Gleichung können wir durch Einsetzen der obigen Werte $P(H|E)$ berechnen:

$$P(H|E) = \frac{0,8 \cdot 0,001}{(0,8 \cdot 0,001) + (0,01 \cdot 0,999)} = 0,074$$

Die Wahrscheinlichkeit, daß in meinem Haus eingebrochen wurde, ist also – auch nachdem ich schon weiß, daß die Haustür offensteht – immer noch kleiner als 8 Prozent. Man beachte, daß die a-posteriori-Wahrscheinlichkeit so gering ist, obwohl eine offene Tür ein guter Anhaltspunkt für einen erfolgten Einbruch ist und nicht für eine harmlose Alternativerklärung: $W(E|H)$ beträgt 0,8 gegenüber 0,01 für $P(E|\sim H)$! Die a-posteriori-Wahrscheinlichkeit ist dennoch ziemlich gering, weil die a-priori-Wahrscheinlichkeit für H als Ausgangswert mit $P(H) = 0,001$ sehr gering gewählt war. Relativ zu diesem niedrigen Ausgangswert hat sich die a-posteriori-Wahrscheinlichkeit drastisch nach oben verschoben: Nachdem ich schon weiß, daß die Haustür offensteht, ist die Wahrscheinlichkeit eines Einbruchs etwa siebzig Mal höher, als sie war, bevor ich irgend etwas über den Zustand meiner Haustür wußte.

Tabelle 10.4 zeigt eine Illustration des Bayes-Theorems in seiner Anwendung auf das Einbruchsbeispiel. Es gibt vier mögliche Zustände, je nachdem, ob die Einbruchshypothese zutrifft oder nicht und ob die Tür offensteht oder nicht. Die Wahrscheinlichkeit jedes kombinierten Zustands ist in den vier Zellen der Tabelle angegeben. Die Wahrscheinlichkeit eines jeden Zustands ist die a-priori-Wahrscheinlichkeit der jeweiligen Hypothese, multipliziert mit der bedingten Wahrscheinlichkeit des Ereignisses bei gegebener Hypothese. Betrachten wir die obere linke Zelle. Da $P(H)$ 0,001 beträgt und $P(E|H)$ 0,8, ergibt sich als Wahrscheinlichkeit dieser Zelle 0,0008. Die Wahrscheinlichkeiten dieser vier Zellen müssen sich zu 1 aufaddieren. (Man beachte: Die Grundwahrscheinlichkeit, daß sowohl die Tür offensteht als auch ein Einbruch stattfand, ist etwas anderes als die bedingte Wahrscheinlichkeit, daß die Tür offensteht, nachdem ich schon weiß, daß ein

Einbruch vorliegt, beziehungsweise als die bedingte Wahrscheinlichkeit, daß ein Einbruch vorliegt, nachdem ich schon weiß, daß die Tür offensteht.) Nachdem man nun schon weiß, daß die Tür offensteht, kann man die beiden Zellen in der unteren Zeile der Vierermatrix vernachlässigen. Einer der beiden verbleibenden Zustände muß zutreffen, somit müssen sich die a-posteriori-Wahrscheinlichkeiten dieser beiden Zustände zu 1 addieren. Das Bayes-Theorem eröffnet uns die Möglichkeit, die Wahrscheinlichkeiten für diese beiden Zustände neu zu berechnen, nachdem ein Ereignis eingetreten ist (die Tür steht offen) und eine Zeile der Matrix damit nicht mehr zutreffen kann. Was wir in der obigen Gleichung bei der Berechnung der a-posteriori-Wahrscheinlichkeit gemacht haben, ist folgendes: Wir haben die Wahrscheinlichkeit in der linken oberen Zelle von Tabelle 10.4 (also die Wahrscheinlichkeit für den Fall, daß H zutrifft) durch die Summe der beiden Wahrscheinlichkeiten in den oberen beiden Zellen (also die Wahrscheinlichkeiten der beiden noch möglichen Zustände) dividiert. Damit ergibt sich: 0,0008/0,01079 = 0,074.

Tabelle 10.4:   Eine Analyse des Bayes-Theorems (nach Hayes, 1984)

	eingebrochen (H)	nicht eingebrochen ($\sim H$)	Summe der Wahrscheinlichkeiten
Tür offen (E)	$P(E|H) \cdot P(H)$ = 0,00080	$P(E|\sim H) \cdot P(\sim H)$ = 0,00999	0,01079
Tür nicht offen ($\sim E$)	$P(\sim E|H) \cdot P(H)$ = 0,00020	$P(\sim E|\sim H) \cdot P(\sim H)$ = 0,98901	0,98921
Summe der Wahrscheinlichkeiten	0,00100	0,99900	1,00000

Das Bayes-Theorem beruht auf einer mathematischen Analyse der Beschaffenheit von Wahrscheinlichkeiten. Es läßt sich nachweisen, daß mit diesem Theorem Hypothesen korrekt eingeschätzt werden können; somit können wir mit Hilfe der Bayes-Formel exakt bestimmen, wie groß die a-posteriori-Wahrscheinlichkeit einer Hypothese ist, wenn ihre a-priori-Wahrscheinlichkeit und die entsprechenden bedingten Wahrscheinlichkeiten gegeben sind. Das Theorem ist ein **präskriptives** oder normatives **Modell**; es spezifiziert die Mittel, mit denen man die Wahrscheinlichkeit einer Hypothese einschätzen kann. Ein solches Modell unterscheidet sich grundlegend von einem **deskriptiven Modell**, das beschreibt, was Menschen tatsächlich tun.

Normalerweise führen Menschen nicht die Berechnungen durch, die wir gerade angestellt haben, genausowenig wie sie den Schritten folgen, die die formale Logik vorgibt. Gleichwohl sind sie in unterschiedlichem Ausmaß der Überzeugung, daß die Behauptung, in ihrem Haus sei eingebrochen worden, zutrifft. Darüber hinaus variiert der Grad ihrer Überzeugung in Abhängigkeit von vorgefundenen Anhaltspunkten der Art, daß die Haustür offensteht oder nicht. Die interessierende Frage lautet, ob sich die Ausprägungen ihrer Überzeugungen in Übereinstimmung mit den Vorhersagen des Bayes-Theorems ändern.

Das Bayes-Theorem gibt an, wie man die a-priori-Wahrscheinlichkeit einer Hypothese mit den bedingten Wahrscheinlichkeiten für eingetretene Ereignisse kombinieren muß, um die a-posteriori-Wahrscheinlichkeit einer Hypothese zu bestimmen.

Abweichungen vom Bayes-Theorem

Viele Leute sind beim obigen Beispiel überrascht, daß die offenstehende Tür keinen so
starken Anhaltspunkt für einen Einbruch liefert, wie man erwartet hätte. Tatsächlich wei-
chen die Wahrscheinlichkeitsschätzungen der Leute oft von den Vorgaben des Bayesschen
Modells ab. Ward Edwards (1968) hat ausführlich erforscht, wie Menschen neu hinzukommende Informationen verwenden, um ihre Einschätzung der Wahrscheinlichkeiten
unterschiedlicher Hypothesen den Gegebenheiten anzupassen. In einem Experiment legte
er den Probanden zwei Beutel vor, die jeweils 100 Spielchips enthielten. Im einen Beutel
waren 70 rote und 30 blaue Chips, im anderen Beutel 70 blaue und 30 rote Chips. Der
Versuchsleiter wählte nach Zufall einen Beutel aus, und die Probanden hatten die Aufgabe
zu entscheiden, um welchen Beutel es sich handelt.

Ohne jegliche Vorinformation betrug die Wahrscheinlichkeit für jeden der beiden Beutel 50 Prozent. Sei H_R die Hypothese, daß es sich um den Beutel mit den überwiegend
roten Chips handelt, und H_B die Hypothese, es sei der Beutel mit den überwiegend blauen
Chips. Dann gilt:

$$P(H_R) = P(H_B) = 0{,}50$$

Um weitere Informationen zu erhalten, durften die Probanden dem Beutel nach Zufall
Chips entnehmen; das heißt, sie zogen eine Zufallsstichprobe. Angenommen, der erste
gezogene Chip war rot. Die bedingten Wahrscheinlichkeiten für einen roten Chip R aus
dem überwiegend roten beziehungsweise überwiegend blauen Beutel betragen:

$$P(R|H_R) = 0{,}70 \quad \text{und} \quad P(R|H_B) = 0{,}30$$

Nun können wir die a-posteriori-Wahrscheinlichkeit dafür berechnen, daß es sich um den
überwiegend roten Beutel handelt, nachdem ein roter Chip gezogen wurde, indem wir die
oben schon behandelte Gleichung auf dieses Beispiel anwenden:

$$P(H_R|R) = \frac{P(R|H_R) \cdot P(H_R)}{P(R|H_R) \cdot P(H_R) + P(R|H_B) \cdot P(H_B)}$$

$$= \frac{0{,}70 \cdot 0{,}50}{(0{,}70 \cdot 0{,}50) + (0{,}30 \cdot 0{,}50)} = 0{,}70$$

Dieses Ergebnis erscheint sowohl dem Laien als auch dem erfahrenen Beobachter als ein
recht drastisches Ansteigen der Wahrscheinlichkeit. Typischerweise erhöhen die Probanden ihre Wahrscheinlichkeit für den überwiegend roten Beutel nicht auf 0,7, sondern
passen ihre Schätzung etwas konservativer auf einen Wert von vielleicht 0,6 an.

Nach der ersten Ziehung geht das Experiment weiter. Der Spielchip wandert zurück in
den Beutel, und ein zweiter Chip wird nach Zufall gezogen. Angenommen, auch dieser

Chip ist rot. Durch die erneute Anwendung des Bayes-Theorems kann man zeigen, daß die a-posteriori-Wahrscheinlichkeit für den überwiegend roten Beutel nun 0,84 beträgt. (Man muß dazu nur die a-posteriori-Wahrscheinlichkeit nach dem ersten Zug als a-priori-Wahrscheinlichkeit für den zweiten Zug einsetzen.) Nun setze man die Beobachtungen für zehn weitere Ziehungen fort, und nach den insgesamt zwölf Durchgängen haben sich acht rote und vier blaue Chips ergeben. Durch die fortgesetzte Bayessche Analyse kann man zeigen, daß die neue a-posteriori-Wahrscheinlichkeit für die Hypothese des überwiegend roten Beutels 0,97 beträgt. Probanden, die diese Sequenz von zwölf Ziehungen sehen, schätzen die Wahrscheinlichkeit für den roten Beutel subjektiv mit 0,75 oder darunter ein. Edwards sprach von konservativen Schätzungen, wenn er sich auf die Tendenz der Probanden bezog, das Gewicht der beobachteten Evidenzen zu unterschätzen. Nach seinem Dafürhalten nutzen die Probanden nur zwischen der Hälfte und einem Fünftel der Aussagekraft eines jeden Chips.

Ein anderes Problem besteht darin, daß die Probanden manchmal die a-priori-Wahrscheinlichkeiten außer acht lassen. Kahneman und Tversky (1973) gaben ihren Versuchsteilnehmern vor, daß eine Person zufällig aus einer Menge von 100 Individuen ausgesucht wurde, die aus 70 Ingenieuren und 30 Rechtsanwälten besteht. Diese Probandengruppe wurde als die ingenieurreiche Gruppe bezeichnet. Einer anderen Gruppe, der ingenieurarmen Gruppe, wurde gesagt, daß die Person aus einer Menge von 30 Ingenieuren und 70 Rechtsanwälten stamme. Beide Gruppen sollten die Wahrscheinlichkeit bestimmen, mit der es sich bei der zufällig ausgewählten Person um einen Ingenieur handelt, wenn keine weitere Information über die Person gegeben ist. Hier konnten die Probanden mit den korrekten a-priori-Wahrscheinlichkeiten antworten: Die ingenieurreiche Gruppe schätzte 0,70 und die ingenieurarme Gruppe 0,30. Dann wurde den Probanden mitgeteilt, daß eine weitere Person aus der Grundgesamtheit ausgewählt wurde, auf die die folgende Beschreibung zutrifft:

> Jack ist ein Mann von 45 Jahren. Er ist verheiratet und hat vier Kinder. Er ist im allgemeinen konservativ, vorsichtig und ehrgeizig. Er ist nicht an politischen und sozialen Fragen interessiert und verbringt seine Freizeit überwiegend mit seinen Hobbies, zu denen Heimwerken, Segeln und Denksportaufgaben gehören.

In beiden Gruppen gaben die Probanden eine Wahrscheinlichkeitsschätzung von 0,90 zugunsten der Hypothese ab, daß es sich bei der Person um einen Ingenieur handelt. Es zeigte sich kein Unterschied zwischen beiden Gruppen, die unterschiedliche Anfangswahrscheinlichkeiten dafür hatten, daß es ein Ingenieur sein könnte. Das Bayes-Theorem schreibt jedoch vor, daß die a-priori-Wahrscheinlichkeit einen starken Effekt haben sollte, der in der ingenieurreichen Gruppe zu einer höheren a-posteriori-Wahrscheinlichkeit führt als in der ingenieurarmen Gruppe. Kahneman und Tversky verwendeten auch die im folgenden beschriebene Zufallsziehung einer Person:

> Dick ist 30 Jahre alt. Er ist verheiratet und kinderlos. Ein Mann von großen Fähigkeiten und hoher Motivation, der auf seinem Gebiet recht erfolgreich sein dürfte. Er ist bei seinen Kollegen gern gesehen.

Dieses Beispiel war so gewählt, daß es keine diagnostische Information im Hinblick auf Dicks Beruf enthält, weder für den einen noch für den anderen. Nach dem Bayes-Theorem sollte die a-posteriori-Wahrscheinlichkeit für die Ingenieurhypothese gleich der a-priori-Wahrscheinlichkeit sein, da die Beschreibung nicht informativ ist. Hier jedoch schätzen beide Gruppen die Wahrscheinlichkeit, daß es sich um einen Ingenieur handelt, auf 0,50 ein. Ihre Wahrscheinlichkeiten änderten sich also infolge eines völlig informationslosen Ereignisses. Wiederum erwiesen sich die Probanden als unfähig, bei ihrer Bestimmung der a-posteriori-Wahrscheinlichkeiten einer Hypothese die Anfangswahrscheinlichkeiten mit zu berücksichtigen.

Diese Unzulänglichkeiten bei der Berücksichtigung der a-priori-Wahrscheinlichkeiten können jemanden dazu führen, völlig ungerechtfertigte Schlüsse zu ziehen. Angenommen, jemand läßt einen Krebstest durchführen. Es ist bekannt, daß ein bestimmter Krebstyp in 95 Prozent der Fälle zu einem positiven Testresultat führt. Andererseits beträgt die Wahrscheinlichkeit 5 Prozent, daß der Test positiv ausfällt, obwohl man nicht erkrankt ist. Nun bekommt jemand die Information, daß sein Test positiv ausgefallen sei. Wenn er sich wie die meisten Menschen verhält, dann wird er annehmen, daß seine Chancen, an Krebs zu sterben, 95 zu 5 stehen (Hammerton, 1973). Zunächst ist es natürlich eine Überreaktion, anzunehmen, die Krebserkrankung müsse tödlich enden, aber es steckt auch noch ein weiterer grundlegender Irrtum in der Wahrscheinlichkeitsschätzung. Wo liegt der Fehler?

Man darf nicht vergessen, die Grundrate (a-priori-Wahrscheinlichkeit) des in Frage stehenden Krebstyps zu berücksichtigen. Angenommen, nur einer von zehntausend Menschen bekommt diese Art von Krebs. Das wäre die Grundwahrscheinlichkeit. Nun könnte man mit dieser Information die a-posteriori-Wahrscheinlichkeit bestimmen, daß man an Krebs erkrankt ist, nachdem man das Testresultat kennt. In der Bayesschen Gleichung läßt sich das Problem folgendermaßen ausdrücken:

$$P(H|E) = \frac{P(H) \cdot P(E|H)}{P(H) \cdot P(E|H) + P(\sim H) \cdot P(E|\sim H)}$$

Darin ist die Ausgangswahrscheinlichkeit für die Krebshypothese $P(H) = 0{,}0001$, damit ist $P(\sim H) = 0{,}9999$; die bedingten Wahrscheinlichkeiten nach Kenntnis des Testergebnisses betragen, wie oben angeführt, 0,95 für $P(E|H)$ und 0,05 für $P(E|\sim H)$. Bei Einsetzen ergibt sich:

$$P(H|E) = \frac{0{,}0001 \cdot 0{,}95}{(0{,}0001 \cdot 0{,}95) + (0{,}9999 \cdot 0{,}05)} = 0{,}0019$$

Die a-posteriori-Wahrscheinlichkeit dafür, daß man an Krebs erkrankt ist, beträgt also selbst nach Kenntnis des positiven Testergebnisses immer noch weniger als 1 zu 500.

Bei der Einschätzung von Wahrscheinlichkeiten unterschätzen Menschen oft die kumulative Kraft von eingetreten Ereignissen, und sie vergessen, die Grundraten mit zu berücksichtigen.

Implizite Übereinstimmung mit den Bayes-Theorem

Alle bisher genannten Beispiele lassen erkennen, daß die Probanden bei ihrer Wahrscheinlichkeitsschätzung ziemlich falsch liegen können. Eine Erklärungsmöglichkeit ist, daß sie Wahrscheinlichkeiten wirklich nicht verstehen oder daß sie nicht wissen, wie sie gedanklich mit ihnen umgehen sollen. Sicherlich ist in diesen Experimenten selten ein Teilnehmer anzutreffen, der das Bayes-Theorem aufsagen könnte, und erst recht nicht würde jemand angeben, er habe die entsprechenden Berechnungen durchgeführt. Doch gibt es Hinweise darauf, daß die Probanden zwar die korrekten Wahrscheinlichkeiten nicht angeben können, daß aber dennoch viele Aspekte ihres Verhaltens mit den Bayesschen Prinzipien im Einklang stehen. Es scheint so, daß Menschen – um auf die in Kapitel 7 eingeführte Unterscheidung zurückzukommen – oft über implizites Wissen über die Bayesschen Prinzipien verfügen, auch wenn sie kein diesbezügliches explizites Wissen zur Anwendung bringen und Fehler machen, wenn sie zu expliziten Einschätzungen aufgefordert werden.

Dazu haben Gluck und Bower (1988) ein Experiment durchgeführt. (Wir haben dieses Experiment bereits im Zusammenhang mit konnektionistischen Modellen der kategorialen Typikalität in Kapitel 5 kennengelernt.) Ihre Teilnehmer sollten sich an einer medizinischen Diagnose versuchen; sie mußten entscheiden, an welcher von zwei Krankheiten verschiedene Patienten leiden. Wie erinnerlich, erhielten die Probanden die Akten fiktiver Patienten, die bis zu vier Symptome haben konnten (Nasenbluten, Magenkrämpfe, geschwollene Augen und Zahnfleischverfärbung), und sie trafen diskriminative Diagnosen, an welcher von zwei hypothetischen Krankheiten jeder Patient litt. Die Grundrate einer der beiden Krankheiten war dreimal höher als die der anderen. Außerdem wurden die bedingten Wahrscheinlichkeiten variiert, mit denen die verschiedenen Symptome bei gegebenem Krankheitstyp auftreten. Den Teilnehmern wurden die Grundraten und die bedingten Wahrscheinlichkeiten nicht direkt mitgeteilt; sie sahen lediglich 256 Patientenakten durch, entschieden sich für eine Krankheit und erhielten eine Rückmeldung darüber, ob ihre Diagnose korrekt war.

Es gibt fünfzehn mögliche Kombinationen von Symptomen, die ein Patient haben kann, von nur einem Symptom bis zu allen vier Symptomen. Gluck und Bower berechneten unter Verwendung des Bayes-Theorems die Wahrscheinlichkeit jeder der beiden Krankheiten bei gegebener Symptomkonfiguration und arrangierten das Versuchsmaterial so, daß jede Krankheit bei der jeweiligen Symptomlage mit der entsprechenden Wahrscheinlichkeit auftrat. Die Probanden erfuhren die Grundwahrscheinlichkeiten und die bedingten Wahrscheinlichkeiten also implizit an Hand der Häufigkeiten der Kombinationen aus Symptomen und Krankheiten. Im vorliegenden Zusammenhang interessiert die Wahrscheinlichkeit, mit der sie die seltenere Krankheit den verschiedenen Symptomkombinationen zuordneten. Gluck und Bower verglichen die im Experiment aufgetretenen Wahrscheinlichkeiten, die sich aus den Probandenurteilen ergeben, mit den wahren Bayesschen Wahrscheinlichkeiten. Diesen Zusammenhang zeigt Abbildung 10.2, in der jeder Punkt für eine Symptomkombination steht; der Abszissenwert gibt die objektive Bayessche Wahrscheinlichkeit an, mit der eine Symptomkombination für die seltenere Krankheit spricht, und die Ordinatenwerte zeigen den Anteil der Zuweisung der selteneren Krankheit durch die Versuchsteilnehmer. Wie zu erkennen ist, liegen die Punkte fast

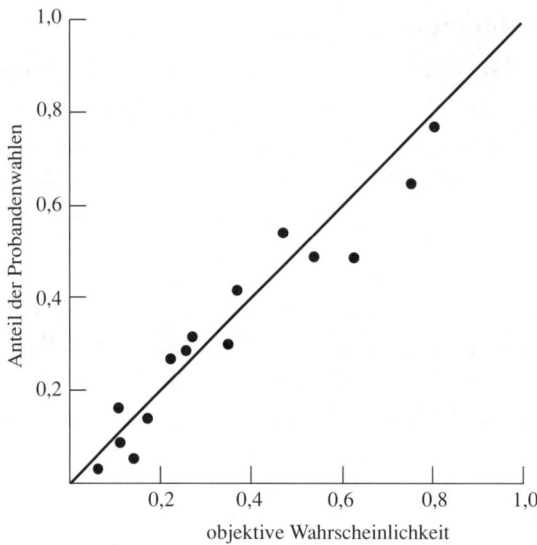

Abb. 10.2 Der probandenseitige Anteil der Wahlen korrespondiert eng mit den objektiven Wahrscheinlichkeiten, wie sie sich aus dem Bayes-Theorem ergeben.

auf einer Diagonalen mit der Steigung 1. Dies zeigt, daß der Anteil der probandenseitigen Entscheidungen für die seltenere Krankheit die wahren Wahrscheinlichkeiten sehr gut annähert. Implizit haben sich die Probanden in diesem Experiment somit als recht gute Bayesianer erwiesen. Das Verhalten, bei dem man zwischen Alternativen auswählt und sich dabei an der Diagnosekraft beziehungsweise dem objektiven Erfolgsanteil dieser Alternativen orientiert, nennt man **Wahrscheinlichkeitsabgleich**.

Nach der Durchführung der Experimente legten Gluck und Bower ihren Probanden die vier Symptome einzeln vor und fragten sie, wie häufig jedes Symptom zusammen mit der selteneren Krankheit aufgetreten war. Den erzielten Befund zeigt Abbildung 10.3 in einem ähnlichen Darstellungsformat wie bei Abbildung 10.2. Man sieht, daß die Probanden die Grundwahrscheinlichkeit vernachlässigen und die Häufigkeit der selteneren Krankheit durchgehend überschätzen. Es gelingt ihnen also nicht, ihr implizites Wissen zu explizieren.

> Die bewußten Wahrscheinlichkeitsurteile der Probanden stimmen oft nicht mit dem Bayes-Theorem überein, ihr tatsächliches Verhalten dagegen schon.

Wahrscheinlichkeitsschätzungen

Menschen sind also offenbar nicht in der Lage, Wahrscheinlichkeiten akkurat anzugeben. Damit stellt sich die Frage, was in Menschen eigentlich abläuft, wenn sie Wahrscheinlichkeiten für ein Ereignis angeben, also beispielsweise die Wahrscheinlichkeit, daß jemand, der an Zahnfleischbluten leidet, eine bestimmte Krankheit hat. Alle Anhaltspunkte sprechen dafür, daß die Probanden versuchen, den relativen Anteil solcher Ereignisse an der

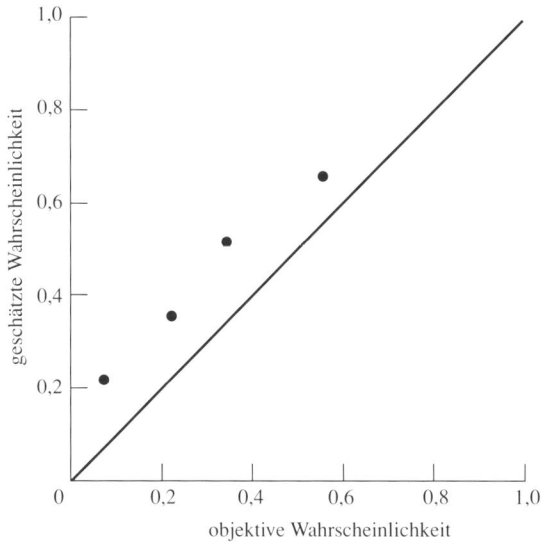

Abb. 10.3 Die Probanden überschätzen systematisch die Häufigkeit der selteneren Krankheit; darin zeigt sich die Vernachlässigung der Grundrate.

relevanten Gesamtmenge von Ereignissen anzugeben. Sie versuchen also herauszubekommen, welcher Anteil der Patienten mit Zahnfleischbluten eine bestimmte Krankheit hatte. Probanden sind bei solchen proportionalen Einschätzungen ziemlich exakt, wenn sie dabei nicht auf ihr Gedächtnis zurückgreifen müssen (Robinson, 1964; Shuford, 1961). Betrachten wir ein Experiment von Shuford (1961). Er zeigte seinen Probanden eine Sekunde lang figurale Anordnungen der in Abbildung 10.4 dargestellten Art. Dann sollten sie den Anteil der senkrechten Striche relativ zur Anzahl der waagerechten Striche schätzen. Der Anteil der senkrechten Striche variierte über verschiedene Matrizen hinweg zwischen 10 Prozent und 90 Prozent. Die Ergebnisse zeigt Abbildung 10.5. Man erkennt, daß sich die Schätzungen der Probanden sehr nah an den wahren Anteilen bewegen.

Die soeben beschriebenen Situationen sind dergestalt, daß die Probanden die relevanten Fälle sehen können, wenn sie ihre Einschätzung über deren Anteile abgeben. Wenn die Probanden die Fälle nicht sehen können, sondern aus dem Gedächtnis rekonstruieren müssen, dann können ihre Schätzurteile verzerrt ausfallen, wenn sie zu viele Fälle derselben

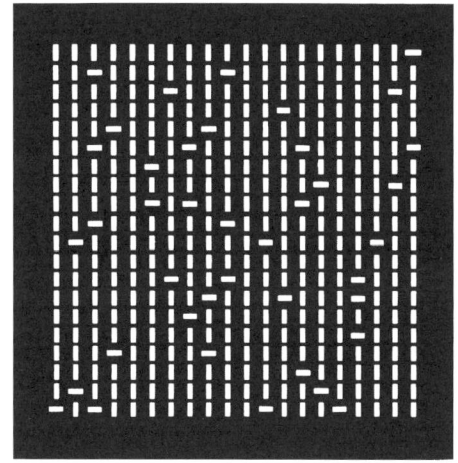

Abb. 10.4 Eine Zufallsmatrix aus 90 Prozent senkrechten Strichen und 10 Prozent waagerechten Strichen zur Bestimmung der Genauigkeit, mit der Probanden Anteile schätzen können (aus Shuford, 1961).

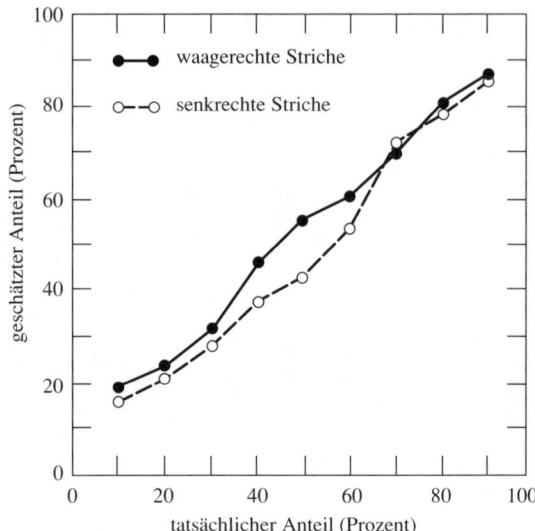

Abb. 10.5 Mittlere geschätzte Anteile als Funktion der wahren Anteile. Die Probanden zeigten die Fähigkeit, die Anteile der senkrechten und waagerechten Striche in Abbildung 10.4 ziemlich exakt zu schätzen (aus Shuford, 1961).

Sorte aus dem Gedächtnis abrufen müssen. In dem Experiment von Gluck und Bower erinnerten sich die Probanden relativ gesehen an zu viele Patienten mit der selteneren Krankheit und überschätzten somit die Häufigkeit, mit der diese Krankheit insgesamt in Verbindung mit den einzelnen Patienten auftrat.

Eine beträchtliche Anzahl von Forschungsarbeiten hat sich damit beschäftigt, wie man Probanden bei ihrer Einschätzung der relativen Häufigkeiten von bestimmten Ereignissen aus einer Gesamtmenge von Ereignissen beeinträchtigen kann. Das folgende Experiment von Tversky und Kahneman (1974) weist nach, daß sich proportionale Schätzurteile durch die differentielle Verfügbarkeit von Beispielen verzerren lassen. Ihre Probanden sollten den Anteil von Wörtern in einer Sprache schätzen, die bestimmte Kennzeichen aufweisen. Zum Beispiel sollte der Anteil englischer Wörter geschätzt werden, die mit dem Buchstaben „k" anfangen, im Vergleich zu Wörtern, bei denen ein „k" an dritter Stelle vorkommt. Wie könnten die Probanden diese Aufgabe angehen? Eine naheliegende Heuristik besteht darin, sich kurz einige Wörter vorzustellen, die die Spezifikation erfüllen, dann an Wörter zu denken, die nicht unter die Spezifikation fallen, und den relativen Anteil der angezielten Wörter abzuschätzen. An wie viele Wörter können Sie denken, die mit dem Buchstaben „k" anfangen? Wie viele Wörter fallen Ihnen ein, die nicht mit „k" anfangen? Welchen Anteil würden Sie schätzen? Und jetzt: Wie viele Wörter fallen Ihnen ein, bei denen ein „k" an dritter Stelle steht? Wie viele Wörter, bei denen dies nicht der Fall ist? Wie groß ist hier der relative Anteil? Die Probanden schätzen, daß es mehr Wörter gibt, die mit „k" anfangen, als Wörter, bei denen „k" an dritter Stelle steht. Tatsächlich weisen dreimal mehr Wörter ein „k" an dritter Position auf als ein „k" am Anfang. (Dies gilt natürlich nur für das Englische, in dem anlautendes [k] meistens als „c" geschrieben wird.) Allgemein wird die Häufigkeit überschätzt, mit der Wörter mit bestimmten Buchstaben beginnen.

Viele Umstände des täglichen Lebens erfordern, wie auch im soeben genannten Beispiel, die Wahrscheinlichkeitsschätzung ohne direkten Zugang zur Gesamtpopulation der Ereignisse, auf die sich diese Wahrscheinlichkeiten beziehen. In diesen Fällen müssen wir unser Gedächtnis als Grundlage der Schätzungen heranziehen. Die in den Kapiteln 6 und 7 untersuchten Gedächtnisfaktoren können als Erklärung dafür dienen, warum solche Schätzurteile verzerrt ausfallen können. Unter der sinnvollen Annahme, daß Wörter im Gedächtnis stärker mit ihrem Anfangsbuchstaben assoziiert sind als mit ihrem dritten Buchstaben, läßt sich die im Experiment gefundene Urteilsverzerrung an Hand der Theorie der Aktivationsausbreitung erklären (Kapitel 6). Im Falle dieser groben Überschätzung der Wörter, die mit einem bestimmten Buchstaben anfangen, liegt das Zentrum der Aufmerksamkeit auf beispielsweise dem Buchstaben „k", und von diesem Buchstaben breitet sich Aktivation auf diejenigen Wörter aus, die mit ihm beginnen. Dieser Prozeß führt dazu, daß Wörter, die mit „k" anfangen, besser verfügbar werden als andere Wörter. Somit sind diese Wörter in der Stichprobe, die die Probanden aus dem Gedächtnis ziehen, um den wahren Anteil in der gesamten Wortpopulation zu schätzen, überrepräsentiert. Eine derartige Überschätzung tritt nicht bei Wörtern auf, bei denen das „k" an dritter Stelle steht, da Wörter in der Regel nicht direkt mit den Buchstaben assoziiert sind, die sie an dritter Stelle aufweisen. Deshalb ist es nicht möglich, diese Wörter assoziativ zu aktivieren und sie dadurch leichter verfügbar zu machen.

Neben diesen Gedächtniseffekten gibt es noch weitere Faktoren, die die Wahrscheinlichkeitsschätzung beeinträchtigen. Wiederum stammt ein Beispiel von Tversky und Kahneman (1974). Welche der folgenden Sequenzen von sechs Würfen einer fairen Münze ist wahrscheinlicher (K steht für Kopf und Z für Zahl): K Z K Z Z K oder K K K K K K? Viele Menschen glauben, die erste Wurffolge sei wahrscheinlicher, aber tatsächlich sind beide Sequenzen gleich wahrscheinlich. Die Wahrscheinlichkeit für die erste Sequenz ergibt sich aus der Wahrscheinlichkeit von K beim ersten Wurf (die 0,5 beträgt), multipliziert mit der Wahrscheinlichkeit von Z beim zweiten Wurf (ebenfalls 0,5), multipliziert mit der Wahrscheinlichkeit von K beim dritten Wurf (wieder 0,5) und so weiter. Die Wahrscheinlichkeit der gesamten Sequenz beträgt somit $0,5 \times 0,5 \times 0,5 \times 0,5 \times 0,5 \times 0,5 = 0,5^6 = 0,016$. In gleicher Weise ergibt sich die Wahrscheinlichkeit der zweiten Sequenz als Produkt der Wahrscheinlichkeiten jedes Münzwurfs, wobei die Wahrscheinlichkeit für K jedesmal 0,5 beträgt. Die Gesamtwahrscheinlichkeit beträgt also auch in diesem Fall $0,5^6 = 0,016$. Warum neigen manche Menschen zu der Illusion, die erste Sequenz sei wahrscheinlicher? Dies liegt daran, daß das in der Sequenz repräsentierte Ereignis Ähnlichkeit mit vielen anderen Ereignissen aufweist, beispielsweise K Z K Z K Z oder K Z Z K Z K. Diese ähnlichen Ereignisse verschieben die Wahrscheinlichkeitsschätzung für das zu beurteilende Ereignis nach oben. Andererseits sieht die Wurffolge K K K K K K, in der immer nur Kopf vorkommt, keinem anderen Ereignis ähnlich, und ihre Wahrscheinlichkeit wird deshalb durch andere, ähnliche Sequenzen auch nicht nach oben verzerrt. Zusammenfassend kann man sagen, daß die Einschätzung der Wahrscheinlichkeit eines Ereignisses durch andere, ähnliche Ereignisse beeinträchtigt wird.

Ein verwandtes Phänomen ist der sogenannte **Monte-Carlo-Effekt**. Der nach diesem Effekt auftretende Trugschluß besteht darin zu glauben, daß ein Ereignis, einem „Gesetz des Mittelwerts" zufolge, demnächst mit größerer Wahrscheinlichkeit eintreten wird, wenn es eine Zeitlang nicht eingetreten ist. Dieses Phänomen läßt sich in Experimenten nachweisen, in denen die Probanden beispielsweise eine Folge von Münzwürfen sehen und raten müssen, ob der jeweils nächste Wurf Kopf oder Zahl sein wird. Wenn mehrere Male hintereinander Kopf kam, dann wird die Tendenz immer stärker, beim nächsten Wurf Zahl zu erwarten. Kasinobetreiber vertrauen auf diesen Trugschluß, wenn sie ihre Einnahmen kalkulieren. Spieler, die an einem Tisch eine Pechsträhne hatten, werden weiterspielen, weil sie annehmen, daß ihnen das „Gesetz des Mittelwerts" zum Ausgleich eine Glückssträhne bescheren wird. Die Würfel fallen letztlich aber immer zugunsten des Hauses. Sie wissen nicht, ob ein Spieler eine Verluststrähne hatte, und sie berücksichtigen es auch nicht. Dies führt dazu, daß die Spieler in der Regel dadurch, daß sie versuchen, ihre Verluste zurückzugewinnen, immer mehr verlieren. Das „Gesetz des Mittelwerts" ist an sich schon ein Trugschluß.

Den Monte-Carlo-Effekt kann man in bestimmten Situationen zum eigenen Vorteil nutzen – zum Beispiel beim Pferderennen. Die meisten Rennbahnen verwenden das System der Proportionalausschüttung, bei dem die Gewinnquoten in Abhängigkeit von der Anzahl der auf ein Pferd gesetzten Wetten bestimmt werden. Wenn im Verlauf eines Renntages immer nur die Favoriten gewonnen haben, dann beginnen die Leute zu zweifeln, daß beim nächsten Rennen wieder der Favorit gewinnen wird, und sie verlagern ihre Wetten auf die Außenseiter. Dadurch werden die Gewinnquoten für die Favoriten höher, als es von der Ergebniserwartung her angemessen wäre, und man kann manchmal einen guten Gewinn einstreichen, wenn man auf den Favoriten gesetzt hat.

Die Einschätzung von Wahrscheinlichkeiten wird dadurch beeinträchtigt, daß man auf Faktoren wie den Gedächtnisabruf oder die Ähnlichkeitsbeurteilung angewiesen ist.

Entscheidungsfindung

Eine Weiterführung der Forschungen zum probabilistischen Schlußfolgern betrifft Forschungen zur Entscheidungsfindung. Hier geht es darum, wie Menschen zu ihren Entscheidungen kommen. Manchmal ist es leicht, eine Wahl zu treffen. Wenn man uns anbietet, zwischen 400 Mark und 1000 Mark zu wählen, dann würde es wohl niemandem schwerfallen, sich für eins von beiden zu entscheiden. Aber welches Angebot würden wir annehmen, wenn wir zwischen sicheren 400 Mark und einer 50prozentigen Chance auf 1000 Mark wählen sollten? Ähnliches kann durchaus vorkommen, wenn wir riskante Aktien erben, die wir entweder für 400 Mark verkaufen können oder halten und abwarten, ob die Gesellschaft einen Höhenflug startet oder Bankrott geht. Bei einem Großteil der Forschungen zur Entscheidungsfindung unter Unsicherheit mußten sich die Probanden zwischen verschiedenen Glücksspielen entscheiden. Zum Beispiel sollte zwischen den beiden folgenden Glücksrisiken gewählt werden:

A. 8 DM mit 1/3 Wahrscheinlichkeit
B. 3 DM mit 5/6 Wahrscheinlichkeit

Manchmal werden die Teilnehmer nur nach ihrer Meinung gefragt, und in anderen Fällen dürfen sie das ausgewählte Glücksspiel tatsächlich spielen. Unter der zweitgenannten Möglichkeit haben sie beispielsweise einen Wurf mit einem Würfel frei und gewinnen im Fall A, wenn sie eine 5 oder eine 6 Würfeln, und im Fall B, wenn sie eine Zahl größer als 1 würfeln. Welche Option würden Sie wählen?

Wie die anderen Bereiche des Schlußfolgerns hat auch die Entscheidungsfindung ihre präskriptive Standardtheorie, die das Verhalten in solchen Situationen vorgibt (von Neumann & Morgenstern, 1944). Dieser Theorie zufolge soll man die Alternative mit dem höchsten Erwartungswert wählen. Den Erwartungswert einer Alternative kann man berechnen, indem man ihre Wahrscheinlichkeit mit ihrem Wert multipliziert. Der Erwartungswert der obigen Alternative A beträgt 8 DM × 1/3 = 2,67 DM, der Erwartungswert der Alternative B beträgt 3 DM × 5/6 = 2,50 DM. Nach der normativen Theorie soll man also das Spiel A wählen. Andererseits entscheiden sich aber die meisten Probanden für das Spiel B.

Das Verhalten der Probanden in derartigen Situationen kann durch die Annahme erklärt werden, daß der Wert, den sie dem Geld beimessen, nicht linear mit dem Nennwert des Geldes zusammenhängt. Den Wert, den eine Person einer Sache beimißt, nennt man den **subjektiven Nutzen**. Abbildung 10.6 zeigt eine typische Funktion der Beziehung zwischen subjektivem Nutzen und Geldwert. Diese Funktion hat mehrere Eigenschaften. Erstens handelt es sich um eine kurvilineare Funktion, bei der sich der Geldbetrag mehr als verdoppeln muß, damit sich sein Nutzen

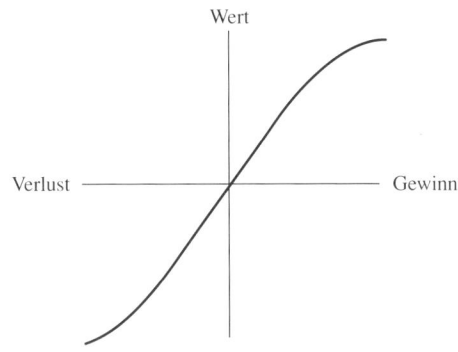

Abb. 10.6 Eine Funktion, die den subjektiven Wert zum Ausmaß von Gewinn und Verlust in Beziehung setzt (aus Kahneman & Tversky, 1984).

verdoppelt. So ist im obigen Beispiel für eine Person der Nutzen von 8 DM vielleicht nur doppelt so hoch wie der Nutzen von 3 DM. Der Nutzen von 3 DM sei U und der Nutzen von 8 DM 2U. (Nutzenwerte werden, dem englischen *utility* folgend, oft mit U symbolisiert.) Dann beträgt der Erwartungswert von Spiel A 1/3 × 2U = 0,67U und der Erwartungswert von Spiel B 5/6 × 1U = 0,83U. In subjektivem Nutzen ausgedrückt, ist Spiel B also gewinnträchtiger und sollte bevorzugt werden.

Die zweite Eigenschaft der Nutzenfunktion besteht darin, daß sie im Verlustbereich steiler verläuft als im Gewinnbereich. Bietet man Probanden also die folgenden Spieloptionen zur Auswahl, dann bevorzugen sie Variante B, weil sie den Verlust von 10 DM stärker gewichten als den Gewinn von 10 DM.

A: Gewinne 10 DM mit Wahrscheinlichkeit 0,5 und verliere 10 DM mit Wahrscheinlichkeit 0,5

B: Gewinne und verliere nichts mit Wahrscheinlichkeit 1

Kahneman und Tversky (1984) behaupten außerdem, daß die subjektiven Wahrscheinlichkeiten der Leute nicht mit den objektiven Wahrscheinlichkeiten identisch sind. Die von ihnen angenommene Beziehung zwischen subjektiver und objektiver Wahrscheinlichkeit zeigt die Funktion in Abbildung 10.7. Nach dieser Funktion werden sehr kleine Wahrscheinlichkeiten gegenüber großen Wahrscheinlichkeiten überbewertet, wodurch die Funktion im unteren Teil gebogen erscheint. So mag es jemand vorziehen, mit einprozentiger Chance 400 DM zu bekommen statt mit zweiprozentiger Chance 200 DM, weil 1 Prozent nicht als die Hälfte von 2 Prozent reprä-

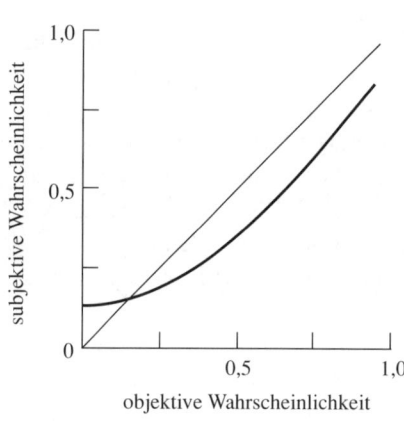

Abb. 10.7 Der funktionale Zusammenhang zwischen subjektiver Wahrscheinlichkeit und objektiver Wahrscheinlichkeit. Die ein- gezeichnete Gerade repräsentiert die identische Funktion (aus Kahneman & Tversky, 1984).

sentiert ist. Davon leben Versicherungspolicen. Wir sind bereit, 100 DM dafür auszugeben, um einen Verlust von 100 000 DM zu vermeiden, wobei die Wahrscheinlichkeit, daß dieser Verlust eintritt, weniger als 1 zu 1000 beträgt. Der Grund liegt darin, daß wir die Wahrscheinlichkeit eines solchen Verlustes überschätzen. Kahneman und Tversky (1979) zeigen, daß sich ein großer Teil der menschlichen Entscheidungsfindung durch die Annahme erklären läßt, daß die Probanden auf der Grundlage ihrer subjektiven Wahrscheinlichkeiten und Nutzenwerte reagieren.

Es ist interessant zu fragen, ob die subjektiven Funktionen in den Abbildungen 10.6 und 10.7 denn nun irrationale Tendenzen abbilden oder nicht. Allgemein wird angenommen, daß die Nutzenfunktion in Abbildung 10.6 vernünftig ist. Je mehr Geld wir erhalten, desto weniger wichtig wird es, noch ein wenig mehr zu bekommen. Sicherlich kann man mit einer Milliarde Mark nicht tausendmal glücklicher werden als mit einer Million Mark. Es muß erwähnt werden, daß die Nutzenfunktionen verschiedener Menschen nicht alle wie in Abbildung 10.6 beschaffen sind, in der eine Art Durchschnittsfunktion dargestellt ist. Man kann sich vorstellen, daß jemand 10 000 Mark für eine wichtige medizinische Behandlung benötigt. Dann wären alle Beträge unter 10 000 DM ziemlich nutzlos, und alle darüberliegenden Beträge wären relativ gleich wertvoll. Bei einer solchen Person hätte die Nutzenfunktion bei 10 000 DM einen Sprung.

Es herrscht wenig Übereinstimmung darüber, wie man die subjektive Wahrscheinlichkeitsfunktion in Abbildung 10.7 bestimmen sollte. Ich selbst (Anderson, 1990) habe den Standpunkt vertreten, daß es tatsächlich sinnvoll sein könnte, den unteren Extrembereich bei den subjektiven Wahrscheinlichkeiten abzuflachen, so wie es bei der Funktion in Abbildung 10.7 der Fall ist. Diese Ansicht beruht auf dem Argument, daß wir manchmal falsche Informationen erhalten, wenn uns gesagt wird, eine Wahrscheinlichkeit sei extrem gering. (Beispielsweise hatten die Reisenden auf der Titanic die Information, daß die Wahrscheinlichkeit, mit der das Schiff sinken könnte, Null beträgt.) Insgesamt besteht auf diesem Gebiet aber wenig Konsens darüber, wie man die subjektive Wahrscheinlichkeits-funktion bestimmen sollte.

> Entscheidungen unter Unsicherheit werden auf der Basis subjektiver Nutzenwerte und subjektiver Wahrscheinlichkeiten getroffen.

Rahmungseffekte

Die Funktionen in den Abbildungen 10.6 und 10.7 scheinen relativ vernünftig zu sein, und doch gibt es Belege dafür, daß sie Menschen dazu bringen, sich recht seltsam zu verhalten. Zu diesen belegenden Hinweisen gehören die sogenannten **Rahmungseffekte**. Diese Effekte beziehen sich auf die Tatsache, daß Entscheidungen in Abhängigkeit davon variieren, wo man sich auf der Nutzenkurve in Abbildung 10.6 zu befinden wähnt. In einem Beispiel von Kahneman und Tversky mußte eine Person entweder einen Gegenstand für 15 Dollar oder einen für 125 Dollar kaufen. Bietet ein anderes Geschäft bei den 15 Dollar einen Preisnachlaß von 5 Dollar, so wird die Person wahrscheinlich die Mühe auf sich nehmen und in das andere Geschäft gehen; sie wird es jedoch wahrscheinlich nicht tun, wenn derselbe Rabatt von 5 Dollar bei dem Gegenstand für 125 Dollar gewährt wird. Doch spart man in beiden Fällen 5 Dollar, und die Frage ist lediglich, ob die zusätzlich aufzuwendende Zeit diese 5 Dollar wert ist. Die beiden Kontexte plazieren die Person jedoch an unterschiedlichen Punkten der negativ beschleunigten Nutzenkurve. Nach dieser Funktion ist der Unterschied zwischen 15 und 10 Dollar größer als der Unterschied zwischen 125 und 120 Dollar. Deshalb ist im ersten Fall die Ersparnis den zusätzlichen Weg wert, im zweiten Fall jedoch nicht.

Ein anderes Beispiel steht im Zusammenhang mit dem Wettverhalten. Angenommen, jemand hat auf der Rennbahn 140 DM verloren und hat die Gelegenheit, 10 DM auf ein Pferd zu setzen, bei dem die Wetten 15 zu 1 stehen. Der Wettende kann diese Situation auf zweierlei Art und Weise betrachten. Im einen Fall sieht die Lage so aus:

A. Verzichte auf die Wette und akzeptiere den sicheren Verlust von 140 DM.
B. Gehe die Wette ein, dann besteht eine gute Chance, 150 DM zu verlieren, und eine geringe Chance, das Geld wieder herauszubekommen.

Weil der subjektive Unterschied zwischen den Verlusten von 140 DM und 150 DM gering ist, wird sich die Person wahrscheinlich für B entscheiden und die Wette eingehen. Andererseits könnte der Wettende die Situation auch folgendermaßen einschätzen:

C. Verzichte auf die Wette und sei sicher, daß sich nichts verändert.
D. Gehe die Wette ein, dann besteht eine gute Chance, weitere 10 DM zu verlieren, und eine geringe Chance, 140 DM zu gewinnen.

In diesem Fall wird der Wettende die Wette wahrscheinlich nicht eingehen, weil der Verlust auf der negativ beschleunigten Nutzenfunktion größeres Gewicht hat als der Gewinn. Der einzige Unterschied besteht darin, ob man sich selbst auf der Kurve in Abbildung 10.6 bei 0 oder bei −140 plaziert. Je nachdem, wo man sich positioniert, gelangt man zu unterschiedlichen Bewertungen der möglichen Wettausgänge.

Kahneman und Tversky (1984) beschreiben ein Situationsbeispiel, das folgenreicher sein dürfte:

Problem 1:   Man stelle sich vor, die USA bereite sich auf den Ausbruch einer seltenen asiatischen Krankheit vor, an der voraussichtlich 600 Menschen sterben werden. Zur Bekämpfung dieser Krankheit wurden zwei alternative Programme vorgeschlagen. Angenommen, die exakten wissenschaftlichen Abschätzungen der jeweiligen Folgen eines Programms lauten wie folgt:

> Wenn Programm A eingesetzt wird, werden 200 Menschen gerettet.
> Wenn Programm B eingesetzt wird, werden mit Eindrittelwahrscheinlichkeit 600 Menschen gerettet, und mit einer Wahrscheinlichkeit von zwei Dritteln wird niemand gerettet.

Welchem der beiden Programme würden Sie den Vorzug geben?

72 Prozent der Probanden gaben Programm A, das Leben garantiert, den Vorzug gegenüber Programm B, in dem ein Risiko besteht. Doch was passiert, wenn man die beiden Programme nicht in Form von geretteten Leben formuliert, sondern sie so beschreibt:

> Wenn Programm C eingesetzt wird, werden 400 Menschen sterben.
> Wenn Programm D eingesetzt wird, wird mit Eindrittelwahrscheinlichkeit niemand sterben, und mit einer Wahrscheinlichkeit von zwei Dritteln werden 600 Menschen sterben. (Kahneman & Tversky, 1984, S. 343.)

Jetzt wählten nurmehr 22 Prozent das Programm C, das man leicht als Äquivalent des Programms A erkennen kann (so wie die Programme D und B äquivalent sind). Beide Fälle der Programmbevorzugung kann man an Hand einer negativ beschleunigten Nutzenfunktion für Leben erklären. Im ersten Fall ist der subjektive Wert von 600 Leben geringer als das Dreifache des subjektiven Werts von 200 Leben. Im zweiten Fall ist der subjektive Wert von 400 Sterbefällen größer als zwei Drittel des subjektiven Wertes von 600 Toten.

Situationen, in denen Rahmungseffekte am meisten auftreten, haben für gewöhnlich eines gemeinsam: Es gibt keine eindeutige Basis für die Entscheidung. Dies trifft auf die drei besprochenen Beispiele zu. Im Falle des Kunden, der Geld sparen kann, ist es nicht klar, ob 5 Dollar es wert sind, in ein anderes Geschäft zu gehen. In dem Wettbeispiel gibt es ebenfalls keine eindeutige Entscheidungsgrundlage. Das heißt, es gibt keine Entscheidungsgrundlage, die nicht von Anfang an dagegen spräche, Glücksspiele als irrational abzulehnen. Im dritten Beispiel steht viel auf dem Spiel, und es handelt sich unglücklicherweise um eine jener sozialpolitischen Entscheidungen, die keine eindeutige Analyse erlauben. In solchen Fällen kann man Entscheidungen kaum allein an Hand ihrer jeweiligen Vorzüge treffen.

Shafir (1993) vertritt die Ansicht, daß wir solche Situationen nicht auf der Basis der tatsächlich besten Entscheidung bewältigen, sondern unsere Entscheidungen danach ausrichten, welche sich (vor sich selbst oder gegenüber anderen) am leichtesten rechtfertigen läßt. Unterschiedliche Rahmungen erleichtern oder erschweren die Rechtfertigung einer Handlungsweise. Im obigen Krankheitsbeispiel konzentriert sich die erste Rahmung auf die Rettung von Leben und die zweite auf die Vermeidung von Todesfällen. Im ersten Fall könnte man sein Handeln damit rechtfertigen, daß man auf die Menschen verweist, deren

Leben gerettet wurde (weshalb es entscheidend ist, daß Menschen, auf die man verweisen kann, übrigbleiben). Im zweiten Fall würde sich eine Rechtfertigung auf die Menschen beziehen, die gestorben sind (weshalb es besser wäre, wenn es gar niemanden gibt, der gestorben ist).

Dieses Bedürfnis, das eigene Handeln zu rechtfertigen, kann einen dazu bringen, jeweils dieselbe Alternative herauszugreifen, gleich ob man eine Lösung akzeptieren oder aber verwerfen soll. In Tabelle 10.5 ist ein Fall dargestellt, bei dem Shafir zwei Elternteile in einer Scheidungsangelegenheit beschreibt; die Probanden sollten sich in die Rolle eines Richters hineinversetzen, der entscheiden muß, wer das Sorgerecht für die Kinder bekommt. Unter der einen Bedingung sollten die Probanden entscheiden, wer das Sorgerecht *zugesprochen* bekommt, unter der anderen Bedingung, wem das Sorgerecht *verweigert* wird. Beide Elternteile sind insgesamt ziemlich gleichwertig, wobei Elternteil B extremere positive und negative Faktoren aufweist. Bei der Entscheidung, das Sorgerecht zuzusprechen, wählten mehr Probanden die Person B; ging es darum, einem Elternteil das Sorgerecht zu verweigern, wählten wiederum mehr Probanden Person B. Der Grund für dieses Verhalten liegt darin, so Shafir, daß Elternteil B Eigenschaften wie beispielsweise die enge Beziehung zum Kind aufbietet, die sich als Rechtfertigung verwenden lassen, ihm die elterliche Sorge zuzusprechen, doch weist Person B auch Eigenschaften auf, die die Verweigerung des kindlichen Sorgerechts rechtfertigen, beispielsweise die Abwesenheit von zu Hause.

Tabelle 10.5:   Das Problem aus Shafir (1993)

Stellen Sie sich vor, Sie seien Schöffe bei einem Fall, in dem es nach einer ziemlich unschönen Scheidung um das alleinige Sorgerecht für ein Einzelkind geht. Die Fakten sind in dem Fall dadurch kompliziert, daß nicht eindeutig interpretierbare ökonomische, soziale und emotionale Überlegungen im Spiel sind, was Sie dazu führt, Ihre Entscheidung völlig auf der Basis der wenigen folgenden Beobachtungen zu fällen. (Welchem Elternteil würden Sie das alleinige Sorgerecht zusprechen?/ Welchem Elternteil würden Sie das alleinige Sorgerecht verweigern?)

		Bedingung	
		zusprechen	verweigern
Elternteil A	durchschnittliches Einkommen durchschnittliche Gesundheit durchschnittliche Arbeitszeiten angemessenes Verhältnis zum Kind ziemlich stabiles soziales Leben	36 %	45 %
Elternteil B	überdurchschnittliches Einkommen sehr enge Beziehung zum Kind extrem aktives Sozialleben viele arbeitsbedingte Reisen geringfügige Gesundheitsprobleme	64 %	55 %

In Fällen, in denen es keine eindeutige Grundlage gibt, auf der eine Entscheidung zu treffen ist, werden Menschen durch den rahmenden Kontext beeinflußt, in dem ein Problem steht.

Fazit

In den meisten Forschungen wurde das schlußfolgernde Denken des Menschen mit unterschiedlichen präskriptiven Modellen aus der Logik und der Mathematik verglichen. Es gehört zum Wesen dieser Modelle, daß sie inhaltsfrei formuliert sind. Im Falle des deduktiven Schließens behandeln sie die Form der Prämissen und Conclusiones und nicht die Sachverhalte, über die Aussagen getroffen werden. Im Falle des induktiven Schließens behandelt das Bayessche Modell die Wahrscheinlichkeiten verschiedener Zustände und Ereignisse, nicht aber ihre inhaltliche Klassifikation. Im Falle der Entscheidungsfindung multipliziert das Modell erwarteter Nutzenwerte Nutzen und Wahrscheinlichkeiten und berücksichtigt nicht die Rahmung der Entscheidungsalternativen. Man kann die Menschen im Logik- und Statistikunterricht zwar darin trainieren, nach solchen formalen Regeln zu denken; aber dies entspricht nicht ihrem Denken im Alltag. Das logische Denken im Alltag läßt sich besser an Hand der schemabasierten Schlußfolgerungsprozesse behandeln, die wir in Kapitel 5 untersucht haben. Hier haben wir gesehen, daß die Leute natürlich in der Lage sind zu schließen, was bei Vögeln oder in Restaurants wahrscheinlich zutrifft, daß ihr Denken aber an solche spezifischen Inhalte gebunden ist. Im vorliegenden Kapitel haben wir erfahren, daß einer der Gründe, warum Menschen von den normativen Prinzipien abweichen, darin liegt, daß sie in diese schematischen Denkwege hineinrutschen. Auch hat sich gezeigt, daß sie in ihrem Denken durchaus normativer werden können, wenn sie sich in das richtige Schema einklinken, wie es beim Erlaubnisschema der Fall war. Anscheinend neigen Menschen dazu, sich beim schlußfolgernden Denken näher am Konkreten denn an normativen Modellen zu orientieren.

Normative Modelle sind weit davon entfernt, das tatsächliche Verhalten des Menschen zu beschreiben (wie es Boole noch vor 150 Jahren gedacht hat), aber sie bieten immerhin einen Bezugspunkt, mit dem sich das tatsächliche Handeln des Menschen vergleichen läßt.

Viele Leute nehmen aus dieser Forschungsübersicht zum menschlichen Schlußfolgern und Entscheiden den Eindruck mit, wie „labil" der menschliche Geist doch erscheint und wie gern er so vielen Trugschlüssen unterliegt. Man sollte jedoch die situativen Beschränkungen nicht vergessen, unter denen diese Nachweise erbracht wurden. Forscher im Bereich der Künstlichen Intelligenz haben versucht, intelligente Akteure zu bauen, die die Art gesunden Menschenverstands an den Tag legen, die den Leuten im Alltag zu eigen ist. Diese KI-Programme wurden mit makellosen logischen und statistischen Schlußfolgerungsprozeduren ausgestattet. Es sind jedoch solche Programme und nicht die Menschen, die labil sind und in bestimmten Situationen immer Probleme damit haben, zu den richtigen Schlüssen zu gelangen. Dies liegt daran, daß Menschen an Hand der konkreteren Schemata denken, in die ihre Erfahrungen mit bestimmten Situationen eingebettet sind.

Erfolg im wirklichen Leben hängt viel stärker davon ab, inhaltsspezifisches Wissen einzu-
setzen, als zur fehlerfreien Anwendung des *Modus tollens* in der Lage zu sein.

> Das menschliche Schlußfolgern und Entscheiden ist im Kontext alltagsweltlicher
> Probleme ziemlich stabil und unanfällig.

Anmerkungen und Literaturhinweise

Gute Einführungen in die Logik sind die Bücher von Suppes (1957) und von Jeffrey
(1981). Eine Reihe von Texten bietet eher formale und technische Abhandlungen der
Logik, zum Beispiel Mendelson (1964), Church (1956), Kleene (1952) und Schoenfield
(1967). Churchs Text ist als Standardtext zu diesem Gebiet besonders wichtig; er erörtert
viele der wichtigen konzeptuellen Fragestellungen. Die mathematische Logik sollte man
wahrscheinlich besser im Zusammenhang mit einem formalen Studium lernen und nicht
direkt aus dem Lehrbuch. Entsprechende Lehrveranstaltungen werden in verschiedenen
Fachbereichen angeboten, beispielsweise in der Philosophie, der Mathematik und der
Informatik.

Es gibt im Prinzip drei Positionen zum Verhalten des Menschen beim deduktiven
Schließen. Eine Position nimmt an, daß der Mensch sogenannte Naturgesetze der Deduk-
tion verwendet, die in etwa auf die Regeln in der Logik hinauslaufen. Eine Darstellung
dieser Sichtweise findet sich in Braine, Reiser und Rumain (1983) sowie bei Rips (1983).
Die zweite Position wird von Cheng und Holyoak (1985) sowie von Cosmides (1989)
vertreten; danach schlußfolgern Menschen nach inhaltsspezifischen Regeln. Die dritte
Position stellt Johnson-Laird (1983) dar; ihm zufolge bezieht sich das logische Denken
immer auf konkrete Situationen. Von Gentner und Stevens (1983) stammt eine alternative
Sichtweise auf die Rolle mentaler Modelle bei der Kognition.

Eine gute Einführung in die Philosophie der induktiven Logik gibt Skyrms (1966).
Tversky und Kahnemans Aufsatz in der Zeitschrift *Science* (1974) gibt einen guten Über-
blick über ihre Forschungen zu probabilistischen Einschätzungen. Nisbett und Ross
(1980) diskutieren ausführlich die Unzulänglichkeiten beim menschlichen Schlußfolgern.
Das Buch von Holland, Holyoak, Nisbett und Thagard (1986) dient im wesentlichen der
Ableitung eines Informationsverarbeitungsmodells der Induktion. Darstellungen der Ent-
scheidungsfindung und entsprechende Überblicke finden sich bei Kahneman, Slovic und
Tversky (1982), Fishhoff (1988) sowie Dawes (1988). Einige Forscher vertreten den
Standpunkt, daß der Aspekt der Irrationalität des Menschen zu sehr in den Vordergrund
gestellt wird (Anderson, 1990; Cohen, 1981).

Zu den vielen deutschsprachigen Einführungen in die Logik gehören Bochenski
(1983), Ebbinghaus, Flum und Thomas (1986), Hilbert und Ackermann (1959), Klaus
(1966) sowie Menne (1986). Schäfer (1976) gibt einen Überblick über Theorien der
probabilistischen Informationsverarbeitung und Entscheidungsfindung. Eine Einführung
in die Bayessche Statistik findet sich in Bortz (1985).

11. Die Struktur der Sprache

Die eindrucksvollste kognitive Fähigkeit des Menschen ist sein Gebrauch der Sprache. Der Unterschied zwischen der menschlichen Sprache und den natürlichen Kommunikationssystemen anderer Spezies ist beträchtlich. Sprache hat, mehr als alles andere, den gegenwärtigen fortschrittlichen Stand der menschlichen Zivilisation ermöglicht. Sie ist das wichtigste Mittel, um Wissen zu speichern und von einer Generation zur nächsten weiterzugeben. Ohne Sprache gäbe es nicht viel an Technologie. Sie ist das entscheidende Medium, in dem Religionen gestiftet, Gesetze verfaßt und ethische Konventionen dokumentiert werden. Ohne Sprache gäbe es deshalb kein Mittel, um Regeln einzuführen, die für Gruppen verbindlich sind, angefangen bei Tennispartnern bis hin zu ganzen Nationen. Auch kann man hauptsächlich mit Hilfe der Sprache abschätzen, was eine andere Person weiß. Daher müßten die Menschen ohne Sprache weitaus mehr Mißverständnisse erleben als ohnehin schon. Sprache ist ein wichtiges Medium für die Kunst, ein Mittel, Leute kennenzulernen, und eine wertvolle Hilfe, wenn es darum geht, um die Zuneigung eines anderen Menschen zu werben. Deshalb ginge ohne Sprache viel Lebensfreude verloren. In geschriebener Form ermöglicht die Sprache den Menschen, sich über räumliche und zeitliche Entfernungen hinweg zu verständigen. Ohne Sprache würden Sie dieses Buch nicht lesen.

Dieses Kapitel gibt einen allgemeinen Überblick über die Struktur der Sprache und die sich daraus ergebenden Folgen für die Kognition des Menschen. Wir werden einige der grundlegenden Vorstellungen kennenlernen, die die Linguistik über den Aufbau der Sprache entwickelt hat, und einige Hinweise auf die psychische Realität dieser Strukturen näher beleuchten. Außerdem werden wir Forschungsarbeiten und Annahmen über die Beziehung zwischen Sprache und Denken besprechen. Manche Forscher haben behauptet, die Sprache unterscheide sich wesentlich von den anderen kognitiven Fähigkeiten. Viele Belege sowohl für als auch gegen diese Behauptung der Einzigartigkeit der Sprache stammen aus Forschungen über die Art, wie Kinder die Sprachstruktur erlernen. Deshalb schließen wir mit einer Übersicht über den Spracherwerb bei Kindern. Das vorliegende Kapitel enthält keine detaillierten Analysen über die kognitive Verarbeitung der Sprache. Mit dieser Frage hat sich eine beträchtliche Anzahl von Forschungsarbeiten beschäftigt, weshalb das gesamte Folgekapitel 12 der Sprachverarbeitung gewidmet sein wird.

Das Gebiet der Linguistik

Produktivität und Regelhaftigkeit

Die wissenschaftliche Disziplin der **Linguistik** versucht, die Beschaffenheit der Sprache kennzeichnend zu beschreiben. Sie unterscheidet sich dahingehend von der Psychologie, daß sie die Struktur natürlicher Sprachen untersucht und weniger daran interessiert ist, wie Menschen natürliche Sprachen verarbeiten. Trotz dieses Unterschieds hatten linguistische Arbeiten einen großen Einfluß auf die Psychologie der Sprache. Es wird sich zeigen, daß linguistische Konzepte in Theorien der Sprachverarbeitung eine wichtige Rolle spielen. Wie in Kapitel 1 bereits angesprochen, trug der Einfluß der Linguistik entscheidend zum Niedergang des Behaviorismus und zum Aufkommen der heutigen Kognitiven Psychologie bei.

Linguisten konzentrieren sich auf zwei Aspekte der Sprache: ihre Produktivität und ihre Regelhaftigkeit. Der Ausdruck **Produktivität** bezieht sich auf die Tatsache, daß in jeder Sprache eine unbegrenzte Anzahl verschiedener Äußerungen möglich ist. Der Aspekt der **Regelhaftigkeit** bezieht sich darauf, daß diese Äußerungen in vielerlei Hinsicht systematisch beschaffen sind. Verschiedene Autoren haben dargelegt (Anderson & Bower, 1973; Chomsky, 1959), daß es nicht möglich ist, im Rahmen der theoretischen Begrifflichkeit des Behaviorismus den produktiven und den regelhaften Charakter der Sprache gleichzeitig zu begründen.

Man muß nicht lange suchen, um sich davon überzeugen zu können, daß Sprache sehr produktive und kreative Eigenschaften hat. Man braucht nur ein Buch aufzuschlagen und irgendeinen beliebigen Satz auszuwählen. Angenommen, nach der Wahl eines Satzes würde eine Person aufgefordert, in eine Bücherei zu gehen und nach einem Buch zu suchen, in dem derselbe Satz wiederholt wird. Sicherlich würde kein vernünftiger Mensch diese Aufgabe auf sich nehmen. Falls es aber doch jemand versuchte, wäre es sehr unwahrscheinlich, daß der Satz unter den Milliarden von Sätzen in der Bibliothek ein zweites Mal auftaucht. Und dennoch muß man sich vor Augen führen, daß sich Sätze aus einer nur geringen Anzahl von Komponenten zusammensetzen: Im Englischen wie im Deutschen verwenden wir 26 Buchstaben, etwa 40 Phoneme (siehe die Erörterung der Spracherkennung in Kapitel 3) und einige zehntausend Wörter. Trotzdem können wir aus diesen Bestandteilen Billionen neuartiger Sätze erzeugen, und das tun wir auch.

Ein Blick auf den Aufbau von Sätzen läßt erkennen, warum diese Produktivität bestehen kann. Natürliche Sprachen bieten die Möglichkeit, Satzstrukturen beliebig oft in bestehende Strukturen einzubetten oder ihnen beizuordnen. Ein mäßig amüsantes Gesellschaftsspiel besteht darin, einen einfachen Satz vorzugeben, den jeder Mitspieler weiter ergänzen soll:

- Das Mädchen schlug den Jungen.
- Das Mädchen schlug den Jungen, und er weinte.
- Das große Mädchen schlug den Jungen, und er weinte.
- Das große Mädchen schlug den Jungen, und er weinte laut.
- Das große Mädchen schlug den Jungen, der sich ungehörig benommen hatte, und er weinte laut.
- Das große Mädchen mit dem Autoritätsdrang schlug den Jungen, der sich ungehörig benommen hatte, und er weinte laut.

So geht es weiter, bis einem Mitspieler keine weitere Verlängerung des Satzes mehr einfällt.

Die Tatsache, daß man eine unendliche Anzahl von Wortketten zusammenbauen kann, ist an sich nicht besonders interessant. Wenn an jeder Stelle einige zehntausend Wörter zur Verfügung stehen und Sätze beliebig lang sein können, läßt sich leicht erkennen, daß eine sehr große (eigentlich unendliche) Anzahl von Wortketten möglich ist. Wenn wir Wörter jedoch nur wahllos zusammenfügen, erhalten wir „Sätze" wie den folgenden:

- Von Läufer Ärzte vorschreibend fehlen eines Zustände Freude bleibt was Gedanken meiste.

Tatsächlich handelt es sich nur bei sehr wenigen möglichen Wortkombinationen um akzeptable Sätze. Scherzhaft wird hierzu oft das Bild von Affen angeführt, die Schreibmaschine schreiben. Wenn man genügend Affen hinreichend lange arbeiten ließe, würde irgendein Affe einen Bestseller schreiben. Doch muß man sich darüber klar sein, daß es sehr viele Affen sehr viel Zeit kosten würde, um auch nur einmal richtig *R@!#s abzutippen.

Demnach steht der Produktivität der Sprache ihr stark regelhafter Charakter gegenüber. Ein Ziel der Linguistik besteht darin, ein Regelsystem zu finden, mit dem sich sowohl die Produktivität als auch die Regelhaftigkeit natürlicher Sprachen erklären lassen.

Ein solches Regelsystem nennt man eine **Grammatik**. Eine Grammatik soll alle korrekt gebildeten Äußerungen einer Sprache vorschreiben oder erzeugen können und diejenigen Sätze aussondern, die in der Sprache nicht zulässig sind. Eine Grammatik besteht aus drei Klassen von Regeln: syntaktischen, semantischen und phonologischen Regeln. Der Aspekt der **Syntax** bezieht sich auf die Wortstellung und die Flexion. Die folgenden Beispiele verletzen Syntaxregeln:

- Die Mädchen schlägt die Jungen.
- Haben geschlagen die Mädchen die Jungen?
- Das Mädchen schlug ein Jungen.
- Die Jungen wurden die Mädchen geschlagen.

Diese Sätze sind weitgehend bedeutungshaltig, aber sie weisen Fehler bei der Kombination von Wörtern oder bei der Bildung von Wortformen auf.

Die **Semantik** betrifft die Bedeutung von Sätzen. Die beiden folgenden Sätze enthalten semantische Verstöße, obwohl die einzelnen Wörter im Hinblick auf ihre Form und ihre syntaktische Position korrekt sind:

- Farblose grüne Ideen schlafen vehement.
- Ernsthaftigkeit jagte der Katze Angst ein.

Derartige Konstruktionen nennt man Satzanomalien; sie sind syntaktisch wohlgeformt, aber unsinnig.

Die **Phonologie** betrifft die lautliche Struktur von Sätzen. Sätze können syntaktisch und semantisch korrekt sein, aber falsch ausgesprochen werden. Solchen Sätzen schreibt man phonologische Verstöße zu. Dazu betrachte man folgendes Beispiel:

Der Kommissar klappte sein Notizbuch auf. „Ihr Name ist Halcock, ja?" begann er. Der Butler verbesserte ihn. „H'Alcock", sagte er tadelnd. „H, a, zwei l?", rief der Inspektor. „H'ohne H, junger Mann. Der h'erste Buchstabe ist h'A, und danach nur ein h'l." (Sayers, 1980, S. 83.)

Dieses Beispiel zeichnet in der Übersetzung aus dem Englischen das Phänomen nach, daß der Butler seinen Cockney-Akzent verbergen möchte; in diesem Dialekt wird der Buchstabe „h" in der Regel verschluckt, und so spricht er systematisch jedes Wort, das mit einem Vokal beginnt, falsch aus. Dieses Phänomen der Hyperkorrektur findet sich auch bei deutschen Dialekten, beispielsweise wenn ein pfälzischer Sprecher bei dem Versuch, sich der standarddeutschen Phonologie zu bemächtigen, das „sch" unterdrückt und von der ,deutchen Gechichte' redet.

Das Ziel der Linguistik besteht darin, ein Regelsystem zu finden, das die strukturellen Regelhaftigkeiten einer Sprache erfaßt.

Sprachliche Intuition

Eine weitere Anforderung, die Linguisten an eine Grammatik stellen, betrifft die Erklärung der **sprachlichen Intuition**, über die die Sprecher einer Sprache verfügen. Darunter fällt die Fähigkeit, die Beschaffenheit sprachlicher Äußerungen und ihre Beziehungen zueinander bestimmen zu können. Oft sind Sprecher zu solchen Bestimmungen in der Lage, ohne angeben zu können, wie sie dabei vorgehen. So gesehen handelt es sich hier um ein weiteres Beispiel für implizites Wissen, das wir in Kapitel 7 eingeführt haben. In den Bereich der sprachlichen Intuition gehört auch die Fähigkeit, zu beurteilen, ob Sätze fehlerhaft gebildet sind und woran das jeweils liegt. Beispielsweise können wir angeben, daß manche Sätze wegen einer fehlerhaften Syntax und andere wegen mangelnder Sinnhaftigkeit nicht korrekt sind. Linguisten erwarten, daß eine Grammatik diese Unterscheidung erfaßt und ausführlich begründet. Eine weitere Klasse von Intuitionen bezieht sich auf Paraphrasen. Wer Deutsch spricht, wird erkennen, daß die beiden folgenden Sätze sehr ähnliche Bedeutungen aufweisen und somit als Paraphrasen gelten:

- Das Mädchen schlug den Jungen.
- Der Junge wurde von dem Mädchen geschlagen.

Auch die Mehrdeutigkeit (oder Ambiguität) gehört zu den Phänomenen, die intuitiv erfaßt werden. Der folgende Satz kann zwei verschiedene Bedeutungen haben:

- Er vertrieb den Mann mit dem Hund.*

Dieser Satz kann entweder bedeuten, daß jemand einen Mann mit Hilfe eines Hundes vertrieb oder daß jemand einen Mann vertrieb, der einen Hund bei sich führte. Darüber hinaus können Sprachbenutzer diese Art von Mehrdeutigkeit, die man strukturelle Mehrdeutigkeit nennt, von der lexikalischen Mehrdeutigkeit unterscheiden, die im folgenden Satz vorliegt:

---

* Anderson verwendet das Beispiel „They are cooking apples". Im Englischen tritt diese Form der Mehrdeutigkeit öfter auf als im Deutschen, da dort innerhalb eines Satzes Kleinschreibung herrscht und unterschiedliche Verb- und Adjektivflexionen gleichermaßen durch Anhängen von *ing* gebildet werden. Allerdings wird der englische Beispielsatz beim mündlichen Vortrag eindeutig: Liegt der Satzakzent auf „apples", dann kocht jemand Äpfel, liegt der Akzent auf „cooking", dann handelt es sich um Kochäpfel. Unser deutsches Beispiel bleibt dagegen auch im Mündlichen mehrdeutig. [Anmerkung der Übersetzer]

- Ich gehe zu einer Bank.

Hier kann sich das Wort *Bank* sowohl auf ein Geldinstitut als auch auf eine Sitzgelegenheit beziehen. Lexikalische Mehrdeutigkeit entsteht, wenn ein Wort zwei oder mehrere unterscheidbare Bedeutungen aufweist; strukturelle Mehrdeutigkeit liegt dann vor, wenn ein ganzer Satz oder ein Satzteil zwei oder mehr Bedeutungen zuläßt.

Linguisten versuchen, die Intuitionen bezüglich der Wohlgeformtheit von Sätzen sowie des Erkennens von Paraphrasen und Mehrdeutigkeiten zu erklären.

Kompetenz versus Performanz

Die Art, wie wir Sprache im Alltag verwenden, entspricht nicht immer den Vorschriften der linguistischen Theorie. Im Gespräch produzieren wir Sätze, die wir bei genauerer Prüfung als formal abweichend und unzulässig beurteilen würden. Wir stocken, wiederholen uns, stottern und versprechen uns. Wir hören mehrdeutige Sätze, ohne ihre Mehrdeutigkeit zu bemerken.

Eine zusätzliche Erschwernis besteht darin, daß sprachliche Intuitionen nicht immer trennscharf sind. Der Linguist Lakoff (1971) führt beispielsweise die beiden folgenden Sätze an und behauptet, der erste davon sei nicht akzeptabel, der zweite dagegen sei zulässig:

- Tell John where the concert's this afternoon.
- Tell John that the concert's this afternoon.

Doch sind die Menschen in ihren Urteilen über solche Sätze nicht immer zuverlässig, und sicherlich stimmen Englischsprechende nicht immer mit Lakoff überein.

Überlegungen zu dieser Unzuverlässigkeit sprachbezogener Verhaltensweisen und Einschätzungen brachten Noam Chomsky (1965) dazu, eine Unterscheidung zu treffen zwischen sprachlicher **Kompetenz**, dem abstrakten Sprachwissen einer Person, und sprachlicher **Performanz**, der konkreten Anwendung dieses Wissens beim Sprechen oder Zuhören. Aus der Sicht Chomskys hat ein Linguist die Aufgabe, eine Theorie der Kompetenz auszuarbeiten, während es Sache des Psychologen sei, eine Performanztheorie aufzustellen.

Die genaue Beziehung zwischen einer Kompetenz- und einer Performanztheorie ist unklar und kann zum Gegenstand hitziger Debatten werden. Nach Chomskys Ansicht ist eine Kompetenztheorie der Performanz vorgeschaltet – das heißt, unserer Fähigkeit, Sprache zu verwenden, liegt, wenn auch indirekt, unsere sprachliche Kompetenz zugrunde. Andere nehmen an, das Konzept der sprachlichen Kompetenz basiere auf einer eher unnatürlichen Tätigkeit (nämlich dem Abgeben linguistischer Beurteilungen) und habe mit dem täglichen Sprachgebrauch wenig gemein.

Sprachliche Performanz spiegelt nicht immer die sprachliche Kompetenz wider.

Formale syntaktische Strukturen

Der wichtigste Beitrag der Linguistik zur psychologischen Untersuchung der Sprache bestand darin, eine Reihe von Konzepten zur Verfügung zu stellen, mit denen sich die Struktur der Sprache beschreiben läßt. Dabei ist die Beschreibung der syntaktischen Struktur der Sprache zu den linguistischen Konzeptionen zu rechnen, die am häufigsten übernommen wurden.

Die Phrasenstruktur

In der Linguistik wurde die Frage nach der Syntax der natürlichen Sprache außerordentlich betont. Ein zentrales linguistisches Konzept ist hier die **Phrasenstruktur**. Die Analyse der Phrasenstruktur ist nicht nur sprachwissenschaftlich bedeutsam, sondern trägt auch viel dazu bei, die Prozesse des Sprachverstehens und der Sprachproduktion zu erhellen. Die Behandlung dieses Themas im vorliegenden Kapitel dient deshalb teilweise auch der Vorbereitung auf den Stoff im nächsten Kapitel. Wer den Sprachunterricht aus seiner Schulzeit noch im Gedächtnis hat, den wird die Analyse der Phrasenstruktur an die grammatische Bestimmung von Satzgliedern erinnern; wer nicht, der lernt eine neue Art der Analyse kennen.

Die Phrasenstruktur eines Satzes ist die hierarchische Zergliederung des Satzes in Einheiten, die Phrasen (oder auch Konstituenten) genannt werden. Man betrachte dazu den folgenden Satz:

- Der tapfere Hund rettete das ertrinkende Kind.

Die Aufgabe, diesen Satz auf natürliche Weise in zwei größere Teile zu spalten, würden die meisten Menschen wohl folgendermaßen lösen:

- (Der tapfere Hund)(rettete das ertrinkende Kind).

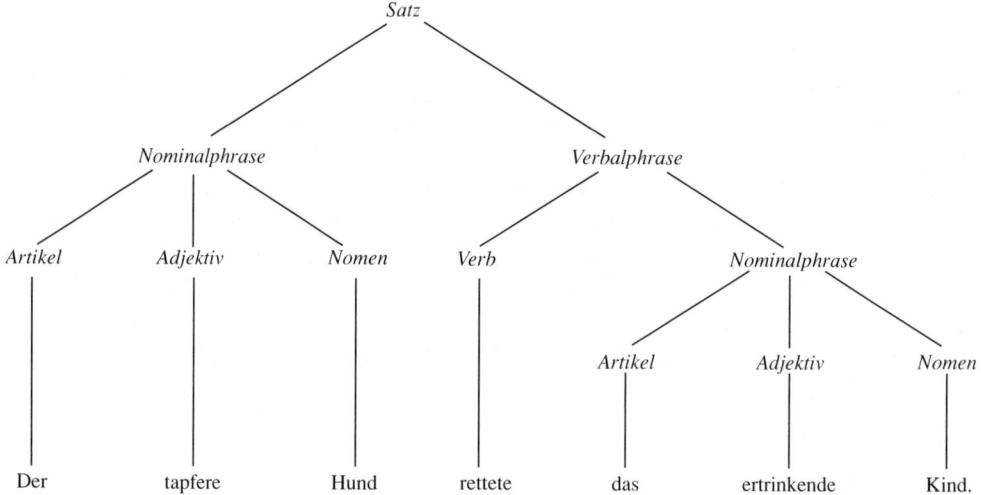

Abb. 11.1 Ein Beispiel für die Phrasenstruktur eines Satzes. Die Baumstruktur verdeutlicht die hierarchische Zergliederung des Satzes in einzelne Phrasen.

Dabei markieren die Klammern die beiden einzelnen Teile. Diese beiden Satzteile werden üblicherweise als Subjekt und Prädikat oder auch als Nominalphrase und Verbalphrase bezeichnet.

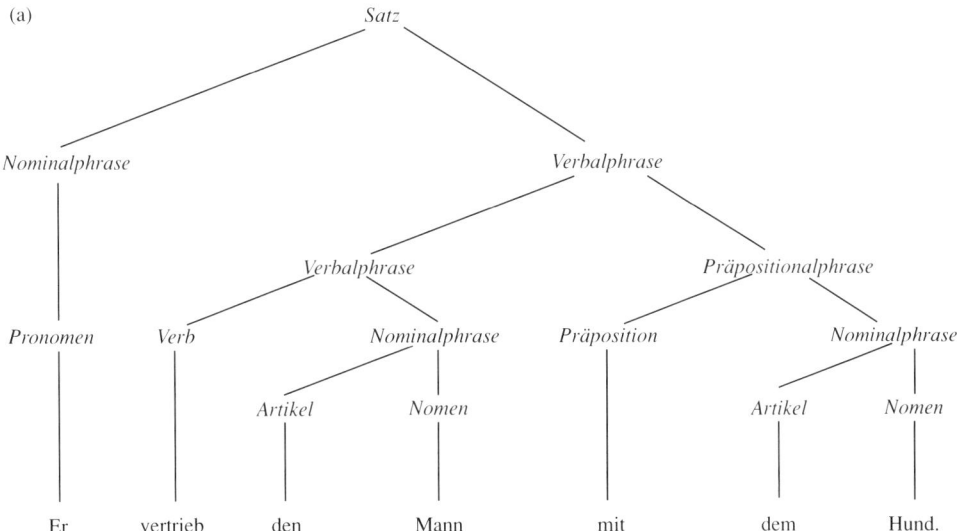

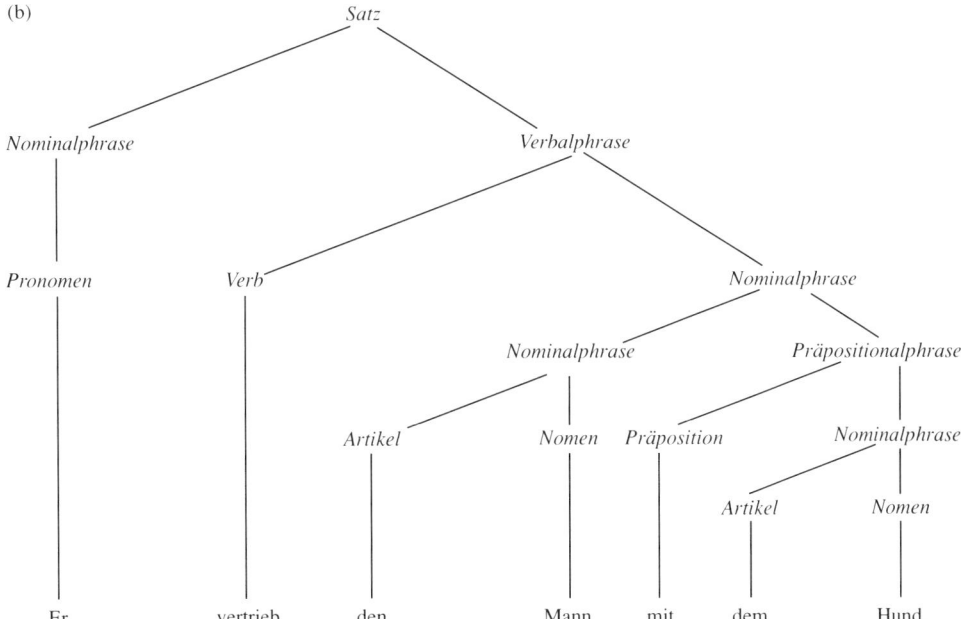

Abb. 11.2 Die Phrasenstrukturen für die beiden möglichen Bedeutungen des Satzes *Er vertrieb den Mann mit dem Hund*: (a) Jemand vertrieb einen Mann mit Hilfe seines Hundes; (b) jemand vertrieb einen Mann, der einen Hund mit sich führt.

Wenn nun der zweite Teil des Satzes, die Verbalphrase, weiter untergliedert werden sollte, erhielte man meistens:

- (Der tapfere Hund)(rettete (das ertrinkende Kind)).

Die Gliederung eines Satzes wird oft in Form eines umgekehrten Baumdiagramms darge-stellt wie in Abbildung 11.1. In diesem Phrasenstrukturbaum führt *Satz* zu den Unterein-heiten *Nominalphrase* und *Verbalphrase*, und jede dieser Einheiten ist mit weiteren Un-tereinheiten verbunden. Die Verzweigungen des Baumdiagramms enden schließlich in den einzelnen Wörtern. Die Darstellung der Phrasenstruktur in Form solcher Diagramme ist in der Linguistik weit verbreitet. Es ist üblich, den Ausdruck *Phrasenstruktur* zu verwenden, um auf genau solche Baumstrukturen zu verweisen.

Die Analyse der Phrasenstruktur kann strukturelle Mehrdeutigkeiten offenlegen. Be-trachten wir erneut den obigen Beispielsatz:

- Er vertrieb den Mann mit dem Hund.

Je nach seiner Bedeutung ist *mit dem Hund* in unterschiedlicher Weise in die Verbalphrase des Satzes eingebettet; Abbildung 11.2 zeigt Phrasenstrukturen der beiden Interpretations-möglichkeiten. In Abbildung 11.2a gehört *mit dem Hund* zur Verbalphrase, während es in Abbildung 11.2b Bestandteil der Nominalphrase *den Mann* ist und damit eine andere Hierarchieebene in der Satzanalyse einnimmt.

Bei Phrasenstrukturanalyse werden Sätze in ihre Konstituenten zerlegt.

Ersetzungsregeln

In den Baumdiagrammen, die die Phrasenstruktur abbilden, wurden die verschiedenen Knoten jeweils mit einer Bedeutung versehen – mit *Satz*, *Nominalphrase*, *Verbalphrase*, *Verb*, *Nomen* und *Adjektiv*. Dies sind Bezeichnungen für die Art der Satzeinheiten bezie-hungsweise der Satzkonstituenten. Mit Hilfe solcher Bezeichnungen kann man **Erset-zungsregeln** bilden, mit denen sich konkrete Sätze erzeugen lassen. Wenn Linguisten für eine Sprache eine Grammatik formulieren, dann verwenden sie – im Rahmen bestimmter allgemeiner Grammatikmodelle – solche Ersetzungsregeln. Tabelle 11.1 listet eine Reihe von Ersetzungsregeln auf, die ausführen, wie diese Bezeichnungen ersetzt werden kön-nen. Die Symbole auf der linken Seite der Tabelle können durch die Symbole auf der rechten Seite ersetzt werden. So besagt Regel 1, daß man statt *Satz* auch *Nominalphrase* + *Verbalphrase* schreiben kann. Regel 2A gibt an, daß sich *Nominalphrase* durch einen *Artikel* (optional), ein *Adjektiv* (optional) und ein *Nomen* (obligatorisch) ersetzen läßt. Die in Klammern stehenden Konstituenten können, müssen aber nicht vorkommen, die ande-ren Konstituenten sind bei Anwendung einer Regel obligatorisch. Regel 2B gibt an, daß für *Nominalphrase* alternativ auch *Pronomen* eingesetzt werden kann.

Durch Anwendung dieser Ersetzungsregeln kann man einen Satz ableiten, beispiels-weise an Hand der folgenden Sequenz:

Satz → *Nominalphrase* + *Verbalphrase* (1)
→ *Artikel* + *Adjektiv* + *Nomen* + *Verb* + *Präpositionalphrase* (2)

Tabelle 11.1: Ersetzungsregeln, mit denen sich ein kleiner Ausschnitt möglicher deutscher Sätze erzeugen läßt

Symbol		ersetze durch
1.	Satz	→ Nominalphrase + Verbalphrase
2A.	Nominalphrase	→ (Artikel) + (Adjektiv) + Nomen
2B.		→ Pronomen
3A.	Verbalphrase	→ Verb + Nominalphrase
3B.		→ Verb + Präpositionalphrase
4.	Präpositionalphrase	→ Präposition + Nominalphrase
5A.	Verb	→ Auxiliar + Verb
5B.		→ schlagen, rettete, vertrieb, tanzte
6.	Nomen	→ Hund, Kind, Junge, Mädchen, Mann, Fluß
7.	Artikel	→ der, die, das, dem, den, ein, eine
8.	Adjektiv	→ tapfer, ertrinkend
9.	Pronomen	→ er, sie, es
10.	Präposition	→ in, auf, mit
11.	Auxiliar	→ ist, war, wurden, hatte

> → *Artikel + Adjektiv + Nomen + Verb + Präposition + Nominalphrase* (3)
> → *Artikel + Adjektiv + Nomen + Verb + Präposition + Artikel + Nomen* (4)
> → *Der + mutige + Junge + tanzte + in + dem + Fluß* (5)

In Zeile 1 haben wir in Übereinstimmung mit der Ersetzungsregel 1 in Tabelle 11.1 *Satz* durch *Nominalphrase + Verbalphrase* ersetzt. In Zeile 2 schrieben wir statt *Nominalphrase* (nach Ersetzungsregel 2A) *Artikel + Adjektiv + Nomen* und (wie in Regel 3B) statt *Verbalphrase Verb + Präpositionalphrase*. In Zeile 3 wurde dann *Präpositionalphrase* durch *Präposition + Nominalphrase* ersetzt (nach Regel 4). In Zeile 4 wurde aus der *Nominalphrase* von Zeile 3 *Artikel + Nomen* (Regel 2A). In Zeile 5 schließlich haben wir für jedes Symbol Wörter eingesetzt, die den Regeln 5B, 6, 7, 8 und 10 entsprechen.

Die hierarchische Darstellung der Phrasenstruktur im Diagramm dient dazu, die Ableitung eines Satzes zu illustrieren, die durch Ersetzungsregeln erfolgt. Abbildung 11.3 zeigt in dieser Weise die Phrasenstruktur des soeben abgeleiteten Beispielsatzes. In einem solchen hierarchischen Diagramm ist jedes Symbol nach unten mit den Symbolen verbunden, durch die es ersetzt wird. Zum Beispiel verzweigt sich das Symbol *Verbalphrase* nach unten in *Verb* und *Präpositionalphrase*, was der Ersetzungsregel 3B aus Tabelle 11.1 entspricht.

Ein Ensemble von Ersetzungsregeln stellt einen Weg dar, die zulässigen Sätze einer Sprache zu spezifizieren. Damit bieten diese Regeln die Möglichkeit, ein wichtiges Ziel der Linguistik zu erreichen: eine Grammatik aufzustellen, die erstens alle in der Sprache

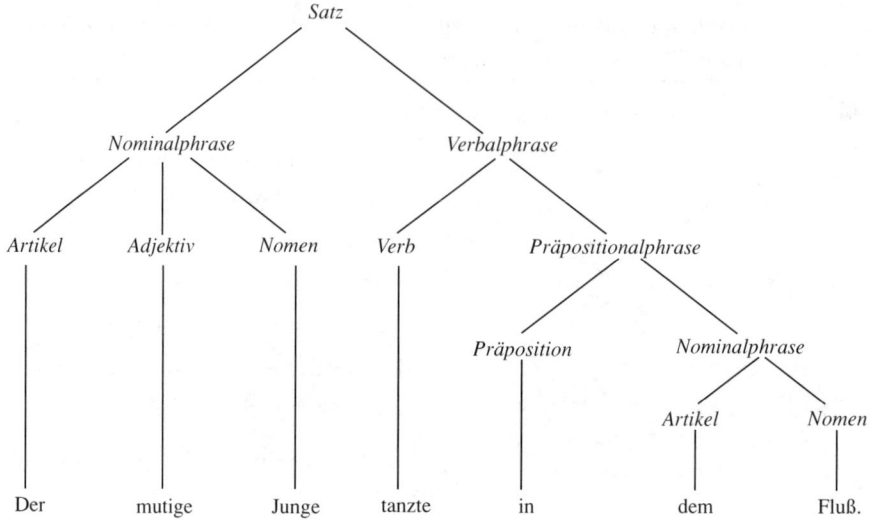

Abb. 11.3 Die Phrasenstruktur des Satzes *Der mutige Junge tanzte in dem Fluß*. Die Verzweigungen des Strukturbaums leiten sich aus den Ersetzungsregeln in Tabelle 11.1 ab.

zulässigen Sätze erzeugt, zweitens keine fehlerhaft gebildeten Sätze generiert und drittens die Intuitionen über die Struktur solcher Sätze abbildet. Sehen Sie Möglichkeiten, bei denen die einfache Liste von Ersetzungsregeln in Tabelle 11.1 an einem dieser Kriterien scheitert? Obwohl Linguisten Systeme von Ersetzungsregeln entwickelt haben, die viel komplexer und ausführlicher sind als der Entwurf in Tabelle 11.1, sind sie doch noch um einiges davon entfernt, Ersetzungsregeln spezifiziert zu haben, die den Kriterien 1 und 2 völlig gerecht würden. In diesem Bereich bleiben viele Probleme ungelöst, einschließlich der Frage, ob die mit diesen Kriterien verbundenen Zielsetzungen überhaupt realistisch sind.

Ersetzungsregeln sind formale Spezifikationen für die Erzeugung von Sätzen und ihren Phrasenstrukturen.

Die Pausenstruktur beim Sprechen

Es gibt unzählige Hinweise darauf, daß Phrasenstrukturen eine zentrale Rolle bei der Satzgenerierung spielen.* Wenn Menschen einen Satz produzieren, dann bringen sie im allgemeinen Phrase für Phrase hervor, und sie neigen dazu, an den Grenzen zwischen größeren phrasalen Einheiten innezuhalten. Zwar standen zu Lincolns Zeiten keine Kassettenrekorder zur Verfügung, doch kann man sich vorstellen, daß er den ersten Satz

---

* In Kapitel 12 werden wir die Rolle der Phrasenstrukturen beim Sprachverstehen behandeln.

seiner Ansprache von Gettysburg mit kurzen Pausen am Ende jeder Hauptphrase produzierte. Hätte er seine Rede auf Deutsch gehalten, hätte man sicherlich die folgende Pausenstruktur beobachten können:

Vor acht Jahrzehnten und sieben Jahren (Pause)

brachten unsere Vorväter auf diesem Kontinent (Pause)

eine neue Nation hervor (Pause)

geboren aus dem Gedanken der Freiheit (Pause)

und der Grundannahme verhaftet (Pause)

daß alle Menschen gleich sind (Pause)

Zwar sind Lincolns Reden einer Analyse nicht mehr zugänglich, doch Boomer (1965) analysierte Beispiele spontaner Sprache und fand, daß Pausen häufiger an den Übergängen zwischen den Hauptphrasen auftreten und daß die Pausen an diesen Stellen länger sind als innerhalb von Phrasen. Die durchschnittliche Pausenzeit an einer grammatischen Schnittstelle betrug 1,03 Sekunden, innerhalb grammatischer Satzeinheiten waren es im Durchschnitt 0,75 Sekunden. Dieser Befund spricht dafür, daß Sprecher bei ihren Sätzen eine Phrase nach der anderen produzieren und nach einer Phrase oft eine Pause benötigen, um die nächste Einheit zu planen. Andere Forscher ließen ihre Probanden nicht spontane Äußerungen, sondern vorbereitete Sätze produzieren (Cooper & Paccia-Cooper, 1980; Grosjean, Grosjean & Lane, 1979). In diesem Fall sind die Pausen deutlich kürzer, sie liegen um 0,2 Sekunden. Doch besteht auch hier dasselbe Muster: die Pausen an den Grenzen der Hauptphrasen sind länger.

Die Abbildungen 11.1 bis 11.3 lassen erkennen, daß es mehrere Ebenen von Phrasen innerhalb von Phrasen innerhalb anderer Phrasen gibt. Auf welcher Ebene unterteilen Sprecher ihre Sätze in Pauseneinheiten? Gee und Grosjean (1983) nehmen an, daß Sprecher für gewöhnlich die unterstmögliche Ebene oberhalb der Ebene der Wörter wählen, auf der kohärente semantische Information zusammengehalten wird. Im Englischen und allgemein in den indoeuropäischen Sprachen sind dies vorwiegend Nominalphrasen (zum Beispiel „die junge Frau"), Verbkomplexe mit den zugehörigen Pronomina (zum Beispiel „wird ihn gesehen haben") und Präpositionalphrasen (zum Beispiel „um die Ecke").

Menschen legen meistens kurz nach jeder bedeutungshaltigen Einheit ihres Sprechens eine Pause ein.

Sprachliche Fehlleistungen

Andere Forschungen wiesen die Phrasenstruktur durch die Untersuchung von Fehlern beim Sprechen nach. Maclay und Osgood (1959) untersuchten Aufnahmen spontanen Sprechens und fanden eine Reihe von Versprechern, die eine psychische Realität der Phrasen nahelegen. Die Autoren beschreiben, daß Sprecher, wenn sie sich wiederholen oder korrigieren, meist eine ganze Phrase wiederholen beziehungsweise richtigstellen. Zum Beispiel wurde die folgende Art von Wiederholungen gefunden:

- Mach den Heizungs-/den Heizungsschalter an.

Das nächste Paar stellt einen häufigen Korrekturtyp dar:

- Mach den Ofen-/den Heizungsschalter an.

Im vorangegangenen Beispiel wird die Nominalphrase wiederholt. Dagegen liefern Sprecher keine Wiederholungen, bei denen nur ein Teil, aber nicht die gesamte Verbalphrase wiederholt wird, wie es in folgendem Beispiel der Fall wäre:

- Mach den Ofen an/den Heizungsschalter an.

Dies gilt im Englischen besonders für die sogenannten *phrasal verbs*, die aus einem Verb und einer Präposition fest zusammengesetzt sind wie zum Beispiel „turn on" und die bei Korrekturen allenfalls zusammen, aber nie partiell wiederholt werden. Man findet also nicht:

- Turn on the stove/on the heater switch.

Auch andere Formen sprachlicher Fehlleistungen geben Anhaltspunkte für die psychische Realität der Konstituenten als Haupteinheiten der Sprachproduktion. Einige Forschungsarbeiten haben beispielsweise klassische Versprecher untersucht (Fromkin, 1971, 1973; Garrett, 1975). Eine bestimmte Art von Versprechern nennt man im Englischen *Spoonerismen*, nach dem Geistlichen William A. Spooner, dem man einige gewaltige und zugleich raffinierte Sprachirrtümer zuschreibt, etwa die im folgenden aufgeführten Beispiele. (Die intendierte – oder vorgeblich intendierte – Bedeutung ist jeweils in eckigen Klammern beigefügt.)

- You have hissed all my mystery lectures [missed all my history lectures].
- I saw you fight a liar [light a fire] in the back quad; in fact, you have tasted the whole worm [wasted the whole term].
- I assure you the insanitary spectre [sanitary inspector] has seen all the bathrooms.
- Easier for a camel to go through the knee of an idol [eye of a needle].
- The Lord is a shoving leopard [loving shepard] to his flock.
- Take the flea of my cat [key of my flat] and heave it at the louse [leave it at the house] of my mother in law.

Die Beispiele zeigen, daß an Spoonerismen auch Lautvertauschungen zwischen Wörtern beteiligt sind.* Es gibt genügend Gründe für die Vermutung, daß sich Spooner diese Irrtümer zum Spaß ausgedacht hat. Menschen produzieren jedoch auch unabsichtlich Spoonerismen, die freilich selten so witzig ausfallen.

Einige Forscher haben große Mengen an Fehlern, die ihren Freunden und Kollegen unterliefen, geduldig zusammengetragen. Einige dieser Fehler betreffen einfache lautliche Vorwegnahmen oder Lautvertauschungen wie in den Spoonerismen:

---

* Spoonerismen vereinigen zwei Sprachspielformen, die wir auch im Deutschen kennen: Schüttelreime („Du bist Buddhist") und sogenannte Freudsche Versprecher, bei denen das irrtümlich Gesagte Ausdruck dessen ist, was man eigentlich denkt, aber besser nicht äußert. Die im Text genannten Beispiele erfüllen also – in Relation zur intendierten Äußerung – die phonologischen Bedingungen eines Schüttelreims, wobei diese Variation zugleich einen ironischen oder zynischen Kommentar zur mutmaßlich intendierten Äußerung darstellt. [Anmerkung der Übersetzer]

- Rauchen sie viel → Fauchen sie viel [Vorwegnahme]
- Schandpfahl → Schalpfand [Vertauschung]
- Rosen der Liebe → Riesen der Lobe [Vertauschung]

Besondere Schwierigkeiten bereitet:

- Münzwurf → Wünzmurf

Der erste der oben angeführten Fehler stellt ein Beispiel einer Vorwegnahme dar, bei der ein zeitlich früheres Phonem zu einem Phonem geändert wird, das eigentlich erst später auftreten soll. Die anderen Beispiele betreffen Vertauschungen, bei denen zwei Phoneme ihre Plätze tauschen. Das interessante Merkmal dieser Fehlerarten ist, daß sie bevorzugt innerhalb einer einzelnen Phrase auftreten und nicht über Phrasen hinweg verteilt sind. So ist es unwahrscheinlich, daß Äußerungen vorkommen, bei denen die Vorwegnahme zwischen der Nominalphrase des Subjekts und der Nominalphrase des Objekts erfolgt:

- Der Tänzer nahm mein Rad. → Der Ränzer nahm mein Rad.

Ebenso unwahrscheinlich sind Lautvertauschungen zwischen der Präpositionalphrase am Satzanfang und der Nominalphrase am Satzende:

- Zu aller Schand endete er am Pfahl. → Zu aller Schal endete er am Pfand.

Garrett (1990) unterscheidet sprachliche Fehler danach, ob sie nur einzelne Laute oder ganze Wörter betreffen. Lautbezogene Fehler treten auf der von Garett so genannten positionalen Ebene auf – die im wesentlichen einer einzelnen Phrase entspricht –, während Wortfehler auf funktionaler Ebene zu finden sind und sich damit auf größere Spracheinheiten beziehen, das heißt auf grammatisch selbständige Strukturen wie Sätze oder Teilsätze. So wurden Wortfehler der folgenden Art beobachtet:

- Dieser Barsch ist aber ein großer Fisch. → Dieser Fisch ist aber ein großer Barsch.

Lautbezogene Fehler der folgenden Arten sind dagegen unwahrscheinlich:

- Dieser Barsch ist aber ein großer Fisch. → Dieser Farsch ist aber ein großer Bisch.

Es wird allgemein angenommen, daß wort- und lautbezogene Fehler im Sprachproduktionsprozeß auf unterschiedlicher Ebene auftreten. Wörter werden bei der Sprechplanung auf einer höheren Planungsebene eingesetzt, weshalb die wechselseitige Vertauschung von Wörtern auch über größere Entfernungen im Satz möglich ist.

Eine andere Form sprachlicher Irrtümer wird als *gestrandete Morpheme* bezeichnet. (Ein Morphem ist die kleinste bedeutungstragende Einheit; beispielsweise ist *Hose* ein Morphem, das ein Objekt bezeichnet, und *-te* ein Morphem, das die Vergangenheitsform anzeigt.) Hier sind einige Beispiele:

- Das Gedicht ist nicht zur Verfassung veröffentlicht.
- Sie hat schon zwei Packen eingehost.
- Es ist etwas Besonderes, seine Form neu genast zu bekommen.

Dieser Fehlertyp läßt zwei interessante Merkmale erkennen. Erstens tritt er, wie die meisten anderen auch, vorwiegend innerhalb der Grenzen einer Phrase auf. Zweitens sind es immer die Inhaltsmorpheme (Lexeme), wie *Hose* und *pack-*, die ausgetauscht werden. Die Funktionsmorpheme (Flexionsformen) wie *-ung*, *-en*, *ge-* oder *-te* bleiben an ihrem Platz.

Fehler wie der folgende sind deshalb nicht zu finden:

- Sie hat schon zwei einpacken gehose.

Das Phänomen der gestrandeten Morpheme scheint die Annahme nahezulegen, daß Sprecher zuerst das Muster festlegen, das sie produzieren wollen. Ein solches Muster könnte sein:

zur *Nominalstamm* + -ung *Verbstamm* + -t.

Bei dem Prozeß, das Muster mit bestimmten Wörtern zu füllen, verwechselt der Sprecher dann die Lexeme von Nomen und Verb.

Sprachliche Fehlleistungen, an denen die Vertauschung von Lauten und Wörtern beteiligt ist, sind durch die Phrasenstruktur der Sprache bestimmt.

Transformationen

Eine Phrasenstruktur beschreibt einen Satz in hierarchischer Form als Teile innerhalb größerer Zusammenhänge. Es gibt bestimmte Klassen sprachlicher Konstruktionen, bei denen einige Linguisten annehmen, sie verletzten diese strikt hierarchische Struktur. Man betrachte etwa das folgende Satzpaar:

1. Der Hund jagt Bill die Straße hinunter.
2. Wen jagt der Hund die Straße hinunter?

In Satz 1 erscheint *Bill*, das Objekt des Jagens, als Teil der Verbalphrase. Andererseits steht *wen*, das Objekt der Verbalphrase, in Satz 2 am Satzanfang. Das Objekt ist also nicht mehr Teil der Verbalphrase, zu der es doch zu gehören scheint. Einige Linguisten schlugen vor, daß solche Fragen formal dadurch erzeugt werden, daß man von einer Phrasenstruktur ausgeht, in der das Objekt *wen* in der Verbalphrase steht:

3. Der Hund jagt wen die Straße hinunter?

Das ist ein etwas seltsamer Satz, der bei richtiger Frageintonation, mit Betonung auf *wen*, gleichwohl sinnvoll klingen kann. In manchen Sprachen, beispielsweise im Japanischen, ist es ganz normal, das Fragepronomen in der Verbalphrase zu belassen, so wie es in Beispiel 3 der Fall ist. Für das Englische und auch für das Deutsche wird jedoch angenommen, daß es eine Bewegungstransformation gibt, die das Pronomen *wen* in seine üblichere Position bringt. Man beachte jedoch, daß dies ein linguistischer Theorievorschlag ist, der die formale Struktur der Sprache betrifft und nicht notwendigerweise den tatsächlichen Prozeß der Frageformulierung beschreiben muß.

Viele Linguisten halten es für notwendig, solche Transformationen anzunehmen, die Elemente von einem Teil des Satzes zu einem anderen Teil bewegen. Transformationen können sich auch auf kompliziertere Sätze erstrecken. Zum Beispiel können wir die Fragetransformation auf Sätze der folgenden Form anwenden:

4. John glaubt, daß der Hund Bill die Straße hinunter jagt.

Die zugehörigen Frageformen lauten:

5. John glaubt, daß der Hund wen die Straße hinunter jagt?

6. Wen, glaubt John, jagt der Hund die Straße hinunter?

Satz 5 klingt ungewöhnlich, selbst bei einer Frageintonation auf *wen*; aber manche Linguisten glauben, daß Satz 6 durch Transformation aus Satz 5 abgeleitet ist, auch wenn sie den Satz 5 kaum jemals produzieren würden.

Eines der interessanten Probleme für Linguisten besteht darin, daß es echte Grenzen dafür zu geben scheint, was man im Rahmen einer Transformation bewegen kann. Dazu betrachte man die folgenden Sätze:

7. John glaubt die Tatsache, daß der Hund Bill die Straße hinunter jagt.

8. John glaubt die Tatsache, daß der Hund wen die Straße hinunter jagt?

9. Wen, glaubt John die Tatsache, daß der Hund die Straße hinunter jagt?

Wie Satz 7 zeigt, ist die Grundform des Satzes zulässig, aber man kann *wen* nicht aus der Frageform 8 wegbewegen, um die Frageform 9 zu produzieren. Satz 9 klingt sehr bizarr. Wir werden noch einmal auf die Frage zurückkommen, welche Beschränkungen bei Bewegungstransformationen bestehen.

Im Gegensatz zu den zahlreichen Belegen zugunsten der Phrasenstruktur bei der Sprachverarbeitung gibt es kaum Anhaltspunkte dafür, daß Menschen tatsächlich irgend etwas in der Art von Transformationen herstellen, wenn sie Sätze verstehen oder produzieren. Es bleibt eher eine offene und ungeklärte Frage, wie Menschen solche Sätze verarbeiten, die durch Transformationen abgeleitet sind. Auch gibt es innerhalb der Linguistik viele Kontroversen darüber, wie man sich Transformationen vorstellen soll. In vielen neueren Vorschlägen zur theoretischen Behandlung dieses Problems spielen die Transformationen keine herausgehobene Rolle mehr (einen Überblick gibt Wasow, 1989).

Transformationen bewegen Elemente aus ihrer üblichen Position in der Phrasenstruktur eines Satzes.

Die Beziehung zwischen Sprache und Denken

Der behavioristische Ansatz

Wir haben nun einen kurzen Überblick über die Struktur der Sprache erhalten, wie sie in der Linguistik gesehen wird. Natürlich stellt sich nun die Frage, welche Wirkungen die Sprachstruktur auf die Kognition hat. Zum Verhältnis zwischen Sprache und Denken wurde eine Fülle von Ansätzen vorgebracht. Den radikalsten Vorschlag vertrat John B. Watson, der Begründer des Behaviorismus. Einer seiner Lehrsätze (Watson, 1930; deutsch 1984) besagt, daß es so etwas wie innere geistige Aktivität nicht gibt. Nach Watsons Behaviorismus machen Menschen nichts anderes als Responses (Reizantworten) abzugeben, die auf Stimuli (Reize) konditioniert worden waren. Diese radikale Sichtweise, die, wie in Kapitel 1 bereits ausgeführt, in den USA zeitweilig vorherrschte, schien sich über die reichhaltigen Anhaltspunkte hinwegzusetzen, nach denen Menschen denkendes Ver-

halten, an dem keine äußere Reaktion beteiligt ist, ausüben können (etwa wenn Rechen-
aufgaben im Kopf gelöst werden). Um mit diesem offensichtlichen Widerspruch fertig zu
werden, behauptete Watson, Denken sei nur subvokales Sprechen; wenn Menschen mit
solchen „mentalen" Aktivitäten beschäftigt seien, sprächen sie eigentlich zu sich selbst.
Watsons Vorschlag bestand also darin, einen äußerst wichtigen Bestandteil des Denkens
einfach auf subvokales Sprechen zu reduzieren. (Der Philosoph Herbert Feigl sagte einmal, Watson sei „mit seiner Luftröhre zu dem Ergebnis gekommen, daß er keinen Verstand habe"). Watsons Ansatz löste ein Forschungsprogramm aus, bei dem mit Hilfe von
akustischen und elektrographischen Aufnahmen nach einer Bestätigung für subvokale, das
Denken begleitende Aktivität gesucht wurde. Tatsächlich kann man oft subvokale Aktivität registrieren, wenn jemand gedanklich beschäftigt ist. Wichtiger ist jedoch die Beobachtung, daß sich Menschen in manchen Situationen mit verschiedenen stillen Denkauf-
gaben befassen, bei denen keine vokale Aktivität feststellbar ist. Dieser Befund störte
Watson allerdings wenig. Er behauptete, daß wir mit unserem ganzen Körper denken –
beispielsweise mit unseren Armen. Dafür führte er den verblüffenden Befund an, daß
Taubstumme auch im Schlaf die Zeichensprache benutzen. (Menschen, die sprechen können, sich aber viel über Zeichensprache verständigt haben, machen im Schlaf ebenfalls
Zeichen.)

Das Entscheidungsexperiment über Watsons Hypothese führten Smith, Brown, Toman
und Goodman (1947) durch. Sie setzten dabei ein Curare-Präparat ein, das die menschliche Muskulatur lähmt. Smith stellte sich als Versuchsperson zur Verfügung und mußte
während des Experiments durch künstliche Beatmung am Leben gehalten werden. Da
seine gesamte Muskulatur vollständig gelähmt war, konnte er unmöglich subvokal sprechen oder irgendwelche anderen Körperbewegungen ausführen. Dennoch war Smith auch
unter der Einwirkung von Curare in der Lage zu beobachten, was um ihn herum passierte:
Er konnte Sprache verstehen, sich an die während des Experiments stattfindenden Ereignisse erinnern und über sie nachdenken. Somit dürfte deutlich geworden sein, daß das
Denken auch ohne jegliche Muskelaktivität fortgesetzt werden kann. In unserem Zusammenhang ist auch eine zusätzliche Beobachtung wichtig: Das Denken ist nicht nur implizites Sprechen, sondern wirklich eine innere, nichtmotorische Aktivität.

Auch die Forschungsergebnisse zur propositionalen Gedächtnisspeicherung, über die
in Kapitel 5 berichtet wurde, sprechen dafür, daß Denken nicht mit Sprache gleichgesetzt
werden darf. Wir hatten dort gesehen, daß sich Menschen meist nicht den exakten Wortlaut einer sprachlichen Mitteilung merken, sondern eine eher abstrakte Repräsentation der
Bedeutung dieser Mitteilung behalten. Denken sollte – zumindest teilweise – mit diesem
abstrakten, vorverbalen Propositionalkode gleichgesetzt werden. Noch aufschlußreicher
sind die hin und wieder auftretenden Fälle, in denen Menschen, deren Denkfähigkeit
außer Zweifel steht, keinerlei erkennbare Sprache aufweisen. Auch fällt es schwer zu
behaupten, daß nicht-sprechende Tiere, etwa Affen, des Denkens unfähig seien; man
erinnere sich nur an die Problemlösungen von Sultan (Kapitel 8). Es ist immer schwierig,
den Charakter der „gedanklichen Vorgänge" bei nicht-sprechenden Probanden genau zu
bestimmen oder auch Unterschiede gegenüber den gedanklichen Prozessen bei sprechenden Personen festzustellen, weil es keine Sprache gibt, in der man die Probanden befragen
könnte. Bei der nach außen hin erkennbaren Abhängigkeit des Denkens von der Sprache

kann es sich somit um eine Täuschung handeln, die auf der Tatsache beruht, daß man das Denken nur schwer untersuchen kann, ohne sich der Sprache zu bedienen.

> Die Behavioristen glaubten, daß beim Denken verborgenes Sprechen und andere implizite motorische Aktivitäten beteiligt sind.

Die Whorfsche Hypothese des linguistischen Determinismus

Linguistischer Determinismus bezeichnet die Grundannahme, daß die Sprache die Art, wie jemand denkt oder die Welt wahrnimmt, determiniert oder stark beeinflußt. Dieser Ansatz geht nicht so weit wie Watsons Position, weil nicht behauptet wird, daß Sprache und Denken identisch seien. Die Hypothese wurde von einer Reihe von Linguisten entwickelt, wird jedoch am stärksten mit Whorf (1956; deutsch 1984) in Verbindung gebracht. Whorf war eine ziemlich ungewöhnliche Persönlichkeit. Er war am Massachusetts Institute of Technology (MIT) zum Chemieingenieur ausgebildet worden, arbeitete sein Leben lang für eine Versicherungsgesellschaft im Bereich der Feuerversicherung und befaßte sich in seiner Freizeit mit nordamerikanischen Indianersprachen. Besonders beeindruckte ihn das Phänomen, daß verschiedene Sprachen in ihrer Struktur recht unterschiedliche Aspekte der Welt hervorheben. Er glaubte, daß die jeweiligen Schwerpunkte großen Einfluß darauf haben müßten, wie Menschen mit verschiedenen Muttersprachen über die Welt denken. Beispielsweise behauptete er, die Eskimos hätten viele verschiedene Wörter (genauer: verschiedene Lexeme) für Schnee, die sich jeweils auf einen unterschiedlichen Zustand des Schnees beziehen (verwehten Schnee, harten Schnee, matschigen Schnee, und so weiter), während es im Englischen nur ein einziges Wort für Schnee gibt, nämlich *snow*.* (Im Deutschen stehen mit *Harsch*, *Firn* und Komposita wie *Pulver*- und *Pappschnee*, *Schneematsch* und *Schneewehen* doch einige Unterscheidungen zur Verfügung; aber wir haben ja auch die Alpen.) Auf der Ebene des Wortschatzes gibt es viele weitere Beispiele: Der Stamm der Hanunu auf den Philippinen soll angeblich über 92 Namen für unterschiedliche Reisprodukte verfügen. Im Arabischen gibt es viele verschiedene Möglichkeiten, Kamele zu bezeichnen. Whorf glaubte, daß ein solcher Reichtum an Ausdrücken die Sprachbenutzer dazu veranlassen würde, die Welt anders wahrzunehmen als jemand, dem für einen bestimmten Bereich nur ein einziges Wort zur Verfügung steht.

Es ist nicht einfach, zu einer angemessenen Beurteilung der Whorfschen Hypothese zu kommen. Es würde niemanden überraschen, wenn er hört, daß Eskimos mehr über Schnee wissen als typische Personen im englischen Sprachraum. Schließlich spielt Schnee im Leben der Eskimos eine wichtigere Rolle. Man muß jedoch fragen, ob sich ihre Sprache auf ihre Wahrnehmung des Schnees auswirkt, und zwar über das hinaus, was durch Erfahrung bedingt ist. Würde eine englischsprachige Person, die ansonsten das Leben

---

* Die Whorfsche Behauptung über den Reichtum des Schnee-Vokabulars bei den Eskimos wurde auch sehr angegriffen (Martin, 1986; Pullman, 1989). Ingesamt sieht es wohl so aus, daß Whorf bei der Vielfalt von Wörtern in den verschiedenen Sprachen ein wenig übertrieben hat.

eines Eskimos führt, den Schnee anders wahrnehmen als jemand, der mit der Eskimosprache groß geworden ist? (Zum Beispiel sind passionierte Skiläufer im Laufe ihres Lebens ja auch häufig mit Schnee konfrontiert und wissen eine Menge darüber.)

Recht gut ist diese Frage bei Farbadjektiven untersucht. Im Englischen wie im Deutschen gibt es elf Wörter für Grundfarben: *schwarz, weiß, rot, grün, gelb, blau, braun, lila, rosa, orange, grau*. Das ist eine relativ große Anzahl. Diese Wörter nennt man Grundfarbwörter, weil sie kurz sind und häufig verwendet werden – im Gegensatz zu Bezeichnungen wie safran, türkis oder fuchsinrot. Die Sprache der Dani, einer steinzeitlichen bäuerlichen Kultur auf der indonesischen Insel Neuguinea, kennt dagegen nur extrem wenige Ausdrücke für Grundfarben, nämlich zwei: *mili* für dunkle, kalte Farbschattierungen und *mola* für helle, warme Töne. Wenn sprachliche Kategorien die Wahrnehmung determinierten, dann müßten die Dani Farben mit gröberer Auflösung wahrnehmen als Sprecher des Englischen. Es fragt sich nun, ob diese Vermutung zutrifft.

Im Englischen und vermutlich auch im deutschen Sprachraum wird innerhalb der farblichen Variationsbreite, die durch ein Grundfarbwort bezeichnet wird, ein bestimmter Farbton als der jeweils passendste angesehen – das beste Rot, das beste Blau und so fort (vgl. Berlin & Kay, 1969). Zu jedem der elf Grundfarbwörter scheint ein Farbton zu gehören, der am besten zutrifft und über den sich die Sprachteilhaber im großen und ganzen einig sind. Diesen Ton bezeichnet man als fokale Farbe. Nach Brown und Lenneberg (1954) finden es Englisch sprechende Personen leichter, fokale Farben zu verarbeiten und zu behalten als nicht-fokale Farben. Die interessante Frage besteht darin, ob sich die spezielle kognitive Fähigkeit zur Bestimmung fokaler Farben deshalb entwickelt hat, weil den Sprechern spezielle Wörter für diese Farben zur Verfügung stehen. Wenn dem so wäre, läge ein eindeutiger Fall für einen Einfluß der Sprache auf das Denken vor.

Eleanor Rosch (die einen Teil der hier zu besprechenden Arbeiten auch unter ihrem Mädchennamen Heider publizierte) führte eine bedeutende Untersuchungsreihe über die Dani durch, um zu überprüfen, inwieweit die spezielle Verarbeitung fokaler Farben ein Beispiel für die Beeinflussung des Denkens durch die Sprache ist. Es ging darum festzustellen, ob die Dani fokale Farben anders verarbeiten als englische Sprecher. In einem Experiment verglich Rosch (1973), wie leicht die Dani erfundene Farbnamen für fokale beziehungsweise nicht-fokale Farben lernen konnten. Englisch Sprechenden fällt das bei fokalen Farben leichter. Auch die Probanden der Dani konnten für fokale Farben leichter neue Namen lernen als für nicht-fokale Farben, obwohl sie ja keine Wörter für diese Farben haben. In einem anderen Experiment (Heider, 1972) wurde den Teilnehmern fünf Sekunden lang ein Farbchip gezeigt. Nach einer Pause von 30 Sekunden sollten sie diese Farbe unter 160 Farbchips auswählen. Englische Sprecher schneiden bei dieser Aufgabe besser ab, wenn der Farbchip, den sie sich merken sollen, eine fokale Farbe zeigt. Auch die Dani erzielten bei dieser Aufgabe bessere Ergebnisse für fokale Farben.

Ungeachtet der Unterschiede in ihrer sprachlichen Terminologie für Farben, scheinen also Dani wie Englisch Sprechende Farben auf die gleiche Art und Weise zu sehen. Die elf fokalen Farben werden offenbar von allen Menschen, unabhängig von ihrer Muttersprache, auf besondere Weise verarbeitet. Auch einige Befunde zur Physiologie des Farbensehens legen nahe, daß die fokalen Farben im visuellen System eine besondere Verarbeitung erfahren (de Valois & Jacobs, 1968). Die Tatsache, daß in vielen Sprachen für dieselben elf Farben Grundfarbwörter entstanden sind, kann als ein Beispiel dafür angesehen werden, daß das Denken die Sprache determiniert.*

Carroll und Casagrande (1958) haben die Whorfsche Hypothese auf andere Weise überprüft. In der Sprache der Navajo richtet sich die Verbform danach, wie der Gegenstand, über den etwas ausgesagt werden soll, beschaffen ist; dabei werden vor allem Form, Biegsamkeit und Material berücksichtigt. Carroll und Casagrande zeigten Navajo sprechenden Kindern drei Gegenstände, etwa einen gelben Stock, ein blaues Seilstück und ein gelbes Seil. Die Kinder sollten angeben, welcher von jeweils zwei Gegenständen zum dritten paßt. Da die Navajosprache für Stöcke (fest) und Seile (biegsam) eine unterschiedliche Verbform erfordert, ließ sich im Sinne der Whorfschen Hypothese vorhersagen, daß die Navajo sprechenden Probanden bevorzugt die Seile zusammengruppieren und die Gegenstände nicht farblich sortieren würden. Die Autoren fanden, daß Kinder, die nur Navajo sprechen, die Form bevorzugten, während Englisch sprechende Navajokinder vorwiegend nach Farbe sortierten. In einer anderen Untersuchung fanden Carroll und Casagrande jedoch, daß Englisch sprechende Kinder aus Boston sogar noch öfter auf der Grundlage der Form gruppierten. Die Erfahrungen, die diese Bostoner Kinder mit Spielsachen gemacht hatten (bei denen Form und Biegsamkeit entscheidend sind), waren offenbar entscheidender als die Erfahrung im Umgang mit der Navajosprache – was nicht heißen muß, daß die Erfahrung mit der Sprache ganz ohne Einfluß blieb.

Abschließend ist festzuhalten, daß die Befunde nicht die Hypothese stützen, daß Sprache auf die Art, wie wir denken oder die Welt wahrnehmen, entscheidend einwirkt. Sicherlich kann uns die Sprache beeinflussen (wozu sollte man sonst dieses Buch schreiben), aber ihre Wirkung liegt darin, Ideen mitzuteilen, und nicht darin, die Art der Vorstellungen, die wir gedanklich erfassen können, zu determinieren.

Natürlich beeinflußt Sprache das Denken, aber sie scheint nicht die Art der Konzepte zu bestimmen, die Gegenstand unseres Denkens sein können.

Hängt die Sprache vom Denken ab?

Die alternative Auffassung der Beziehung zwischen Sprache und Denken besteht darin, daß die Sprachstruktur durch die Struktur des Denkens determiniert ist. Aristoteles vertrat vor 2500 Jahren den Standpunkt, daß die Kategorien des Denkens die Kategorien der Sprache bestimmen. Einiges spricht dafür, daß Aristoteles recht hatte, doch waren ihm die entsprechenden Begründungen noch nicht bekannt. Obwohl diese Hypothese also seit 2500 Jahren in der Welt ist, verfügen wir heute über bessere Gründe, ihr zuzustimmen.

Zahlreiche Gründe unterstützen die Annahme, daß die Fähigkeit des Menschen zu denken (also nichtsprachliche kognitive Aktivitäten auszuführen, etwa sich zu erinnern oder Aufgaben zu lösen) früher auftritt als die Fähigkeit, Sprache zu verwenden, und zwar sowohl in evolutionärer Hinsicht als auch in der individuellen Entwicklung. So scheinen

---

* Die Frage nach der genauen Beziehung zwischen der Sprache und dem Farbengedächtnis ist als Forschungsgegenstand immer noch aktuell (Lucy & Shweder, 1979, 1988; Garro, 1986).

viele Tierarten, die keine Sprache ausgebildet haben, durchaus zu differenzierteren Kognitionen fähig zu sein. Bei Kindern bestehen deutliche Anhaltspunkte für ziemlich komplexe kognitive Vorgänge, bevor sie ihre Sprache erfolgreich verwenden können. Wenn wir davon ausgehen, daß Denken vor der Sprache auftrat, dann erscheint es nur natürlich, anzunehmen, daß Sprache ein Werkzeug ist, dessen Funktion darin besteht, Gedanken mitzuteilen. Werkzeuge werden im allgemeinen den Werkstücken angepaßt, an denen man sie einsetzen will. Nach derselben Logik scheint die Annahme berechtigt, daß sich Sprache so ausgeformt hat, daß sie zu den Gedanken paßt, die sie übermitteln soll. Über solche allgemeine Argumente hinaus haben die Kognitive Psychologie und ihr verwandte Disziplinen etliche Belege dafür gefunden, daß Sprache vom Denken abhängt. Für einige davon soll im folgenden gezeigt werden, wie sich ein entsprechender Nachweis führen läßt.

In Kapitel 5 haben wir gesehen, daß propositionale Strukturen eine wichtige Organisationsform des Wissens darstellen, sowohl für die Repräsentation sprachlicher Informationen als auch für die Repräsentation bildhafter Vorlagen. Die propositionale Struktur spiegelt sich in der Phrasenstruktur der Sprache wider. Die grundlegenden phrasischen Einheiten einer Sprache drücken meistens Propositionen aus. *Der große Junge* zum Beispiel vermittelt die Proposition, daß der Junge groß ist. Allein das Phänomen, daß es eine sprachliche Struktur gibt, nämlich die Phrase, die geeignet ist, eine gedankliche Struktur, nämlich die Proposition, abzubilden, dürfte schon ein deutliches Beispiel für die Abhängigkeit der Sprache vom Denken sein.

Ein weiteres Beispiel dafür, wie das Denken die Sprache formt, stammt aus Roschs Forschungsarbeiten über fokale Farben. Wie oben schon ausgeführt, weist das visuelle System des Menschen für bestimmte Farben maximale Empfindlichkeit auf. Infolgedessen gibt es in vielen Sprachen besondere, kurze, häufig auftretende Wörter zur Bezeichnung dieser Farben. Wie erinnerlich, umfassen die deutsche und die englische Sprache Grundfarbwörter für Schwarz, Weiß, Rot, Gelb, Grün, Blau, Braun, Lila, Rosa, Orange und Grau. Folglich hat das visuelle System bestimmt, wie das Farbenspektrum in diesen Sprachen eingeteilt ist.

Auch die Wortstellung weist auf den Einfluß des Denkens auf die Sprache hin. In jeder Sprache gibt es eine bevorzugte Wortstellung, um Subjekt (S), Prädikat (P) und Objekt (O) auszudrücken. Man betrachte den folgenden Satz, der die bevorzugte Wortstellung in deutschen Hauptsätzen zeigt:

- Carola streichelte den Schäferhund.

Das Englische gilt als eine SPO-Sprache. (Das Deutsche wird, trotzt der SPO-Anordnung in Hauptsätzen, wegen der Wortstellung in Nebensatzstrukturen auch als SOP-Sprache klassifiziert.) Greenberg (1963) fand bei der Untersuchung einer Stichprobe verschiedenartigster Sprachen der Welt, daß von den sechs möglichen Anordnungen von S, P und O in natürlichen Sprachen nur vier vorkommen, wobei eine davon nur selten auftritt. Die folgende Übersicht zeigt die sechs möglichen Wortstellungen und die Häufigkeiten ihres Auftretens in den Sprachen der Welt (Häufigkeiten nach Ultan, 1969):

SOP 44 Prozent	POS 2 Prozent
SPO 35 Prozent	OPS 0 Prozent
PSO 19 Prozent	OSP 0 Prozent

Das entscheidende Charakteristikum ist, daß das Subjekt dem Objekt fast immer voransteht. Wenn man an kognitive Vorgänge denkt, erscheint diese Reihenfolge sinnvoll. Eine Handlung geht vom Handelnden aus und wirkt sich dann auf das Objekt aus. Deshalb ist es nur natürlich, daß das Subjekt eines Satzes, in dem etwas über die Urheberschaft einer Handlung ausgesagt wird, zuerst auftritt.

> Die Struktur der Sprache bringt auf vielerlei Wegen die Struktur zum Ausdruck, in der wir die Welt kognitiv verarbeiten.

Die Modularität der Sprache

Wir haben nun die Möglichkeiten in Betracht gezogen, daß das Denken von der Sprache oder aber die Sprache vom Denken abhängen könnte. Es gibt eine dritte logische Möglichkeit, nach der Sprache und Denken voneinander unabhängig sein könnten. Eine spezielle Version dieses Unabhängigkeitsprinzips ist die Auffassung der sogenannten Modularität (Chomsky, 1980; Fodor, 1983). Nach dieser Auffassung bildet die Sprache eine separate kognitive Komponente, die getrennt vom Rest der Kognition arbeitet. Fodor vertritt die Ansicht, daß es ein separates Sprachmodul gebe, welches den sprachlichen Input als erstes analysiert und diese Analyse erst dann der allgemeinen Kognition übereignet. In ähnlicher Weise übernimmt das Sprachmodul bei der Spracherzeugung die auszudrückenden Absichten und produziert die Sprachäußerungen. Diese Position schließt nicht aus, daß das Sprachmodul darauf ausgelegt sein könnte, Gedanken zu kommunizieren. Es wird jedoch behauptet, daß das Modul nach anderen Prinzipien als die sonstige Kognition arbeitet und derart „verkapselt" ist, daß es durch die allgemeine Kognition nicht beeinflußt werden kann. Es kann nur dadurch mit der allgemeinen Kognition in Austausch treten, daß es seine eigenen Produkte an die allgemeine Kognition weitergibt und daß es die Produkte der allgemeinen Kognition empfängt.

Die Modularitätshypothese erwies sich als eine großformatige Streitfrage auf dem Gebiet von Sprache und Denken, bei der verschiedene Wissenschaftler auf der Pro- oder auf der Contra-Seite stehen. Zwei Forschungsgebiete spielten eine wichtige Rolle bei der Bewertung des Modularitätsansatzes. Das eine betrifft den Spracherwerb. Hier lautet die Frage, ob Sprache nach einzigartigen Lernprinzipien erworben wird oder ob ihr Erwerb dem anderer kognitiver Fähigkeiten gleicht. Das zweite Gebiet ist das Sprachverstehen mit der Frage, ob die zentralen Aspekte der Sprachverarbeitung ohne Einbeziehung irgendwelcher allgemeiner kognitiver Prozesse vonstatten gehen. Wir werden einige dieser Fragen mit Blick auf das Verstehen im nächsten Kapitel beleuchten. Im vorliegenden Kapitel wenden wir uns den Fakten zu, die über den Spracherwerb bekannt sind. Zuerst geben wir einen Überblick über den allgemeinen Verlauf der Sprachentwicklung bei Kindern und kommen dann zur Bedeutung dieser Fakten für die Einzigartigkeit der Sprache.

> Die Modularitätshypothese nimmt an, daß der Erwerb und die Verarbeitung der Sprache unabhängig von anderen kognitiven Systemen erfolgen.

Spracherwerb

Nachdem ich beobachten durfte, wie meine beiden Kinder eine Sprache erlernten, verstehe ich, wie leicht man übersehen kann, um was für eine bemerkenswerte Leistung es sich dabei handelt. Tage und Wochen vergehen ohne auffällige Veränderungen ihrer sprachlichen Fähigkeiten. Fortschritte scheinen sich nur langsam einzustellen. Doch es geschieht etwas Bemerkenswertes. Mit nur geringer und oftmals nicht einmal beabsichtigter Anleitung haben Kinder im Alter von etwa zehn Jahren implizit etwas abgeschlossen, was Generationen von promovierten Linguisten explizit nie erreichen konnten: Sie haben alle wichtigen Regeln einer natürlichen Sprache internalisiert, und es dürfte sich dabei um Tausende solcher Regeln mit ganz subtilen Wechselwirkungen handeln. Kein einziger Linguist konnte zeit seines Lebens eine Grammatik für irgendeine Sprache formulieren, die alle und ausschließlich die grammatischen Sätze identifiziert. Als Kinder internalisieren wir jedoch eine solche Grammatik. Leider ist unser Wissen über die Grammatik unserer Sprache jedoch nicht so beschaffen, daß wir es artikulieren könnten. Es handelt sich um implizites Wissen (siehe Kapitel 7), das wir nur dadurch an den Tag legen können, daß wir die Sprache verwenden.

Der Prozeß des kindlichen Spracherwerbs weist einige charakteristische Merkmale auf, die unabhängig von der jeweiligen Muttersprache zu gelten scheinen (wobei sich die Sprachen der Welt ganz markant unterscheiden): Von Geburt an sind Kinder notorische Geräuschproduzenten. Zunächst ist die Variationsbreite ihrer Laute ziemlich dürftig. Ihre Vokalisationen bestehen fast ausschließlich aus einem „ah"-Laut (wobei sie diesen Laut mit unterschiedlicher Intensität und verschiedenen emotionalen Färbungen produzieren können). In den ersten Lebensmonaten reift der Stimmapparat der Kinder heran, und mit Ende des ersten Jahres haben sie eine Vielzahl sprachlicher Laute artikuliert, darunter auch solche, die in der Sprachgemeinschaft, in der sie aufwachsen, gar nicht verwendet werden. Mit etwa sechs Monaten verändern sich die Äußerungen der Kinder; sie fangen an zu lallen. Beim Lallen werden ganz unterschiedliche Sprachlaute mit interessanten Intonationsmustern hervorgebracht, wobei die Laute aber völlig bedeutungsleer klingen.

Die ersten Worte tauchen mit etwa einem Jahr auf, was bei den Eltern immer große Aufregung verursacht. Die allerersten Worte sind nur für das Ohr der eng vertrauten Eltern oder Betreuungspersonen verständlich, aber dann entwickelt das Kind bald ein beträchtliches Repertoire an Wörtern, die auch für das ungeübte Ohr erkennbar sind und die das Kind wirkungsvoll einsetzt, wenn es etwas will, oder um das, was passiert, zu kommentieren. Die früh gelernten Wörter sind konkret und beziehen sich auf das Hier und Jetzt. Zu den ersten Wörtern meiner Kinder gehörten *Mommy*, *Daddy*, *Rogers* (für Herrn Rogers), *cheese*, *puter* (für Computer), *eat*, *hi*, *bye*, *go* und *hot*. Auf dieser Stufe der Sprachentwicklung fällt auf, daß es sich ausschließlich um Einwort-Äußerungen handelt. Zwar kennen die Kinder mehrere Wörter, aber sie setzen sie nie zu Mehrwort-Äußerungen zusammen. Die Verwendung einzelner Wörter ist auf dieser Entwicklungsstufe sehr komplex. Die Kinder drücken mit einem Einzelwort oft einen ganzen Gedanken aus. Auch überdehnen Kinder den Geltungsbereich ihrer Wörter. So wird etwa das Wort *Hund* (oder *wauwau*) zur Bezeichnung aller behaarten vierbeinigen Tiere verwendet.

Die Einwort-Phase dauert etwa sechs Monate; ihr folgt eine Phase, in der Kinder zwei Wörter aneinanderreihen. Ich erinnere mich noch an unsere Begeisterung als Eltern, als unser Sohn mit achtzehn Monaten seine erste Zweiwort-Äußerung hervorbrachte: *more gee*, womit er „mehr Brie" meinte – er war schon früh eine Käsefachmann. Typische Zweiwort-Äußerungen von Kindern in diesem Alter bestehen aus einem oder aus zwei Wörtern. Sobald sie einmal über zwei Wörter hinausgehen, finden sich viele verschiedene Äußerungslängen; eine entsprechende Dreiwort-Phase gibt es nicht. Die Zweiwort-Äußerungen bringen etwa ein Dutzend semantischer Beziehungen zum Ausdruck, unter anderem die Beziehungen Agent-Handlung (*Opa essen*), Agent-Objekt (*Mammi Strumpf*), Objekt-Handlung (*Apfel essen*), Objekt-Ort (*Mammi da*), Objekt-Attribut (*Hexe krank*), Besitzer-Objekt (*Inge Buch*), Objekt-Negation (*Kaffee nein*) und Negation-Ereignis (*nicht schwimmen*). Die Reihenfolge, in die die Kinder diese Wörter bringen, entspricht meistens einer der Wortstellungen, die in der Erwachsensprache der sprachlichen Umgebung des Kindes korrekt wären.

Auch wenn Kinder die Zweiwort-Phase verlassen und in Sätzen sprechen, die aus drei bis acht Wörtern bestehen, bleiben ihre Äußerungen durch eine besondere Qualität gekennzeichnet, die auch als Telegrammstil bezeichnet wird: Die Kinder sprechen telegrammartig und lassen unwichtige Funktionswörter wie Artikel oder die Kopula *ist* weg. In der frühkindlichen Sprache finden sich selten Äußerungen, die man als wohlgeformte Sätze bezeichnen könnte. Doch nach diesen Einstiegsphasen treten schließlich auch grammatische Sätze auf. Man könnte erwarten, daß Kinder erst bestimmte Arten von Sätzen perfekt zu beherrschen lernen, dann andere Arten richtig zu bilden lernen, und so weiter. Statt dessen sieht es jedoch so aus, daß Kinder mit allen Arten von Sätzen anfangen und alle nicht ganz korrekt bilden. Ihre Sprachentwicklung ist nicht dadurch gekennzeichnet, daß sie immer mehr Arten von Sätzen lernen, sondern daß ihre Sätze sich mit der Zeit immer besser an die Sätze der Erwachsenen annähern.

Außer den fehlenden Wörtern gibt es noch weitere Dimensionen, auf denen die frühe Sprache der Kinder unvollständig ist. Ein klassisches Beispiel sind die Pluralregeln im Englischen. Zu Anfang unterscheiden Kinder nicht zwischen Singular und Plural und verwenden in beiden Fällen die Singularform. Dann lernen sie die Regel, den Plural durch Anhängen von „s" zu bilden, überdehnen die Regel aber auch auf unregelmäßige Pluralbildungen und produzieren beispielsweise *foots* oder sogar *feets* statt *feet* als Plural von *foot*. Nach und nach lernen sie auch die Pluralregeln für unregelmäßige Wörter. Dies setzt sich bis ins Erwachsenenalter fort. Psychologiestudenten müssen beispielsweise lernen, daß der Plural von *Schema Schemata* heißt. (Und viele lernen selbst dann nicht, daß es im Deutschen nicht *ein Antibiotika* oder *die Psychopharmakas* heißt.) Im Deutschen ist die Situation etwas anders, weil es keine durchgängige und vergleichbar einfache Pluralregel (und deshalb auch nicht die Unterscheidung zwischen regelmäßiger und unregelmäßiger Pluralbildung) gibt.

Eine weitere Dimension, auf der Kinder ihre Sprache perfektionieren müssen, betrifft die Wortstellung. Kinder haben bestimmte Schwierigkeiten mit denjenigen Aspekten der Sprache, bei denen Transformationsbewegungen von Ausdrücken aus ihrer üblichen Position in der Phrasenstruktur zur Anwendung kommen. (Wir haben das weiter oben in diesem Kapitel behandelt.) So gibt es beispielsweise eine Phase im Spracherwerb, in der

Kinder bei Fragen im Deutschen das Verb nicht vor das Subjekt plazieren beziehungsweise im Englischen das Hilfsverb *to do* nicht von der Verbalphrase abtrennen:

- Wann Papi kommt?
- What the doggie have?

Selbst später noch, wenn das spontane Sprechen des Kindes wohlgeformt erscheint, treten Fehler beim Verstehen auf, die erkennen lassen, daß noch nicht alle Feinheiten der Sprache beherrscht werden. So fand Chomsky (1970), daß Kinder Schwierigkeiten haben, Sätze wie *John versprach Bill zu gehen* zu verstehen; sie interpretieren das so, daß Bill derjenige ist, der geht. Das Verb *versprechen* verhält sich in dieser Hinsicht ungewöhnlich, verglichen etwa mit Sätzen wie *John befahl Bill zu gehen*, die Kinder richtig interpretieren können.

Mit sechs Jahren beherrschen Kinder den größten Teil ihrer Sprache, obwohl sie weitere Einzelheiten noch bis mindestens ins zehnte Lebensjahr aufgreifen. Bis dahin haben sie Zehntausende von Regularitäten für alle möglichen Spezialfälle und ebenfalls Zehntausende von Wörtern gelernt. Untersuchungen zur Lernrate neuer Wörter haben ergeben, daß Kinder mehr als fünf Wörter pro Tag neu lernen (Carey, 1978; Clark, 1983). Die Beherrschung einer natürlichen Sprache erfordert mehr erworbenes Wissen als irgendeiner der Expertisebereiche, die in Kapitel 9 behandelt wurden. Natürlich wenden Kinder auch enorme Mengen an Zeit für den Prozeß des Spracherwerbs auf: Ohne weiteres kommen 10 000 Stunden zusammen, die mit dem Einüben des Sprechens und des Sprachverstehens verbracht werden, bis das Kind sechs Jahre alt ist.

Kinder nähern sich ihrer Sprache nach und nach an, indem sie immer längere und komplexere Konstruktionen hervorbringen.

Das Problem der Regeln am Beispiel der Vergangenheitsformen

Eine der Kontroversen bei der Untersuchung des Spracherwerbs betrifft die Frage, ob das, was Kinder dabei lernen, als Regeln der Art aufgefaßt werden sollte, wie sie in linguistischen Theorien vorkommen. Wenn ein Deutsch lernendes Kind zum Beispiel anfängt, einen Verbstamm wie *leg-* zum Ausdruck des Imperfekts mit der Endung *-te* zu flektieren, lernt es dann eine Regel oder lernt es lediglich, *leg-* und *-te* miteinander zu assoziieren? Sicherlich kann das jüngere Kind die Regel *Verbstamm + te* nicht explizit angeben, aber das läßt dennoch die Möglichkeit offen, daß es sich um implizites Wissen handeln könnte.

Interessante Anhaltspunkte ergeben sich deshalb im Zusammenhang damit, wie Kinder mit unregelmäßigen Vergangenheitsformen umzugehen lernen – beispielsweise lautet das Imperfekt von *kommen kam*. Die Reihenfolge, in der Kinder die Verbflexion des Imperfekts lernen, entspricht derselben charakteristischen Abfolge, die oben für die englische Pluralbildung von Nomina angesprochen wurde, und zwar im Deutschen wie im Englischen. Zuerst verwenden Kinder unregelmäßige Verben korrekt und sagen *kam*; dann übergeneralisieren sie die Imperfektregel und produzieren *kommte* oder sogar *kamte*; schließlich kehren sie zum richtigen *kam* zurück und bleiben dann auch dabei. Die Existenz dieser Zwischenstufe der Übergeneralisierung wurde als Argument für die Existenz von Regeln verwendet, weil es nicht möglich ist, daß das Kind die Assoziation von -*te* mit dem Stamm *kam* aus seiner unmittelbaren Erfahrung hätte lernen können. Statt dessen muß das Kind, so die Argumentation, eine Regel übergeneralisiert haben, die es zuvor erworben hatte.

Diese konventionelle Interpretation des Erwerbs von Vergangenheitsformen wurde von Rumelhart und McClelland (1986a) scharf angegriffen. Unter Anwendung ihres allgemeinen konnektionistischen PDP-Modells (siehe Kapitel 1) stellten sie fest, daß konnektionistische Netze, die mit Assoziationen trainiert wurden, von sich aus auch Verallgemeinerungen bilden können. Am Beispiel von Abbildung 1.10 und den Jets und den Sharks haben wir besprochen, wie sich solche Generalisierungen ergeben. Die Autoren konstruierten das in Abbildung 11.4 illustrierte konnektionistische Netz, das die Vergangenheitsformen von englischen Verben lernt. Man gibt die Grundform eines Verbs als Input in das Netz (zum Beispiel *come* oder *sing*), und nach Durchlaufen einiger Assoziationsschichten sollte die Vergangenheitsform ausgegeben werden.

Das Modell wurde mit 420 Paaren aus einer Grundform und der jeweils zugehörigen Vergangenheitsform trainiert. Dabei wurde eine übliche konnektionistische Lernregel verwendet. Das Modell spiegelte die bekannte Entwicklungsabfolge der Kinder wider: Erst produzierte es die unregelmäßigen Imperfektformen korrekt, dann trat die Übergeneralisierung auf, und schließlich waren alle Formen korrekt. Das Modell durchlief die Zwischenstufe, in der Vergangenheitsformen wie *singed* (statt *sang*) gebildet werden, weil es

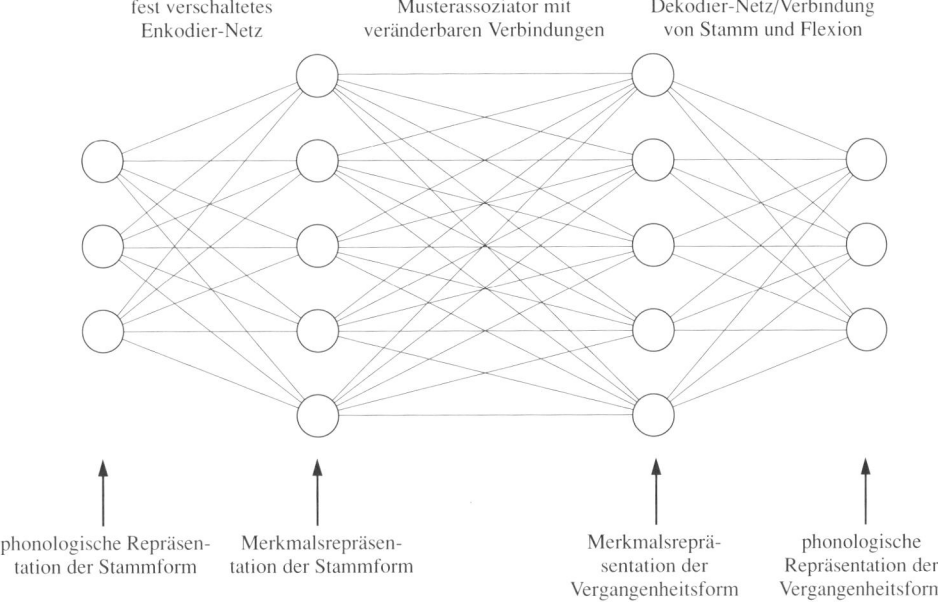

fest verschaltetes
Enkodier-Netz

Musterassoziator mit
veränderbaren Verbindungen

Dekodier-Netz/Verbindung
von Stamm und Flexion

phonologische Repräsen-
tation der Stammform

Merkmalsrepräsen-
tation der Stammform

Merkmalsreprä-
sentation der
Vergangenheitsform

phonologische
Repräsentation der
Vergangenheitsform

Abb. 11.4 Ein Netz für Vergangenheitsformen. Die phonologische Repräsentation der Stammform wird in eine verteilte Merkmalsrepräsentation umgewandelt. Diese wird in die verteilte Merkmalsrepräsentation der Vergangenheitsform konvertiert und auf eine entsprechende phonologische Repräsentation abgebildet (Rumelhart & McClelland, 1986).

Verallgemeinerungen aus den regelmäßigen Imperfektbildungen ableitete. Sobald genügend Übungsdurchgänge absolviert waren, ‚merkte' sich das Modell die Vergangenheitsformen und mußte sie nicht mehr auf dem Wege der Generalisierung erschließen. Rumelhart und McClelland (1986a, S. 267) kamen zu dem Schluß:

> Wir glauben, eine echte Alternative zu der Sichtweise vorgelegt zu haben, daß Kinder die Regeln der englischen Vergangenheitsbildung in einem expliziten Sinn lernen. Wir haben gezeigt, daß eine vernünftige Erklärung für den Erwerb des Imperfekt gegeben werden kann, ohne auf den Begriff einer „Regel" zu rekurrieren, die mehr als eine *Beschreibung* der Sprache darstellt. Wir haben gezeigt, daß in diesem Zusammenhang kein *Induktionsproblem* besteht. Das Kind muß weder herausfinden, wie die Regeln beschaffen sind, noch, daß es überhaupt Regeln gibt.

Diese Behauptungen erzeugten massive Gegenreaktionen von Pinker und Prince (1988). Sie wiesen darauf hin, daß die Fähigkeit, in der ersten Phase die unregelmäßigen Verbformen korrekt zu produzieren, davon abhing, daß Rumelhart und McClelland zu Anfang des Prozesses eine überproportional große Anzahl unregelmäßiger Verben verwendet haben – mehr, als es den Erfahrungen eines Kindes entspricht. Sie zeigten auch einige weitere Kritikpunkte an dem Modell auf, beispielsweise die Tatsache, daß es manchmal Äußerungen produziert, die ein Kind niemals produzieren würde – wie etwa *membled* als Vergangenheitsform von *mail*.

Ein anderer Kritikpunkt hat mit der Frage zu tun, ob es überhaupt möglich ist, Vergangenheitsformen durch den Prozeß der Assoziation zwischen Stammformen und Vergangenheitsformen zu lernen. Es zeigt sich, daß die Art der Flexion eines Verbs nicht nur von seiner Stammform abhängt, sondern auch von seiner Bedeutung. Zum Beispiel hat das Wort *ring* als Verb zwei Bedeutungen – ein Geräusch verursachen (*läuten*) und einkreisen (*umringen*). Obwohl der Stamm derselbe ist, bildet sich die Vergangenheitsform im ersten Fall unregelmäßig – *rang* – und im zweiten Fall regelmäßig – *ringed*. Dies zeigt sich in Sätzen wie:

- He rang the bell.
- They ringed the fort with soldiers.

Dieses Argument läßt sich auch für das Deutsche vorbringen, in dem präfigierte Verben gleicher Stammform bedeutungsabhängig regelmäßig oder unregelmäßig flektiert werden können: Für das intransitive Verb *ringen* heißt das Imperfekt *rang* (*Sie rangen um den Sieg*), beim transitiven *umringen* erfolgt die regelmäßige Bildung durch Anhängen von *-te* (*Sie umringten ihn johlend*).

Es ist nicht eindeutig klar, wie grundlegend diese Einwände sind, und mittlerweile gibt es eine Reihe angemessenerer Ansätze für entsprechende konnektionistische Modelle (zum Beispiel MacWhinney & Leinbach, 1991; Daugherty, MacDonald, Petersen & Seidenberg, 1993); die abschließende Beurteilung steht noch aus. Die Auseinandersetzungen zwischen regelbasierten und assoziativen Erklärungen des Spracherwerbs sind spätestens seit der psychologischen Abspaltung der Kognition vom Behaviorismus virulent. Hier handelt es sich lediglich um das bislang am besten definierte Beispiel.

Konnektionistische Netze können die Generalisierung von Flexionsformen ohne die Speicherung spezifischer Regeln lernen.

Fehlende Rückmeldung

Ein entscheidender Unterschied zwischen dem Erstspracherwerb des Kindes und dem Erlernen vieler anderer Fähigkeiten (wozu auch der typische Erwerb einer Fremdsprache gehört) besteht darin, daß das Kind nur wenig Anleitung erfährt, wenn überhaupt. Die Aufgabe des Kindes ist somit induktiver Art (vgl. die Diskussion in Kapitel 10); es muß den Aufbau der natürlichen Sprache aus den Äußerungen seiner Eltern, anderer Betreuungspersonen und älterer Kinder durch Zuhören erschließen. Nicht nur, daß das Kind keine direkte Unterweisung erhält, es bekommt auch nicht viel Information darüber, was in der natürlichen Sprache als inkorrekte Formen gilt. Viele Eltern korrigieren die Sprache ihrer Kinder überhaupt nicht, und wenn sie es tun, dann scheint das keine besonderen Wirkungen zu zeigen. Man betrachte die folgende, bekannt gewordene Aufnahme einer Interaktion zwischen Mutter und Kind (McNeill, 1966):

Kind:	Nobody don't like me.
Mutter:	No, say „Nobody likes me".
Kind:	Nobody don't like me.
Mutter:	No, say „Nobody likes me".
Kind:	Nobody don't like me.

(Dieser Dialog wiederholt sich achtmal.)

Mutter:	Now listen carefully, say „Nobody likes me".
Kind:	Oh! Nobody don't likeS me.

Das Fehlen negativer Information ist für die Theoretiker des natürlichen Spracherwerbs ein Rätsel. Wir haben gesehen, daß die ersten Äußerungen von Kindern voller Fehler sind. Wenn ihnen ihre Fehler nie rückgemeldet werden, warum geben sie die inkorrekten Sprechweisen dann überhaupt auf und übernehmen die korrekten Formen?

Die gesamte Tatsache, daß kleine Kinder eine derart schwierige Aufgabe so erfolgreich bewältigen, wurde für die Argumentation herangezogen, daß sich der Weg, auf dem wir die Sprache erlernen, in irgendeiner Weise davon unterscheiden muß, wie wir andere kognitive Fähigkeiten erwerben. Dabei wird hervorgehoben, daß Kinder ihre Erstsprache mit Erfolg an einem Punkt ihrer Entwicklung lernen, an dem ihre allgemeinen intellektuellen Fähigkeiten noch recht schwach ausgebildet sind.

Kinder beherrschen ihre Sprache schon sehr früh und nach wenig direkter Unterweisung.

Ein kritischer Zeitabschnitt für den Spracherwerb

Ein verwandtes Argument hängt mit der Behauptung zusammen, daß jüngere Kinder eine Zweitsprache allem Anschein nach schneller erlernen als ältere Kinder oder Erwachsene.

Man nimmt an, daß Kinder eine Sprache am leichtesten innerhalb eines kritischen Zeitabschnitts lernen, der zwischen zwei und elf Jahren liegt. Bis vor kurzem stützte sich die Annahme, daß Kinder Zweitsprachen leichter lernen, auf unsystematische Beobachtungen von Kindern unterschiedlicher Altersgruppen und von Erwachsenen in neuen Sprachgemeinschaften; zum Beispiel wenn Familien aus beruflichen Gründen ins Ausland umziehen oder wenn Immigranten für immer in ein fremdes Land kommen. Von jüngeren Kindern sagt man, daß sie die Fähigkeit, sich in einer neuen Sprache zurechtzufinden, schneller erwerben als ältere Kinder oder Erwachsene. Es gibt jedoch eine Reihe von Unterschieden zwischen Erwachsenen und älteren beziehungsweise jüngeren Kindern im Hinblick darauf, in welchem Ausmaß sie Sprache ausgesetzt sind, in welchen Zusammenhängen sie mit Sprache zu tun haben (ob es beispielsweise um Aktien, Geschichte oder Gameboys geht) und wie groß ihre Lernbereitschaft ist (McLaughlin, 1978; Nida, 1971). In sorgfältig durchgeführten Untersuchungen, bei denen solche Situationen ausgewählt wurden, die eine Kontrolle der angesprochenen Faktoren ermöglichen, zeigte sich eine positive Beziehung zwischen dem Alter der Kinder und der sprachlichen Entwicklung (Ervin-Tripp, 1974). Danach können ältere Kinder (über elf Jahre) schneller lernen als jüngere Kinder.

Aber auch wenn ältere Kinder und Erwachsene eine neue Sprache anfangs schneller lernen als jüngere Kinder, scheinen sie doch nicht dasselbe Beherrschungsniveau erreichen zu können, was die feineren Nuancen der Phonologie und Morphologie betrifft (Lieberman, 1984; Newport, 1986). Zum Beispiel wird die Fähigkeit, eine Fremdsprache ohne Akzent zu sprechen, mit zunehmendem Alter deutlich schlechter (Oyama, 1978). In einer Untersuchung betrachteten Johnson und Newport (1989) den Leistungsstand im Englischen, den Koreaner und Chinesen erreicht hatten, und dies in Abhängigkeit vom Alter, in dem sie in die USA gekommen waren. Alle untersuchten Personen waren seit etwa zehn Jahren in den USA. Abbildung 11.5 zeigt die Beziehung zwischen dem Einreisealter und der Leistung in einem umfassenden englischen Grammatiktest. Man sieht, daß

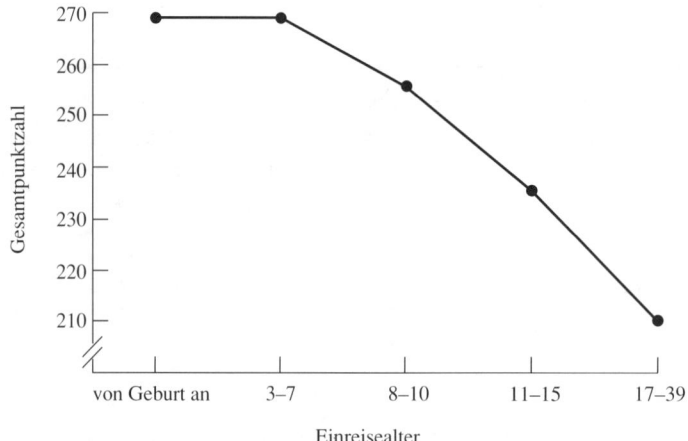

Abb. 11.5 Die Beziehung zwischen Einreisealter in die USA und der Gesamtpunktzahl in dem englischen Grammatiktest (Johnson & Newport, 1989).

der erreichte Leistungsstand bei den Personen niedriger ausfällt, die bei ihrer Einreise in die USA älter als etwa acht bis zehn Jahre waren. Somit trifft es zwar nicht zu, daß die Jüngsten eine Zweitsprache am schnellsten lernen, aber wenn man im jungen Alter anfängt, dann erreicht man den höchsten endgültigen Beherrschungsgrad im Hinblick auf die Feinheiten der Sprache.

Die meisten Untersuchungen zum Einfluß des Erwerbsalters bezogen sich natürlich auf Zweitsprachen. Doch gibt es von Newport und Supalla (1990) eine diesbezüglich interessante Untersuchung zum Erstspracherwerb. Sie befaßten sich mit dem Erwerb der amerikanischen Zeichensprache (ASL); dies ist eine der wenigen Sprachen, die man als Jugendlicher oder auch erst im Erwachsenenalter als Erstsprache erwirbt. Taube Kinder von Eltern, die ihrerseits hörfähig sind und sprechen können, kommen in manchen Fällen erst zu einem späteren Zeitpunkt im Leben mit der Zeichensprache in Kontakt und erwerben in ihren jungen Jahren demzufolge keine Sprache. Lernt man die Zeichensprache erst als Erwachsener, erreicht man nur einen geringeren endgültigen Beherrschungsgrad, als wenn man im Kindesalter anfängt.

Lenneberg (1967) sprach sich dafür aus, ein kritisches Alter für den Sprachwerb anzunehmen; dabei bezog er sich auf Beobachtungen zur Genesung nach dem Verlust der sprachlichen Funktionen infolge einer traumatischen Aphasie. Verletzungen der linken Hirnhemisphäre führen oft zur Aphasie. Kinder, die eine solche Verletzung vor ihrem elften Lebensjahr erleiden, scheinen eine hundertprozentige Chance auf Wiederherstellung ihrer Sprachfunktion zu besitzen. Für ältere Aphasiker beträgt die Genesungswahrscheinlichkeit bestenfalls 60 Prozent.

Etwa ab dem Alter von zehn Jahren verringert sich die Fähigkeit, eine neue Sprache zu lernen oder von einer Aphasie zu genesen.

Sprachliche Universalien

Nach Chomsky (1965; deutsch 1973) liegen dem Spracherwerb besondere angeborene Mechanismen zugrunde. Etwas genauer lautet seine Behauptung: Es gibt dermaßen viele formale Möglichkeiten für eine natürliche Sprache, daß es schlichtweg unmöglich wäre, die Sprache zu lernen – es sei denn, wir verfügten über angeborene Informationen über die möglichen Formen natürlicher Sprachen beim Menschen. Chomskys Behauptung läßt sich durch formale Herleitung beweisen. Diese formale Analyse würde über die Zielsetzung des vorliegenden Buches hinausgehen, weshalb wir uns mit einer Analogie behelfen. Nach Ansicht Chomskys stehen Kinder beim Erlernen einer Sprache dem Problem gegenüber, lediglich aus Beispieläußerungen dieser Sprache ihre Grammatik erschließen zu müssen. Diese Aufgabe gleicht dem Versuch, einen passenden Strumpf (die Sprache) aus einem ganzen Haufen von Strümpfen herauszusuchen. Man kann verschiedene Merkmale des Strumpfes, den man in der Hand hat (die Äußerungen), heranziehen, um festzustellen, ob ein bestimmter Strumpf aus dem Haufen dazu paßt. Läßt man den Strumpfhaufen groß genug und die Strümpfe untereinander ähnlich genug sein, dann wird die Lösung der Aufgabe irgendwann nicht mehr möglich. In ähnlicher Weise gibt es hinreichend viele formal mögliche Grammatiken, die einander hinreichend ähnlich sind, so daß das Lernen jeder beliebigen formalen Sprache unmöglich wird. Da Sprachen jedoch tatsächlich erlernt werden, brauchen wir nach Chomsky spezielles, angeborenes Wissen, mit dessen Hilfe wir die Anzahl möglicher Grammatiken, die wir in Betracht ziehen müssen, wirksam eingrenzen können. Im Bild des Strumpfhaufens hieße das, daß wir schon im Vorhinein wissen, in welchem Teil des Haufens wir suchen müssen.

Nach Chomsky gibt es **sprachliche Universalien**, die die möglichen Merkmale einer natürlichen Sprache und ihrer Grammatik eingrenzen. Er nimmt an, daß Kinder eine natürliche Sprache deshalb erlernen können, weil sie über angeborene Kenntnisse dieser sprachlichen Universalien verfügen. Eine Sprache, die sich nicht an diese Universalien hält, wäre schlicht unlernbar. Das heißt, es gibt hypothetische Sprachen, die kein Mensch jemals lernen könnte. Sprachen, die Menschen lernen können, werden **natürliche Sprachen** genannt. („Lernen können" bezieht sich hier auf den ungesteuerten Spracherwerb im Kindesalter.)

Wie oben schon erwähnt, kann man formal ableiten, daß Chomskys Behauptung zutrifft – das bedeutet, daß es wirklich Einschränkungen für die mögliche Ausformung einer natürlichen Sprache gibt. Die entscheidende Frage ist jedoch, ob diese Einschränkungen irgendwelche sprachspezifischen Wissensstrukturen auf seiten des Kindes widerspiegeln oder ob sie nur Ausdruck allgemeiner kognitiver Einschränkungen sind, die sich bei Lernmechanismen auswirken. Chomsky würde behaupten, daß die Einschränkungen sprachspezifisch bestehen. Gerade diese Annahme wirft ernsthafte Zweifel auf. Als Frage formuliert lautet das Problem: Handelt es sich bei den Einschränkungen, die die Form natürlicher Sprachen betreffen, um sprachliche oder um kognitive Universalien?

Wenn Chomsky von sprachlichen Universalien redet, meint er damit eine Kompetenzgrammatik. Wie erinnerlich, beschäftigt sich eine Analyse der Kompetenz mit einer abstrakten Bestimmung dessen, was ein Sprecher über eine Sprache weiß; im Gegensatz dazu behandelt eine Performanzanalyse, wie ein Sprecher Sprache verwendet. Chomsky geht also davon aus, daß Kinder über angeborene Einschränkungen im Hinblick darauf verfügen, welche Arten von Phrasenstrukturen und Transformationen in einer natürlichen Sprache vorkommen können. Diese behaupteten Universalien sind abstrakte, nicht in der Performanz begründete Konzeptionen; deshalb kann man Chomskys Behauptung nicht einfach dadurch beurteilen, daß man die Details beim Erlernen einer bestimmten Sprache beobachtet. Eine geeignete Strategie besteht vielmehr darin, nach Eigenschaften zu suchen, die auf alle Sprachen beziehungsweise auf den Erwerb aller Sprachen zutreffen. Diese universalen Eigenschaften würden dann die von Chomsky postulierten sprachlichen Universalien widerspiegeln.

Obwohl sich Sprachen sehr stark voneinander unterscheiden können, sind manche Eigenschaften doch eindeutig einheitlich oder beinahe einheitlich ausgeprägt. Beispielsweise bevorzugt, wie wir schon gesehen haben, praktisch keine Sprache eine Satzstellung, die das Subjekt dem Objekt nachordnet. Wie wir jedoch festgestellt haben, scheint es für diese Einschränkung (wie auch für viele andere Einschränkungen sprachlicher Formen) eine kognitive Erklärung zu geben.

Oft erscheinen uns die Übereinstimmungen zwischen Sprachen so selbstverständlich, daß wir nicht merken, daß es auch andere Möglichkeiten geben könnte. Eine dieser

sprachlichen Universalien besteht darin, daß Adjektive in der Nähe des Substantivs auftreten, das sie näher bestimmen. Entsprechend übersetzen wir *Die charmante Frau schlug
den exotischen Mann* ins Französische:

- La femme charmante a frappé l'homme exotique.

Die folgende Wortstellung würden wir dagegen nicht wählen:

- La femme exotique a frappé l'homme charmant.

Eine Sprache, in der sich das Adjektiv, das beim Subjekt steht, auf das Objekt bezieht und
umgekehrt, wäre jedoch logisch durchaus möglich. Freilich wäre solch eine Sprachkon-
struktion im Hinblick auf ihre kognitiven Anforderungen absurd. Sie würde erfordern, daß
sich der Hörer die Adjektive vom Satzanfang bis zum letzten Nomen vergegenwärtigt.
Keine natürliche Sprache weist diese abartige Struktur auf. Falls es überhaupt eines Nach-
weises bedarf: An Hand künstlicher Sprachen konnte ich zeigen (Anderson, 1978b), daß
Erwachsene es nicht fertigbrachten, eine solche Sprache zu lernen. Viele der sprachlichen
Universalien scheinen somit kognitiven Ursprungs zu sein und Chomskys Behauptung
nicht wirklich zu stützen. In den folgenden Abschnitten wenden wir uns Universalien zu,
die eher sprachspezifischer Natur sind.

Es gibt universelle Einschränkungen hinsichtlich der Arten von Sprache, die Menschen erlernen können.

Transformationale Einschränkungen

Es gibt eine Reihe eigentümlicher Einschränkungen für Bewegungstransformationen, mit
deren Hilfe die Existenz sprachlicher Universalien untermauert werden sollte. (Bewegungstransformationen wurden weiter oben eingeführt.) Eine der ausführlicher erörterten
Vorgaben ist die sogenannte *A-über-A-Beschränkung*. Man vergleiche dazu die beiden
folgenden Sätze:

1. Welche Frau traf John, die den Senator kennt?
2. Welchen Senator traf John die Frau, die kennt?

Linguisten würden den ersten Satz für zulässig halten, nicht aber den zweiten Satz. Satz 1
kann durch eine Transformation aus dem nachfolgenden Satz 3 abgeleitet werden. Diese
Transformation bewegt *welche Frau* an den Satzanfang:

3. John traf welche Frau, die den Senator kennt?
4. John traf die Frau, die welchen Senator kennt?

Durch eine ähnliche Transformation, die auf *welchen Senator* in Satz 4 angewandt wird,
läßt sich auch Satz 2 ableiten, aber offenbar kann eine derartige Transformation eine
Nominalphrase wie *welchen Senator* nicht bewegen, wenn sie in eine andere Nominalphrase eingebettet ist. (Im vorliegenden Fall ist *welchen Senator* Teil des Relativsatzes,
der *die Frau* modifiziert, und gehört deshalb zur Objekt-Nominalphrase.) Transformationen können tief eingebettete Nomina dann bewegen, wenn sie nicht Teil von Wendungen
sind, die andere Nomina modifizieren. So sind beispielsweise die zulässigen Sätze 5a und

5b durch Transformation aus den Sätzen 6a beziehungsweise 6b abgeleitet:

5a. Welchen Senator, glaubt Mary, daß Bill sagte, daß John mag?
5b. Welchen Senator, glaubt Mary, sagte Bill, mag John?
6a. Mary glaubt, daß Bill sagte, daß John welchen Senator mag?
6b. Mary glaubt, Bill sagte, John mag welchen Senator?

Es handelt sich in diesem Fall also um eine sehr willkürliche Einschränkung der Transformation, die zur Bildung von Fragen führt, die mit *welche(r/s)* beginnen. Die Transformation kann auf jedes eingebettete Nomen angewandt werden, es sei denn, das Nomen ist Teil einer anderen Nominalphrase. Die Willkürlichkeit dieser Einschränkung läßt es nur schwer vorstellbar erscheinen, daß ein Kind sie jemals herausfinden könnte – sofern sie das Kind nicht ohnehin als sprachliche Universalie kennt. Mit Sicherheit wurde diese sprachbezogene Tatsache dem Kind niemals explizit beigebracht.

Die Existenz solcher Beschränkungen der formalen sprachlichen Möglichkeiten stellt für jede Theorie des Spracherwerbs eine Herausforderung dar. Diese Einschränkungen sind so eigentümlich, daß man sich schwer vorstellen kann, wie ein Kind sie lernen sollte – wenn es nicht von vornherein auf ihre Anwendung besonders vorbereitet wäre.

Bei den Bewegungen von Satzgliedern, die durch Transformationen vorgenommen werden, gibt es recht willkürliche Beschränkungen.

Parametersetzung

Angesichts dieser ganzen Diskussion über sprachliche Universalien könnte man den Eindruck gewinnen, daß Sprachen im Grunde alle gleichartig sind. Weit gefehlt! Auf vielen Dimensionen unterscheiden sich die Sprachen der Welt ganz beträchtlich. Es gibt einige abstrakte Eigenschaften wie die A-über-A-Beschränkung, die allen gemeinsam sein mögen, aber es gibt vor allem viele Eigenschaften, nach denen sie sich unterscheiden. Wir haben schon erwähnt, daß verschiedene Sprachen unterschiedliche Reihenfolgen von Subjekt, Prädikat und Objekt bevorzugen. Außerdem unterscheiden sich Sprachen danach, wie streng die Wortreihenfolge einzuhalten ist. Das Englische ist hier sehr strikt, während man in anderen Sprachen, beispielsweise im Finnischen, seine Sätze mit fast beliebig gewählter Wortreihenfolge bilden darf. Das Deutsche liegt irgendwo dazwischen. Es gibt Sprachen, in denen Verben keine Tempusmarkierungen aufweisen, und Sprachen, in denen die Verben danach markiert sind, ob der Gegenstand, auf den sie sich beziehen, biegsam ist oder nicht.

Ein weiteres Beispiel für Unterschiede, das sich als interessant erwies, besteht darin, daß manche Sprachen wie das Italienische oder das Spanische sogenannte *Pro-drop-Sprachen* sind: In ihnen darf man, wenn man will, das Pronomen (*pro*) wegfallen lassen (*drop*), wenn es in Subjektposition steht. Während wir sagen würden *Ich gehe heute abend ins Kino*, können Italiener sagen *Vado al cinema stasera* und Spanier *Voy al cine esta noche* – in beiden Sprachen beginnen die Sätze direkt mit dem Verb und lassen das Pronomen der ersten Person weg. Es wurde argumentiert, daß Sprachen entlang des Pro-drop-Parameters variieren; und während Kinder bei ihrer Geburt nicht wissen können, ob ihre Sprache das Pronomen weglassen kann oder nicht, können sie aber mit dem Wissen auf die Welt kommen, daß es entweder so oder so sein muß. Das Wissen um die Existenz des Pro-drop-Parameters gehört zu den mutmaßlichen Universalien natürlicher Sprachen.

Es ist nützlich, einen Parameter wie den soeben behandelten in seiner Ausprägung zu kennen, weil damit einige weitere Merkmale determiniert sind. Beispielsweise braucht eine Sprache, die das Pronomen nicht wegläßt, sogenannte Expletiva. Das Deutsche, eine Nicht-pro-drop-Sprache, hat als expletives Pronomen *es*, wenn es in Sätzen wie *Es regnet* oder *Es gibt kein Geld* verwendet wird; im Englischen gibt es *it* (wie in *It is raining*) und *there* (wie in *There is no money*). Diese Sprachen benötigen diese eher bedeutungsleeren Pronomina, da sie definitionsgemäß keine Leerstellen an der Subjektposition aufweisen können. Pro-drop-Sprachen wie Spanisch oder Italienisch haben keine solchen leeren Pronomina, weil sie dort nicht gebraucht werden.

Hyams (1986) vertrat die Ansicht, daß Kinder anfangs jede Sprache, also auch das Englische oder Deutsche, als Pro-drop-Sprache behandeln und das Pronomen nach Belieben weglassen, auch wenn dies nicht der korrekten Erwachsenensprache entspricht. Sie lassen auch expletive Pronomina weg, selbst wenn sie Bestandteil der Erwachsenensprache sind. Wenn die Kinder beim Erlernen einer Sprache, die das Pronomen nicht weglassen kann, damit anfangen, die Expletiva zu verwenden, dann hören sie auch damit auf, die übrigen Pronomina in der Subjektposition dann und wann wegzulassen. Nach Hyams markiert dies den Punkt, an dem die Kinder lernen, daß ihre Sprache keine Pro-drop-Sprache ist.

Es wurde behauptet, daß man einem Großteil der Variabilität zwischen natürlichen Sprachen dadurch gerecht werden kann, daß man um die hundert Parameter (beispielsweise den Pro-drop-Parameter) setzt, und daß das Erlernen einer Sprache zum großen Teil darin besteht, diese Parametersetzungen zu lernen. (Natürlich muß man noch einiges mehr lernen, zum Beispiel einen beträchtlichen Wortschatz.) Dieser Theorieansatz des Spracherwerbs wird als **Parametersetzung** bezeichnet. Er ist noch nicht besonders gut ausgearbeitet und auch ziemlich umstritten. Dennoch liefert er das bislang deutlichste Bild dessen, was es für ein Kind bedeuten könnte, mit angeborenem, sprachspezifischem Wissen auf das Lernen einer Sprache vorbereitet zu sein.

Einer Annahme zufolge gehört es zum Erwerb der Struktur einer Sprache, die Einstellungen von etwa 100 Parametern zu lernen, auf denen natürliche Sprachen variieren.

Die Einzigartigkeit der Sprache: eine Zusammenfassung

Im Hinblick auf die Frage, ob Sprache wirklich ein von anderen kognitiven Fähigkeiten grundlegend verschiedenes System ist, muß man fairerweise sagen, daß die abschließende Beurteilung noch aussteht. Der Status der Sprache ist ein wichtiges Problem für die Kognitive Psychologie. Das Problem wird nur durch empirische und theoretische Anstrengungen zu lösen sein, die detaillierter vorgehen als die in diesem Kapitel behandelten

Vorstellungen; diese dienten dazu, den kontextuellen Rahmen für solche Untersuchungen zu definieren. Das folgende Kapitel gibt einen Überblick über unseren derzeitigen Wissensstand bezüglich der Details beim Sprachverstehen. Sorgfältige experimentelle Forschungen zu diesen Themen werden die Frage nach der Einzigartigkeit der Sprache letztlich zu lösen wissen.

Anmerkungen und Literaturhinweise

Es gibt eine Reihe von Einführungen in die Linguistik, etwa Akmajian, Demers und Harnish (1984), Radford (1988) sowie Sells (1985). Wasow (1989) gibt eine kurze Übersicht über alternative linguistische Theorien. Noam Chomsky ist seit vier Jahrzehnten ein äußerst einflußreicher Linguist. Seine frühen Arbeiten sind in den Büchern von 1957 (deutsch 1973) und 1965 (deutsch 1973) enthalten. Seine neueren Vorstellungen werden in den Büchern aus den Jahren 1980 (deutsch 1981), 1981 und 1986 beschrieben. Es gibt einige Lehrbücher zur Sprachpsychologie, die sich zuweilen auch Psycholinguistik nennt. Zwei Klassiker auf diesem Gebiet sind Clark und Clark (1977) sowie Fodor, Bever und Garrett (1974). Zu den aktuelleren Büchern gehören Gernsbacher (1993), Gleason und Ratner (1993), Osherson und Lasnik (1990), Singer (1990) sowie Taylor und Taylor (1990).

Roger Brown hat sich intensiv mit der Erforschung des Spracherwerbs beim Kind befaßt; vieles steht in seinem Buch von 1973. Weiterhin wird der Erstspracherwerb in deVilliers und deVilliers (1978) sowie in Maratsos (1983) behandelt. McLaughlin (1978) gibt einen Überblick zum Zweitspracherwerb. Unter der Herausgeberschaft von MacWhinney (1987) werden ganz unterschiedliche Sichtweisen auf das Wesen des Spracherwerbs beschrieben. Wexler und Culicover (1980) versuchen, eine Theorie des Spracherwerbs zu entwickeln, die auf einer Menge sprachspezifischer Annahmen aufbaut. Pinker (1984) enthält eine andere sprachspezifische Theorie des Spracherwerbs. In Roeper und Williams (1987) finden sich mehrere Beiträge zum Ansatz der Parametereinstellung beim Spracherwerb. Anderson (1983) entwickelt ein Modell des Sprachlernens, das auf allgemeinen Lernprinzipien aufbaut.

Ein detailliertes deutschsprachiges Handbuch für linguistische Begriffe und Fragestellungen ist das *Lexikon der germanistischen Linguistik* von Althaus, Henne und Wiegand (1980). Hörmanns Einführung in die *Psychologie der Sprache* (1977) gibt eine umfassende Darstellung des traditionellen Problembereichs, in der auch die geisteswissenschaftlichen Bedingtheiten sprachpsychologischer Konzeptionen erklärt und beschrieben werden. Frühe Experimente zur psychischen Realität der verschiedenen linguistischen Vorstellungen über die Sprache werden in Engelkamp (1974) dargestellt. Eine aktuelle Einführung in die Psychologie der Sprachproduktion geben Herrmann und Grabowski (1994). Viele Phänomene an der Schnittstelle von Sprache und Kognition werden in dem von Kornadt, Grabowski und Mangold-Allwinn (1994) herausgegebenen Band diskutiert; der darin enthaltene Aufsatz von Velichkovsky bezieht sich kritisch auf die Modularitätsannahme. Konnektionistische Vorstellungen zur Sprachproduktion behandelt Schade (1992). Einführungen in die Sprachentwicklungspsychologie liegen unter anderem von Szagun (1995) und Schönpflug (1977) vor.

12. Sprachverstehen

Ein beliebtes Element in Science-fiction-Filmen ist der Computer oder Roboter, der sprechen und verstehen kann – sei er böse, wie HAL in *2001 – Odyssee im Weltraum*, oder gut, wie C3PO in *Krieg der Sterne*. Forscher im Bereich der Künstlichen Intelligenz haben versucht, Computer zu entwickeln, die Sprache produzieren und verstehen können. Es gab durchaus Fortschritte, doch macht der derzeitige Forschungsstand im Bereich der Sprache deutlich, daß es sich bei der Erfindung einer sprachverarbeitenden Maschine, so sie denn gelingen sollte, um eine denkwürdige Errungenschaft handeln würde. Der erfolgreiche Umgang mit Sprache beruht auf einem enormen Ausmaß an Wissen und Intelligenz. In diesem Kapitel geht es um die Sprachverwendung und insbesondere um das Sprachverstehen (im Unterschied zur Sprachproduktion). Dieser Schwerpunkt wurde nach dem Kriterium gewählt, dort zu suchen, wo die Laterne hängt – über das Sprachverstehen ist mehr bekannt als über die Spracherzeugung.

Wir werden Aspekte des Sprachverstehens behandeln, die sowohl beim Hören als auch beim Lesen beteiligt sind. Oft wird der Prozeß des Zuhörens als der grundlegendere von beiden angesehen. Doch sieht es so aus, als spielten vielfach dieselben Faktoren beim Hören wie auch beim Lesen eine Rolle. Die Wahl des Forschers, mit schriftlichem oder mündlichem Material zu arbeiten, ist eher durch Überlegungen zur experimentellen Handhabbarkeit bestimmt. In der überwiegenden Zahl der Fälle ging diese Wahl zugunsten des Lesens aus.

Das Verstehen kann man in drei Stufen gliedern. Die erste Stufe umfaßt die wahrnehmungsbezogenen Prozesse, durch die die akustische oder geschriebene Mitteilung zunächst enkodiert wird. Auf der zweiten Stufe erfolgt die syntaktische und semantische Analyse, das **Parsing**. Darunter versteht man den Prozeß, durch den die Wörter einer Mitteilung in eine mentale Repräsentation überführt werden, die die zusammengesetzte Bedeutung der Wörter darstellt. Auf der dritten Stufe, der **Verwendung**, machen die Hörer beziehungsweise Leser von dieser mentalen Repräsentation der Satzbedeutung Gebrauch. Stellt der Satz eine Behauptung auf, dann speichern die Hörer seine Bedeutung vielleicht nur im Gedächtnis; handelt es sich um eine Frage, so werden sie antworten; ist es eine Anweisung, so folgen sie ihr (vielleicht). Doch sind Hörer nicht immer so willfährig. Sie können eine Aussage über das Wetter auch für eine Schlußfolgerung über die Persönlichkeit des Sprechers heranziehen, sie können eine Frage mit einer Gegenfrage beantworten, oder sie tun gerade das Gegenteil von dem, was der Sprecher gern hätte. Diese drei Stufen – Wahrnehmung, Parsing und Verwendung – sind notwendigerweise zumindest zum Teil zeitlich geordnet; sie können sich jedoch auch überschneiden. Hörer können etwa aus dem ersten Teil eines Satzes etwas folgern, während sie einen weiteren Teil bereits wahrnehmen. Das vorliegende Kapitel konzentriert sich auf die beiden höheren Prozesse – das Parsing und die Verwendung. Die Stufe der Wahrnehmung wurde in Kapitel 2 bereits besprochen.

> Am Sprachverstehen ist eine wahrnehmungsbezogene Stufe beteiligt, an die sich die Stufe der syntaktischen und semantischen Analyse, das Parsing, anschließt, auf die wiederum eine Stufe der Verwendung folgt.

Das Parsing

Satzmuster

Sprache ist nach einer Reihe von Regeln aufgebaut, die uns angeben, wie man von einer bestimmten Wortkette zu einer Interpretation der Bedeutung dieser Wortkette gelangt. Beispielsweise wissen wir, wenn wir im Deutschen eine Wortfolge der Form *Ein Nomen Verb ein Nomen* hören, daß der Sprecher meint, eine Instanzierung des ersten Nomens stehe in der durch das Verb spezifizierten Relation zu einer Instanzierung des zweiten Nomens. (*Instanzierung* bedeutet die Konkretisierung einer Kategorie durch Einsetzen eines aktuellen Exemplars, also hier eines Wortes, das zur Klasse der Nomina gehört.) Weist der Satz hingegen die Form *Ein Nomen wurde von einem Nomen geverbt* auf, meint der Sprecher, daß eine Instanzierung des zweiten Nomens in der spezifizierten Relation zum ersten Nomen steht. Somit erlaubt uns unser Wissen über die Struktur des Deutschen, uns des Unterschieds zwischen *Ein Arzt kitzelte ein Kind* und *Ein Arzt wurde von einem Kind gekitzelt* bewußt zu werden.

Beim Erlernen des Sprachverstehens erwerben wir eine große Anzahl von Regeln, die die verschiedenen sprachlichen Muster der jeweiligen Sprache enkodieren und diese Muster mit bedeutungshaltigen Interpretationen verbinden. Doch kann man nicht für jedes mögliche Satzmuster eine Regel lernen; Sätze können sehr lang und komplex sein. Es bedürfte einer sehr großen (wahrscheinlich unendlich großen) Anzahl von Mustern, um alle denkbaren Satzformen zu enkodieren.

Auch wenn wir also nicht gelernt haben, alle möglichen Muster kompletter Sätze zu interpretieren, so haben wir doch die Fähigkeit erworben, Teilmuster dieser Sätze, sogenannte Phrasen, zu interpretieren und die Interpretationen dieser Teilmuster zu kombinieren beziehungsweise zu verketten.

Abbildung 12.1 zeigt die Phrasenstruktur eines Beispielsatzes. Die erste Ebene der Phrasenstruktur spiegelt die Tatsache wider, daß der Satz aus der Verbindung zweier Sätze besteht. Dieser Ebene der Phrasenstruktur entsprechend, muß es eine Interpretationsregel geben, die besagt, daß die Bedeutungen der beiden Sätze zusammenzufügen sind. Der vordere Satz ist als transitive Struktur der Art NP VP NP zu interpretieren, der hintere Satz weist eine intransitive Struktur NP VP auf, und wir wissen, wie jedes dieser Muster zu interpretieren ist; dabei steht NP für Nominalphrase und VP für Verbalphrase. Die NPs und VPs werden also an Hand unterschiedlicher Muster interpretiert. Im einen Fall besteht ein Teil der Interpretation einer NP (das große Mädchen mit den autoritären Neigungen) in einer eingebetteten NP (den autoritären Neigungen).

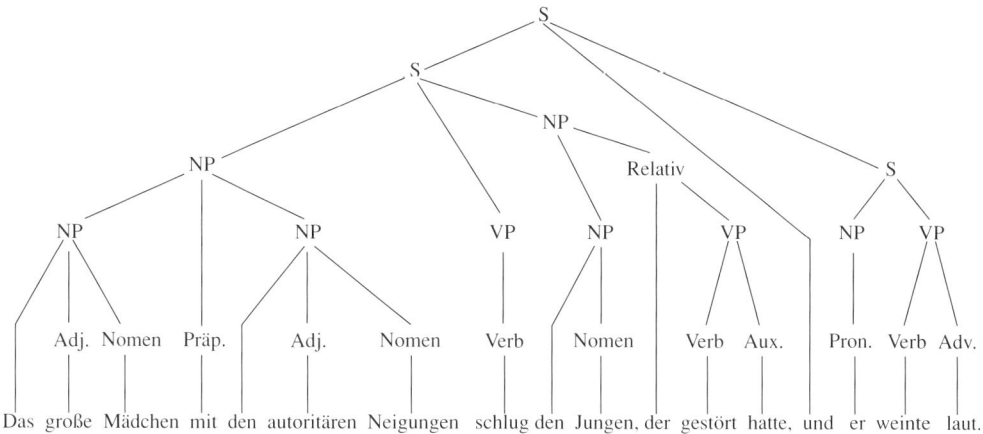

Abb. 12.1 Die Darstellung der Phrasenstruktur eines Satzes, die die Verkettung der Satzmuster zeigt.

Diese Teilmuster entsprechen den grundlegenden Phrasen oder Einheiten in der Struktur eines Satzes. Solche Einheiten nennt man **Konstituenten**. Im vorangegangenen Kapitel haben wir Anhaltspunkte für die psychische Realität einer derartigen Phrasenstruktur bei der Spracherzeugung diskutiert. Im folgenden besprechen wir nun einige Belege für die psychische Realität dieser Konstituentenstruktur beim Sprachverstehen.

Wir verstehen Sprache, indem wir die Bedeutung einzelner Phrasen verstehen und diese Phrasenbedeutungen zu einer Repräsentation der Bedeutung des gesamten Satzes verketten.

Die psychische Realität der Konstituentenstruktur

Im vorigen Abschnitt wurde angeführt, daß Sätze einer Sprache aus Verkettungen von Mustern von Konstituenten bestehen. Daraus stünde zu erwarten, daß ein Satz um so leichter verständlich ist, je deutlicher seine Konstituentenstruktur identifiziert werden kann. Graf und Torrey (1966) gaben ihren Probanden Sätze Zeile für Zeile vor. Dabei konnten die Abschnitte entweder in Form A präsentiert werden, in der jede Zeile mit einer Hauptgrenze zwischen Konstituenten übereinstimmt, oder in Form B, in der die Zeilen nicht den Konstituenten entsprechen. Hier sind Beispiele für die beiden Arten der Gestaltung eines Abschnitts:

Form A	**Form B**
Im zweiten Weltkrieg	Im Zweiten
verfolgten die Nationen	Weltkrieg verfolgten die
sogar skurrile Pläne	Nationen sogar skurrile
wenn sie nur hoffen ließen	Pläne wenn sie nur hoffen
daß der Krieg bald endet.	ließen daß der Krieg bald endet.

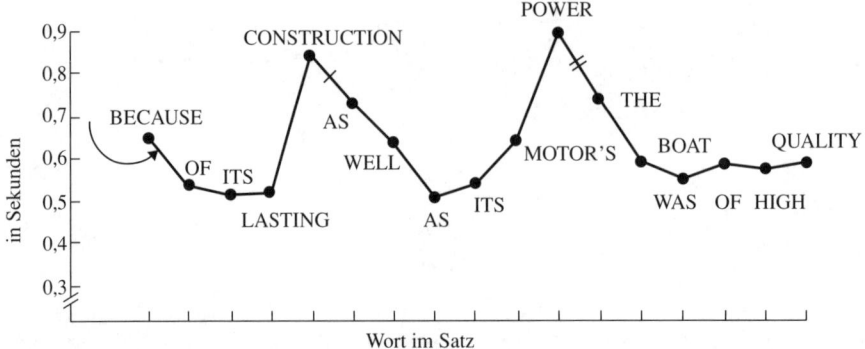

Abb. 12.2   Wort-für-Wort-Lesezeiten für einen Beispielsatz. Die Strichmarkierungen in der Verlaufskurve weisen auf Pausen zwischen Phrasenstrukturen hin (aus Aaronson & Scarborough, 1977).

Die Probanden zeigten bessere Verständnisleistungen bei den Abschnitten der Form A. Dieser Befund verdeutlicht, daß die Identifikation der Konstituentenstruktur für die syntaktische und semantische Analyse eines Satzes wichtig ist.

Wenn man solche Abschnitte liest, macht man an den Grenzen zwischen Satzteilen ganz instinktiv Pausen. Aaronson und Scarborough (1977) ließen ihre Probanden Sätze lesen, die Wort für Wort auf einem Computerbildschirm dargeboten wurden. Die Leser sollten immer, wenn sie das nächste Wort lesen wollten, einen Knopf drücken. Abbildung 12.2 illustriert das Verlaufsmuster der Lesezeiten für einen Satz, der im Hinblick auf eine spätere Wiedergabe gelesen werden sollte. Man beachte die U-förmigen Teilverläufe mit verlängerten Pausen an den Phrasengrenzen. Anscheinend benötigen die Probanden bei der Vervollständigung jeder Hauptphrase Zeit für ihre Verarbeitung.

Hat man eine Konstituente oder Phrase verarbeitet, dann muß man sich im weiteren nicht mehr auf den exakten Wortlaut dieser Konstituente beziehen, weil es sich bei Konstituenten um natürliche Bedeutungseinheiten handelt und die Interpretation der Wörter am Ende der Konstituente abgeschlossen werden kann. Daher würde man vorhersagen, daß Leser den exakten Wortlaut einer Konstituente schlechter erinnern können, wenn sie bereits analysiert wurde und das Parsing der nächsten Konstituente begonnen hat. Ein Experiment von Jarvella (1971) bestätigt diese Vorhersage. Er las seinen Versuchsteilnehmern Textabschnitte vor, die an verschiedenen Stellen unterbrochen wurden. Bei jeder Unterbrechung sollten die Probanden alles aufschreiben, was sie sich vom jeweiligen Textabschnitt hatten merken können. Ausgewertet wurden Abschnitte, die, wie im folgenden (übersetzten) Beispiel, mit 13 Wörtern endeten:

1	2	3	4	5	6
Weil	er	die	Anklage	nicht	entkräftete,

7	8	9	10	11	12	13
erhielt	Taylor	seine	Entlassung	durch	den	Präsidenten.

Nachdem die Probanden das letzte Wort gehört hatten, wurde ihnen das erste Wort des Satzes vorgegeben, und sie sollten die restlichen Wörter wiedergeben. Jeder Satz bestand

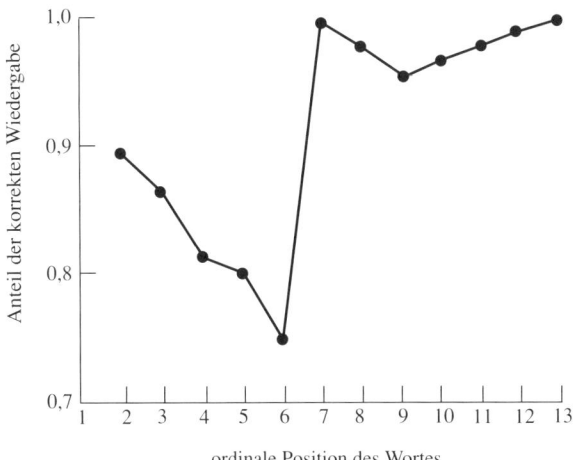

Abb. 12.3 Die Wahrscheinlichkeit für die Wiedergabe eines Wortes als Funktion seiner Position innerhalb der letzten zwölf Wörter eines Abschnitts (nach Jarvella, 1971).

aus einem Nebensatz mit sechs Wörtern, dem ein Hauptsatz mit sieben Wörtern folgte. In Abbildung 12.3 sind die Wiedergabewahrscheinlichkeiten für jedes der zwölf Wörter im Satz abgetragen. (Das erste Wort, das ja vorgegeben wurde, ist also nicht mehr enthalten.) Man beachte den steilen Anstieg der Wiedergabefunktion beim siebten Wort, dem ersten Wort des Hauptsatzes. Diese Daten zeigen, daß die besten Erinnerungsleistungen bei der letzten Hauptkonstituenten auftreten; der Befund stimmt mit der Hypothese überein, daß die Hörer nur für die letzte Konstituente über eine Repräsentation des Wortlauts verfügen.

Weitere Belege für die Verwendung der Konstituentenstruktur führt ein Experiment von Caplan (1972) vor, wobei in dieser Untersuchung jedoch ein Reaktionszeitverfahren zur Anwendung kam. Den Teilnehmern wurde akustisch zuerst ein Satz und dann ein Testwort gegeben; dann sollten sie so schnell wie möglich angeben, ob das Testwort im Satz vorgekommen war. Caplan verglich Satzpaare der folgenden Art:

1. Now that artists are working fewer hours oil prints are rare.
2. Now that artists are working in oil prints are rare.

Bei diesem Beispiel gilt das Interesse der Frage, wie schnell die Hörer das Wort *oil* in diesen beiden Sätzen erkennen, nachdem es am Ende der Sätze als Testwort vorgegeben wurde. Die Sätze waren ganz geschickt konstruiert, so daß das Wort *oil* in beiden Sätzen an viertletzter Position stand und danach dieselben Wörter vorkamen. Tatsächlich hatte Caplan die Tonaufnahmen der Sätze, die den Probanden vorgespielt wurden, so geschnitten, daß in beiden Sätzen die identische Aufnahme dieser vier letzten Wörter zu hören war. Ist Satz 1 gehört *oil* jedoch zur letzten Konstituente – *oil prints are rare* –, während es in Satz 2 Teil der ersten Konstituente ist – *now that artists are working in oil*. Caplan sagte vorher, daß die Probanden das Testwort *oil* in Satz 1 schneller erkennen würden, weil die Repräsentation dieser Konstituente im Gedächtnis noch aktiv sei. Erwartungsgemäß wurde das Testwort schneller erkannt, wenn es zur letzten Konstituente des Satzes gehörte.

> Menschen verarbeiten die Bedeutung eines Satzes Phrase für Phrase und halten den Zugriff auf die exakte Phrasenformulierung nur aufrecht, solange sie ihre Bedeutung verarbeiten.

Unmittelbare Interpretation

Ein wichtiges Prinzip, das bei Untersuchungen zur Sprachverarbeitung erkennbar wird, ist das Prinzip der **unmittelbaren Interpretation**. Es besagt im wesentlichen, daß Menschen sofort beim Auftreten eines Wortes versuchen, soviel Bedeutung wie möglich zu extrahieren, und daß sie nicht bis zum Satzende oder zumindest bis zum Phrasenende warten, bevor sie sich über die Interpretation eines Wortes schlüssig werden. Beispielsweise untersuchten Just und Carpenter (1980) die Augenbewegungen beim Lesen eines Satzes. Üblicherweise wird beim Lesens eines Satzes fast jedes einzelne Wort fixiert. Die Autoren fanden heraus, daß die Zeit, die die Leser für die Fixation eines Wortes aufwenden, sich im Prinzip proportional zum Informationsgehalt des jeweiligen Wortes verhält. Enthält ein Satz also ein ziemlich wenig vertrautes oder überraschendes Wort, dann halten die Augenbewegungen bei diesem Wort inne. Längere Pausen ergeben sich auch am Ende der Phrase, zu der dieses Wort gehört. Abbildung 12.4 zeigt die Fixationszeiten eines Studenten von Just und Carpenter beim Lesen eines wissenschaftlichen Textabschnitts. Blickfixationen innerhalb jedes Satzes sind über der Stelle angegeben, an der sie jeweils auftraten. Die Blickfolge verläuft zeilenweise von links nach rechts, mit Ausnahme der drei Fixationen über den Wörtern *engine contains*; dort ist die Blickfolge angegeben. Man beachte, daß unwichtige Funktionswörter wie *the* und *to* übersprungen werden können oder relativ kurze Verarbeitung erfahren. Andererseits beachte man wieviel Zeit für das Wort *flywheels* (*Schwungräder*) aufgewendet wurde. Der Proband wartet hier nicht bis zum Ende des Satzes, um über das Wort nachzudenken. Weiterhin ist die Zeit für das sehr informative Adjektiv *mechanical* interessant – der Proband wartet nicht bis zum Ende der Nominalphrase, um über dieses Wort nachzudenken.

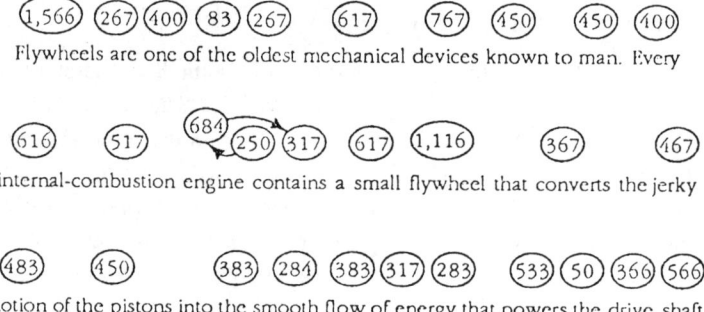

Abb. 12.4 Fixationszeiten eines studentischen Lesers für die Wörter der beiden Anfangssätze eines technischen Artikels über Schwungräder. Die Zeiten sind über dem jeweils fixierten Wort in Millisekunden angegeben. Die Blickbewegungen dieses Lesers folgten den Sätzen von links nach rechts, mit Ausnahme eines Rücksprungs zu einer vorangegangenen Stelle im Text (nach Just & Carpenter, 1980).

Just und Carpenter (1987, 1992) schlugen ein Modell von Produktionsregeln vor, in dem angenommen wird, daß jedes Wort eine oder mehrere Produktionsregeln aufruft, mit denen die maximale Information aus dem Wort gezogen wird. Diese Produktionsregeln wären nach den Prinzipien der Phrasenstruktur organisiert, doch würden sie ein System in die Lage versetzen, aus einem Wort soviel wie möglich herauszuholen, bevor das Ende der Phrase erreicht ist. Das Modell umfaßt Produktionsregeln der folgenden Art, mit denen Nominalphrasen wie *der böse Ministerpräsident* zergliedert und analysiert werden:

Wenn das aktuelle Wort ein Bestimmungswort ist,
Dann stelle dich auf die Verarbeitung einer Objektbeschreibung ein.

Wenn eine Objektbeschreibung verarbeitet wird,
     und das aktuelle Wort ist ein Adjektiv,
Dann füge die Bedeutung des Adjektivs zur Objektbeschreibung hinzu.

Wenn eine Objektbeschreibung verarbeitet wird,
     und das aktuelle Wort ist ein Nomen,
Dann füge die Bedeutung des Nomens zur Objektbeschreibung hinzu
     und integriere die Bedeutung des Nomens in die umfassendere
     Äußerung.

Jede Produktion baut die Bedeutung jedes einzelnen Wortes in die sich herausbildende Interpretation der Nominalphrase ein.

Diese Unmittelbarkeit der Interpretation heißt auch, daß wir anfangen, dem Satz eine Interpretation zuzuweisen, bevor wir auf das Hauptverb gestoßen sind. Diese Erfahrung trifft mit Sicherheit auf Sprecher von Sprachen wie dem Deutschen zu, in denen das Verb oft in Endposition steht. Sie entspricht auch der Erfahrung im Englischen, was die seltenen Konstruktionen betrifft, in denen das Verb im Satz ganz hinten steht. Was geschieht bei der Verarbeitung des folgenden Satzes?

- Es war der Präsident, den der Terrorist aus dem Mittleren Osten erschoß.

Bevor wir bei *erschoß* ankommen, haben wir in Teilen bereits ein Modell darüber aufgebaut, was sich zwischen dem Präsidenten und dem Terroristen zugetragen haben mag.

Wenn Menschen einen Satz an der Stelle jedes gehörten oder gelesenen Wortes verarbeiten, wie paßt das zu den zuvor behandelten Befunden, bei denen sich doch die Phrasenstrukturgrenzen als besonders wichtig erwiesen haben? Diese Befunde bringen lediglich die Tatsache zum Ausdruck, daß die Bedeutung eines Satzes an Hand seiner Phrasenstruktur definiert ist; selbst wenn man als Hörer versucht, alles irgend Mögliche aus einem Wort herauszuziehen, so bleibt doch einiges, das man erst am Ende einer Phrase in den richtigen Zusammenhang bringen kann. Demzufolge halten Menschen an einer Phrasengrenze inne, weil ein Teil der Information nicht verarbeitet werden kann, bevor die Phrase vollständig vorliegt. Sie müssen eine Repräsentation der aktuellen Phrase im Gedächtnis zur Verfügung halten, weil ihre Interpretation der Phrase unzutreffend sein könnte und sie gegebenenfalls den Anfang der Phrase anders interpretieren müssen. Experimentelle Manipulationen wie die von Graf und Torrey sind wichtig, weil sie dem Leser das Ende einer Phrase auf der Ebene der Wahrnehmung signalisieren. Just und Carpenter fanden in ihrer Untersuchung der Lesezeiten, daß die Probanden am Ende jeder Phrase Zeit aufwenden, um die Bedeutung, die mit der Phrase vermittelt wird, abschließend zu integrieren und sozusagen unter Dach und Fach zu bringen. Ähnliche Integrationszeiten sind in dem in Abbildung 12.2 dargestellten Muster des Leseverlaufs erkennbar.

> Bei der Verarbeitung eines Satzes versuchen wir, aus jedem Wort soviel Information wie möglich zu extrahieren, und wenden am Ende jeder Phrase zusätzliche Integrationszeit auf.

Die Verwendung syntaktischer Hinweise

Die zentrale Aufgabe bei der Analyse eines Satzes besteht in der Kombination der Bedeutungen der einzelnen Wörter, um zu einer Bedeutung für den gesamten Satz zu gelangen. Es gibt zwei Hauptinformationsquellen, die uns bei dieser Aufgabe leiten können. Eine davon ist die Wortreihenfolge. So bestehen die beiden folgenden Sätze zwar aus denselben Wörtern, haben aber ganz verschiedene Bedeutung:

- Die Katze biß die Maus.
- Die Maus biß die Katze.

Ein weiterer Schlüssel zur Satzbedeutung ergibt sich aus der Verwendung von Funktionswörtern, beispielsweise von Artikeln und Relativpronomina. Diese sind für das Parsing wichtig, weil sie die verschiedenen Konstituententypen – Nominalphrase oder Relativsatz – anzeigen. Man betrachte im Englischen das folgende Satztripel:

1. The boy whom the girl liked was sick.
2. The boy the girl liked was sick.
3. The boy the girl and the dog were sick.

Die Sätze 1 und 2 sind äquivalent, mit Ausnahme der Tatsache, daß das Relativpronomen *whom* in Satz 2 getilgt wurde. So fällt Satz 2 kürzer aus, dies jedoch auf Kosten eines Hinweises, wie der Satz zu analysieren ist. An der Stelle nach *The boy the girl* ist noch offen, ob es sich um einen Relativsatz wie in Satz 2 oder um eine Konjunktion wie in Satz 3 handelt.* Wenn es zutrifft, daß Funktionswörter wie *whom* als Hinweis auf die angemessene Analyse des Satzes verwendet werden, dann sollten Konstruktionen wie in Satz 2 schwieriger zu analysieren sein als Konstruktionen vom in Satz 1 illustrierten Typ.

Hakes und Foss (1970; Hakes, 1972) überprüften diese Hypothese unter Verwendung einer Aufgabe zur Phonemüberwachung. Sie benutzten zweifach eingebettete Sätze der folgenden Art:

---

* Die Bildung verkürzter Nebensätze durch Auslassung von Pronomina ist auch im Deutschen möglich – jedoch bei anderen syntaktisch-semantischen Relationen zwischen Haupt- und Nebensatz als im englischen Beispiel. Die entscheidenden Merkmale dieser Beispielsätze könnten im Deutschen beispielsweise durch folgendes Satztripel repliziert werden: 1. Der Mann, der die Frau liebte, wurde krank. 2. Der Mann, die Frau liebend, wurde krank. 3. Der Mann, die Frau und der Hund wurden krank. Eine Konstruktion wie in Satz 2 ist im Deutschen jedoch eher ungewöhnlich und wäre auch nicht äquivalent zu Satz 1, sondern würde als *Der Mann wurde krank, während* oder *indem er die Frau liebte* interpretiert werden. [Anmerkung der Übersetzers]

4. The zebra which the lion that the gorilla chased killed was running.

5. The zebra the lion the gorilla chased killed was running.

In Satz 5 fehlen die Relativpronomina; er wird dadurch leicht mit Sätzen verwechselt, deren Struktur eine Aneinanderreihung von Nomina (*the zebra, the lion, the gorilla and ...*) aufweist. Die Versuchsteilnehmer sollten zwei Aufgaben gleichzeitig ausführen. Zum einen sollten sie den Satz verstehen und paraphrasieren. Die zweite Aufgabe bestand darin, ein bestimmtes Phonem (beziehungsweise dessen lautliche Instanzierung) heraus-zuhören – in diesem Fall ein [g] (in *gorilla*). Hakes und Foss vermuteten, daß die Proban-den um so mehr Zeit für die Entdeckung des Ziellautes benötigen würden, je schwieriger ein Satz zu verstehen ist; die Aufgabe, den Satz zu verstehen, würde ihnen für die Pho-nemüberwachung weniger Aufmerksamkeit übrig lassen. Diese Annahme bestätigte sich; die Teilnehmer brauchten für die Angabe, ein [g] gehört zu haben, länger, wenn ihnen Sätze der Form 5 vorgespielt wurden, in denen die Relativpronomina fehlten.

Der dominante syntaktische Hinweis im Englischen ist die Wortreihenfolge. Eine Per-son, die im Satz vor einem Handlungsverb auftritt, ist für gewöhnlich der Akteur der Handlung. Andere Sprachen, darunter das Deutsche, verlassen sich weniger auf die Wort-reihenfolge und verwenden statt dessen Flexionsformen, die die semantischen Rollen der Wörter angeben. (Im Deutschen werden beispielsweise Nominativ, Dativ und Akkusativ flexionsmorphologisch markiert zugunsten einer freieren Reihenfolge der Wörter im Satz.) In einigen englischen Pronomina zeigt sich ein kleines Überbleibsel eines derarti-gen Flexionssystems. Zum Beispiel zeigen *he* versus *him*, *I* versus *me* etc. den Akteur gegenüber dem Objekt an. McDonald (1984) verglich das flexionsarme Englische mit dem flexionsreicheren Deutschen. Sie ließ ihre englischen Versuchsteilnehmer Sätze der folgenden Art interpretieren:

6. Him kicked the girl.

7. The girl kicked he.

Aus der Wortreihenfolge ergibt sich ein Anhaltspunkt für eine Art der Interpretation, während die Flexionsform für eine andere Art der Interpretation spricht. Probanden, deren Muttersprache Englisch ist, halten sich an die Wortreihenfolge und interpretieren in Satz 6 *him* als den Akteur und *the girl* als Objekt (im Sinne von *Er trat das Mädchen*). Deutsche Muttersprachler machen es bei der Beurteilung vergleichbarer deutscher Sätze gerade umgekehrt. Interessanterweise neigen zweisprachige Personen dazu, die englischen Sätze eher wie deutsche Sätze zu interpretieren – also *him* in Satz 6 der Rolle des Objekts und *the girl* der Rolle des Akteurs zuzuweisen.

Die syntaktischen Hinweise der Wortreihenfolge und der Flexionen unterstützen die Interpretation eines Satzes beim Verstehen.

Semantische Gesichtspunkte

Inzwischen ist deutlich geworden, daß Menschen syntaktische Muster anwenden, um Sätze zu verstehen; sie können aber auch die Bedeutung der einzelnen Wörter heranzie-hen. Eine Person kann die Bedeutung einer Wortkette einfach dadurch bestimmen, daß sie sich überlegt, wie die Wörter zusammen einen Sinn ergeben. So wissen wir, was Tarzan meint, wenn er sagt: *Jane Frucht essen*, obwohl dieser Satz nicht den Syntaxregeln des Deutschen entspricht. Wir erkennen, daß eine Beziehung zwischen jemandem, der des Essens fähig ist, und etwas Eßbarem gestiftet wird.

Es gibt beträchtliche Hinweise darauf, daß Menschen solche semantischen Strategien beim Sprachverstehen einsetzen. Strohner und Nelson (1974) ließen Kinder im Alter von zwei und drei Jahren die beiden folgenden (hier übersetzten) Sätze mit Stofftieren nachspielen:

- Die Katze jagte die Maus.
- Die Maus jagte die Katze.

In beiden Fällen interpretierten die Kinder den Satz so, daß die Katze die Maus jagte; diese Bedeutung entsprach ihrem schon vorhandenen Wissen über Katzen und Mäuse. Diese jüngeren Kinder verließen sich demnach mehr auf semantische Muster als auf syntaktische Strukturen.

Fillenbaum (1971, 1974) ließ Erwachsene Sätze paraphrasieren, unter denen sich „abwegige" Konstruktionen befanden wie

- John wurde beerdigt und starb.

Mehr als 60 Prozent der Probanden umschrieben die Sätze so, daß sie ihnen eine üblichere Bedeutung gaben; in diesem Beispiel, daß John zuerst starb und dann begraben wurde. Die übliche syntaktische Interpretation solcher Konstruktionen würde jedoch lauten, daß die erste Handlung vor der zweiten auftrat, wie sich am Bedeutungsunterschied der beiden folgenden Sätze – die beide semantisch plausibel sind – erkennen läßt:

- John nahm einen Drink und ging auf die Party.
- John ging auf die Party und nahm einen Drink.

In den Fällen, in denen ein semantisches Prinzip mit einem syntaktischen Prinzip im Konflikt steht, scheint somit das semantische Prinzip manchmal (aber nicht immer) die Interpretation des Satzes zu bestimmen.

Manchmal verlassen sich Menschen auf die plausible semantische Interpretation von Wörtern in einem Satz.

Die Integration von Syntax und Semantik

Bisweilen verbinden Hörer beim Verstehen eines Satzes syntaktische und semantische Informationen. Tyler und Marslen-Wilson (1977) ließen ihre Probanden unvollständige Sätze fortsetzen, zum Beispiel:

1. If you walk too near the runway, landing planes are
2. If you've been trained as a pilot, landing planes are

Die Phrase *landing planes* an sich ist mehrdeutig. Sie kann entweder „Flugzeuge, die gerade landen" oder „Flugzeuge zu landen" bedeuten. Wenn das Pluralverb *are* folgt, muß die Wendung jedoch die erstgenannte Bedeutung haben. Die syntaktischen Einschränkun-

gen determinieren so eine der beiden Bedeutungen der mehrdeutigen Phrase. Der voran-
gehende Kontext stimmt in Satzfragment 1 mit dieser Bedeutung überein, nicht jedoch der
Satzanfang in Beispiel 2. Die Probanden konnten Satz 1 schneller fortsetzen, was die
Annahme nahelegt, daß sie sowohl den Inhalt des vorangehenden Kontexts als auch die
Syntax der betreffenden Phrase heranzogen, um *landing planes* zu disambiguieren. Kon-
fligieren diese beiden Faktoren, ist das Satzverständnis der Personen beeinträchtigt.*

Bates, McNew, MacWhinney, Devesocvi und Smith (1982) betrachteten das Problem
der Kombination von Syntax und Semantik unter einem anderen Paradigma. Ihre Probanden sollten Wortketten der folgenden Art interpretieren:

- Chased the dog the eraser

Welche Bedeutung sollte man dieser Wortkette zuweisen? Aus syntaktischer Sicht ergibt
sich im Englischen, daß das Objekt dem Verb folgt und daß es somit der Hund wäre, der
gejagt wurde, während der Radiergummi der Jäger ist. Die Semantik legt jedoch gerade
die umgekehrten Verhältnisse nahe. Es zeigte sich, daß sich Sprecher des amerikanischen
Englisch bevorzugt an die Syntax halten, aber manchmal auch die semantische Interpretation übernehmen – das heißt, die meisten sagen, daß der Radiergummi den Hund jagte,
aber manche sagen auch, der Hund habe den Radiergummi gejagt.** Andererseits waren
sich bei der folgenden Wortkette alle Hörer in ihren Interpretationen einig – nämlich, daß
der Hund den Radiergummi jagte:

- Chased the eraser the dog

Ein anderer interessanter Teil der Untersuchung von Bates et al. betrifft den Vergleich
zwischen Amerikanern und Italienern. Wenn syntaktische und semantische Hinweise kon-
fligieren, neigen Italiener dazu, sich an die Semantik zu halten, während Amerikaner die
Syntax vorziehen. Einen Entscheidungsfall stellt beispielsweise der folgende Satz (und
seine italienische Übersetzung) dar:

- The eraser bites the dog.
- La gomma morde il cane.

Amerikaner hielten sich fast durchgängig an die Syntax und sprachen dem Satz die

---

* Das ursprüngliche Experiment von Tyler und Marslen-Wilson war Gegenstand methodologischer Einwände
  von Townsend und Bever (1982) und von Cowart (1983). Eine Erwiderung findet sich in Marslen-Wilson
  und Tyler (1987).

** Im Deutschen sind die Verhältnisse hinsichtlich möglicher Konflikte zwischen Syntax und Semantik anders
  beschaffen. Zum einen ist, sofern ein Nomen im Maskulinum Singular beteiligt ist, der Nominativ oder
  Akkusativ morphologisch eindeutig markiert, so daß beispielsweise „*der* Radiergummi" immer der Jagende
  ist und es sich bei „*den* Radiergummi" immer um den Gejagten handelt, gleich an welcher Position die
  zugehörige Nominalphrase steht. (Im Femininum und Neutrum sowie bei allen Pluralia sind Nominativ und
  Akkusativ formgleich.) Ist kein maskulines Nomen beteiligt, wie beispielsweise in *Jagte die Holzkugel die
  Katze*, würde die Syntax des Deutschen allenfalls nahelegen, daß der Akteur vor dem Objekt steht und daß
  deshalb die Holzkugel jagte und die Katze gejagt wurde. (Aus der Wortstellung der Nomina im Vergleich
  zum Verb ergibt sich im Deutschen hier kein syntaktischer Hinweis.) Der im Haupttext am Beispiel des
  Englischen diskutierte Konfliktfall zwischen Syntax und Semantik tritt im Deutschen also gerade bei der
  umgekehrten Reihenfolge der beiden Nominalphrasen auf, bei der das semantisch gestützte Objekt dem
  semantisch gestützten Akteur voransteht. [Anmerkung der Übersetzer]

Bedeutung zu, daß der Radiergummi derjenige ist, der beißt. Italiener bevorzugten hingegen die Semantik, nach der der Hund der Beißende ist. Die italienische Syntax entspricht jedoch wie die englische dem Muster Subjekt-Prädikat-Objekt. Man sieht also, daß Hörer bei der Interpretation des Satzes syntaktische und semantische Anhaltspunkte kombinieren. Zudem kann die Gewichtung der beiden Hinweistypen von Sprache zu Sprache unterschiedlich ausfallen. Diese und andere Befunde lassen erkennen, daß Sprecher des Italienischen semantische Hinweise stärker berücksichtigen als Sprecher des Englischen.

> Menschen integrieren semantische und syntaktische Anhaltspunkte, um zu einer Interpretation eines Satzes zu gelangen.

Modularität versus interaktive Verarbeitung

Obwohl es eindeutig der Fall ist, daß wir Syntax und Semantik kombinieren müssen, um zu einer Interpretation eines Satzes zu gelangen, herrscht doch eine beachtliche Kontroverse darüber, wie diese Kombination vonstatten geht. Die Verteidiger der Position sprachlicher Modularität (vgl. die Diskussion im vorigen Kapitel) haben vorgebracht, daß es eine Anfangsphase gebe, in der wir ausschließlich Syntax verarbeiten, und daß semantische Faktoren erst danach zum Tragen kommen. Dies wird damit begründet, daß die Syntax zu einem sprachspezifischen Modul gehört, das sehr schnell aus sich selbst heraus operieren kann. Im Gegensatz dazu bedarf es all unseres Weltwissens, um die Semantik zum Einsatz zu bringen, und dies geht weit über alles Sprachspezifische hinaus. Der Auffassung der Modularität stehen die Vertreter der **interaktiven Verarbeitung** gegenüber, die anführen, daß Syntax und Semantik auf allen Ebenen der Verarbeitung kombiniert werden.

Die gerade zuvor behandelten Experimente von Tyler und Marslen-Wilson sowie von Bates et al. zeigen, daß semantische Überlegungen bei der Interpretation eine wichtige Rolle spielen; sie lassen aber die Frage offen, wie früh solche semantischen Gesichtspunkte ins Spiel kommen. Wie erwähnt, wird unter der Position der Modularität angenommen, daß Menschen zuerst eine Analyse von Sätzen durchführen, bei der ausschließlich syntaktische Faktoren berücksichtig werden, und dann erst semantische Faktoren hinzuziehen. Es wurde behauptet, daß dies durch Daten von Wort für Wort verlaufenden Lesevorgängen gezeigt werden kann. Zum Beispiel ließen Ferreira und Clifton (1986) Probanden Sätze der folgenden Art lesen:

1. The woman painted by the artist was very attractive to look at.
2. The woman that was painted by the artist was very attractive to look at.
3. The sign painted by the artist was very attractive to look at.
4. The sign that was painted by the artist was very attractive to look at.

Ferreira und Clifton weisen darauf hin, daß Menschen die natürliche Neigung haben, Kombinationen aus einem Nomen und einem darauffolgenden Verb, zum Beispiel *The woman painted*, als Akteur und Handlung aufzufassen. Dies läßt sich dadurch belegen, daß die Probanden zum Lesen von *by the artist* im ersten Satz länger brauchten als im zweiten Satz. Sie entdecken nämlich, daß ihre Interpretation von Akteur und Handlung beim ersten Satz falsch ist, und müssen dies berichtigen, während sie der syntaktische Hinweis *that was* im zweiten Satz davor bewahrt, an eine solche Fehlinterpretation auch nur zu denken.

Das wirkliche Interesse in den Experimenten der Autoren gilt den Sätzen 3 und 4. Semantische Faktoren sollten die Interpretation von Akteur und Handlung bei Satz 3 ausschließen, weil ein Schild kein belebter Akteur sein kann, der das Malen auszuführen wüßte. Dennoch benötigten die Probanden zum Lesen von *by the artist* in Satz 3 genausoviel Zeit wie in Satz 1 und mehr Zeit als in den eindeutigen Sätzen 2 oder 4. Daraus schließen Ferreira und Clifton, daß die Probanden zuerst ausschließlich syntaktische Faktoren verwenden, die Phrase *The sign painted* deshalb falsch interpretieren und schließlich den syntaktischen Hinweis *by the artist* nutzen, um die Fehlinterpretation zu korrigieren. Obwohl also semantische Faktoren dies hätten leisten und die Fehlinterpretation hätten vermeiden können, scheint die gesamte anfängliche Verarbeitung der Probanden unter Verwendung syntaktischer Anhaltspunkte abzulaufen.

Derartige Experimente (siehe auch Rayner, Carlson & Frazier, 1983) wurden herangezogen, um für die Modularität der Sprache zu argumentieren. Die These lautet, daß sich unsere anfängliche Sprachverarbeitung etwas Sprachspezifischem bedient, nämlich der Syntax, und anderes, allgemeines und damit nicht-sprachliches Wissen über die Welt außer acht läßt – beispielsweise den Umstand, daß Schilder nicht malen können. Andere Autoren haben jedoch eingewandt (zum Beispiel McClelland, 1987), daß dieses Ergebnis lediglich das widerspiegle, was passiert, wenn man einem in der englischen Sprache sehr starken syntaktischen Hinweis (die Tendenz, die Abfolge von Nomen und Verb als Akteur und Handlung zu interpretieren) einen schwächeren semantischen Hinweis entgegensetzt.

Taraban und McClelland (1988) berichten über ein Experiment, in dem semantische Hinweise durchaus einen Einfluß haben, wenn die syntaktischen Anhaltspunkte weniger stark ausgeprägt sind. Hier kamen die Sätze 1 bis 4 zur Anwendung, deren Struktur sich auch im Deutschen (1′ bis 4′) nachzeichnen läßt:

1. The spy saw the cop with binoculars.
   1′. Der Spion sah den Polizisten mit einer Brille.
2. The spy saw the cop with a revolver.
   2′. Der Spion sah den Polizisten mit einem Revolver.
3. The reporter exposed corruption in the article.
   3′. Der Reporter beschrieb die Korruption in dem Artikel.
4. The reporter exposed corruption in the government.
   4′. Der Reporter beschrieb die Korruption in der Regierung.

Die Präpositionalphrasen am Ende der Sätze 1 und 3 gehören zum Hauptsatz, während sie in den Sätzen 2 und 4 Teil der Nominalphrase sind. Es wurde behauptet, daß es aus syntaktischen Gründen einfacher sei, diese Präpositionalphrasen als Teil des Hauptsatzes zu interpretieren (Frazier, 1979). Und tatsächlich ergab sich, daß die Probanden zum Lesen von *binoculars* in Satz 1 weniger Zeit benötigten als zum Lesen von *revolver* in Satz 2. Jedoch können die Probanden *government* in Satz 4 schneller lesen als *article* in Satz 3. An Hand einer separat durchgeführten Einschätzungsuntersuchung zeigen Taraban und McClelland, daß die schneller gelesene Konstruktion zugleich diejenige ist, die aus dem Satzzusammenhang heraus erwartet wird. Die Probanden erwarten, daß in dem Satz

The spy saw the cop die Präpositionalphrase Teil des Hauptsatzes sein wird, während sie für den Satz *The reporter exposed corruption* die gegenteilige Erwartung äußern. In diesem Fall ist die Interpretation somit von der Erwartung und nicht von der Syntax geleitet.

Unter der Modularitätsannahme werden bei der Entwicklung der anfänglichen Interpretation eines Satzes nur syntaktische Hinweise genutzt, und dann erst kommen semantische Faktoren zum Einsatz.

Mehrdeutigkeit

Wir haben nun einige Untersuchungen besprochen, darunter auch die von Ferreira und Clifton, in denen sich zeigt, daß Mehrdeutigkeit (oder Ambiguität) zu den Problemen gehört, mit denen man beim Sprachverstehen umgehen muß. Es gibt Sätze, die zwei oder mehr Interpretationen zulassen, weil sie entweder mehrdeutige Wörter oder mehrdeutige syntaktische Konstruktionen enthalten. Dies ist in den beiden folgenden Sätzen illustriert:

- John ging zur Bank.
- In Paris kann man sich verlieben.

Auch macht es Sinn, zwischen vorübergehender Mehrdeutigkeit und anhaltender Mehrdeutigkeit zu unterscheiden. Die obigen Beispielsätze sind anhaltend mehrdeutig; das heißt, daß die Mehrdeutigkeit bis zum Ende des Satzes bestehen bleibt. Das Phänomen der **vorübergehenden Mehrdeutigkeit** bezieht sich auf Sätze, die zwar zwischenzeitlich mehrdeutig sind, die am Satzende aber eindeutig werden; zum Beispiel:

- The old train the young.

oder im Deutschen:

- die alten schützen die jungen.*

Hört man diese Sätze, so bleibt bis zum Wort *train* beziehungsweise *schützen* unklar, ob *old* beziehungsweise *alten* ein Nomen oder ein Adjektiv ist. Bei einer anderen Fortsetzung der Sätze wäre *train* und *schützen* als Nomen zu verstehen:

- The old train left the station.
- Die alten schützen konnten den schuß nicht mehr hören.

Diese Art der Mehrdeutigkeit wird am Satzende aufgelöst.

Vorübergehende Mehrdeutigkeiten sind in der Sprache weit verbreitet. Dies führt zu einer ernstzunehmenden Wechselwirkung mit dem Prinzip der unmittelbaren Verarbeitung, das wir weiter oben beschrieben haben. Unmittelbare Verarbeitung heißt, daß wir uns gleich und sofort auf eine Interpretation eines Wortes oder einer Phrase festlegen

---

* In der Schriftform trägt die Groß- und Kleinschreibung im Deutschen erheblich zur Auflösung von Mehrdeutigkeit bei. [Anmerkung der Übersetzer]

müssen, jedoch bedeutet vorübergehende Mehrdeutigkeit, daß wir die zutreffende Interpretation gar nicht immer gleich wissen können. Man lese etwa den folgenden Satz:

- The horse raced past the barn fell.

Die meisten Menschen erleben bei diesem Satz zwei Anläufe, bei denen sie zuerst die eine und dann eine zweite Interpretation herauslesen. Solche Sätze nennt man **Garden-path-Sätze** (das sind Sätze, die einen auf den Holzweg führen), weil wir uns an einer bestimmten Stelle auf eine einzige Interpretation festlegen, um dann an einer anderen Stelle zu merken, daß diese falsch war. Im obigen Beispielsatz interpretieren die meisten Leser *raced* als das Hauptverb des Satzes. (Nach dem Verb *fell* wird dann jedoch deutlich, daß *raced past the barn* als Bestandteil der Nominalphrase das Nomen *horse* modifiziert.) Die Existenz solcher irreführender Sätze wird als eines der wichtigsten Beweisstücke für das Prinzip der unmittelbaren Verarbeitung betrachtet. Man könnte die Interpretation solcher Sätze an der Stelle, an der die Mehrdeutigkeit auftritt, hintanstellen, bis die Ambiguität aufgelöst ist, aber man tut es nicht.

Wodurch wird die Interpretation determiniert, wenn man in einem Satz auf eine Stelle stößt, an der syntaktische Mehrdeutigkeit besteht? Ein starkes und durchgreifendes Prinzip scheint das sogenannte **Prinzip der minimalen Anbindung** zu sein. Dieses besagt im wesentlichen, daß man einen Satz so interpretiert, daß die Komplexität der Phrasenstruktur minimal ist. Alle Sätzen müssen ein Hauptverb aufweisen; somit bestünde die einfachere Interpretation darin, *raced* als Teil des Hauptsatzes aufzufassen, statt einen Relativsatz als Modifikation des Nomens *horse* anzusetzen.

Dasselbe Interpretationsprinzip läßt sich auch auf das Untersuchungsmaterial aus dem schon erwähnten Experiment von Ferreira und Clifton anwenden. Diese Forscher hatten unter anderem den folgenden Satz dargeboten:

- The woman painted by the artist was very attractive to look at.

Dabei legten sich die Probanden auf die Interpretation fest, bei der *The woman painted* als Akteur und Handlung aufgefaßt wird, und mußten diese Interpretation dann revidieren, als sie *by the artist* lasen. Das Prinzip der minimalen Anbindung würde dies vorhersagen, weil eine Interpretation von Akteur und Handlung einfacher anzunehmen ist als ein Relativsatz. Anders als bei der Wendung *horse raced* im obigen Beispiel sind sich die meisten Leser von *The woman painted* der Tatsache, daß sie ihre Interpretation geändert haben, nicht einmal bewußt. Dennoch weisen ihre Lesezeiten auf einen zweiten Interpretationsdurchgang hin. Dieses Phänomen, daß sich Leser sofort auf eine Interpretation festlegen und diese, falls notwendig, anschließend revidieren, zeigte sich in einer Reihe von Untersuchungen, in denen Lesezeiten erhoben wurden (zum Beispiel Frazier & Rayner, 1982; Rayner, Carlson & Frazier, 1983; Taraban & McClelland, 1988).

Warum wird uns die Uminterpretation bei manchen Sätzen bewußt, wie im Beispiel *horse raced*, bei anderen aber nicht, wie im Beispiel *The woman painted*? Anscheinend wird uns nicht bewußt, daß wir überhaupt zwei Interpretationen in Betracht ziehen, wenn die syntaktische Mehrdeutigkeit innerhalb derselben Phrase aufgelöst wird, in der sie auftritt. Nur wenn die Auflösung auf den Satzteil nach der mehrdeutigen Phrase verschoben ist, erkennen wir bewußt, daß eine Uminterpretation notwendig ist. Bei dem Satz *The woman painted* wird die Mehrdeutigkeit aufgelöst, bevor die Phrase abgeschlossen ist, und die meisten Leser werden sich der Mehrdeutigkeit nicht bewußt. Bei dem Satz *The horse raced* scheint die Phrase *The horse raced past the barn* hingegen erfolgreich vervollständigt zu sein und erfährt erst im Anschluß daran – wenn *fell* gelesen wird – einen Widerspruch.

Wenn man beim Sprachverstehen in einem Satz auf eine mehrdeutige Stelle trifft, dann wählt man eine Interpretation, die man gegebenfalls wieder zurücknehmen muß, wenn sie mit dem weiteren Satzverlauf nicht übereinstimmt.

Lexikalische Mehrdeutigkeit

Im obigen Abschnitt, in dem das Prinzip der minimalen Anbindung erörtert wurde, ging es darum, wie Menschen mit syntaktischer Mehrdeutigkeit umgehen. Im Falle lexikalischer Mehrdeutigkeit, wenn also ein einzelnes Wort zwei Bedeutungen haben kann, sind die beiden Interpretationsalternativen eines Satzes oft strukturell identisch, so daß das Prinzip der minimalen Anbindung bei der Auswahl einer Bedeutungsalternative nicht dienlich sein kann. Hier erwies sich eine Reihe von Experimenten, die Swinney durchführte (zum Beispiel Swinney, 1979), als hilfreich, um die Art und Weise erkennen zu lassen, in der mehrdeutige Wörter disambiguiert werden. Seine Probanden sollten sich – natürlich auf englisch – Sätze der folgenden Art anhören:

- Es überraschte den Mann nicht, als er in der Ecke des Raumes diverse Spinnen, Schaben und Wanzen fand.

Swinneys Augenmerk galt dem mehrdeutigen Wort *bugs*, das wie das deutsche Wort *Wanze* sowohl Insekten als auch elektronische Abhörvorrichtungen bedeuten kann. Unmittelbar nachdem die Probanden das Wort gehört hatten, wurde ihnen auf dem Bildschirm eine Buchstabenfolge dargeboten, wobei ihre Aufgabe darin bestand anzugeben, ob die Buchstabenfolge ein korrektes Wort bildet oder nicht. Im Deutschen müßte man also beispielsweise bei *nähen* mit Ja und bei *nühen* mit Nein antworten. Es handelt sich hier um eine lexikalische Entscheidungsaufgabe, wie wir sie in Kapitel 6 im Zusammenhang mit der Aktivationsausbreitung beschrieben haben. Swinneys Interesse galt dem Effekt, den das Wort *bugs* im jeweiligen Textabschnitt als Prime-Wort für die nachfolgende lexikalische Entscheidung haben würde.

Die entscheidenden Vergleiche betreffen die Urteile, die die Probanden im Anschluß an *bugs* bei Wörtern wie *spy* (Spion), *ant* (Ameise) oder *sew* (nähen) abgeben. Das Wort *ant* ist mit der durch den Satzkontext voraktivierten Bedeutung von *bugs* verwandt, während *spy* mit der anderen, nicht voraktivierten Bedeutung assoziiert ist. Das Wort *sew* dient als neutrale Kontrollbedingung. Wurde das zu beurteilende Wort innerhalb von 400 Millisekunden nach dem Prime-Wort *bugs* dargeboten, konnten sowohl *spy* als auch *ant* schneller erkannt werden. Die Darbietung von *bugs* aktiviert also unmittelbar beide Bedeutungen und die mit ihnen assoziierten Begriffe. Wenn Swinney jedoch mehr als 700 Millisekunden wartete, zeigte sich ein Reaktionszeitvorteil nur noch für das verwandte Wort *ant*. In diesem Zeitrahmen scheint die zutreffende Bedeutung ausgewählt und die andere Bedeutung desaktiviert zu werden. Das heißt, daß beide Bedeutungen eines mehrdeutigen Wortes einen Moment lang aktiviert sind und daß dann der Kontext recht schnell wirksam wird und zur Auswahl der angemessenen Bedeutung führt.

Wenn ein mehrdeutiges Wort dargeboten wird, erfolgt die Auswahl einer bestimmten Bedeutungsalternative binnen 700 Millisekunden.

Die propositionale Repräsentation

Bislang haben wir uns hauptsächlich auf diejenigen Prozesse konzentriert, in deren Verlauf man beim Sprachverstehen von einer Wortfolge zu einer bedeutungshaltigen Interpretation dieser Wortfolge gelangt. Wir haben gezeigt, daß Faktoren, die sich auf die Komplexität dieser Interpretation auswirken (die Mehrdeutigkeit und das Vorhandensein syntaktischer Anhaltspunkte), den Verstehensprozeß beeinflussen. Es sollte jedoch auch der Fall sein, daß das Verstehen durch die Komplexität der resultierenden Interpretation beeinflußt wird. Man kann dies unter anderem an Hand der Anzahl von Propositionen messen, aus denen die Repräsentation der entsprechenden Bedeutung besteht. Beispielsweise verglichen Kintsch und Keenan (1973) das Verstehen der beiden folgenden Sätze:

1. Romulus, the legendary founder of Rome, took the women of the Sabine by force.
   1′. Romulus, der legendäre Gründer Roms, raubte die Frauen der Sabiner mit Gewalt.
2. Cleopatra's downfall lay in her foolish trust in the fickle political figures of the Roman world.
   2′. Cleopatras Untergang lag in ihrem törichten Vertrauen in die unsteten politischen Figuren des römischen Lebens.

Die propositionale Analyse nach Kintsch (siehe Kapitel 5) zeigt, daß der erste Satz aus vier Propositionen besteht; da es sich bei Propositionen um nicht einzelsprachliche Bedeutungsinhalte handelt, kann diese Analyse strukturäquivalent in deutscher Notation erfolgen:

- (raubte, Romulus, Frauen, mit Gewalt)
- (gründen, Romulus, Rom)
- (legendär, Romulus)
- (Sabiner, Frauen)

Satz 2 besteht aus acht Propositionen:

- (weil, a, b)*
- (untergehen, Cleopatra) = a
- (vertrauen, Cleopatra, Figuren) = b
- (töricht, Vertrauen)
- (unstet, Figuren)

---

* Die Platzhalter a und b geben an, daß die zweite und dritte Proposition die Argumente der ersten Proposition sind; vergleiche die Erläuterung der hierarchischen Organisation von Propositionen in Kapitel 5.

- (politisch, Figuren)
- (Teil-von, Figuren, Leben)
- (römisch, Leben)

Diese beiden Sätze unterscheiden sich zwar im Hinblick auf die Anzahl der Propositionen, sind aber hinsichtlich ihrer Länge und anderer Faktoren vergleichbar. Kintsch und Keenan fanden, daß die Probanden längere Zeit brauchten, um den zweiten Satz zu lesen, worin sich die Tatsache widerspiegelt, daß aus diesem Satz mehr Propositionen zu extrahieren waren.

Die zum Verstehen benötigte Zeit steigt mit der Anzahl der im Satz ausgedrückten Propositionen.

Die Verwendung

Was geschieht, wenn ein Satz einmal analysiert und in eine Repräsentation seiner Bedeutung überführt ist? Selten registriert ein Hörer die Bedeutung einfach passiv. Bei einer Frage oder einem Befehl erwartet der Sprecher, daß der Hörer als Reaktion darauf etwas tut. Jedoch selbst bei Aussagesätzen gibt es normalerweise mehr zu tun, als den Satz einfach zur Kenntnis zu nehmen. Man betrachte dazu erneut den zuvor genannten Satz:

- Cleopatras Untergang lag in ihrem törichten Vertrauen in die unsteten politischen Figuren des römischen Lebens.

Wir haben die propositionale Repräsentation, die sich aus der syntaktischen und semantischen Analyse dieses Satzes ergibt, bereits angegeben. Doch wird ein Leser beim Verstehen dieses Satzes wahrscheinlich über diese propositionale Repräsentation hinausgehen. So könnte man diese mit Informationen über die Romanze zwischen Antonius und Cleopatra ausschmücken, man könnte sich fragen, ob Mark Anton zu den politischen Figuren gehört, auf die verwiesen wird, oder man könnte sich den Untergang in Form von Cleopatras Selbsttötung ausmalen etc. Um einen Satz wirklich zu verstehen, ist es notwendig, solche Inferenzen zu bilden und Verbindungen herzustellen. In Kapitel 6 wurde dargestellt, wie solche elaborativen Prozesse zu besseren Gedächtnisleistungen führen. Hier werden wir einige der Mechanismen besprechen, mit denen Menschen die wörtliche Bedeutung eines Satzes in etwas Nützliches und Verwendbares überführen.

Die Inferenz des Ungesagten

In sprachlichen Botschaften bleibt vieles ungesagt, und ein Teil der Aufgabe dessen, der sie verstehen soll, besteht darin, die fehlende Information aufzufüllen. Nehmen wir beispielsweise den folgenden Satz:

- Alice schlug auf den Nagel ein, bis das Brett sicher befestigt war.

Schließen Leser aus diesem Satz, daß Alice einen Hammer verwendete, obwohl dies nicht explizit angeführt ist? Wenn man Menschen diesen Satz zu einem späteren Zeitpunkt wiedergeben läßt, sagen sie oft *mit einem Hammer*. Dieser Befund läßt die Frage offen, ob die Schlußfolgerung schon beim Lesen oder erst beim Abruf gezogen wurde (vgl. die Diskussion in Kapitel 7). McKoon und Ratcliff (1981) fanden Hinweise darauf, daß Probanden solche Inferenzen, unter bestimmten Umständen, schon beim Lesen des Textes ausbilden. Ihre Probanden sollten eine Folge von fünf Sätzen lesen, deren erster lautete:

1. Bobby got a saw, hammer, screwdriver, and a square from the toolbox.

Sie lasen dann drei weitere Sätze und schließlich den entscheidenden Schlußsatz:

2. Then Bobby pounded the boards together with nails.

Sofort nach Lesen des letzten Satzes wurde den Probanden ein Testwort dargeboten, und sie sollten angeben, ob dieses Wort irgendwo in dem gelesenen Abschnitt vorgekommen war. Wenn Satz 2 der Schlußsatz war (demzufolge Bobby die Bretter zusammengenagelt hat), dann konnten sie schneller erkennen, daß sie das Wort *hammer* gesehen hatten, als wenn der folgende Satz 3 (demzufolge Bobby die Bretter zusammengeklebt hat) den Schlußsatz gebildet hatte:

3. Then Bobby stuck the boards together with glue.

Daraus schlossen McKoon und Ratcliff, daß die Probanden in Satz 2 *hammer* inferiert hatten. Wenn in Satz 1 die Existenz eines Hammers jedoch nicht eingeführt wurde, dann inferierten die Probanden dieses Instrument zum Nägeleinschlagen auch nicht, wenn sie Satz 2 lasen.

Oft scheinen die Umstände, unter denen Menschen Schlüsse ziehen, eher wenig stabil zu sein. Singer (1980) gab seinen Probanden eines der folgenden drei Satzpaare vor (die selbst in der deutschen Übersetzung nur den des Baseballs kundigen Lesern verständlich sein werden):

1. Der Pitcher warf den Ball zum ersten Base. Der Runner war auf halber Strecke zum zweiten Base.
2. Der Pitcher warf zum ersten Base. Der Ball flog ins Feld.
3. Der Pitcher warf zum ersten Base. Der Runner war auf halber Strecke zum zweiten Base.

Dann sollten Singers Probanden urteilen, ob der folgende Satz wahr ist:

• Der Pitcher warf den Ball.

Sie konnten den Satz gleich schnell beurteilen, wenn sie Satzpaar 1 gesehen hatten, in denen dies explizit ausgesagt wird, oder die Sätze aus Satzpaar 2, die den Sachverhalt lediglich implizieren. Die Verifikation des Testsatzes im Fall des Satzpaars 3, das den Sachverhalt ebenfalls impliziert, dauerte jedoch eine Viertelsekunde länger. Der Unterschied zwischen den Sätzen 2 und 3 besteht darin, daß bei 2 die Inferenz, daß der Pitcher den Ball warf, notwendig war, um die beiden Sätze zu verbinden. In allgemeinerer Form vertrat Singer (1990) die Ansicht, daß Inferenzen mit größerer Wahrscheinlichkeit gebildet werden, wenn sie notwendig sind, um Sätze zu verbinden, wenn sie sich auf Material beziehen, das besonders auffällig gestaltet wurde (wie in dem Experiment von Ratcliff und McKoon), oder wenn die verstehende Person besonderes Interesse an der Sache findet. Man erinnere sich an die Belege in Kapitel 6, denen zufolge das Gedächtnis für

Textmaterial verbessert wird, wenn der Leser bewußt aktive Inferenzprozesse ausführt. Daraus läßt sich schließen, daß solche bewußten Schlußfolgerungsprozesse beim normalen Leseverhalten eher nicht beteiligt sind.

Nur manchmal werden aus Texten auch Inferenzen gebildet.

Die Inferenz des Referenten

Ein weiterer Gesichtspunkt der Sprachverarbeitung betrifft die Auflösung der Referenz. (Unter Referenz versteht man den Sachverhalt, daß sprachliche Ausdrücke auf außersprachliche Gegebenheiten verweisen, das heißt, auf sie *referieren* können.) Bestimmte Ausdrücke in der sprachlichen Kommunikation referieren auf jeweils dieselbe Gegebenheit, und es ist für das Sprachverstehen entscheidend, daß man diese gemeinsamen Referenten identifiziert. Dazu lese man beispielsweise den klassischen (hier übersetzten), an Karl Valentin erinnernden Wortwechsel zwischen Abbott und Costello (leider geht es wieder um Baseball)*:

Abbott:	Es klingt merkwürdig, was für eigenartige Namen man Ballspielern heutzutage gibt.
Costello:	Lustige Namen?
Abbott:	Spitznamen, Spitznamen. Im Team von St. Louis spielt Wer am ersten Base, Was am zweiten, Ich-weiß-nicht-wer am dritten –
Costello:	Das ist es, was ich herausfinden will. Sag mir die Namen der Mitglieder im St. Louis Team.
Abbott:	Ich sag's doch. Wer spielt am ersten, Was am zweiten, Ich-weiß-nicht-wer am dritten –
Costello:	Kennst Du die Namen der Spieler?
Abbott:	Ja.
Costello:	Gut; also wer spielt am ersten?
Abbott:	Ja.
Costello:	Ich meine den Namen von dem Kerl am ersten Base.
Abbott:	Wer.
Costello:	Der Typ, der am ersten Base spielt.
Abbott:	Wer.
Costello:	Der Junge am ersten Base.
Abbott:	Wer spielt am ersten.
Costello:	Mensch, warum fragst Du mich danach?
Abbott:	Ich frag' Dich doch gar nicht – ich sag es Dir. Wer spielt am ersten.
Costello:	Ich frage Dich – wer spielt am ersten?

---

* Für Cineasten: Dieser in den USA allgemein bekannte Sketch spielt in dem Film *Rainman* eine Rolle; es ist der Dialog, den der von Dustin Hofmann gespielte Autist immer vor sich hersagt, wenn er in eine ihm fremde Situation gerät. Leider tritt der Witz des Dialogs in der deutschen Synchronisation des Films nicht sehr deutlich zutage. [Anmerkung der Übersetzer]

Abbott: So heißt der Mann.

Costello: Wer heißt so?

Abbott: Ja.

Der Witz bei diesem Wortwechsel besteht darin, daß Costello nicht erkennt, daß die Ausdrücke *wer* und *der Kerl am ersten Base* denselben Referenten haben. Normalerweise macht es uns wenig Schwierigkeiten, die Referenten von Ausdrücken zu erkennen (und folglich verpassen wir humorvolle Anlässe). Einige der Prinzipien, die bei der Auflösung der Referenz hilfreich sind, konnten im Laufe der Zeit aufgeklärt werden. Ein sprachlicher Hinweis im Englischen wie auch im Deutschen betrifft den Unterschied zwischen dem bestimmten (definiten) Artikel *the* beziehungsweise *der/die/das* und dem unbestimmten (indefiniten) Artikel *a* beziehungsweise *ein(e)*. Der definite Artikel wird meistens verwendet, um anzuzeigen, daß der Adressat den Referenten der Nominalphrase kennen sollte, während der indefinite Artikel oft dazu verwendet wird, ein neues Objekt einzuführen. Man beachte den Bedeutungsunterschied zwischen den folgenden Sätzen:

1. Vergangene Nacht sah ich den Mond.
2. Vergangene Nacht sah ich einen Mond.

Satz 1 verweist auf den eher ereignisarmen Sachverhalt, daß man denselben alten Mond gesehen hat, den man immer sieht, während Satz 2 deutlich impliziert, daß man einen neuen Mond gesehen hat. Es gibt beträchtliche Belege dafür, daß Menschen beim Sprachverstehen für die Bedeutungen, die mit diesen kleinen Unterschieden in den Sätzen vermittelt werden, sehr sensibel sind. Haviland und Clark (1974) berichten über ein Experiment, das auf dieses Problem zielte. Sie verglichen die Zeiten, die die Probanden zum Verstehen zweier Satzpaare der folgenden Art benötigten:

3. Hans bekam zum Geburtstag ein Krokodil. Das Krokodil war sein Lieblingsgeschenk.
4. Hans wünschte sich zum Geburtstag ein Krokodil. Das Krokodil war sein Lieblingsgeschenk.

Der zweite Satz lautet in beiden Paaren gleich. Im ersten Satz von Beispiel 3 wird ein bestimmter Bezug für *das Krokodil* eingeführt. Andererseits ist im Satzpaar 4, obwohl *Krokodil* im ersten Satz erwähnt wird, ein bestimmtes Krokodil nicht eingeführt. Für *das Krokodil* weist der erste Satz von Paar 4 also keinen konkreten Bezug auf. Der definite Artikel *das* im zweiten Satz unterstellt jedoch einen spezifischen Bezug. Deshalb steht zu erwarten, daß die Probanden mit dem zweiten Satz in Satzpaar 4, nicht aber in Satzpaar 3 Schwierigkeiten haben sollten. Im Experiment von Haviland und Clark sahen die Teilnehmer solche Satzpaare, wobei die beiden Sätze nacheinander dargeboten wurden. Wenn sie einen Satz verstanden hatten, drückten sie einen Knopf. Gemessen wurde die Zeit von der Präsentation des zweiten Satzes bis zum Knopfdruck der Probanden, durch den sie zum Ausdruck brachten, daß sie den Satz verstanden hatten. Zum Verstehen des zweiten Satzes in Paaren vom Beispieltyp 3, in denen ein Bezug gegeben war, benötigten die Probanden im Durchschnitt 1031 Millisekunden; dagegen brauchten sie durchschnittlich 1168 Millisekunden, um den zweiten Satz in Paaren vom Beispieltyp 4 zu verstehen, in denen kein Bezug für die definite Nominalphrase vorlag. Somit erforderte das Verstehen über eine Zehntelsekunde mehr, wenn kein Bezug vorhanden war.

Loftus und Zanni (1975) zeigten in einem Experiment, daß die Wahl der Artikel die Überzeugungen des Hörers beeinträchtigen kann. Die Autoren zeigten den Probanden einen Film über einen Verkehrsunfall und stellten ihnen eine Reihe von Fragen. Einige der Probanden wurden gefragt:

5. Sahen Sie einen zerbrochenen Scheinwerfer?

Andere Probanden wurden gefragt:

6. Sahen Sie den zerbrochenen Scheinwerfer?

In Wirklichkeit kam in dem Film kein zerbrochener Scheinwerfer vor. In Frage 6 wird jedoch ein definiter Artikel verwendet, der die Existenz eines zerbrochenen Scheinwerfers annimmt. Die Wahrscheinlichkeit, daß Probanden mit Ja antworteten, war höher, wenn Fragen der Form 6 gestellt wurden. Loftus und Zanni weisen darauf hin, daß dieser Befund wichtige Konsequenzen für die Befragung von Augenzeugen hat.

Menschen unterstellen beim Verstehen des definiten Artikels, daß für das Nomen ein Referent existiert.

Pronominale Referenz

Ein nächster Aspekt der Verarbeitung von Referenz betrifft die Interpretation von Pronomina. Wenn man ein Pronomen wie beispielsweise *er* hört, kommt es entscheidend darauf an, auf wen es sich bezieht. Vielleicht wurden schon mehrere Personen erwähnt, und alle kommen als Kandidaten für die Referenz dieses Pronomens in Frage. Nach Just und Carpenter (1987) gibt es mehrere Grundlagen für die Auflösung der Referenz von Pronomina:

1. Zu den einfachsten Mitteln gehört die Verwendung von Anhaltspunkten, die sich aus Genus oder Numerus ergeben:
   • Kurt, Susanne und ihr Kind gingen, als (er, sie, es) müde wurde(n).

Steht das Verb im Singular, hat jedes Pronomen einen eindeutigen Referenten; steht das Verb im Plural, dann referiert *sie* ebenfalls eindeutig auf alle drei.*

2. Ein syntaktischer Hinweis auf den Referenten eines Pronomens ergibt sich daraus, daß Pronomina gewöhnlich auf Dinge oder Sachverhalte in derselben grammatischen Rolle (das heißt Subjekt versus Objekt) referieren:
   • Franz boxte Emil und dann trat er ihn.

Die meisten Menschen würden in diesem Beispiel annehmen, daß sich *er* auf *Franz* und *ihn* auf *Emil* bezieht.

3. Weiterhin gibt es einen starken Positionseffekt dergestalt, daß derjenige Kandidat als Referent bevorzugt wird, der in der Äußerung am wenigsten weit zurückliegt:

---

* Im Deutschen ist jedoch, anders als im Englischen, die Unterscheidung zwischen grammatischem und natürlichem Geschlecht zu beachten (im Englischen gibt es kein grammatisches Genus): Den Satz *Das Kind heißt Thomas* kann man sowohl mit *Es ist drei Jahre alt* als auch mit *Er ist drei Jahre alt* fortführen. [Anmerkung der Übersetzer]

- Franziska aß den Kuchen; Esther aß ein Stück Torte; danach trank sie noch einen Kaffee.

Hier würden die meisten darin übereinstimmen, daß sich *sie* auf Esther bezieht.

4. Schließlich können Menschen ihr Weltwissen zur Anwendung bringen, um den Referenten zu bestimmen:
   - Tom schrie Eugen an, weil er den Kaffee verschüttet hatte.
   - Tom schrie Eugen an, weil er Kopfschmerzen hatte.

Im ersten Satz würde man *er* wohl überwiegend auf *Eugen* beziehen, weil man für gewöhnlich jemanden, dem ein Fehler unterläuft, schilt, während sich *er* im zweiten Satz auf *Tom* bezieht, weil Menschen oft ruppig sind, wenn sie Kopfweh haben.

In Übereinstimmung mit dem schon erwähnten Prinzip der unmittelbaren Interpretation versuchen Menschen meistens, einem Pronomen sofort bei dessen Erscheinen einen Referenten zuzuweisen. Bei der Untersuchung beispielsweise von Augenbewegungen fand man (Carpenter & Just, 1977; Ehrlich & Rayner, 1983; Just & Carpenter, 1987), daß die Leser bei der Fixation eines Pronomens länger innehalten als bei der vorangegangenen Fixation. Ehrlich und Rayner (1983) fanden außerdem, daß die Probanden dazu neigen, die Auflösung der Referenz auch noch in die anschließende Fixation zu verlagern. Dies ist dadurch belegt, daß die Leser um so länger bei der Fixation nach dem Pronomen verweilen, je weiter der Referent des Pronomens im Satz zurückliegt.

Corbett und Chang (1983) fanden Anzeichen dafür, daß Probanden mehrere Kandidaten als Referenten in Betracht ziehen. Dazu waren Sätze der folgenden Art zu lesen:

- Scott nahm Warren den Basketball ab, und er versenkte einen Sprungwurf.

Nach dem Lesen des Satzes sahen die Probanden ein Testwort und mußten entscheiden, ob dieses Wort im Satz vorgekommen war. Corbett und Chang fanden, daß die Erkennungszeiten sowohl für *Scott* als auch für *Warren* verringert waren. Die Autoren ließen die Probanden auch einen Kontrollsatz lesen, bei dem es nicht erforderlich war, den Referenten eines Pronomens zu bestimmen:

- Scott nahm Warren den Basketball ab, und Scott versenkte einen Sprungwurf.

In diesem Fall ergab sich nur für das Erkennen von *Scott* eine Erleichterung. *Warren* zu erkennen war nur im ersten Satz leichter, weil die Probanden das Wort in diesem Satz als Referenten für *er* in Betracht ziehen mußten.

Beide Untersuchungen, Corbett und Chang sowie Ehrlich und Rayner, lassen erkennen, daß die Auflösung der pronominalen Referenz über das Lesen des Pronomens selbst hinaus andauert. Dies weist darauf hin, daß die Verarbeitung nicht immer so unmittelbar an Ort und Stelle erfolgt, wie es das Prinzip der unmittelbaren Verarbeitung zu beschreiben scheint. Die Verarbeitung pronominaler Referenz erstreckt sich bis in die darauffolgenden Fixationen (Ehrlich & Rayner), und am Ende des Satzes zeigt sich immer noch ein Primingeffekt für den nicht gewählten Referenten (Corbett & Chang).

Beim Verstehen zieht man mehrere mögliche Kandidaten als Referenten für ein Pronomen in Betracht und verwendet bei der Auswahl eines Referenten syntaktische und semantische Anhaltspunkte.

Negativsätze

Negativsätze scheinen eine positive Aussage zu unterstellen und diese dann zu bestreiten. Beispielsweise setzt der Satz *John ist kein Gauner* voraus, daß es sinnvoll ist anzunehmen, *John ist ein Gauner*, behauptet jedoch, daß dies nicht zutrifft. Als weiteres Beispiel stelle man sich die folgenden vier Antworten vor, die ein normalerweise gesunder Freund auf die Frage *Wie geht's Dir?* geben könnte:

1. Ich bin gesund.
2. Ich bin krank.
3. Ich bin nicht gesund.
4. Ich bin nicht krank.

Die Erwiderungen 1 bis 3 würde man sprachlich nicht als ungewöhnlich betrachten, aber Antwort 4 wirkt eigenartig. Durch die Verwendung der Negation setzt sie voraus, daß man sich unseren Freund auch krank vorstellen kann. Dagegen erscheint die Negation in der dritten Erwiderung durchaus passend, da die Annahme, daß der Freund normalerweise gesund ist, begründet ist.

Clark und Chase (zum Beispiel Chase & Clark, 1972; Clark & Chase, 1972; Clark, 1974) befaßten sich in einer Reihe von Experimenten mit der Verifikation von Negativsätzen (siehe auch Trabasso, Rollins & Shaughnessy, 1971; Carpenter & Just, 1975). Ein typisches Experiment bestand darin, Probanden eine Karte wie in Abbildung 12.5 zu zeigen und sie zu bitten, einen von vier Sätzen über diese Karte zu verifizieren, das heißt als richtig oder falsch zu beurteilen:

1. Der Stern ist über dem Pluszeichen – (wahrer Affirmativsatz).
2. Das Pluszeichen ist über dem Stern – (falscher Affirmativsatz).
3. Das Pluszeichen ist nicht über dem Stern – (wahrer Negativsatz).
4. Der Stern ist nicht über dem Pluszeichen – (falscher Negativsatz).

Die Bezeichnungen *wahr* und *falsch* beziehen sich darauf, ob der Satz mit dem Bild übereinstimmt; *Affirmativsatz* beziehungsweise *Negativsatz* beziehen sich darauf, ob die Satzstruktur ein Negationselement enthält oder nicht. Die Sätze 1 und 2 drücken jeweils eine einfache Behauptung aus; die Sätze 3 und 4 enthalten jedoch eine Annahme und zusätzlich die Verneinung dieser Annahme. Mit Satz 3 wird angenommen, daß sich das Pluszeichen über dem Stern befindet, und es wird behauptet, daß diese Annahme falsch ist. Mit Satz 4 wird angenommen, daß der Stern über dem Pluszeichen ist, und es wird behauptet, daß diese Annahme nicht zutrifft. Clark und Chase nehmen an, daß die Probanden zuerst die Annahme prüfen und dann erst die Negation verarbeiten. In Satz 3 stimmt die Annahme nicht mit dem Bild überein, wohl

Abb. 12.5 Eine Karte, wie sie den Probanden im Satzverifikationsexperiment von Clark und Chase gezeigt wurde. Es sollte angegeben werden, ob einfache Positiv- oder Negativsätze diese Muster zutreffend beschreiben.

jedoch in Satz 4. Davon ausgehend, daß fehlende Übereinstimmung eine längere Verarbeitungszeit erfordert, kommen Clark und Chase zu der Vorhersage, daß die Probanden mehr Zeit benötigen, um Satz 3, einen wahren Negativsatz, zu beurteilen, als auf Satz 4, einen falschen Negativsatz, zu reagieren. Dagegen sollte die Verarbeitungszeit für Satz 2, den falschen Affirmativsatz, länger sein als für Satz 1, den wahren Affirmativsatz, weil Satz 2 nicht mit dem Bild übereinstimmt. Die Zeitdifferenzen zwischen den Sätzen 1 und 2 sowie 3 und 4 sollten eigentlich identisch sein, da beide Differenzen aufgrund der fehlenden Übereinstimmung mit dem Bild einen zusätzlichen Zeitaufwand widerspiegeln.

Clark und Chase entwickelten für diese Daten ein einfaches und elegantes mathematisches Modell. Sie nahmen an, daß bei den Sätzen 3 und 4 die Verarbeitung jeweils N Zeiteinheiten mehr benötigt als die Verarbeitung bei den Sätzen 1 und 2, da die Sätze 3 und 4 eine komplexere Struktur aufweisen (Annahme und Negation). Des weiteren sollte wegen der fehlenden Übereinstimmung zwischen Bild und Behauptung bei Satz 2 die Verarbeitung M Zeiteinheiten mehr erfordern als die Verarbeitung von Satz 1; entsprechend setzten die Autoren für Satz 3 wegen der fehlenden Übereinstimmung zwischen Bild und Annahme M Zeiteinheiten mehr an als für Satz 4. Schließlich gingen sie davon aus, daß die Verarbeitung von Satz 1, einem wahren Affirmativsatz, T Zeiteinheiten dauert. Diese Zeit T bringt den Zeitaufwand zum Ausdruck, der für die Verarbeitungsschritte benötigt wird, die nichts mit Negation und fehlender Übereinstimmung zwischen Annahmen und Bildern zu tun haben. Betrachten wir nun die Gesamtzeit, die ein Proband für die Verarbeitung des Satzes 3 aufwenden sollte. Dieser Satz weist eine komplexe Struktur aus Annahme und ihrer Negation auf, die N Zeiteinheiten erfordert, und eine fehlende Übereinstimmung des Bildes mit der Annahme, die M Zeiteinheiten kostet. Die gesamte Verarbeitungszeit sollte deshalb $T + M + N$ betragen. Tabelle 12.1 zeigt sowohl die beobachteten Daten als auch die Reaktionszeiterwartungen, die sich für das Experiment von Clark und Chase ableiten lassen. Aus den Daten dieses Experiments lassen sich die besten Vorhersagewerte für T, M und N wie folgt schätzen: $M = 246$ Millisekunden [$(1722 - 1463 + 2028 - 1796)/2$]; $N = 320$ Millisek. [$(1796 - 1463 + 2028 - 1722)/2$]; $T = 1469$ Millisekunden [$(1463 + 1722 + 2028 + 1796 - 2N - 2M)/4$]. Man kann sich davon überzeugen, daß die beobachteten Zeiten die Modellvorhersage erstaunlich gut treffen. Inbesondere liegen die Differenzen zwischen wahren und falschen Negativsätzen und zwischen falschen und wahren Affirmativsätzen nahe beieinander. Diese Befunde unterstützen die Hypothese, daß die Probanden aus den Negativsätzen die enthaltenen Annahmen extrahieren und diese mit dem Bild abgleichen.

Tabelle 12.1 :   Beobachtete und geschätzte Reaktionszeiten im Verifikationsexperiment

Bedingung	beobachteter Wert	Gleichung	geschätzter Wert
wahrer Affirmativsatz	1463 msek	T	1469 msek
falscher Affirmativsatz	1722 msek	$T + M$	1715 msek
wahrer Negativsatz	2028 msek	$T + M + N$	2035 msek
falscher Negativsatz	1796 msek	$T + N$	1789 msek

Beim Verstehen eines Negativsatzes wird zuerst die eingebettete Annahme und dann die Negation verarbeitet.

Textverarbeitung

Bislang haben wir uns auf das Verstehen einzelner, isolierter Sätze konzentriert. Viel häufiger werden Sätze in einem größeren Kontext verarbeitet, zum Beispiel beim Lesen eines Lehrbuches. Wir wollen nun betrachten, welche Auswirkungen die Struktur größerer Textabschnitte auf den Verwendungsprozeß hat.

Texte sind, genauso wie Sätze, nach bestimmten Mustern aufgebaut, wobei diese Muster allerdings flexibler sein dürften als die Satzmuster. In den siebziger Jahren entstanden viele Forschungsarbeiten darüber, wie Texte üblicherweise aufgebaut sind (zum Beispiel Grimes, 1975; Kintsch, 1977; Kintsch & van Dijk, 1976; Mandler & Johnson, 1977; Meyer, 1974; Rumelhart, 1975; Thorndyke, 1977; van Dijk, 1977; van Dijk & Kintsch, 1976). Den Forschern fiel auf, daß eine Reihe immer wiederkehrender Relationstypen dazu dient, Sätze zu größeren Textabschnitten zu organisieren; einige der dabei identifizierten Relationen sind in Tabelle 12.2 aufgelistet. Diese strukturellen Relationen geben an, wie ein Satz auf den Gesamttext bezogen werden soll. Die erste Textstruktur in Tabelle 12.2 (Antwort) beispielsweise weist den Leser an, eine Gruppe von Sätzen mit der Lösung von Problemen in Verbindung zu bringen, die durch andere Sätze aufgeworfen werden. Diese Strukturrelationen können auf jeder Ebene des Textes vorkommen. Das bedeutet, daß jeder der acht in der Tabelle genannten Relationstypen die zentrale Relation bilden kann, nach der ein Textabschnitt aufgebaut ist. Unterpunkte in einem Abschnitt können ebenso nach einer dieser Relationen aufgebaut sein.

Tabelle 12.2: Eine Auswahl möglicher Typen von Relationen zwischen den Sätzen eines Textes

Relationstyp	Beschreibung
1. Antwort	Auf eine gestellte Frage folgt eine Antwort, oder ein Problem wird vorgestellt und seine Lösung folgt.
2. Spezifizierung	Nach einer allgemeineren Darstellung werden spezifische Informationen gegeben.
3. Erklärung	Für einen Sachverhalt wird eine Erklärung gegeben.
4. Beweis	Zur Unterstützung einer Aussage werden Beweise vorgelegt.
5. Reihenfolge	Argumente werden in ihrer zeitlichen Abfolge zusammenhängend dargeboten.
6. Ursache	Ein Ereignis wird als Ursache eines anderen Ereignisses dargestellt.
7. Ziel	Ein Ereignis wird als Ziel eines anderen Vorgangs dargestellt.
8. Aufzählung	Sachverhalte werden in loser Struktur aufgeführt. (Hier handelt es sich vielleicht um einen Fall, in dem keine wirkliche Ordnungsrelation besteht.)

Tabelle 12.3:   Die Analyse des Textabschnitts über Sittiche (aus Meyer, 1974)

I. A erklärt B.

A. Die Farbmutanten der Sittiche mit grünem Körper und gelbem Gesicht wurden
    sorgfältig gezüchtet. Die historische Reihenfolge war:
    1. Ihre natürliche Heimat war Australien.
        Genauere Einzelheit:
        a. Dort ist ihre Farbe eine Kombination aus Hellgrün am Körper und Gelb im
            Gesicht.
    2. Die ersten lebenden Sittiche wurden 1840 von John Gould von Australien nach
        Europa gebracht.
        Genauere Einzelheit:
        a. John Gould war Naturforscher.
    3. Die erste Farbmutation tauchte 1872 in Belgien auf.
        Genauere Einzelheit:
        a. Diese Vögel waren völlig gelb.
    4. Die himmelblaue Mutation trat 1878 in Europa auf.
        Genauere Einzelheiten:
        a. Diese Vögel haben himmelblaue Körper und weiße Gesichter.
        b. Dies ist die beliebteste Farbe in den USA.

B. Heutzutage ist bei Sittichen eine große Vielfalt von Farben im Handel erhältlich.
    Belege dafür:
    1. Das Komitee für Farben und Fachfragen der Wellensittichvereinigung zählt über
        66 Farben bei Sittichen auf.
    2. Es sind viele Farben erhältlich. Eine Aufzählung der Farben ergibt:
        a. Die ursprünglichen gelb-grünen Vögel
        b. Violettöne
        c. Blautöne
        d. Grautöne
        e. Grüntöne
        f. Gelbtöne
        g. Weißtöne

Um einmal zu sehen, wie sich die Relationen aus Tabelle 12.2 anwenden lassen,
betrachten wir Meyers (1974) Analyse des folgenden Textabschnitts:

Abschnitt über Sittiche

Die große Vielfalt in den Farben von Sittichen, die heutzutage im Handel erhältlich
sind, beruht auf einer sorgfältigen Züchtung von Farbmutanten in der Nachkom-
menschaft von Sittichen mit grünem Körper und gelbem Gesicht. Die Farbkombi-
nation aus hellgrünem Körper und gelbem Gesicht ist die Farbe, die die Sittiche in
ihrer natürlichen Heimat Australien haben. 1849 wurden die ersten lebenden Sitti-

che von dem Naturforscher John Gould von Australien nach Europa gebracht. Die erste Farbmutation tauchte 1872 in Belgien auf; diese Vögel waren völlig gelb. In den USA ist Himmelblau die beliebteste Sittichfarbe. Diese Vögel haben himmelblaue Körper und weiße Gesichter; diese Farbmutation trat 1878 in Europa auf. Das Komitee für Farben und Fachfragen der Wellensittichvereinigung zählt über 66 verschiedene Farben bei Sittichen auf. Neben den ursprünglichen Vögeln mit grünem Körper und gelbem Gesicht gibt es unterschiedliche Schattierungen in den Farben Violett, Blau, Grün, Gelb und Weiß. (Meyer, 1974, S. 61.)

Die Analyse der Autorin zu diesem Abschnitt ist in Tabelle 12.3 in einiger Annäherung wiedergegeben. Man beachte, daß bei dieser Analyse verschiedene Fakten als Haupt- oder Unterpunkte eingeordnet werden. Auf oberster Ebene findet sich in diesem Abschnitt das Aufbauprinzip der Erklärung (in Tabelle 12.3 der dritte Typ). Genauer betrachtet, sind die wichtigsten Punkte in dieser Erklärung, daß (A) Farbmutanten sorgfältig gezüchtet wurden und (B) eine große Vielfalt an Sittichfarben existiert, wobei A als Erklärung für B angegeben wird. Unter Punkt A sind einige Ereignisse aus der Geschichte der Sittichzucht angeordnet; hier kann der Aufbau als Beispiel für die Relation der Reihenfolge gelten. Unterhalb dieser Ereignisse sind spezifische Einzelheiten eingeordnet. So wird unter A2 beispielsweise die Tatsache angeführt, daß John Gould Naturforscher war. Unter Punkt B werden Belege zur Unterstützung der Behauptung einer großen Farbenvielfalt sowie Einzelheiten über die erhältlichen Farbvarianten aufgeführt.

Die Inhaltselemente eines längeren Textes können an Hand verschiedener semantischer Relationstypen hierarchisch organisiert sein.

Textstruktur und Gedächtnis

Durch eine ganze Reihe von Forschungsarbeiten wurde die psychologische Bedeutsamkeit der Textstruktur belegt. Es gibt eine Vielzahl von Theorievorschlägen, die sich darin unterscheiden, welches System von Relationen bei der Textanalyse nun genau verwendet werden sollte; insgesamt stimmen sie aber darin überein, daß die Aussagen eines Textes nach einer (im einzelnen näher zu beschreibenden) hierarchischen Struktur aufgebaut sind. Gedächtnisexperimente haben Anhaltspunkte dafür erbracht, daß Leser bis zu einem gewissen Grad auf solche hierarchischen Strukturen ansprechen.

Die hierarchische Struktur in der Meyerschen Analyse erinnert an die hierarchischen Strukturen, mit denen wir uns in Kapitel 6 im Zusammenhang mit dem Gedächtnis beschäftigt haben. An Hand der dort aufgeführten Daten würden wir erwarten, daß solche Hierarchien weitreichende Auswirkungen auf die Gedächtnisleistung haben – falls sie beim Textverstehen benutzt werden. Meyer konnte zeigen, daß Probanden für die Hauptpunkte einer solchen Struktur (also für Aussagen, die in der hierarchischen Struktur an höherer Stelle stehen) bessere Gedächtnisleistungen an den Tag legen. Beispielsweise erinnern sich die Probanden mit größerer Wahrscheinlichkeit daran, daß Farbmutanten sorgfältig gezüchtet wurden (Punkt A), als an die Tatsache, daß John Gould Naturforscher war (Punkt A2a).

Meyer, Brandt und Bluth (1978) untersuchten, ob Studenten die höheren Strukturebenen eines Textes erkennen – also die strukturellen Beziehungen, die auf den höheren Ebenen einer Hierarchie wie in Tabelle 12.3 bestehen. Sie fanden bei ihren Probanden beträchtliche Unterschiede im Hinblick auf die Fähigkeit, die oberen Strukturebenen zu erkennen, die einen Text organisieren. Darüber hinaus stellten die Autoren fest, daß die Fähigkeit, die ranghöchste Struktur eines Textes zu bestimmen, einen wichtigen Prädiktor dafür bildet, wie gut der Text im Gedächtnis behalten wird. Bartlett (1978) fand in einer weiteren Untersuchung an Neuntkläßlern, daß nur elf Prozent der Schüler die in der Hierarchie höherstehenden Strukturen bewußt erkannten und verwendeten, um sich den Textinhalt einzuprägen. Diese Teilstichprobe schnitt bei ihren Reproduktionen doppelt so gut ab wie andere Schüler. Bartlett wies ebenso nach, daß die Reproduktionsleistung mehr als verdoppelt werden konnte, wenn man mit den Schülern übte, Strukturen der oberen Hierarchieebene zu erkennen und zu benutzen.

Neben dieser hierarchischen Struktur wird ein Text in der Regel auch durch kausale und logische Strukturen zusammengehalten. Dies wird in Erzählungen am deutlichsten, wo bei einer Folge von Ereignissen das eine Ereignis das nächstfolgende verursacht. Bei den in Kapitel 5 behandelten Skripts handelt es sich um eine Art von Wissensstrukturen, mit deren Hilfe sich solche kausalen Beziehungen enkodieren lassen. Oft werden diese kausalen Verbindungen nicht explizit angegeben, sondern müssen eher erschlossen werden. Beispielsweise hören wir in den Nachrichten folgendes:

- Ein Unfall ereignete sich am Parkway East. Der Verkehr wird über Wilkingsburg umgeleitet.

Es bleibt den Zuhörern überlassen zu erschließen, daß die erste Tatsache die Ursache für die zweite Tatsache bildet. Keenan, Baillet und Brown (1984) untersuchten den Einfluß der Wahrscheinlichkeit einer kausalen Beziehung, die zwei Sätze miteinander verbindet, auf die Verarbeitung des zweiten Satzes. Die Probanden sollten Satzpaare lesen, deren jeweils erster Satz beispielsweise einer der folgenden sein könnte:

1a. Karls großer Bruder boxte ihn andauernd.
1b. Karl raste den Berg hinunter und fiel vom Fahrrad.
1c. Karls verrückte Mutter wurde fürchterlich wütend auf ihn.
1d. Karl ging zum Spielen in ein Nachbarhaus.

Das Interesse der Autoren galt dem Effekt des ersten Satzes auf die Lesezeit für einen zweiten Satz, zum Beispiel den folgenden:

2. Am nächsten Tag hatte er am ganzen Körper blaue Flecken.

Die Sätze 1a bis 1d sind in absteigender Folge nach der Wahrscheinlichkeit geordnet, mit der eine kausale Beziehung zum zweiten Satz besteht. In Übereinstimmung damit fanden Keenan et al., daß die Lesezeit für Satz 2 von 2,6 Sekunden nach Ursachen wie in 1a, die sehr wahrscheinlich sind, bis zu 3,3 Sekunden nach Fakten wie in 1d, die kaum als Ursache in Frage kommen, anstieg. Es dauert länger, eine weniger naheliegende kausale Beziehung herzustellen.

Wirkungen kausaler Zusammenhänge gibt es auch bei der Wiedergabe. Diejenigen Teile einer Geschichte, die für die kausale Struktur der Geschichte zentraler sind, werden mit größerer Wahrscheinlichkeit wiedergegeben (Black & Bern, 1981; Trabasso, Secco & van den Broeck, 1984). Beispielsweise befaßten sich die Probanden bei Black und Bern mit Geschichten, in denen kausal zusammenhängende Sätze der folgenden Art vorkamen:

- Die Katze sprang auf den Küchentisch.
- Fred nahm die Katze und brachte sie nach draußen.

Solchen Satzpaaren stellen die Autoren Sätze gegenüber, die lediglich zeitlich miteinander verbunden sind:

- Die Katze rieb sich am Küchentisch.
- Fred nahm die Katze und brachte sie nach draußen.

Obwohl der zweite Satz in beiden Fällen derselbe ist, war die Gedächtnisleistung der Probanden besser, wenn der Satz zu einem kausal zusammenhängenden Paar gehörte.

Thorndyke (1977) hat weiterhin gezeigt, daß ein Text schlechter im Gedächtnis behalten wird, wenn der Textaufbau dem widerspricht, was man seine „natürliche" Struktur nennen würde. Einige Probanden befaßten sich mit einer Geschichte in ihrer ursprünglichen Version, während die Geschichte anderen Probanden in einer durcheinandergewürfelten Reihenfolge dargeboten wurde. Nach Vorgabe der Originalversion konnten die Teilnehmer 85 Prozent der Fakten wiedergeben, nach der veränderten Version jedoch nur 32 Prozent. Genau das würde man auch erwarten, wenn man die Befunde von Kapitel 7 heranzieht (beispielsweise das Experiment von Bower et al., 1969).

Mandler und Johnson (1977) wiesen nach, daß Kinder den kausalen Aufbau einer Geschichte viel schlechter reproduzieren können als Erwachsene. Erwachsene nennen Ereignisse zusammen mit ihren jeweiligen Folgen, während Kinder oft nur die Folgen wiedergeben; wie es dazu gekommen ist, lassen sie weg. Beispielsweise könnten Kinder von einer bestimmten Geschichte vielleicht noch wissen, daß die Butter schmolz, ohne sich daran zu erinnern, daß dies passierte, weil die Butter in der Sonne lag. Erwachsene haben mit solchen einfachen Kausalstrukturen keine Schwierigkeiten, aber die komplexen Beziehungen, die Textabschnitte miteinander verbinden, können auch sie nicht mühelos erkennen. Wie leicht fällt es Ihnen beispielsweise, die Beziehung anzugeben, die diesen Abschnitt mit dem vorangegangenen Text verbindet?

Palinscar und Brown (1984) entwickelten ein Trainingsprogramm, mit dem sich insbesondere Kinder darin üben können, Sachverhalte wie die kausale Struktur eines Textes zu erkennen und Fragen dazu zu formulieren. Die Autoren konnten das Leseverständnis von Siebtkläßlern mit schlechten Leistungen vom 20sten Perzentil der Testleistungsverteilung zum 56sten Perzentil anheben. Dies erinnert an die Befunde von Bartlett (1978), der Leseleistungen verbesserte, indem er Schüler darin trainierte, die hierarchische Struktur von Texten zu identifizieren.

Die Gedächtnisleistung für Textinhalte variiert in Abhängigkeit von der hierarchischen und kausalen Struktur des Textes und wird in der Regel besser, wenn man diese Struktur beachtet.

Das Modell des Textverstehens von Kintsch und van Dijk

Kintsch und van Dijk (1978) trugen viele der Ideen, die wir behandelt haben, in einem allgemeinen Informationsverarbeitungsmodell zusammen, das das Verstehen und Erinnern eines Textes beschreibt. Das Modell setzt voraus, daß die Prozesse der syntaktischen und semantischen Analyse bereits angewandt wurden, um den Text in eine Menge von Propositionen zu zergliedern; die Analyse von Kintsch und van Dijk konzentriert sich auf die weitere Verarbeitung des Textes, nachdem die Ausgangsmenge der Propositionen bereits identifiziert wurde. Als einfaches Beispiel betrachte man den Kurztext nach Kintsch (1979, S. 6):

Der Stamm der Swazi befand sich mit einem benachbarten Stamm im Krieg, weil sie sich über Vieh stritten. Unter den Kriegern waren zwei unverheiratete Männer, Kakra und sein jüngerer Bruder Gum. Kakra starb im Kampf.

Eine Analyse dieses Textes führt zu den folgenden Propositionen:

1. (Name, Stamm1, Swazi)
2. (benachbart, Stamm1, Stamm2)
3. (im-Krieg, Stamm1, Stamm2) = a
4. (Ursache, a, b)
5. (streiten, Stamm1, Stamm2, Vieh) = b
6. (darunter-sein, Krieger, Männer)
7. (Anzahl, Männer, zwei)
8. (unverheiratet, Männer)
9. (Name, Männer, [Kakra, Gum])
10. (jüngerer-Bruder-von, Kakra, Gum)
11. (sterben, Kakra, Kampf)

Nach dem Modell von Kintsch und van Dijk müssen beim Verstehen, wenn die Propositionen verarbeitet werden, neue Propositionen mit früheren verknüpft werden. Dies erfolgt durch das Überlappen von Ausdrücken. So kann die Proposition 2 leicht auf die Proposition 1 bezogen werden, weil beide im Hinblick auf den Ausdruck *Stamm1* überlappen. Normalerweise ist es leicht, die Propositionen innerhalb eines Satzes zu verbinden. Schwierigkeiten ergeben sich häufig, wenn man Propositionen über Satzgrenzen hinweg verknüpfen muß. Im obigen Beispiel ist es schwierig, die Proposition 6 mit dem Vorangegangenen zu verbinden. Man muß eine Inferenz bilden, um einen **Überbrückungsschluß** zu ziehen (Haviland & Clark, 1974). Im vorliegenden Fall besteht diese Inferenz darin, daß die Krieger in Proposition 6 zum Stamm der Swazi gehören. Nach Kintsch und van Dijk ist das Verstehen unter anderem dann erschwert, wenn solche Überbrückungsschlüsse erforderlich werden.

Kintsch und van Dijk nehmen an, daß es eine Kapazitätsbeschränkung für die Anzahl der Propositionen gibt, die man aktiv im Arbeitsgedächtnis behalten kann (siehe Kapitel 6; Kintsch und van Dijk schätzen die Kapazität auf durchschnittlich vier Propositionen). Diese Kapazitätsbeschränkung hat zwei wichtige Konsequenzen. Zum einen kann der Fall eintreten, daß es dem textverarbeitenden Menschen nicht gelingt, eine neue Proposition mit dem vorherigen Text zu verbinden, weil diese vorherige Proposition, die ein Überlappungsargument enthält, nicht mehr aktiv im Gedächtnis vorliegt. Wir haben im Zusammenhang mit der Referenz schon erwähnt, daß Leser um so mehr Zeit für die Verarbeitung eines referentiellen Ausdrucks benötigen, je weiter der zugehörige Referenzausdruck im Text zurückliegt. Kintsch und van Dijk erklären dies so, daß man frühere Propositionen aus dem Langzeitgedächtnis reaktivieren und nach einer Proposition suchen muß, die mit der aktuellen Proposition eine Argumentüberlappung aufweist; diesen Prozeß nennen sie die Reinstanzierung einer Proposition.

Die zweite Konsequenz der Beschränkung in der Anzahl aktiver Propositionen betrifft die Wiedergabe. Hier beziehen sich Kintsch und van Dijk auf schon vorliegende Forschungsergebnisse (siehe Kapitel 6) und nehmen an, daß mit zunehmender Zeitdauer, die eine Proposition aktiv gehalten wird, die Stärke ihrer Langzeitenkodierung anwächst und damit auch die Wahrscheinlichkeit für ihre letztendliche Wiedergabe größer wird. Da die Anzahl der Propositionen, die man aktiv im Arbeitsgedächtnis halten kann, begrenzt ist, muß man eine Auswahl treffen, welche Propositionen im Arbeitsgedächtnis bleiben sollen und welche ausgesondert werden. Je nachdem, welche Propositionen man dabei herausgreift, ergeben sich unterschiedliche Wiedergabestärken.

In dem Modell von Kintsch und van Dijk wird an dieser Stelle angenommen, daß eine Kombination aus zeitlicher Nähe und Wichtigkeit der Information verwendet wird, um diejenigen Propositionen auszuwählen, die aktiv gehalten werden. Die Autoren schlagen die sogenannte **Leading-edge-Strategie** vor, derzufolge die Probanden diejenige Proposition aktiv halten, die gerade eben verarbeitet wurde, und weitere Propositionen, die in der hierarchischen Darstellung eines Textes dieser Proposition übergeordnet sind (siehe zum Beispiel Tabelle 12.3). (Der Ausdruck „leading edge" erklärt sich aus der Art, in der Kintsch und van Dijk die Verbindungen zwischen den Propositionen eines Textes in Form eines Hierarchiegraphs darstellen; die im Arbeitsgedächtnis aktiv gehaltenen Propositionen sind gerade die, die entlang der „führenden Kante" dieses Graphs angeordnet sind.) Nach Lesen der Proposition 5 über den Viehstreit würde man demnach sowohl diese Proposition beibehalten als auch die hierarchiehöhere Proposition 4, die Proposition 5 mit der Proposition über den Krieg zwischen den Stämmen verbindet. In neuerer Zeit zeigte Fletcher (1986) an Hand der Untersuchung von Leseprotokollen, daß Probanden nicht nur die hierarchiehohen Propositionen aktiv halten, sondern auch diejenigen Propositionen, die in kausaler Hinsicht wichtig sind. Das stimmt mit den anderen Befunden überein, nach denen sowohl die Position in der Textstruktur als auch die kausale Verknüpfungsstärke bei der Textverarbeitung eine wichtige Rolle spielen. Aus solchen Strategien, bei denen die zentraleren Propositionen länger im Gedächtnis aktiviert bleiben, folgt, daß die hierarchisch und kausal entscheidenden Fakten in einem Text um so besser reproduziert werden. Belege für diese Vorhersage haben wir bereits im vorigen Abschnitt behandelt.

Kintsch und van Dijk postulieren zwei Arten von Elaborationen, die ein Leser macht, um die Propositionen im Text anzureichern. Zum einen sind das die schon erläuterten Überbrückungsinferenzen, bei denen schlußfolgernd erschlossene Propositionen hinzugefügt werden, um ansonsten unverbundene Ausdrücke zu verknüpfen. Die zweite Art von Elaborationen ist die Bildung sogenannter Makropropositionen, bei denen es sich um Zusammenfassungen des Wesentlichen eines Textes handelt. So könnte eine zusammenfassende Proposition für den Text am Anfang dieses Abschnitts lauten: *Ein Soldat starb im Krieg.* Die Bildung solcher Makropropositionen führt auch zu dem beobachteten Phänomen der besseren Wiedergabeleistung für die wichtigen Punkte eines Textes im Vergleich zu den Details.

Kintsch und Vipond (1979) beschreiben eine interessante Anwendung dieser Analyse auf die Ansprachen von Eisenhower und Stevenson während der Wahlkampagne zum Präsidentenamt im Jahre 1952. Es wurde behauptet, daß Stevenson die Wahl verloren hat, weil seine Reden nur schwer verständlich waren. Vergleicht man die Reden beider Kandidaten jedoch mit Hilfe von Standardverfahren der Verständlichkeitsmessung, bei denen Merkmale wie die durchschnittliche Wortlänge, die Worthäufigkeit und die Satzlänge berücksichtigt werden, dann erhält man für die Reden Eisenhowers komplexere Beschreibungswerte. Wendet man andererseits das Verstehensmodell von Kintsch und van Dijk auf Stevensons Reden an, stellt sich heraus, daß diese eine Reihe von Überbrückungsinferenzen und von Suchprozessen nach reinstanzierbaren Propositionen erforderlich machten, um die Bezüge herzustellen, was bei Eisenhowers Ansprachen nicht der Fall war. Daraus ergibt sich, daß es die Zuhörer zu anstrengend fanden, die referenziellen Bezüge in Stevensons Reden zu integrieren.

Nach Kintsch und van Dijk verarbeiten Leser beim Textverstehen eine Proposition nach der anderen und versuchen dabei, neue Propositionen einer zusammenhängenden Struktur von Propositionen hinzuzufügen, die sie aktiv im Gedächtnis halten.

Fazit

Die Anzahl und Vielfalt der Themen, die in diesem Kapitel behandelt wurden, belegen den eindrucksvollen kumulativen Fortschritt, der im Bereich des Sprachverstehens erreicht wurde. Es ist nicht ungerecht, darauf hinzuweisen, daß wir praktisch nichts über das Sprachverstehen wußten, als sich vor 40 Jahren die Kognitive Psychologie aus dem Zusammenbruch des Behaviorismus erhob. Nun verfügen wir über ein recht klares Bild darüber, was sich beim Sprachverstehen abspielt, und zwar in Größenordnungen von 100 Millisekunden nach dem Hören eines Wortes bis zur Integration längerer Passagen komplexer Texte. Auf dem Gebiet der Sprachverarbeitung treten mehrere theoretische Kontroversen in Erscheinung; einige davon haben wir in unserer Übersicht über das Forschungsgebiet angesprochen (zum Beispiel die Frage, ob die frühen Prozesse der Sprachverarbeitung unabhängig von den anderen Bereichen der Kognition erfolgen). Solche Kontroversen sollten uns aber nicht den Blick für die beeindruckenden Fortschritte verstellen. Die Spannung im Forschungsgebiet hat auch viel Licht erzeugt.

Anmerkungen und Literaturhinweise

Das Lehrbuch von Clark und Clark (1977) ist mittlerweile ein klassischer Text zur Textverarbeitung. Just und Carpenter (1987) geben einen neueren Überblick über die Literatur zum Sprachverstehen; ihr Schwerpunkt liegt auf dem Lesen. Zu den neueren Texten gehören Singer (1980) sowie Taylor und Taylor (1990). Garfield (1987) enthält eine Reihe von Artikeln, die die Frage der Modularität beim Sprachverstehen betreffen. In der Computerlinguistik wurden verschiedene Programme zur Verarbeitung natürlicher Sprache vorgeschlagen. Zum Nachschlagen eignen sich unter anderem Marcus (1980), Berwick und Weinberg (1984), Kaplan und Bresnan (1982) sowie Dowty, Kartunnen und Zwicky (1985).

Black (1984) gibt einen Überblick über die Forschungen zum Geschichtenverstehen. Kintsch und van Dijk (1978) sowie van Dijk und Kintsch (1983) beschreiben ihre Theorie. Die Anwendung solcher Textstrukturen wurde dahingehend kritisiert (Black & Wilensky, 1979), daß sie zu strukturell-syntaktisch und formal defizitär definiert seien; außerdem trügen sie dem Weltwissen nicht genügend Rechnung.

Im deutschsprachigen Bereich haben Rickheit und Strohner (1993) eine lehrbuchartige Übersicht über die kognitive Sprachverarbeitung vorgelegt, in der auch die Ansätze der maschinellen Sprachverarbeitung erläutert werden. Ein grundlagenwissenschaftlich präzises und doch auch anwendungsfreundliches Buch zur Psychologie des Textverstehens stammt von Ballstaedt, Mandl, Schnotz und Tergan (1981); die klassischen Ansätze sowohl zum Textverstehen als auch zur Textverständlichkeit behandelt Groeben (1982) in seiner *Leserpsychologie*. Die Frage der Herstellung referentieller Zusammenhänge beim Textverstehen behandelt Schnotz (1994) ausführlich im Zusammenhang mit dem Wissenserwerb mit Texten. Einen Ansatz, den angeführten Kritikpunkten der traditionellen Strukturtheorien des Textverstehens gerecht zu werden, bieten die sogenannten mentalen Modelle; hierzu findet sich bei Schnotz (1988) eine gute Übersicht. In Mangold-Allwinn, Barattelli, Kiefer und Koelbing (1995) werden unter anderem die psychologischen Effekte definiter und indefiniter Referenz behandelt. Eine detaillierte Darstellung des Verarbeitungsmodells von Kintsch und van Dijk und seiner Kritikpunkte findet sich in Grabowski (1991). Van Dijks theoretische Vorstellungen zur Bildung von Makropropositionen sind auch auf deutsch erschienen (1980).

13. Differentielle Aspekte der Kognition

Offensichtlich gibt es von Mensch zu Mensch Unterschiede im Denken. Diese Unterschiedlichkeit der Kognition besteht auf vielen Dimensionen, und da Menschen ihrer Natur nach einer bewertenden Spezies angehören, fällt ihnen besonders auf, daß manche Menschen „bessere" Leistungen bei bestimmten kognitiven Aufgaben erbringen als andere. Dieser Sachverhalt wird oft mit dem Begriff „Intelligenz" belegt – einige Menschen werden als intelligenter wahrgenommen als andere. In Kapitel 1 haben wir die Intelligenz als definierendes Merkmal der menschlichen Spezies betrachtet. Wenn man also einige Mitglieder einer Spezies als intelligenter als andere Mitglieder bezeichnet, so kann dies als eine ziemlich herausfordernde Behauptung erscheinen. Wie wir noch sehen werden, ist die menschliche Kognition jedoch zu komplex, um Menschen ihrer Intelligenz nach auf einer eindimensionalen Skala zu bewerten.

In diesem Kapitel werden wir uns individuellen Unterschieden zuwenden. Zum einen sind sie für sich selbst genommen interessant, zum anderen werfen sie Licht auf die allgemeine Beschaffenheit der menschlichen Kognition. Zunächst beschäftigen wir uns mit den Veränderungen der menschlichen Kognition, die mit der Entwicklung vom Kind zum jungen Erwachsenen bis hin zum älteren Erwachsenen einhergehen. Anschließend erörtern wir Unterschiede der Kognition zwischen Menschen gleichen Alters.

Das gesamte Kapitel hindurch wird uns dabei die Anlage-Umwelt-Debatte begleiten. Ist bei bestimmten kognitiven Aufgaben die Leistung einiger Menschen besser, weil sie angeborenermaßen von der Natur mit einem höheren Potential für diese Art von Aufgaben ausgestattet sind oder weil sie mehr Wissen gelernt haben, das für diese Aufgaben relevant ist? Die Antwort lautet, daß es von beidem etwas ist, und wir werden daher einige Wege aufzeigen, wie das mitgebrachte Potential und die Erfahrungen zur menschlichen Intelligenz beitragen.

Die kognitive Entwicklung

Ein Teil der Einzigartigkeit der menschlichen Spezies betrifft die Art, wie Kinder geboren werden und wie sie sich bis zum Erwachsenen entwickeln. Menschen sind im Verhältnis zu ihrer Körpergröße mit einem sehr großen Gehirn ausgestattet, woraus in der Evolution ein Problem entstand: Wie ließ sich die Geburt von Säuglingen mit so großen Gehirnen bewerkstelligen? Ein Weg der Evolution war die fortschreitende Vergrößerung des Geburtskanals, der mittlerweile so groß ist, wie es angesichts der gegebenen Beschränkungen von Säugetierskeletten gerade noch möglich erscheint (Geschwind, 1980). Darüber hinaus ist der Schädel von Säuglingen bei der Geburt so plastisch verformbar, daß er in eine Kegelform zusammengepreßt werden kann und so durch den Geburtskanal paßt. Der Geburtsprozeß ist beim Menschen im Vergleich zu den meisten anderen Säugetieren immer noch ausgesprochen schwierig.

Diese evolutionären Modifikationen würden jedoch nicht ausreichen, wenn der Mensch mit einem vollständig entwickelten Gehirn zur Welt käme. Im Vergleich zu vielen anderen Säugetieren werden Menschen mit einem unreifen Gehirn geboren, das bei der Geburt ein Volumen von nur etwa 300 Kubikzentimetern aufweist. Im Laufe des ersten Lebensjahres verdoppelt sich seine Größe (etwa 700 Kubikzentimeter), und noch bevor ein Mensch die Pubertät erreicht, wächst sein Gehirnvolumen abermals auf das Doppelte an. Bei den meisten anderen Säugetieren vergrößert sich das Gehirn nach der Geburt nicht mehr in diesem Ausmaß (Gould, 1977). Da die Ausdehnung des menschlichen Geburtskanals ihre äußerste Grenze erreicht hat, mußte ein Großteil unserer neuronalen Entwicklung auf die Zeit nach der Geburt verlegt werden.

Trotz der neunmonatigen Entwicklung im Mutterleib sind Menschen zum Zeitpunkt der Geburt recht hilflos und brauchen außerordentlich lange, nämlich etwa 15 Jahre, um bis zur Geschlechtsreife heranzuwachsen – diese Zeitspanne entspricht etwa einem Fünftel der Lebenszeit. Vergleichen Sie diese Entwicklung einmal mit der eines kleinen Hundes: Nach nur neunwöchiger Tragezeit wird ein Welpe geboren, der lebenstüchtiger ist als ein neugeborenes Kind. In weniger als einem Jahr, etwa einem Zehntel seiner Lebenszeit, ist er zu seiner vollen Größe ausgewachsen und fortpflanzungsfähig.

Die Kindheit dauert beim Menschen länger, als es die Entwicklung eines großen Gehirns erfordern würde. Tatsächlich ist ein großer Teil der neuronalen Entwicklung im Alter von zwei Jahren abgeschlossen, im Alter von fünf Jahren nahezu die gesamte neuronale Entwicklung. Die lange Kindheitsphase beruht darauf, daß die gesamtkörperliche Entwicklung so langsam verläuft. Man hat darüber spekuliert (de Beer, 1959), ob dies nicht der Funktion dient, Kinder in einem Abhängigkeitsverhältnis zu den Erwachsenen zu halten. Um ein kompetenter Erwachsener zu werden, muß man viel lernen, und dadurch, daß man so lange Kind bleibt, hat man genügend Zeit, sich diesen Lernstoff anzueignen. Die Kindheit ist die Lehrzeit für das Erwachsenenalter.

Die moderne Gesellschaft ist so komplex, daß wir nicht alles lernen können, indem wir einfach 15 Jahre lang mit unseren Eltern zusammenleben. Um das erforderliche Wissen zu erlangen, hat die Gesellschaft Institutionen wie zum Beispiel Schulen und Universitäten geschaffen. Es ist nicht ungewöhnlich, daß Menschen mehr als 25 Jahre – fast so lange wie ein Berufsleben – damit verbringen, sich auf ihre Rolle innerhalb der Gesellschaft vorzubereiten.

Die Entwicklung des Menschen ist im Vergleich zu anderen Säugetieren verzögert, um das Wachstum eines großen Gehirns und die Aneignung einer großen Wissensmenge zu ermöglichen.

Die Entwicklungsstufen nach Piaget

Entwicklungspsychologen haben versucht, die intellektuellen Veränderungen zu verstehen, die im Zuge des Wachstums von der Kindheit bis zum Erwachsenenalter auftreten. Sie wurden in ihrem Verständnis insbesondere durch den Schweizer Psychologen Jean Piaget (seiner Ausbildung nach war er Biologe) beeinflußt, der über ein halbes Jahrhundert lang die Kindesentwicklung untersuchte und Theorien hierzu vorlegte. Ein Großteil der aktuellen Arbeiten zur kognitiven Entwicklung innerhalb des Informationsverarbeitungsansatzes betrifft eine Korrektur und Neustrukturierung von Piagets Theorie der kognitiven Entwicklung. Trotz dieser Reinterpretationen hat seine Forschung eine große Anzahl von Beobachtungen qualitativer Art zur kognitiven Entwicklung hervorgebracht, die sich auf die Periode zwischen der Geburt und dem Erwachsenenalter beziehen. Um ein Bild von der allgemeinen Beschaffenheit der kognitiven Entwicklung während der Kindheit zu erhalten, lohnt es sich, Piagets Beobachtungen zu erörtern.

Bei der Geburt fehlen einem Kind Piaget zufolge nahezu alle grundlegenden kognitiven Fähigkeiten, über die ein Erwachsener verfügt; es entwickelt diese Fähigkeiten erst allmählich, indem es eine Reihe von Entwicklungsstufen durchläuft. Piaget unterscheidet vier wichtige Stufen: Die erste, die **sensumotorische Stufe**, umfaßt die ersten beiden Lebensjahre. Auf dieser Stufe entwickeln Kinder Schemata über die physikalische Welt, zum Beispiel die Vorstellung von einem Objekt als einem beständigen Gegenstand in der Welt. Die zweite Stufe ist die **präoperatorische Stufe**, die den Zeitraum zwischen dem zweiten und dem siebten Lebensjahr umfaßt. In dieser zweiten Phase ist ein Kind zu internalem Denken über die Welt fähig; die mentalen Prozesse sind jedoch noch intuitiv, und es fehlt ihnen die Systematik. Diesen Sachverhalt illustriert die folgende Antwort eines vierjährigen Kindes, das gebeten wurde, ein selbstgemaltes Bild von einem Bauernhof und einigen Tieren zu beschreiben: „Zuerstmal ist hier ein Haus, in dem die Tiere wohnen. Ich wohne in einem Haus und meine Mami und mein Papi auch. Das ist ein Pferd. Ich habe Pferde im Fernsehen gesehen. Hast Du einen Fernseher?"

Die nächste Stufe ist die **konkret-operatorische Stufe**, die den Zeitraum zwischen dem siebten und dem elften Lebensjahr umfaßt. Auf dieser Stufe entwickeln Kinder eine Reihe mentaler Operationen, die es ihnen ermöglichen, sich auf eine systematische Art und Weise mit der physikalischen Welt auseinanderzusetzen. Im Hinblick auf die Fähigkeit zum abstrakten Denken bestehen auf dieser Stufe jedoch immer noch erhebliche Einschränkungen. Die Fähigkeit, abstrakt zu denken, tritt auf der vierten Stufe, der **formal-operatorischen Stufe**, auf, die vom elften bis zum fünfzehnten Lebensjahr andauert. Hat das Kind dieses Stadium durchlaufen, so ist es hinsichtlich seiner kognitiven Entwicklung ein Erwachsener und zum schlußfolgernden, wissenschaftlichen Denken fähig. Piaget betrachtet solches Denken als paradigmatisch für reifes intellektuelles Funktionieren.

Piagets Stufenkonzeption war schon immer ein umstrittenes Thema in der Entwicklungspsychologie. Es ist ja offensichtlich nicht so, daß ein Kind an seinem elften Geburtstag plötzlich von der Stufe der konkreten Operationen zur Stufe der formalen Operationen übergeht. Es gibt enorme Unterschiede zwischen einzelnen Kindern und auch zwischen verschiedenen Kulturen. Bei den Altersangaben kann es sich nur um grobe Anhaltspunkte handeln. Auch wenn man die Entwicklung eines einzelnen Kindes sorgfältig analysiert, findet man in keiner Altersstufe sprunghafte Übergänge. Um dem stetigen Verlauf der

Entwicklung Rechnung zu tragen, wurden zwei Wege beschritten: entweder (i) untergliederte man die Stufen in kleinere Teilstufen oder (ii) man interpretierte die Stufen als eine einfache Möglichkeit, einen von Natur aus eigentlich allmählichen und kontinuierlichen Prozeß zu kennzeichnen.

Ebenso wichtig wie Piagets Stufenkonzeption sind seine Analysen der Leistungen von Kindern, wenn ihnen spezifische Aufgaben für diese Entwicklungsstufen gegeben werden. Diese Aufgabenanalysen lieferten Piaget das empirische Material, um seine breit angelegte und abstrakte Charakterisierung der Stufen zu untermauern. Die im folgenden Abschnitt besprochene Aufgabe ist vielleicht die bekannteste und entstammt Piagets Forschungen zur Invarianz.

Piaget vertritt die Ansicht, daß sich die kognitive Entwicklung des Kindes in vier Stufen wachsender intellektueller Fähigkeiten vollzieht: der sensumotorischen Stufe, der präoperatorischen Stufe, der konkret-operatorischen Stufe und der formal-operatorischen Stufe.

Invarianz

Der Begriff **Invarianz** bezieht sich ganz allgemein auf das Wissen eines Kindes, was bei welchen Transformationen erhalten bleibt. Das Erkennen der Invarianz entwickelt sich mit dem Durchlaufen der Stufen nach Piaget.

Invarianz auf der sensumotorischen Stufe: Als einen der ersten Sachverhalte muß ein Kind erkennen, daß Dinge trotz Transformationen in der Zeit und im Raum weiterbestehen. Piaget schloß aus seinen Experimenten, daß Kinder, wenn sie auf die Welt kommen, nicht mit diesem Wissen ausgestattet sind. Vielmehr entwickeln sie ein Konzept der Objektpermanenz während des ersten Lebensjahres. Wird ein Spielzeug, nach dem ein sechs Monate alter Säugling gerade greift, mit Stoff bedeckt, so hört das Kind auf, danach zu greifen und verliert das Interesse daran (vgl. Abbildung 13.1). Es ist, als hörte für das Kind das Objekt auf zu existieren, sobald es aus dem Blickfeld verschwindet.

Nach Piaget entwickelt sich das Konzept der Objektpermanenz langsam und stellt eine der größten intellektuellen Entwicklungen auf der sensumotorischen Stufe dar. Ein etwas älterer Säugling wird nach einem Objekt, das versteckt wurde, suchen; allerdings zeigen etwas anspruchsvollere Tests, daß das kindliche Verständnis der Objektpermanenz noch Unzulänglichkeiten aufweist. In einem Experiment wird etwa ein Objekt unter eine Abdeckung *A* gelegt, dann vor den Augen des Säuglings wieder hervorgeholt und unter die Abdeckung *B* gelegt. Oft suchen die Kinder das Objekt unter Abdeckung *A*. Piaget ist der Auffassung, daß das Kind nicht verstehe, daß sich das Objekt immer noch am Platz *B* befindet. Erst nach dem zwölften Lebensmonat löst ein Kind solche Aufgaben regelmäßig mit Erfolg.

Invarianz auf der präoperatorischen und der konkret-operatorischen Stufe: Viele wichtige Fortschritte im Verständnis der Invarianz treten etwa im Alter von sechs Jahren auf, was nach Piaget dem Übergang von der präoperatorischen zur konkret-operatorischen Stufe entspricht. Man kann zeigen, daß Kindern unter sechs Jahren grobe Fehler beim

Abb. 13.1 Ein Beispiel für die offensichtliche Unfähigkeit eines Säuglings, die Objektpermanenz zu verstehen (aus Santrock & Yussen, 1989).

Verständnis der Objektpermanenz unterlaufen. Ab sechs Jahren beginnen die Kinder, diese Fehler zu korrigieren. Die möglichen Gründe für diese Veränderung wurden kontrovers diskutiert, und unterschiedliche Theoretiker verwiesen dabei unter anderem auf die Sprache (Bruner, 1964) und auf Effekte der Einschulung (Cole & D'Andrade, 1982). Wir werden uns hier mit einer Darstellung der Veränderungen begnügen, die das Verständnis des Kindes für die Invarianz von Mengen betreffen.

Als Erwachsene können wir nahezu auf Anhieb erkennen, daß sich vier Äpfel in einer Schale befinden, und wir wissen mit Bestimmtheit, daß es vier Äpfel bleiben werden, wenn man sie in eine Tasche legt. Piaget interessierte sich dafür, auf welche Weise ein Kind ein Mengenkonzept entwickelt und wie es lernt, daß Mengen trotz verschiedener Transformationen (beispielsweise das Bewegen der Objekte von einer Schale in eine Tasche) erhalten bleiben. Eine typische Invarianzaufgabe, die Psychologen zahllosen Vor-

schulkindern in vielen Variationen gestellt haben, zeigt Abbildung 13.2. Dem Kind werden zwei Reihen von Objekten vorgegeben, zum Beispiel Spielsteine. Beide Reihen enthalten gleich viele Objekte, die so angeordnet sind, daß sie sich paarweise entsprechen. Man stellt nun die Frage, ob in beiden Reihen gleich viele Objekte liegen, was das Kind mit Ja beantwortet. Man kann das Kind nun auffordern, die Objekte in beiden Reihen zu zählen, um seine Schlußfolgerung zu verifizieren. Schließlich wird eine der Reihen vor den Augen des Kindes zusammengeschoben, so daß sie kürzer als die andere ist; dies geschieht, ohne einen Spielstein hinzuzufügen oder zu entfernen. Auf die Frage, welche Reihe mehr Objekte enthält, antwortet das Kind nun: die längere Reihe. Es scheint nicht zu wissen, daß eine Menge etwas ist, das über verschiedene Transformationen (beispielsweise eine räumliche Verdichtung) hinweg gleich bleibt. Fordert man das Kind nun auf, die Objekte in beiden Reihen zu zählen, so zeigt es sich sehr erstaunt darüber, daß die Anzahl der Objekte in beiden Reihen gleich ist.

Abb. 13.2 Ein typisches Experiment zur Überprüfung des Invarianzbegriffs an Hand von Mengen (aus Santrock & Yussen, 1989).

Die mangelnde Invarianzleistung entsteht im allgemeinen dadurch, daß sich Kinder von irrelevanten physikalischen Merkmalen einer Anordnung ablenken lassen. Abbildung 13.3 veranschaulicht diesen Sachverhalt an Hand eines weiteren Beispiels, einer Aufgabe zur Invarianz von Flüssigkeiten. Man zeigt einem Kind zwei gleichgroße Bechergläser, die beide gleich viel Wasser enthalten, sowie einen leeren Meßzylinder, der hoch und schmal ist. Man fragt nun, ob die beiden gleichen Bechergläser gleich viel Wasser enthalten, und das Kind antwortet mit Ja. Anschließend wird das Wasser aus dem einen Becherglas in den Meßzylinder geschüttet. Fragt man das Kind jetzt, ob die Wassermenge in beiden Behältern übereinstimmt, so wird das Kind behaupten, daß sich in dem hohen Meßzylinder mehr Wasser befinde. Kinder werden durch den äußeren Anschein abgelenkt und stellen keinen Zusammenhang zwischen den beiden Tatsachen her, daß die Flüssigkeitsmenge unverändert ist und daß sie gesehen haben, wie das Wasser vom Becherglas in den Meßzylinder geschüttet wurde. Bruner (1964) hat nachgewiesen, daß Kinder diesen

Invarianzfehler seltener begehen, wenn man den Meßzylinder verbirgt, während er gefüllt wird; in diesem Fall sieht das Kind die hohe Wassersäule nicht, und es wird nicht durch die äußere Erscheinung abgelenkt. Insgesamt handelt es sich demzufolge darum, daß das Kind von der äußeren Erscheinung überwältigt wird, und nicht, daß das Kind nicht wüßte, daß die Wassermenge erhalten bleibt, wenn man das Wasser umgießt.

Fehler bei der Invarianzbeurteilung wurden auch im Zusammenhang mit Gewichten und dem Volumen fester Körper aufgezeigt (zur Diskussion von Untersuchungen zur Invarianz vgl. Brainerd, 1978; Flavell, 1985; Ginsburg & Opper, 1980). Anfangs galten Invarianzfehler auf der präoperatorischen Stufe als mehr oder weniger einheitliches Phänomen. Mittlerweile ist jedoch klar, daß Kinder bei manchen Aufgaben früher eine zutreffende Invarianzbeurteilung zeigen als bei anderen. Die Invarianz von Mengen wird beispielsweise früher erkannt als die Invarianz von Flüssigkeiten. Außerdem beurteilen Kinder, die sich am Übergang von zwei Stufen befinden, die Mengeninvarianz in einigen Experimenten zutreffend, in anderen jedoch nicht.

Invarianz auf der formal-operatorischen Stufe: Wenn Kinder in das formal-operatorische Stadium gelangen, dann erreicht ihre Einsicht des Invarianzbegriffs neue Ebenen der Abstraktion. Sie sind nun in der Lage, die idealisierten Invarianzen zu verstehen, die Bestand-

Abb. 13.3 Ein typisches Experiment zur Überprüfung des Invarianzbegriffs an Hand von Flüssigkeiten (aus Santrock & Yussen, 1989).

teil moderner Wissenschaften sind. Dies schließt Konzepte wie die Invarianz von Energie (Energieerhaltung) und die Invarianz von Bewegung ein. Wird ein Objekt erst einmal in Bewegung versetzt, so bewegt es sich in einer Welt ohne Reibung immer weiter. Dies ist etwas, was das Kind niemals beobachtet, es wird jedoch diese Abstraktion sowie den Zusammenhang zwischen einer Abstraktion und einer Erfahrung der realen Welt zu verstehen lernen.

Wenn Kinder sich entwickeln, dann erlangen sie zunehmend Einsicht darin, welche Eigenschaften von Objekten unter welchen Transformationen erhalten (invariant) bleiben.

Was entwickelt sich?

Natürlich vollziehen sich im Laufe der Kindheit – wie Piaget belegt hat – entscheidende intellektuelle Veränderungen. Aber dann ist ernsthaft zu fragen, was diesen Veränderungen zugrunde liegt. Es gibt im wesentlichen zwei Klassen von Theorien zur Erklärung dafür, daß Kinder einige intellektuelle Aufgaben besser lösen, wenn sie älter werden: Der eine Erklärungsansatz besagt, daß die Kinder „besser denken", der andere besagt, daß die Kinder „besser wissen". Die Besser-Denken-Alternative nimmt in Anspruch, daß sich die grundlegenden kognitiven Prozesse der Kinder verbessern. Vielleicht können sie mehr Informationen im Arbeitsgedächtnis behalten, oder sie können die Informationen schneller verarbeiten. Die Besser-Wissen-Alternative nimmt in Anspruch, daß Kinder mit zunehmendem Alter mehr Fakten und Methoden lernen. Ich bezeichne dies als „besser wissen" und nicht als „mehr wissen", weil es nicht nur eine Frage des Hinzufügens von Wissen ist, sondern auch falsche Fakten und unangemessene Methoden eliminiert werden müssen (beispielsweise sich auf die äußeren Erscheinungen bei einer Invarianzaufgabe zu verlassen). Vielleicht ermöglicht dieses überlegenere Wissen, die Aufgaben besser auszuführen. Wir können an dieser Stelle die Computer-Metapher heranziehen: Man kann ein Computersystem (das zum Beispiel Deduktionen ausführen soll) verbessern, indem man dasselbe Programm auf einer schnelleren Maschine laufen läßt oder indem man ein besseres Programm auf der gleichen Maschine laufen läßt. Worum handelt es sich im Falle des Kindes: um eine bessere Maschine oder um ein besseres Programm?

Natürlich kann man hier keine Entweder-oder-Entscheidung fällen. Der Fortschritt des Kindes ist auf beide Faktoren zurückzuführen; offen ist jedoch die Frage, wie groß der relative Beitrag jedes Faktors ist. Siegler (1991) vertritt die Ansicht, daß ein Großteil der Entwicklungsveränderungen, die in den ersten beiden Lebensjahren stattfinden, auf neuronale Veränderungen zurückzuführen ist. Huttenlocher (1979) konstatiert, daß sich die Dichte der Synapsen im Gehirn (das heißt die Anzahl der synaptischen Verbindungen von einem Neuron zu einem anderen – vgl. Kapitel 1) bis zum zweiten Lebensjahr erhöht, dann allerdings allmählich abnimmt. Goldman-Rakic (1987) vertritt die Ansicht, daß die Leistung von Kindern bei bestimmten kognitiven Aufgaben – etwa bei Aufgaben zur Objektpermanenz, wie im vorigen Abschnitt besprochen – davon abhängt, daß eine bestimmte Stufe synaptischer Dichte erreicht wurde.

Die Versuchung ist groß, für die Verbesserung bis zum zweiten Lebensjahr einen Anstieg der Verarbeitungskapazität verantwortlich zu machen. Stellen Sie allerdings einmal den körperlichen Unterschied zwischen einem zweijährigen Kind und einem Erwachsenen in Rechnung. Als mein Sohn zwei Jahre alt war, hatte er keine Schwierigkeiten mit dem Öffnen seiner Pyjamaknöpfe. Wenn doch seine Muskeln und seine Koordinationsfähigkeit bereits einen hohen Reifegrad erreicht hatten, warum dann nicht auch sein Gehirn? Diese Analogie ist allerdings nicht zutreffend: Ein zweijähriges Kind hat nur 20 Prozent des Körpergewichts erreicht, das es als Erwachsener haben wird, wohingegen sein Gehirn bereits 80 Prozent der endgültigen Größe erreicht hat. Es sieht so aus, als hinge die kognitive Entwicklung nach dem zweiten Lebensjahr, zumindest annähernd, von dem Wissen ab, das jemand in sein Gehirn aufnimmt, und weniger von einer physischen Verbesserung der Kapazität des Gehirns.

> Die neuronale Entwicklung trägt bis zum zweiten Lebensjahr mehr zur kognitiven Entwicklung bei als nach dem zweiten Lebensjahr.

Der Anstieg der mentalen Kapazität

In vielen Entwicklungstheorien wird die Annahme vertreten, ein wichtiger Faktor der Entwicklung liege in der tendenziellen Zunahme der mentalen Kapazität bis zum Pubertätsalter (Case, 1985; Fischer, 1980; Halford, 1982; Pascual-Leone, 1980). Man nennt diese Theorien auch oft Neo-Piagetsche Entwicklungstheorien. Ich werde hier die Theorie von Case zur Gedächtnisgröße erörtern, die besagt, daß ein Anwachsen der Kapazität des Arbeitsgedächtnisses den Schlüssel zur Entwicklungsabfolge liefert. Die grundlegende Idee dabei ist, daß eine fortgeschrittene kognitive Leistung erfordert, mehr Informationen im Arbeitsgedächtnis zu halten.

Als Beispiel für diese Art der Analyse wollen wir betrachten, wie Kinder die Saftaufgabe von Noelting (1975) lösen, wobei wir uns auf die Beschreibung von Case (1978) stützen. Man gibt dem Kind zwei leere Krüge A und B und teilt ihm mit, daß in jeden Krug einige Becher Orangensaft und einige Becher Wasser gegossen werden. Das Kind soll angeben, bei welchem Krug das Gemisch stärker nach Orangensaft schmecken wird. Abbildung 13.4 zeigt unterschiedliche Versionen dieser Aufgabe, die Kinder verschiedener Altersstufen lösen können. In der ersten Altersstufe (Drei- bis Vierjährige) wird die Aufgabe nur dann verläßlich gelöst, wenn der gesamte Orangensaft in den einen Krug und

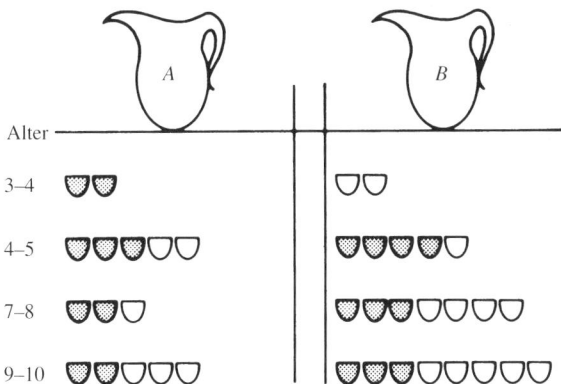

Abb. 13.4 Die Saftaufgaben von Noelting, die Kinder verschiedener Altersstufen lösen können. Die Kinder sollen bestimmen, welcher Kruginhalt stärker nach Orangensaft schmeckt, nachdem sie gesehen haben, wie viele Becher Wasser und Orangensaft in jeden Krug geschüttet wurden.

das Wasser ausschließlich in den anderen Krug gegossen wird. Vier- bis Fünfjährige
können zählen, wie viele Becher Orangensaft in jeden Krug gegossen werden, und den
Krug mit der größeren Anzahl auswählen – wobei sie die Anzahl der Wasserbecher jedoch
nicht berücksichtigen. In der dritten Altersstufe (Sieben- bis Achtjährige) stellen Kinder
fest, ob mehr Orangensaft oder mehr Wasser in einen Krug gegossen wird. Enthält Krug *A*
mehr Orangensaft als Wasser und Krug *B* mehr Wasser als Orangensaft, so werden sie
Krug *A* wählen, auch wenn die absolute Anzahl der Becher mit Orangensaft kleiner ist. Im
Alter von neun bis zehn Jahren berechnen die Kinder dann die Differenz zwischen den
Mengen an Orangensaft und an Wasser (was immer noch keine perfekte Lösung darstellt).

Case ist der Auffassung, daß die Aufgabenvarianten in Abbildung 13.4 unterschiedliche Anforderungen an das Arbeitsgedächtnis stellen. Bei den einfachsten Aufgaben
braucht das Kind nur eine Tatsache im Gedächtnis zu behalten – welche Becher den
Orangensaft enthalten. Drei- bis Vierjährige behalten nur ein solches Faktum im Gedächtnis und können Aufgaben nicht lösen, wenn beide Becherreihen Orangensaft enthalten.
Beim zweiten Aufgabentyp muß das Kind zwei Dinge im Gedächtnis behalten: die Anzahl
der Becher mit Orangensaft in jeder der beiden Anordnungen. Beim dritten Aufgabentyp
muß es zusätzlich im Gedächtnis behalten, ob eine Seite mehr Orangensaft oder mehr
Wasser enthält. Um den vierten Aufgabentyp zu lösen, benötigt das Kind für die richtige
Beurteilung vier Fakten:

1. Die absolute Differenz zwischen den Orangensaft- und Wasserbechern, die in
   Krug *A* geschüttet werden.
2. Das Vorzeichen der Differenz für Krug *A* (das heißt, ob mehr Wasser oder mehr
   Orangensaft in Krug *A* geschüttet wird).
3. Die absolute Differenz bei den Bechern, die in Krug *B* geschüttet werden.
4. Das Vorzeichen der Differenz für Krug *B*.

Nach Meinung von Case werden die Entwicklungssequenzen beim Lösen dieser Aufgaben von der Kapazität des Arbeitsspeichers bestimmt. Nur wenn die Kinder vier Fakten
im Gedächtnis behalten können, erreichen sie die vierte Stufe der Entwicklungssequenz.
An der Theorie von Case wurde kritisiert (zum Beispiel Flavell, 1978), daß es schwierig
ist zu entscheiden, wie die Anforderungen an das Arbeitsgedächtnis gemessen werden
sollen.

Eine weitere Frage besteht darin, was den Zuwachs des Arbeitsgedächtnisses bestimmt. Case ist der Auffassung, daß die Hauptdeterminante für den Zuwachs des Arbeitsgedächtnisses in der Steigerung der Geschwindigkeit der neuronalen Funktionen liegt. Er
führt Belege dafür an, daß das Ausmaß der Myelinisierung mit dem Alter zunimmt und
daß dieser Myelinisierungsgrad etwa zu den Zeitpunkten besonders stark steigt, zu denen
auch die von Case postulierten Hauptveränderungen des Arbeitsgedächtnisses auftreten.
Wir hatten bereits in Kapitel 1 ausgeführt, daß das Ausmaß der Myelinisierung der Axone
die Geschwindigkeit der neuronalen Übertragung bestimmt. Case vertritt allerdings weiterhin die Meinung, daß auch Übung eine wichtige Rolle spielt. Er ist der Ansicht, daß wir
mit zunehmender Übung lernen, die mentalen Operationen effektiver auszuführen, und
daß diese somit weniger Kapazität im Arbeitsspeicher beanspruchen.

Die Forschung von Kail (1992) stimmt mit dieser Grundauffassung überein. Er untersuchte eine Anzahl kognitiver Aufgaben, unter anderem auch die Aufgabe zur mentalen

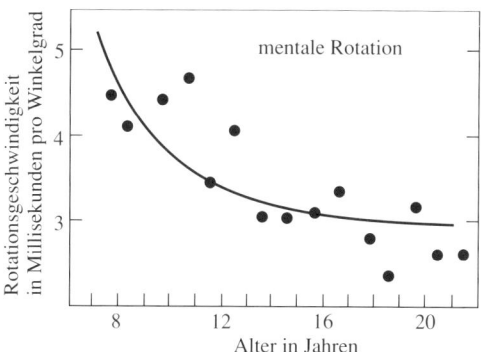

Abb. 13.5 Die Geschwindigkeit der mentalen Rotation, die aus der Steigung derjenigen Funktion geschätzt wird, die die Reaktionszeiten mit der Ausrichtung des Stimulus verbindet (Kail, 1992).

Rotation, die wir in Kapitel 4 besprochen haben. Er bot den Probanden Paare von Buchstaben mit unterschiedlicher Ausrichtung dar, und die Probanden sollten beurteilen, ob die Buchstaben identisch sind oder der eine Buchstabe ein Spiegelbild des anderen ist. Wie wir in Kapitel 4 ausgeführt haben, neigen die Probanden dazu, das Bild eines Objekts mental so zu rotieren, daß es kongruent zum anderen ist und so die Beurteilung vorgenommen werden kann. Kail untersuchte Probanden im Alter von 8 bis 22 Jahren und fand heraus, daß diese mit zunehmendem Alter systematisch schneller werden. Er interessierte sich für die Rotationsgeschwindigkeit, die er in Millisekunden pro rotiertem Winkelgrad (ms/Grad) maß. Abbildung 13.5 zeigt diese Daten, wobei die Rotationsgeschwindigkeit als Funktion des Alters abgetragen ist. Aus der Abbildung ist ersichtlich, daß die benötigte Zeit zur Rotation um ein Winkelgrad als Funktion des Alters abnimmt.

In einigen seiner Veröffentlichungen betrachtet Kail dieses Ergebnis als Beleg dafür, daß die grundlegende mentale Geschwindigkeit mit dem Alter zunimmt. Eine Alternativerklärung ist aber auch, daß sich in der schnelleren Verarbeitung lediglich die Anzahl der Übungsjahre widerspiegelt, die man mit der Ausführung elementarer mentaler Operationen zugebracht hat. Kail und Park (1990) überprüften dies, indem sie elfjährige Kinder und Erwachsene 3 000 Übungsdurchgänge mit mentalen Rotationen ausführen ließen. Sie fanden heraus, daß beide Probandengruppen schneller wurden, wobei allerdings die Erwachsenen schon zu Beginn des Experiments schneller waren. Kail und Park konnten zeigen, daß alle ihre Daten durch eine einzige Potenzfunktion angepaßt werden können, wenn man davon ausgeht, daß die Erwachsenen mit einer Menge von zusätzlichen 1 800 Übungsdurchgängen in das Experiment eintraten. (In Kapitel 6 und 9 wurde ausgeführt, daß Lernkurven im allgemeinen durch Potenzfunktionen dargestellt werden können.) Abbildung 13.6 veranschaulicht die Ergebnisse, wobei die Lernfunktion der Kinder die Lernfunktion der Erwachsenen überlagert. Bei der Lernfunktion der Kinder wird davon ausgegangen, daß die Kinder rechnerisch mit etwa 150 Durchgängen an vorheriger Lernerfahrung und die Erwachsenen mit etwa 1 950 Durchgängen an vorheriger Lernerfahrung in das Experiment eintreten. Allerdings sind nach 3 000 Lerndurchgängen die Kinder deutlich schneller als Erwachsene zu Beginn des Experiments. Demzufolge ist die ent-

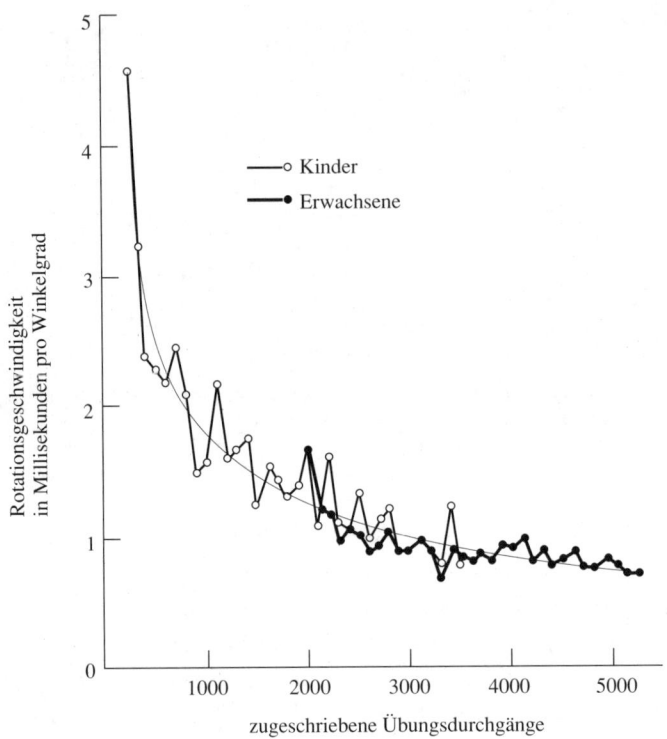

Abb. 13.6 Die Ergebnisse von Kail und Park (1990): Kinder und Erwachsene befinden sich auf derselben Lernkurve, allerdings sind die Erwachsenen den Kindern um 1 800 Übungsdurchgänge voraus.

wicklungsbedingte Zunahme der Informationsverarbeitungsgeschwindigkeit eher auf einen Zuwachs an Übung und weniger auf biologische Veränderungen zurückzuführen.

> Es gibt Belege dafür, daß qualitative und quantitative Veränderungen der kognitiven Mechanismen auftreten, weil die Informationsverarbeitungsgeschwindigkeit mit zunehmender Entwicklung ansteigt.

Wissenszuwachs

Chi (1978) hat nachgewiesen, daß Entwicklungsunterschiede vom Wissen abhängig sein können. Sie zeigten dies am Beispiel des Gedächtnisses. Es ist nicht überraschend, daß Kinder bei fast allen Gedächtnisaufgaben schlechter abschneiden als Erwachsene. Liegt dies daran, daß ihre Gedächtniskapazität geringer ist, oder wissen sie einfach weniger über das, was sie im Gedächtnis behalten sollen? Um dieser Frage auf den Grund zu gehen, verglich sie die Gedächtnisleistungen Zehnjähriger und Erwachsener bei zwei Aufgaben: einer typischen Aufgabe zur Gedächtnisspanne für Ziffern und einer Gedächtnisaufgabe zum Schach (zur Darstellung dieser Aufgaben vgl. die Kapitel 6 und 9). Die

Zehnjährigen waren durchweg geübte Schachspieler, wohingegen die Erwachsenen Anfänger im Schachspielen waren. Bei der Schachaufgabe handelte es sich um die bereits in
Abbildung 9.12 dargestellte Aufgabe: ein Schachbrett wird zehn Sekunden lang dargeboten und dann entfernt, und die Probanden sollen anschließend die Stellung der Figuren
reproduzieren.

In Abbildung 13.7 ist die Anzahl der Schachfiguren wiedergegeben, die die Kinder
beziehungsweise die Erwachsenen reproduzierten; zum Vergleich ist die Zahl der reproduzierten Ziffern bei der Aufgabe zur Gedächtnisspanne angegeben. Wie Chi vorausgesagt
hatte, zeigten die Erwachsenen bei den Ziffern bessere Leistungen; bei der Schachaufgabe
waren hingegen die Kinder überlegen. Diese Resultate führte man darauf zurück, daß die
Kinder über das umfassendere Wissen beim Schachspiel verfügten und die Erwachsenen
besser mit Ziffern vertraut waren – die außerordentliche Gedächtnisspannenleistung von
SF in Kapitel 9 zeigt, wie Zahlenverständnis dazu führen kann, daß sich die Gedächtnisleistungen verbessern.

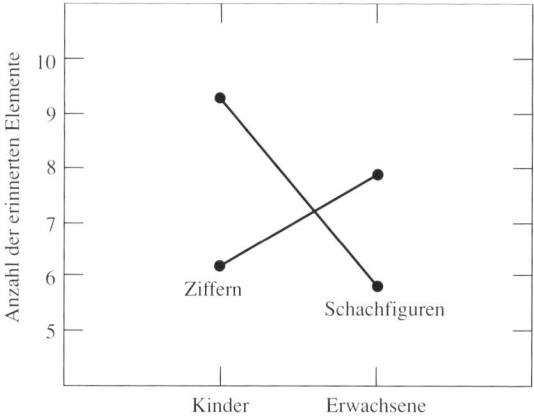

Abb. 13.7 Die Anzahl der Schachfiguren und die Anzahl der Ziffern, die Kinder und Erwachsene reproduzierten
(aus Chi, 1978).

Die in Kapitel 9 angeführten Unterschiede zwischen Novizen und Experten werden oft
zur Erklärung entwicklungsbedingter Phänomene herangezogen. Wir haben gesehen, daß
eine große Menge an Erfahrung in einem Wissensbereich erforderlich ist, um den Status
eines Experten zu erreichen. Chis Argument lautet, daß Kinder aufgrund ihres mangelnden Wissens nahezu überall Novizen sind, daß sie aber durch Erfahrung mehr Expertise
als Erwachsene erlangen können.

In dem Experiment von Chi wurden Kinder als Experten erwachsenen Novizen gegenübergestellt. Schneider, Körkel und Weinert (1988) untersuchten den Effekt der Expertise
bei verschiedenen Altersstufen. Sie kategorisierten deutsche Schulkinder entweder in Experten oder Novizen im Hinblick auf Fußball. Diese Kategorisierung wurde für dritte,
fünfte und siebte Schulklassen vorgenommen. Die Schüler jeder Klassenstufe sollten eine

Geschichte über Fußball nacherzählen. Tabelle 13.1 veranschaulicht die Reproduktionsleistung als Funktion der Klassenstufe und der Expertise. Der Effekt der Expertise war viel stärker als der Effekt der Klassenstufe. Schneider et al. klassifizierten jede Gruppe von Schülern darüber hinaus aufgrund von Leistungen in Intelligenztests in Schüler mit hoher und mit geringer Fähigkeit. Obwohl solche Tests im allgemeinen das Gedächtnis für Geschichten voraussagen, fanden sie keinen Effekt des allgemeinen Fähigkeitsniveaus, sondern nur einen Effekt des Wissens über Fußball. Schneider et al. sind der Ansicht, daß Schüler mit hoher Fähigkeit lediglich viel in vielen Wissensbereichen wissen und deshalb folgerichtig gute Leistungen in Gedächtnistests erbringen. Wenn allerdings Tests zu Geschichten über eine spezifische Wissensdomäne wie etwa Fußball durchgeführt werden, dann erbringt ein hoch fähiger Schüler, der nichts über diese Domäne weiß, eine schlechtere Leistung als ein weniger fähiger Schüler, der viel darüber weiß.

Tabelle 13.1: Mittlere Häufigkeiten (in Prozent) reproduzierter gedanklicher Einheiten als Funktion der Expertise (aus Körkel, 1987)

Klassenstufe	Fußball-Experten	Fußball-Laien
3	54	32
5	52	33
7	61	42

Zu dem Mangel an relevantem Wissen kommt noch hinzu, daß Kinder Schwierigkeiten bei Gedächtnisaufgaben haben, weil sie nicht über diejenigen Strategien verfügen, die zu einer Verbesserung der Gedächtnisleistungen führen. Am deutlichsten wird dies beim Memorieren. Wenn Sie gebeten werden, eine für Sie neue siebenstellige Telephonnummer zu wählen, dann werden Sie sich diese vermutlich aufsagen, bis Sie sicher sind, daß Sie die Nummer behalten haben oder bis Sie sie gewählt haben. Kleine Kindern sagen sich die Nummer nicht auf. In einer Untersuchung von Keeney, Cannizzo und Flavell (1967) wurden Fünfjährige mit Zehnjährigen verglichen. Im Gegensatz zu Fünfjährigen sagten sich Zehnjährige die zu behaltenden Objekte laut auf. Die Leistung kleiner Kinder verbessert sich, wenn sie instruiert werden, eine verbale Memorierungsstrategie anzuwenden; allerdings sind ganz kleine Kinder einfach nicht in der Lage, eine solche Memorierungsstrategie auszuführen.

In Kapitel 7 wurde die Wichtigkeit von elaborativen Strategien zur Verbesserung der Gedächtnisleistung betont. Speziell für das Behalten im Langzeitgedächtnis scheinen elaborative Strategien effektiver zu sein als das bloße Auswendiglernen. Es scheint zudem Entwicklungssprünge im Hinblick auf den Einsatz elaborativer Enkodierungsstrategien zu geben. Beispielsweise untersuchten Paris und Lindauer (1976) die Elaborationen, die Kinder verwendeten, um zwei paarweise vorgegebene Nomina wie *Hexe* und *Besen* zueinander in Bezug zu setzen. Ältere Kinder generieren mit größerer Wahrscheinlichkeit eher interaktive Sätze wie etwa *Die Hexe flog auf dem Besen* als statische Sätze wie etwa

Die Hexe hatte einen Besen. Solche interaktiven Sätze führen zu einer besseren Gedächtnisleistung. Jüngere Kinder führen auch weniger Inferenzen aus, die das Gedächtnis für eine Geschichte verbessern (Stein & Trabasso, 1981).

> Jüngere Kinder erbringen oft schlechtere Leistungen als ältere Kinder, weil sie über eine geringere Menge relevanten Wissens und über schlechtere Strategien verfügen.

Kognition und das Älterwerden

Veränderungen der kognitiven Prozesse sind nicht beendet, wenn wir das Erwachsenenalter erreichen. Mit zunehmendem Alter lernen wir immer mehr Dinge, aber die kognitive Fähigkeit des Menschen steigt mit den hinzukommenden Jahren nicht in gleichem Maße an, wie man dies erwarten könnte, wenn die Intelligenz lediglich das wäre, was jemand weiß. Abbildung 13.8 zeigt die von Salthouse (1992) zusammengestellten Daten zweier Komponenten des WAIS-R-Intelligenztests. Die eine Komponente umfaßt die verbale Intelligenz und bezieht sich auf Elemente wie etwa den Wortschatz und das Sprachverständnis. Wie man der Abbildung entnehmen kann, bleibt diese Komponente über die Jahre hinweg relativ stabil. Demgegenüber fällt die Leistungskomponente stark ab, die sich auf Fähigkeiten wie das Schlußfolgern und das Problemlösen bezieht.

Die Bedeutsamkeit dieses Rückgangs grundlegender Maßzahlen der kognitiven Fähigkeit kann leicht überbewertet werden. Solche Tests sind in der Regel unter Zeitdruck zu bearbeiten, und ältere Erwachsene sind besser in Tests ohne Zeitdruck. Hinzu kommt, daß solche Tests Schultests ähnlich sind; jüngere Erwachsene verfügen über nur kurz zurückliegende Erfahrungen mit solchen Tests. Betrachtet man jedoch Verhalten, das in Zusam-

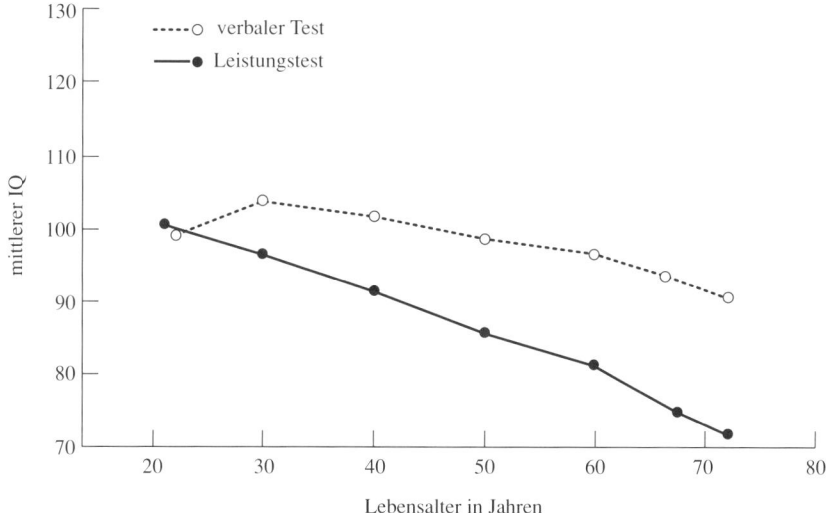

Abb. 13.8 Mittlere verbale und Leistungs-Intelligenzquotienten aus der WAIS-R Normstichprobe als Funktion des Alters (aus Salthouse, 1992).

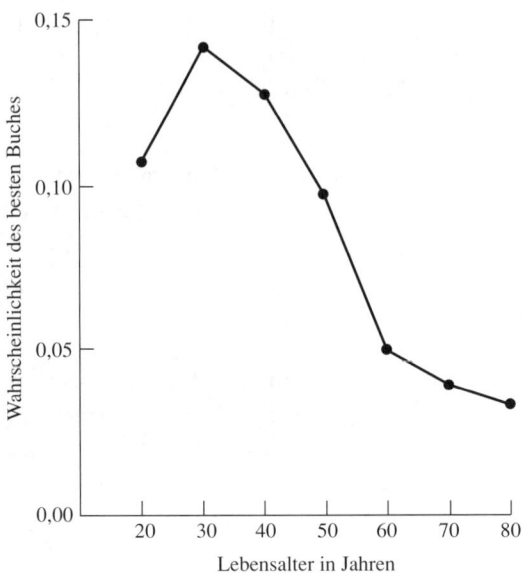

Abb. 13.9   Die Wahrscheinlichkeit dafür, daß ein bestimmtes Buch das beste eines Philosophen wird, als Funktion des Alters, in dem der Philosoph das Buch geschrieben hat (nach Lehman, 1953).

menhang mit dem Berufsleben steht, so bringen ältere Erwachsene oftmals bessere Leistungen als jüngere Erwachsene (vgl. beispielsweise Perlmutter, Kaplan & Nyquist, 1990). Der zuletzt genannte Befund spiegelt die größere Anhäufung von Wissen und eine ausgereiftere Herangehensweise an die Erfordernisse eines Berufes wider.

Es gibt einen substantiellen alterungsbedingten Rückgang verschiedener Gehirnfunktionen. So sterben etwa allmählich Gehirnzellen ab, wobei einige Areale besonders empfindlich auf den Zelltod reagieren. Der Hippocampus, den wir in Kapitel 7 besprochen haben und der von besonderer Wichtigkeit für das Gedächtnis ist, verliert etwa alle zehn Jahre fünf Prozent seiner Zellen (Selkoe, 1992). Bei anderen Zellen wurde beobachtet, daß sie zwar nicht absterben, jedoch schrumpfen und atrophieren. Allerdings gibt es auch Belege für ein kompensatorisches Wachstum. Zellen im Hippocampus, die verschont bleiben, wachsen, um das alterungsbedingte Absterben ihrer Nachbarzellen zu kompensieren. Zusätzlich zu dem allmählichen Zellverlust können Erwachsene an verschiedenen Krankheiten des Gehirns leiden. Die bekannteste Krankheit ist Morbus Alzheimer, die zu schwerwiegenden Beeinträchtigungen der Gehirnfunktionen führt.

Es scheint, als beginne mit dem Älterwerden ein Wettlauf zwischen dem Wissenszuwachs und dem Verlust neuronaler Funktionen. Es ist interessant, daß Menschen in vielen Berufen (Künstler, Wissenschaftler, Philosophen) ihre besten Arbeiten für gewöhnlich etwa mit Mitte Dreißig produzieren. Abbildung 13.9 zeigt einige interessante Ergebnisse von Lehman (1953). Er untersuchte die Arbeiten von 182 berühmten, bereits verstorbenen Philosophen, die insgesamt 1 785 Bücher geschrieben haben. In Abbildung 13.9 ist die Wahrscheinlichkeit, daß ein Buch als das beste Buch des Philosophen betrachtet wird, als Funktion des Alters abgetragen, in dem es geschrieben wurde. Diese Philosophen waren

Q und R verhalten sich GEGENSÄTZLICH
Wenn Q ANSTEIGT, was geschieht dann mit R?

D und E verhalten sich GEGENSÄTZLICH
C und D verhalten sich GLEICH
Wenn C ANSTEIGT, was geschieht dann mit E?

R und S verhalten sich GLEICH
Q und R verhalten sich GEGENSÄTZLICH
S und T verhalten sich GEGENSÄTZLICH
Wenn Q ANSTEIGT, was geschieht dann mit T?

U und V verhalten sich GEGENSÄTZLICH
W und X verhalten sich GLEICH
T und U verhalten sich GLEICH
V und W verhalten sich GEGENSÄTZLICH
Wenn T ANSTEIGT, was geschieht dann mit X?

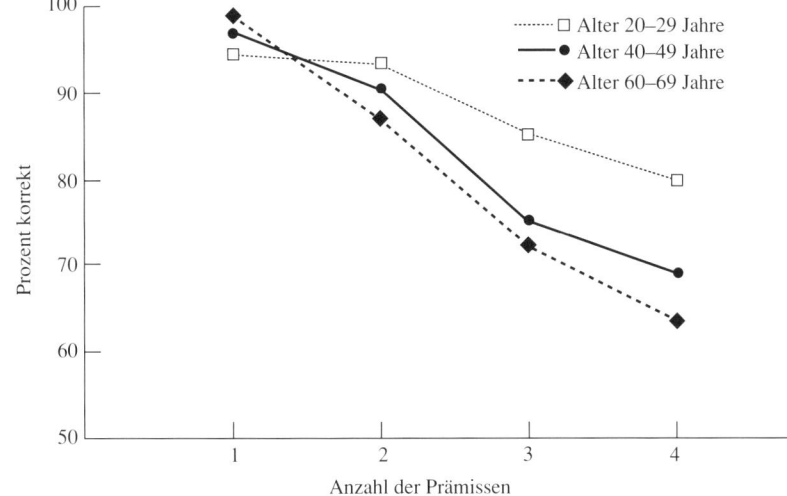

Abb. 13.10 Im oberen Teil findet sich eine Veranschaulichung von Aufgaben zum integrierenden Schlußfolgern, die mutmaßlich unterschiedliche Anforderungen an das Arbeitsgedächtnis stellen. Im unteren Teil sind die mittleren Leistungen von Erwachsenen im zweiten, vierten und sechsten Lebensjahrzehnt für jeden Aufgabentyp abgetragen.

produktiv, bis sie etwa siebzig Jahre alt waren. Wie man der Abbildung entnehmen kann, wird ein Buch, das in dieser späten Lebensperiode geschrieben wurde, selten als das beste Buch des Philosophen betrachtet.* Lehman führt Daten aus einer ganzen Anzahl von Bereichen auf, wobei diese mit der Annahme übereinstimmen, daß die Lebensperiode zwischen dreißig und vierzig am ehesten die Zeit des Höhepunktes der intellektuellen Leistungskraft darstellt. Allerdings zeigt Abbildung 13.9 auch, daß eine relativ hohe intellektuelle Leistung bis zum Alter von vierzig beziehungsweise fünfzig Jahren erhalten bleibt.

---

* Beachten Sie bitte, daß in dieser Abbildung die Wahrscheinlichkeit eines ganz bestimmten Buches dargestellt ist, das beste zu sein; somit ist das Ergebnis kein Artefakt der Anzahl von Büchern, die in einem Lebensjahrzehnt geschrieben wurden.

Die Belege für einen alterungsbedingten Zusammenhang zwischen den Gehirnfunktionen und der Kognition verdeutlichen, daß es einen Beitrag der Biologie zur Intelligenz gibt, der nicht immer durch Wissen überwunden werden kann. Salthouse (1992) ist der Ansicht, daß, in einer Begrifflichkeit der Informationsverarbeitung formuliert, die Fähigkeit der Menschen im Alter zurückgeht, Informationen im Arbeitsgedächtnis zu halten. Er stellte Probanden unterschiedlichen Alters Schlußfolgerungsaufgaben, wie sie in Abbildung 13.10 dargestellt sind. Diese Probleme unterscheiden sich in der Anzahl von Prämissen, die kombiniert werden müssen, um zu einer bestimmten Lösung zu gelangen. Abbildung 13.10 zeigt die Leistung von Probanden unterschiedlichen Alters bei diesen Aufgaben. Wie man der Abbildung entnehmen kann, sinkt im allgemeinen die Fähigkeit der Probanden, diese Aufgaben zu lösen, mit der Anzahl der zu kombinierenden Prämissen. Allerdings ist dieser Rückgang bei älteren Erwachsenen sehr viel stärker. Salthouse vertritt die Auffassung, daß dieser Rückgang auftritt, weil ältere Menschen Informationen langsamer verarbeiten als jüngere Erwachsene und dadurch ihre Fähigkeit abnimmt, Informationen im Arbeitsgedächtnis zu halten.

Es tritt ein alterungsbedingter Rückgang der Informationsverarbeitungsgeschwindigkeit auf, der manchmal durch einen Zuwachs an Wissen oder durch größere Reife kompensiert wird.

Zusammenfassung

Im Hinblick auf die Anlage-Umwelt-Debatte ergeben die Daten aus der Entwicklungsforschung ein uneinheitliches Bild. Das Gehirn des Menschen ist möglicherweise körperlich am leistungsfähigsten im Alter von etwa zwanzig Jahren, und es zeigt sich die Tendenz, daß die intellektuelle Kapazität mit den Gehirnfunktionen einhergeht. Diese Beziehung scheint insbesondere in den frühen Jahren der Kindheit stark ausgeprägt zu sein. Wir haben allerdings Belege dafür angeführt, daß Übung die alterungsbedingten Unterschiede in der Geschwindigkeit (vgl. Abbildung 13.6) übertreffen und Wissen ein dominanterer Faktor als das Alter sein kann (vgl. Abbildung 13.7 und Tabelle 13.1). Es scheint darüber hinaus so zu sein, daß der Höhepunkt des intellektuellen Ausstoßes hinter das zweite Lebensjahrzehnt verschoben ist (vgl. Abbildung 13.8), was die Notwendigkeit des Wissenszuwachses widerspiegelt. Wie wir in Kapitel 9 ausgeführt haben, erfordert eine wirklich außergewöhnliche Leistung in einem bestimmten Wissensbereich mindestens zehn Jahre an Erfahrung in diesem Bereich.

Psychometrische Untersuchungen der Kognition

Nachdem wir bislang dargestellt haben, wie sich die Kognition als Funktion des Alters verändert, wollen wir nun betrachten, wie sie innerhalb einer Population eines gegebenen Alters variiert. Die gesamte Forschung hierzu trägt die grundlegend gleichen Kennzeichen: Es werden Leistungsmessungen an verschiedenen Individuen bei einer Anzahl von

Aufgaben vorgenommen, und anschließend untersucht man, wie diese Leistungsmaße über die Tests hinweg korrelieren. Solche Tests bezeichnet man als **psychometrische Tests**. Diese Forschung war besonders ertragreich, weil dadurch deutlich wurde, daß es nicht eine einzige Dimension der „Intelligenz" gibt, sondern daß die individuellen Unterschiede der Kognition viel komplexer sind. Wir wollen unseren Überblick über diese Forschung zunächst mit Arbeiten zu Intelligenztests beginnen.

Intelligenztests

Die Forschung zu Intelligenztests weist eine viel längere geistige Tradition auf als die Kognitive Psychologie. Im Jahre 1904 setzte der Bildungsminister in Paris eine Kommission ein, um diejenigen Kinder herauszufinden, die Förderunterricht benötigen. Alfred Binet begann einen Test zu entwickeln, der objektiv Schüler identifiziert, die intellektuelle Schwierigkeiten haben. 1916 adaptierte Terman den Test von Binet, um ihn auf amerikanische Schüler anwenden zu können. Diese Bemühungen führten zur Entwicklung des Stanford-Binet-Tests, der in Amerika einer der am weitesten verbreiteten Tests zur allgemeinen Intelligenz ist (Terman & Merrill, 1973). Der andere in Amerika weit verbreitete Test ist der Wechsler-Intelligenztest mit unterschiedlichen Skalen für Kinder und für Erwachsene. Diese Tests umfassen Messungen der Gedächtnisspanne, des Wortschatzes, des analogen Schließens, des räumlichen Beurteilens und des Rechnens. Eine typische Frage für Erwachsene aus dem Stanford-Binet-Test lautet: „In welche Richtung müssen Sie schauen, so daß Ihre rechte Hand nach Norden zeigt?" Es ist viel Mühe aufgewendet worden, Testitems auszuwählen, die schulische Leistungen voraussagen können.

Beide oben genannten Tests verwenden Maße, die man **Intelligenzquotienten (IQ)** nennt. Die ursprüngliche Definition des IQ erfolgte über die Beziehung zwischen dem Intelligenzalter und dem Lebensalter, wobei man durch den Test ein Maß für das Intelligenzalter erhält. Kann ein Kind Aufgaben aus dem Test lösen, die ein durchschnittlicher Achtjähriger lösen kann, dann wird dem Kind, unabhängig von seinem Lebensalter, das Intelligenzalter Acht zugeschrieben. Der IQ ist als das Verhältnis zwischen dem Intelligenzalter und dem Lebensalter definiert, wobei der gesamte Ausdruck noch mit 100 multipliziert wird:

$$IQ = 100 \times IA/LA.$$

In der Formel steht IA für Intelligenzalter und LA für Lebensalter. Wenn also das Intelligenzalter des Kindes acht und das Lebensalter sechs beträgt, so ist der IQ $100 \times 8/6$ = 133.

Es stellte sich heraus, daß diese Definition des IQ aus verschiedenen Gründen ungeeignet war. Man kann den IQ nicht auf die Messung der Intelligenz bei Erwachsenen erweitern, da die Leistungen in Intelligenztests gegen Ende der Teenagerzeit nicht weiter ansteigen und mit zunehmendem Alter wieder geringer werden. Um mit solchen Schwierigkeiten bei der Intelligenzmessung umzugehen, wird der IQ heute im allgemeinen durch Abweichungsmaße definiert. Man subtrahiert von dem Rohwert einer Person den mittleren Wert der relevanten Altersgruppe und transformiert anschließend diesen Differenzwert in ein Maß, das um den Wert von 100 variiert (etwa so wie der zuvor beschriebene IQ).

Die genaue Definition ist durch folgende Formel ausgedrückt:

$$IQ = 100 + 15 \times \frac{\text{Rohwert} - \text{Mittelwert}}{\text{Standardabweichung}}$$

Die in der Formel bezeichnete Standardabweichung ist ein Maß für die Variabilität der Rohwerte. Wenn der IQ nach dieser Methode bestimmt wird, so verteilt er sich annähernd normal. Abbildung 13.11 zeigt eine solche Normalverteilung der Intelligenzwerte sowie die Häufigkeiten (in Prozent), mit denen Menschen verschiedene Bereiche dieser Intelligenzwerte erreichen.

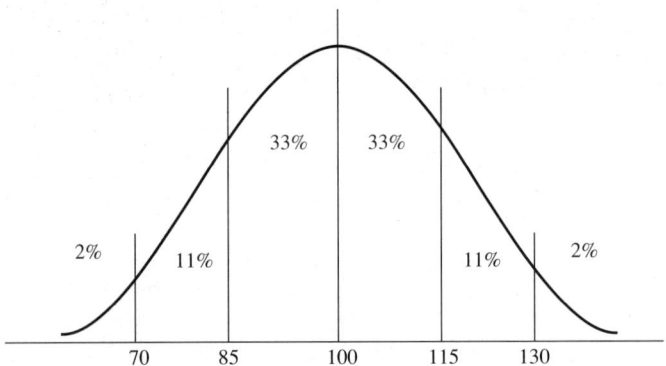

Abb. 13.11   Eine Normalverteilung von Intelligenzquotienten.

Während es sich bei dem Stanford-Binet-Test und dem Wechsler-Intelligenztest um Tests handelt, die die allgemeine Intelligenz erfassen, gibt es noch viele andere Intelligenztests, die ganz bestimmte Fähigkeiten wie etwa die räumliche Fähigkeit testen. Insgesamt verdanken diese Tests ihren fortlaufenden Einsatz in unserer Gesellschaft teilweise der Tatsache, daß sie Schulleistungen einigermaßen genau voraussagen, was eines der ursprünglichen Ziele von Binet war. Allerdings wird der Einsatz von Intelligenztests zum Zwecke der Prädiktion der Schulleistungen kontrovers diskutiert: Da diese Tests dazu benutzt werden können, zu entscheiden, wer Zugang zu welchen Bildungseinrichtungen erhält, dürfen sie nicht so konstruiert sein, daß sie verzerrte Ergebnisse für bestimmte kulturelle Gruppen erbringen.

Gerade das Konzept der Intelligenz ist in Relation zur jeweiligen Kultur zu betrachten. Was in der einen Kultur als intelligent gilt, kann in einer anderen Kultur ganz anders beurteilt werden. Beispielsweise halten die Kpelle, eine afrikanische Kulturgemeinschaft, die Art, wie in der westlichen Kultur Exemplare Kategorien zugeteilt werden (worauf einige Items in Intelligenztests beruhen), für widersinnig (Cole, Gay, Glick & Sharp, 1971). Allerdings bleibt die Tatsache bestehen, daß Intelligenztests eine Voraussage der Leistungen in unseren (westlichen) Schulen ermöglichen. Es ist eine ausgesprochen schwierige Frage zu beurteilen, was überwiegt: daß Intelligenztests einen wertvollen Dienst bei der Zuweisung von Schülern leisten oder daß sie lediglich willkürliche kulturelle Überzeugungen durchsetzen.

In Zusammenhang mit dem Problempunkt der Fairneß von Intelligenztests steht auch, ob durch sie angeborene Begabungen oder erworbene Fähigkeiten erfaßt werden (wir tangieren hier wiederum die Anlage-Umwelt-Debatte). Möglicherweise entscheidende Daten scheinen Untersuchungen zur Zwillingsforschung mit getrennt aufwachsenden eineiigen Zwillingen zu erbringen. Üblicherweise geht es dabei um eineiige Zwillinge, die von verschiedenen Familien adoptiert wurden. Solche Zwillinge haben die identische genetische Ausstattung, aber unterschiedliche Erfahrungen mit der Umwelt. Die Forschung zu diesem Thema ist kontrovers (Kamin, 1974), aber neuere Studien (Bouchard, 1983; Bouchard & McGue, 1981) legen nahe, daß eineiige Zwillinge, die getrennt aufwachsen, einen sehr viel ähnlicheren Intelligenzquotienten aufweisen als zweieiige Zwillinge, die in der gleichen Familie aufwachsen. Dies kann als deutlicher Beleg dafür gewertet werden, daß es eine starke angeborene Komponente beim Intelligenzquotienten gibt. Es wäre allerdings ein Fehlschluß, wenn man dies zu der Aussage generalisieren würde, daß Intelligenz zum Großteil angeboren ist. Intelligenz und der Intelligenzquotient sind zweierlei Dinge und dürfen nicht verwechselt werden. Aufgrund der Zielsetzung von Intelligenztests müssen diese den Erfolg für eine breite Palette von Umwelten voraussagen, insbesondere für die akademische Umwelt. Dies bedeutet, daß sie den Anteil individueller Erfahrungen an der Intelligenz unberücksichtigt lassen müssen. Beispielsweise haben wir in Kapitel 9 ausgeführt, daß Schachexperten üblicherweise keinen außergewöhnlich hohen Intelligenzquotienten besitzen. Dies gibt uns eher Aufschluß über den IQ-Test als über die Schachexperten. Würde ein IQ-Test hauptsächlich Schacherfahrung messen, so hätte er nur geringe Erfolgsaussichten in der Vorhersage des akademischen Erfolgs im allgemeinen. Intelligenztests messen also Grundfähigkeiten und allgemeines Wissen, welches vernünftigerweise von jedem Mitglied einer bestimmten Kulturgemeinschaft erwartet werden kann. Wie wir allerdings in Kapitel 9 gesehen haben, sind besondere Leistungen in einer bestimmten Domäne vom Wissen und von Erfahrung abhängig, die das allgemeine Maß innerhalb einer Kultur übertreffen.

Ein weiterer Beleg der mangelnden Korrelation zwischen Expertise und IQ stammt von Ceci und Liker (1986). Sie untersuchten die Fähigkeit von passionierten Pferderennfans in Bezug auf das Handicapping* bei Pferderennen und fanden heraus, daß die Fähigkeit zum Handicapping von der Entwicklung eines komplexen interaktiven Modells von Pferderennen abhängt, es aber keine Beziehung zwischen dieser Fähigkeit und dem IQ gibt.

Auch wenn spezifische Erfahrungen für den Erfolg auf jedem Gebiet wichtig sind, ist es doch ein beachtenswerter Umstand, daß diese Intelligenztests Erfolg bei bestimmten Unternehmungen voraussagen können. Sie erlauben eine Voraussage – wenn auch mit bescheidener Genauigkeit – der Schulleistungen und des allgemeinen Erfolgs im Leben (zumindest in westlichen Gesellschaften). Welche Aspekte des menschlichen Geistes werden hier gemessen? Viele Theorien auf dem Gebiet der Intelligenzforschung beschäftigen

---

* Das Handicapping bei Pferderennen wird vor der Öffnung der Wettbüros vorgenommen und legt vorab fest, welches Pferd als Favorit beziehungsweise als Außenseiter gilt. Die Grundlagen des Handicapping bilden die momentane Form des Pferdes, die Ergebnisse in den letzten Rennen, die Verfassung des Jockeys usw. [Anmerkung der Übersetzer]

sich mit dem Versuch, diese Frage zu beantworten. Um zu verstehen, wie man dieser Frage nachgegangen ist, muß man die wichtigste Methode in diesem Bereich zumindest in ihren Grundzügen kennen: die Faktorenanalyse.

Standardintelligenztests messen allgemeine Faktoren, die den Schulerfolg voraussagen.

Faktorenanalyse

Die Intelligenztests zur allgemeinen Intelligenz bestehen aus einer Anzahl von Untertests, die individuelle Fähigkeiten messen. Zudem sind, wie bereits angeführt, viele spezialisierte Tests verfügbar, um einzelne Fähigkeiten zu erfassen. Es läßt sich im allgemeinen beobachten, daß Menschen, die gute Leistungen in dem einen Test oder Untertest erbringen, auch in anderen Tests oder Untertests gut abschneiden. Das Ausmaß, in dem Menschen vergleichbare Leistungen in zwei Untertests erbringen, wird durch den Korrelationskoeffizienten ausgedrückt. Wenn alle Menschen, die im einen Test gut sind, dies in gleichem Ausmaß auch im anderen Test sind, dann ist die Korrelation zwischen beiden Tests 1. Wenn alle Menschen, die im einen Test gut sind, im anderen Test in gleichem Ausmaß schlecht sind, dann ist die Korrelation –1. Wenn es keinen Zusammenhang zwischen dem Abschneiden im einen Test und dem Abschneiden im anderen Test gibt, dann ist die Korrelation Null. Typischerweise sind die Korrelationen zwischen Tests positiv, aber nicht 1, was darauf hinweist, daß kein ganz perfekter Zusammenhang zwischen den Leistungen im einen und im anderen Test besteht.

Tabelle 13.2:   Beschreibung einiger Tests aus der Washington Pre-College-Testbatterie (aus Hunt, 1985)

Testname	Beschreibung
1. Leseverständnis	Beantworten der Fragen zu einem Abschnitt
2. Wortschatz	Synonyme zu einem Wort wählen
3. Grammatik	Identifizieren von zutreffender oder fehlerhafter Grammatik-Anwendung
4. Zahlenverständnis	Textaufgaben lesen und entscheiden, ob die Aufgaben gelöst werden können
5. Schlußfolgern im Bereich der Mechanik	Untersuchen einer Skizze und Fragen dazu beantworten; erfordert Wissen über physikalische und mechanische Prinzipien
6. Räumliches Schließen	Zeigen, wie zweidimensionale Figuren aussehen würden, wenn sie in einer dritten Dimension gefaltet würden
7. Mathematische Leistung	Ein Test zur Mittelstufen-Algebra

Tabelle 13.3: Interkorrelationen zwischen den Ergebnissen der in Tabelle 13.2 aufgelisteten Tests (aus Hunt, 1985)

Test Nr.	1	2	3	4	5	6	7
1	1,00	0,67	0,63	0,40	0,33	0,14	0,34
2		1,00	0,59	0,29	0,46	0,19	0,31
3			1,00	0,41	0,34	0,20	0,46
4				1,00	0,39	0,46	0,62
5					1,00	0,47	0,39
6						1,00	0,46
7							1,00

Um dies an einem Beispiel zu erläutern, greifen wir Hunt (1985) heraus, der die Beziehungen zwischen sieben Tests untersuchte, die in Tabelle 13.2 skizziert sind. Tabelle 13.3 zeigt die Interkorrelationen zwischen den Werten dieser Tests. Wie man Tabelle 13.3 entnehmen kann, sind einige Paare von Tests höher korreliert als andere. Beispielsweise besteht eine relativ hohe Korrelation (0,67) zwischen dem Leseverständnis und dem Wortschatz, aber nur eine relativ geringe Korrelation (0,14) zwischen dem Leseverständnis und räumlichem Schließen. Die **Faktorenanalyse** bietet eine Möglichkeit, solche Korrelationsmuster zu interpretieren. Die Grundidee besteht darin, diese Tests in einem mehrdimensionalen Raum so anzuordnen, daß der Abstand der Tests untereinander den Interkor-

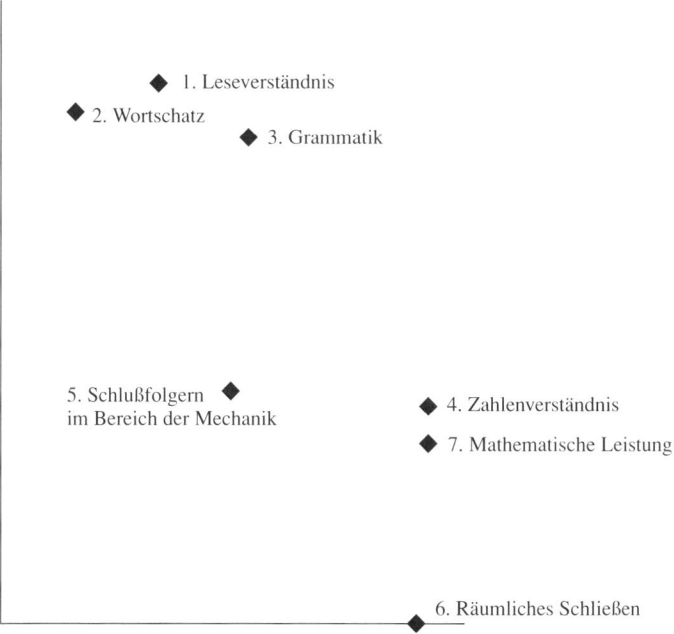

Abb. 13.12 Die Tests von Tabelle 13.2 sind in einem zweidimensionalen Raum so angeordnet, daß die Distanz zwischen den Punkten abnimmt, wenn die Interkorrelationen nach Tabelle 13.3 steigen.

relationen entspricht. Elemente, die in diesem Raum nahe beieinander plaziert sind, besitzen hohe Korrelationen und messen somit dasselbe. Abbildung 13.12 stellt den Versuch dar, die Tests von Tabelle 13.2 in einem zweidimensionalen Raum anzuordnen. Die Leserin und der Leser können sich selbst davon überzeugen, daß die Korrelationen nach Tabelle 13.3 größer sind, je näher sich zwei Elemente in diesem Raum sind.

Die interessante Frage ist nun, wie man diesen Raum interpretieren soll. Wenn wir uns in der Abbildung von unten nach oben bewegen, wird es immer symbolischer und sprachlicher. Man könnte diese Dimension als sprachlichen Faktor bezeichnen. Zum zweiten kann man der Ansicht sein, daß die Tests immer mehr mit Berechnungen zu tun haben, wenn wir uns von links nach rechts bewegen. Man könnte diesen Faktor als schlußfolgerndes Denken betrachten. Hohe Korrelationen werden nun dadurch erklärt, daß Schüler vergleichbare Werte auf diesen Faktoren aufweisen. Demzufolge gibt es eine hohe Korrelation zwischen dem Zahlenverständnis und der mathematischen Leistung, weil beide eine mittlere Ausprägung auf dem sprachlichen Faktor aufweisen und beide stark schlußfolgerndes Denken erfordern. Menschen, die über gute Fähigkeiten im schlußfolgernden Denken und über nicht zu geringe sprachliche Fähigkeiten verfügen, werden in den Tests zum Zahlenverständnis und zur mathematischen Leistung gut abschneiden.

Die Faktorenanalyse dient in wesentlichen dazu, von einer Anzahl von Interkorrelationen wie denen in Tabelle 13.3 zu einer geringen Anzahl von Faktoren zu gelangen, die diese Interkorrelationen erklären. Allerdings wird kontrovers diskutiert, was diese zugrundeliegenden Faktoren eigentlich sind. Vielleicht fallen Ihnen andere Möglichkeiten ein, die Korrelationen in Tabelle 13.3 zu erklären. Beispielsweise könnte man der Ansicht sein, daß ein sprachlicher Faktor die Tests 1 bis 3, ein Faktor des schlußfolgernden Denkens die Tests 4, 5 und 7 verbindet und daß ein davon getrennter räumlicher Faktor für Test 6 zuständig ist. Wie wir noch sehen werden, wurden in der Tat oft sprachliche Faktoren, Faktoren des schlußfolgernden Denkens und räumliche Faktoren unterschieden, obwohl es beispielsweise für die Daten in Tabelle 13.3 Schwierigkeiten bereitet, den räumlichen Faktor vom schlußfolgernden Denken abzugrenzen.

Die Interpretationsschwierigkeiten solcher Daten spiegeln sich in der großen Bandbreite der vertretenen Auffassungen wider, was die zugrundeliegenden Faktoren der menschlichen Intelligenz seien. Spearman (1904) vertritt die Ansicht, daß es sich nur um einen einzigen allgemeinen Faktor handelt, auf dem die Leistungen in verschiedenen Tests beruhen; er nannte diesen Faktor ‚g-Faktor'. Demgegenüber ist Thurstone (1938) der Auffassung, daß es sich um eine Anzahl unterschiedlicher Faktoren handelt, unter anderem um die bereits angeführten Faktoren „verbaler Faktor", „räumlicher Faktor" und „schlußfolgerndes Denken". Guilford (1982) schlug nicht weniger als 120 verschiedene intellektuelle Fähigkeiten vor. Cattell (1963) unterscheidet flüssige Intelligenz von der kristallinen Intelligenz. **Kristalline Intelligenz** bezeichnet das erworbene Wissen, während **flüssige Intelligenz** für die Fähigkeit des schlußfolgernden Denkens sowie des Problemlösens in neuen Domänen steht. (Bei dem in Abbildung 13.8 veranschaulichten altersbedingten Rückgang der Intelligenz handelt es sich um einen Rückgang der flüssigen und nicht der kristallinen Intelligenz.) Horn (1968), der Cattells Theorie elaborierte, vertrat die Ansicht, daß es eine räumliche Intelligenz gibt, die von der flüssigen Intelligenz abgegrenzt werden kann. Interpretiert man die Daten in Tabelle 13.3 nach der Horn/Cattell-Theorie, dann kommt die kristalline Intelligenz mit dem sprachlichen Faktor (Tests 1 bis 3) überein und geht die flüssige Intelligenz in den Faktor des schlußfolgernden Denkens (Tests 4, 5 und 7) sowie die räumliche Intelligenz in den räumlichen Faktor (Test 6) ein. Die flüssige Intelligenz wird stark durch mathematische Tests angesprochen, aber man bezeichnet sie vielleicht besser als schlußfolgerndes Denken denn als mathematische Fähigkeit per se. Wie wir im Zusammenhang mit Abbildung 13.12 bereits festgestellt haben – und was sich häufig zeigt –, bereitet es Schwierigkeiten, die flüssige von der räumlichen Intelligenz zu trennen. Allerdings vertreten Horn und Stankov (1982) die Ansicht, daß dies dennoch möglich sei.

Es ist schwierig, diese Debatte mit scharf formulierten Schlußfolgerungen zu beenden, aber vielleicht ist deutlich geworden, daß es in der Tat eine Differenzierung der menschlichen Intelligenz gibt, die in den Intelligenztests zum Ausdruck kommt. Möglicherweise stellen die Theorien von Horn/Cattell und von Thurstone die besten Analysen dar, weil daraus Faktoren resultieren, die wir als „verbaler Faktor", „räumlicher Faktor" und „schlußfolgerndes Denken" bezeichnen. Im restlichen Kapitel werden wir weitere Belege für eine Unterteilung des menschlichen Intellekts in verschiedene Fähigkeiten anführen. Von einer Unterteilung des menschlichen Intellekts zu sprechen stellt eine wichtige Schlußfolgerung dar, weil dies darauf hinweist, daß es eine gewisse Art von Spezialisierung im Erwerb der menschlichen kognitiven Funktionen gibt.

Carroll (1993) hat unter Berücksichtigung von nahezu allen vorliegenden Daten eine Drei-Schichten-Theorie der Intelligenz vertreten, die die Ansichten von Horn/Cattell und von Thurstone kombiniert. In der untersten Schicht befinden sich sehr spezialisierte Fähigkeiten wie etwa die Fähigkeit, Physiker oder Physikerin zu werden. Solche Fähigkeiten sind nach Carroll weitestgehend nicht vererbbar. In der nächsten Schicht befinden sich breiter angelegte Fähigkeiten wie der verbale Faktor (beziehungsweise die kristalline Intelligenz), der Faktor des schlußfolgernden Denkens (beziehungsweise die flüssige Intelligenz) und der räumliche Faktor. Schließlich konstatiert Carroll, daß diese Faktoren die Tendenz aufweisen, in der obersten Schicht untereinander zu korrelieren, um etwas zu ergeben, was Spearmans g-Faktor gleichkommt.

In den letzten beiden Jahrzehnten hat man sich dafür interessiert, wie diese Messungen individueller Unterschiede mit den Theorien zur Informationsverarbeitung aus dem Bereich der Kognitiven Psychologie zusammenhängen. Beispielsweise könnte man die Frage stellen, wie sich Probanden mit hohen versus niedrigen räumlichen Fähigkeiten in denjenigen Prozessen unterscheiden, die zur Lösung von räumlichen Vorstellungsaufgaben benötigt werden, wie wir sie in Kapitel 4 ausgeführt haben. Die Konstrukteure von Intelligenztests haben solche Fragen oft vernachlässigt, weil ihr Hauptziel darin lag, Schulleistungen vorherzusagen. Wir werden einige Untersuchungen aus dem Bereich der Informationsverarbeitung anführen, die sich mit einem tiefergehenden Verständnis der Faktoren „schlußfolgerndes Denken", „verbaler Faktor" und „räumlicher Faktor" beschäftigen.

Durch faktorenanalytische Methoden wurden die Faktoren „schlußfolgerndes Denken", „verbale Fähigkeit" und „räumliche Fähigkeit" isoliert. Diese Faktoren liegen vielen Leistungen bei unterschiedlichen Intelligenztests zugrunde.

Die Fähigkeit zum schlußfolgernden Denken

Typische Tests des schlußfolgernden Denkens umfassen mathematische Probleme, Analogieprobleme, die Extrapolation von Reihen, deduktive Syllogismen und Problemlöseaufgaben. Dies alles sind Aufgaben, die wir ausführlich in den Kapiteln 8 bis 10 besprochen haben. Im Zusammenhang mit dem vorliegenden Buch würde man die benötigten Fähigkeiten besser Problemlösefähigkeiten nennen. Die meisten Untersuchungen zu psychometrischen Tests berücksichtigten lediglich, ob jemand eine Frage richtig beantwortet oder nicht. Demgegenüber werden im Informationsverarbeitungsansatz die Schritte, durch die jemand zur Beantwortung einer Frage kommt, und die für jeden Schritt benötigte Zeit untersucht.

Die Forschungen von Robert Sternberg (1977; Sternberg & Gardner, 1983) sind ein Versuch, die psychometrische Forschungstradition mit der Tradition des Informationsverarbeitungsansatzes zu verbinden. Sternberg untersuchte, wie Menschen ganz unterschiedliche Probleme zum schlußfolgernden Denken verarbeiten. Abbildung 13.13 veranschaulicht eines seiner Analogieprobleme. Die Probanden sollten die Analogie „A verhält sich zu B wie C zu D1 oder D2" lösen. Nach Sternbergs Analyse wird der Prozeß, solche Analogien zu bilden, in eine Anzahl von Stufen zerlegt. Seiner Analyse zufolge bilden das Schlußfolgern und der Vergleich zwei entscheidende Stufen. Das Schlußfolgern umfaßt das Auffinden jedes Merkmals, das sich zwischen A und B verändert, und dessen Übertragung auf C. Demzufolge unterscheiden sich A und B in der Abbildung durch eine Veränderung der Kleidung von gepunktet nach gestreift. Man würde also voraussagen, daß C sich von gepunktet nach gestreift verändert, um D hervorzubringen. Der Begriff Vergleich bezeichnet das Vergleichen der vorausgesagten Figur D mit den beiden Alternativen D1 und D2. Jedes Merkmal wird verglichen, bis eines gefunden ist, das die Auswahl erlaubt. Die Probanden könnten also zuerst prüfen, ob sowohl D1 als auch D2 einen Regenschirm

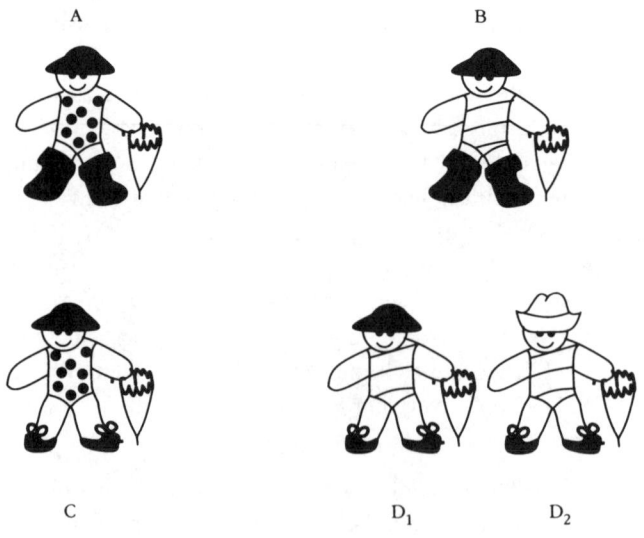

Abb. 13.13 Ein Beispiel für ein Analogieproblem von Sternberg und Gardner (1983).

besitzen (was für beide zutrifft), dann, ob sie gestreifte Kleidung tragen (was für beide zutrifft), und schließlich, ob sie einen dunklen Hut tragen (was nur für D1 zutrifft). Das Merkmal des dunklen Hutes erlaubt den Probanden, D2 zurückzuweisen und D1 zu akzeptieren.

Sternberg interessierte sich für die Zeit, die die Probanden für diese Beurteilungen benötigten. Seinen Überlegungen zufolge sollten die Probanden für jedes Merkmal, in dem sich A und B unterscheiden, eine bestimmte Zeit länger brauchen, weil diese Merkmale an C geändert werden müssen, um D zu erhalten. Sternberg und Gardner (1983) schätzten die Zeit für jedes dieser Merkmale auf etwa 0,28 Sekunden. Dies stellt den *Schlußfolgerungsparameter* dar. Sie schätzten darüber hinaus etwa 0,60 Sekunden für den Vergleich eines für D vorhergesagten Merkmals mit den Merkmalen von D1 und D2, was dem *Vergleichsparameter* entspricht. Die Werte von 0,28 und 0,60 Sekunden sind lediglich Mittelwerte; die tatsächlichen Werte der Schlußfolgerungs- und Vergleichszeiten variierten zwischen den Probanden. Die Forscher bestimmten nun die Korrelationen zwischen den Werten dieser Parameter und den psychometrischen Maßen der Fähigkeit zum schlußfolgernden Denken bei jedem Individuum. Sie errechneten eine Korrelation von 0,79 zwischen dem Schlußfolgerungsparameter und dem psychometrischen Maß des schlußfolgernden Denkens. Zwischen dem Verrgleichsparameter und dem psychometrischen Maß ergab sich eine Korrelation von 0,75. Dies bedeutet, daß Probanden mit hohen Zeiten auf dem Schlußfolgerungsparameter und dem Vergleichsparameter schlechte Leistungen in psychometrischen Tests zum schlußfolgernden Denken erbringen. Somit konnte gezeigt werden, daß Geschwindigkeitsmaße, die aus Experimenten zur Informationsverarbeitung stammen, in entscheidendem Zusammenhang mit psychometrischen Maßen der Intelligenz stehen.

Erhält eine Person einen hohen Punktwert in einem Test zum schlußfolgernden Denken, so kann sie einzelne Schritte des Schlußfolgerns schneller ausführen.

Die verbale Fähigkeit

Der möglicherweise stabilste Faktor, den man in Intelligenztests erhält, ist der verbale Faktor. Man hat sich stark dafür interessiert, durch welche Prozesse sich Menschen mit sehr hohen verbalen Fähigkeiten von anderen Menschen unterscheiden. Goldberg, Schwartz und Stewart (1977) verglichen Menschen mit hohen beziehungsweise geringen verbalen Fähigkeiten im Hinblick darauf, wie sie verschiedene Arten von Wortbeurteilungen ausführen. Eine Art der Beurteilung von Wörtern besteht einfach darin zu entscheiden, ob Wortpaare gleich sind. Die Probanden würde also folgendes Paar bejahen:

- Ferse, Ferse

Andere Probanden sollten beurteilen, ob Wortpaare gleich klingen. Sie sollten beispielsweise folgendes Paar bejahen:

- Verse, Ferse

Eine dritte Gruppe von Probanden sollte beurteilen, ob Wortpaare der gleichen Kategorie angehören. Sie sollten also folgendes Beispiel bejahen:

• Knie, Ferse

Abbildung 13.14 zeigt den Unterschied zwischen Probanden mit hoher beziehungsweise geringer verbaler Fähigkeit, wobei die Beurteilungszeiten für die drei angeführten Aufgabentypen abgetragen sind. Wie man der Abbildung entnehmen kann, ist bei Probanden mit hoher verbaler Fähigkeit gegenüber Probanden mit geringer verbaler Fähigkeit der (absolute) Vorsprung bei exakter Übereinstimmung der Wörter nur gering, aber bei gleichem Klang der Wörter oder bei der Beurteilung der kategorialen Übereinstimmung deutlich größer. Diese und andere Untersuchungen (beispielsweise Hunt, Davidson & Lansman, 1981) haben die Forscher zu der Überzeugung gelangen lassen, daß der Hauptvorteil von Menschen mit hohen verbalen Fähigkeiten darin liegt, daß sie schneller von einem sprachlichen Stimulus zu Informationen über diesen Stimulus gelangen können – in der oben genannten Untersuchung müssen die Probanden von dem visuell dargebotenen Wort zu Informationen über dessen Klang und dessen Bedeutung gelangen. Demzufolge hängt, wie in den im vorigen Abschnitt dargestellten Untersuchungen von Sternberg, die Verarbeitungsgeschwindigkeit mit der intellektuellen Fähigkeit zusammen.

  Es gibt zudem Belege für einen ziemlich starken Zusammenhang zwischen der Kapazität des Arbeitsgedächtnisses für sprachliches Material und der verbalen Fähigkeit. Dane-

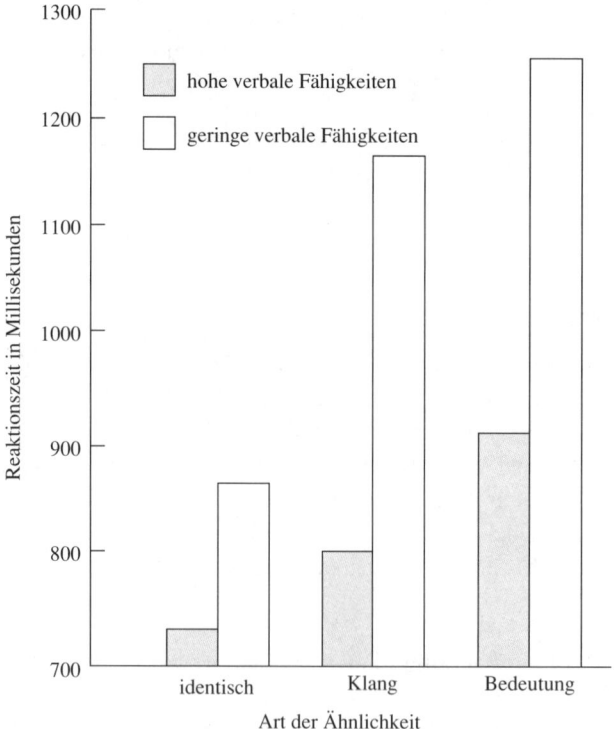

Abb. 13.14 Reaktionszeiten zur Beurteilung der Ähnlichkeit von Wortpaaren für Probanden mit hohen oder mit geringen verbalen Fähigkeiten sowie drei Arten der Ähnlichkeit (aus Goldberg, Schwartz & Stewart, 1977).

man und Carpenter (1980) entwickelten den folgenden Test, um individuelle Differenzen in der Kapazität des Arbeitsgedächtnisses zu erfassen. Die Probanden lesen oder hören eine Anzahl unzusammenhängender Sätze wie etwa

- Als er schließlich seine Augen öffnete, war kein Glanz des Triumphes, kein Anflug von Wut zu sehen.
- Das Taxi bog in die Michigan Avenue, von wo aus sie einen klaren Blick auf den See hatten.

Nachdem die Probanden diese Sätze gelesen oder gehört hatten, sollten sie das letzte Wort jedes Satzes wiedergeben. Sie wurden mit zwei bis sieben solcher Sätze getestet. Die größte Anzahl von Sätzen, für die sie das letzte Wort wiedergeben konnten, wurde als Lesespanne (beziehungsweise Hörspanne) definiert und variierte bei Universitätsstudenten zwischen 2 und 5,5. Es stellte sich heraus, daß diese Spannen sehr stark mit den Punktwerten zum Sprachverständnis und mit den Ergebnissen in Tests zur verbalen Fähigkeit in Beziehung stehen. Diese Lese- und Hörspannen weisen eine viel stärkere Beziehung auf als die einfachen Gedächtnisspannen. Daneman und Carpenter argumentieren dahingehend, daß eine größere Lese- und Hörspanne die Fähigkeit anzeigt, während des Verstehens mehr Text zu speichern. Im Modell von Kintsch und van Dijk, das wir in Kapitel 12 besprochen haben, wird gezeigt, wie das Behalten von mehr Text im Arbeitsgedächtnis das Verstehen verbessern kann.

Menschen mit hohen verbalen Fähigkeiten können Wortbedeutungen schnell abrufen und verfügen über ein größeres Arbeitsgedächtnis für verbale Informationen.

Die räumliche Fähigkeit

Man hat auch versucht, Maße der räumlichen Fähigkeit mit der Forschung zur mentalen Rotation in Verbindung zu bringen, die wir in Kapitel 4 angeführt haben. Just und Carpenter (1985) verglichen Probanden mit geringen räumlichen Fähigkeiten mit solchen mit hohen räumlichen Fähigkeiten bei der Ausführung der Aufgaben zur mentalen Rotation von Shepard und Metzler (vgl. Abbildung 4.4). Abbildung 13.5 zeigt die Zeiten, die diese beiden Probandengruppen benötigten, um Figuren um unterschiedliche Winkelbeträge zu rotieren. Wie man der Abbildung entnehmen kann, sind Probanden mit geringen räumlichen Fähigkeiten nicht einfach nur langsamer, sondern ihre Zeiten sind auch stärker vom zu rotierenden Winkelbetrag abhängig. Dies bedeutet, daß die Geschwindigkeit der mentalen Rotation bei Probanden mit geringen räumlichen Fähigkeiten geringer ist.

Die räumliche Fähigkeit wurde oft als Gegensatz zur verbalen Fähigkeit betrachtet. Obwohl einige Menschen bei beiden Fähigkeiten hohe oder bei beiden niedrige Werte erhalten, konzentriert sich das Interesse auf Personen, die ein Ungleichgewicht beider Fähigkeiten aufweisen. MacLeod, Hunt und Matthews (1978) fanden Belege dafür, daß diese letztgenannte Personengruppe auch kognitive Aufgaben unterschiedlich löst. Sie untersuchten die Leistungen bei der Satzverifikationsaufgabe von Clark und Chase, die wir in Kapitel 12 angeführt haben. Diese Aufgabe besteht aus der Darbietung von Sätzen wie *Das Plus ist über dem Stern* oder *Der Stern ist nicht über dem Plus*, und die Proban-

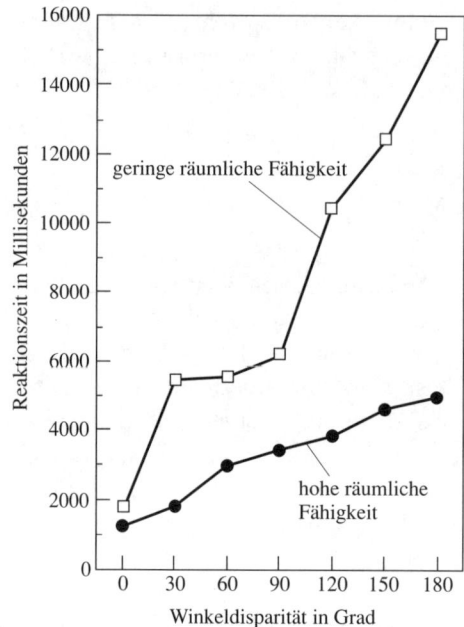

Abb. 13.15 Mittlere Zeiten zur Entscheidung, ob zwei Objekte die gleiche dreidimensionale Form besitzen, als Funktion des Winkelunterschieds zwischen der Ausrichtung der dargebotenen Objekte. Probanden mit hoher und Probanden mit niedriger räumlicher Fähigkeit sind getrennt eingezeichnet (aus Just & Carpenter, 1985).

den sollten entscheiden, ob der Satz das Bild zutreffend beschreibt. Typischerweise sind die Probanden langsamer, wenn der Satz eine Negation wie *nicht* enthält und wenn die in den Sätzen getroffenen Aussagen nicht mit den Bildern übereinstimmen.

MacLeod et al. vermuteten allerdings, daß es tatsächlich zwei Gruppen von Probanden gebe – solche, die eine Repräsentation des Satzes mit dem Bild auf Übereinstimmung testen, und solche, die zunächst den Satzinhalt in ein Bild umwandeln und dann dieses gegen das dargebotene Bild testen. Sie spekulierten, daß die erste Gruppe eine hohe verbale Fähigkeit und die zweite Gruppe eine hohe räumliche Fähigkeit aufweise. Sie konnten tatsächlich zwei Gruppen von Probanden identifizieren. Abbildung 13.16 zeigt die Beurteilungszeiten dieser beiden Gruppen als Funktion davon, ob der Satz wahr oder falsch war und ob er eine Negation enthielt oder nicht. Wie man der Abbildung entnehmen kann, zeigte die eine Gruppe keinen Effekt in Abhängigkeit davon, ob der Satz eine Negation enthielt oder nicht, wogegen für die andere Gruppe ein starken Effekt gefunden wurde. Die Probandengruppe, die keinen Effekt der Negation aufwies, hatte höhere Werte in Tests zur räumlichen Fähigkeit als die andere Gruppe. Es handelte sich dabei um diejenige Probandengruppe, die die Bilder, die sie aus den Sätzen erzeugten, mit den dargebotenen Bildern verglich. Ein aus einem Satz erzeugtes Bild beinhaltet keine Negation.

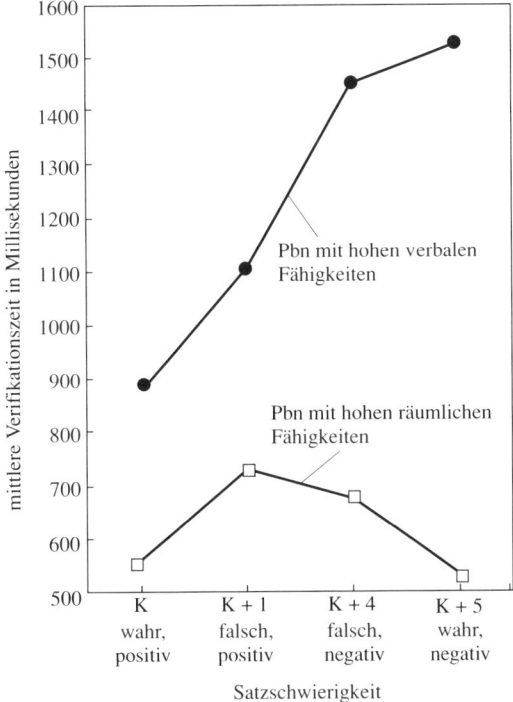

Abb. 13.16 Mittlere Beurteilungszeiten für Sätze als Funktion des Satztyps für Probanden mit hoher verbaler Fähigkeit, verglichen mit Probanden mit hoher räumlicher Fähigkeit (aus MacLeod, Hunt & Matthews, 1978).

Menschen mit hohen räumlichen Fähigkeiten können elementare räumliche Operationen ziemlich schnell ausführen und wählen oft einen räumlichen Lösungsweg anstelle einer verbalen Lösung.

Schlußfolgerungen aus den Untersuchungen zur Informationsverarbeitung

Einer der wichtigsten Erträge der Forschung, die psychometrische Maße mit kognitiven Aufgaben in Zusammenhang bringt, ist die Betonung der Unterscheidung zwischen einer verbalen und einer räumlichen Fähigkeit. Die Leserin und der Leser werden sich an Kapitel 4 erinnern, wo deutlich wurde, daß auch viele nichtpsychometrische Belege für diese Unterscheidung vorliegen. Ein weiterer Ertrag dieser Forschung liegt in den Hinweisen darauf, daß Unterschiede in den Fähigkeiten (schlußfolgerndes Denken, sprachliche und räumliche Fähigkeiten) auf Unterschieden in der Verarbeitungsgeschwindigkeit sowie der Kapazität des Arbeitsgedächtnisses beruhen könnten. Eine Reihe von Forschern (beispielsweise Just & Carpenter, 1992; Salthouse, 1992) haben dahingehend argumentiert, daß sich die Unterschiede im Arbeitsgedächtnis aus den Unterschieden in der Verarbeitungsgeschwindigkeit herleiten, da Menschen mehr Informationen im Arbeitsgedächtnis halten können, wenn sie sie schneller verarbeiten.

Zu diesem Punkt gibt die Forschung zu neuronalen Korrelaten der individuellen Unterschiede Aufschluß (Haier, Siegel, Nuechterlein, Hazlett, Wu, Paek, Browning & Buchsbaum, 1988). Die Forscher verwendeten die Positronen-Emissionstomographie (PET) während der Bearbeitung von abstrakten Aufgaben zum Schlußfolgern (vgl. Kapitel 1). Sie fanden heraus, daß die Probanden mit besserer Leistung eine geringere Aktivität im Positronen-Emissionstomogramm zeigten. Dies legt den Schluß nahe, daß sich Probanden mit geringeren Leistungen bei den gleichen Aufgaben mehr anstrengen müssen. Ebenso wie die Untersuchungen zur Informationsverarbeitung auf die Verarbeitungsgeschwindigkeit verweisen, legen die PET-Untersuchungen nahe, daß Intelligenzunterschiede auf sehr grundlegende Prozesse zurückzuführen sind. Man neigt vielleicht dazu, diese Ergebnisse als Belege für eine nativistische Erklärung zu sehen, aber tatsächlich erlauben sie keine Aussage im Hinblick auf die Anlage-Umwelt-Debatte. Manche Menschen brauchen vielleicht länger und müssen sich mehr anstrengen, um ein Problem zu lösen, entweder weil sie weniger Übung haben oder weil sie von Natur aus über weniger effiziente neuronale Strukturen verfügen. Wir haben in diesem Kapitel weiter oben gesehen, daß Kinder durch Übung bei Prozessen wie der mentalen Rotation schneller werden können als Erwachsene.

> Individuelle Unterschiede bei allgemeinen Faktoren wie der verbalen Fähigkeit, dem schlußfolgernden Denken und der räumlichen Fähigkeit scheinen die Geschwindigkeit und die Leichtigkeit widerzuspiegeln, mit der elementare kognitive Prozesse ausgeführt werden.

Das Modell der multiplen Intelligenzen nach Gardner

Howard Gardner (1983) vertrat die Position, daß es zumindest sechs bereichsspezifische Arten von Intelligenz gebe: sprachliche, musikalische, mathematische, räumliche, kinästhetische und personale Intelligenz. In seinem Buch werden viele verschiedenartige Belege zu diesen Themenbereichen angeführt. Er ergänzt die traditionellen psychometrischen Belege für solche Eigenschaften um eine große Anzahl weiterer Kriterien: Er führt als Belege an, daß diesen verschiedenen Formen der Intelligenz verschiedene neuronale Zentren zugrunde liegen, daß es Menschen gibt, die auf einer dieser Dimensionen außergewöhnlich talentiert sind, daß die Forschung zur Informationsverarbeitung Belege für diese Fähigkeiten gefunden hat, daß es je nach Intelligenzform unterschiedliche Entwicklungsgeschichten gibt, daß es kulturübergreifende Universalien im Hinblick auf diese Intelligenzen gibt und daß sich unterschiedliche Repräsentationssysteme für diese Intelligenzen herausgebildet haben. Er konnte zwar nicht alle der genannten Kriterien als überzeugende Belege für jede einzelne Intelligenzform anführen, aber immerhin ausreichend viele für jede Intelligenzform, um ein ziemlich überzeugendes Gesamtbild zu entwerfen.

Die deutlich stärksten Belege liegen für die sprachliche Intelligenz vor. Wie wir bereits in den Kapiteln 1, 4 und 11 dargestellt haben, ist das Vorhandensein verschiedener neuronaler Zentren zur Sprachverarbeitung gut belegt. Gardner sieht die berühmten Dichter und Schriftsteller als Menschen mit außergewöhnlichem sprachlichen Talent an. Wir haben bereits in dem vorliegenden Kapitel sowie in den Kapiteln 11 und 12 diejenigen kognitiven Prozesse angesprochen, die für die Sprache kennzeichnend sind. In Kapitel 11 haben wir auch sprachliche Universalien und die Besonderheiten der Sprachentwicklung diskutiert. Und schließlich besitzt die Sprache ein einzigartiges Symbolsystem: die geschriebene Sprache.

Auch die räumliche Intelligenz ist gut belegt. Wir haben in Kapitel 4 Befunde angeführt, daß es verschiedene Gehirnzentren für die räumliche Verarbeitung bei der Wahrnehmung sowie bei der räumlichen Vorstellung gibt. Wir haben psychometrische und experimentelle Ergebnisse zusammengestellt, die auf eine eigenständige Fähigkeit der räumlichen Verarbeitung hinweisen. Gardner betrachtet die weite Verbreitung der bildenden Künste über nahezu alle Kulturen hinweg als weiteren Beleg für die Existenz einer spezifischen räumlichen Intelligenz.

Psychometrisch gesehen sind die Maße der mathematischen Fähigkeit oft mit der räumlichen Fähigkeit korreliert. Im großen und ganzen sind die Befunde von Gardner für eine eigenständige kulturübergreifende mathematische Fähigkeit etwas schwach. Einen Teil des Problems stellt dabei die Definition der mathematischen Fähigkeiten dar. Alle Kulturen besitzen Zählsysteme, aber vieles von dem, was in psychometrischen Tests als mathematische Fähigkeit erfaßt wird, hat ausschließlich Gültigkeit für westliche Gesellschaften. Man kann wohl kaum Belege dafür finden, daß es Universalien der modernen Algebra gibt, so wie es Universalien der natürlichen Sprachen gibt. Es mag jedoch Universalien einfacherer Fähigkeiten geben, die sich auf Zahlen beziehen, wie etwa das Zählen. Gardner führt das sogenannte Gerstmann-Syndrom an, das mit einer Schädigung des linken Parietallappens und der angrenzenden temporalen und occipitalen Assoziationsfelder einhergeht. Menschen mit einer Schädigung dieser Gehirnzentren haben Schwierigkeiten beim Rechnen, bei der Links-rechts-Orientierung und beim Benennen ihrer Finger. Allerdings gibt es keine einheitliche Lehrmeinung über die genaue Ursache dieser Probleme. Vielleicht ist es angebracht, Gardners Argumentation für eine mathematische Fähigkeit nicht als auf etwas spezifisch Mathematisches abzielend zu verstehen. Vielmehr scheint es angebracht, einen allgemeinen Faktor des schlußfolgernden Denkens anzunehmen, wie wir es weiter oben ausgeführt haben.*

Die anderen drei Intelligenzen, die Gardner anführt, werden typischerweise nicht der Kognition zugeordnet, und viele Forscher stellen entschieden in Frage, ob der Begriff *Intelligenz*, so wie ihn Gardner hierfür gebraucht, überhaupt zutreffend ist. Gleichwohl läuft seine Diskussion auf den Punkt hinaus, daß individuelle Unterschiede über das rein Kognitive hinausgehen. Die Belege für eine musikalische Fähigkeit scheinen gut gesichert zu sein. Es gibt in der Tat auffällige individuelle Unterschiede in der musikalischen Fähigkeit bis hin zu solchen Wunderkindern wie etwa Mozart. Musik ist unbestritten eine kulturelle Universalie. Gardner argumentiert, daß die musikalische Fähigkeit in der rech-

---

* McCloskey (1992) berichtet eine Untersuchung mit zwei Patienten, die Schwierigkeiten beim Abruf von Wissen über Multiplikationen hatten. Allerdings scheinen diese Patienten nicht in das von Gardner vorgeschlagene Raster zu passen. Zumindest einer der beiden wies eine Schädigung des Frontallappens und nicht des Parietallappens auf. Zudem hatten beide Patienten Schwierigkeiten allgemeiner Natur und nicht nur Probleme beim Rechnen.

ten Hirnhemisphäre angesiedelt ist, im Gegensatz zur sprachlichen Fähigkeit, die der linken Hirnhemisphäre zugeordnet ist.

Mit kinästhetischer Intelligenz verweist er auf einen versierten Einsatz des Körpers, und er betrachtet Pantomimen wie etwa Marcel Marceau als jemanden, der über eine außerordentlich hohe kinästhetische Intelligenz verfügt. Wir haben in Kapitel 1 Belege für spezielle neuronale Zentren angeführt, die für die Bewegungen des Körpers zuständig sind. Gardner betrachtet die Universalien des Werkzeugbaus und des Tanzes als Belege für eine universelle, spezifisch menschliche Fähigkeit, die die Bewegung des Körpers betrifft.

Gardner unterscheidet zwischen zwei Formen der personalen Intelligenz: Die eine betrifft das Selbstverständnis, die andere hängt mit der Fähigkeit zu sozialem Erfolg zusammen. Er argumentiert, daß Menschen in der ganzen Welt eine sehr kennzeichnende und universelle Entwicklungsgeschichte bei der Entfaltung ihrer Persönlichkeit aufweisen. Diese beginnt mit starken kindlichen Bindungen an die Mütter und schreitet über rebellische Jahre des Teenageralters fort, in denen die Unabhängigkeit etabliert wird.

Eine der Implikationen von Gardners Modell der multiplen Intelligenzen besteht darin, daß es keinen Sinn macht zu sagen, eine Person sei intelligenter als eine andere. Intelligenz ist kein einheitliches Konzept wie etwa Körpergröße. Um es mit Horn, einem bekannten Psychometriker, auszudrücken: „Obwohl das Wort Intelligenz (als ein einheitliches Konzept) im Alltag weiterhin nützlich ist, so stellt es doch kein gutes wissenschaftliches Konzept dar" (Horn, 1986, S. 69).

Gardner vertritt die Auffassung, daß es eine biologische Basis für eine Anzahl unterschiedlicher Formen der Intelligenz gibt.

Schlußfolgerungen

Hiermit schließen wir unsere Betrachtung der menschlichen Intelligenz (in diesem Kapitel) sowie der menschlichen Kognition (in diesem Buch). Ein immer wiederkehrendes Thema war die relative Verschiedenheit der Komponenten des menschlichen Geistes. In Kapitel 1 haben wir Belege für verschiedenartige Spezialisierungen des Nervensystems dargestellt. In den darauffolgenden Kapiteln führten wir Belege für verschiedene Ebenen der Informationsverarbeitung an, die die Aufnahme von Informationen in das System betreffen. Wir haben die verschiedenen Wissensrepräsentationen vorgestellt und zwischen prozeduralem und deklarativem Wissen unterschieden. Im Anschluß daran haben wir die Sonderstellung der Sprache diskutiert. Viele dieser Unterscheidungen wurden noch durch die im vorliegenden Kapitel dargestellten individuellen Unterschiede bestärkt.

Eine zweite Ebene in der Behandlung des Stoffes betraf die Geschwindigkeit der Verarbeitung. Am häufigsten haben wir in diesem Buch die Erhebung von Latenzzeiten zur Messung der kognitiven Mechanismen herangezogen. Wenn wir Fehlermaße (die zweithäufigste Abhängige Variable) angeführt haben, dann standen diese oft für eine langsame Verarbeitung. Wir haben in dem vorliegenden Kapitel Befunde kennengelernt, daß sich die Individuen in ihrer Verarbeitungsgeschwindigkeit unterscheiden, und im gesamten Buch haben wir Wert auf die Feststellung gelegt, daß diese Verarbeitungsgeschwindigkeit durch Übung erhöht werden kann.

Zusätzlich zu der quantitativen Komponente der Verarbeitungsgeschwindigkeit gibt es bei den individuellen Unterschieden noch eine qualitative Komponente. Menschen können sich darin unterscheiden, wo ihre Stärken liegen. Sie können sich auch darin unterscheiden, welche Strategien sie zum Problemlösen heranziehen. Wir haben in Kapitel 9 gesehen, daß eine Dimension wachsender Expertise in der Entwicklung effektiverer Strategien liegt.

Man kann den menschlichen Geist in Analogie zu einem großen Unternehmen sehen, das aus verschiedenen interaktiven Komponenten besteht. Verschiedene Unternehmen haben unterschiedliche Stärken, die aus den unterschiedlichen Stärken der Einzelkomponenten entstehen. Durch Übung können verschiedene Komponenten effektiver in der Ausführung ihrer Aufgaben werden. Eine weitere Methode, um eine Verbesserung zu erzielen, besteht in einer strategischen Reorganisation von Teilen des Unternehmens. Allerdings resultiert der Erfog einer Firma nicht nur aus der Summe ihrer Teile. Diese Teile müssen reibungslos zusammenarbeiten, um die übergeordneten Ziele der Organisation zu erreichen. Einige Forscher (beispielsweise Anderson, 1983; Newell, 1991) haben das eher fragmentarische Bild des menschlichen Geistes beklagt, das durch die laufende Forschung in der Kognitiven Psychologie gezeichnet wird. Die zukünftige Forschung wird sich unter anderem damit beschäftigen müssen, wie die Einzelbefunde zusammenpassen, um ein effektives System zu ergeben.

Anmerkungen und Literaturhinweise

Piaget und seine Koautoren haben viele Bücher zur Kindesentwicklung geschrieben, die von der Originalsprache Französisch ins Deutsche übersetzt worden sind, darunter eine vielbändige Ausgabe von 1975. Brainerd (1978) sowie Gruber und Voneche (1977) sind englischsprachige Sekundärliteratur zur Theorie von Piaget. Allgemeinere Texte zur kognitiven Entwicklung sind Flavell (1985) sowie Siegler (1991). Das Handbuch von Mussen (1983) gibt einen umfassenden Überblick über den gesamten Bereich der Entwicklungspsychologie. Drei Carnegie-Symposien zur Kognition (Siegler, 1978; Sophian, 1984; Granrud, 1993) beinhalten eine große Anzahl von Arbeiten, die auf dem Informationsverarbeitungsansatz zur Untersuchung der Kognition beruhen. Klahr und Wallace (1976) stellen eine Entwicklungstheorie vor, die stark von der Theorie der Produktionssysteme beeinflußt ist. Insgesamt ist sehr viel zum Thema Kognition und Älterwerden veröffentlicht worden, unter anderem sind hier Salthouse (1991) und Perlmutter (1988) zu nennen.

Die Bücher von Kail und Pellegrino (1985) sowie von Sternberg (1985a) geben einen guten Überblick über die psychometrische Forschung und die Forschung zur Informationsverarbeitung im Gebiet individueller Intelligenzunterschiede. Sternberg (1985b) beschreibt seine eigene sehr einflußreiche Theorie und seine eigene Forschung in diesem Gebiet. Gardner (1983) ist ein gut lesbares und literarisch geschriebenes Buch zum Thema individueller Unterschiede. Das Buch von Carroll (1993) basiert auf einer Synthese einer sehr großen Literaturmenge.

Einen deutschsprachigen allgemeinen Überblick über die Entwicklungspsychologie gibt das von Oerter und Montada (1995) herausgegebene Buch. Das ins Deutsche übersetzte Lehrbuch der Kinderpsychologie von Mussen, Conger, Kagan und Huston (1993) enthält mehrere Kapitel zur kognitiven Entwicklung, zur Informationsverarbeitung und zur Intelligenzentwicklung. In Trautner (1978) findet sich ein breites Spektrum an Entwicklungstheorien sowie ein Kapitel zur Anlage-Umwelt-Debatte. In Hofer (1992) wird unter anderem die Entwicklung im Zusammenhang mit Familienbeziehungen diskutiert. Als Literatureinstieg in die Psychologie des Alterns sei Lehr (1991) genannt.

Glossar

2 1/2-D-Skizze (*2 1/2-D sketch*): Marrs Annahme einer visuellen Repräsentation, die die Beurteilung der Lage von Oberflächen im Raum ermöglicht.

3-D-Skizze (*3-D sketch*): Marrs Annahme einer → objektzentrierten Repräsentation.

A-posteriori-Wahrscheinlichkeit (*posterior probability*): Im → Bayes-Theorem die Wahrscheinlichkeit, daß eine Hypothese zutrifft, nachdem das Eintreten eines bestimmten Ereignisses berücksichtigt worden ist.

A-priori-Wahrscheinlichkeit (*prior probability*): Im → Bayes-Theorem die Wahrscheinlichkeit, daß eine Hypothese zutrifft, bevor ein eingetretenes Ereignis berücksichtigt wird.

Ablehnung des Antecedens (*denial of the antecedent*): Der logische Fehlschluß, bei dem man von der Negation des → Antecedens einer → bedingten Aussage auf die Negation des → Konsequens schließt. In allgemeiner Formulierung lautet dieser Fehlschluß: Aus *Wenn A, dann B* und *A ist nicht wahr* folgt *B ist nicht wahr*. Den Fehlschluß erkennt man leicht durch konkrete Wertebelegung: Aus *Wenn es regnet, sind die Straßen naß* und *Es regnet nicht* folgt nicht, daß die Straßen nicht naß sind.

Abstraktionstheorien (*abstraction theories*): Theorien, nach denen Konzepte als abstrakte Beschreibungen ihrer zentralen (prototypischen) Kennzeichen repräsentiert sind; im Gegensatz zu → Exemplartheorien.

ACT (*ACT*): Andersons Theorie zur Interaktion von deklarativem und prozeduralem Wissen bei komplexen kognitiven Prozessen.

Agnosie (*agnosia*) → visuelle Agnosie.

AI: Abkürzung für *artificial intelligence*, → Künstliche Intelligenz.

Aktionspotential (*action potential*): Die plötzliche Veränderung des elektrischen Potentials, die entlang des → Axons eines → Neurons wandert.

Aktivationsausbreitung (*spreading activation*): Die Annahme, daß sich Aktivation von einer Quelle zu anderen Teilen des Gedächtnisnetzwerks ausbreitet, um dort vorhandene Gedächtnisspuren zu aktivieren.

Aktivationshöhe (*activation*): Zustand einer Gedächtnisspur, der sowohl die Geschwindigkeit als auch die Wahrscheinlichkeit des Zugriffs auf diese Gedächtnisspur bestimmt.

Amnesie (*amnesia*): Gedächtnisausfall infolge einer Schädigung des Gehirns.

Analogiebildung (*analogy*): Bezeichnung des Prozesses, durch den ein Problemlöser die Lösung eines Problems auf die Lösung eines anderen Problems abbildet.

Antecedens (*antecedent*): Der Bedingungsteil einer → bedingten Aussage: das *A* in *Wenn A, dann B*.

Aphasie (*aphasia*): Die Beeinträchtigung des Sprachvermögens nach einer Schädigung des Gehirns.

Apperzeptive Agnosie (*apperceptive agnosia*): Die Unfähigkeit, einfache Formen wie Kreise oder Dreiecke zu erkennen.

Argument (*argument*): Ein Element einer → Proposition, das eine Person, ein Objekt, einen Ort oder einen Zeitpunkt repräsentiert; im Gegensatz zum → Prädikat.

Artikulationsort (*place of articulation*): Der Ort, an dem der Vokaltrakt bei der Erzeugung eines Phonems geschlossen bzw. verengt wird.

Artikulatorische Schleife (*articulatory loop*): Ein von Baddeley angenommenes Hilfssystem zum Memorieren von verbalen Informationen.

Assoziative Agnosie (*associative agnosia*): Die Unfähigkeit, komplexe Objekte (beispielsweise einen Anker) zu erkennen, obwohl einfache Formen erkannt werden und obwohl Skizzen komplexer Objekte gezeichnet werden können.

Assoziative Phase (*associative stage*): Die zweite Phase des Fähigkeitserwerbs nach Fitts, in der die deklarative Repräsentation einer Fähigkeit in eine prozedurale Repräsentation umgewandelt wird.

Assoziatives Priming (*associative priming*): Die Erleichterung des Zugriffs auf Informationen, wenn Items dargeboten werden, für die ein Zusammenhang (eine Assoziation) mit diesen Informationen besteht.

Atmosphärenhypothese (*atmosphere hypothesis*): Die Annahme von Woodworth und Sels, daß man bei → kategorialen Syllogismen dazu neigt, Schlußfolgerungen zu akzeptieren, deren → Quantoren mit denen der → Prämissen übereinstimmen.

Aufforderungscharakter (*affordances*): Gibsons Begriff für Eigenschaften von Dingen in der Umgebung, die ein bestimmtes Verhalten nahelegen, zum Beispiel die ‚Draufsetzbarkeit' eines Stuhls. Gibson vertritt die Auffassung, daß man diese Eigenschaften unmittelbar wahrnehmen kann.

Aufmerksamkeit (*attention*): Die Zuteilung kognitiver Ressourcen zu laufenden Prozessen.

Auswahlaufgabe (*selection task*): Bei einer Auswahlaufgabe wird eine → bedingte Aussage *Wenn A, dann B* vorgegeben, und der Proband muß diejenigen Informationen auswählen (*A ist wahr, B ist wahr, A ist falsch, B ist falsch*), mit denen sich das Zutreffen der bedingten Aussage prüfen läßt. Besonders bekannt wurde die Wasonsche Kartenaufgabe.

Automatischer Prozeß (*automatic process*): Ein Prozeß, dessen Ausführung keiner → Aufmerksamkeit bedarf; im Gegensatz zu → kontrollierten Prozessen.

Autonome Phase (*autonomous stage*): Die dritte Phase des Fähigkeitserwerbs nach Fitts, in der die Ausführung der Fähigkeit automatisiert wird.

Axon (*axon*): Der Teil eines → Neurons, der Informationen von einer Hirnregion zu einer anderen überträgt.

Balken → Corpus callosum.

Balkendetektoren (*bar detectors*): Zellen des visuellen Cortex, die maximal auf Balken innerhalb des visuellen Feldes reagieren, für das sie zuständig sind.

Bayes-Theorem (*Bayes' theorem*): Ein Theorem, das vorschreibt, wie die → a-priori-Wahrscheinlichkeit einer Hypothese mit der → bedingten Wahrscheinlichkeit für das Eintreten eines Ereignisses bei zugrunde gelegter Hypothese zu kombinieren ist, um die → a-posteriori-Wahrscheinlichkeit der Hypothese zu bestimmen.

Bedeutungsbezogene Wissensrepräsentation (*meaning-based representation*): Eine Form der → Wissensrepräsentation, die sich auf solche Aspekte von Erfahrungen bezieht, die in bestimmten Zusammenhängen entscheidend sind, und die von Oberflächenmerkmalen der erfahrenen Reize, wie sie bei der → wahrnehmungsbasierten Wissensrepräsentation berücksichtigt werden, abstrahiert.

Bedingte Aussage (*conditional statement*): Eine Aussage der Form *Wenn A, dann B*, derzufolge das → Konsequens *B* wahr ist, wenn das → Antecedens *A* wahr ist.

Bedingte Wahrscheinlichkeit (*conditional probability*): Im Zusammenhang mit dem → Bayes-Theorem ist dies die Wahrscheinlichkeit, daß ein bestimmtes Ereignis eintritt, nachdem ein anderes Ereignis bereits eingetreten ist.

Behaviorismus (*behaviorism*): Die theoretische Auffassung, daß sich psychologische Theorien ausschließlich auf Verhalten beziehen sollen, ohne auf mentale Konstrukte zurückzugreifen.

Beherrschungsorientiertes Lernen (*mastery learning*): Lernverfahren, bei dem die Lernenden jede Komponente des Lehrstoffes beherrschen müssen, bevor neuer Stoff eingeführt wird. Grundlage für dieses Verfahren ist die → Komponentialanalyse.

Bergsteigen (*hill climbing*): Die Tendenz, beim Problemlösen diejenigen → Operatoren auszuwählen, die einen Zustand ergeben, der dem → Zielzustand näher liegt.

Bestätigung des Konsequens (*affirmation of the consequent*): Der logischer Fehlschluß, bei dem man vom → Konsequens einer → bedingten Aussage auf das → Antecedens schließt. In allgemeiner Formulierung lautet dieser Fehlschluß: Aus *Wenn A, dann B* und *B ist wahr* folgt *A ist wahr*. Den Fehlschluß erkennt man leicht durch konkrete Wertebelegung: Aus *Wenn es regnet, sind die Straßen naß* und *Die Straßen sind naß* folgt nicht, daß es regnet.

Bikonditionale Aussage (*biconditional statement*): Eine logische Aussage, die aus zwei Teilen besteht, die sich wechselseitig implizieren: *B dann und nur dann, wenn A*. Man kann bikonditionale Aussagen als Kombination zweier → bedingter Aussagen mit vertauschten Gliedern auffassen: *Wenn A, dann B* und *Wenn B, dann A*.

Bottom-up-Verarbeitung (*bottom-up processing*): Verarbeitung von Informationen aus dem physikalischen Stimulus, die verwendet werden, um diesen zu erkennen; im Gegensatz zur → Top-down-Verarbeitung.

Broca-Zentrum (*Broca's area*): Eine Hirnregion im linken frontalen Cortex, die für die Sprachfähigkeit, insbesondere für die → Syntax beim Sprechen, entscheidend ist; ihre Schädigung führt zur → Aphasie.

Chunk (*chunk*): Von Miller eingeführter Begriff, um eine Wissenseinheit zu bezeichnen, die einige Unteritems zusammenfaßt.

Conclusio (*conclusion*): Der in einem Syllogismus aus den → Prämissen abgeleitete Schluß.

Corpus callosum, Balken (*corpus callosum*): Ein breites Band aus Nervenfasern, über das die linke und rechte Hirnhemisphäre miteinander in Verbindung stehen.

Dämpfungstheorie (*attenuation theory*): Treismans Theorie der Aufmerksamkeit, die annimmt, daß wir einen Teil der einlaufenden sensorischen Signale auf der Grundlage ihrer physikalischen Eigenschaften dämpfen; im Gegensatz zur → Filtertheorie und zur → Theorie der späten Auswahl.

Deduktives Schlußfolgern (*deductive reasoning*): Das Schlußfolgern in Situationen, in denen die abgeleiteten Schlüsse mit Sicherheit aus den → Prämissen folgen; im Gegensatz zum → induktiven Schlußfolgern.

Default-Werte (*default values*): Typische Werte, die in die → Slots eines → Schemas eingesetzt werden.

Deklaratives Wissen (*declarative knowledge*): Explizites Wissen über verschiedene Sachverhalte; im Gegensatz zu → prozeduralem Wissen.

Delta-Regel (*delta rule*): Eine Lernregel für neuronale Netze, die die Verbindungsstärken proportional zum Aktivationsinput und zur Differenz zwischen der tatsächlichen und der gewünschten Aktivation der Outputneuronen verändert.

Dendrit (*dendrite*): Der verzweigte Teil eines → Neurons, der → Synapsen von den → Axonen anderer Neuronen aufnimmt.

Deskriptives Modell (*descriptive model*): Ein Modell über das tatsächliche Verhalten von Menschen; im Gegensatz zu einem → präskriptiven Modell.

Dichotisches Hören (*dichotic listening*): Dichotisches Hören wird verlangt, wenn man über Kopfhörer auf jedes Ohr eine jeweils andere Nachricht einspielt und eine der Nachrichten beschattet werden soll.

Dissoziationen (*dissociations*): Situationen, in denen unterschiedliche Gedächtnistests unterschiedliche Ergebnisse erbringen. Dissoziationen werden als wichtiges Argument für die Existenz unterschiedlicher Gedächtnissysteme herangezogen.

Doppelaufgaben-Bearbeitung (*dual-task performance*): Die gleichzeitige Ausführung mehrerer Aufgaben.

Doppelreiz-Paradigma (*double-stimulation paradigm*): Eine Klasse von Experimenten, bei denen die Probanden auf zwei schnell aufeinanderfolgende Stimuli reagieren müssen.

Duale Kodierung → Theorie der dualen Kodierung.

Einsichtsprobleme (*insight problems*): Probleme, deren Lösung von einer plötzlichen Einsicht („Aha-Erlebnis") abhängt.

Einstellungseffekt (*set effect, Einstellung effect*): Die Beeinträchtigung der Problemlösung infolge früherer Erfahrungen mit der Lösung derselben Art von Problemen; insbesondere wird ein Lösungsweg beibehalten, der sich bei früheren Problemen bewährt hat, obwohl eine einfachere Lösung möglich wäre.

Elaborative Verarbeitung (*elaborative processing*): Die Anreicherung eines zu behaltenden Items mit zusätzlichen Informationen.

Empirismus (*empiricism*): Die philosophische Auffassung, daß alles Wissen aus der Erfahrung der Welt stammt; im Gegensatz zum → Nativismus.

Enkodierungsspezifität → Prinzip der Enkodierungsspezifität.

Ereigniskorrelierte evozierte Potentiale, **ERP** (*evoked response potentials*): Die durch besondere Aufzeichnungsmethoden abgeleiteten momentanen Veränderungen der elektrischen Hirnaktivität beim Auftreten eines bestimmten Ereignisses.

Erlaubnisschema (*permission schema*): Eine Art, → bedingte Aussagen zu interpretieren. Dabei spezifiziert das → Antecedens diejenigen Situationen, in denen das → Konsequens erlaubt ist. Das Wissen über das Erlaubtsein von Sachverhalten in der Welt kann die Anwendung logischer Schlußregeln außer Kraft setzen.

ERP: Abkürzung für *evoked response potentials*, → ereigniskorrelierte evozierte Potentiale.

Ersetzungsregeln (*rewrite rules*): Regeln, nach denen die nicht-terminalen Symbole in einer Phrasenstruktur in andere Symbole ausdifferenziert werden; beispielsweise wird „Satz" durch „Nominalphrase + Verbalphrase" ersetzt. Solche Regeln erlauben die Bildung eines vollständigen Satzes und seiner → Phrasenstruktur.

Exemplartheorien (*instance theories*): Theorien, nach denen unser Wissen über Konzepte durch den Abruf bestimmter Exemplare dieser Konzepte wirksam wird; im Gegensatz zu → Abstraktionstheorien.

Explizite Gedächtnisinhalte (*explicit memories*): Gedächtnisinhalte, die bewußt wiedergegeben werden können; im Gegensatz zu → impliziten Gedächtnisinhalten.

Exzitatorische (erregende) Synapsen (*excitatory synapses*): Synapsen, deren Neurotransmitter die Potentialdifferenz an der Membran des Neurons senken; im Gegensatz zu → inhibitorischen Synapsen.

Exzitatorisches postsynaptisches Potential (*excitatory postsynaptic potential*): Die Verringerung der elektrischen Potentialdifferenz zwischen dem Inneren und dem Äußeren eines Neurons. Die Messung dieses Potentials findet bei Untersuchungen zur → Langzeitpotenzierung Verwendung.

Fächereffekt (*fan effect*): Das Phänomen, daß der Abruf von Items aus dem Gedächtnis langsamer wird, je mehr zusätzliches Material mit diesen Items verbunden ist.

Faktorenanalyse (*factor analysis*): Ein statistisches Verfahren, das im Zusammenhang von Intelligenztests dem Auffinden der Faktoren dient, die der Leistung von Probanden in einer Vielzahl von Tests zugrunde liegen.

Filtertheorie (*filter theory*): Broadbents Theorie der Aufmerksamkeit, die besagt, daß sensorische Informationen eine Art Flaschenhals durchlaufen müssen, wobei nur ein Teil der Informationen zur weiteren Verarbeitung ausgewählt wird; im Gegensatz zur → Dämpfungstheorie und zur → Theorie der späten Auswahl.

FLMP (*fuzzy logical model of perception*): Massaros Theorie der Wahrnehmung, die davon ausgeht, daß Merkmale des Stimulus und des Kontextes unabhängig voneinander zur Bestimmung der Wahrnehmung kombiniert werden.

Flüssige Intelligenz (*fluid intelligence*): Cattells Bezeichnung desjenigen Intelligenzfaktors, der die Fähigkeit zum Schlußfolgern und zum Problemlösen widerspiegelt; im Gegensatz zur → kristallinen Intelligenz.

Formal-operatorische Stufe (*formal-operational stage*): Die vierte Stufe nach Piagets Vierstufentheorie der Entwicklung. Auf dieser Stufe verfügt das Kind über abstrakte Schemata zum Schlußfolgern über die Welt.

Fovea centralis → Gelber Fleck.

Frontallappen (*frontal lobe*): Die vordere Hirnregion des cerebralen Cortex, die den motorischen Cortex und den → präfrontalen Cortex umfaßt.

Funktionale Fixierung (*functional fixedness*): Die Tendenz, Objekte in ihren üblichen Problemlösefunktionen zu repräsentieren, wodurch das Erkennen neuer Funktionen verhindert wird.

Ganzberichtsverfahren (*whole-report procedure*): Verfahren, bei dem die Probanden alle auf einem Bildschirm dargebotenen Items wiedergeben sollen.

Garden-path-Sätze (*garden-path sentences*): Sätze mit → vorübergehender Mehrdeutigkeit, bei denen wir uns anfänglich auf eine (falsche) Interpretation festlegen, die wir anschließend korrigieren müssen.

Gedächtnisspanne (*memory span*): Diejenige Informationsmenge, die bei einem unmittelbar nach der Darbietung der Items durchgeführten Gedächtnistest vollständig wiedergegeben werden kann.

Gelber Fleck (*fovea*): Das Gebiet auf der Netzhaut mit der höchsten visuellen Auflösung. Zum Fixieren eines Objekts bewegt man das Auge so, daß das Bild des Objekts auf den Gelben Fleck fällt.

General Problem Solver, **GPS** (*general problem solver*): Von Newell und Simon entwickeltes Computersimulationsprogramm zum Problemlösen, das Mittel-Ziel-Analysen enthält.

Geons (*geons*): Primitive Objekte nach dem Modell von Biederman, die zu größeren Objekten kombiniert werden.

Gestaltgesetze der Wahrnehmungsorganisation (*gestalt principles of organization*): Wahrnehmungsgesetze, die den Aufbau einer Anordnung aus Komponenten bestimmen.

GPS: Abkürzung für → General Problem Solver.

Grammatik (*grammar*): Eine Menge von Regeln, die vorgibt, welche Äußerungen in einer Sprache zulässig sind. Eine Grammatik besteht aus der → Syntax, der → Semantik und der → Phonologie.

Hasa-Verbindung (*hasa link*): Eine Klasse von Verbindungen in einem semantischen Netzwerk oder einer Schemarepräsentation, die einem Konzept Attribute zuordnet (von *has a = hat ein*). Demgegenüber zeigen → Isa-Verbindungen (von *is a = ist ein*) Oberbegriff-Unterbegriff-Relationen an.

Hinterhauptslappen → Occipitallappen.

Hippocampus (*hippocampus*): Ein subcorticales Areal, das eine entscheidende Rolle beim Aufbau permanenter Gedächtnisinhalte spielt.

Icon (*icon*): Von Neisser verwendeter Begriff für die Repräsentation von Informationen im visuellen sensorischen Gedächtnis.

Identische Elemente → Theorie der identischen Elemente.

Implizite Gedächtnisinhalte (*implicit memories*): Gedächtnisinhalte, die nicht in Tests zum expliziten Abruf erinnert werden, die jedoch bei der Ausführung verschiedener Aufgaben zum Vorschein kommen; im Gegensatz zu → expliziten Gedächtnisinhalten.

Impulsfrequenz (*rate of firing*): Die Anzahl von Nervenimpulsen, die pro Zeiteinheit entlang eines Axons erzeugt werden.

Induktives Schlußfolgern (*inductive reasoning*): Das Schlußfolgern in Situationen, in denen die abgeleiteten Schlüsse nur mit einer bestimmten Wahrscheinlichkeit aus den → Prämissen folgen; im Gegensatz zum → deduktiven Schlußfolgern.

Inferenz → Überbrückungsschluß.

Informationsverarbeitungsansatz (*information-processing approach*): Die Zerlegung der menschlichen Kognition in eine Menge von Schritten, in denen abstrakte Informationen verarbeitet werden.

Inhibitorische (hemmende) Synapsen (*inhibitory synapses*): Synapsen, deren Neurotransmitter die Potentialdifferenz an der Membran des Neurons vergrößern; im Gegensatz zu → exzitatorischen Synapsen.

Inkubationseffekt (*incubation effect*): Das Phänomen, daß die Lösung eines Problems manchmal leichter fällt, wenn man sich eine Zeitlang nicht mit der Problemlösung beschäftigt hat.

Intelligente Tutorensysteme (*intelligent tutoring systems*): Computersysteme, die nach dem Vorbild eines menschlichen Tutors mit dem Lernenden interagieren und in Abhängigkeit von dessen Aufgabenbearbeitung unterschiedlich reagieren.

Intelligenzquotient, IQ (*intelligence quotient*): Maßzahl für die allgemeine intellektuelle Leistungsfähigkeit, die so normiert wurde, daß der Mittelwert 100 und die Standardabweichung 15 beträgt.

Interaktive Verarbeitung (*interactive processing*): Die Auffassung, nach der semantische und syntaktische Hinweise bei der Interpretation eines Satzes gleichzeitig zum Tragen kommen; im Gegensatz zur → Modularität.

Interferenztheorie (*interference theory*): Theorie, die besagt, daß das Vergessen dadurch verursacht wird, daß neu hinzukommende Gedächtnisinhalte mit dem Behalten des ursprünglichen Gedächtnisinhalts interferieren.

Introspektion (*introspection*): Um die Jahrhundertwende in Deutschland häufig verwendete Methode, bei der versucht wird, Komponenten des Denkens durch Selbstbeobachtung zu analysieren.

Invarianz (*conservation*): Von Piaget verwendeter Begriff, um darauf zu verweisen, welche Eigenschaften von Objekten bei bestimmten Transformationen erhalten bleiben.

IQ → Intelligenzquotient.

Isa-Verbindung (*isa link*): Eine Klasse von Verbindungen in einem semantischen Netzwerk oder einer Schemarepräsentation, die die Oberbegriff-Unterbegriff-Relation anzeigt (von *is a* = *ist ein*). Demgegenüber ordnen → Hasa-Verbindungen (von *has a* = *hat ein*) einem Konzept Attribute zu.

Kantendetektoren (*edge detectors*): Zellen des visuellen Cortex, die maximal auf Kanten innerhalb des visuellen Feldes reagieren, für das sie zuständig sind.

Kategoriale Wahrnehmung (*categorical perception*): Das Phänomen, Stimuli als distinkten Kategorien zugehörig wahrzunehmen, ohne abgestufte Übergänge zu beachten.

Kategorialer Syllogismus (*categorical syllogism*): Ein Syllogismus, an dem Aussagen mit logischen → Quantoren beteiligt sind; aus zwei → Prämissen, die A und B sowie B und C in Beziehung setzen, folgt ein Zusammenhang zwischen A und C. Beispielsweise folgt aus *Alle Menschen sind sterblich* und *Sokrates ist ein Mensch*, daß Sokrates sterblich ist.

KI: Abkürzung für → Künstliche Intelligenz.

Knoten (*node*): Ein Element eines propositionalen oder semantischen → Netzwerks.

Kognitive Neurowissenschaft (*cognitive neuroscience*): Die wissenschaftliche Untersuchung der neuronalen Grundlagen der Kognition.

Kognitive Phase (*cognitive stage*): Die erste Phase des Fähigkeitserwerbs nach Fitts, in der eine deklarative Enkodierung der Fähigkeit entwickelt wird, die die Ausführung der Fähigkeit leitet.

Kompetenz (*competence*): Ein linguistischer Begriff, der das abstrakte Wissen eines Menschen über eine Sprache bezeichnet, das sich nicht immer in der → Performanz widerspiegelt.

Komponentialanalyse (*componential analyses*): Ein Ansatz zur Entwicklung von Unterrichtsmethoden, bei denen die Beherrschung einer Fähigkeit in ihre einzelnen Komponenten zergliedert wird, die erlernt werden müssen.

Komponentiale Erkennung → Theorie der komponentialen Erkennung.

Konditionaler Syllogismus (*conditional syllogism*): Ein Aussagengefüge, dessen → Prämissen aus einer → bedingten Aussage und einer zugehörigen Behauptung bestehen, aus denen sich ein bestimmter Schluß, die → Conclusio, ableiten läßt. Die wichtigsten konditionalen Syllogismen sind der → Modus ponens und der → Modus tollens.

Konkret-operatorische Stufe (*concrete-operational stage*): Die dritte Stufe nach Piagets Vierstufenmodell der Entwicklung. Auf dieser Stufe verfügt das Kind über systematische Denkschemata über die physikalische Welt.

Konnektionismus (*connectionism*): Die theoretische Auffassung, daß die Kognition an Hand der Interaktion vernetzter neuronenartiger Komponenten erklärt werden sollte.

Konsequens (*consequent*): Der Term einer → bedingten Aussage, der aus dem → Antecedens folgt: das *B* in *Wenn A, dann B*.

Konsonanzmerkmal (*consonantal feature*): Die konsonantenartige Eigenschaft von Phonemen.

Konstituenten (*constituents*): Teilmuster, die in der Oberflächenstruktur eines Satzes den grundlegenden Phrasen oder Einheiten entsprechen.

Kontrollierter Prozeß (*controlled process*): Prozeß, dessen Ausführung Aufmerksamkeit bedarf; im Gegensatz zu → automatischen Prozessen.

Korsakoff-Syndrom (*Korsakoff syndrome*): Der Gedächtnisverlust als Ergebnis von chronischem Alkoholabusus und von Mangelernährung.

Kristalline Intelligenz (*crystallized intelligence*): Cattells Begriff für den Intelligenzfaktor, der von dem erworbenen Wissen abhängt; im Gegensatz zur → flüssigen Intelligenz.

Künstliche Intelligenz, KI (*artificial intelligence*): Eine Forschungsrichtung in den Computerwissenschaften, die versucht, Maschinen zu entwickeln, die sich intelligent verhalten.

Kurzzeitgedächtnis (*short-term memory*): Die Annahme eines zwischengeschalteten Gedächtnissystems, in welchem Informationen auf dem Weg vom sensorischen Gedächtnis zum Langzeitgedächtnis verweilen müssen.

Langzeitpotenzierung, LTP (*long-term potentiation*): Die Erhöhung der Reaktionsbereitschaft eines Neurons als Funktion früherer Stimulation.

Leading-edge-Strategie (*leading-edge strategy*): Das Prinzip, nach dem im Modell der Textverarbeitung von Kintsch und van Dijk diejenigen Propositionen ausgewählt werden, die im Arbeitsgedächtnis gehalten werden.

Leerstellen → Slots.

Linguistik (*linguistics*): Die Wissenschaft von der Struktur der Sprache.

Linguistischer Determinismus (*linguistic determinism*): Die besonders mit Benjamin Lee Whorf assoziierte Annahme, daß die Struktur der Sprache die Art, wie man denkt, stark beeinflußt.

Logik (*logic*): Eine Teildisziplin der Philosophie und der Mathematik, die sich mit der formalen Bestimmung der korrekten Formulierung von Aussagen befaßt.

Logischer Quantor → Quantor.

LTP: Abkürzung für *long term potentiation*, → Langzeitpotenzierung.

Magnetic resonance imaging, MRI: Bildgebendes Verfahren, das die Blutflußrate im Gehirn durch Veränderungen des magnetischen Feldes aufzeichnet.

Mentale Bilder (*mental images*): Interne Repräsentationen von visuellen und räumlichen Informationen.

Mentale Modelle (*mental models*): Eine von Johnson-Laird hypostasierte Repräsentationsform. Danach beurteilen Menschen Syllogismen, indem sie sich eine Welt vorstellen, in der die Prämissen erfüllt sind, um dann an der mentalen Vorstellung dieser Welt abzulesen, ob auch die Conclusio gilt.

Mentale Rotation (*mental rotation*): Die kontinuierliche Transformation der Ausrichtung eines mentalen Bildes.

Merkmals-Integrations-Theorie (*feature integration theory*): Treismans Annahme, daß man zuerst die Aufmerksamkeit auf eine Anzahl von Merkmalen richten muß, bevor man diese zu einem Muster zusammensetzen kann.

Merkmalsanalyse (*feature analysis*): Eine Theorie zur Mustererkennung, die annimmt, daß wir primitive Merkmale extrahieren und im Anschluß daran deren Kombinationen erkennen.

Methode der Orte (*method of loci*): Eine → Mnemotechnik, die darin besteht, zu erinnernde Items mit Örtern zu assoziieren, die entlang eines gut bekannten Weges liegen.

Mittel-Ziel-Analyse (*means-ends analysis*): Die Erzeugung eines neuen Ziels, um die Anwendung eines Problemlöseoperators zu ermöglichen.

Mnemotechnik (*mnemonic technique*): Jede Technik, die der Verbesserung der Gedächtnisleistung dient.

Modularität (*modularity*): Die Annahme, daß die Sprache eine von der restlichen Kognition separierte Komponente bildet. Weiterhin wird angenommen, daß in der ersten Phase der Sprachverarbeitung nur syntaktische Aspekte maßgeblich sind; im Gegensatz zur → interaktiven Verarbeitung.

Modus ponens (*modus ponens*): Eine logische Regel für eine gültige Form eines → kategorialen Syllogismus. Wenn eine → bedingte Aussage wahr ist und das → Antecedens dieser Aussage wahr ist, dann ist auch das → Konsequens wahr: Aus *Wenn A, dann B* und *A ist wahr* folgt *B ist wahr*.

Modus tollens (*modus tollens*): Eine logische Regel für eine gültige Form eines → kategorialen Syllogismus. Wenn eine → bedingte Aussage wahr ist und das → Konsequens dieser Aussage ist falsch, dann ist auch das → Antecedens falsch: Aus *Wenn A, dann B* und *nicht B* folgt *nicht A*.

Monte-Carlo-Effekt (*gambler's fallacy*): Der Glaube, daß nach einer Folge von wahrscheinlichkeitsbestimmten Ereignissen, die alle in derselben Ausprägung eingetreten sind, eine größere Wahrscheinlichkeit dafür besteht, daß das nächste Ereignis anders ausfallen wird.

MRI: Abkürzung für → *magnetic resonance imaging*.

Multiple Ressourcen → Theorie multipler Ressourcen.

Nativismus (*nativism*): Die philosophische Auffassung, daß Kinder schon bei Geburt über wichtige Wissensbestandteile verfügen; im Gegensatz zum → Empirismus.

Natürliche Sprache (*natural language*): Eine Sprache, die sich im Zusammenleben von Menschen entwickelt hat und die Veränderungen durch ihren Gebrauch unterworfen ist. Demgegenüber sind künstliche Sprachen wie beispielsweise Programmiersprachen präskriptiv definiert.

Negativer Transfer (*negative transfer*): Das Phänomen, daß die Beherrschung einer Fähigkeit das Erlernen einer anderen Fähigkeit behindert, wie es beispielsweise beim → Einstellungseffekt auftritt; im Gegensatz zum → positiven Transfer.

Netzwerk (*network*): Eine Struktur aus → Knoten und ihren Verbindungen zur Darstellung der Zusammenhänge zwischen Informationsbestandteilen bei der → Wissensrepräsentation.

Neuron (*neuron*): Eine Zelle des Nervensystems, die für die Verarbeitung von Information verantwortlich ist. Neuronen akkumulieren elektrische Aktivität und leiten sie weiter.

Neurotransmitter (*neurotransmitter*): Ein chemischer Stoff, der die → Synapse vom → Axon eines → Neurons aus durchquert, um das elektrische Potential an der Membran eines anderen Neurons zu verändern.

Neurowissenschaft → Kognitive Neurowissenschaft.

Normatives Modell → präskriptives Modell.

Objektzentrierte Repräsentation (*object-centered representation*): Die Repräsentation der Information, wo sich ein Objekt im Raum befindet.

Occipitallappen, **Hinterhauptslappen** (*occipital lobe*): Eine Region im hinteren cerebralen Cortex, die hauptsächlich dem Sehen dient.

Ökologischer Ansatz (*ecological approach*): Die Aufassung von Gibson und seinen Anhängern, daß Organismen wahrnehmen und handeln, ohne daß dabei mentale Repräsentationen wirksam werden, beispielsweise auf der alleinigen Grundlage des → Aufforderungscharakters.

Operator (*operator*): In der Problemlöseforschung verwendeter Begriff für das Wissen über eine spezifische Aktion, die einen bestimmten Zustand herstellt.

Parallel-distributive Verarbeitung, PDP (*parallel distributed processing*): Ein Theorieansatz der Informationsverarbeitung in neuronalen Netzen, bei dem besonders die über die vernetzten neuronalen Elemente hinweg bestehenden Aktivationsmuster betrachtet werden.

Parametersetzung (*parameter setting*): Die Annahme, daß Kinder eine Sprache dadurch erlernen, daß sie um die hundert Parameter setzen, durch die die natürliche Einzelsprache, die sie lernen, definiert ist. Das Wissen um die Parameter als solche wird den → sprachlichen Universalien zugerechnet.

Parietallappen, **Scheitellappen** (*parietal lobe*): Die obere Region des cerebralen Cortex, die an höheren sensorischen Funktionen beteiligt ist.

Parsing (*parsing*): Der Prozeß der semantischen und syntaktischen Analyse, durch den eine sprachliche Äußerung in eine mentale Repräsentation ihrer zusammengesetzten Bedeutung überführt wird.

PDP: Abkürzung für *parallel distributed processing*, → parallel-distributive Verarbeitung.

Performanz (*performance*): Ein linguistischer Begriff, der die tatsächliche Sprachverwendung des Menschen bezeichnet. In der Performanz spiegelt sich die sprachliche → Kompetenz nur unvollkommen wider.

PET: Abkürzung für → Positronen-Emissions-Tomographie.

Phoneme (*phonemes*): Die grundlegenden Einheiten der Sprache, aus denen Wörter gebildet werden. Linguistisch sind Phoneme als kleinste bedeutungsunterscheidende Einheiten definiert.

Phonemergänzungseffekt (*phoneme restoration effect*): Die Neigung, Phoneme wahrzunehmen, die im sprachlichen Kontext einen Sinn ergeben, auch wenn sie im Sprachsignal gar nicht enthalten waren.

Phonologie (*phonology*): Die Lehre von der korrekten Kombination von Lautstrukturen im Rahmen der → Grammatik.

Phrasenstruktur (*phrase structure*): Der hierarchische Aufbau eines Satzes aus sogenannten Phrasen oder → Konstituenten, der oft als Baumdiagramm dargestellt wird.

Piercing (*piercing*): Die Herstellung zusätzlicher Löcher am menschlichen Körper, die das Einhängen oder Einstecken von Ziergegenständen ermöglichen; nicht zu verwechseln mit → Parsing.

Positiver Transfer (*positive transfer*): Das Phänomen, daß die Beherrschung einer Fähigkeit das Erlernen einer anderen Fähigkeit erleichtert; im Gegensatz zum → negativen Transfer.

Positronen-Emissions-Tomographie, PET (*positron emission tomography*): Ein Verfahren, um den Blutfluß an verschiedenen Stellen des Gehirns zu messen, nachdem eine radioaktive Substanz injiziert worden ist.

Potenzfunktion (*power function*): Eine Funktion, bei der die unabhängige Variable x zur Potenz erhoben wird, um die abhängige Variable y zu erhalten, beispielsweise in $y = ax^b$.

Potenzgesetz des Lernens (*power law of learning*): Das Phänomen, daß die Verbesserung der Gedächtnisleistung durch Übung einer Potenzfunktion folgt.

Potenzgesetz des Vergessens (*power law of forgetting*): Das Phänomen, daß die Verschlechterung der Gedächtnisleistung mit zunehmendem Behaltensintervall einer Potenzfunktion folgt.

Prädikat (*relation*): Ein Element einer → Proposition, das den Zusammenhang zwischen den → Argumenten organisiert.

Präfrontaler Cortex (*prefrontal cortex*): Die vordere Region des frontalen Cortex, die beim Planen und bei anderen höheren kognitiven Prozessen beteiligt ist.

Prämissen (*premises*): Die gegebenen Informationen, die beim logischen Schließen vorausgesetzt werden.

Präoperatorische Stufe (*preoperational stage*): Die zweite Stufe nach Piagets Vierstufenmodell der Entwicklung. Auf dieser Stufe verfügt das Kind über unsystematische Denkschemata über die physikalische Welt.

Präskriptives Modell, normatives Modell (*prescriptive model*): Ein Modell darüber, wie sich Menschen verhalten sollten, beispielsweise im Zusammenhang mit rationalen Denkoperationen; im Gegensatz zu → deskriptiven Modellen.

Primärskizze (*primal sketch*): Nach Marrs Modell diejenige Ebene der visuellen Verarbeitung, auf der die visuellen Merkmale extrahiert sind.

Priming (*priming*): Die Verbesserung der Verarbeitung eines Stimulus als Funktion einer vorherigen Darbietung.

Prinzip der Enkodierungsspezifität (*encoding-specificity principle*): Tulvings Prinzip, nach dem die Gedächtnisleistung besser wird, wenn die Enkodierung eines Items zum Testzeitpunkt mit der Enkodierung zum Lernzeitpunkt übereinstimmt.

Prinzip der minimalen Anbindung (*principle of minimal attachment*): Ein Prinzip bei der syntaktischen Analyse, nach dem ein Satz so interpretiert wird, daß die Komplexität der resultierenden Phrasenstruktur minimal ist.

Problemraum (*problem space*): Die Repräsentation verschiedener Sequenzen von Problemlöseoperatoren, die verschiedene Problemzustände verbinden.

Problemzustand (*state*): Die Repräsentation eines Problems bei gegebenem Lösungsgrad.

Produktionen (*productions*): Bedingungs-Aktions-Regeln, die die Situation enkodieren, in der es angemessen ist, einen bestimmten Problemlöseoperator anzuwenden.

Produktionensysteme (*production systems*): Systeme, die die Fähigkeit zum Problemlösen als Menge von Produktionen darstellen.

Produktivität (*productivity*): Die Tatsache, daß in einer → natürlichen Sprache unendlich viele verschiedene Äußerungen möglich sind.

Proposition (*proposition*): Die kleinste Wissenseinheit, die eine unabhängige Aussage darstellen kann; Propositionen setzen sich aus einem → Prädikat und in der Regel mehreren → Argumenten zusammen.

Propositionale Darstellung (*propositional representation*): Die Notation von Bedeutungsstrukturen in Form von → Propositionen.

Propositionale Repräsentation (*propositional representation*): Die Annahme, daß Bedeutungsinhalte im Gedächtnis in Form von → Propositionen repräsentiert sind.

Propositionales Netzwerk (*propositional network*): Eine Darstellungsform, bei der die Beziehungen innerhalb und zwischen → Propositionen als → Netzwerk angeordnet sind.

Prozedurales Wissen (*procedural knowledge*): Wissen, das sich darauf bezieht, wie man verschiedene Aufgaben ausführt; im Gegensatz zu → deklarativem Wissen.

Prozeduralisierung (*proceduralization*): Der Prozeß der Überführung von → deklarativem Wissen in → prozedurales Wissen.

Psychometrische Tests (*psychometric tests*): Tests zu unterschiedlichen Aspekten der intellektuellen Leistungsfähigkeit eines Individuums.

Quantor (*quantifier*): Die logischen Ausdrücke *alle*, *einige* und *kein*.

Rahmungseffekte (*framing effects*): Die Neigung von Menschen, sich bei Vorliegen derselben Alternativen jeweils anders zu entscheiden, wenn diese Alternativen unterschiedlich aufgefaßt werden.

Räumlich-visueller Notizblock (*visuospatial sketchpad*): Von Baddeley angenommenes System zum Memorieren von visueller Information.

Regelhaftigkeit (*regularity*): Die Tatsache, daß es in → natürlichen Sprachen sehr systematische Regeln gibt, die die möglichen Formen bestimmen, die Äußerungen in dieser Sprache annehmen können.

Repräsentation (*representation*) → bedeutungsbezogene Wissensrepräsentation, → objektzentrierte Repräsentation, → propositionale Repräsentation, → wahrnehmungsbasierte Wissensrepräsentation, → Wissensrepräsentationen.

SAM (*search of associative memory*): Eine Gedächtnistheorie von Gillund, Raaijmakers und Shiffrin, die davon ausgeht, daß die Verfügbarkeit von Gedächtnisinhalten eine Funktion der Vertrautheit ist. Die Vertrautheit wiederum ist eine Funktion der Stärke der Assoziation mit Hinweisreizen in der Umgebung.

Scannen (*scanning*): Eine Art des Absuchens oder Abtastens von beispielsweise → mentalen Bildern. Dieses Absuchen geschieht so, als ob man seine Augen über etwas wandern ließe, um dadurch von einem Zielobjekt zum nächsten zu gelangen.

Schablonenabgleich (*template matching*): Theorie der Mustererkennung, die besagt, daß das Erkennen eines Objekts eine Funktion der Überlappung dieses Objekts mit verschiedenen Musterschablonen darstellt.

Scheitellappen → Parietallappen.

Schema (*schema*): Die Repräsentation einer Kategorie an Hand ihrer Zugehörigkeit zu einer Art von Objekten, ihrer üblichen Bestandteile und ihrer typischen Eigenschaften. Zur Darstellung schematisierter Information dient eine Struktur, bei der → Slots mit aktuellen Werten oder gegebenenfalls mit → Default-Werten instanziert werden.

Schläfenlappen → Temporallappen.

Script (*script*): Eine Form der schematischen Repräsentation, die Schank und Abelson für Ereigniskonzepte eingeführt haben.

Semantik (*semantics*): Die Regeln der Zuweisung von Bedeutungen an Sätze im Rahmen der → Grammatik.

Sensorischer Speicher → visueller sensorischer Speicher.

Sensumotorische Stufe (*sensory-motor stage*): Die erste Stufe nach Piagets Vierstufenmodell der Entwicklung. Auf dieser Stufe fehlen dem Kind grundlegende Denkschemata über die physikalische Welt.

Serielle Ordnung (*serial-order information*): Die Repräsentation der Position einer Information innerhalb einer Informationsfolge.

Situierte Kognition (*situated cognition*): Die Auffassung, daß die Kognition ein soziales Phänomen darstellt und nicht durch den Bezug auf mentale Repräsentationen behandelt werden kann.

Slots (*slots*): Ein Bestandteil der Repräsentation eines Schemas, der die verschiedenen Aspekte eines Konzepts angibt, wobei die aktuellen Ausprägungen dieser Aspekte in bestimmtem Umfang variieren können. Liegt für die Instanzierung eines Slots keine aktuelle Information vor, wird der → Default-Wert herangezogen.

Späte Auswahl → Theorie der späten Auswahl.

Split-brain-Patienten (*split-brain patients*): Patienten, bei denen das → Corpus callosum, das die beiden Hirnhemisphären verbindet, operativ durchtrennt wurde.

Spotlight-Metapher (*spotlight metaphor*): Eine Theorie der visuellen Aufmerksamkeit, die davon ausgeht, daß wir unsere Aufmerksamkeit verschieben können, um unterschiedliche Gebiete des visuellen Feldes zu fokussieren.

Sprachliche Intuitionen (*linguistic intuitions*): Die Urteile von Sprechern über die Wohlgeformtheit und über andere Eigenschaften von Sätzen ihrer Sprache.

Sprachliche Universalien (*language universals*): Eigenschaften, die alle natürlichen Sprachen aufweisen.

Stärke (*strength*): Die Eigenschaft einer Gedächtnisspur, die bestimmt, wie aktiv die Spur werden kann. Die Stärke steigt mit zunehmender Übung und fällt mit zunehmendem Zeitverlauf.

Sternberg-Paradigma (*Sternberg paradigm*): Ein Experimentalparadigma, bei dem die Probanden einige wenige Items im Gedächtnis behalten und anschließend entscheiden müssen, ob verschiedene Testitems in der Menge der ursprünglichen Items enthalten waren oder nicht.

Stimmhaftigkeit (*voicing*): Die Eigenschaft eines Phonems, die durch die Vibration der Stimmbänder hervorgerufen wird.

Stimmungskongruenz (*mood congruence*): Das Phänomen, daß die Gedächtnisleistung besser ist, wenn der emotionale Inhalt des einzuprägenden Materials mit der eigenen Stimmung zum Testzeitpunkt übereinstimmt.

Strategisches Lernen (*strategic learning*): Lernen, wie man die Problemlösungen für eine bestimmte Klasse von Problemen am besten organisiert.

Stroop-Effekt (*Stroop effect*): Der Effekt der Interferenz zwischen der Tendenz, ein Wort zu nennen, mit der Möglichkeit, die Farbe zu nennen, in der dieses Wort geschrieben ist.

Subjektiver Nutzen (*subjective utility*): Der Wert, den eine Person dem Eintreten eines Zustands oder eines Ereignisses beimißt.

Suchbaum (*search tree*): Die Darstellung einer Menge von Zuständen, die durch die Anwendung von → Operatoren bei gegebenem Anfangszustand erreicht werden können.

Suche (*search*): Der Prozeß, durch den ein Individuum eine Operatorsequenz zur Lösung eines Problems findet.

Symbolmanipulation (*symbol manipulation*): Die theoretische Auffassung, nach der die Kognition an Hand der Verarbeitung abstrakter Symbole erklärt wird; eine theoretische Alternative ist der → Konnektionismus.

Synapse (*synapse*): Der Ort, an dem das → Axon eines → Neurons ein anderes Neuron beinahe berührt.

Syntax (*syntax*): Die Regeln im Rahmen der → Grammatik, die in einem Satz die korrekte Abfolge von Wörtern und die korrekte Flexion dieser Wörter bestimmen.

Taktisches Lernen (*tactical learning*): Lernen, welche Handlungssequenzen der Problemlösung dienlich sind.

Teilberichtsverfahren (*partial-report procedure*): Ein experimentelles Verfahren, bei dem die Probanden aufgrund von Hinweisreizen nur einen Teil der Items wiedergeben sollen, die zuvor auf einem Bildschirm präsentiert worden waren.

Temporallappen, Schläfenlappen (*temporal lobe*): Eine Region im seitlichen cerebralen Cortex, die die primären auditiven Felder enthält und die an der Objekterkennung beteiligt ist.

Theorie der dualen Kodierung (*dual-code theory*): Paivios Theorie, nach der visuelles und verbales Wissen unterschiedlich repräsentiert sind.

Theorie der identischen Elemente (*theory of identical elements*): Die theoretische Annahme, daß ein → positiver Transfer von Fähigkeit auf eine andere nur in dem Ausmaß möglich ist, in dem beide Fähigkeiten auf denselben Wissenselementen beruhen.

Theorie der komponentialen Erkennung (*recognition-by-components theory*): Biedermans Annahme, daß wir ein Objekt erkennen, indem wir zuerst die → Geons identifizieren, die mit den Teilen dieses Objekts übereinstimmen.

Theorie der späten Auswahl (*late selection theory*): Eine Aufmerksamkeitstheorie von Deutsch und Deutsch, die besagt, daß alle sensorischen Informationen verarbeitet werden konnten, jedoch Begrenzungen der Aufmerksamkeit die Fähigkeit einschränken, auf diese Informationen zu reagieren; im Gegensatz zur → Dämpfungstheorie und zur → Filtertheorie.

Theorie der Verarbeitungstiefe → Verarbeitungstiefe.

Theorie multipler Ressourcen (*multiple-resource theory*): Eine Aufmerksamkeitstheorie, die besagt, daß multiple Ressourcen vorliegen, auf deren Grundlage Aufmerksamkeitsanforderungen unabhängig voneinander entsprochen werden kann.

Top-down-Verarbeitung (*top-down processing*): Informationen des allgemeinen Kontextes, die zum Erkennen eines Stimulus benutzt werden; im Gegensatz zur → Bottom-up-Verarbeitung.

Topographische Organisation (*topographic organization*): Ein Prinzip der Organisation von Nervenzellen, bei dem benachbarte Neuronenbereiche Informationen verarbeiten, die aus benachbarten Informationsquellen in der äußeren Umgebung stammen; beispielsweise wird durch ein wahrgenommenes kreisförmiges Muster ein kreisförmiger Neuronenverband im Gehirn erregt.

Transformation (*transformation*): Eine Regel, die einen sprachlichen Ausdruck innerhalb eines Satzes an eine andere Position bewegt.

Turm-von-Hanoi-Problem (*tower of Hanoi problem*): Eine Laboraufgabe zum Problemlösen, die aus dem Bewegen von Scheiben von einer Anfangskonfiguration zu einer Zielkonfiguration besteht.

Überbrückungsschluß (*bridging inference*): Eine Schlußfolgerung, die notwendig ist, um zwei Teile eines Textes miteinander zu verbinden.

Unilateraler visueller Neglect (*unilateral visual neglect*): Die Tendenz, eine Seite des visuellen Feldes zu ignorieren, die bei Patienten beobachtet wird, die eine Schädigung des → Parietallappens der gegenüberliegenden Hirnhälfte aufweisen.

Universalien → sprachliche Universalien.

Unmittelbare Interpretation (*immediacy of interpretation*): Ein Prinzip bei der Sprachverarbeitung, das besagt, daß man sich schon bei der Verarbeitung eines Wortes auf seine Interpretation und seine Rolle im Satz festlegt.

Unterschiedsreduktion (*difference reduction*): Eine Tendenz beim Problemlösen, → Operatoren auszuwählen, die den Unterschied zwischen dem aktuellen Zustand und dem Zielzustand reduzieren.

Verarbeitungstiefe (*depth of processing*): Die Theorie der Verarbeitungstiefe besagt, daß das Gedächtnis für Informationen verbessert wird, wenn die Information auf einer tieferen Analyseebene verarbeitet wird.

Vermeidung der Zustandswiederholung (*repeat-state avoidance*): Die Tendenz beim Problemlösen, Operatoren zu vermeiden, die zu einem bereits erreichten → Problemzustand zurückführen.

Verwendung (*utilization*): Die Prozeßstufe beim Sprachverstehen, auf der die Bedeutung sprachlicher Äußerungen berücksichtigt wird.

Visuelle Agnosie (*visual agnosia*): Die Unfähigkeit, visuelle Objekte zu erkennen, die weder auf eine generelle intellektuelle Einschränkung noch auf eine Einschränkung der grundlegenden sensorischen Fähigkeiten zurückzuführen ist.

Visueller sensorischer Speicher (*visual sensory store*): Ein Gedächtnissystem, das die Informationen in einer visuellen Anordnung für eine kurze Zeit aufrechterhält.

Vorübergehende Mehrdeutigkeit (*transient ambiguity*): Das Bestehen alternativer Interpretationsmöglichkeiten an einer Stelle im Satz, wobei sich diese Alternativen am Satzende zugunsten einer eindeutigen Interpretation auflösen; dieses Phänomen kennzeichnet → Garden-path-Sätze.

Wahrnehmungsbasierte Wissensrepräsentation (*perception-based representation*): Eine Form der → Wissensrepräsentation, bei der vieles von der Struktur einer Wahrnehmungserfahrung erhalten bleibt; im Gegensatz zur → bedeutungsbezogenen Wissensrepräsentation.

Wahrscheinlichkeitsabgleich (*probability matching*): Eine Tendenz bei der Entscheidungsfindung, eine Alternative mit der Wahrscheinlichkeit zu wählen, die mit der Auftretenshäufigkeit dieser Alternative in der Erfahrung übereinstimmt.

Wernicke-Zentrum (*Wernicke's area*): Eine Hirnregion im linken Temporallappen, die für die Sprachfähigkeit, insbesondere für den Bedeutungsgehalt beim Sprechen entscheidend ist.

Wissensrepräsentationen (*knowledge representations*): Wissensrepräsentationen werden unterstellt, um zu erklären, wie verschiedene Arten von Informationen enkodiert und verarbeitet werden.

Wortüberlegenheitseffekt (*word-superiority effect*): Das Phänomen, daß Buchstaben innerhalb eines Wortes besser erkannt werden, als wenn sie allein stehen.

Zentrale Exekutive (*central executive*): Von Baddeley vorgeschlagenes Gedächtnissystem, das verschiedene Hilfssysteme zum Memorieren kontrolliert, beispielsweise die → artikulatorische Schleife oder den → räumlich-visuellen Notizblock.

Zerfallstheorie (*decay theory*): Eine Theorie, nach der das Vergessen durch den zeitabhängigen Zerfall der Gedächtnisspuren zustande kommt.

Zielzustand (*goal state*): Der Zustand in einem → Problemraum, bei dem das Ziel erreicht ist.

Zustandsabhängiges Lernen (*state-dependent learning*): Das Phänomen, daß die Gedächtnisleistung besser ist, wenn wir uns bei der Testung im gleichem Zustand befinden wie beim Lernen des Materials.

Literatur

Aaronson, D. & Scarborough, H. S. (1977). Performance theories for sentence coding: Some quantitative models. *Journal of Verbal Learning and Verbal Behavior, 16*, 277–304.

Akmajian, A., Demers, R. A. & Harnish, R. M. (1984). *Linguistics: An introduction to language and communication* (2. Aufl.). Cambridge, MA: MIT Press.

Alba, J. W. & Hasher, L. (1983). Is memory schematic? *Psychological Bulletin, 93*, 203–231.

Albert, M. L. (1973). A simple test of visual neglect. *Neurology, 23*, 658–664.

Albert, M. L. & Stapf, K.-H. (Hrsg.) (1996). *Gedächtnis* (Enzyklopädie der Psychologie, Themenbereich C, Serie II: Kognition, Bd. 4). Göttingen: Hogrefe.

Allport, A. (1989). Visual attention. In M. I. Posner (Hrsg.), *Foundations of Cognitive Science*. Cambridge, MA: MIT Press.

Allport, D. A., Antonis, B. & Reynolds, P. (1972). On the division of attention: A disproof of the single channel hypothesis. *Quarterly Journal of Experimental Psychology, 24*, 255–265.

Althaus, H. P., Henne, H. & Wiegand, H. E. (Hrsg.) (1980). *Lexikon der germanistischen Linguistik* (2. Aufl.). Tübingen: Niemeyer.

Anderson, J. R. (1972). *Recognition confusions in sentence memory.* Unveröffentlichtes Manuskript.

Anderson, J. R. (1974a). Retrieval of propositional information from long-term memory. *Cognitive Psychology, 6*, 451–474.

Anderson, J. R. (1974b). Verbatim and propositional representation of sentences in immediate and long-term memory. *Journal of Verbal Learning and Verbal Behavior, 13*, 149–162.

Anderson, J. R. (1976). *Language, memory, and thought.* Hillsdale, NJ: Erlbaum.

Anderson, J. R. (1978a). Arguments concerning representations for mental imagery. *Psychological Review, 85*, 249–277.

Anderson, J. R. (1978b). Computer simulation of a language acquisition system: A second report. In D. LaBerge & S. J. Samuels (Hrsg.), *Perception and comprehension.* Hillsdale, NJ: Erlbaum.

Anderson, J. R. (Hrsg.) (1981). *Cognitive skills and their acquisition.* Hillsdale, NJ: Erlbaum.

Anderson, J. R. (1982). Acquisition of cognitive skill. *Psychological Review, 89*, 369–406.

Anderson, J. R. (1983). *The architecture of cognition.* Cambridge, MA: Harvard University Press.

Anderson, J. R. (1990). *The adaptive character of thought.* Hillsdale, NJ: Erlbaum.

Anderson, J. R. (1991). The adaptive nature of human categorization. *Psychological Review, 98*, 409–429.

Anderson, J. R. (1992). Intelligent tutoring and high school mathematics. *Proceedings of the Second International Conference on Intelligent Tutoring Systems* (S. 1–10). Montreal: Springer-Verlag.

Anderson, J. R. (1993). *Rules of the mind.* Hillsdale, NJ: Erlbaum.

Anderson, J. R. (1995). *Learning and memory.* New York: Wiley.

Anderson, J. R. & Bower, G. H. (1973). *Human associative memory.* Washington, DC: Winston.

Anderson, J. R., Conrad, F. G. & Corbett, A. T. (1989). Skill acquisition and the LISP Tutor. *Cognitive Science, 13*, 467–506.

Anderson, J. R., Corbett, A. T., Koedinger, K. & Pelletier, R. (im Druck). Cognitive tutors: Lessons learned. *The Journal of Learning Sciences.*

Anderson, J. R., Farrell, R. & Sauers, R. (1984). Learning to program in LISP. *Cognitive Science, 8*, 87–129.

Anderson, J. R., Kushmerick, N. & Lebiere, C. (1993). Navigation and conflict resolution. In J. R. Anderson (Hrsg.), *Rules of the mind.* Hillsdale, NJ: Erlbaum.

Anderson, J. R., Reder, L. M. & Lebiere, C. (in Vorbereitung). *Working memory: Activation limitations on retrieval.*

Anderson, J. R. & Reiser, B. J. (1985). The LISP tutor. *Byte, 10*, 159–175.

Anderson, J. R. & Schooler, L. J. (1991). Reflections of the environment in memory. *Psychological Science, 2*, 396–408.

Anderson, T. H. (1978). *Another look at the self-questioning study technique* (Technical Education Report No. 6). Champaign: University of Illinois, Center for the Study of Reading.

Angell, J. R. (1908). The doctrine of formal discipline in the light of the principles of general psychology. *Educational Review, 36*, 1–14.

Angiolillo-Bent, J. S. & Rips, L. J. (1982). Order information in multiple element comparison. *Journal of Experimental Psychology: Human Perception and Performance, 8*, 392–406.

Atkinson, R. C. & Raugh, M. R. (1975). An application of the mnemonic keyword method to the acquisition of Russian vocabulary. *Journal of Experimental Psychology: Human Learning and Memory, 104*, 126–133.

Atkinson, R. C. & Shiffrin, R. M. (1968). Human memory: A proposed system and its control processes. In K. Spence & J. Spence (Hrsg.), *The psychology of learning and motivation* (Bd. 2). New York: Academic Press.

Atwood, M. E. & Polson, P. G. (1976). A process model for water jug problems. *Cognitive Psychology, 8*, 191–216.

Ausubel, D. P. (1968). *Educational psychology: A cognitive view.* New York: Holt, Rinehart & Winston.

Baddeley, A. D. (1976). *The psychology of memory.* New York: Basic Books. Deutsch (1979): *Die Psychologie des Gedächtnisses.* Stuttgart: Klett-Cotta.

Baddeley, A. D. (1982). Domains of recollection. *Psychological Review, 89*, 708–729.

Baddeley, A. D. (1986). *Working memory.* Oxford: Oxford University Press.

Baddeley, A. D. (1990). *Human memory: Theory and practice.* Boston: Allyn and Bacon.

Baddeley, A. D. & Hitch, G. (1974). Working memory. In G. A. Bower (Hrsg.), *Recent advances in learning and motivation* (Bd. 8). New York: Academic Press.

Baddeley, A. D., Thompson, N. & Buchanan, M. (1975). Word length and the structure of short-term memory. *Journal of Verbal Learning and Verbal Behavior, 14*, 575–589.

Bahrick, H. P. (1984). Semantic memory content in permastore: Fifty years of memory for Spanish learned in school. *Journal of Experimental Psychology: General, 113*, 1–24.

Ballstaedt, S.-P., Mandl, H., Schnotz, W. & Tergan, S.-O. (1981). *Texte verstehen, Texte gestalten.* München: Urban & Schwarzenberg.

Barnes, C. A. (1979). Memory deficits associated with senescence: A neurophysiological and behavioral study in the rat. *Journal of Comparative Physiology, 43*, 74–104.

Bartlett, B. J. (1978). *Top-level structure as an organizational strategy for recall of classroom text.* Unveröffentlichte Dissertation. Arizona State University.

Bartlett, F. C. (1932). *Remembering: A study in experimental and social psychology.* New York & London: Cambridge University Press.

Bates, A., McNew, S., MacWhinney, B., Deve-socvi, A. & Smith, S. (1982). Functional constraints on sentence processing: A cross-linguistic study. *Cognition, 11*, 245–299.

Beck, B. B. (1980). *Animal tool behavior: The use and manufacture of tools by animals.* New York: Garland STPM Press.

Benson, D. F. & Greenberg, J. P. (1969). Visual form agnosia. *Archives of Neurology, 20*, 82–89.

Berbaum, K. & Chung, C. P. (1981). Mueller-Lyer illusion induced by imagination. *Journal of Mental Imagery, 5*, 125–128.

Berlin, B. & Kay, P. (1969). *Basic color terms: Their universality and evolution.* Berkeley: University of California Press.

Berry, D. C. & Broadbent, D. E. (1984). On the relationship between task performance and associated verbalizable knowledge. *Quarterly Journal of Experimental Psychology, 36A*, 209–231.

Berwick, R. C. & Weinberg, A. S. (1984). *The grammatical basis of linguistic performance.* Cambridge, MA: MIT Press.

Biederman, I. (1987). Recognition-by-components: A theory of human image understanding. *Psychological Review, 94*, 115–147.

Biederman, I., Beiring, E., Ju, G. & Blickle, T. (1985). *A comparison of the perception of partial vs. degraded objects.* Unveröffentlichtes Manuskript, State University of New York at Buffalo.

Biederman, I., Glass, A. L. & Stacy, E. W. (1973). Searching for objects in real world scenes. *Journal of Experimental Psychology, 97*, 22–27.

Biederman, I. & Ju, G. (1988). Surface vs. edge-based determinants of visual recognition. *Cognitive Psychology, 20*, 38–64.

Birbaumer, N. & Schmidt, R. F. (1991). *Biologische Psychologie* (2. Aufl.). Berlin: Springer.

Black, J. B. (1984). Understanding and remembering stories. In J. R. Anderson & S. M. Kosslyn (Hrsg.), *Tutorials in learning and memory.* New York: W. H. Freeman.

Black, J. B. & Bern, H. (1981). Causal coherence and memory for events in narratives. *Journal of Verbal Learning and Verbal Behavior, 20*, 267–275.

Black, J. B. & Wilensky, R. (1979). An evaluation of story grammars. *Cognitive Science, 3*, 213–230.

Blackburn, J. M. (1936). *Acquisition of skill: An analysis of learning curves.* IHRB Report 73.

Bloom, B. S. (1984). The 2 sigma problem: The search for methods of group instruction as effective as one-to-one tutoring. *Educational Research, 13*, 3–16.

Bobrow, S. & Bower, G. H. (1969). Comprehension and recall of sentences. *Journal of Experimental Psychology, 80*, 455–461.

Bochenski, J. M. (1983). *Grundriß der formalen Logik.* Paderborn: Schöningh.

Boole, G. (1854). *An investigation of the laws of thought.* London: Walton and Maberly.

Boomer, D. S. (1965). Hesitation and grammatical encoding. *Language and Speech, 8*, 148–158.

Boring, E. G. (1950). *A history of experimental psychology.* New York: Appleton Century.

Bortz, J. (1985). *Lehrbuch der Statistik: für Sozialwissenschaftler* (2. Aufl.). Berlin: Springer.

Bouchard, T. J. (1983). Do environmental similarities explain the similarity in intelligence of identical twins reared apart? *Intelligence, 7*, 175–184.

Bouchard, T. J. & McGue, M. (1981). Familial studies of intelligence: A review. *Science, 212*, 1055–1059.

Bower, G. H., Black, J. B. & Turner, T. J. (1979). Scripts in memory for text. *Cognitive Psychology, 11*, 177–220.

Bower, G. H., Clark, M. C., Lesgold, A. M. & Winzenz, D. (1969). Hierarchical retrieval schemes in recall of categorical word lists. *Journal of Verbal Learning and Verbal Behavior, 8*, 323–343.

Bower, G. H., Karlin, M. B. & Dueck, A. (1975). Comprehension and memory for pictures. *Memory & Cognition, 3*, 216–220.

Bower, G. H. & Mayer, J. D. (1985). Failure to replicate mood-dependent retrieval. *Bulletin of the Psychonomic Society, 23*, 39–42.

Bower, G. H., Monteiro, K. P. & Gilligan, S. G. (1978). Emotional mood as a context for learning and recall. *Journal of Verbal Learning and Verbal Behavior, 17*, 573–587.

Bowerman, M. (1973). Structural relationships in children's utterances: Syntactic or semantic. In T. E. Moore (Hrsg.), *Cognitive development and the acquisition of language.* New York: Academic Press.

Bradshaw, G. L. & Anderson, J. R. (1982). Elaborative encoding as an explanation of levels of processing. *Journal of Verbal Learning and Verbal Behavior, 21*, 165–174.

Braine, M. D. S., Reiser, B. J. & Rumain, B. (1983). Some empirical justification for a theory of natural propositional logic. In G. H. Bower (Hrsg.), *The psychology of learning and motivation* (Bd. 18). New York: Academic Press.

Brainerd, C. J. (1978). *Piaget's theory of intelligence.* Englewood Cliffs, NJ: Prentice Hall.

Bransford, J. D., Barclay, J. R. & Franks, J. J. (1972). Sentence memory: A constructive versus interpretative approach. *Cognitive Psychology, 3*, 193–209.

Bransford, J. D. & Franks, J. J. (1971). The abstraction of linguistic ideas. *Cognitive Psychology, 2*, 331–380.

Bredenkamp, J. & Wippich, W. (1977). *Lern- und Gedächtnispsychologie* (2 Bde.). Stuttgart: Kohlhammer.

Brewer, W. F. & Treyens, J. C. (1981). Role of schemata in memory for places. *Cognitive Psychology, 13*, 207–230.

Broadbent, D. E. (1958). *Perception and communication.* New York: Pergamon.

Broadbent, D. E. (1975). The magical number seven after fifteen years. In R. A. Kennedy & A. Wilkes (Hrsg.), *Studies in long-term memory.* New York: Wiley.

Broadbent, D. E. (1985). A question of levels: Comment on McClelland and Rumelhart. *Journal of Experimental Psychology: General, 114*, 189–192.

Brooks, L. R. (1968). Spatial and verbal components of the act of recall. *Canadian Journal of Psychology, 22*, 349–368.

Brown, J. S. & Van Lehn, K. (1980). Repair theory: A generative theory of bugs in procedural skills. *Cognitive Science, 4*, 397–426.

Brown, R. (1973). *A first language: The early stages.* London: George Allen & Unwin.

Brown, R. & Lenneberg, E. H. (1954). A study in language and cognition. *Journal of Abnormal and Social Psychology, 49*, 454–462.

Bruce, C. J., Desimone, R. & Gross, C. G. (1981). Visual properties of neurons in a polysensory area in superior temporal sulcus of the macaque. *Neurophysiology, 46*, 369–384.

Bruner, J. S. (1964). The course of cognitive growth. *American Psychologist, 19*, 1–15.

Caplan, D. (1972). Clause boundaries and recognition latencies for words in sentences. *Perception and Psychophysics, 12*, 73–76.

Carbonell, J. G. (1985). *Derivational analogy: A theory of reconstruction problem solving and expertise acquisition* (Technical Report 85-115). Carnegie Mellon University, Computer Science Department.

Card, S. K., Moran, T. P. & Newell, A. (1983). *The psychology of human-computer interaction.* Hillsdale, NJ: Erlbaum.

Carey, S. (1978). The child as word learner. In M. Halle, J. Bresnan & G. A. Miller (Hrsg.), *Linguistic theory and psychological reality.* Cambridge, MA: MIT Press.

Carpenter, P. A. & Just, M. A. (1975). Sentence comprehension: A psycholinguistic processing model of verification. *Psychological Review, 82*, 45–73.

Carpenter, P. A. & Just, M. A. (1977). Reading comprehension as eyes see it. In M. A. Just & P. A. Carpenter (Hrsg.), *Cognitive processes in comprehension.* Hillsdale, NJ: Erlbaum.

Carpenter, T. P. & Moser, J. A. (1982). The development of addition and subtraction problem-solving skills. In T. P. Carpenter, J. M. Moser & T. Romberg (Hrsg.), *Addition and subtraction: A cognitive perspective.* Hillsdale, NJ: Erlbaum.

Carraher, T. N., Carraher, D. W. & Schliemann, A. D. (1985). Mathematics in the streets and in the schools. *British Journal of Developmental Psychology, 3,* 21–29.

Carroll, J. B. (1993). *Human cognitive abilities: A survey of factor-analytic studies.* Cambridge: Cambridge University Press.

Carroll, J. B. & Casagrande, J. B. (1958). The function of language classifications in behavior. In E. E. Maccoby, T. M. Newcomb & E. L. Hartley (Hrsg.), *Readings in social psychology* (3. Aufl.). New York: Holt, Rinehart & Winston.

Case, R. (1978). Intellectual development from birth to adulthood: A neo-Piagetian approach. In R. S. Siegler (Hrsg.), *Children's thinking: What develops?* Hillsdale, NJ: Erlbaum.

Case, R. (1985). *Intellectual development: A systematic reinterpretation.* New York: Academic Press.

Cattell, R. B. (1963). Theory of fluid and crystallized intelligence: A critical experiment. *Journal of Experimental Psychology, 54,* 1–22.

Ceci, S. J. & Liker, J. K. (1986). A day at the races: A study of IQ, expertise, and cognitive complexity. *Journal of Experimental Psychology: General, 115,* 255–266.

Ceraso, J. & Provitera, A. (1971). Sources of error in syllogistic reasoning. *Cognitive Psychology, 2,* 400–410.

Chambers, D. & Reisberg, D. (1985). Can mental images be ambiguous? *Journal of Experimental Psychology: Human Perception and Performance, 11,* 317–328.

Chapman, L. J. & Chapman, J. P. (1959). Atmosphere effect reexamined. *Journal of Experimental Psychology, 58,* 220–226.

Charness, N. (1976). Memory for chess positions: Resistance to interference. *Journal of Experimental Psychology: Human Learning and Memory, 2,* 641–653.

Charness, N. (1979). Components of skill in bridge. *Canadian Journal of Psychology, 33,* 1–16.

Chase, W. G. & Clark, H. H. (1972). Mental operations in the comparisons of sentences and pictures. In L. W. Gregg (Hrsg.), *Cognition in learning and memory.* New York: Wiley.

Chase, W. G. & Ericsson, K. A. (1982). Skill and working memory. In G. H. Bower (Hrsg.), *The psychology of learning and motivation* (Bd. 16). New York: Academic Press.

Chase, W. G. & Simon, H. A. (1973). The mind's eye in chess. In W. G. Chase (Hrsg.), *Visual information processing.* New York: Academic Press.

Cheng, P. W. & Holyoak, K. J. (1985). Pragmatic reasoning schemas. *Cognitive Psychology, 17,* 391–416.

Cheng, P. W., Holyoak, K. J., Nisbett, R. E. & Oliver, L. M. (1986). Pragmatic versus syntactic approaches to training deductive reasoning. *Cognitive Psychology, 18,* 293–328.

Cherry, E. C. (1953). Some experiments on the recognition of speech with one and with two ears. *Journal of Acoustical Society of America, 25,* 975–979.

Chi, M. T. H. (1978). Knowledge structures and memory development. In R. S. Siegler (Hrsg.), *Children's thinking: What develops?* Hillsdale, NJ: Erlbaum.

Chi, M. T. H., Bassok, M., Lewis, M., Reimann, P. & Glaser, R. (1989). Self-explanations: How students study and use examples in learning to solve problems. *Cognitive Science, 13,* 145–182.

Chi, M. T. H., Feltovich, P. J. & Glaser, R. (1981). Categorization and representation of physics problems by experts and novices. *Cognitive Science, 5,* 121–152.

Chi, M. T. H., Glaser, R. & Farr, M. (Hrsg.) (1988). *The nature of expertise.* Hillsdale, NJ: Erlbaum.

Chomsky, C. (1970). *The acquisition of syntax in children from 5 to 10*. Cambridge, MA: MIT Press.

Chomsky, N. (1957). *Syntactic structures*. Den Haag: Mouton.

Chomsky, N. (1959). Review of Skinner's verbal behavior. *Language, 35*, 26–58.

Chomsky, N. (1965). *Aspects of the theory of syntax*. Cambridge, MA: MIT Press. Deutsch: (1973). *Aspekte der Syntax-Theorie*. Frankfurt/M.: Suhrkamp.

Chomsky, N. (1980). Rules and representations. *Behavioral and Brain Sciences, 3*, 1–61. Deutsch: (1981). *Regeln und Repräsentation*. Frankfurt/M.: Suhrkamp.

Chomsky, N. (1981). *Lectures on government and binding*. Dordrecht: Foris Publications.

Chomsky, N. (1986). *Knowledge of language: Its nature, origin, and use*. New York: Praeger.

Chomsky, N. & Halle, M. (1968). *The sound pattern of English*. New York: Harper.

Christen, F. & Bjork, R. A. (1976). *On updating the loci in the method of loci*. Vortrag, gehalten auf der 17. Jahrestagung der Psychonomic Society, St. Louis, MO.

Church, A. (1956). *Introduction to mathematical logic*. Princeton: Princeton University Press.

Clark, E. V. (1983). Meanings and concepts. In P. H. Mussen (Hrsg.), *Handbook of Child Psychology*. New York: Wiley.

Clark, H. H. (1974). Semantics and comprehension. In R. A. Sebeok (Hrsg.), *Current trends in linguistics* (Bd. 12). Den Haag: Mouton.

Clark, H. H. & Chase, W. G. (1972). On the process of comparing sentences against pictures. *Cognitive Psychology, 3*, 472–517.

Clark, H. H. & Clark, E. V. (1977). *Psychology and language*. New York: Harcourt Brace Jovanovich.

Cohen, L. J. (1981). Can human irrationality be experimentally demonstrated? *Behavioral and Brain Sciences, 4*, 317–370.

Cohen, M. R. & Nagel, E. (1934). *An introduction to logic and scientific method*. New York: Harcourt, Brace.

Cohen, N. J. & Squire, L. R. (1980). Preserved learning and retention of pattern analyzing skills in amnesia: Dissociation of knowing how and knowing that. *Science, 210*, 207–210.

Cole, M. & D'Andrade, R. (1982). The influence of schooling on concept formation; some preliminary conclusions. *Quarterly Newsletter of the Laboratory of Comparative Human Cognition, 4*, 19–26.

Cole, M., Gay, J., Glick, J. & Sharp, D. (1971). *The cultural context of learning and thinking*. New York: Basic Books.

Collins, A. M. & Loftus, E. F. (1975). A spreading-activation theory of semantic processing. *Psychological Review, 82*, 407–428.

Collins, A. M. & Quillian, M. R. (1969). Retrieval time from semantic memory. *Journal of Verbal Learning and Verbal Behavior, 8*, 240–247.

Collins, A. M. & Quillian, M. R. (1972). Experiments on semantic memory and language comprehension. In L. W. Gregg (Hrsg.), *Cognition and learning*. New York: Wiley.

Coltheart, M. (1983). Iconic memory. *Philosophical Transactions of the Royal Society, London B, 302*, 283–294.

Conrad, C. (1972). Cognitive economy in semantic memory. *Journal of Experimental Psychology, 92*, 149–154.

Conrad, R. (1964). Acoustic confusions in immediate memory. *British Journal of Psychology, 55*, 75–84.

Cooper, W. E. & Paccia-Cooper, J. (1980). *Syntax and speech*. Cambridge, MA: Harvard University Press.

Corbett, A. T. & Anderson, J. R. (1990). The effect of feedback control on learning to program with the LISP tutor. *Proceedings of the 12th Annual Conference of the Cognitive Science Society*, 796–803.

Corbett, A. T. & Chang, F. R. (1983). Pronoun disambiguation: Accessing potential antecedents. *Memory & Cognition, 11*, 283–294.

Cosmides, L. (1989). The logic of social exchange: Has natural selection shaped how humans reason? Studies with the Wason selection task. *Cognition, 31*, 187–276.

Cowart, W. (1983). *Reference relations and syntactic processing: Evidence of pronoun's influence on a syntactic decision that affects naming.* Bloomington, IN: Indiana University Linguistics Club.

Craik, F. I. M. & Lockhart, R. S. (1972). Levels of processing: A framework for memory research. *Journal of Verbal Learning and Verbal Behavior, 11*, 671–684.

Crick, F. H. & Asanuma, C. (1986). Certain aspects of the anatomy and physiology of the cerebral cortex. In J. L. McClelland & D. E. Rumelhart (Hrsg.), *Parallel distributed processing: Explorations in the microstructure of cognition* (Bd. 2). Cambridge, MA: MIT Press/Bradford Books.

Crossman, E. R. F. W. (1959). A theory of the acquisition of speed-skill. *Ergonomics, 2*, 153–166.

Crowder, R. G. (1976). *Principles of learning and memory.* Hillsdale, NJ: Erlbaum.

Crowder, R. G. (1982). The demise of short-term memory. *Acta Psychologica, 50*, 291–323.

Daneman, M. & Carpenter, P. A. (1980). Individual differences in working memory and reading. *Journal of Verbal Learning and Verbal Behavior, 19*, 450–466.

Daugherty, K. G., MacDonald, M. C., Petersen, A. S. & Seidenberg, M. S. (1993). Why no mere mortal has ever flown out to center field but people often say they do. *Proceedings of the Fifteenth Annual Conference of the Cognitive Science Society*, 383–388.

Davis, R. (1959). The role of „attention" in the psychological refractory period. *Quarterly Journal of Experimental Psychology, 11*, 211–220.

Dawes, R. M. (1988). *Rational choice in an uncertain world.* San Diego: Harcourt Brace Jovanovich.

de Beer, G. R. (1959). Paedomorphesis. *Proceedings of the 15th International Congress of Zoology*, 927–930.

de Groot, A. D. (1965). *Thought and choice in chess.* Den Haag: Mouton.

de Groot, A. D. (1966). Perception and memory versus thought. In B. Kleinmuntz (Hrsg.), *Problem-solving.* New York: Wiley.

Desimone, R., Albright, T. D., Gross, C. G. & Bruce, C. (1984). Stimulus-selective properties of inferior temporal neurons in the macaque. *Neuroscience, 4*, 1051–1062.

Deutsch, J. A. & Deutsch, D. (1963). Attention: Some theoretical considerations. *Psychological Review, 70*, 80–90.

de Valois, R. L. & Jacobs, G. H. (1968). Primate color vision. *Science, 162*, 533–540.

deVilliers, J. G. & deVilliers, P. A. (1978). *Language acquisition.* Cambridge, MA: Harvard University Press.

Diamond, A. (in Druck). Frontal lobe involvement in cognitive changes during the first year of life. In K. Gibson, M. Konner & A. Petersen (Hrsg.), *Brain and behavioral development.* New York: Aldine Press.

Dickstein, L. S. (1978). The effect of figure on syllogistic reasoning. *Memory & Cognition, 6*, 76–83.

Dörner, D. (1974). *Die kognitive Organisation beim Problemlösen.* Bern: Huber.

Dörner, D. (1976). *Problemlösen als Informationsverarbeitung.* Stuttgart: Kohlhammer.

Dörner, D. (Hrsg.) (1997). *Denken und Problemlösen* (Enzyklopädie der Psychologie, Themenbereich C, Serie II: Kognition, Bd. 5). Göttingen: Hogrefe.

Dörner, D., Kreuzig, H. W., Reither, F. & Stäudel, T. (Hrsg.) (1983). *Lohausen. Vom Umgang mit Unbestimmtheit und Komplexität.* Bern: Huber.

Dörner, D. & van der Meer, E. (Hrsg.) (1995). *Das Gedächtnis.* Göttingen: Hogrefe.

Dominowski, R. L. & Jenrick, R. (1972). Effects of hints and interpolated activity on solution of an insight problem. *Psychonomic Science, 26*, 335–338.

Dooling, D. J. & Christiaansen, R. E. (1977). Episodic and semantic aspects of memory for prose. *Journal of Experimental Psychology: Human Learning and Memory, 3*, 428–436.

Downs, R. M. & Stea, P. (1982). *Kognitive Karten: Die Welt in unseren Köpfen.* New York: Harper & Row.

Dowty, D., Kartunnen, L. & Zwicky, A. M. (1985). *Natural language parsing: Psycholinguistic, computational, and theoretical perspectives.* Cambridge, MA: Harvard University Press.

Dunbar, K. & MacLeod, C. M. (1984). A horse race of a different color: Stroop interference patterns with transformed words. *Journal of Experimental Psychology: Human Perception and Performance, 10*, 622–639.

Duncan, J. & Humphreys, G. W. (1989). Visual search and stimulus similarity. *Psychological Review, 96*, 433–458.

Duncker, K. (1935). *Zur Psychologie des produktiven Denkens.* Berlin: Springer.

Ebbinghaus, H. (1885). *Über das Gedächtnis.* Leipzig: Duckner und Humbold. Neuauflage: (1992). Darmstadt: Wissenschaftliche Buchgesellschaft.

Ebbinghaus, H.-D., Flum, J. & Thomas, W. (1986). *Einführung in die mathematische Logik.* Darmstadt: Wissenschaftliche Buchgesellschaft.

Edwards, W. (1968). Conservatism in human information processing. In B. Kleinmuntz (Hrsg.), *Formal representations of human judgment.* New York: Wiley.

Egan, D. E. & Schwartz, B. J. (1979). Chunking in recall of symbolic drawings. *Memory & Cognition, 7*, 149–158.

Ehrlich, K. & Rayner, K. (1983). Pronoun assignment and semantic integration during reading: Eye movements and immediacy of processing. *Journal of Verbal Learning and Verbal Behavior, 22*, 75–87.

Eich, E. (1985). Context, memory, and integrated item/context imagery. *Journal of Experimental Psychology: Learning, Memory, and Cognition, 11*, 764–770.

Eich, E. & Metcalfe, J. (1989). Mood dependent memory for internal versus external events. *Journal of Experimental Psychology: Learning, Memory, and Cognition, 15*, 443–455.

Eich, J., Weingartner, H., Stillman, R. C. & Gillin, J. C. (1975). State-dependent accessibility of retrieval cues in the retention of a categorized list. *Journal of Verbal Learning and Verbal Behavior, 14*, 408–417.

Eimas, P. D. & Corbit, J. (1973). Selective adaption of linguistic feature detectors. *Cognitive Psychology, 4*, 99–109.

Ekstrand, B. R. (1972). To sleep, perchance to dream. In C. P. Duncan, L. Sechrest & A. W. Melton (Hrsg.), *Human memory: Festschrift in honor of Benton J. Underwood* (S. 59–82). New York: Appleton-Century Crofts.

Elio, R. & Anderson, J. R. (1981). The effects of category generalizations and instance similarity on schema abstraction. *Journal of Experimental Psychology: Human Learning and Memory, 7*, 397–417.

Ellis, A. W. & Young, A. W. (1988). *Human cognitive neuropsychology.* Hillsdale, NJ: Erlbaum.

Engelkamp, J. (1974). *Psycholinguistik.* München: Fink.

Engelkamp, J. (1990). *Das menschliche Gedächtnis: Das Erinnern von Sprache, Bildern und Handlungen.* Göttingen: Hogrefe.

Engelkamp, J. & Pechmann, T. (Hrsg.) (1993). *Mentale Repräsentation.* Bern: Huber.

Engle, R. W. & Bukstel, L. (1978). Memory processes among bridge players of differing expertise. *American Journal of Psychology, 91*, 673–689.

Erickson, J. R. A. (1974). A set analysis theory of behavior in formal syllogistic reasoning tasks. In R. L. Solso (Hrsg.), *Theories in cognitive psychology: The Loyola Symposium*. Hillsdale, NJ: Erlbaum.

Erikson, B. A. & Erikson, C. W. (1974). Effects of noise letters upon the identification of a target letter in a nonsearch task. *Perception and Psychophysics, 1,* 143–149.

Erikson, C. W. & Hoffman, J. E. (1972). Temporal and spatial characteristics of selective encoding from visual displays. *Perception and Psychophysics, 12,* 201–204.

Erikson, C. W. & St. James, J. D. (1986). Visual attention within and around the field of focal attention: A zoom lens models. *Perception and Psychophysics, 40,* 225–240.

Erikson, C. W. & Yeh, Y. Y. (1987). Allocation of attention in the visual field. *Journal of Experimental Psychology: Human Perception and Performance, 11,* 583–597.

Ernst, G. & Newell, A. (1969). *GPS: A case study in generality and problem solving.* New York: Academic Press.

Ervin-Tripp, S. M. (1974). Is second language learning like the first? *TESOL Quarterly, 8,* 111–127.

Estes, W. K. (1991). Cognitive architectures from the standpoint of an experimental psychologist. *Annual Review of Psychology, 42,* 1–28.

Farah, M. J. (1988). Is visual imagery really visual? Overlooked evidence from neuropsychology. *Psychological Review, 95,* 307–317.

Farah, M. J. (1990). *Visual agnosia: Disorders of object recognition and what they tell us about normal vision.* Cambridge, MA: MIT Press.

Farah, M. J., Hammond, K. M., Levine, D. N. & Calvanio, R. (1988). Visual and spatial mental imagery: Dissociable systems of representation. *Cognitive Psychology, 20,* 439–462.

Fernandez, A. & Glenberg, A. M. (1985). Changing environmental context does not reliably affect memory. *Memory & Cognition, 13,* 333–345.

Ferreira, F. & Clifton, C. (1986). The independence of syntactic processing. *Journal of Memory and Language, 25,* 348–368.

Fillenbaum, S. (1971). On coping with ordered and unordered conjunctive sentences. *Journal of Experimental Psychology, 87,* 93–98.

Fillenbaum, S. (1974). Pragmatic normalization: Further results for some conjunctive and disjunctive sentences. *Journal of Experimental Psychology, 103,* 913–921.

Finke, R. A. (1985). Theories relating mental imagery to perception. *Psychological Bulletin, 98,* 235–259.

Finke, R. A., Pinker, S. & Farah, M. J. (1989). Reinterpreting visual patterns in mental imagery. *Cognitive Science, 13,* 51–78.

Fischer, K. W. (1980). A theory of cognitive development: The control and construction of hierarchies of skills. *Psychological Review, 87,* 477–531.

Fishhoff, B. (1988). Judgement and decision making. In R. J. Sternberg & E. E. Smith (Hrsg.), *The psychology of human thought.* Cambridge: Cambridge University Press.

Fitts, P. M. & Posner, M. I. (1967). *Human performance.* Belmont, CA: Brooks Cole.

Flavell, J. H. (1978). Comment. In R. S. Siegler (Hrsg.), *Children's thinking: What devel-ops?* Hillsdale, NJ: Erlbaum.

Flavell, J. H. (1985). *Cognitive development.* Englewood Cliffs, NJ: Prentice-Hall.

Fletcher, C. R. (1986). Strategies for the allocation of short-term memory during comprehension. *Journal of Memory and Language, 25,* 43–58.

Flexser, A. J. & Tulving, E. (1978). Retrieval independence in recognition and recall. *Psychological Review, 85,* 153–172.

Flowers, J. H., Warner, J. L. & Polansky, M. L. (1979). Response and encoding factors in ignoring irrelevant information. *Memory & Cognition, 7,* 86–94.

Fodor, J. A. (1975). The *language of thought.* New York: Thomas Y. Crowell.

Fodor, J. A. (1983). The *modularity of mind.* Cambridge, MA: MIT/Bradford Books.

Fodor, J. A., Bever, T. G. & Garrett, M. F. (1974). *The psychology of language*. New York: McGraw-Hill.

Fodor, J. A. & Pylyshyn, Z. W. (1988). Connectionism and cognitive architecture: A critical analysis. *Cognition, 28*, 3–71.

Fong, G. T., Krantz, D. H. & Nisbett, R. E. (1986). The effects of statistical training on thinking about everyday problems. *Cognitive Psychology, 18*, 253–292.

Frase, L. T. (1975). Prose processing. In G. H. Bower (Hrsg.), *The psychology of learning and motivation* (Bd. 9). New York: Academic Press.

Frazier, L. (1979). *On comprehending sentences: Syntactic parsing strategies*. Bloomington, IN: Indiana University Linguistics Club.

Frazier, L. & Rayner, K. (1982). Making and correcting errors during sentence comprehension: Eye movements in the analysis of structurally ambiguous sentences. *Cognitive Psychology, 14*, 178–210.

Frederiksen, C. H. (1975). Representing logical and semantic structure of knowledge acquired from discourse. *Cognitive Psychology, 7*, 371–458.

Fromkin, V. (1971). The non-anomalous nature of anomalous utterances. *Languages, 47*, 27–52.

Fromkin, V. (1973). *Speech errors as linguistic evidence*. Den Haag: Mouton.

Funahashi, S., Bruce, C. J. & Goldman-Rakic, P. S. (1991). Neural activity related to saccadic eye movements in the monkey's dorsolateral prefrontal cortex. *Journal of Neurophysiology, 65*, 1464–1483.

Gagné, E., Yekovich, C. W. & Yekovich, F. R. (1993). *The cognitive psychology of school learning*. New York: Harper Collins College Publishers.

Gardner, H. (1975). *The shattered mind: The person after brain damage*. New York: Knopf.

Gardner, H. (1983). *Frames of mind: The theory of multiple intelligences*. New York: Basic Books.

Gardner, H. (1985). *The mind's new science: A history of the cognitive revolution*. New York: Basic Books.

Garfield, J. L. (1987). *Modularity in knowledge representation and natural-language understanding*. Cambridge, MA: MIT Press.

Garrett, M. F. (1975). The analysis of sentence production. In G. H. Bower (Hrsg.), *The psychology of learning and motivation* (Bd. 9). New York: Academic Press.

Garrett, M. F. (1990). Sentence processing. In D. N. Osherson & H. Lasnik (Hrsg.), *Language: An invitiation to cognition science*. Cambridge, MA: MIT Press.

Garro, L. (1986). Language, memory, and focality: A reexamination. *American Anthropologist, 88*, 128–136.

Gee, J. P. & Grosjean, F. (1983). Performance structures: A psycholinguistic and linguistic appraisal. *Cognitive Psychology, 15*, 411–458.

Gentner, D. (1983). Structure-mapping: A theoretical framework for analogy. *Cognitive Science, 7*, 155–170.

Gentner, D. & Stevens, A. L. (1983). *Mental models*. Hillsdale, NJ: Erlbaum.

Georgopoulos, A. P., Lurito, J. T., Petrides, M., Schwartz, A. B. & Massey, J. T. (1989). Mental rotation of the neuronal population vector. *Science, 243*, 234–236.

Gernsbacher, M. A. (1985). Surface information loss in comprehension. *Cognitive Psychology, 17*, 324–363.

Gernsbacher, M. A. (1993). *Language comprehension as structure building*. Hillsdale, NJ: Erlbaum.

Geschwind, N. (1980). Neurological knowledge and complex behaviors. *Cognitive Science, 4*, 185–194.

Gibson, J. J. (1950). *Perception of the visual world*. Boston: Houghton. Deutsch: (1973). *Die Wahrnehmung der visuellen Welt*. Weinheim: Beltz.

Gibson, J. J. (1966). *The senses considered as perceptual systems*. Boston: Houghton Mifflin. Deutsch: (1982). *Die Sinne und der Prozeß der Wahrnehmung*. Stuttgart: Hans Huber.

Gibson, J.J. (1979). *The ecological approach to visual perception.* Boston: Houghton Mifflin. Deutsch: (1982). *Wahrnehmung und Umwelt. Der ökologische Ansatz in der visuellen Wahrnehmung.* München: Urban & Schwarzenberg.

Gick, M. L. & Holyoak, K. J. (1980). Analogical problem solving. *Cognitive Psychology, 12,* 306–355.

Gick, M. L. & Holyoak, K. J. (1983). Schema induction and analogical transfer. *Cognitive Psychology, 15,* 1–38.

Gigerenzer, G. & Hug, K. (1992). Domain-specific reasoning: Social contracts, cheating, and perspective change. *Cognition, 43,* 127–171.

Gillund, G. & Shiffrin, R. M. (1984). A retrieval model for both recognition and recall. *Psychological Review, 91,* 1–67.

Ginsburg, H. J. & Opper, S. (1980). *Piaget's theory of intellectual development.* Englewood Cliffs, NJ: Prentice-Hall.

Gleason, J. B. & Ratner, N. B. (1993). *Psycholinguistics.* Fort Worth, TX: Harcourt Brace Jovanovich.

Gleitman, H. & Jonides, J. (1978). The effect of set on categorization in visual search. *Perception and Psychophysics, 24,* 361–368.

Glenberg, A. M., Smith, S. M. & Green, C. (1977). Type I rehearsal: Maintenance and more. *Journal of Verbal Learning and Verbal Behavior, 16,* 339–352.

Gluck, M. A. & Bower, G. H. (1988). From conditioning to category learning: An adaptive network model. *Journal of Experimental Psychology: General, 8,* 37–50.

Glucksberg, S. & Cowan, G. N., Jr. (1970). Memory for nonattended auditory material. *Cognitive Psychology, 1,* 149–156.

Glucksberg, S. & Weisberg, R. W. (1966). Verbal behavior and problem solving: some affects of labeling in a functional fixedness problem. *Journal of Experimental Psychology, 71,* 659–664.

Godden, D. R. & Baddeley, A. D. (1975). Context-dependent memory in two natural environments: On land and under water. *British Journal of Psychology, 66,* 325–331.

Goldberg, R. A., Schwartz, S. & Stewart, M. (1977). Individual differences in cognitive processes. *Journal of Educational Psychology, 69,* 9–14.

Goldman-Rakic, P. S. (1987). Circuitry of primate prefrontal cortex and regulation of behavior by representational memory. In *Handbook of physiology. The nervous system. Higher functions of the brain* (Bd. 5, S. 373–417). Bethesda, MD: American Physiology Society.

Goldman-Rakic, P. S. (1988). Topography of cognition: Parallel distributed networks in primate association cortex. *Annual Review of Neuroscience, 11,* 137–156.

Goldman-Rakic, P. S. (1992). Working memory and mind. *Scientific American, 267,* 111–117.

Goldstein, E. B. (1989). *Sensation and perception* (3. Aufl.). Belmont, CA: Wadsworth.

Goldstein, M. N. (1974). Auditory agnosia for speech („pure word deafness"): A historical review with current implications. *Brain and Language, 1,* 195–204.

Gould, S. J. (1977). *Ontogeny and phylogeny.* Cambridge, MA: Belknap.

Grabowski, J. (1991). *Der propositionale Ansatz der Textverständlichkeit: Kohärenz, Interessantheit und Behalten.* Münster: Aschendorff.

Graf, P., Squire, L. R. & Mandler, G. (1984). The information that amnesic patients do not forget. *Journal of Experimental Psychology: Learning, Memory, and Cognition, 10,* 164–178.

Graf, P. & Torrey, J. W. (1966). Perception of phrase structure in written language. *American Psychological Association Convention Proceedings,* 83–88.

Graf, R. (1994). *Selbstrotation und Raumreferenz.* Frankfurt/M.: Lang.

Granrud, C. E. (1986). Binocular vision and spatial perception in 4- and 5-month-old infants. *Journal of Experimental Psychology: Human Perception and Performance, 12,* 36–49.

Granrud, C. E. (1987). Visual size constancy in newborn infants. *Investigative Ophthalmology & Visual Science, 28* (Suppl. 5).

Granrud, C. E. (Hrsg.) (1993). *Visual perception and cognition in infancy*. Hillsdale, NJ: Erlbaum.

Gray, J. A. & Wedderburn, A. A. I. (1960). Grouping strategies with simultaneous stimuli. *Quarterly Journal of Experimental Psychology, 12*, 180–184.

Greenberg, J. H. (1963). Some universals of grammar with particular reference to the order of meaningful elements. In J. H. Greenberg (Hrsg.), *Universals of language*. Cambridge, MA: MIT Press.

Greeno, J. G. (1974). Hobbits and orcs: Acquisition of a sequential concept. *Cognitive Psychology, 6*, 270–292.

Greeno, J. G. & Simon, H. A. (1988). Problem-solving and reasoning. In R. C. Atkinson, H. Hernstein, G. Lindzey & R. D. Luce (Hrsg.), *Steven's handbook of experimental psychology*. New York: Wiley.

Greeno, J. G., Smith, D. R. & Moore, J. L. (1993). Transfer of situated learning. In D. K. Detterman & R. J. Sternberg (Hrsg.), *Intelligence, cognition, and instruction* (S. 99–167). Norwood, NJ: Ablex.

Griggs, R. A. & Cox, J. R. (1982). The elusive thematic-materials effect in Wason's selection task. *British Journal of Psychology, 73*, 407–420.

Grimes, L. (1975). *The thread of discourse*. Den Haag: Mouton.

Groeben, N. (1982). *Leserpsychologie: Textverständnis – Textverständlichkeit*. Münster: Aschendorff.

Grosjean, F., Grosjean, L. & Lane, H. (1979). The patterns of silence: Performance structures in sentence production. *Cognitive Psychology, 11*, 58–81.

Grossberg, S. (1987). *The adaptive brain, 1: Cognition learning, reinforcement and rhythm*. Amsterdam: North-Holland, Elsevier.

Gruber, H. (1994). *Expertise. Modelle und empirische Forschung*. Opladen: Westdeutscher Verlag.

Gruber, H. E. & Voneche, J. J. (Hrsg.) (1977). *The essential Piaget: An interpretative reference and guide*. London: Routledge & Kegan Paul.

Guilford, J. P. (1982). Cognitive psychology's ambiguities: Some suggested remedies. *Psychological Review, 89*, 48–59.

Guskey, T. R. & Gates, S. (1986). Synthesis of research on the effects of mastery learning in elementary and secondary classrooms. *Educational Leadership, 43*, 73–80.

Guyote, M. J. & Sternberg, R. S. (1981). A transitive-chain theory of syllogistic reasoning. *Cognitive Psychology, 13*, 461–525.

Haber, R. N. (1983). The impending demise of the icon: A critique of the concept of iconic storage in visual information processing. *Behavioral and Brain Sciences, 6*, 1–11.

Haier, R. J., Siegel, B. V., Jr., Nuechterlein, K. H., Hazlett, E., Wu, J. C., Paek, J., Browning, H. L. & Buchsbaum, M. S. (1988). Cortical glucose metabolic rate correlates of abstract reasoning and attention studied with positron emission tomography. *Intelligence, 12*, 199–217.

Hakes, D. T. (1972). Effects of reducing complement constructions on sentence comprehension. *Journal of Verbal Learning and Verbal Behavior, 11*, 278–286.

Hakes, D. T. & Foss, D. J. (1970). Decision processes during sentence comprehension: Effects of surface structure reconsidered. *Perception and Psychophysics, 8*, 413–416.

Halford, G. S. (1982). *The development of thought*. Hillsdale, NJ: Erlbaum.

Halford, G. S. (1984). Can young children integrate premises in transitivity and serial order tasks? *Cognitive Psychology, 16*, 65–93.

Hammerton, M. (1973). A case of radical probability estimation. *Journal of Experimental Psychology, 101*, 252–254.

Harris, R. J. (1977). Comprehension of pragmatic implications in advertising. *Journal of Applied Psychology, 62*, 603–608.

Haviland, S. E. (1974). *Nondeductive strategies in reasoning.* Unveröffentlichte Dissertation, Stanford University.

Haviland, S. E. & Clark, H. H. (1974). What's new? Acquiring new information as a process in comprehension. *Journal of Verbal Learning and Verbal Behavior, 13*, 512–521.

Hayes, J. R. (1984). *Problem solving techniques.* Philadelphia: Franklin Institute Press.

Hayes, J. R. (1985). Three problems in teaching general skills. In J. Segal, S. Chipman & R. Glaser (Hrsg.), *Thinking and learning* (Bd. 2). Hillsdale, NJ: Erlbaum.

Hayes-Roth, B. & Hayes-Roth, F. (1977). Concept learning and the recognition and classification of exemplars. *Journal of Verbal Learning and Verbal Behavior, 16*, 321–338.

Heider, E. (1972). Universals of color naming and memory. *Journal of Experimental Psychology, 93*, 10–20.

Helfrich, H. (1985). *Satzmelodie und Sprachwahrnehmung. Psycholinguistische Untersuchung zur Grundfrequenz.* Berlin: de Gruyter.

Hellbrück, J. (1993). *Hören: Physiologie, Psychologie und Pathologie.* Göttingen: Hogrefe.

Henle, M. (1962). On the relation between logic and thinking. *Psychological Review, 69*, 366–378.

Herrmann, Th. & Grabowski, J. (1994). *Sprechen – Psychologie der Sprachproduktion.* Heidelberg: Spektrum Akademischer Verlag.

Hilbert, D. & Ackermann, W. (1959). *Grundzüge der theoretischen Logik* (4. Aufl.). Berlin: Springer.

Hilgard, E. R. (1968). *The experience of hypnosis.* New York: Harcourt Brace Jovanovich.

Hockey, G. R. J., Davies, S. & Gray, M. M. (1972). Forgetting as a function of sleep at different times of day. *Experimental Psychology, 24*, 386–393.

Hörmann, H. (1977). *Psychologie der Sprache* (2. Aufl.). Heidelberg: Springer.

Hofer, M., Klein-Allermann, E. & Noack, P. (1992). *Familienbeziehungen.* Göttingen: Hogrefe.

Hoffman, D. D. & Richards, W. (1985). Parts of recognition. *Cognition, 18*, 65–96.

Holland, J. H., Holyoak, K., Nisbett, R. E. & Thagard, P. R. (1986). *Induction: Processes of inference, learning, and discovery.* Cambridge, MA: MIT Press.

Horn, J. L. (1968). Organization of abilities and the development of intelligence. *Psychological Review, 75*, 242–259.

Horn, J. L. (1986). Intellectual ability concepts. In R. J. Sternberg (Hrsg.), *Advances in the psychology of human abilities* (Bd. 1). Hillsdale, NJ: Erlbaum.

Horn, J. L. & Stankov, L. (1982). Auditory and visual intelligence. *Intelligence, 6*, 165–185.

Hubel, D. H., Henson, C. D., Rubert, A. & Galambos, R. (1959). Attention units in the auditory cortex. *Science, 129*, 1279–1280.

Hubel, D. H. & Wiesel, T. N. (1962). Receptive fields, binocular interaction, and functional architecture in the cat's visual cortex. *Journal of Physiology, 166*, 106–154.

Hunt, E. B. (1985). Verbal ability. In R. J. Sternberg (Hrsg.), *Human abilities: An information processing approach.* New York: W. H. Freeman.

Hunt, E. B., Davidson, J. & Lansman, M. (1981). Individual differences in long-term memory access. *Memory & Cognition, 9*, 599–608.

Hunt, M. (1982). *The universe within.* New York: Simon & Schuster.

Huttenlocher, P. R. (1979). Synaptic density in human frontal cortex – Developmental changes and effects of aging. *Brain Research, 163*, 195–205.

Hyams, N. M. (1986). *Language acquisition and the theory of parameters*. Dordrecht: D. Reidel.

Hyde, T. S. & Jenkins, J. J. (1973). Recall for words as a function of semantic, graphic, and syntactic orienting tasks. *Journal of Verbal Learning and Verbal Behavior*, *12*, 471–480.

Inhelder, B. & Piaget, J. (1958). *The growth of logical thinking from childhood to adolescence*. New York: Basic Books. Deutsch: (1980). *Von der Logik des Kindes zur Logik des Heranwachsenden*. Stuttgart: Klett-Cotta.

Jacobsen, C. F. (1935). Functions of frontal association areas in primates. *Archives of Neurology & Psychiatry, 33,* 558–560.

Jacobsen, C. F. (1936). Studies of cerebral functions in primates. I. The function of the frontal association areas in monkeys. *Comparative Psychology Monographs*, *13*, 1–60.

Jacoby, L. L. (1978). On interpreting the effects of repetition: Solving a problem versus remembering a solution. *Journal of Verbal Learning and Verbal Behavior*, *17*, 649–667.

Jacoby, L. L. (1983). Remembering the data: Analyzing interactive processes in reading. *Journal of Verbal Learning and Verbal Behavior, 22,* 485–508.

Jacoby, L. L. & Witherspoon, D. (1982). Remembering without awareness. *Canadian Journal of Psychology, 36,* 300–324.

James, W. (1890). *The principles of psychology* (Bd. 1 und 2). New York: Holt.

Jarvella, R. J. (1971). Syntactic processing of connected speech. *Journal of Verbal Learning and Verbal Behavior*, *10*, 409–416.

Jeffrey, R. (1981). *Formal logic: Its scope and limits* (2. Aufl.). New York: McGraw-Hill.

Jeffries, R. P., Polson, P. G., Razran, L. & Atwood, M. E. (1977). A process model for missionaries-Cannibals and other river-crossing problems. *Cognitive Psychology, 9,* 412–440.

Jeffries, R. P., Turner, A. A., Polson, P. G. & Atwood, M. E. (1981). The processes involved in designing software. In J. R. Anderson (Hrsg.), *Cognitive skills and their acquisition*. Hillsdale, NJ: Erlbaum.

Johnson, D. M. (1939). Confidence and speed in the two-category judgment. *Archives of Psychology, 241,*1–52.

Johnson, J. S. & Newport, E. L. (1989). Critical period effects in second language learning: The influence of maturational state on the acquisition of English as a second language. *Cognitive Psychology*, *21*, 60–99.

Johnson, M. K. & Raye, C. L. (1981). Reality monitoring. *Psychological Review, 88,* 67–85.

Johnson, N. F. (1970). The role of chunking and organization in process of recall. In G. H. Bower (Hrsg.), *Psychology of language and motivation* (Bd. 4). New York: Academic Press.

Johnson-Laird, P. N. (1983). *Mental models*. Cambridge, MA: Harvard University Press.

Johnson-Laird, P. N. & Steedman, M. (1978). The psychology of syllogisms. *Cognitive Psychology*, *10*, 64–99.

Johnston, W. A. & Dark, V. J. (1986). Selective attention. *Annual Review of Psychology, 37,* 43–75.

Johnston, W. A. & Heinz, S. P. (1978). Flexibility and capacity demands of attention. *Journal of Experimental Psychology: General, 107,* 420–435.

Just, M. A. & Carpenter, P. A. (1980). A theory of reading: From eye fixations to comprehension. *Psychological Review, 87,* 329–354.

Just, M. A. & Carpenter, P. A. (1985). Cognitive coordinate systems: Accounts of mental rotation and individual differences in spatial ability. *Psychological Review*, *92*, 137–172.

Just, M. A. & Carpenter, P. A. (1987). *The psychology of reading and language comprehension*. Boston: Allyn and Bacon.

Just, M. A. & Carpenter, P. A. (1992). A capacity theory of comprehension: Individual differences in working memory. *Psychological Review, 99*, 122–149.

Kahneman, D., Slovic, P. & Tversky, A. (Hrsg.) (1982). *Judgment under uncertainty: Heuristics and biases.* New York: Cambridge University Press.

Kahneman, D. & Tversky, A. (1972). Subjective probability: A judgment of representiveness. *Cognitive Psychology, 3*, 430–454.

Kahneman, D. & Tversky, A. (1973). On the psychology of prediction. *Psychological Review, 80*, 237–251.

Kahneman, D. & Tversky, A. (1979). Prospect theory: An analysis of decisions under risk. *Econometrica, 97*, 263–291.

Kahneman, D. & Tversky, A. (1984). Choices, values, and frames. *American Psychologist, 80*, 341–350.

Kail, R. (1988). Developmental functions for speeds of cognitive processes. *Journal of Experimental Child Psychology, 45*, 339–364.

Kail, R. (1992). *Gedächtnisentwicklung bei Kindern.* Heidelberg: Spektrum Akademischer Verlag.

Kail, R. & Park, Y. (1990). Impact of practice on speed of mental rotation. *Journal of Experimental Child Psychology, 49*, 227–244.

Kail, R. & Pellegrino, J. W. (1985). *Human intelligence.* New York: W. H. Freeman.

Kamin, L. J. (1974). *The science and politics of IQ.* Potomac, MD: Erlbaum.

Kandel, E. R. & Hawkins, R. D. (1992). The biological basis of learning and individuality. *Scientific American, 267*, 78–87.

Kandel, E. R. & Schwartz, J. H. (1984). *Principles of neural science* (2. Aufl.). New York: Elsevier.

Kandel, E. R., Schwartz, J. H. & Jessell, T. M. (Hrsg.) (1991). *Principles of neural science.* New York: Elsevier.

Kantowitz, B. H. (1974). Double stimulation. In B. H. Kantowitz (Hrsg.), *Human performance processing.* Hillsdale, NJ: Erlbaum.

Kaplan, C. A. & Davidson J. (in Vorbereitung). *Incubation effects in problem solving.*

Kaplan, C. A. & Simon, H. A. (1990). In search of insight. *Cognitive Psychology, 22*, 374–419.

Kaplan, R. M. & Bresnan, J. W. (1982). Lexical-functional grammar: A formal system for grammatical representation. In J. W. Bresnan (Hrsg.), *The mental representation of grammatical relations.* Cambridge, MA: MIT Press.

Katz, B. (1952). The nerve impulse. *Scientific American, 187*, 55–64.

Kebeck, G. (1994). *Wahrnehmung: Theorien, Methoden und Forschungsergebnisse der Wahrnehmungspsychologie.* München: Juventa.

Keele, S. W. (1986). Motor control. In L. Kaufman, J. Thomas & K. Boff (Hrsg.), *Handbook of perception and performance.* New York: Wiley.

Keenan, J. M., Baillet, S. D. & Brown, P. (1984). The effects of causal cohesion on comprehension and memory. *Journal of Verbal Learning and Verbal Behavior, 23*, 115–126.

Keeney, T. J., Cannizzo, S. R. & Flavell, J. H. (1967). Spontaneous and induced verbal rehearsal in a recall task. *Child Development, 38*, 953–966.

Keeton, W. T. (1980). *Biological science.* New York: Norton.

Kinchla, R. A. (1992). Attention. *Annual Review of Psychology, 43*, 711–742.

Kinney, G. C., Marsetta, M. & Showman, D. J. (1966). Studies in display symbol legibility, part XXI. *The legibility of alphanumeric symbols for digitized television* (ESD-TR-66-117). Bedford, MA: The Mitre Corporation.

Kintsch, W. (1974). *The representation of meaning in memory.* Hillsdale, NJ: Erlbaum.

Kintsch, W. (1977). On comprehending stories. In M. A. Just & P. A. Carpenter (Hrsg.), *Cognitive processes in comprehension.* Hillsdale, NJ: Erlbaum.

Kintsch, W. (1979). On modeling comprehension. *Educational Psychologist, 14*, 3–14.

Kintsch, W. (1982). *Gedächtnis und Kognition.* Berlin: Springer.

Kintsch, W. & Keenan, J. (1973). Reading rate and retention as a function of the number of propositions in the base structure of sentences. *Cognitive Psychology, 5,* 257–274.

Kintsch, W. & van Dijk, T. A. (1976). Comment on se rappelle et on résume des histoires. *Languages, 40,* 98–116.

Kintsch, W. & van Dijk, T. A. (1978). Toward a model of text comprehension and reproduction. *Psychological Review, 85,* 363–394.

Kintsch, W. & Vipond, P. (1979). Reading comprehension and readability in educational practice and psychological theory. In L. G. Nilsson (Hrsg.), *Perspectives on memory research.* Hillsdale, NJ: Erlbaum.

Klahr, D., Chase, W. G. & Lovelace, E. A. (1983). Structure and process in alphabetic retrieval. *Journal of Experimental Psychology: Learning, Memory, and Cognition, 9,* 462–477.

Klahr, D. & Wallace, J. G. (1976). *Cognitive development: An information processing view.* Hillsdale, NJ: Erlbaum.

Klatzky, R. L. (1975). *Human memory* (1. Aufl.). New York: W. H. Freeman.

Klatzky, R. L. (1979). *Human memory* (2. Aufl.). New York: W. H. Freeman.

Klaus, G. (1966). *Moderne Logik* (3. berichtigte Aufl.). Berlin: VEB Deutscher Verlag der Wissenschaft.

Kleene, S. C. (1952). *Introduction to metamathematics.* Princeton, NJ: Van Nostrand.

Klix, F. & Spada, H. (Hrsg.) (1997). *Wissenspsychologie* (Enzyklopädie der Psychologie, Themenbereich C, Serie II: Kognition, Bd. 6). Göttingen: Hogrefe.

Koestler, A. (1964). *The action of creation.* London: Hutchinson.

Köhler, W. (1917, 3. Aufl. 1973). *Intelligenzprüfung an Menschenaffen.* Berlin: Springer. Englisch: (1927). *The mentality of apes.* New York: Harcourt, Brace. (1956). *The mentality of apes.* London: Routledge & Kegan Paul.

Körkel, J. (1987). *Die Entwicklung von Gedächtnis- und Metagedächtnisleistungen in Abhängigkeit von bereichsspezifischen Vorkenntnissen.* Frankfurt/M.: Lang.

Kolb, B. & Whishaw, I. Q. (1993). *Neuropsychologie.* Heidelberg: Spektrum Akademischer Verlag.

Kolers, P. A. (1976). Reading a year later. *Journal of Experimental Psychology: Human Learning and Memory, 2,* 554–565.

Kolers, P. A. (1979). A pattern analyzing basis of recognition. In L. S. Cermak & F. I. M. Craik (Hrsg.), *Levels of processing in human memory.* Hillsdale, NJ: Erlbaum.

Kolers, P. A. & Perkins, P. N. (1975). Spatial and ordinal components of form perception and literacy. *Cognitive Psychology, 7,* 228–267.

Kornadt, H.-J., Grabowski, J. & Mangold-Allwinn R. (Hrsg.) (1994). *Sprache und Kognition.* Heidelberg: Spektrum Akademischer Verlag.

Kosslyn, S. M. (1980). *Image and mind.* Cambridge, MA: Harvard University Press.

Kosslyn, S. M. (1983). *Ghosts in the mind's machine.* New York: Norton.

Kosslyn, S. M., Alpert, N. M., Thompson, W. L., Maljkovic, V., Weise, S. B., Chabris, C. F., Hamilton, S. E., Rauch, S. L. & Buonanno, F. S. (1993). Visual mental imagery activates topographically organized visual cortex: PET investigation. *Journal of Cognitive Neuroscience, 5,* 263–287.

Kosslyn, S. M., Ball, T. M. & Reiser, B. J. (1978). Visual images preserve metric spatial information: Evidence from studies of image scanning. *Journal of Experimental Psychology: Human Perception and Performance, 4,* 47–60.

Kosslyn, S. M. & Pomerantz, J. P. (1977). Imagery, propositions, and the form of internal representations. *Cognitive Psychology, 9,* 52–76.

Kotovsky, K., Hayes, J. R. & Simon, H. A. (1985). Why are some problems hard? Evidence from Tower of Hanoi. *Cognitive Psychology, 17,* 248–294.

Kruschke, J. K. (1992). ALCOVE: An exemplar-based connectionist model of category learning. *Psychological Review, 99*, 22–44.

Kruse, H., Mangold-Allwinn, R., Mechler, B. & Penger, O. (1991). *Programmierung Neuronaler Netze. Eine Turbo Pascal Toolbox*. Bonn: Addison-Wesley.

Kuffler, S. W. (1953). Discharge pattern and functional organization of mammalian retina. *Journal of Neurophysiology, 16*, 37–68.

Kulik, C., Kulik, J. & Bangert-Downs, R. (1986). *Effects of testing for mastery on student learning*. Vortrag, gehalten auf der Jahrestagung der American Educational Research Association, San Francisco.

LaBerge, D. (1973). Attention and the measurement of perceptual learning. *Memory & Cognition, 1*, 268–276.

LaBerge, D. (1983). Spatial extent of attention to letters and words. *Journal of Experimental Psychology: Human Perception and Performance, 9*, 371–379.

LaBerge, D. & Samuels, S. J. (1974). Toward a theory of automatic information processing in reading. *Cognitive Psychology, 6*, 293–323.

Labov, W. (1973). The boundaries of words and their meanings. In C.-J. N. Bailey & R. W. Shuy (Hrsg.), *New ways of analyzing variations in English*. Washington, DC: Georgetown University Press.

Lachter, J. & Bever, T. G. (1988). The relation between linguistic structure and associative theories of language learning – A constructive critique of some connectionist learning modes. *Cognition, 28*, 195–247.

Lakoff, G. (1971). On generative semantics. In D. Steinberg & L. Jakobovits (Hrsg.), *Semantics – An interdisciplinary reader in philosophy, linguistics, anthropology, and psychology*. London: Cambridge University Press.

Langley, P. W., Simon, H. A., Bradshaw, G. L. & Zytkow, J. (1987). *Scientific discovery: Computational explorations of the cognitive processes*. Cambridge, MA: MIT Press.

Larkin, J. H. (1981). Enriching formal knowledge: A model for learning to solve textbook physics problems. In J. R. Anderson (Hrsg.), *Cognitive skills and their acquisition*. Hillsdale, NJ: Erlbaum.

Larkin, J. H., McDermott, J., Simon, D. P. & Simon, H. A. (1980). Expert and novice performance in solving physics problems. *Science, 208*, 1335–1342.

Lee, C. L. & Estes, W. K. (1981). Item and order information in short-term memory: Evidence for multilevel perturbation processes. *Journal of Experimental Psychology: Human Learning and Memory, 7*, 149–169.

Lehman, H. C. (1953). *Age and achievement*. Princeton, NJ: Princeton University Press.

Lehner, K. (1990). *Wissensbasierte Lehrsysteme*. München: Oldenbourg.

Lehr, U. (1991). *Psychologie des Alterns*. Heidelberg: Quelle & Meyer.

Lenneberg, E. H. (1967). *Biological foundations of language*. New York: Wiley. Deutsch: (1972). *Biologische Grundlagen der Sprache*. Frankfurt/M.: Suhrkamp.

Lesgold, A. M. (1984). Acquiring expertise. In J. R. Anderson & S. M. Kosslyn (Hrsg.), *Tutorials in learning and memory*. New York: W. H. Freeman.

Lesgold, A. M., Rubinson, H., Feltovich, P., Glaser, R., Klopfer, D. & Wan, Y. (1988). Expertise in a complex skill: Diagnosing x-ray pictures. In M. T. H. Chi, R. Glaser & M. J. Farr (Hrsg.), *The nature of expertise*. Hillsdale, NJ: Erlbaum.

Lewis, C. H. & Anderson, J. R. (1976). Interference with real world knowledge. *Cognitive Psychology, 7*, 311–335.

Lewis, M. W. (1985). *Context effects on cognitive skill acquisition*. Unveröffentlichte Dissertation, Carnegie-Mellon University.

Liberman, A. M. (1970). The grammars of speech and language. *Cognitive Psychology, 1*, 301–323.

Lieberman, P. (1984). *The biology and evolution of language*. Cambridge, MA: Harvard University Press.

Lindsay, P. H. & Norman, D. A. (1977). *Human information processing*. New York: Academic Press. Deutsch: (1981). *Einführung in die Psychologie – Informationsaufnahme und -verarbeitung beim Menschen*. Heidelberg: Springer.

Lisker, L. & Abramson, A. (1970). The voicing dimension: Some experiments in comparative phonetics. *Proceedings of Sixth International Congress of Phonetic Sciences, Prague, 1967*. Prag: Academia.

Loftus, E. F. (1974). Activation of semantic memory. *American Journal of Psychology, 86*, 331–337.

Loftus, E. F. (1979). *Eyewitness testimony*. Cambridge, MA: Harvard University Press.

Loftus, E. F. & Zanni, G. (1975). Eyewitness testimony: The influence of the wording of a question. *Bulletin of the Psychonomic Society, 5*, 86–88.

Luchins, A. S. (1942). Mechanization in problem solving. *Psychological Monographs, 54*, Nr. 248. Gekürzte deutsche Fassung: (1965, 4. Aufl. 1969). Mechanisierung beim Problemlösen. In C. F. Graumann (Hrsg.), *Denken*. Köln: Kiepenheuer & Witsch.

Luchins, A. S. & Luchins, E. H. (1959). *Rigidity of behavior: A variational approach to the effects of Einstellung*. Eugene, OR: University of Oregon Books.

Lucy, J. & Shweder, R. (1979). Whorf and his critics: Linguistic and non-linguistic influences on color memory. *American Anthropologist, 81*, 581–615.

Lucy, J. & Shweder, R. (1988). The effect of incidental conversation on memory for focal colors. *American Anthropologist, 90*, 923–931.

Lück, H. E. & Miller, R. (Hrsg.) (1993). *Illustrierte Geschichte der Psychologie*. München: Quintessenz.

Lück, H. E., Miller, R. & Rechtin, W. (Hrsg.) (1984). *Geschichte der Psychologie*. München: Urban & Schwarzenberg.

Lüer, G. & Spada, H. (1990). Denken und Problemlösen. In H. Spada (Hrsg.), *Lehrbuch Allgemeine Psychologie*. Bern: Huber.

Lusti, M. (1990). *Wissensbasierte Systeme. Algorithmen, Datenstrukturen und Werkzeuge*. Heidelberg: Spektrum Akademischer Verlag.

Lusti, M. (1992). *Intelligente tutorielle Systeme: Einführung in wissensbasierte Lernsysteme*. München: Oldenbourg.

Lynch, G. & Baudry, M. (1984). The biochemistry of memory: A new and specific hypothesis. *Science, 224*, 1057–1063.

Maclay, H. & Osgood, C. E. (1959). Hesitation phenomena in spontaneous speech. *Word, 15*, 19–44.

MacLoed, C. M. & Dunbar, K. (1988). Training and Stroop-like interferences: Evidence for a continuum of automaticity. *Journal of Experimental Psychology: Learning, Memory, and Cognition, 14*, 126–135.

MacLeod, C. M., Hunt, E. B. & Matthews, N. N. (1978). Individual differences in the verification of sentence-picture relationships. *Journal of Verbal Learning and Verbal Behavior, 17*, 493–507.

MacWhinney, B. (1987). *Mechanisms of language acquisition*. Hillsdale, NJ: Erlbaum.

MacWhinney, B. & Leinbach, J. (1991). Implementations are not conceptualizations: Revising the verb learning model. *Cognition, 29*, 121–157.

Maier, N. R. F. (1931). Reasoning in humans: II. The solution of a problem and its appearance in consciousness. *Journal of Comparative Psychology, 12*, 181–194.

Mandl, H. (1992). *Lern- und Denkstrategien: Analyse und Intervention*. Göttingen: Hogrefe.

Mandl, H. & Spada, H. (Hrsg.) (1988). *Wissenspsychologie*. München: Psychologie Verlags Union.

Mandler, J. M. & Johnson, N. S. (1977). Remembrance of things parsed: Story structure and recall. *Cognitive Psychology, 9*, 111–151.

Mandler, J. M. & Ritchey, G. H. (1977). Long-term memory for pictures. *Journal of Experimental Psychology*: *Human Learning and Memory*, *3*, 386–396.

Mangold-Allwinn, R. (1993). *Flexible Konzepte. Experimente, Modelle, Simulationen.* Frankfurt/M.: Lang.

Mangold-Allwinn, R., Barattelli, S., Kiefer, M. & Koelbing, H. G. (1995). *Wörter für Dinge.* Opladen: Westdeutscher Verlag.

Maratsos, M. P. (1983). Some current issues in the study of the acquisition of grammar. In P. Mussen (Hrsg.), *Carmichael's manual of child psychology* (4. Aufl.). New York: Wiley.

Marcus, M. P. (1980). *A theory of syntactic recognition for natural language.* Cambridge, MA: MIT Press.

Marcus, S. L. & Rips, L. J. (1979). Conditional reasoning. *Journal of Verbal Learning and Verbal Behavior*, *18*, 199–223.

Marr, D. (1982). *Vision.* San Francisco: W. H. Freeman.

Marr, D. & Nishihara, H. K. (1978). Representations and recognition of the spatial organization of three-dimensional shapes. *Proceedings of the Royal Society, London, B*, *200*, 269–294.

Marslen-Wilson, W. & Tyler, L. K. (1987). Against modularity. In J. L. Garfield (Hrsg.), *Modularity in knowledge representation and natural-language understanding.* Cambridge, MA: MIT Press.

Martin, L. (1986). Eskimo words for snow: A case study on the genesis and decay of an anthropological example. *American Anthropologist*, *88*, 418–423.

Massaro, D. W. (1979). Letter information and orthographic context in word perception. *Journal of Experimental Psychology*: *Human Perception and Performance*, *5*, 595–609.

Massaro, D. W. (1989). Testing between the TRACE model and the fuzzy logical model of speech perception. *Cognitive Psychology*, *21*, 398–421.

Massaro, D. W. (1992). Broadening the domain of the fuzzy logical model of perception. In H. L. Pick, Jr., P. Van den Broek & D. C. Knill (Hrsg.), *Cognition: Conceptual and methodological issues* (S. 51–84). Washington, DC: American Psychological Association.

Massaro, D. W. (in Druck). Multiple influences in speech perception: Data and theory. In A. Dijkstra & K. De Smedt (Hrsg.), *Computational psycholinguistics: Symbolic and network models of language processing.* Harvester Wheatsheaf: Simon and Schuster.

Massaro, D. W. & Cohen, M. M. (1991). Integration versus interactive activation: The joint influence of stimulus and context in perception. *Cognitive Psychology*, *23*, 558–614.

Masson, M. E. J. & MacLeod, C. M. (1992). Reenacting the route to interpretation: Enhanced identification without prior perception. *Journal of Experimental Psychology*: *General*, *121*, 145–176.

Mayer, A. & Orth, I. (1901). Zur qualitativen Untersuchung der Assoziation. *Zeitschrift für Psychologie*, *26*, 1–13.

McClelland, J. L. (1981). Retrieving general and specific knowledge from stored knowledge of specifics. *Proceedings of the Third Annual Conference of the Cognitive Science Society*, Berkeley, CA.

McClelland, J. L. (1987). The case for interactionism in language processing. In M. Coltheart (Hrsg.), *Attention and performance XII.* London: Erlbaum.

McClelland, J. L. (1991). Stochastic interactive processes and the effect of context on perception. *Cognitive Psychology*, *23*, 1–44.

McClelland, J. L. & Elman, J. L. (1986). The TRACE model of speech perception. *Cognitive Psychology*, *18*, 1–86.

McClelland, J. L. & Johnston, J. C. (1977). The role of familiar units in perception of words and nonwords. *Perception and Psychophysics*, *22*, 249–261.

McClelland, J. L. & Rumelhart, D. E. (1981). An interactive model of context effects in letter perception: I. An account of basic findings. *Psychological Review, 88*, 375–407.

McClelland, J. L. & Rumelhart, D. E. (Hrsg.) (1986). *Parallel distributed processing: Explorations in the microstructure of cognition* (Bd. 2). Cambridge, MA: MIT Press/ Bradford Books.

McClelland, J. L., Rumelhart, D. E. & Hinton, G. E. (1986). The appeal of distributed processing. In D. E. Rumelhart & J. L. McClelland (Hrsg.), *Parallel distributed processing: Explorations in the microstructure of cognition* (Bd. 1). Cambridge, MA: MIT Press/Bradford Books.

McCloskey, M. E. (1992). Cognitive mechanisms in numerical processing: Evidence from acquired dyscalculia. *Cognition, 44*, 107–157.

McCloskey, M. E. & Glucksberg, S. (1978). Natural categories. Well-defined or fuzzy sets? *Memory & Cognition, 6*, 462–472.

McDonald, J. L. (1984). *The mapping of semantic and syntactic processing cues by first and second language learners of English, Dutch, and German*. Unveröffentlichte Dissertation, Carnegie-Mellon University.

McKeithen, K. B., Reitman, J. S., Rueter, H. H. & Hirtle, S. C. (1981). Knowledge organization and skill differences in computer programmers. *Cognitive Psychology, 13*, 307–325.

McKoon, G. & Ratcliff, R. A. (1981). The comprehension processes and memory structures involved in instrumental inference. *Journal of Verbal Learning and Verbal Behavior, 20*, 671–682.

McKoon, G. & Ratcliff, R. A. (1992a). Spreading activation versus compound cue accounts of priming: Mediated priming revisited. *Journal of Experimental Psychology: Learning, Memory, and Cognition, 18*, 1155–1172.

McKoon, G. & Ratcliff, R. A. (1992b). Inference during reading. *Psychological Review, 99*, 440–466.

McLaughlin, B. (1978). *Second-language acquisition in childhood*. Hillsdale, NJ: Erlbaum.

McNamara, T. P. (1992). Priming and constraints it places on theories of memory and retrieval. *Psychological Review, 99*, 650–662.

McNamara, T. P., Hardy, J. K. & Hirtle, S. C. (1989). Subjective hierarchies in spatial memory. *Journal of Experimental Psychology: Learning, Memory, and Cognition, 15*, 211–227.

McNeill, D. (1966). Developmental psycholinguistics. In F. Smith & G. A. Miller (Hrsg.), *The genesis of language: A psycholinguistic approach*. Cambridge, MA: MIT Press.

Medin, D. & Schaffer, M. M. (1978). A context theory of classification learning. *Psychological Review, 85*, 207–238.

Mendelson, E. (1964). *Introduction to mathematical logic*. New York: Van Nostrand.

Menne, A. (1986). *Einführung in die Logik*. Stuttgart: Francke.

Metcalfe, J. & Wiebe, D. (1987). Intuition in insight and non-insight problem solving. *Memory & Cognition, 15*, 238–246.

Metzler, J. & Shepard, R. N. (1974). Transformational studies of the internal representations of three dimensional objects. In R. L. Solso (Hrsg.), *Theories of cognitive psychology: The Loyola Symposium*. Hillsdale, NJ: Erlbaum.

Meyer, B. J. F. (1974). *The organization of prose and its effect on recall*. Unveröffentlichte Dissertation, Cornell University.

Meyer, B. J. F., Brandt, D. M. & Bluth, G. J. (1978). *Use of author's textual schema: Key for ninth-grader's comprehension*. Vortrag, gehalten auf der Jahrestagung der American Educational Research Association, Toronto.

Meyer, D. E. & Schvaneveldt, R. W. (1971). Facilitation in recognizing pairs of words: Evidence of a dependence between retrieval operations. *Journal of Experimental Psychology, 90*, 227–234.

Miller, G. A. (1956). The magical number seven, plus or minus two: Some limits on our capacitiy for processing information. *Psychological Review, 63*, 81–97.

Miller, G. A. & Nicely, P. (1955). An analysis of perceptual confusions among some English consonants. *Journal of the Acoustical Society of America, 27*, 338–352.

Miller, P. H. (1993). *Theorien der Entwicklungspsychologie.* Heidelberg: Spektrum der Wissenschaft.

Milner, B. (1962). Les troubles de la memoire accompagnant des lesions hippocampiques bilaterales. In P. Passonant (Hrsg.), *Physiologie de l'hippocampe*. Paris: Centre National de la Recherche Scientifique.

Moray, N. (1959). Attention in dichotic listening: Affective cues and the influence of instruction. *Quarterly Journal of Experimental Psychology, 11*, 56–60.

Moyer, R. S. (1973). Comparing objects in memory: Evidence suggesting an internal psychophysics. *Perception and Psychophysics, 13*, 180–184.

Murray, H. G. & Denny, J. P. (1969). Interaction of ability level and interpolated activity (opportunity for incubation) in human problem solving. *Psychological Reports, 24*, 271–276.

Mussen, P. H. (Hrsg.) (1983). *Handbook of child psychology*. New York: Wiley.

Mussen, P. H., Conger, J. J., Kagan, J. & Huston, A. C. (1993). *Lehrbuch der Kinderpsychologie* (Bd. 1). Stuttgart: Klett-Cotta.

Navon, D. (1984). Resources – A theoretical stone soup? *Psychological Review, 91*, 216–234.

Navon, D. & Gopher, D. (1979). On the economy of the human processing systems. *Psychological Review, 86*, 254–255.

Neisser, U. (1967). *Cognitive psychology*. New York: Appleton.

Neisser, U. (1976). *Cognition and reality: Principles and implications of cognitive psychology*. New York: W. H. Freeman.

Neisser, U. (1982). Memory: What are the important questions? In U. Neisser (Hrsg.), *Memory observed*. New York: W. H. Freeman.

Neisser, U. & Becklen, R. (1975). Selective looking: Attending to visually specified events. *Cognitive Psychology, 7*, 480–494.

Nelson, D. L. (1979). Remembering pictures and words: Appearance, significance, and name. In L. S. Cermak and F. I. M. Craik (Hrsg.), *Levels of processing in human memory* (S. 45–76). Hillsdale, NJ: Erlbaum.

Nelson, T. O. (1971). Savings and forgetting from long-term memory. *Journal of Verbal Learning and Verbal Behavior, 10*, 568–576.

Nelson, T. O. (1976). Reinforcement and human memory. In W. K. Estes (Hrsg.), *Handbook of learning and cognitive processes* (Bd. 3). Hillsdale, NJ: Erlbaum.

Nelson, T. O. (1978). Detecting small amounts of information in memory: Savings for non-recognized items. *Journal of Experimental Psychology: Human Learning and Memory, 4*, 453–468.

Neumann, O. (1992). Theorien der Aufmerksamkeit: Von Metaphern zu Mechanismen. *Psychologische Rundschau, 43*, 83–101.

Neumann, O. & Sanders, A. F. (Hrsg.) (1996). *Aufmerksamkeit* (Enzyklopädie der Psychologie, Themenbereich C, Serie II: Kognition, Bd. 2). Göttingen: Hogrefe.

Neves, D. M. & Anderson, J. R. (1981). Knowledge compilation: Mechanisms for the automatization of cognitive skills. In J. R. Anderson (Hrsg.), *Cognitive skills and their acquisition*. Hillsdale, NJ: Erlbaum.

Newell, A. (1980). Reasoning, problem-solving, and decision processes: The problem space as a fundamental category. In R. Nikkerson (Hrsg.), *Attention and performance* (Bd. 8). Hillsdale, NJ: Erlbaum.

Newell, A. (1991). *Unified theories of cognition*. Cambridge, MA: Cambridge University Press.

Newell, A. & Rosenbloom, P. S. (1981). Mechanisms of skill acquisition and the law of practice. In J. R. Anderson (Hrsg.), *Cognitive skills and their acquisition*. Hillsdale, NJ: Erlbaum.

Newell, A. & Simon, H. A. (1972). *Human problem solving*. Englewood Cliffs, NJ: Prentice Hall.

Newport, E. L. (1986). *The effect of maturational state on the acquisition of language*. Vortrag, gehalten auf der Eleventh Annual Boston University Conference on Language Development, 17.–19. Oktober.

Newport, E. L. & Supalla, T. (1990). *A critical period effect in the acquisition of a primary language*. Unveröffentlichtes Manuskript, University of Rochester, Rochester, NY.

Nida, E. A. (1971). Sociopsychological problems in language mastery and retention. In P. Pimsleur & T. Quinn (Hrsg.), *The psychology of second language acquisition*. London: Cambridge University Press.

Nilsson, N. J. (1971). *Problem-solving methods in artificial intelligence*. New York: McGraw-Hill.

Nilsson, N. J. (1980). *Principles of artificial intelligence*. Palo Alto, CA: Tioga.

Nisbett, R. E. & Ross, L. (1980). *Human inference: strategies and shortcomings of social judgment*. Englewood Cliffs, NJ: Prentice Hall.

Noelting, G. (1975). *Stages and mechanisms in the development of the concept of proportion in the child and adolescent*. Vortrag, gehalten auf dem First Interdisciplinary Seminar on Piagetian Theory and Its Implication for the Helping Professions, University of Southern California, Los Angeles.

Norman, D. A. & Rumelhart, D. E. (1975). *Explorations in cognition*. New York: W. H. Freeman.

North, R. A. (1977). *Task functional demands as factors in dual-task performance*. Vortrag, gehalten auf der 25. Jahrestagung der Human Factors Society, San Francisco.

Nosofsky, R. M. (1986). Attention, similarity, and the identification-categorization relationship. *Journal of Experimental Psychology: General, 115*, 39–57.

Nosofsky, R. M., Palmeri, T. J. & McKinley, S. C. (1994). Rule-plus-exception model of classification learning. *Psychological Review, 101*, 53–79.

Oaksford, M. & Chater, N. (1994). A rational analysis of the selection task as optimal data selection. *Psychological Review, 101*, 608–631.

Oerter, R. & Montada, L. (Hrsg.) (1995). *Entwicklungspsychologie* (3. Aufl.). Weinheim: PVU.

Okada, S., Hanada, M., Hattori, H. & Shoyama, T. (1963). A case of pure word-deafness. *Studia Phonologica, 3*, 58–65.

Opwis, K. (1992). *Kognitive Modellierung*. Bern: Huber.

Oscar-Berman, M. (1980). Neuropsychological consequences of long-term chronic alcoholism. *American Scientist, 68*, 410–419.

Osherson, D. N. & Lasnik, H. (1990). *Language: An introduction to cognitive science* (Bd. 1). Cambridge, MA: MIT Press.

Oswald, M. E. & Gadenne, V. (1984). Wissen, Können und künstliche Intelligenz. Eine Analyse der Konzeption des deklarativen und prozeduralen Wissens. *Sprache & Kognition, 3*, 173–184.

Owens, J., Bower, G. H. & Black, J. B. (1979). The „soap opera" effect in story recall. *Memory & Cognition, 7*, 185–191.

Oyama, S. (1978). The sensitive period and comprehension of speech. *Working Papers on Bilingualism, 16*, 1–17.

Paivio, A. (1971). *Imagery and verbal processes*. New York: Holt, Rinehart & Winston.

Paivio, A. (1975). Perceptual comparisons through the mind's eye. *Memory & Cognition, 3*, 635–647.

Paivio, A. (1986). *Mental representations: A dual coding approach*. New York: Oxford University Press.

Palinscar, A. S. & Brown, A. L. (1984). Reciprocal teaching of comprehension monitoring activities. *Cognition and Instruction, 1*, 117–175.

Palmer, S. E. (1975). The effects of contextual scenes on the identification of objects. *Memory & Cognition, 3,* 519–526.

Palmer, S. E. (1977). Hierarchical structure in perceptual representation. *Cognitive Psychology, 9,* 441–474.

Palmer, S. E. (1978). Fundamental aspects of cognitive representation. In E. Rosch & B. Lloyd (Hrsg.), *Cognition and categorization.* Hillsdale, NJ: Erlbaum.

Parasuraman, R. & Davies, D. R. (1984). *Varieties of attention.* New York: Academic Press.

Paris, S. C. & Lindauer, B. K. (1976). The role of interference in children's comprehension and memory for sentences. *Cognitive Psychology, 8,* 217–227.

Parker, E. S., Birnbaum, I. M. & Noble, E. P. (1976). Alcohol and memory: Storage and state dependency. *Journal of Verbal Learning and Verbal Behavior, 15,* 691–702.

Paschler, H. (1989). Dissociations and dependencies between speed and accuracy: Evidence for a two-component theory of divided attention in simple tasks. *Cognitive Psychology, 21,* 469–514.

Pascual-Leone, J. (1980). Constructive problems for constructive theories: The current relevance of Piaget's work and a critique of information-processing psychology. In R. H. Kluwe & H. Spada (Hrsg.), *Developmental models of thinking.* New York: Academic Press. Deutsch: (1981). *Studien zur Denkentwicklung.* Bern: Huber.

Penfield, W. (1959). The interpretive cortex. *Science, 129,* 1719–1725.

Perky, C. W. (1910). An experimental study of imagination. *American Journal of Psychology, 21,* 422–452.

Perlmutter, M. (1988). Cognitive potential throughout life. In J. Birren & V. Bengtson (Hrsg.), *Theories of aging: Psychological and social perspectives on time, self, and society.* Hillsdale, NJ: Erlbaum.

Perlmutter, M., Kaplan, M. & Nyquist, L. (1990). Development of adaptive competence in adulthood. *Human Development, 33,* 185–197.

Perrett, D. I., Rolls, E. T. & Caan, W. (1982). Visual neurons responsive to faces in the monkey temporal cortex. *Experimental Brain Research, 47,* 329–342.

Peterson, S. B. & Potts, G. R. (1982). Global and specific components of information integration. *Journal of Verbal Learning and Verbal Behavior, 21,* 403–420.

Peterson, S. E., Robinson, D. L. & Morris, J. D. (1987). Contributions of the pulvinar to visual spatial attention. *Neuropsychologia, 25,* 97–105.

Phelps, E. A. (1989). *Cognitive skill learning in amnesics.* Dissertation, Princeton University.

Piaget, J. (1975). *Das Erwachen der Intelligenz beim Kinde.* Stuttgart: Klett-Cotta.

Piaget, J. & Szeminska, A. (1975). *Die Entwicklung des Zahlenbegriffs beim Kinde.* Stuttgart: Klett-Cotta.

Pillsbury, W. B. (1908). The effects of training on memory. *Educational Review, 36,* 15–27.

Pinker, S. (1984). Visual cognition: An introduction. *Cognition, 18,* 1–63.

Pinker, S. & Prince, A. (1988). On language and connectionism: Analysis of a parallel distributed processing model of language acquisition. *Cognition, 28,* 73–193.

Pirolli, P. L. & Anderson, J. R. (1985). The role of practice in fact retrieval. *Journal of Experimental Psychology: Learning, Memory, and Cognition, 11,* 136–153.

Plaut, D. C. & Farah, M. J. (1990). Visual object representation: Interpreting neurophysiological data within a computational framework. *Journal of Cognitive Neuroscience, 2,* 320–343.

Poincaré, H. (1929). *The foundations of science.* New York: Science House.

Polson, P. G., Muncher, E. & Kieras, D. E. (1987). *Transfer of skills between inconsistent editors.* (MCC Technical Report No. ACA-HI-395-87.) Microelectronics and

Computer Technology Corporation, Austin, TX.

Posner, M. I. (1988). Structures and functions of selective attention. In T. Boll & B. Bryant (Hrsg.), *Master lectures in clinical neuropsychology* (S. 173–202). Washington, DC: APA.

Posner, M. I. (1989). *Foundations of cognitive science*. Cambridge, MA: MIT Press.

Posner, M. I., Cohen, Y. & Rafal, R. D. (1982). Neural systems control of spatial orienting. *Philosophical Transactions of the Royal Society* (London), *B298*, 187–198.

Posner, M. I., Nissen, M. J. & Ogden, W. C. (1978). Attended and unattended processing modes: The role of set for spatial location. In H. L. Pick, Jr. & I. J. Saltzman (Hrsg.), *Modes of perceiving and processing information*. Hillsdale, NJ: Erlbaum.

Posner, M. I., Peterson, S. E., Fox, P. T. & Raichle, M. E. (1988). Localization of cognitive operations in the human brain. *Science, 240*, 1627–1631.

Posner, M. I., Snyder, C. R. R. & Davidson, B. J. (1980). Attention and the detection of signals. *Journal of Experimental Psychology*: *General, 109*, 160–174.

Posner, M. I., Walker, J. A., Friedrich, F. J. & Rafal, R. D. (1984). Effects of parietal injury on covert orienting of attention. *Journal of Neuroscience, 4*, 1863–1874.

Postman, L. (1964). Short-term memory and incidental learning. In A. W. Melton (Hrsg.), *Categories of human learning*. New York: Academic Press.

Potts, G. R. (1972). Information-processing strategies used in the encoding of linear orderings. *Journal of Verbal Learning and Verbal Behavior, 11*, 727–740.

Potts, G. R. (1975). Bringing order to cognitive structures. In F. Restle, R. M. Shiffrin, N. J. Castellan, H. R. Lindman & D. B. Pisoni (Hrsg.), *Cognitive theory* (Bd. 1). Hillsdale, NJ: Erlbaum.

Pressley, M., McDaniel, M. A., Turnure, J. E., Wood, E. & Ahmad, M. (1987). Generation and precision of elaboration: Effects on intentional and incidental learning. *Journal of Experimental Psychology*: *Learning, Memory, and Cognition, 13*, 291–300.

Pullman, G. K. (1989). The great Eskimo vocabulary hoax. *National Language and Linguistic Theory, 7*, 275–281.

Pylyshyn, Z. W. (1973). What the mind's eye tells the mind's brain: A critique of mental imagery. *Psychological Bulletin, 80*, 1–24.

Pylyshyn, Z. W. (1981). The imagery debate: Analogue media versus tacit knowledge. *Psychological Review, 88*, 16–45.

Pylyshyn, Z. W. (1984). *Computation and cognition*. Cambridge, MA: MIT Press.

Quillian, M. R. (1966). *Semantic memory*. Cambridge, MA: Bolt, Beranak and Newman.

Quillian, M. R. (1969). The teachable language comprehender. *Communications of the Association for Computing Machinery, 12*, 459–476.

Raaijmakers, J. G. W. & Shiffrin, R. M. (1981). Search of associative memory. *Psychological Review, 88*, 93–134.

Radford, A. (1988). *Transformational grammar: A first course*. New York: Cambridge University Press.

Raichle, M. E. (1994). Visualizing the mind. *Scientific American* (April), 58–64.

Ratcliff, G. & Newcombe, F. (1982). Object recognition: Some deductions from the clinical evidence. In A. W. Ellis (Hrsg.), *Normality and pathology in cognitive functions*. London: Academic Press.

Ratcliff, R. A. (1981). A theory of order relations in perceptual matching. *Psychological Review, 88*, 552–572.

Ratcliff, R. A. & McKoon, G. (1978). Priming in item recognition. Evidence for the propositional structure of sentences. *Journal of Verbal Learning and Verbal Behavior, 17*, 403–417.

Ratcliff, R. A. & McKoon, G. (1981). Does activation really spread? *Psychological Review, 88*, 454–462.

Rayner, K., Carlson, M. & Frazier, L. (1983). The interaction of syntax and semantics during sentence processing: Eye movements in the analysis of semantically biased sentences. *Journal of Verbal Learning and Verbal Behavior, 22*, 358–374.

Reder, L. M. (1982). Plausibility judgment versus fact retrieval: Alternative strategies for sentence verification. *Psychological Review, 89*, 250–280.

Reder, L. M. & Ross, B. H. (1983). Integrated knowledge in different tasks: Positive and negative fan effects. *Journal of Experimental Psychology: Human Learning and Memory, 8*, 55–72.

Reed, S. K. (1972). Pattern recognition and categorization. *Cognitive Psychology, 3*, 382–407.

Reed, S. K. (1974). Structural descriptions and the limitations of visual images. *Memory & Cognition, 2*, 329–336.

Reed, S. K. (1987). A structure-mapping model for word problems. *Journal of Experimental Psychology: Learning, Memory, and Cognition, 13*, 124–139.

Reed, S. K. & Bolstad, C. A. (1991). Use of examples and procedures in problem solving. *Journal of Experimental Psychology: Learning, Memory and Cognition, 17*, 753–766.

Reed, S. K. & Johnsen, J. A. (1975). Detection of parts in patterns and images. *Memory & Cognition, 3*, 569–575.

Reicher, G. (1969). Perceptual recognition as a function of meaningfulness of stimulus material. *Journal of Experimental Psychology, 81*, 275–280.

Reitman, J. (1976). Skilled perception in GO: Deducing memory structures from interresponse times. *Cognitive Psychology, 8*, 336–356.

Reitman, W. (1965). *Cognition and thought*. New York: Wiley.

Rich, E. (1983). *Artificial intelligence*. New York: McGraw-Hill.

Richardson, J. T. E. (1980). *Mental imagery and human memory*. London: Macmillan.

Richardson-Klavehn, A. & Bjork, R. A. (1988). Measures of memory. *Annual Review of Psychology, 39*, 475–543.

Rickheit, G. & Strohner, H. (1993). *Grundlagen der kognitiven Sprachverarbeitung*. Tübingen: Francke.

Rips, L. J. (1983). Cognitive processes in propositional reasoning. *Psychological Review, 90*, 38–71.

Rips, L. J. (1990). Reasoning. *Annual Review of Psychology, 41*, 321–354.

Rips, L. J. & Marcus, S. L. (1977). Supposition and the analysis of conditional sentences. In M. A. Just & P. A. Carpenter (Hrsg.), *Cognitive processes in comprehension*. Hillsdale, NJ: Erlbaum.

Ritter, M. (Hrsg.) (1986). *Wahrnehmung und visuelles System*. Heidelberg: Spektrum der Wissenschaft.

Robinson, F. P. (1961). *Effective study*. New York: Harper & Row.

Robinson, G. H. (1964). Continuous estimation of a time-varying probability. *Ergonomics, 7*, 7–21.

Rock. I. (1984). *Perception*. New York: W. H. Freeman. Deutsch: (1985). *Wahrnehmung – vom visuellen Reiz zum Sehen und Erkennen*. Heidelberg: Spektrum der Wissenschaft.

Roediger, H. L. (1990). Implicit memory: Retention without remembering. *American Psychologist, 45*, 1043–1056.

Roediger, H. L. & Craik, F. I. M. (1989). *Varieties of memory and consciousness*. Hillsdale, NJ: Erlbaum.

Roeper, T. & Williams, E. (1987). *Parameters and linguistic theory*. Dordrecht: Reidel.

Roland, P. E. & Friberg, L. (1985). Localization of cortical areas activated by thinking. *Journal of Neurophysiology, 53*, 1219–1243.

Rosch, E. (1973). On the internal structure of perceptual and semantic categories. In T. E. Moore (Hrsg.), *Cognitive development and the acquisition of language*. New York: Academic Press.

Rosch, E. (1975). Cognitive representations of semantic categories. *Journal of Experimental Psychology: General, 104*, 192–223.

Rosch, E. (1977). Human categorization. In N. Warren (Hrsg.), *Advances in crosscultural psychology* (Bd. 1). London: Academic Press.

Rosenbaum, D. A. (1991). *Human motor control.* San Diego: Academic Press.

Rosenbloom, P. S. & Newell, A. (1983). The chunking of goal hierarchies: A generalized model of practice. *Proceedings of the International Machine Learning Workshop.*

Ross, B. H. (1984). Remindings and their effects in learning a cognitive skill. *Cognitive Psychology, 16*, 371–416.

Ross, B. H. (1987). This is like that: The use of earlier problems and the separation of similarity effects. *Journal of Experimental Psychology: Learning, Memory and Cognition, 13*, 629–639.

Ross, J. & Lawrence, K. A. (1968). Some observations on memory artifice. *Psychonomic Science, 13*, 107–108.

Rothkopf, E. Z. (1966). Learning from written instruction materials: An explanation of the control of inspection behavior by test-like events. *American Educational Research Journal, 3*, 241–249.

Ruiz, D. (1987). Learning and problem solving: What is learned while solving the Tower of Hanoi? Dissertation, Stanford University, 1986. *Dissertation Abstracts International, 42*, 3438b.

Rumelhart, D. E. (1975). Notes on a schema for stories. In D. G. Bobrow & A. M. Collins (Hrsg.), *Representation and understanding.* New York: Academic Press.

Rumelhart, D. E. & McClelland, J. L. (1986a). On learning the past tense of English verbs. In J. L. McClelland & D. E. Rumelhart (Hrsg.), *Parallel distributed processing: Explorations in the microstructure of cognition* (Bd. 2). Cambridge, MA: MIT Press/Bradford Books.

Rumelhart, D. E. & McClelland, J. L. (Hrsg.). (1986b). *Parallel distributed processing: Explorations in microstructure of cognition* (Bd. 1). Cambridge, MA: MIT Press/Bradford Books.

Rumelhart, D. E. & Norman, D. A. (1978). Accretion, tuning, and restructuring: Three modes of learning. In J. W. Cotton & R. L. Klatzky (Hrsg.), *Semantic factors in cognition.* Hillsdale, NJ: Erlbaum.

Rumelhart, D. E. & Siple, P. (1974). Process of recognizing tachistoscopically presented words. *Psychological Review, 81*, 99–118.

Rummer, R. (1996). *Kognitive Beanspruchung beim Sprechen: Ein experimentelles Paradigma zur Erforschung äußerungsübergreifender Planungsprozesse.* Weinheim: PVU.

Rundus, D. J. (1971). Analysis of rehearsal processes in free recall. *Journal of Experimental Psychology, 89*, 63–77.

Sacerdoti, E. D. (1977). *A structure for plans and behavior.* New York: Elsevier North-Holland.

Sacks, O. W. (1985). *The man who mistook his wife for a hat and other clinical tales.* New York: Summit Books. Deutsch (1990): *Der Mann, der seine Frau mit einem Hut verwechselte.* Reinbek: Rowohlt.

Safren, M. A. (1962). Associations, set, and the solution of word problems. *Journal of Experimental Psychology, 64*, 40–45.

Sakitt, B. (1976). Iconic memory. *Psychological Review, 83*, 257–276.

Salthouse, T. A. (1991). *Theoretical perspectives on cognitive aging.* Hillsdale, NJ: Erlbaum.

Salthouse, T. A. (1992). *Mechanisms of age-cognition relations in adulthood.* Hillsdale, NJ: Erlbaum.

Santa, J. L. (1977). Spatial transformations of words and pictures. *Journal of Experimental Psychology: Human Learning and Memory, 3*, 418–427.

Santrock, J. W. & Yussen, S. R. (1989). *Child development: An introduction* (4. Aufl.). Dubuque, IA: Wm. C. Brown.

Saufley, W. H., Otaka, S. R. & Bavaresco, J. L. (1985). Context effects: Classroom tests and context independence. *Memory & Cognition, 13,* 522–528.

Sayers, D. L. (1968). *Five red herrings.* New York: Avon. Deutsch: (1980). *Fünf falsche Fährten.* Reinbek: Rowohlt.

Schacter, D. L. (1987). Implicit memory: History and current status. *Journal of Experimental Psychology: Learning, Memory, and Cognition, 13,* 501–518.

Schade, U. (1992). *Konnektionismus. Zur Modellierung der Sprachproduktion.* Opladen: Westdeutscher Verlag.

Schäfer, R. E. (1976). *Probabilistische Informationsverarbeitung: Theorien, Methoden und ein Experiment.* Bern: Huber.

Schank, R. C. & Abelson, R. (1977). *Scripts, plans, goals, and understanding.* Hillsdale, NJ: Erlbaum.

Scheines, R. & Sieg, W. (in Druck). An experimental comparison of alternative proof construction environments. *Proceedings of the Fifth International Conference on Computers and Philosophy.*

Schmidt, R. A. (1988). Motor and action perspectives on motor behavior. In O. G. Meijer & K. Rother (Hrsg.), *Complex movement behavior: The motor-action controversy* (S. 3–44). Amsterdam: Elsevier.

Schmidt, R. F. & Thewes, G. (Hrsg.) (1995). *Physiologie des Menschen* (26. Aufl.). Berlin: Springer.

Schneider, W. & Fisk, A. D. (1982). Degree of consistent training: Improvements in search performance and automatic process development. *Perception and Psychophysics, 31,* 160–168.

Schneider, W., Körkel, J. & Weinert, F. E. (1988). *Expert knowledge, general abilities, and text processing.* Vortrag, gehalten auf dem Workshop Interactions among Aptitudes, Strategies, and Knowledge in Cognitive Performance (6.–8. Juli).

Schneider, W. & Oliver, W. L. (1991). An instructable connectionist/control architecture: Using rule-based instructions to accomplish connectionist learning on a human-time scale. In K. Van Lehn (Hrsg.), *Architectures for intelligence* (S. 113–146). Hillsdale, NJ: Erlbaum.

Schneider, W. & Shiffrin, R. M. (1977). Controlled and automatic human information processing: I. Detection, search, and attention. *Psychological Review, 84,* 1–66.

Schneiderman, B. (1976). Exploratory experiments in programmer behavior. *International Journal of Computer and Information Sciences, 5,* 123–143.

Schnotz, W. (1988). Textverstehen als Aufbau mentaler Modelle. In H. Mandl & H. Spada (Hrsg.), *Wissenspsychologie.* Weinheim: PVU.

Schnotz, W. (1994). *Aufbau von Wissensstrukturen. Untersuchungen zur Kohärenzbildung beim Wissenserwerb mit Texten.* Weinheim: PVU.

Schoenfeld, A. H. & Herrmann, D. J. (1982). Problem perception and knowledge structure in expert and novice mathematical problem solvers. *Journal of Experimental Psychology: Learning, Memory and Cognition, 8,* 484–494.

Schoenfield, J.R. (1967). *Mathematical logic.* Reading, MA: Addison-Wesley.

Schönpflug, U. (1977). *Psychologie des Erst- und Zweitspracherwerbs: eine Einführung.* Stuttgart: Kohlhammer.

Schooler, J. W., Ohlsson, S. & Brooks, K. (1993). Thoughts beyond words: When language overshadows insight. *Journal of Experimental Psychology, General, 122,* 166–183.

Schweizer, K. (1996). *Räumliche oder zeitliche Wissensorganisation? Zur mentalen Repräsentation der Blickpunktsequenz bei räumlichen Anordnungen.* Unveröffentlichte Dissertation, Universität Mannheim.

Sekuler, R. & Blake, R. (1985). *Perception.* New York: Knopf.

Selfridge, O. G. (1955). Pattern recognition and modern computers. *Proceedings of the Western Joint Computer Conference.* New York: Institute of Electrical and Electronics Engineers.

Selkoe, D. J. (1992). Aging brain, aging mind. *Scientific American* (September), 135–142.

Sells, P. (1985). *Lectures on contemporary syntactic theories*. Palo Alto, CA: Center for the Study of Language and Information.

Shafir, E. (1993). Choosing versus rejecting: Why some opinions are both better and worse than others. *Memory & Cognition, 21*, 546–556.

Shepard, R. N. (1967). Recognition memory for words, sentences, and pictures. *Journal of Verbal Learning and Verbal Behavior, 6*, 156–163.

Shepard, R. N. (1984). Ecological constraints on internal representation: Resonant kinematics of perceiving, imaging, thinking, and dreaming. *Psychological Review, 91*, 417–447.

Shepard, R. N. & Cooper, L. A. (1983). *Mental images and their transformations*. Cambridge, MA: MIT Press.

Shepard, R. N. & Metzler, J. (1971). Mental rotation of three-dimensional objects. *Science, 171*, 701–703.

Shepard, R. N. & Teghtsoonian, M. (1961). Retention of information under conditions approaching a steady state. *Journal of Experimental Psychology, 62*, 302–309.

Shiffrin, R. M. (1988). Attention. In R. C. Atkinson, R. J. Herrnstein, G. Lindzey & R. D. Luce (Hrsg.), *Stevens' Handbook of Experimental Psychology* (2. Aufl.). New York: Wiley.

Shiffrin, R. M. (in Druck). Attention, automatism, and consciousness. In J. D. Cohen & J. W. Schooler (Hrsg.), *25th Symposium on Cognition: Scientific Approaches to the Question of Consciousness*. Hillsdale, NJ: Erlbaum.

Shiffrin, R. M. & Dumais, S. T. (1981). The development of automatism. In J. R. Anderson (Hrsg.), *Cognitive skills and their acquisition*. Hillsdale, NJ: Erlbaum.

Shiffrin, R. M. & Schneider, W. (1977). Controlled and automatic human information processing: II. Perceptual learning, automatic attending, and a general theory. *Psychological Review, 84*, 127–190.

Shuford, E. H. (1961). Percentage estimation of proportion as a function of element type, exposure time, and task. *Journal of Experimental Psychology, 61*, 430–436.

Siegler, R. S. (Hrsg.) (1978). *Children's thinking: What develops?* Hillsdale, NJ: Erlbaum.

Siegler, R. S. (1988). Strategy choice procedures and the development of multiplication skill. *Journal of Experimental Psychology: General, 117*, 258–275.

Siegler, R. S. (1991). *Children's thinking* (2. Aufl.). Englewood Cliffs, NJ: Prentice Hall.

Silveira, J. (1971). *Incubation: The effect of interruption timing and length on problem solution and quality of problem processing*. Unveröffentlichte Dissertation, University of Oregon.

Silver, E. A. (1979). Student perceptions of relatedness among mathematical verbal problems. *Journal for Research in Mathematics Education, 12*, 54–64.

Simon, H. A. (1969). *The sciences of the artificial*. Cambridge, MA: MIT Press.

Simon, H. A. (1974). How big is a chunk? *Science, 183*, 482–488.

Simon, H. A. (1989). The scientist as a problem solver. In D. Klahr & K. Kotovsky (Hrsg.), *Complex information processing: The impact of Herbert Simon*. Hillsdale, NJ: Erlbaum.

Simon, H. A. & Gilmartin, K. (1973). A simulation of memory for chess positions. *Cognitive Psychology, 5*, 29–46.

Singer, M. (1980). The role of case-filling inferences in the coherence of brief passages. *Discourse Processes, 3*, 185–201.

Singer, M. (1990). *Psychology of language: An introduction to sentence and discourse processes*. Hillsdale, NJ: Erlbaum.

Singer, W. (1990). *Gehirn und Kognition*. Heidelberg: Spektrum der Wissenschaft.

Singley, K. & Anderson, J. R. (1985). The transfer of text-editing skill. *International*

Journal of Man-Machine Studies, 22, 403–423.

Singley, K. & Anderson, J. R. (1989). *The transfer of cognitive skill.* Cambridge, MA: Harvard University Press.

Skyrms, B. (1966). *Choice and chance: An introduction to inductive logic.* Belmont, CA: Dickenson.

Slamecka, N. J. & Graf, P. (1978). The generation effect: Delineation of a phenomenon. *Journal of Experimental Psychology: Human Learning and Memory, 4*, 592–604.

Sleeman, D. & Brown, J. S. (Hrsg.) (1982). *Intelligent tutoring systems.* New York: Academic Press.

Smith, E. E. (1989). Concepts and induction. In M. I. Posner (Hrsg.), *Foundations of cognitive science* (S. 501–526). Cambridge, MA: MIT Press.

Smith, M. (1982). *Hypnotic memory enhancement of witnesses: Does it work?* Vortrag, gehalten auf der Tagung der Psychonomic Society, Minneapolis.

Smith, S. M., Brown, H. O., Toman, J. E. P. & Goodman, L. S. (1947). The lack of cerebral effects of d-Tubercurarine. *Anesthesiology, 8*, 1–14.

Smith, S. M., Glenberg, A. & Bjork, R. A. (1978). Environmental context and human memory. *Memory & Cognition, 6*, 342–353.

Soloway E. & Spohrer, J. C. (1989). *Studying the novice programmer.* Hillsdale, NJ: Erlbaum.

Sophian, C. (1984). *Origins of cognitive skills.* Hillsdale, NJ: Erlbaum.

Spada, H. (Hrsg.) (1990). *Lehrbuch Allgemeine Psychologie.* Bern: Huber.

Spearman, C. (1904). The proof and measurement of association between two things. *American Journal of Psychology, 15*, 72–101.

Sperling, G. A. (1960). The information available in brief visual presentation. *Psychological Monographs, 74*, Whole No. 498.

Sperling, G. A. (1967). Successive approximations to a model for short-term memory. *Acta Psychologica, 27*, 285–292.

Spiro, R. J. (1977). Constructing a theory of reconstructive memory: The state of the schema approach. In R. C. Anderson, R. J. Spiro & W. E. Montague (Hrsg.), *Schooling and the acquisition of knowledge.* Hillsdale, NJ: Erlbaum.

Squire, L. R. (1987). *Memory and brain.* New York: Oxford University Press.

Squire, L. R. (1992). Memory and the hippocampus: A synthesis from findings with rats, monkeys, and humans. *Psychological Review, 99*, 195–232.

Standing, L. (1973). Learning 10,000 pictures. *Quarterly Journal of Experimental Psychology, 25*, 207–222.

Staudenmayer, H. (1975). Understanding conditional reasoning with meaningful propositions. In R. J. Falmagne (Hrsg.), *Reasoning: Representation and process in children and adults.* Hillsdale, NJ: Erlbaum.

Stein, B. S. & Bransford, J. D. (1979). Constraints on effective elaboration: Effects of precision and subject generation. *Journal of Verbal Learning and Verbal Behavior, 18*, 769–777.

Stein, N. L. & Trabasso, T. R. (1981). What's in a story? Critical issues in comprehension and instruction. In R. Glaser (Hrsg.), *Advances in the psychology of instruction* (Bd. 2). Hillsdale, NJ: Erlbaum.

Sternberg, S. (1969). Memory scanning: Mental processes revealed by reaction time experiments. *American Scientist, 57*, 421–457.

Sternberg, R. J. (1977). *Intelligence, information processing, and analogical reasoning.* Hillsdale, NJ: Erlbaum.

Sternberg, R. J. (1985a). *Human abilities.* New York: W. H. Freeman.

Sternberg, R. J. (1985b). *Beyond IQ: A triarchic theory of human intelligence.* New York: Cambridge University Press.

Sternberg, R. J. & Gardner, M. K. (1983). Unities in inductive reasoning. *Journal of Experimental Psychology: General, 112*, 80–116.

Stevens, A. & Coupe, P. (1978). Distorsions in judged spatial relations. *Cognitive Psychology, 10*, 422–437.

Stillings, N. A., Feinstein, M. H., Garfield, J. L., Rissland, E. L., Rosenbaum, D. A., Weisler, S. E. & Baker-Ward, L. (1987). *Cognitive science: An introduction.* Cambridge, MA: MIT Press.

Stratton, G. M. (1922). *Developing mental power.* New York: Houghton Mifflin.

Strohner, H. & Nelson, K. E. (1974). The young child's development of sentence comprehension: Influence of event probability, nonverbal context, syntactic form, and strategies. *Child Development, 45*, 567–576.

Studdert-Kennedy, M. (1976). Speech perception. In N. J. Lass (Hrsg.), *Contemporary issues in experimental phonetics.* Springfield, IL: Charles C. Thomas.

Suchman, L. (1987). *Plans and situated action: The problem of human-machine communication.* New York: Cambridge University Press.

Sulin, R. A. & Dooling, D. J. (1974). Intrusion of a thematic idea in retention of prose. *Journal of Experimental Psychology, 103*, 255–262.

Suppes, P. (1957). *Introduction to logic.* Princeton, NJ: Van Nostrand.

Sweller, J., Mawer, R. F. & Ward, M. R. (1983). Development of expertise in mathematical problem solving. *Journal of Experimental Psychology: General, 112*, 463–474.

Swinney, D. A. (1979). Lexical access during sentence comprehension: (Re)consideration of context effects. *Journal of Verbal Learning and Verbal Behavior, 18*, 645–659.

Szagun, G. (1995). *Sprachentwicklung beim Kinde* (5. Aufl.). Weinheim: PVU.

Taplin, J. E. (1971). Reasoning with conditional sentences. *Journal of Verbal Learning and Verbal Behavior, 10*, 218–225.

Taplin, J. E. & Staudenmayer, H. (1973). Interpretation of abstract conditional sentences in deductive reasoning. *Journal of Verbal Learning and Verbal Behavior, 12*, 530–542.

Taraban, R. & McClelland, J. L. (1988). Constituent attachment and thematic role assignment in sentence processing: Influences of content-based expectations. *Journal of Memory and Language, 27*, 597–632.

Tarr, M. J. (1994). *Behavioral and computational constraints in human object representation* (eingereicht).

Taylor, I. & Taylor, M. M. (1990). *Psycholinguistics: Learning and using language.* Englewood Cliffs, NJ: Prentice Hall.

Teasdale, J. D. & Russell, M. L. (1983). Differential effects of induced mood on the recall of positive, negative and neutral words. *British Journal of Clinical Psychology, 22*, 163–171.

Tergan, S.-O. (1986). *Modelle der Wissensrepräsentation als Grundlage qualitativer Wissensdiagnostik.* Opladen: Westdeutscher Verlag.

Terman, L. M. & Merrill, M. A. (1973). *Stanford-Binet intelligence scales: 1973 norms edition.* Boston: Houghton Mifflin.

Thomas, E. L. & Robinson, H. A. (1972). *Improving reading in every class: A sourcebook for teachers.* Boston: Allyn & Bacon.

Thompson, D. M. (1972). Context effects on recognition memory. *Journal of Verbal Learning and Verbal Behavior, 11*, 497–511.

Thompson, M. C. & Massaro, D. W. (1973). Visual information and redundancy in reading. *Journal of Experimental Psychology, 98*, 49–54.

Thorndike, E. L. (1906). *Principles of teaching.* New York: A. G. Seiler.

Thorndike, E. L. & Woodworth, R. S. (1901). The influence of improvement in one mental function upon the efficiency of other functions. *Psychological Review, 9*, 374–382.

Thorndyke, P. W. (1977). Cognitive structures in comprehension and memory in narrative discourse. *Cognitive Psychology*, *9*, 77–110.

Thurstone, L. L. (1938). *Primary mental abilities*. Chicago: University of Chicago Press.

Tolman, E. C. (1932). *Purposive behavior in animals and men*. New York: Appleton-Century-Crofts.

Tootell, R. B. H., Silverman, M. S., Switkes, E. & DeValois, R. L. (1982). Deoxyglucose analysis of retinotopic organization in primate striate cortex. *Science*, *218*, 902–904.

Townsend, D. J. & Bever, T. G. (1982). Natural units interact during language comprehension. *Journal of Verbal Learning and Verbal Behavior*, *28*, 681–703.

Trabasso, T. R. & Riley, C. A. (1975). The construction and use of representations involving linear order. In R. L. Solso (Hrsg.), *Information processing and cognition*. Hillsdale, NJ: Erlbaum.

Trabasso, T. R., Rollins, H. & Shaughnessy E. (1971). Storage and verification stages in processing concepts. *Cognitive Psychology*, *2*, 239–289.

Trabasso, T. R., Secco, T. & van den Broek, P. (1984). Causal cohesion and story coherence. In H. Mandl (Hrsg.), *Learning and comprehension of text*. Hillsdale, NJ: Erlbaum.

Trautner, H.-M. (1978). *Lehrbuch der Entwicklungspsychologie* (Bd. 1). Göttingen: Hogrefe.

Treisman, A. M. (1960). Verbal cues, language, and meaning in selective attention. *Quarterly Journal of Experimental Psychology*, *12*, 242–248.

Treisman, A. M. (1964). Monitoring and storage of irrelevant messages and selective attention. *Journal of Verbal Learning and Verbal Behavior*, *3*, 449–459.

Treisman, A. M. (1991). Search, similarity, and integration of features between and within dimensions. *Journal of Experimental Psychology*: *Human Perception and Performance*, *17*, 652–676.

Treisman, A. M. & Geffen, G. (1967). Selective attention: Perception or response? *Quarterly Journal of Experimental Psychology*, *19*, 1–17.

Treisman, A. M. & Gelade, G. (1980). A feature-integration theory of attention. *Cognitive Psychology*, *12*, 97–136.

Treisman, A. M. & Riley, J. (1969). Is selective attention selective perception or selective response? A further test. *Journal of Experimental Psychology*, *79*, 27–34.

Treisman, A. M. & Sato, S. (1990). Conjunction search revisited. *Journal of Experimental Psychology*: *Human Perception and Performance*, *16*, 459–478.

Treisman, A. M. & Schmidt, H. (1982). Illusory conjunction in the perception of objects. *Cognitive Psychology*, *14*, 107–141.

Tulving, E., Mandler, G & Baumal, R. (1964). Interaction of two sources of information in tachistoscopic word recognition. *Canadian Journal of Psychology*, *18*, 62–71.

Tulving, E. (1983). *Elements of episodic memory*. London: Oxford University Press.

Tulving, E. & Pearlstone, Z. (1966). Availability versus accessibility of information in memory for words. *Journal of Verbal Learning and Verbal Behavior*, *5*, 381–391.

Tulving, E. & Thompson, D. M. (1973). Encoding specificity and retrieval processes in episodic memory. *Psychological Review*, *80*, 352–373.

Tversky, A. & Kahneman, D. (1974). Judgments under uncertainty: Heuristics and biases. *Science*, *185*, 1124–1131.

Tyler, R. & Marslen-Wilson, W. (1977). The on-line effects of semantic context on syntactic processing. *Journal of Verbal Learning and Verbal Behavior*, *16*, 683–692.

Ullman, S. (1989). Aligning pictorial descriptions: An approach to object recognition. *Cognition*, *32*, 193–254.

Ultan, R. (1969). Some general characteristics of interrogative systems. *Working Papers in Language Universals (Stanford University)*, *1*, 41–63.

Underwood, G. (1974). Moray vs. the rest: The effect of extended shadowing practice. *Quarterly Journal of Experimental Psychology, 26*, 368–372.

Vallar, G. & Baddeley, A. D. (1982). Short-term forgetting and the articulatory loop. *Quarterly Journal of Experimental Psychology, 34*, 53–60.

van Dijk, T. A. (1977). Semantic macro-structures and knowledge frames in discourse comprehension. In M. A. Just & P. A. Carpenter (Hrsg.), *Cognitive processes in comprehension*. Hillsdale, NJ: Erlbaum.

van Dijk, T. A. (1980). *Textwissenschaft*. Tübingen: Niemeyer.

van Dijk, T. A. & Kintsch, W. (1976). Cognitive psychology and discourse. In W. U. Dressler (Hrsg.), *Trends in text linguistics*. Berlin: DeGruyter.

van Dijk, T. A. & Kintsch, W. (1983). *Strategies of discourse comprehension*. New York: Academic Press.

Van Lehn, K. (1989). Problem-solving and cognitive skill acquisition. In M. I. Posner (Hrsg.), *Foundations of cognitive science*. Cambridge, MA: MIT Press.

Velichkovsky, B. M. (1994). Sprache, Evolution und die funktionale Organisation der menschlichen Erkenntnis. In H.-J. Kornadt, J. Grabowski & R. Mangold-Allwinn (Hrsg.), *Sprache und Kognition* (S. 113–132). Heidelberg: Spektrum Akademischer Verlag.

Vidulich, M. & Wickens, C. D. (1981). *Time-sharing manuals control and memory search: The joint effects of input and output modality, competition, priorities and control order* (Tech. Rep. EPL-81-4/ONR-81-4). Urbana: University of Illinois, Engineering-Psychology Laboratory.

von Neumann, J. & Morgenstern, O. (1944). *Theory of games and economic behavior*. New York: Wiley.

Vosniadou, S. & Ortony, A. (Hrsg.) (1989). *Similarity and analogical reasoning*. Cambridge: Cambridge University Press.

Wallace, B. (1984). Apparent equivalence between perception and imagery in the production of various illusions. *Memory & Cognition, 12*, 156–162.

Wanner, H. E. (1968). *On remembering, forgetting, and understanding sentences. A study of the deep structure hypothesis*. Unveröffentlichte Dissertation, Harvard University.

Warren, R. M. (1970). Perceptual restorations of missing speech sounds. *Science, 167*, 392–393.

Warren, R. M. & Warren, R. P. (1970). Auditory illusions and confusions. *Scientific American, 223*, 30–36.

Wason, P. C. & Johnson-Laird, P. N. (1972). *Psychology of reasoning: Structure and content*. Cambridge, MA: Harvard University Press.

Wasow, T. (1989). Grammatical theory. In M. I. Posner (Hrsg.), *Foundations of cognitive science*. Cambridge, MA: MIT Press.

Watkins, M. J. & Tulving, E. (1975). Episodic memory: When recognition fails. *Journal of Experimental Psychology: General, 104*, 5–29.

Watson, J. (1930). *Behaviorism*. New York: Norton. Deutsch: (1979, 3. Aufl. 1984). *Behaviorismus*. Frankfurt/M.: Fachbuchhandlung für Psychologie.

Waugh, N. C. & Norman, D. A. (1965). Primary memory. *Psychological Review, 72*, 89–104.

Weisberg, R. W. (1986). *Creativity: Genius and other myths*. New York: W. H. Freeman. Deutsch: (1989). *Kreativität und Begabung: Was wir mit Mozart, Einstein und Picasso gemeinsam haben*. Heidelberg: Spektrum der Wissenschaft.

Weiser, M. & Shertz, J. (1983). Programming problem representation in novice and expert programmers. *International Journal of Man-Machine Studies, 19*, 391–398.

Welford, A. T. (1952). The psychological refractory period and the timing of high-speed performance – A review and a theory. *British Journal of Psychology, 43*, 2–19.

Wender, K. F., Colonius, H. & Schulze, H.-H. (1980). *Modelle des menschlichen Gedächtnisses.* Stuttgart: Kohlhammer.

Wertheimer, M. (1912, 1932). Experimentelle Studien über das Sehen von Bewegung. *Zeitschrift für Psychologie, 61,* 161–265.

Wexler, K. & Culicover, P. (1980). *Formal principles of language acquisition.* Cambridge, MA: MIT Press.

Wheeler, D. D. (1970). Processes in word recognition. *Cognitive Psychology, 1,* 59–85.

Whorf, B. L. (1956). *Language, thought, and reality.* Cambridge, MA: MIT Press. Deutsch: (1984). *Sprache – Denken – Wirklichkeit.* Reinbeck: Rowohlt.

Wickelgren, W. A. (1967). Rehearsal grouping and hierarchical organization of serial position cues in immediate memory. *Quarterly Journal of Experimental Psychology, 19,* 97–102.

Wickelgren, W. A. (1974). *How to solve problems.* New York: W. H. Freeman.

Wickelgren, W. A. (1975). Alcoholic intoxication and memory storage dynamics. *Memory & Cgonition, 3,* 385–389.

Wickelgren, W. A. (1976). Memory storage dynamics. In W. K. Estes (Hrsg.), *Handbook of learning and cognitive processes* (Bd. 4). Hillsdale, NJ: Erlbaum.

Wickens, C. D. (1992). *Engineering psychology and human performance* (2. Aufl.). New York: Harper Collins.

Wickens, C. D. & Gopher, D. (1977). Control theory measures of tracking as indices of attention allocation strategies. *Human Factors, 19,* 249–366.

Winston, P. H. (1970). *Learning structural descriptions from examples.* AI Laboratory, Technical Report-231, MIT, Cambridge, MA.

Winston, P. H. (1984). *Artificial intelligence.* Reading, MA: Addison-Wesley.

Wippich, W. (1984). *Lehrbuch der angewandten Gedächtnispsychologie* (Bde. 1 und 2). Stuttgart: Kohlhammer.

Wixted, J. T. & Ebbesen, E. B. (1991). On the form of forgetting. *Psychological Science, 2,* 409–415.

Woocher, F. D., Glass, A. L. & Holyoak, K. J. (1978). Positional discriminability in linear orderings. *Memory & Cognition, 6,* 165–175.

Woodrow, H. (1927). The effect of the type of training upon transference. *Journal of Educational Psychology, 18,* 159–172.

Woodworth, R. S. & Sells, S. B. (1935). An atmospheric effect in formal syllogistic reasoning. *Journal of Experimental Psychology, 18,* 451–460. Deutsch (1965, 4. Aufl. 1969): Ein atmosphärischer Effekt im formalen syllogistischen Denken. In C. F. Graumann (Hrsg.), *Denken.* Köln: Kiepenheuer & Witsch.

Wurtz, R. H., Goldberg, M. E. & Robinson, D. L. (1980). Behavioral modulation of visual responses in the monkey: Stimulus selection for attention and movement. *Prog. Psychobiology, Physiology and Psychology, 9,* 43–83.

Yuille, J. C. (1983). *Imagery, memory, and cognition: Essays in honor of Allan Paivio.* Hillsdale, NJ: Erlbaum.

Zechmeister, E. B. & Nyberg, S. E. (1982). *Human memory: An introduction to research and theory.* Monterey, CA: Brooks/Cole.

Zielke, W. (1986). *Techniken für ein besseres Gedächtnis.* Landsberg/Lech: Moderne Verlagsgesellschaft.

Zimmer, H. D. (1993). Modalitätsspezifische Systeme der Repräsentation und Verarbeitung von Information. Überflüssige Gebilde, nützliche Fiktionen, notwendiges Übel oder zwangsläufige Folge optimierter Reizverarbeitung. *Zeitschrift für Psychologie, 201,* 203–235.

Bildnachweise

Namensindex

T

Z

Sachindex

T

Z